와~ 파워포인트 2003 언제 배웠어요?

김륜옥 _지음

이·비·커ㅁ
eBeecomm publishing

저자 김륜옥(yellow@empal.com)

동국대학원 컴퓨터 공학(석사) 과정.
동국대학교 전자계산원, 대림대학교, 남양유업, 서울특별시 여성발전센터 강사 역임.
다수의 공공기관 프레젠테이션 프로젝트에 참여 및 컨설팅.
주요 저서로는 ≪나모 웹에디터 4 쉽게 끝내기≫, ≪Java Servlets - Karl Moss(번역서)≫,
≪ITQ 파워포인트(감수)≫ 등이 있습니다.

 와~ √ 파워포인트 2003 언제 배웠어요?

초판 1쇄 인쇄 / 2004년 3월 20일
초판 1쇄 발행 / 2004년 3월 25일

발행처 / 도서출판 이비컴
발행인 / 강기원
주소 / (130-811) 서울 동대문구 신설동 96-26 성문빌딩 3층
대표전화 / 02)2254-0658
팩스 / 02)2254-0634

등록 2002.4.9 제 6-0596호
웹사이트 http://www.bookbee.co.kr
ISBN 89-89484-39-1 13000
값 20,000원

기획 책임 : 이비컴 기획팀, NNC 미디어
진행 책임 : NNC 미디어
표지 디자인 : 나인플럭스
본문 디자인 : NNC 미디어
제작/마케팅 : 김동중

The BooK on my desK

The BooK on my desK

파워포인트
절대로 배우지 마라?

…… 성공하고 싶지 않다면!

경쟁력의 시작 – 프레젠테이션!

현대 사회는 대화의 시대이며 설득의 시대입니다. 동일한 종류의 상품들, 혹은 아이템이 쏟아져 나오는 시대에서 얼마나 강력한 설득력을 가지고 상대방을 이해시키느냐는 결국 자기 자신이 가질 수 있는 최대의 경쟁력일 것입니다.

다변화 시대에서 말만으로 상대방을 설득하는 데에는 한계가 있습니다. 그 한계를 극복하기 위해서 비주얼이 필요하고, 때문에 우리는 파워포인트라는 프로그램을 사용합니다. 현대 사회의 직장인이라면 파워포인트는 반드시 필요한 '경쟁력' 인 것입니다.

프레젠테이션(Presentation)? PT? 피튀!!

프레젠테이션을 줄여서 PT라고 합니다. 그리고 PT가 얼마나 어렵고 진땀나는 것인지를 말하기 위해서 '피튀기는 피튀!' 라고 말하는 사람들도 있습니다. 피가 날 정도로 힘들고 어렵다는 것을 말하는 것입니다.

지금 이 시간에도 프로젝트를 얻어내기 위해서 수많은 자료 조사와 벤치마킹 끝에 프레젠테이션을 준비하는 사람들이 있습니다. 자료 조사와 벤치마킹 후 시제품 제작은 회사의 사활을 건 일일 수 있습니다. 특히 소규모 회사의 경우 큰 프로젝트의 PT에 참여하는 것은 회사의 운명을 좌지우지 하는 일입니다.

피땀으로 얼룩진 시간들은 단 몇분간의 프레젠테이션으로 응집됩니다. 청중은 프레젠터가 얼마나 많은 시간을 투자해서 프레젠테이션을 준비했는지에는 아무런 관심이 없습니다. 단지 얼마나 정확하고 명확한 데이터를 기초로 설득력있게 프레젠테이션을 이끌어 가는지만 지켜볼 뿐입니다.

엄청난 인원과 시간을 들여 데이터를 준비했더라도 실제 프레젠테이션에서 데이터를 효과적으로 전달하지 못한 프레젠터는 전쟁에 패배한 장군과 다를 것이 없습니다. 프레젠테이션은 정말이지 피 튀기는 전쟁에 다름 아니라는 생각입니다.

프레젠테이션은 파워포인트로 통한다!

프레젠테이션 결과물을 만드는 도구에는 여러 가지가 있지만 단연 파워포인트가 사랑받고 있습니다. 파워포인트 하나면 개인의 노력 여하에 따라 좋은 프레젠테이션을 만들 수 있습니다.

요즈음에는 중학생, 심지어는 초등학생까지도 프레젠테이션을 준비한다는 말을 들었습니다. 필자가 학교를 다니던 시절에는 필체 좋은 친구가 큰 도화지에 일일이 조사한 자료를 적고, 수업 시간에 발표자가 나와서 설명을 하는 식이었습니다. 하지만 요즘은 파워포인트로 준비한 프레젠테이션을 발표하곤 합니다. 이러한 현실은 파워포인트가 프레젠터만을 위한 툴이라는 생각이 얼마나 뒤떨어진 것인지 보여줍니다.

프레젠테이션 작업을 해야 한다면 파워포인트를 선택하세요. 사용자에게 일목요연한 작업을 제공하는 좋은 툴입니다. 하지만 주방기구가 좋다고 무조건 좋은 요리가 나오는 것이 아니듯 파워포인트를 얼마나 적절하게 사용하느냐가 더 중요한 것입니다.

이 책은 이러한 상황들을 고려하여 파워포인트나 프레젠테이션을 하나도 모르는 사용자도 실전에서 원하는 내용을 바로바로 뽑아 쓸 수 있도록 구성하였습니다. 파워포인트 서적은 절대 툴 중심이어서도 안되고 실전만을 강요해서도 안됩니다. 프로그램의 기능과 실전에서 사용되는 부분들을 적절하게 섞어서 설명하는 것이 가장 중요합니다.

파워포인트에는 초보자도 중급자도 없다!

파워포인트는 설득을 위한 도구에 불과합니다. 더우기 다른 프로그램에 비해 프로그램에 대한 의존도가 높지 않은 툴입니다. 때문에 어떤 방법으로 설득력을 불어넣을 것인가라는 문제가 중요합니다.

파워포인트 프로그램 자체는 절대 어렵지 않습니다. 다른 프로그램에 비해 어려운 기능도 많지 않습니다. 누구나 쉽게 배울 수 있는 프로그램입니다. 단 프레젠테이션이라는 개념이 없다면 시작이 난해할 수 있지만 이러한 점을 충분히 고려하여 프레젠테이션을 처음 접하는 사용자도 어렵지 않도록 노력했습니다.

'와~ 언제 배웠어요' 시리즈의 모든 책들이 그렇듯 컴퓨터 왕초보자도 쉽게 따라할 수 있도록 본 도서도 구성되었습니다. 파워포인트 또한 컴퓨터를 전혀 모르는 왕초보자, 아니 대왕초보자도 쉽게 따라할 수 있으므로 독자 여러분의 프레젠테이션 작업에 도움이 될 것입니다.

맺음말

프레젠테이션 관련 작업을 하고 강의를 하면서 겪었던 많은 노하우를 책의 곳곳에 넣으려고 노력하다보니 책을 집필하는 동안 많은 분들께 도움을 받고 폐를 끼친 것 같아 고마움과 미안함이 교차합니다. 책을 집필하는 동안 힘이 되어준 동료들, 지인들께 감사드리며 책 출간과 관련하여 NNC 미디어의 모민원 실장님, 이비컴 출판사의 강기원 사장님께 감사함을 전합니다.

봄을 맞이하는 설레임으로 책을 출간하며

김륜옥 올림

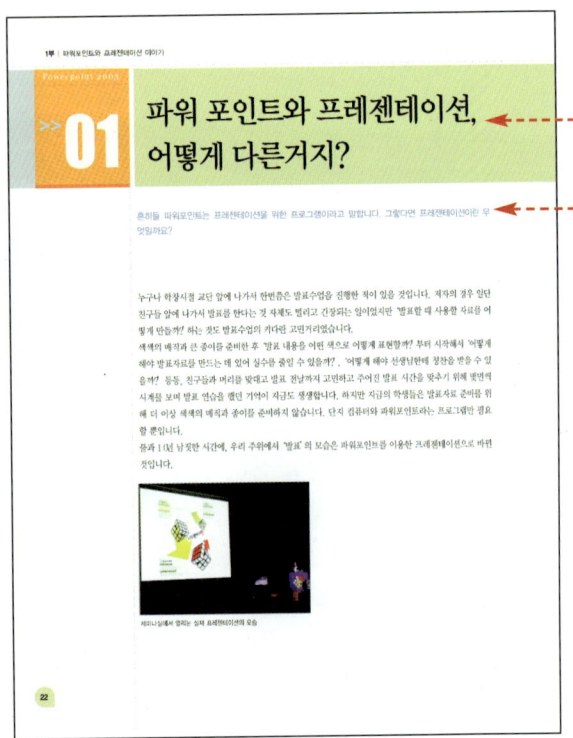

파워포인트를 처음 만나는 이들의 눈높이에 맞도록 꼭 필요한 곳에 꼭 필요한 정보만을 배치하였습니다.

❶ 장의 제목

이 책은 6개의 부(part)와 각 부에 속한 장(chapter)으로 구성되어 있으며, 각 장은 독립된 학습목표를 두고 서술되었습니다. 따라서 장 제목만 보고도 대략 어떤 내용을 배우게 되는지 알 수 있을 것입니다.

❷ 장의 발문

이번 장에서 학습할 내용을 간략하게 소개하고, 왜 배워야 하는지 어떻게 배울 것인지 등에 대해서도 설명합니다. 자연스럽게 본문 해설로 안내할 것입니다.

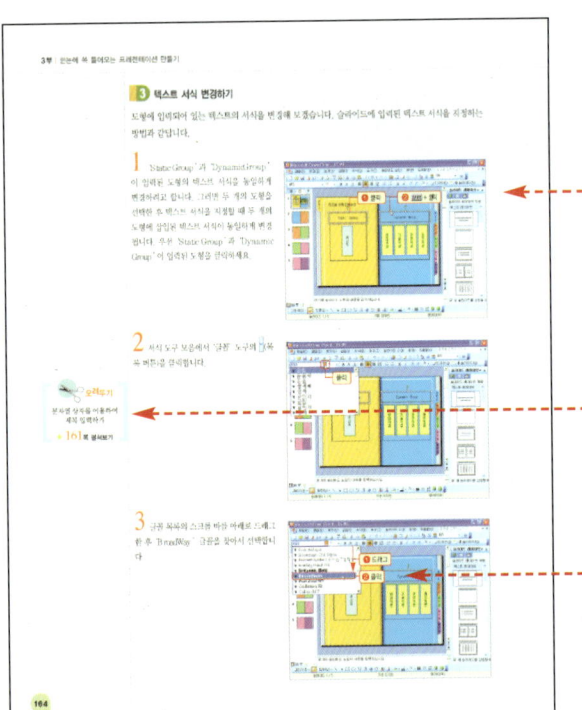

❸ 따라하기

직접 따라해야 할 내용을 그림으로 자세하게 설명하였습니다. 왼쪽의 설명을 읽고 난 후 오른쪽 그림을 보며 따라해 보세요. 본문의 따라하기는 출간 전에 여러분과 같은 초보자들의 손으로 미리 검증하였으므로, 따라하다가 막히는 부분은 없을 것입니다.

❹ 오려두기

본문 중 좀더 자세한 설명이 필요한 부분은 오려두기 표시를 달아두었으며, 여기 적혀있는 페이지로 이동하면 해당 정보를 볼 수 있습니다.

❺ 그림 도움말

초보자는 그림만 보며 따라하기에 어려움이 있을 것입니다. 때문에 마우스나 키보드의 동작 등을 주석으로 자세하게 달아두어 좀더 쉽게 따라할 수 있도록 하였습니다.

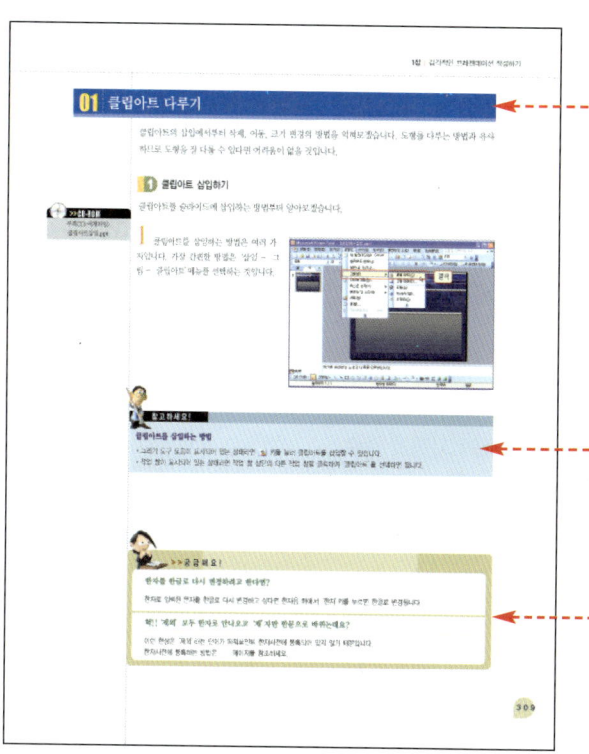

❻ 큰 소절

본문 단락의 제목으로 학습내용의 구체적인 개념을 나타냅니다. 여러분은 큰 소절에서 한가지 기능들을 따라 배우게 될 것입니다.

❼ 참고하세요!

본문 내용 중 힌트가 필요한 부분, 따라하기 중 실수가 예상되는 부분 등에 대한 필자의 세심한 조언입니다. 역시 빼놓지 말고 읽어보도록 하세요.

❽ 궁금해요!

출간 전 책의 내용을 따라해본 초보자들이 궁금해 했던 것, 잘 되지 않았던 부분들에 대한 답입니다. 때에 따라서는 본문 내용에 못지 않게 중요한 내용도 있으므로 빼놓지 않고 살펴보도록 하세요.

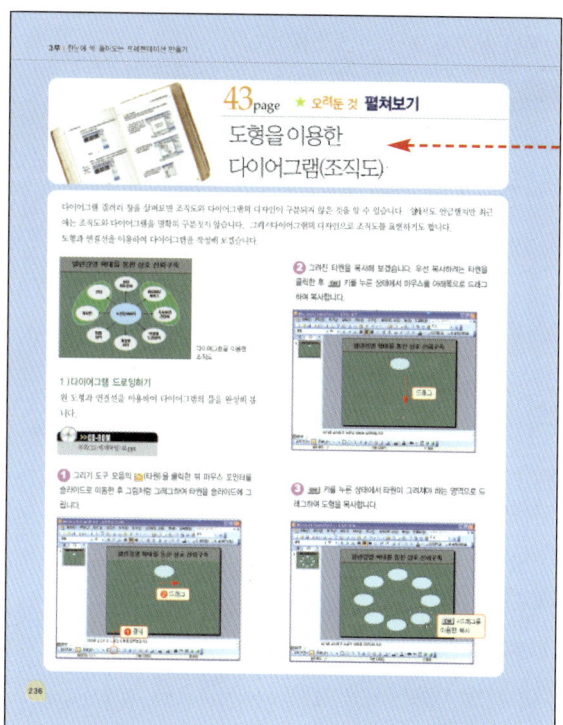

❾ 오려둔 것 펼쳐보기

오려두기에서 오려놓은 정보를 꺼내보는 페이지로, 유익한 내용이 가득합니다. 기본적인 내용은 본문에서 해결하고 이곳에서 좀더 전문적인 노하우를 엿보는 것입니다. 꼭 여러분의 것으로 만들기 바랍니다.

책의 전체 내용을 한눈에 볼 수 있도록 하였습니다.
자신에게 꼭 필요한 내용을 쉽고 빠르게 찾아가는 데 도움이 될 것입니다.

1부 | 파워포인트와 프레젠테이션 이야기

 이런 분은 꼭 보세요.

- 프레젠테이션의 의미를 잘 모른다.
- 실제 프레젠테이션 장면을 본 적이 없다.
- 자신의 컴퓨터에 파워포인트가 설치되어 있지 않다.

[다룬 내용]

- 파워포인트와 프레젠테이션의 개념
- 실제 프레젠테이션은 어떻게 이루어지는가?
- 파워포인트의 시작과 종료
- 파워포인트 2003의 설치
- 파워포인트 2003의 화면 구성

2부 | 파워포인트를 시작해 볼까요?

 이런 분은 꼭 보세요.

- 일단 한번 만들어나 보고 싶다.
- 파워포인트에서 기본적인 슬라이드 만들기가 제일 어려웠다.
- 글자를 꾸미고 문단 모양을 맞추는 작업이 힘들다.

[다룬 내용]

- 처음부터 끝까지 일단 한번 만들어보기
- 슬라이드 제작과 텍스트 입력
- 기본적인 슬라이드 편집
- 파워포인트 파일 저장과 불러오기

3부 | 한눈에 쏙 들어오는 프레젠테이션 만들기

 이런 분은 꼭 보세요.

- 원형, 사각형 등 도형을 자주 다루는 편이다.
- 입체 도형으로 내용을 표현하고 싶다.
- 조직도나 플로차트(순서도)를 자주 작성한다.

[다룬 내용]

- 도형 드로잉의 기본 개념
- 입체 도형 제작과 다루기
- 사내 조직도 만들기
- 다이어그램을 이용한 내용 표현

4부 | 효과적인 내용 전달을 위한 프레젠테이션 만들기

 이런 분은 꼭 보세요.

• 도표로 표현해야 할 내용이 있다.
• 통계 자료를 발표해야 하는데 보기좋게 다듬는 방법은?

[다룬 내용]

• 도표 만들기
• 도표 서식 지정하기
• 차트 만들기
• 다양한 차트 종류와 서식 지정

5부 | 청중의 오감을 사로잡는 멀티미디어 프레젠테이션

 이런 분은 꼭 보세요.

• 제목을 좀더 멋지게 장식하고 싶다.
• 그림이 필요한 문서를 자주 작성한다.
• 사운드와 동영상, 애니메이션 등 화려한 프레젠테이션을 선호한다.
• 매 슬라이드마다 규칙적인 디자인이 필요하다.

[다룬 내용]

• 클립아트, 그림 등의 문서 삽입
• 사운드와 동영상을 이용한 멀티미디어 프레젠테이션 작성
• 화면전환 기법과 애니메이션 효과
• 마스터를 이용한 슬라이드 디자인

6부 | 프레젠테이션 발표 준비하기

 이런 분은 꼭 보세요.

• 문서 작성은 끝! 이제 발표할 시간이다.
• 발표 자료를 청중에게 배포해야 한다.
• 프레젠테이션을 위해선 장비도 필요하다던데?

[다룬 내용]

• 프레젠테이션 발표 전 예행 연습하기
• 슬라이드 문서 인쇄
• 프레젠테이션 장비 점검하기

부록 CD-ROM에는

부록으로 제공되는 CD-ROM에는 본문에서 설명한 예제 문서와 파워포인트 활용에 도움이 될만한 관련 자료들이 들어있습니다. 필요한 예제 문서의 이름은 본문에 자세히 기재되어 있으므로 그것을 참고하기 바랍니다. 부록 CD-ROM을 어떻게 사용하는지, 어떤 내용이 들어있는지 살펴보세요.

부록 CD-ROM 실행하기
부록 CD-ROM의 라벨이 위로 보이도록 CD-ROM 드라이브에 삽입하면 자동으로 다음과 같은 초기 화면이 나타납니다.

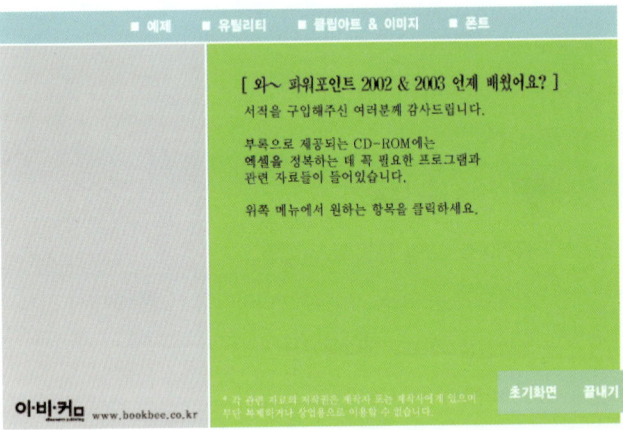

화면 위에 보이는 각 항목들을 클릭하면 설치할 수 있는 프로그램이 아래쪽에 표시되며, 각 프로그램 이름을 클릭하면 설치가 진행됩니다. 예를 들어 위의 항목에서 '유틸리티'를 선택하면 아래 쪽에 '아드레날린', '알씨' 등의 프로그램 이름이 나타나고, 이중 '알씨'를 클릭하면 각종 그림 파일을 확인할 수 있는 알씨 프로그램의 설치가 시작되는 것입니다.

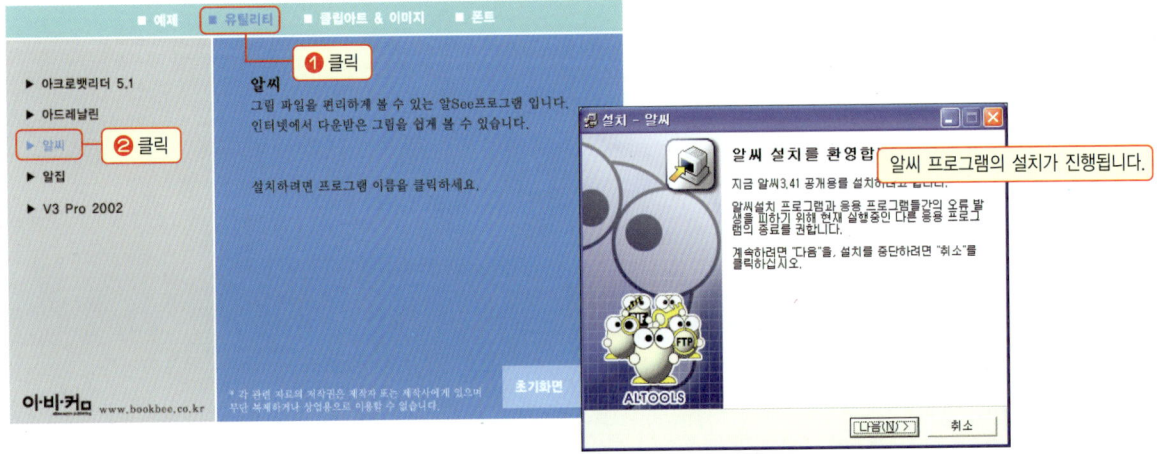

부록 CD-ROM에 담은 내용

부록 CD-ROM에 수록한 프로그램은 사용할 수 있는 기간을 표시하였으므로 참고하기 바랍니다(본문에서 다루지 않은 프로그램도 독자 여러분의 편의를 위하여 수록하였으므로 필요할 때 사용하시기 바랍니다).

예제

예제 파일

본문에서 사용한 예제 문서들입니다. 필요한 예제 문서명이 본문에 기재되어 있으므로 참고하기 바랍니다(부록 CD-ROM의 예제 문서에는 수정 사항을 곧바로 저장할 수 없습니다. 다음 페이지를 참고하세요).

유틸리티

AcroReader51_KOR : 아크로뱃리더 5.1

PDF 파일을 열어 볼 수 있는 한글 아크로뱃리더 5.1 버전입니다(기간제한 없음).

Adrenalin1.3.2 : 아드레날린

윈도우 미디어 플레이어처럼 동영상을 편리하게 볼 수 있는 아드레날린 프로그램입니다. 윈도우 미디어 플레이어에서 제공하지 않는 다양한 기능을 제공합니다(기간제한 없음).

ALSee341 : 알씨

그림 파일을 편리하게 볼 수 있는 알See 프로그램입니다. 인터넷에서 다운받은 그림을 쉽게 볼 수 있습니다(기간제한 없음).

ALZip504 : 알집

압축을 해제하거나 압축할 수 있는 알집 프로그램입니다(기간제한 없음).

v3pro2002_eval : V32002

안철수 바이러스 연구소의 V3 Pro 2002입니다. 상용 프로그램이며 일정 기간 이후 구입해서 사용해야 합니다(기간제한 30일).

photoshop7.exe : 포토샵 7

강력한 2D 그래픽 프로그램 포토샵 7의 데모 버전입니다. 각종 이미지를 합성하거나 다양한 효과를 낼 수 있어 멋진 프레젠테이션 문서를 만들 수 있습니다. 본문 447페이지를 참조하세요.

ppviewer.exe : 파워포인트 뷰어

파워포인트 문서를 확인할 수 있는 뷰어 프로그램으로 기간제한이 없고 무료입니다. 인쇄는 가능하지만 문서를 수정하거나 저장할 수는 없습니다. 자세한 내용은 본문 452페이지를 참조하세요.

Powerplug-Transitions.exe : 파워플러그 트랜지션

슬라이드 쇼를 실행할 때 다양한 화면 전환 효과를 적용할 수 있는 플러그인 프로그램입니다. 자세한 내용은 본문 450페이지를 참조하세요(기간 제한 없음).

Powerplug-Charts.exe : 파워플러그 차트

3D 차트를 만들어 문서에 삽입할 수 있는 플러그인 프로그램입니다. 자세한 내용은 본문 449페이지를 참조하세요(기간 제한 없음).

클립아트 & 이미지

클립아트

클립아트(Clipart)란 '작은 그림 조각'을 의미하며 문서에 삽입하여 시각적인 효과를 높여줄 수 있습니다.

폰트

공개용 폰트

보기 좋은 문서를 위한 다양한 서체 모음입니다. 서체를 사용하는 방법은 오른쪽 페이지에서 설명합니다.

부록 CD-ROM의 예제 문서 사용하기

CD-ROM에 담긴 예제 문서는 읽기만 할 뿐 저장은 할 수 없는 '읽기 전용' 속성이 적용되어 있습니다. 따라서 일반 문서와 같이 사용하기 위해서는 몇 가지 과정을 거쳐야만 합니다.

> 만일 파워포인트에서 부록 CD-ROM의 문서를 불러온 후 수정을 하고 저장하려 한다면 다음과 같은 에러 메시지가 나타날 것입니다. 이는 CD-ROM은 읽기만 할 뿐 저장할 수 없는 매체이기 때문입니다.
>
>

❶ 먼저 윈도우 탐색기를 실행한 후 부록 CD-ROM에서 '예제' 폴더를 마우스로 클릭한 후 오른쪽 버튼을 누른 다음 부메뉴에서 '복사'를 선택합니다.

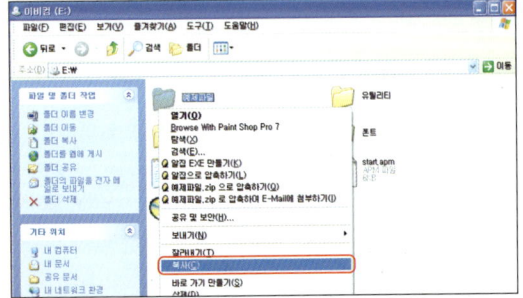

❷ 이제 C 드라이브나 다른 하드디스크의 임의의 폴더를 선택한 후 마우스 오른쪽 버튼을 누르고 '붙여넣기'를 선택하세요.

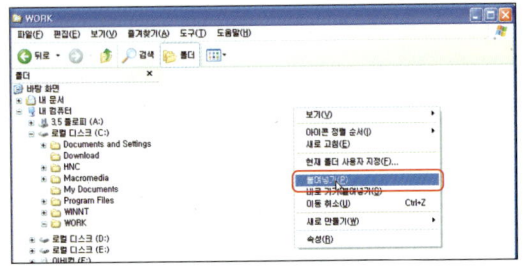

❸ 부록 CD-ROM의 예제 폴더가 여러분의 하드디스크로 이동합니다. 잠시 기다리세요.

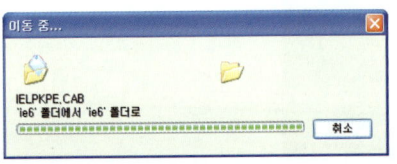

❹ 복사된 예제 폴더를 마우스로 선택한 후 오른쪽 버튼을 누른 다음 부메뉴에서 '속성'을 클릭합니다.

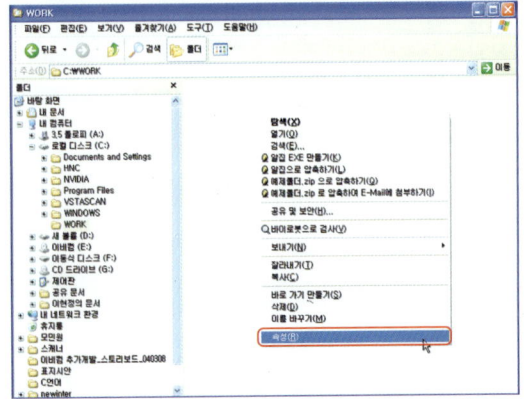

❺ 나타난 등록 정보 창 아래쪽을 자세히 살펴보면 '읽기 전용' 항목이 체크되어 있을 것입니다. 이 항목을 마우스로 두번 클릭하여 그림과 같이 체크를 완전히 해제한 후 '확인' 버튼을 클릭하세요. 이제 이 폴더에 있는 엑셀 파일은 사용자가 수정한 후 저장할 수 있습니다.

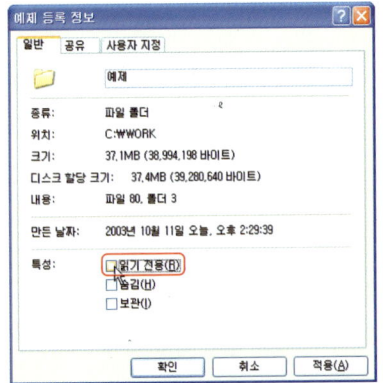

공개용 폰트 설치하기

여러분의 컴퓨터에 부록 CD-ROM의 공개용 서체를 설치하려면 다음과 같은 방법을 이용합니다(윈도우 XP를 기준으로 설명합니다).

1 부록 CD-ROM을 삽입한 후 윈도우 탐색기에서 'C 드라이브 \ Windows \ Fonts' 폴더를 선택한 후 '파일' 메뉴에서 '새 글꼴 설치'를 선택합니다(윈도우 2000인 경우 'C 드라이브 \ WINNT \ Fonts' 폴더)

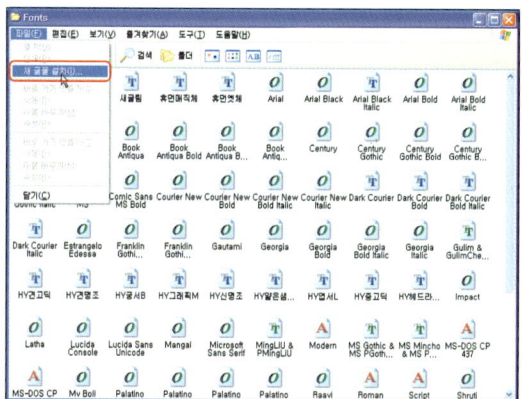

2 글꼴 추가 창이 나타나면 아래쪽 항목에서 부록 CD-ROM 드라이브와 폰트가 들어있는 '폰트' 폴더를 선택하세요.

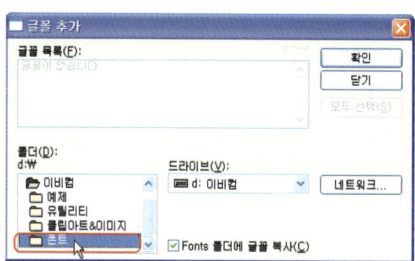

3 그러면 자동으로 위 '글꼴 목록'에 부록 CD-ROM의 폰트 이름들이 등록됩니다. 등록을 확인한 후 '모두 선택' 버튼을 클릭하고 마지막으로 '확인' 버튼을 클릭하세요.

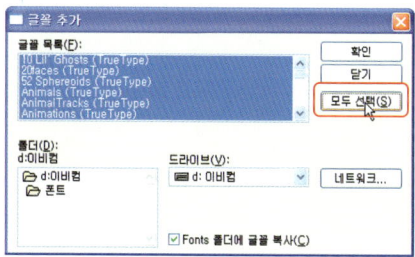

4 선택한 서체들의 설치가 진행됩니다. 모든 설치가 끝나면 파워포인트에서 영문을 입력한 후 설치한 서체를 지정해 보세요.

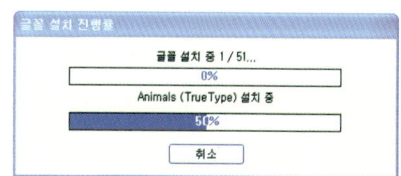

부록 CD-ROM의 초기 화면이 나타나지 않는다면

부록 CD-ROM을 삽입하였는데도 초기화면이 나타나지 않는다면 '바탕화면'에서 내 컴퓨터를 더블클릭한 후 '이비컴'이라 보이는 CD-ROM 드라이브를 더블클릭하세요. 그리고 난 후 'start.exe' 파일을 더블클릭하면 초기화면이 나타날 것입니다.

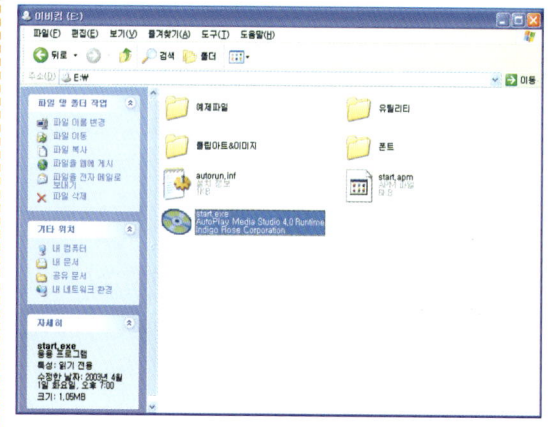

CONTENTS

저자의 말 3

이 책의 구성 6

나에게 맞는 책 읽기 8

부록 CD-ROM 사용법 10

1부 파워포인트와 프레젠테이션 이야기

01 파워포인트와 프레젠테이션, 어떻게 다른거지? 22

01 파워포인트와 프레젠테이션과의 관계 23

02 실제 프레젠테이션 훔쳐보기 24

03 성공하는 프레젠테이션의 기본 조건 26

02 처음 만나는 파워포인트 28

01 파워포인트 2003의 새로운 기능 29

02 파워포인트 2003 설치하기 31

03 파워포인트의 시작과 종료 34

04 파워포인트 화면 구성 이해하기 36

★ 오려둔 것 펼쳐보기 설치되어 있는 파워포인트를 삭제하려면 43

★ 오려둔 것 펼쳐보기 도구 모음에 자주 사용하는 도구 추가하기 45

2부 파워포인트를 시작해 볼까요?

01 일단 한번 만들어보는 프레젠테이션 48

01 슬라이드 추가와 텍스트 입력하기 49

02 디자인 서식 지정과 애니메이션 지정하기 51

CONTENTS

02 슬라이드 제작과 텍스트 입력하기 — 53

01 슬라이드란 무엇일까요? — 54
02 슬라이드의 크기 지정 — 55
03 텍스트 입력과 슬라이드 추가하기 — 57
04 특수문자와 한자 입력하기 — 61
05 한자 입력하기 — 64

★ 오려둔 것 펼쳐보기 빨간색 밑줄과 맞춤법 검사가 도대체 무슨 관계죠? — 66

★ 오려둔 것 펼쳐보기 한자 사전에 한자 단어를 등록하고 싶은데요? — 69

03 슬라이드 내맘대로 꾸미기 — 71

01 슬라이드에 디자인 서식 지정하기 — 75
02 텍스트 서식 지정하기 — 78
03 문단 편집하기 — 89
04 새 슬라이드 글머리 기호 및 번호 지정하기 — 92
05 텍스트 수준 지정하기 — 97
06 머리글, 바닥글 그리고 슬라이드 번호 지정하기 — 100
07 지정된 디자인 서식 변경하기 — 103

★ 오려둔 것 펼쳐보기 설치되어 있지 않은 다른 디자인은 어디서 구하나요? — 108

★ 오려둔 것 펼쳐보기 예쁜 글꼴을 추가해 볼까요? — 111

★ 오려둔 것 펼쳐보기 글자색은 변경하지 않고 배경색만 변경하고 싶어요!! — 113

04 슬라이드 멋지게 편집하기 — 116

01 개요 창을 이용하여 텍스트 편집하기 — 117
02 슬라이드의 이동과 복사 — 123

05 프레젠테이션 저장과 불러오기 — 127

01 프레젠테이션 파일 저장하기 — 128
02 저장된 프레젠테이션 파일 꺼내오기 — 133

★ 오려둔 것 **펼쳐보기** '다른 이름으로 저장 창' 해부하기 　135

★ 오려둔 것 **펼쳐보기** CD-ROM에 직접 프레젠테이션을 저장하려면 　137

★ 오려둔 것 **펼쳐보기** 급할 때! 프레젠테이션 10분만에 작성하기 　138

3부 한눈에 쏙 들어오는 프레젠테이션 만들기

01 도형으로 슬라이드 꾸미기　　　144

01 드로잉이란 무엇인가요? 　145

02 Ctrl 키와 Shift 키를 이용한 도형의 드로잉 　147

03 도형 그리기 　150

★ 오려둔 것 **펼쳐보기** 도형의 서식을 한꺼번에 변경할 수는 없나요? 　158

04 도형 핸들링하기 　159

★ 오려둔 것 **펼쳐보기** 도형을 이용하지 않으면 슬라이드에 텍스트를 입력할 수 없나요? 176

05 입체 도형 꾸미기 　177

★ 오려둔 것 **펼쳐보기** 채우기 효과에 대해서 좀더 자세히 알려주세요. 　192

★ 오려둔 것 **펼쳐보기** 선에 대해서 자세히 알려주세요. 　194

★ 오려둔 것 **펼쳐보기** 그림 저장 기능에 대하여 알려주세요. 　199

02 조직도와 다이어그램 만들기　　　201

01 다이어그램 갤러리로 간단한 조직도 만들기 　202

02 도형 서식 및 글꼴 서식 변경하기 　210

★ 오려둔 것 **펼쳐보기** 도형을 이용한 다이어그램(조직도) 　220

03 다이어그램 만들기 　225

★ 오려둔 것 **펼쳐보기** 도형을 삽입하거나 삭제하면 조직도가 이상해져요! 　236

★ 오려둔 것 **펼쳐보기** 조직도 도구 모음의 자동서식에 대하여 알고 싶어요. 　237

★ 오려둔 것 **펼쳐보기** 다이어그램 도형의 추가와 삭제   239

★ 오려둔 것 **펼쳐보기** 다이어그램의 종류와 도구 모음   240

★ 오려둔 것 **펼쳐보기** 도형을 이용한 슬라이드 디자인의 예   241

4부 효과적인 내용 전달을 위한 프레젠테이션 만들기

01 간단하게 만드는 표 슬라이드   244

01 표 만들기   245

★ 오려둔 것 **펼쳐보기** 표를 삽입하는 또 다른 방법들   248

02 표 꾸미기   251

★ 오려둔 것 **펼쳐보기** 표 및 테두리 도구 모음 살펴보기   261

★ 오려둔 것 **펼쳐보기** 표에 셀이 모자라요.   262

★ 오려둔 것 **펼쳐보기** 표 디자인 테크닉   264

02 데이터 분석을 위한 차트 슬라이드   268

01 데이터 시트를 이용한 막대 차트 만들기   269

★ 오려둔 것 **펼쳐보기** 그래프의 종류에 대하여 자세히 알려주세요.   274

★ 오려둔 것 **펼쳐보기** 그래프 도구 모음 살펴보기   276

02 차트 옵션을 이용한 차트 제목과 축 제목의 입력   277

03 차트 서식 변경하기   281

04 차트 종류 변경하기   291

★ 오려둔 것 **펼쳐보기** 도형을 이용한 차트 슬라이드 만들기   293

05 3차원 원형 차트 만들기   298

★ 오려둔 것 **펼쳐보기** 엑셀에서 작성한 표와 차트 삽입하기   303

5부 청중의 오감을 사로잡는 멀티미디어 프레젠테이션

01 감각적인 프레젠테이션 작성하기   308
01 클립아트 다루기   309
02 클립아트의 색 변경하기   316

★ **오려둔 것 펼쳐보기** 인터넷에서 다양한 클립아트 가져오기   321

03 워드아트(Wordart)의 기본적인 사용 방법   323
04 삽입된 워드아트 서식 변경하기   326
05 그림 개체 다루기   330

★ **오려둔 것 펼쳐보기** 기타 그림 도구 모음 사용하기   335

02 슬라이드에 소리와 동영상 삽입하기   336
01 슬라이드에 내 목소리 삽입하기   337
02 슬라이드에 동영상 삽입하기   344

03 슬라이드 쇼 진행과 화면 전환   347
01 사용자 지정 애니메이션 효과   348
02 이동 경로를 따라 움직이는 애니메이션   356
03 차트에 애니메이션 지정하기   360
04 화면 전환 효과 지정하기   362
05 쇼 설정과 점검하기   364

★ **오려둔 것 펼쳐보기** 쇼 재구성하기   368

04 하이퍼링크를 이용한 슬라이드 이동   369
01 실행 버튼으로 슬라이드 이동하기   370
02 이미지 맵으로 슬라이드끼리 이동하기   377

05 슬라이드 마스터를 이용한 레이아웃 디자인   385

01 슬라이드 마스터란?   386

02 마스터 제목 스타일 만들기   391

★ 오려둔 것 **펼쳐보기** 슬라이드 바닥글, 번호 위치 변경과 전체 페이지 번호의 표시   396

★ 오려둔 것 **펼쳐보기** 워드프로세서 한글의 마스터 기능   397

6부 프레젠테이션 발표 준비하기

01 프레젠테이션 발표 준비와 슬라이드 인쇄하기   400

01 발표 예행 연습하기   401

02 인쇄를 위한 환경 설정   403

02 성공 프레젠테이션을 위한 장비 점검   406

01 파워포인트 기기와 친해지기   407

02 파워포인트가 없는 경우의 프레젠테이션   411

부록 1 │ 한눈에 보는 프리젠테이션 기획과 디자인   416

부록 2 │ 만지면 커지는 파워포인트 비밀 노트   428

부록 3 │ 파워포인트와 찰떡궁합! 관련 프로그램 알아보기   447

기획 후기   454

고객지원 프로그램   455

찾아보기 Ⅰ   456

찾아보기 Ⅱ   460

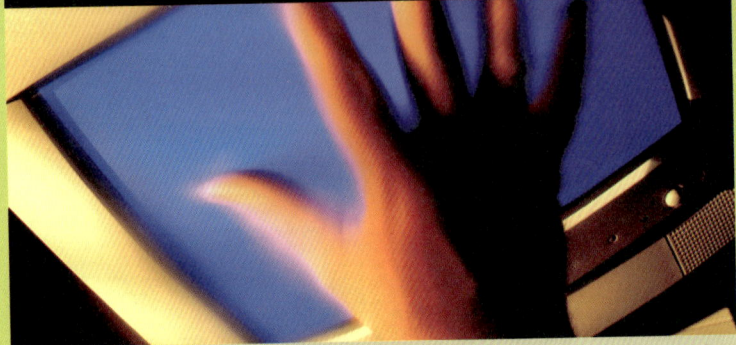

Powerpoint 2003

무엇을 배우던지 개념이 가장 중요한 법이죠.

1부는 파워포인트니 프레젠테이션이니 하는 말들을 처음 들어보는 분들을 위한 곳입니다.

일단 1부에서 파워포인트와 프레젠테이션의 의미를 알아보고, 파워포인트 프로그램의

모습을 엿보고 나면 프레젠테이션에 자신감이 생길 것입니다.

1

파워포인트와
프레젠테이션 이야기

1장 파워포인트와 프레젠테이션, 어떻게 다른거지?

2장 처음 만나는 파워포인트

The Book
on my desk

Powerpoint 2003

>>01 파워포인트와 프레젠테이션, 어떻게 다른거지?

흔히들 파워포인트는 프레젠테이션을 위한 프로그램이라고 말합니다. 그렇다면 프레젠테이션이란 무엇일까요?

누구나 학창시절 교단 앞에 나가서 한번쯤은 발표수업을 진행한 적이 있을 것입니다. 저자의 경우 일단 친구들 앞에 나가서 발표를 한다는 것 자체도 떨리고 긴장되는 일이었지만 '발표할 때 사용할 자료를 어떻게 만들까?' 하는 것도 발표수업의 커다란 고민거리였습니다.

색색의 매직과 큰 종이를 준비한 후 '발표내용을 어떤 색으로 어떻게 표현할까?' 부터 시작해서 '어떻게 해야 발표자료를 만드는 데 있어 실수를 줄일 수 있을까?', '어떻게 해야 선생님한테 칭찬을 받을 수 있을까?' 등등, 친구들과 머리를 맞대고 발표 전날까지 고민하고 주어진 발표 시간을 맞추기 위해 몇번씩 시계를 보며 발표 연습을 했던 기억이 지금도 생생합니다. 하지만 지금의 학생들은 발표자료 준비를 위해 더 이상 색색의 매직과 종이를 준비하지 않습니다. 단지 컴퓨터와 파워포인트라는 프로그램만 필요할 뿐입니다.

불과 10년 남짓한 시간에, 우리 주위에서 '발표'의 모습은 파워포인트를 이용한 프레젠테이션으로 바뀐 것입니다.

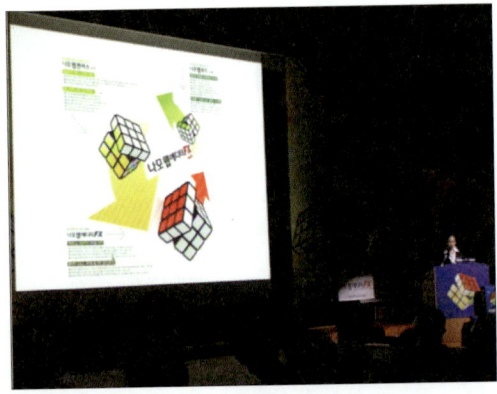

세미나실에서 열리는 실제 프레젠테이션의 모습

01 파워포인트와 프레젠테이션과의 관계

파워포인트라는 프로그램을 처음 접하는 독자의 경우 종종 파워포인트와 프레젠테이션을 같은 개념으로 생각합니다.

파워포인트와 프레젠테이션은 서로 밀접한 관계를 가지고 있기는 하지만 같은 개념은 아닙니다. 예를 들어 여러분이 맡고 있는 프로젝트에 대해 지금까지의 진행과정을 협력업체에 발표해야 한다면 그 발표 자체가 바로 프레젠테이션입니다. 이때 설명을 듣는 청중은 한 명일 수도 있고 여러 명일 수도 있습니다. 그러면 설명을 하기 위한 발표자료는 어떻게 준비해야할까요? 이 때 우리가 사용할 수 있는 프로그램이 바로 파워포인트입니다. 즉 파워포인트는 프레젠테이션을 위해 필요한 발표자료를 작성해주는 대표적인 프로그램입니다.

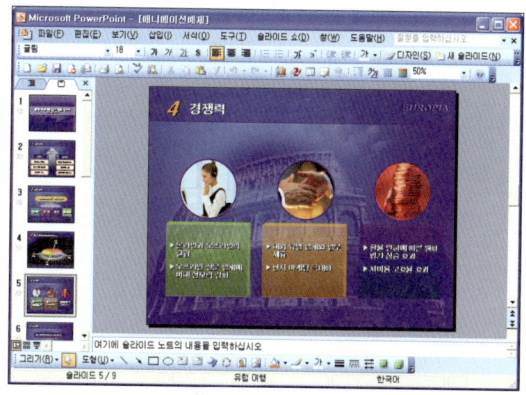

파워포인트 2003의 모습

그렇다면 발표자료는 꼭 파워포인트로 작성해야 할까요? 반드시 그런 것은 아닙니다. 전달하고자하는 내용을 명확히 표현할 수만 있다면 어떤 프로그램을 이용해도 상관 없습니다. 하지만 텍스트뿐만 아니라 그림, 표, 그래프, 소리, 동영상과 같은 다양한 형태의 데이터를 활용하여 발표자료를 빠르고 간단하게 작성하고자 한다면 파워포인트를 이용해야 합니다. 예전에는 발표자료를 OHP 필름이나 사진, 또는 35mm 슬라이드의 형태로 만들어 프레젠테이션을 진행하였습니다. 하지만 이런 형태의 프레젠테이션에서는 소리나 동영상과 같은 멀티미디어 데이터는 표현할 수 없기 때문에 발표자 한사람에 의해 진행되는 일방적이며 지루한 프레젠테이션이 될 가능성이 높습니다.

환등기

OHP(OverHead Projector)

화면 프레젠테이션은 소리나 동영상뿐 아니라 애니메이션이나 화면전환 같은 효과를 지정할 수 있기 때문에 역동적인 프레젠테이션이 가능하다는 장점이 있습니다. 만약 OHP 필름이나, 35mm 슬라이드를 이용한 발표자료가 꼭 필요하다면 어떻게 해야할까요? 아주 간단합니다. 파워포인트에서 작성한 내용을 OHP 필름 또는 35mm 슬라이드에 출력하면 됩니다.

누군가가 여러분에게 '프레젠테이션과 파워포인트와의 차이점이 무엇이냐?' 라고 물어본다면 주저할 필요없이 '프레젠테이션은 청중 앞에서 정보를 전달하기 위한 발표 행위이고, 이러한 발표자료를 좀 더 멋지고 화려하게 작성할 수 있는 프로그램이 바로 파워포인트' 라고 설명하면 됩니다.

02 실제 프레젠테이션 훔쳐보기

대부분의 기업체, 학회, 대학에서는 청중들 앞에서 정보를 효과적으로 전달하기 위해 파워포인트를 이용하여 프레젠테이션 자료를 작성합니다. 예전에는 아주 간략하게 프레젠테이션 자료를 작성하는 것이 관례였습니다. 하지만 요즘은 프레젠테이션에 관련된 반응이 즉각 표출되기 때문에 청중들의 관심을 집중시키기 위해 다양한 디자인과 멀티미디어 효과를 부여하여 프레젠테이션을 작성하고 있습니다.
물론 화려한 디자인과 멀티미디어 효과가 프레젠테이션의 핵심이 될 수는 없습니다. 하지만 청중들의 관심을 집중시키는 데는 효과적입니다. 그렇다면 과연 어떤식으로 프레젠테이션을 작성해야 할까요?

실제로 사용되었던 프레젠테이션 문서의 예(www.ptbox.co.kr 자료)

소규모의 발표자료라면 개인이 작성하지만, 대외적으로 발표하는 회사 소개 또는 외국인 투자 설명회와 같은 경우에는 개인이 프레젠테이션을 작성하지 않고, 프레젠테이션을 전문적으로 작성해주는 전문업체에 맡겨서 비주얼(Visual)하면서도 동적인 프레젠테이션을 작성하고 있습니다.

네이버나 엠파스와 같은 인터넷 검색엔진에 '프레젠테이션'이라고 입력한 후 검색하면 프레젠테이션을 작성해주는 전문업체가 많이 나타납니다. 검색된 사이트들을 살펴보면 대부분 자신들이 작업한 포트폴리오를 공개하여 보여주고 있습니다. 포트폴리오를 보면서 여러분은 '나도 저렇게 할수 있을까?' 라고 생각할 것입니다. 하지만 누구나 처음부터 멋지고 화려한 프레젠테이션을 작성할 수는 없습니다. 차근차근 전문적으로 작성된 프레젠테이션을 보면서 분석을 해야 합니다. 모방은 창조의 어머니라고 합니다. 자꾸 따라서 만들어 보세요.

다음은 대표적인 프레젠테이션 전문 제작 업체입니다.

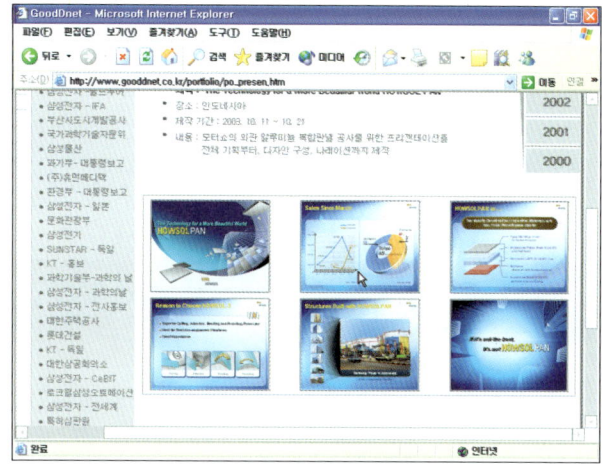

굿디넷(www.gooddnet.com)

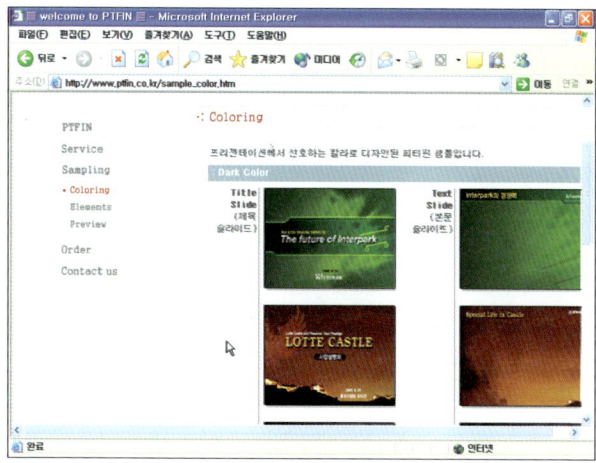

피티핀(www.ptfin.co.kr)

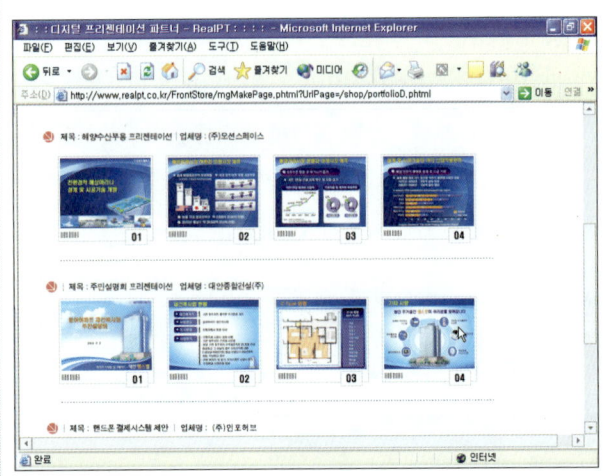

리얼피티(www.realpt.co.kr)

03 성공하는 프레젠테이션의 기본 조건

우리는 왜 청중들 앞에서 프레젠테이션을 진행할까요?

짧은 시간 안에 발표자가 전달하고자 하는 정보를 청중들에게 쉽고 빠르게 전달하기 위함입니다. 그렇기 때문에 발표 내용 중 가장 핵심이 되는 정보를 선택하여 청중들이 쉽게 이해할 수 있도록 자료를 준비하는 것이 성공 프레젠테이션의 핵심입니다. 그렇다면 어떤 식으로 작성해야 청중들이 쉽게 이해할 수 있는 프레젠테이션이 될까요? 프레젠테이션을 성공적으로 이끌기 위해서 필요한 기본 조건을 4가지로 나누어 보았습니다.

첫째, 설득을 위한 프레젠테이션인가? 내용 전달을 위한 프레젠테이션인가?

프레젠테이션을 준비하기 위한 가장 기본적인 준비는 프레젠테이션의 목적을 정확히 분석하는 것입니다. 만약 프레젠테이션의 목적이 상대방을 이해시키고 설득하려는 것이라면 결론을 우선 제시한 후 하나하나 설명해 나가는 방식을 선택하는 것이 좋습니다. 단순히 내용을 전달하고자 하는 것이 목적이라면 전달하려는 내용과 관련된 실제 사례를 보여준 후 내용을 설명하는 방식이 좋습니다.

둘째, 전달하고자 하는 내용을 명확하게 표현해야 합니다.

전체적으로 내용이 자연스러우면서 논리적으로 연결되도록 구성해야 합니다. 또한 한번에 하나의 정보를 전달하는 단순한 구조가 효과적입니다.

셋째, 전달하고자 하는 내용을 간결하게 표현해야 합니다.

자세한 설명은 발표자의 몫이므로 되도록이면 문장 형태가 아닌 단어 형태로 문서를 작성하는 것이 좋습니다. 하지만 부득이 문장 형태로 작성해야 한다면 글머리 기호를 이용하거나 도형을 이용하여 내용을 표현하는 것이 좋습니다. 뿐만 아니라 청중이 한눈에 알아볼 수 있는 글꼴을 사용하는 것도 중요합니다.

넷째, 슬라이드 디자인이 간결하며 함축적이어야 합니다.

프레젠테이션을 구성하고 있는 슬라이드를 어떻게 디자인하느냐에 따라 청중의 관심이 집중되기도 하고 분산되기도 합니다. 그렇다면 화려하고 현란한 슬라이드로 디자인해야 할까요?
화려하기만 한 슬라이드는 처음에 청중들의 시선을 집중시킬 수 있을지 몰라도 금방 싫증을 내게 마련입니다. 그러므로 발표 내용과 연관된 내용으로 아주 간결하게, 그리고 청량감이 느껴지는 색들을 이용하여 디자인하는 것이 중요합니다.

다섯째, 프레젠테이션의 형태에 따라 효과를 다르게 지정해야 합니다.

프레젠테이션은 내부 미팅이나 첨부 자료와 같이 구체적인 내용을 전달하기 위해 사용되는 제출용 형태와, 청중 앞에서 발표를 직접 진행하는 프레젠테이션 형태로 나뉩니다. 제출용의 경우 실제 발표를 위한 자료가 아니기 때문에 내용을 자세하게 기술해야 하며, 대부분 프린트를 해서 사용하기 때문에 흰 바탕에 글자색으로 검은색을 사용하는 것이 가장 좋습니다.
반면 직접 발표를 진행하는 프레젠테이션의 경우에는 청중의 관심을 지속적으로 집중시켜야 하기 때문에 두 가지 이상의 색상과 애니메이션 효과 및 화면전환 효과를 적절하게 적용해야 합니다.

여섯째, 자신감을 가지고 또박또박 정확하게 발표해야 합니다.

많은 청중 앞에서 발표를 진행하려고 하면 긴장되고 떨리는 것은 당연합니다. 하지만 발표자가 얼마나 자신감을 가지고 발표를 하느냐에 따라 프레젠테이션의 성공과 실패가 좌우된다고 해도 과언이 아닙니다.
때문에 발표자는 자신감을 바탕으로 발표의 강약을 조절하고, 청중들과 시선을 맞추거나 적절한 질문을 던짐으로써 일방적인 프레젠테이션이 아닌 발표자와 청중이 서로 상호작용하는 효율적인 프레젠테이션이 되도록 해야 합니다.

>>02 처음 만나는 파워포인트

파워포인트 프로그램을 어떻게 설치하는지, 또 설치된 파워포인트 프로그램을 어떻게 다루는지 궁금하시죠? 이러한 궁금증을 이번 장에서 해결해 드리도록 하겠습니다. 또한 파워포인트의 실행 방법부터 시작하여 종료 방법, 그리고 창의 구조 등을 살펴보고 도구모음을 사용하는 방법에 대하여 살펴보도록 하겠습니다.

앞에서 우리는 간단하게나마 파워포인트와 프레젠테이션이 무엇인지 살펴보았습니다. 이번 2장에서는 드디어 파워포인트를 만나보게 될 텐데요. 다음과 같은 점들을 배우게 될 것입니다.

1 파워포인트 2003의 향상된 기능

'새로운 파워포인트는 어떻게 생겼을까?', '어떤 새로운 기능이 추가되었을까?' 부터 시작하여 기대반 설레임반으로 접한 파워포인트 2003. 파워포인트 2003에 추가된 기능에 대하여 살펴보도록 하겠습니다.

2 파워포인트 2003의 설치와 실행

'내 컴퓨터에는 이미 파워포인트 프로그램이 있는데요?' 물론 대부분의 컴퓨터에는 파워포인트 프로그램이 설치되어 있을 것입니다. 하지만 파워포인트 프로그램의 버전이 2002라면? 당연히 새로운 버전의 파워포인트 프로그램을 설치해야 합니다. 뿐만 아니라 설치가 완료되었다면 파워포인트를 실행시켜봐야겠죠! 파워포인트를 실행하고 종료하는 다양한 방법에 대하여 자세히 살펴보도록 하겠습니다.

3 파워포인트는 과연 어떻게 생겼을까?

파워포인트의 화면을 구성하고 있는 각각의 요소들에 대하여 살펴보고 화면의 구성을 어떻게 변경하는지에 대하여 살펴보도록 하겠습니다.

01 파워포인트 2003의 새로운 기능

2003년 10월 발표된 '파워포인트 2003'은 이전 버전인 파워포인트 2002(XP)에서 여러 가지 기능들이 보강된 것은 물론, 새로운 기능들도 추가되었습니다. 어떤 점들이 달라졌는지 살펴보도록 하지요.

New 1. PowerPoint의 CD용 패키지

프레젠테이션 자료를 효율적으로 배포할 수 있도록 추가된 기능으로, Windows 운영체제를 사용하고 있는 컴퓨터에서 직접 파워포인트를 실행하여 프레젠테이션할 수 있는 CD-ROM을 제작합니다. 이때 CD에는 프레젠테이션과 연결된 모든 형태의 파일들을 패키지 형태로 PowerPoint Viewer와 함께 CD 에 포함시킵니다. 그러므로 파워포인트 프로그램이 없어도 어디서나 자동으로 실행됩니다.

New 2. 향상된 미디어 재생

전체 화면 크기의 프레젠테이션으로 미디어(동영상)를 재생시켜주는 기능입니다. 만약 해당 미디어 재생 에 필요한 코덱이 설치되어 있지 않다면 자동으로 다운로드를 시도합니다. 또한 Media Player 버전 8 이 상이 설치되어 있으면 ASX, WMX, M3U, WVX, WAX 및 WMA와 같은 미디어 형식도 지원합니다.

New 3. 스마트 태그 지원

슬라이드에서 데이터를 붙여넣기 할 때 나타나는 옵션 단추가 스마트 태그입니다. 여러 가지 관련된 작 업을 빠르게 실행할 수 있어 편리합니다.

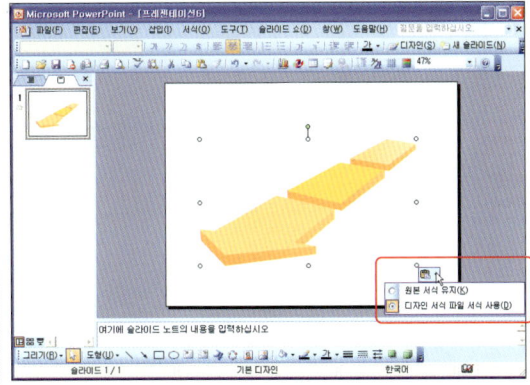

스마트 태그의 모습

New 4. 정보 권한 관리

IRM(정보 권한 관리)이라는 새로운 기능을 제공합니다. 이것은 생성된 프레젠테이션 파일의 사용 권한 과 변경 권한, 컨텐츠의 만료 날짜와 같은 권한을 지정하여 정보가 변경 또는 유출되지 않도록 하는 것 입니다(Windows Rights Mangement 클라이언트 소프트웨어가 우선 설치되어 있어야 합니다).

New | ## 5. 리서치 작업 창

파워포인트를 종료하지 않고 전자사전, 동의어 사전과 같이 컴퓨터에 설치된 정보와 온라인 자료를 이용하여 아주 빠르게 정보를 참조할 수 있도록 지원되는 기능입니다.

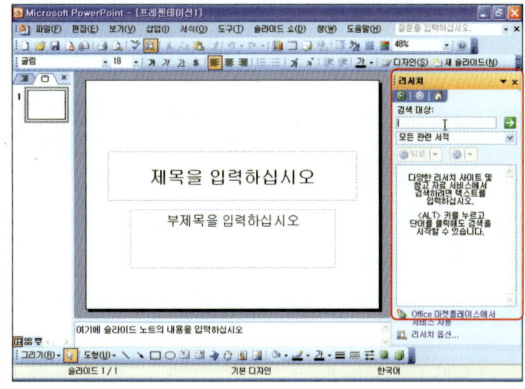

리서치 작업 창

New | ## 6. Microsoft Office Online 도움말

파워포인트 2002에서는 이미 설치된 도움말을 기준으로 해당 정보를 검색했지만, 2003 버전에서는 웹 브라우저를 사용하여 Microsoft Office Online 또는 온라인 학습과 같은 사이트로 직접 연결하여 해당 도움말을 검색합니다.

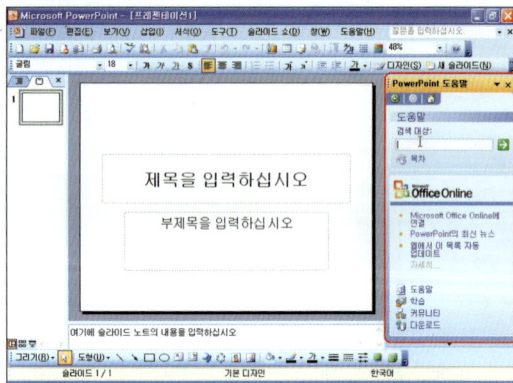

online 도움말 창

02 파워포인트 2003 설치하기

파워포인트 프로그램을 이용하여 프레젠테이션을 작성하기 위해서는 파워포인트 프로그램이 설치되어 있어야 합니다. 아마도 대부분의 컴퓨터에는 이전 버전의 Microsoft Office 프로그램이 설치되어 있을 것입니다. 그러므로 여기에서는 이전 버전의 Microsoft Office 프로그램이 설치되어 있다라는 전제하에 Microsoft Office 2003을 설치해 보도록 하겠습니다.

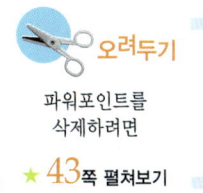

오려두기

파워포인트를
삭제하려면

★ **43**쪽 펼쳐보기

1 Microsoft Office 2003 CD를 CD-ROM 안에 삽입하면 Microsoft Office 2003 설치 프로그램이 자동으로 실행됩니다. 만약 자동으로 Microsoft Office 2003이 설치되지 않을 경우에는 Widnows 탐색기에서 CD-ROM을 선택한 후 'Setup.exe' 파일을 더블클릭하면 됩니다.

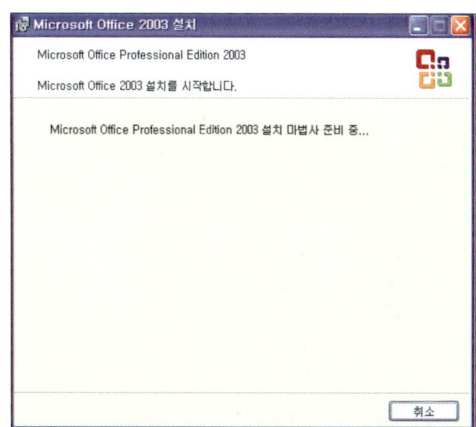

2 설치 준비가 완료되면 '제품 키'를 입력하라는 창이 나타납니다. 자신이 가지고 있는 CD 케이스 뒷면에 붙어있는 제품 키를 입력한 후 '다음' 버튼을 클릭합니다.

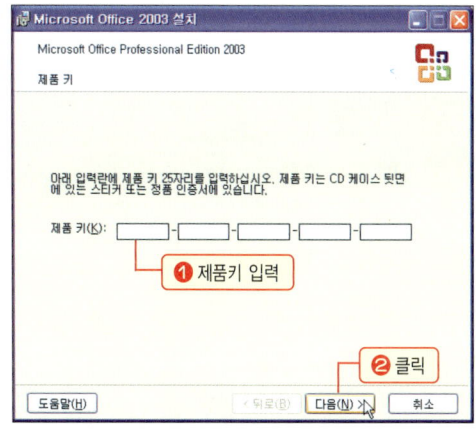

3 사용자 정보를 입력하는 창이 나타나면 사용자 이름과 이니셜, 그리고 자신이 소속되어 있는 그룹(조직)의 이름을 입력한 후 '다음' 버튼을 클릭하세요.

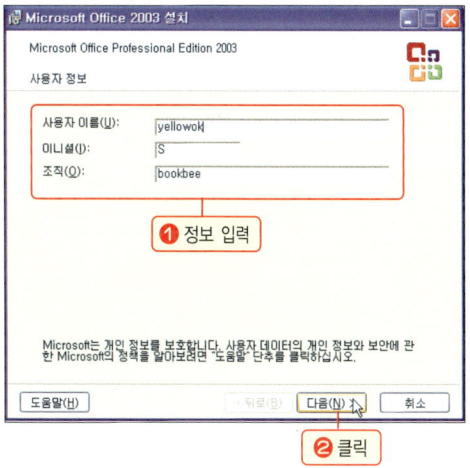

4 Microsoft Office 2003의 저작권에 동의하는지를 물어보는 창이 나타납니다. 이때 동의함을 선택한 후 '다음' 버튼을 클릭합니다.

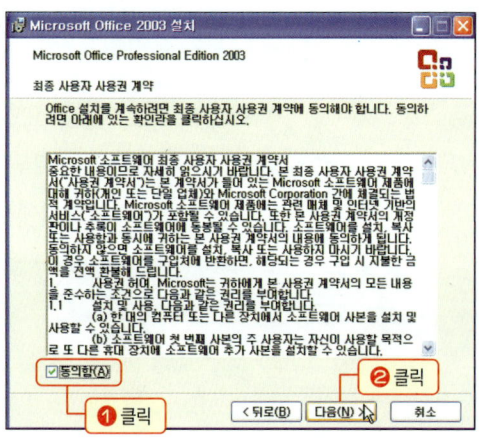

5 Microsoft Office 2003 설치 유형을 선택하는 창이 나타납니다. 설치 유형은 여러 가지 형태가 있는데, 표준 설치의 경우 프로그램을 사용하다가 추가 기능을 설치하기 위해 매번 Microsoft Office CD를 CD-ROM 드라이브에 삽입해야 하는 번거로움이 있습니다. 때문에 전체 설치를 선택한 후 '다음' 버튼을 클릭합니다.

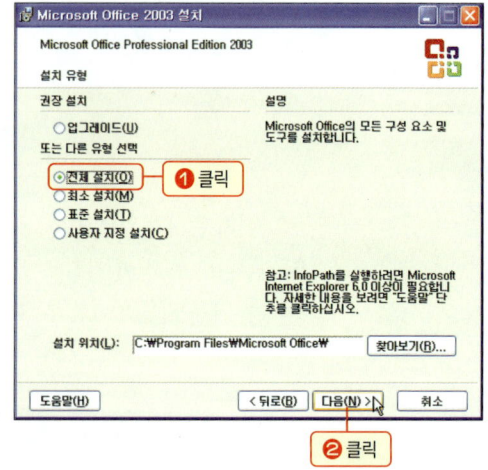

6 기존에 설치되어 있는 Microsoft Office 프로그램을 컴퓨터에서 제거할 것인지 아니면 이전 버전을 유지하면서 새로운 버전을 추가 설치할 것인지를 지정하는 창입니다. '이전 버전을 모두 유지' 항목을 선택한 후 '다음' 버튼을 클릭합니다.

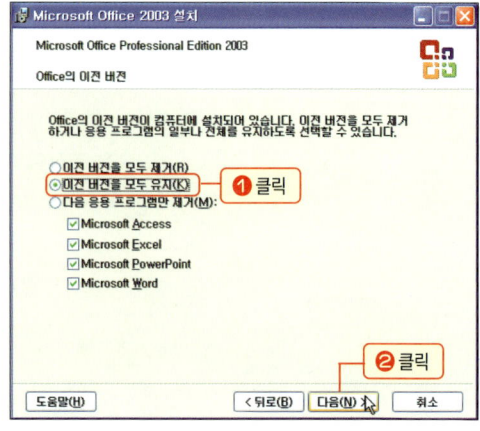

7 설치되는 프로그램의 정보와 현재 컴퓨터 하드 디스크의 사용 가능한 용량과 Microsoft Office 2003을 설치하는 데 필요한 디스트 용량 정보를 알려줍니다. 특별한 사항이 없으므로 '설치' 버튼을 클릭합니다.

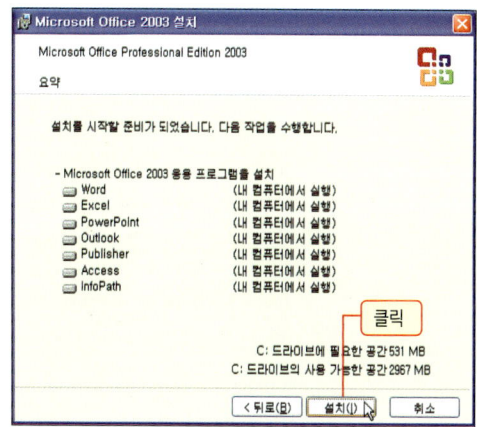

8 Microsoft Office 2003을 설치하는 화면입니다. 만약 설치 도중 취소하고 싶다면 '취소' 버튼을 클릭하면 됩니다.

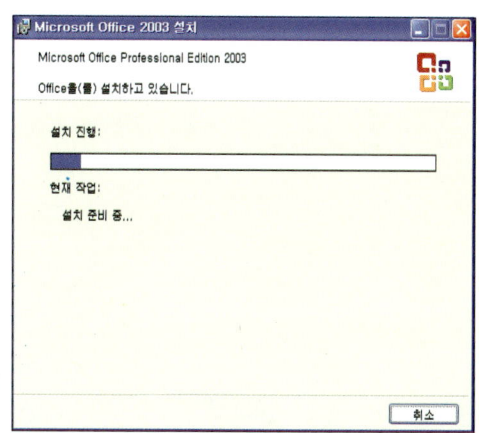

9 Microsoft Office 2003의 설치가 완료되면 그림과 같은 설치 완료 창이 나타납니다.
이때 '설치 파일 삭제'를 선택한 후 '마침' 버튼을 클릭합니다. Microsoft Office 2003은 좀더 빠른 설치를 위해 Office 설치 파일을 여러분의 컴퓨터에 자동으로 복사합니다. '설치 파일 삭제'를 선택하면 복사했던 설치 파일이 모두 삭제됩니다.

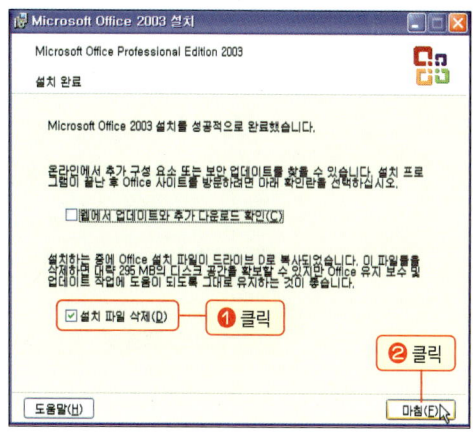

10 마지막으로 여러분의 컴퓨터에 설치된 Office 설치 파일을 삭제할 것인지 물어봅니다. '예' 버튼을 클릭해 모든 과정을 완료합니다.

03 파워포인트의 시작과 종료

파워포인트의 가장 기본적인 사용법이라 할 수 있는 실행과 종료 방법에 대하여 살펴보겠습니다. 파워포인트를 실행하는 방법은 '시작' 메뉴를 이용하는 방법과 바로가기 아이콘을 이용하는 방법으로 나뉩니다.

1 '시작' 메뉴 이용하여 실행하기

바탕화면의 '시작' 버튼을 누르세요. 그런 다음 '모든 프로그램'으로 마우스 포인터를 이동시키면 'Microsoft Office'가 나타납니다. 다시 마우스 포인터를 'Microsoft Office'로 이동시킨 후 'Microsoft Office PowerPoint 2003'를 클릭하세요.

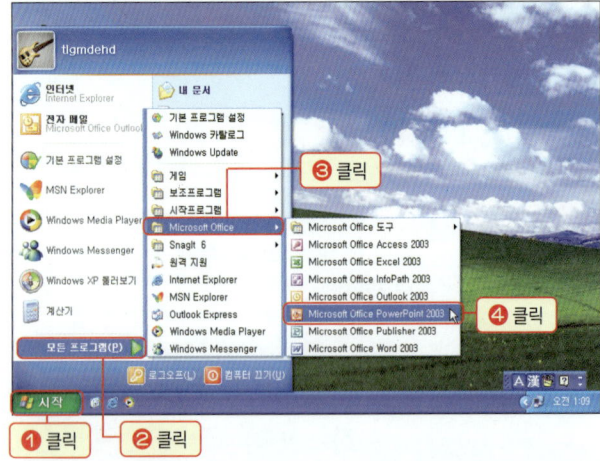

2 바로가기 아이콘 이용하여 실행하기

바탕화면의 'PowerPoint 2003' 바로가기 아이콘을 더블클릭하세요. 아주 간단하게 파워포인트가 실행됩니다.

>> 궁금해요!

내 컴퓨터에는 바로가기 아이콘이 없는데요?

바탕화면의 '시작' 버튼을 누른 후 '모든 프로그램 – Microsoft Office – Microsoft Office PowerPoint 2003'으로 마우스 포인터를 이동시키세요. 그 다음 마우스 오른쪽 버튼을 누르면 그림처럼 '바로가기' 메뉴가 나타납니다. '바로가기' 메뉴에서 '보내기 – 바탕화면으로 바로가기 만들기'를 클릭하세요. 바탕화면에 파워포인트 2003 바로가기 아이콘이 만들어집니다.

3 파워포인트 2003의 실행화면

파워포인트를 실행하면 '프레젠테이션1'이
라는 이름을 가지는 슬라이드 문서와, 다양
한 도구 모음과 창으로 구성된 파워포인트
화면이 나타납니다.

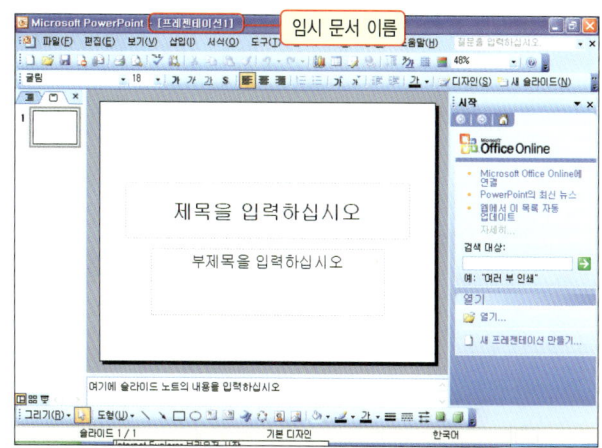

4 파워포인트 2003의 종료

파워포인트의 실행 화면이 어떻게 생겼는
지 잘 살펴보셨죠? 파워포인트를 종료하려
면 메뉴표시줄의 '파일' 메뉴를 클릭한 후
'끝내기'를 누르면 됩니다.

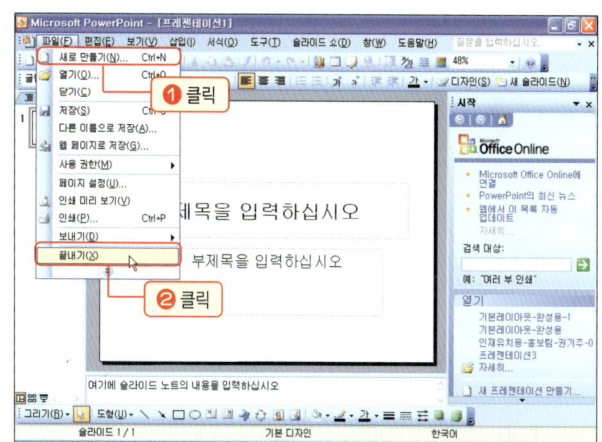

참고하세요!

또 다른 종료 방법

제목표시줄의 '종료' 버튼(☒)을 클릭해 보세요.

파워포인트가 종료되지 않고 '변경 내용을 저장하시겠습니까' 라는 메시지만 나온다면!

파워포인트를 실행한 후 빈 문서의 내용을 무언가 조정했기 때문에 나타나는 메시지입니다. 아직 저장을 한 단계가 아니므로 일단은
'아니오'를 클릭하세요.

04 파워포인트 화면 구성 이해하기

앞에서 파워포인트를 실행하고 종료하는 방법을 살펴보았습니다. 지금부터는 파워포인트의 화면을 하나하나 분석하고, 화면 구성을 변경하는 방법에 대하여 알아보도록 하겠습니다.

1 파워포인트의 화면 구성

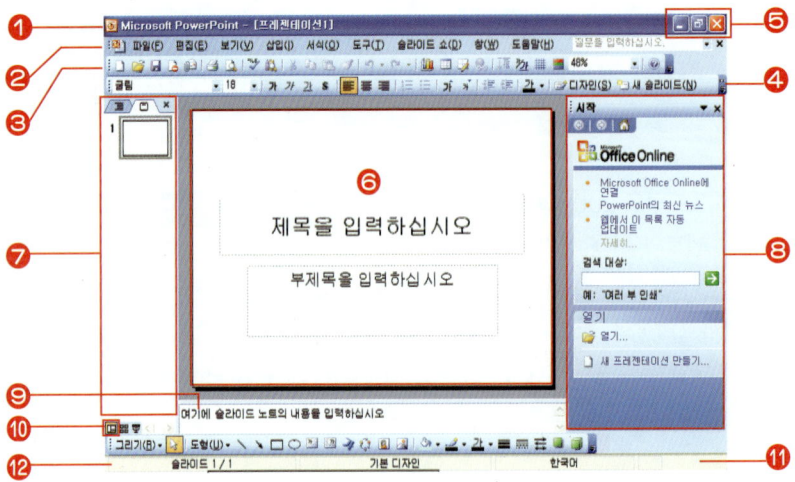

❶ 제목표시줄

현재 열려 있는 파워포인트 문서 제목으로, 파워포인트를 처음 실행하여 저장을 하지 않은 경우에는 [프레젠테이션1]로 표시됩니다. 사용자가 저장된 문서를 열었을 때는 해당 문서의 제목이 나타납니다.

❷ 메뉴표시줄

파워포인트에서 사용할 수 있는 모든 메뉴가 표시됩니다.

❸ 표준 도구 모음

파워포인트에서 활용되는 메뉴 중 활용빈도가 높은 메뉴들을 묶어서 아이콘 형태로 모아둔 곳입니다. 사용자가 원하는 형태대로 도구 모음을 직접 변경할 수도 있습니다.

참고하세요!

도구 모음이 뭔가요?

파워포인트의 모든 기능들은 '메뉴표시줄'의 메뉴에 담겨 있습니다. 하지만 매번 메뉴표시줄을 클릭하여 메뉴를 찾는다면 얼마나 번거로울까요? 파워포인트에서는 이런 번거로움을 덜어주기 위해 자주 사용하는 기능들을 아이콘 형태로 묶어서 사용할 수 있도록 제공하고 있는데 이것이 바로 도구 모음입니다. 도구 모음은 필요에 따라 사용자가 새로 추가할 수도 있고 삭제할 수도 있답니다.

오려두기

도구 모음 편집하기

★ 45쪽 펼쳐보기

❹ 서식 도구 모음

텍스트 서식과 슬라이드에 관련된 메뉴 중 활용빈도가 높은 메뉴들을 묶어서 아이콘 형태로 모아둔 곳입니다. 표준 도구 모음과 같이 사용자가 원하는 형태로 도구 모음을 직접 변경할 수 있습니다.

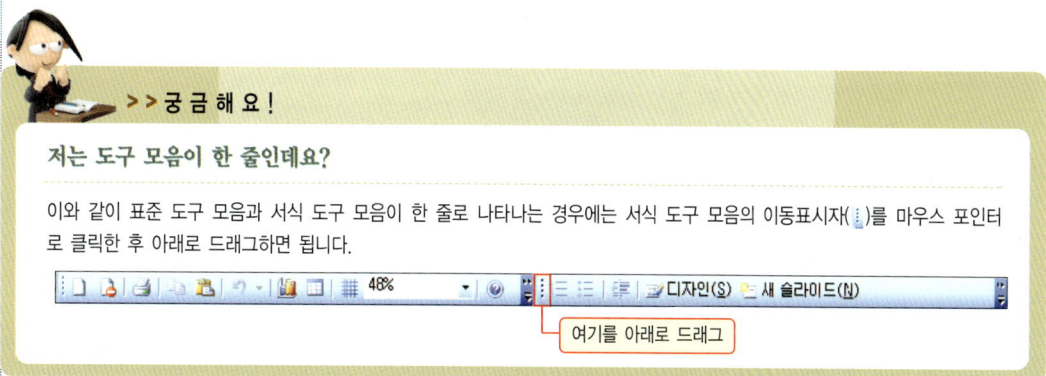

>>궁금해요!

저는 도구 모음이 한 줄인데요?

이와 같이 표준 도구 모음과 서식 도구 모음이 한 줄로 나타나는 경우에는 서식 도구 모음의 이동표시자(⋮)를 마우스 포인터로 클릭한 후 아래로 드래그하면 됩니다.

여기를 아래로 드래그

❺ 최소화/최대화/종료 버튼

파워포인트 창을 윈도우의 작업표시줄에 숨기거나 전체 화면으로 확대할 때, 또는 파워포인트 프로그램을 종료할 때 사용하는 버튼입니다.

❻ 슬라이드 창

텍스트, 도형, 표와 같은 다양한 형태의 자료가 입력되는 곳입니다.

❼ 개요 및 슬라이드 탭

개요 탭은 슬라이드에 입력된 텍스트만 표시하고, 슬라이드 탭은 작성된 슬라이드의 모습을 작은 그림으로 표시합니다.

❽ 작업 창

여러 가지 작업을 쉽게 지정할 수 있도록 제공되는 창입니다. 각각의 메뉴를 클릭하면 해당되는 메뉴의 작업 창이 표시됩니다.

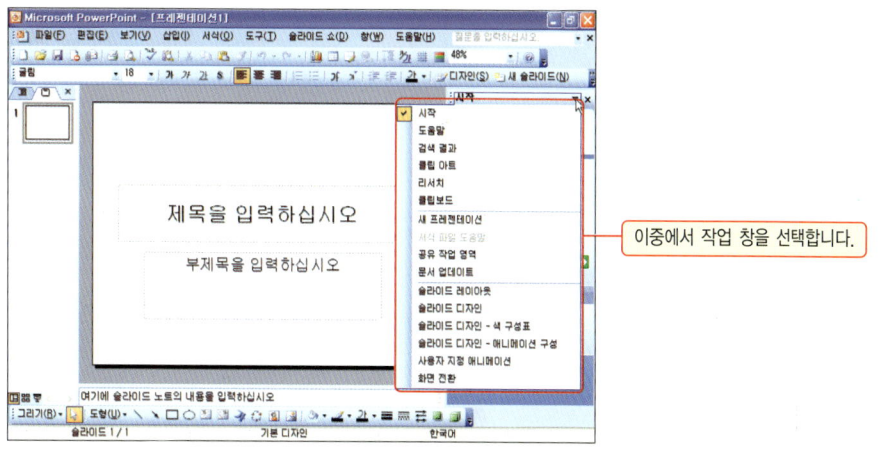

이중에서 작업 창을 선택합니다.

>>궁금해요!

작업 창이 보이지 않는데요?

기본적으로 파워포인트 2003을 실행시키면 시작 작업 창이 나타납니다. 만약 작업 창이 안나타나면 '보기 – 작업 창' 메뉴를 클릭하세요.

작업 창의 모양이 달라요.

작업 창의 목록 아이콘을 클릭하면 다른 작업 창으로 변경할 수 있습니다.

❾ 슬라이드 노트 창

해당 슬라이드에 필요한 부연 설명을 입력하는 곳입니다. 이 곳에 입력한 내용을 유인물 형태로 인쇄하여 청중에게 제공하기도 합니다.

❿ 화면 보기 전환 버튼

파워포인트 프로그램이 화면에 표시되는 형태를 지정해주는 버튼입니다. '기본 보기', '여러 슬라이드 보기', '슬라이드 쇼' 버튼으로 구성되어 있습니다.

– 기본 보기 : 개요 탭과 슬라이드 탭, 그리고 현재 선택된 슬라이드, 발표자용 노트 창 등을 포함하는 형태입니다. 기본 보기 모드에서는 하나의 화면에서 프레젠테이션의 모든 작업을 할 수 있습니다.

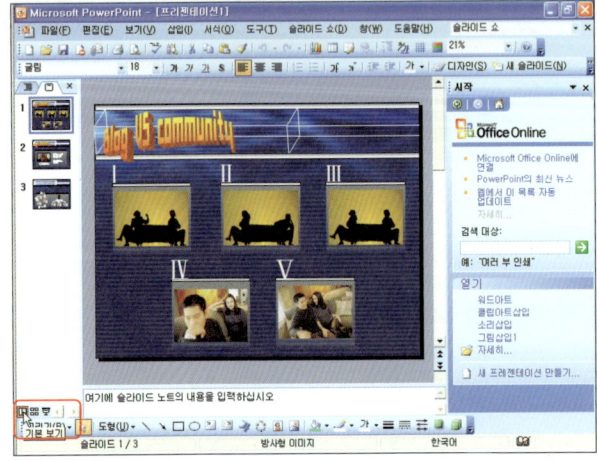

기본 보기

– 여러 슬라이드 보기 : 여러 개의 슬라이드를 축소하여 보여주는 형태로 슬라이드의 위치 변경이나 복사 또는 삭제 등의 작업을 쉽게 할 수 있습니다.

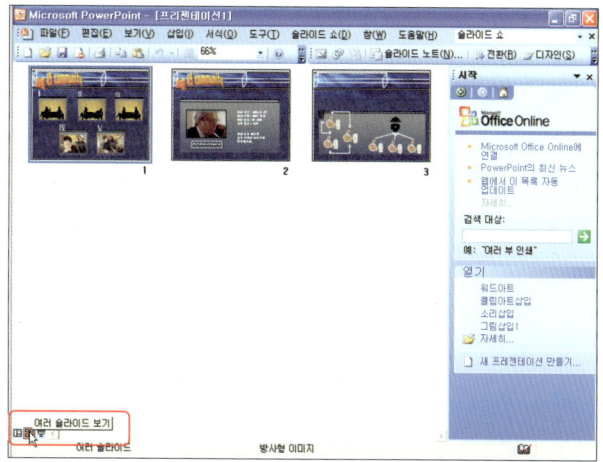

여러 슬라이드 보기

– 슬라이드 쇼 : 실제적인 프레젠테이션이 이루어지는 보기 상태입니다. 작업한 프레젠테이션 파일은 슬라이드 쇼 보기 상태에서 발표됩니다. 이 상태에서는 애니메이션이 적용된 형태를 확인할 수 있으며, 발표시 필요한 슬라이드 이동 및 펜의 사용도 가능합니다.

슬라이드 쇼

⑪ 그리기 도구 모음

도형, 선, 클립아트, 그림과 같은 메뉴들을 묶어서 아이콘 형태로 모아둔 곳입니다.

⑫ 상태표시줄

현재 작업중인 슬라이드에 관련된 정보 즉, 전체 슬라이드 수와 현재 슬라이드 번호, 적용된 디자인 서식파일의 이름, 현재 사용되고 있는 언어 등이 표시됩니다.

② 화면 구성 변경하기

파워포인트의 각종 구성요소나 화면의 크기는 사용자의 입맛대로 조정할 수 있습니다. 보기 좋게 꾸미는 것을 떠나 좀더 효율적인 작업이 가능하므로 꼭 알아두기 바랍니다.

1 화면에 표시되는 도구 모음은 사용자가 직접 추가할 수 있습니다. '보기 – 도구 모음' 메뉴를 클릭합니다. 그림과 같이 도구 모음 목록이 나타나면 추가하고자 하는 도구 모음을 클릭하면 됩니다.

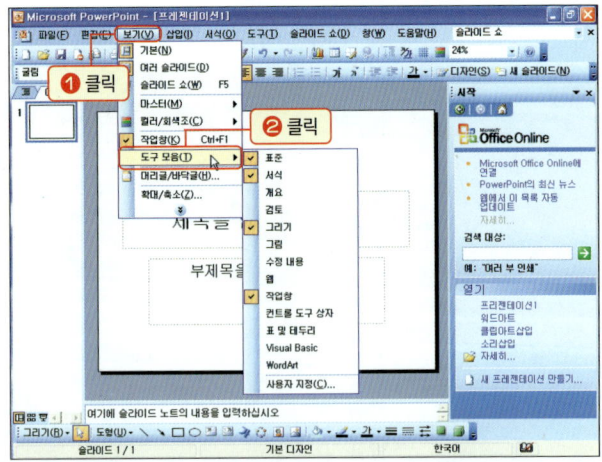

참고하세요!

도구 모음 빨리 추가하기

'보기 – 도구 모음' 메뉴를 이용하지 않고 간단히 도구 모음을 추가하려면 이미 추가되어 있는 도구 모음에서 마우스 오른쪽 버튼을 클릭하면 됩니다.

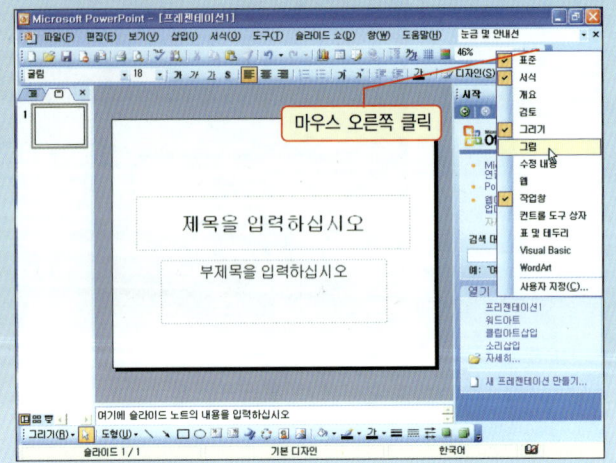

2 화면의 크기를 확대 또는 축소시킬 수 있습니다. '보기 – 확대/축소' 메뉴를 클릭합니다.

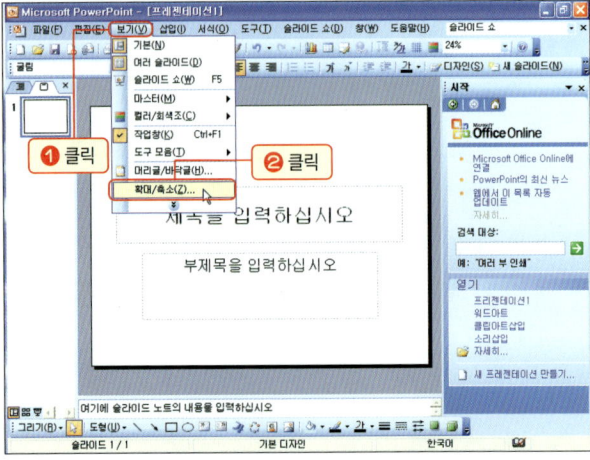

3 그림과 같이 '확대/축소' 창이 나타나면 확대 또는 축소하고자 하는 비율을 선택한 후 '확인' 버튼을 클릭합니다.

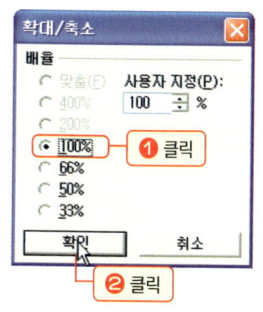

참고하세요!

도구 모음을 이용한 확대/축소

표준 도구 모음의 '확대/축소'를 이용하여 직접 변경할 수도 있습니다.

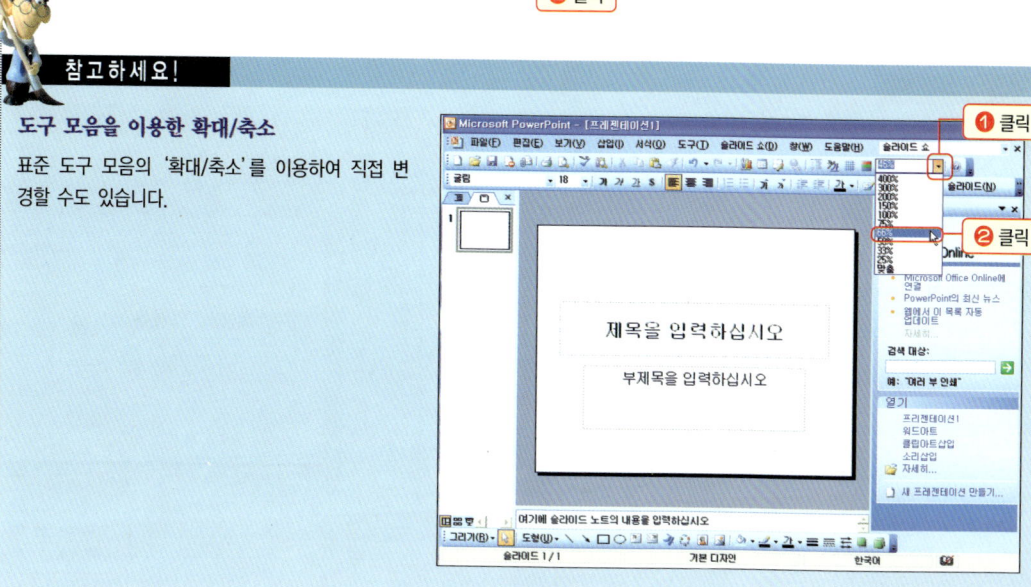

4 파워포인트에서는 슬라이드에 도형과 같은 개체를 그리거나 삽입할 때 정확히 조절할 수 있도록 눈금자와 개체들을 간편하게 정렬할수 있도록 안내선 기능을 제공하고 있습니다. '보기 – 눈금 및 안내선' 메뉴를 클릭합니다.

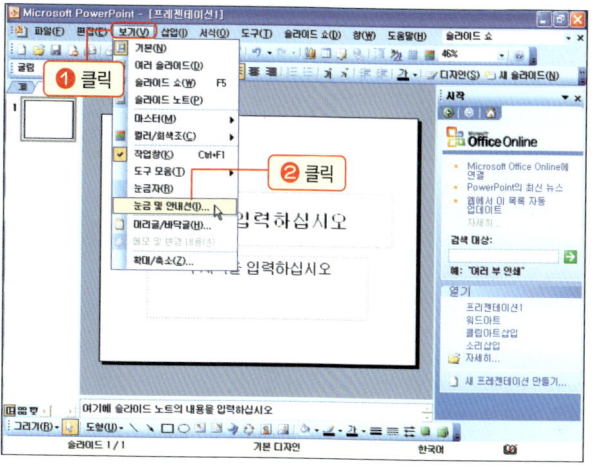

5 '눈금 및 안내선' 창이 나타납니다. 이 때 '화면에 눈금 표시'와 '화면에 그리기 안내선 표시'를 선택한 후 '확인' 버튼을 클릭합니다(눈금자의 간격은 사용자가 임의로 지정할 수 있습니다).

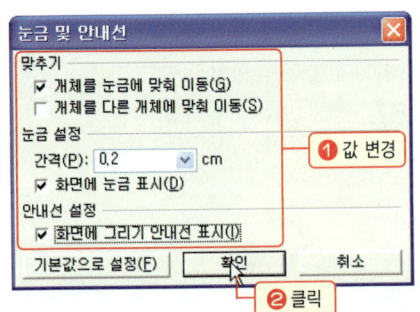

참고하세요!

슬라이드에 표시된 안내선은 인쇄시 표시되지 않습니다.

6 그림과 같이 눈금자와 안내선이 표시됩니다. 안내선과 눈금은 프레젠테이션에서 보이지 않을 뿐 아니라 인쇄도 되지 않습니다.

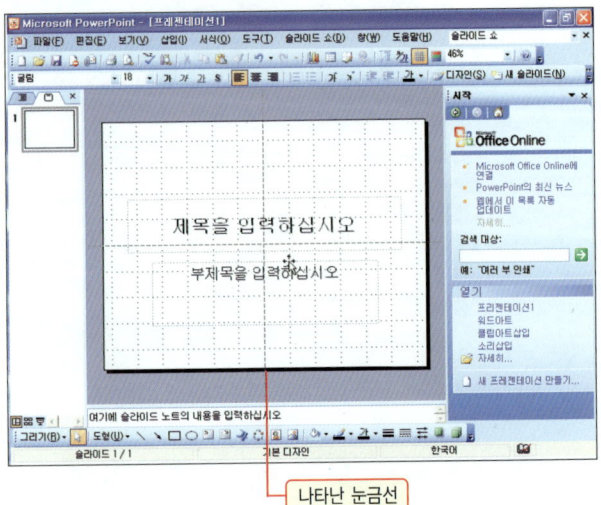

31page ★ 오려둔 것 펼쳐보기

설치되어 있는 파워포인트를 삭제하려면

자신의 컴퓨터에 설치되어 있는 프로그램은 정상적인 방법을 거쳐 삭제해야 합니다. 그렇지 않고 탐색기에서 프로그램 폴더를 곧바로 삭제해버리면 오래지 않아 윈도우에 이상이 생기고 말 것입니다. 파워포인트를 포함한 프로그램 삭제의 가장 좋은 방법은 제어판을 이용하는 것입니다.

① 윈도우에서 시작 버튼을 누른 다음 '제어판'을 선택하여 실행하고 '프로그램 추가/제거' 아이콘을 클릭합니다.

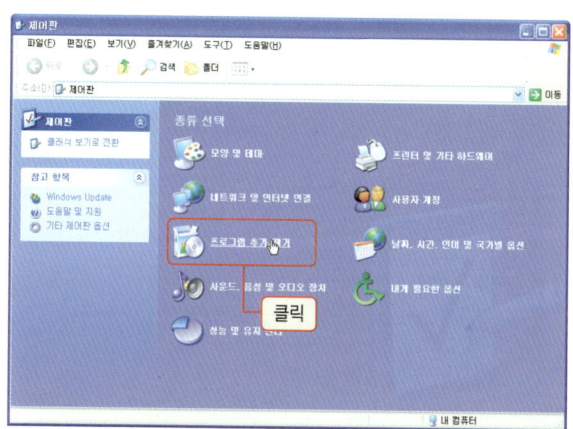

② 자신의 컴퓨터에 설치된 프로그램 목록이 나타납니다. 이중 'Microsoft Office...' 라는 항목을 선택한 후 '제거' 버튼을 누르세요.

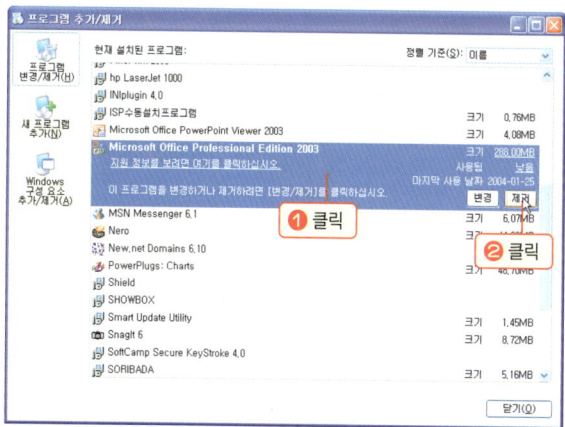

③ 그림과 같은 확인 창이 나타나면 '예' 버튼을 클릭합니다.

④ 삭제를 위한 준비가 진행되고 잠시 후 프로그램 제거가 진행되며, 연이어 나타나는 두세 개의 창이 사라지고 나면 프로그램이 모두 삭제됩니다. 프로그램 삭제중 다른 프로그램은 사용하지 않는 것이 좋습니다.

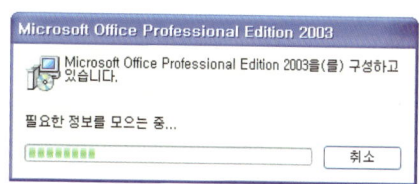

참고하세요!

응용 프로그램 중에는 별도의 삭제 기능을 갖고 있는 것도 있습니다. 그림과 같이 프로그램 목록을 보면 'Uninstall...' 이라는 아이콘이 있는데 이것을 실행하면 프로그램이 삭제됩니다.

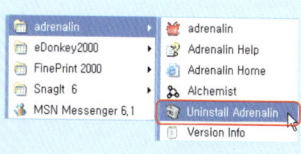

37page ★ 오려둔 것 펼쳐보기

도구 모음에 자주 사용하는
도구 추가하기

파워포인트는 '표준 도구 모음', '서식 도구 모음', '그리기 도구 모음' 등 여러 가지 종류의 도구 모음을 제공하고 있습니다. 하지만 이러한 도구 모음을 실제로 모두 사용하는 것은 아닙니다. 반대로 사용자가 자주 사용하는 도구(기능)가 도구 모음에 없는 경우도 있습니다. 하지만 걱정할 필요는 없습니다. 사용자가 자주 사용하는 도구(기능)를 도구 모음에 추가할 수 있으니까요.
지금부터 사용자가 자주 사용하는 도구(기능)를 도구 모음에 추가하는 방법을 알아보도록 하겠습니다.

❶ '보기 – 도구 모음 – 사용자 지정' 메뉴를 클릭합니다.

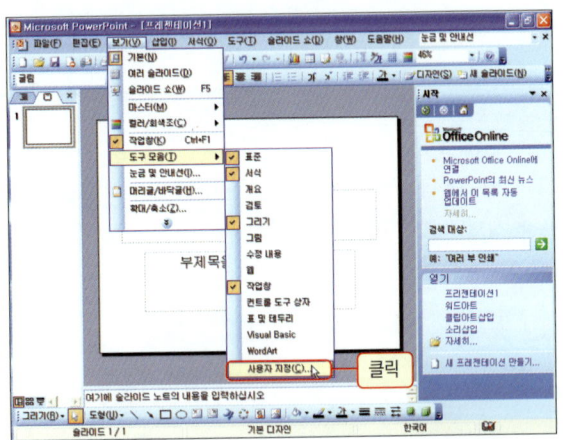

❷ '사용자 지정' 창이 나타나면 '명령' 탭을 클릭합니다.

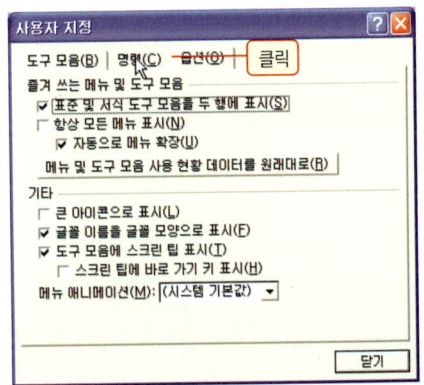

❸ '명령' 탭에는 그림과 같이 '범주'와 '명령' 창이 있습니다. '범주' 항목에서 '서식'을 선택한 후 '명령' 항목에서 '텍스트 방향 변경'을 마우스로 클릭합니다.

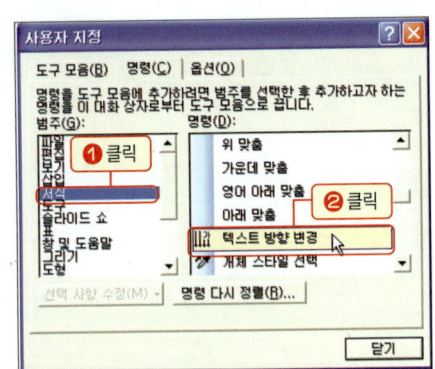

❹ '텍스트 방향 변경' 메뉴를 클릭한 상태에서 서식 도구 모음의 가장 마지막 도구 뒤로 드래그합니다. 'I'으로 표시되면 마우스 버튼에서 손을 떼세요.

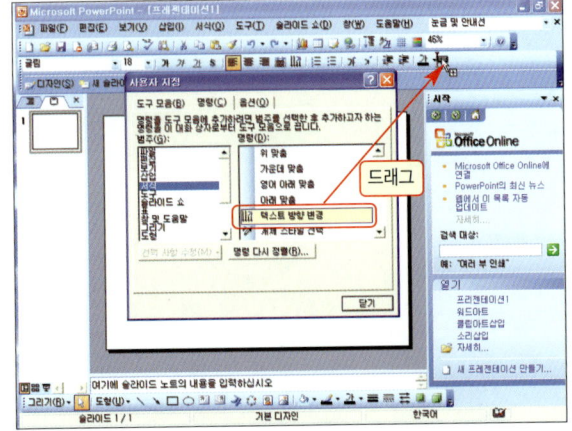

5 그림과 같이 '텍스트 방향 변경' 도구가 서식 도구 모음에 추가되었습니다. 다른 도구들도 똑같은 방법으로 도구 모음에 추가해 보세요.

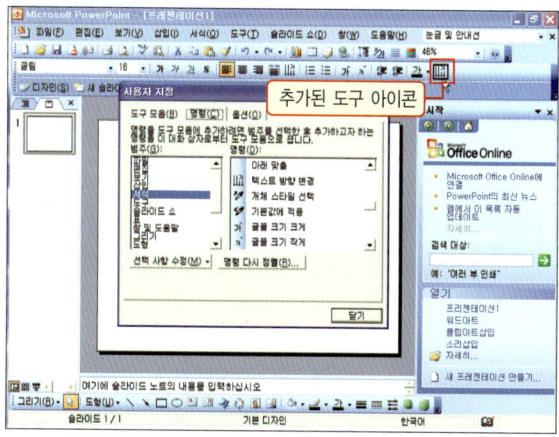

6 지금까지 도구 모음에 도구를 추가하는 방법에 대하여 살펴보았습니다. 그럼 도구의 삭제는 어떻게 할까요? 아주 간단합니다. '보기 – 도구 모음 – 사용자 지정' 메뉴를 클릭합니다. 도구 모음에서 삭제하고자 하는 도구를 선택한 후 도구 모음 바깥쪽으로 드래그하여 와 같은 모양으로 변경되면 마우스에서 손을 놓습니다. 다른 도구들도 삭제해 보세요.

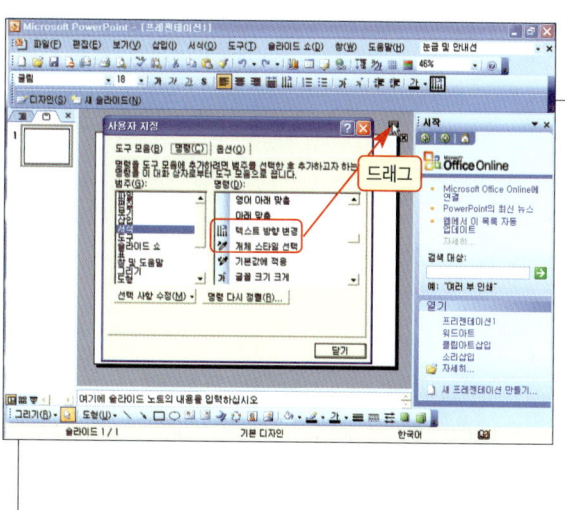

7 만약 추가한 도구 또는 삭제한 도구의 수가 많아서 기본 모양의 도구 모음으로 되돌리기가 번거롭다면 간단하게 원래대로 되돌릴 수 있습니다. '보기 – 도구 모음 – 사용자 지정' 메뉴를 클릭합니다. '도구 모음' 탭에서 원래 상태로 되돌리고자 하는 도구 모음을 선택한 후 '원래대로' 버튼을 클릭합니다.

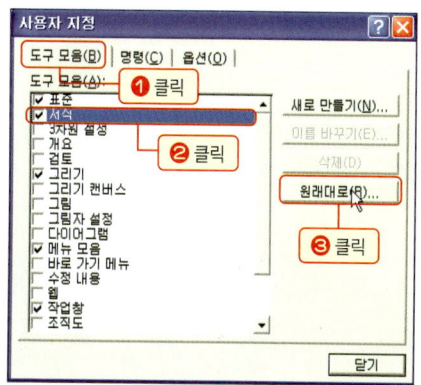

8 도구 모음을 원래대로 복원할 것인지 물어보는 창이 나타나면 '확인' 버튼을 클릭하면 됩니다.

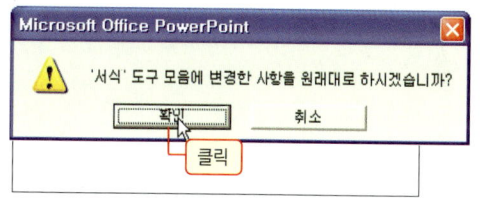

Powerpoint 2003

처음 시작하는 분들에게는 2부에서 배우는 내용이 가장 중요합니다.

무작정 프레젠테이션을 만들어본 다음 슬라이드 작성법과 간단한 편집 기법을 배워보세요.

2부를 여러분 것으로 만든다면 프레젠테이션 정복의 9부 능선을 넘은 셈입니다.

2

파워포인트를
시작해 볼까요?

1장 일단 한번 만들어보는 프레젠테이션

2장 슬라이드 제작과 텍스트 입력하기

3장 슬라이드 내맘대로 꾸미기

4장 슬라이드 멋지게 편집하기

5장 프레젠테이션 저장과 불러오기

The Book
on my desk

>> 01

일단 한번 만들어보는 프레젠테이션

이제 파워포인트인가 어떤 프로그램이라는 것쯤은 아셨겠죠? 이번에는 기본적인 프레젠테이션 문서를 작성해 보도록 하겠습니다.

'나무를 보지 말고 숲을 보라'는 말이 있습니다. 파워포인트라는 프로그램도 마찬가지입니다. 전체적인 숲은 보지 않고 나무에 해당되는 세부적인 기능만을 익히게 되면 프레젠테이션의 흐름을 알 수 없게 됩니다.

성공하는 프레젠테이션을 위해서는 나무가 아니라 숲을 볼 줄 알아야 합니다. 지금부터 간단하게 프레젠테이션의 '숲'을 살펴보도록 하겠습니다.

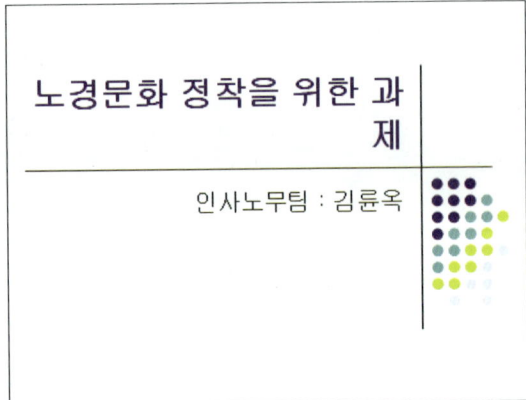

프레젠테이션 문서의 제목 슬라이드

목차
- 컨설팅 결과 주로 Issue
- 신노경문화 추진 방향
- 예상효과

목차 슬라이드

01 슬라이드 추가와 텍스트 입력하기

프레젠테이션을 작성하기 위해서는 우선적으로 슬라이드를 추가해야 합니다. 파워포인트 2003에서 제공하는 슬라이드 중 '제목 슬라이드와 텍스트' 레이아웃을 이용하여 간단히 슬라이드를 작성해 보도록 하겠습니다.

1 파워포인트 2003을 실행하면 다음과 같이 '제목 슬라이드'라는 슬라이드가 나타납니다.

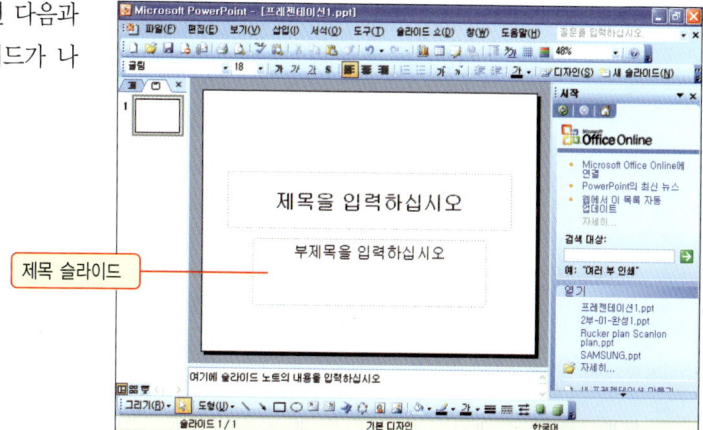

2 '노경문화 정착을 위한 과제'라는 제목을 입력해 보겠습니다. 우선 '제목을 입력하십시오'라고 씌여있는 제목 입력 상자 위로 마우스 포인트를 이동하세요. 그러면 마우스 포인터 모양이 I 로 바뀝니다.

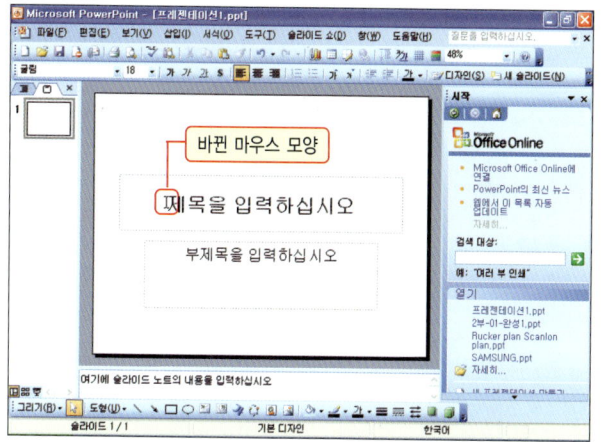

3 마우스 왼쪽 버튼을 클릭합니다. 마우스 포인터가 상자 가운데 나타나나요? 그러면 '노경문화 정착을 위한 과제'라는 문장을 입력하세요. 부제목도 제목과 똑같은 방법으로 입력해주세요.

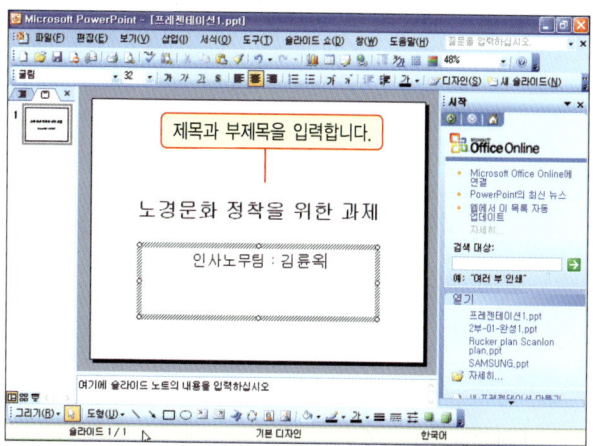

● **hot key**

새 슬라이드 :
Alt + N

4 새로운 텍스트 슬라이드를 추가하려면 서식 도구 모음의 '새 슬라이드'를 클릭합니다.

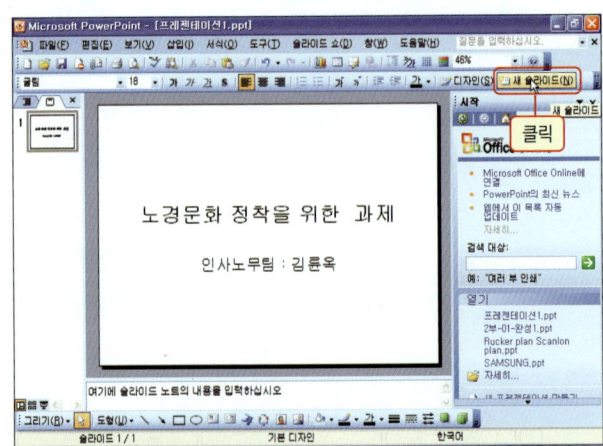

5 자동으로 '제목 및 텍스트 슬라이드'가 삽입되면 그림과 같이 텍스트를 입력하세요. 첫 번째 목차와 두 번째 목차 사이에서는 Enter 키를 누릅니다.

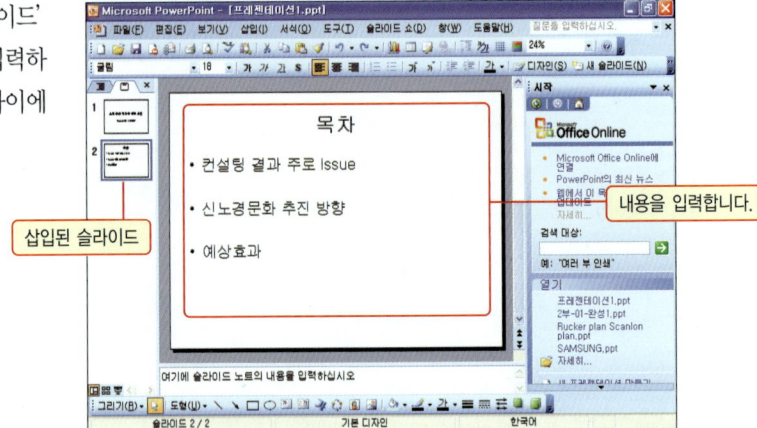

02 디자인 서식 지정과 애니메이션 지정하기

앞에서는 간단하게 제목 슬라이드와 텍스트 슬라이드를 추가하고 텍스트를 입력하였습니다. 그렇다면 청중들의 시선을 집중시키기 위해 슬라이드에 디자인을 적용해 보겠습니다.

● **hot key**

디자인 창 : Alt + S

1 서식 도구 모음의 '디자인'을 클릭하세요. 그러면 오른쪽 작업 창에 다양한 디자인이 적용된 슬라이드가 나타납니다.

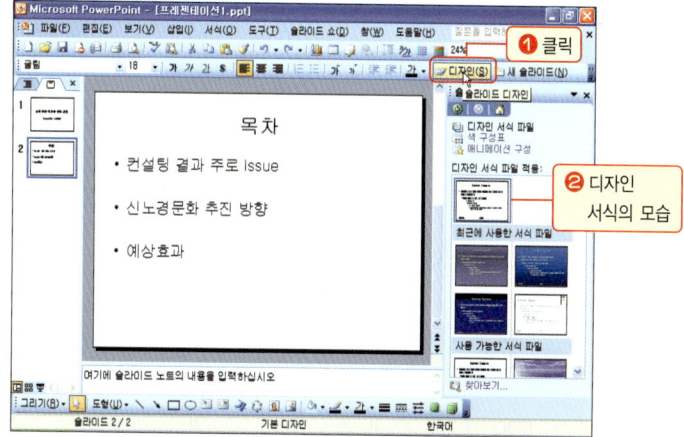

2 오른쪽 작업 창에서 '봄의 수채화'로 마우스 포인터를 옮긴 후 '봄의 수채화' 슬라이드를 클릭합니다.

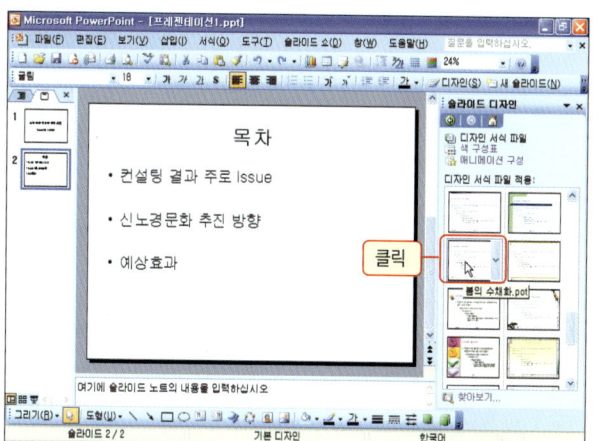

3 텍스트 애니메이션 지정하기

'봄의 수채화' 디자인이 슬라이드에 적용되었습니다. 목차 슬라이드에 텍스트 애니메이션을 지정해 보겠습니다. 오른쪽 작업 창에서 '애니메이션 구성'을 마우스로 클릭합니다.

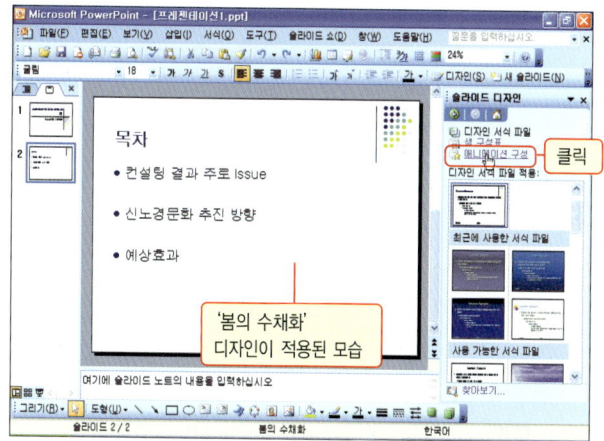

4 '선택한 슬라이드에 적용' 창에서 '흩어뿌리기'를 선택한 후 '모든 슬라이드에 적용'을 클릭합니다.

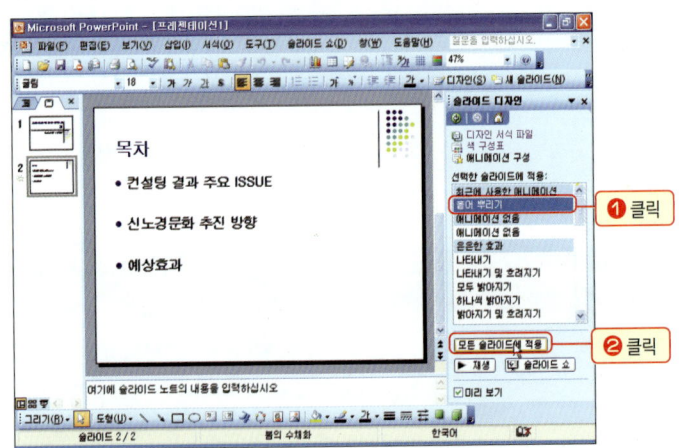

hot key

쇼 보기 : F5

5 지금까지 제목과 목차로 구성된 아주 간단한 프레젠테이션을 작성해보았습니다. 이제 완성된 프레젠테이션을 확인해볼까요? '슬라이드 – 쇼 보기' 메뉴를 클릭합니다.

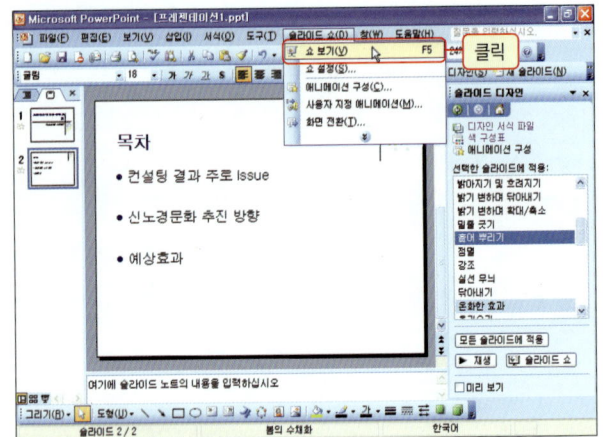

6 그림과 같이 슬라이드 쇼가 실행됩니다. 그런데 제목만 나타난다구요? 마우스 왼쪽 버튼을 클릭해 보세요. 화면에 보이지 않던 나머지 텍스트들이 나타납니다. 뿐만 아니라 마우스 왼쪽 버튼을 클릭하면 다음 슬라이드로 이동합니다.

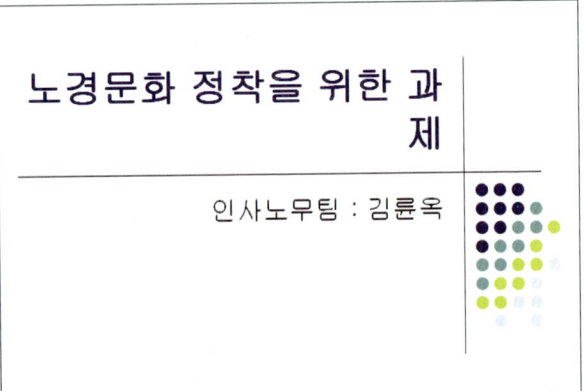

노경문화 정착을 위한 과제

인사노무팀 : 김륜옥

Powerpoint 2003

>>**02**

슬라이드 제작과 텍스트 입력하기

간단한 프레젠테이션 문서 제작 방법을 살펴보았습니다. 지금부터는 파워포인트에서 가장 기본이 되는 슬라이드와 텍스트에 관련된 내용을 살펴보도록 하겠습니다.

혹시 '살인의 추억' 이라는 영화를 보신 적이 있나요? 그 영화 중에서 배우 송강호씨가 새로 부임한 상사에게 그 동안 발생했던 살인사건에 관련된 수사진행 상황을 프레젠테이션하는 장면이 있습니다. 이때 수사사건에 관련된 내용이 적혀있는 커다란 종이를 하나하나 힘겹게 넘겨가며 설명을 합니다. 이렇게 발표 내용이 적혀있는 한 장의 종이를 파워포인트에서 '슬라이드' 라 합니다.

프레젠테이션 자료는 여러 장의 종이, 즉 슬라이드로 구성됩니다. 슬라이드에는 글자, 그림, 표, 그래프와 같은 여러 종류의 데이터가 입력됩니다. 이 중 가장 기본이 되는 데이터가 바로 글자, 즉 텍스트인 것입니다.

그럼 지금부터 슬라이드에 관련된 내용과 슬라이드에 텍스트를 입력하는 방법에 대하여 알아보도록 하겠습니다.

2003년도 평가 및 보상제도 운영

2003년 12월
인사노무팀

평가제도

- 평가 체계
- 평가 대상
- 평가자
- 평가 결과의 반영
- 평가 프로세스
- 평가 등급 및 접수

『평가제도』

- 평가항목
- 성과 평과
- 역량 평가
- 역량가점 평가
- 평가 대상 조직 : 팀 단위
- 평가 대상 : 기술 사무직/제조직(신입사원 制外)

발표 내용이 담긴 슬라이드

01 슬라이드란 무엇일까요?

파워포인트에서 발표하는 내용이 담긴 화면 하나하나를 슬라이드라 하며, 여러 장의 슬라이드가 모여 하나의 프레젠테이션, 즉 발표자료가 만들어집니다.

1 슬라이드 레이아웃

파워포인트에서는 글자, 그림, 표, 그래프와 같은 내용들을 좀 더 쉽게 입력할 수 있도록 미리 입력 상자의 형태로 만들어 놓았습니다. 이를 '슬라이드 레이아웃' 이라고 합니다.

2 슬라이드 레이아웃의 종류

파워포인트 2003에서는 슬라이드 레이아웃을 기본적으로 '텍스트 레이아웃', '내용 레이아웃', '텍스트 및 내용 레이아웃', '다른 레이아웃' 으로 나눠 다양한 형태의 슬라이드 레이아웃을 제공하고 있습니다. 하지만 슬라이드 레이아웃을 무조건 사용해야만 하는 것은 아닙니다. 슬라이드 레이아웃은 다양한 형태의 데이터들을 좀 더 쉽고 빠르게 삽입할 수 있도록 도와줄 뿐, 파워포인트에서 제공하는 슬라이드가 모두 활용되는 것은 아닙니다. 보통 제공되는 슬라이드 레이아웃 중 '제목 슬라이드', '제목 및 텍스트 슬라이드', '제목만 슬라이드', '빈 슬라이드' 정도가 자주 활용되고 있습니다.

– **제목 슬라이드** : 제목과 부제목이 삽입되는 슬라이드로, 프레젠테이션의 얼굴에 해당되는 첫 슬라이드에 사용합니다.

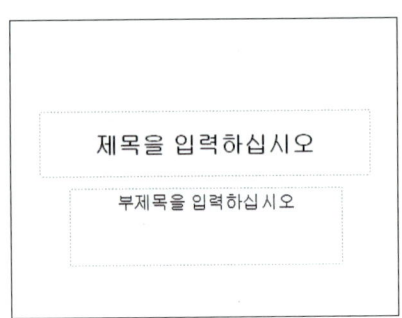

– **제목 및 텍스트 슬라이드** : 제목과 발표 내용이 삽입되는 슬라이드입니다.

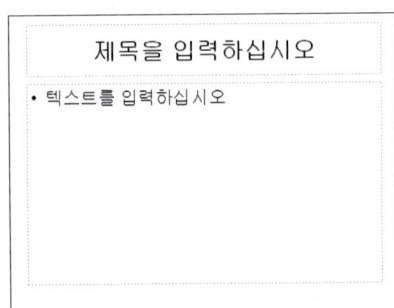

– 제목만 슬라이드 : 제목 입력 상자가 제공되는 슬라이드
로 주로 도형, 그래프와 같은 개체를 삽입할 때 사용하는
레이아웃입니다.

제목을 입력하십시오

– 빈 슬라이드 : 제목만 슬라이드와 같이 여러 종류의 개체
를 삽입할 때 사용하는 슬라이드로, '제목만 슬라이드'와
차이점은 제목 입력 상자가 없다는 것입니다.

02 슬라이드의 크기 지정

파워포인트 2003을 실행시키면 기본적으로 제목 슬라이드가 나타납니다. 기본 슬라이드는 25.4cm의
너비와 19.05cm의 높이를 가지고 있습니다. 특별한 경우가 아니라면 슬라이드의 크기를 변경할 필요가
없지만, 작성한 슬라이드를 35mm 슬라이드 또는 A4용지의 가로 크기로 작성해야 한다면 슬라이드의
크기를 조정하는 것이 좋습니다.
슬라이드의 크기를 지정하게 되면 현재의 슬라이드뿐 아니라 새로 추가되는 슬라이드의 크기도 모두 변
경됩니다.

1 슬라이드 크기의 종류

대표적인 슬라이드의 크기는 크게 8가지로 볼 수 있습니다.

슬라이드 크기	용도
화면 슬라이드 쇼	컴퓨터 모니터나 빔 프로젝터를 이용하여 프레젠테이션을 할 때 사용하는 슬라이드 크기입니다. 슬라이드 크기의 기본값입니다.
Letter 용지	미국에서 사용하는 레터 크기의 용지에 발표 자료를 작성할 경우 사용합니다.
A3 용지	도표과 같이 복잡한 내용을 입력하려고 할 때 주로 사용하는 슬라이드 크기입니다.
A4 용지	일반적으로 파워포인트로 보고서를 작성할 때 사용하는 슬라이드 크기입니다.
35mm 용지	35mm 슬라이드 필름으로 제작할 때 사용하는 슬라이드 크기입니다.
오버헤드	OHP 필름으로 프레젠테이션할 때 사용하는 슬라이드 크기입니다.
배너	보고서나 결재 파일의 표지를 작성할 때 사용하는 슬라이드 크기입니다.
사용자 지정	포스터와 같이 사용자가 원하는 슬라이드 크기를 지정할 수 있습니다.

2 슬라이드 크기 지정하기

컴퓨터 모니터나 빔 프로젝터를 이용하여 프레젠테이션을 하고자 할 때는 슬라이드의 크기를 지정할 필요가 없습니다. 35mm 슬라이드 필름으로 제작할 수 있는 슬라이드 크기를 지정해 보도록 하겠습니다.

참고하세요!

인쇄 옵션을 살펴보려면
405페이지를 참조하세요.

1 먼저 메뉴표시줄에서 '파일 - 페이지 설정' 메뉴를 클릭합니다.

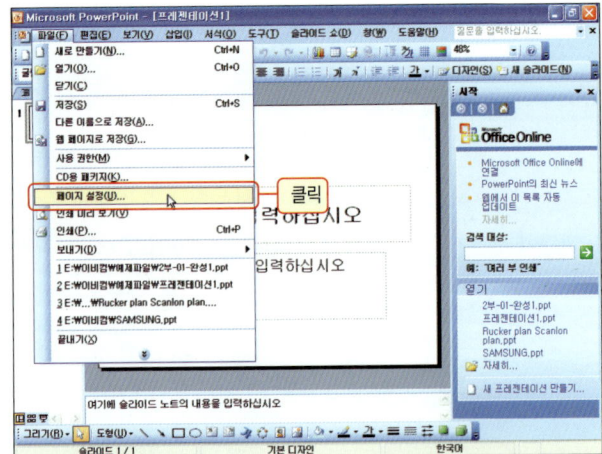

2 '슬라이드 크기' 창에서 '35mm 슬라이드'를 클릭한 후 '확인' 버튼을 클릭합니다.

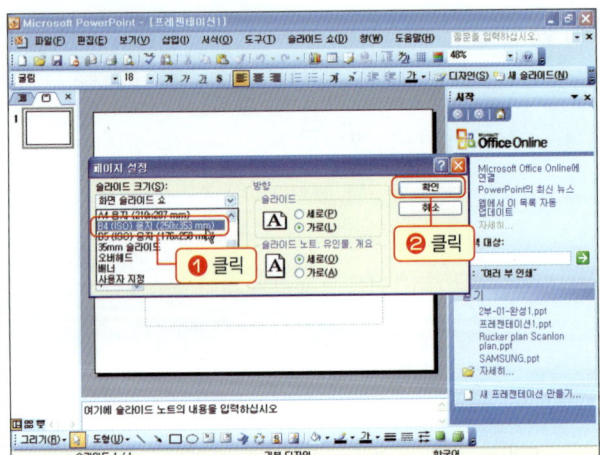

3 화면에 보여지는 슬라이드의 크기가 작아집니다.

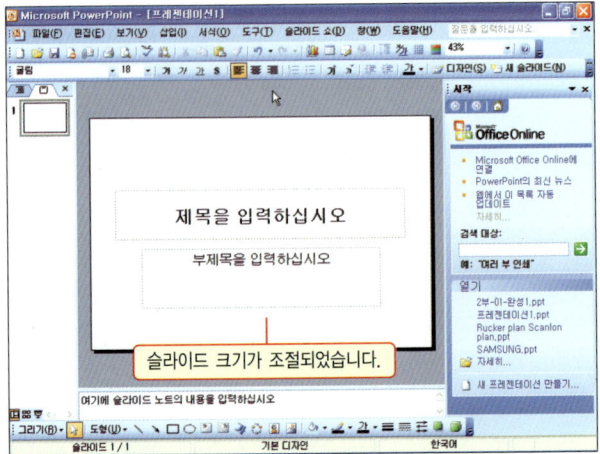

03 텍스트 입력과 슬라이드 추가하기

슬라이드의 크기를 지정했다면 이제 여러 가지 형태의 슬라이드를 추가하고 데이터를 입력해야 합니다. 입력된 슬라이드에 텍스트를 입력하는 방법과 새로운 슬라이드를 추가하는 방법에 대하여 알아보도록 하겠습니다.

1 텍스트 입력하기

이미 추가되어 있는 '제목' 슬라이드에 '2003년도 평가 및 보상제도 운영' 이라는 제목을 입력해 보겠습니다.

1 '제목을 입력하십시오' 라고 씌여있는 제목 입력 상자에 마우스 포인트를 이동하세요. 그러면 마우스 포인터의 모양이 ‘I’로 바뀝니다.

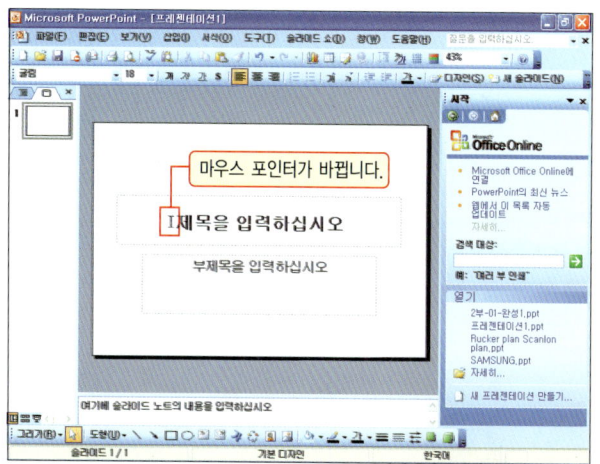

2 마우스 왼쪽 버튼을 클릭합니다. 마우스 포인터가 상자 가운데 나타나나요? 이때 '2003년도 평가 및 보상제도 운영'을 입력하세요.

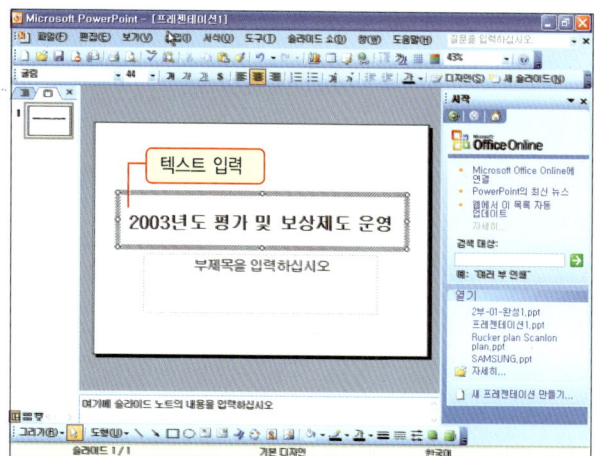

3 부제목 '2003년 12월 인사노무팀' 을 제목과 같은 방법으로 입력해 주세요. 이때 '2003년 12월' 을 입력하고 Enter 키를 누른 다음 '인사노무팀' 을 입력하면 됩니다.

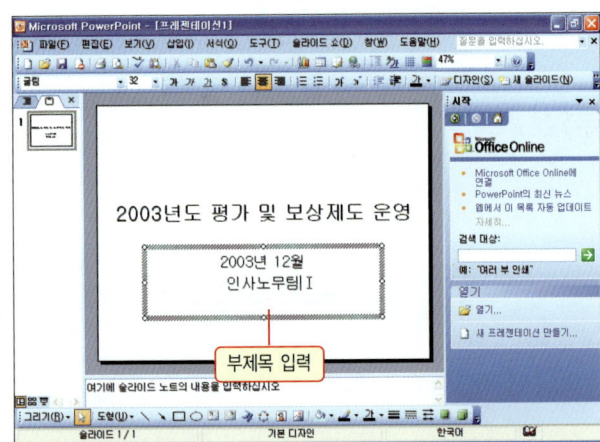

4 부제목까지 입력이 끝났다면 슬라이드 창의 빈 여백을 마우스로 클릭하세요. 여기까지가 텍스트 입력 작업의 끝입니다.

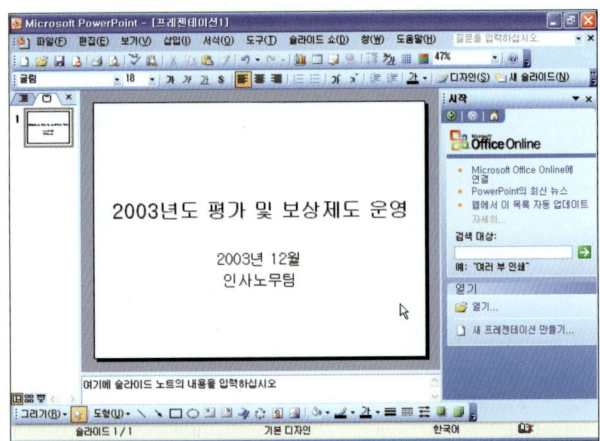

2 슬라이드 추가하기

핵심 내용을 나열하고자 할 때 사용되는 슬라이드가 바로 '제목 및 텍스트 슬라이드' 입니다. 슬라이드를 추가하도록 하겠습니다.

1 서식 도구 모음의 '새 슬라이드' 를 클릭합니다.

○ **hot key**

새 슬라이드 :
Alt + N

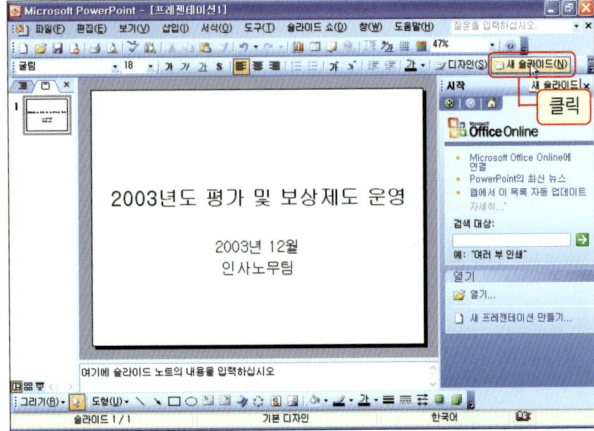

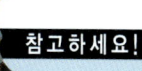

참고하세요!

슬라이드를 추가할 수 있는 또다른 방법
'삽입 – 새 슬라이드' 메뉴를 클릭하면 됩니다.

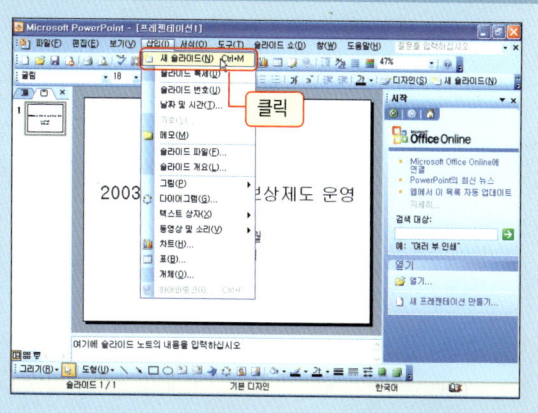

2 그림과 같이 오른쪽 작업 창이 '슬라
이드 레이아웃'으로 변경되며 파워포인트
에서 제공되는 다양한 형태의 슬라이드가
나타납니다. 이때 '텍스트 레이아웃'의 '제
목 및 텍스트' 슬라이드가 자동으로 추가
됩니다.

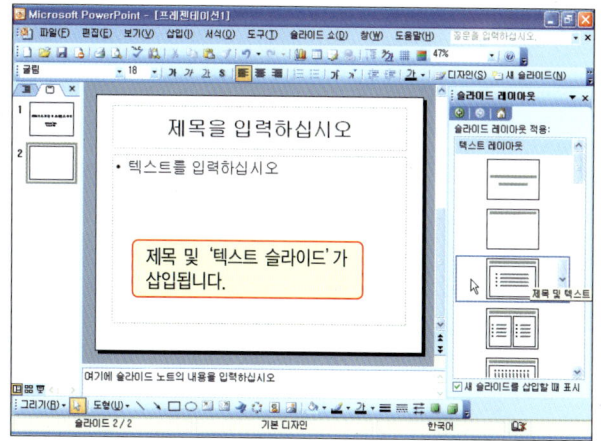

>>궁금해요!

왜 슬라이드만 추가했는데 자동으로 '제목 및 텍스트 슬라이드'가 추가되나요?

자료를 만들 때 가장 많이 사용되는 슬라이드가 바로 '제목 및 텍스트 슬라이드'입니다. 그래서 파워포인트 2002 버전부터
는 슬라이드를 추가하면 자동으로 '제목 및 텍스트 슬라이드'가 지정되는 것입니다.

3 '제목 및 텍스트' 슬라이드에 텍스트 입력하기

제목 슬라이드와 더불어 가장 많이 사용되는 슬라이드입니다. 슬라이드의 제목과 목록을 입력해 보도록 하겠습니다.

1 먼저 제목 입력 상자에 '평가제도' 라고 입력합니다.

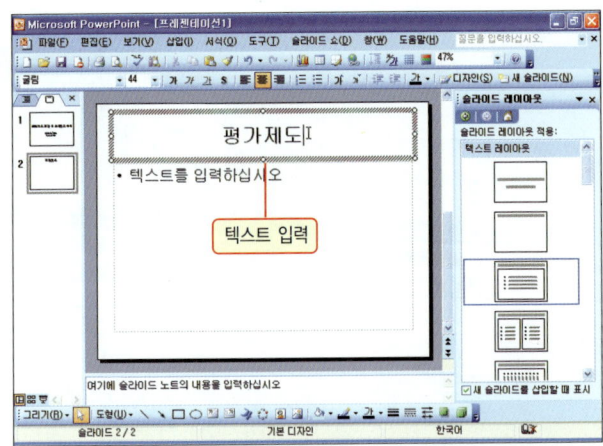

2 제목 아래에 '텍스트를 입력하십시오' 라고 입력되어 있는 텍스트 입력 상자를 클릭한 후 '평가체계' 라고 입력합니다.

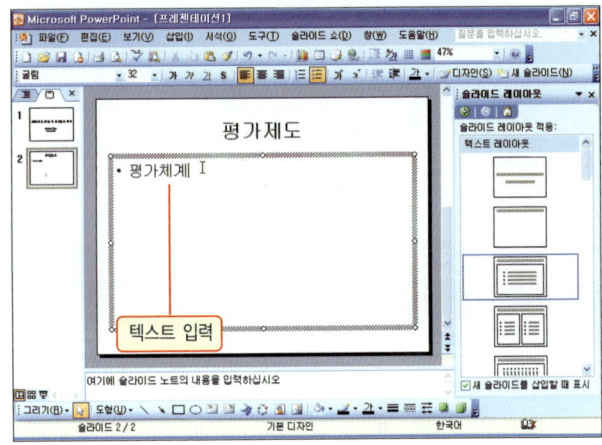

참고하세요!

글머리 기호 변경하기
92페이지를 참고하세요.

3 다음 줄에 '평가대상' 을 입력하기 위해 Enter 키를 누른 다음 'I' 모양의 커서가 다음 줄로 내려가면 '평가대상' 을 입력합니다. 어? 입력하지도 않은 ●가 나타나나요? 이것은 텍스트에 포인트를 주기 위해 사용되는 글머리 기호입니다. 텍스트 입력 상자에는 기본적으로 ● 모양의 글머리 기호가 지정되어 있습니다.

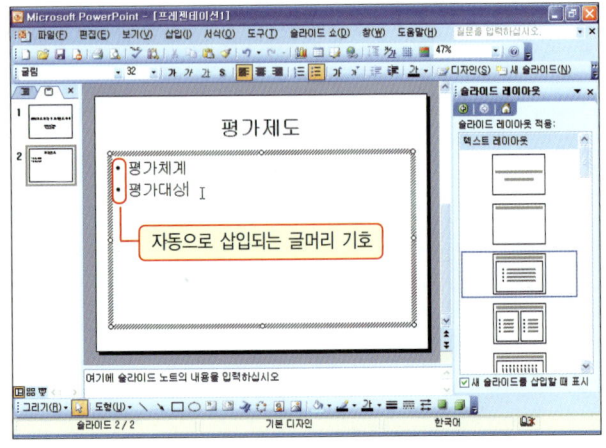

4 그림과 같이 나머지 목록도 입력하세요.

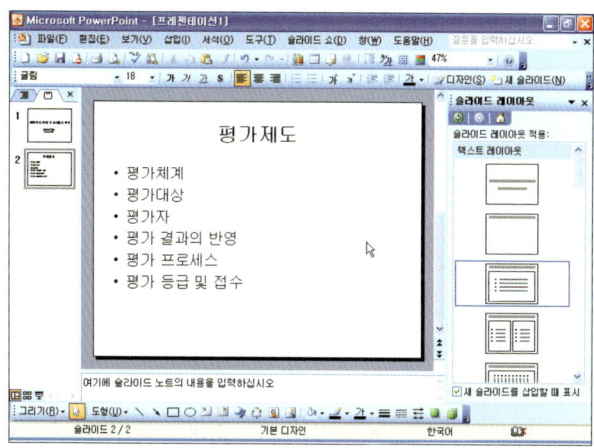

04 특수문자와 한자 입력하기

슬라이드에 텍스트를 입력하는 경우 글자 앞 또는 뒤에 특수문자를 입력함으로써 간단하게 기존의 텍스트를 강조할 수 있습니다. 또한 사람의 이름 또는 특정 단어의 의미를 강조하기 위해 한자를 입력하는 경우도 있습니다.

1 특수문자 입력하기

특수문자를 입력하는 방법과 한자를 입력하는 방법에 대하여 살펴보도록 하겠습니다.

1 우선 '제목 및 목록 슬라이드'를 추가해야 합니다. 그림과 같이 오른쪽 작업 창이 '슬라이드 레이아웃'으로 지정되어 있는 경우에는 '제목 및 텍스트' 슬라이드의 ˇ를 클릭합니다. 그 다음 '새 슬라이드 삽입' 메뉴를 클릭하세요.

hot key
새 슬라이드 삽입 :
Alt + N

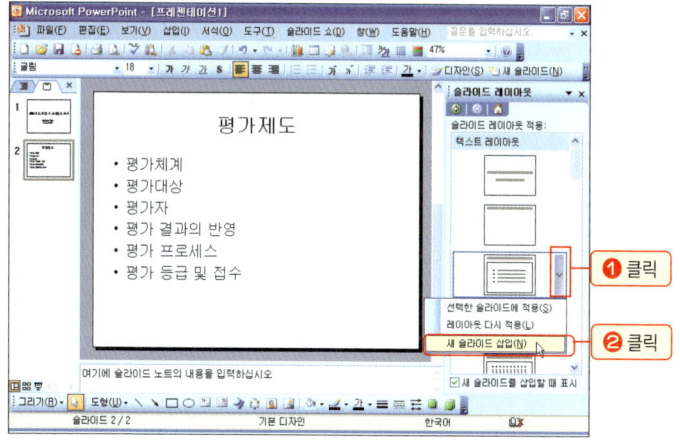

❶ 클릭
❷ 클릭

2 그림과 같이 '제목 및 텍스트' 슬라이드가 추가됩니다. 이때 제목 입력 상자를 클릭합니다.

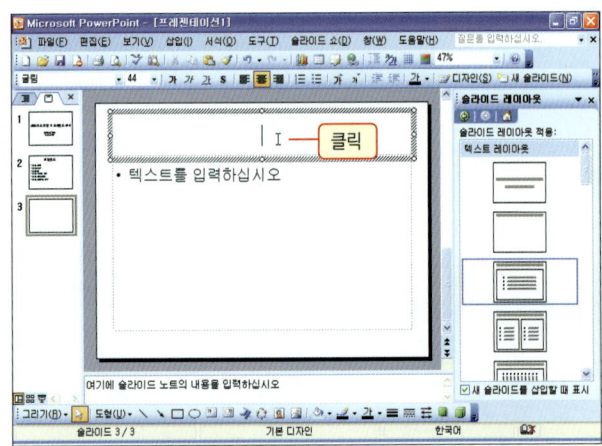

3 메뉴표시줄에서 '삽입 – 기호' 메뉴를 클릭합니다.

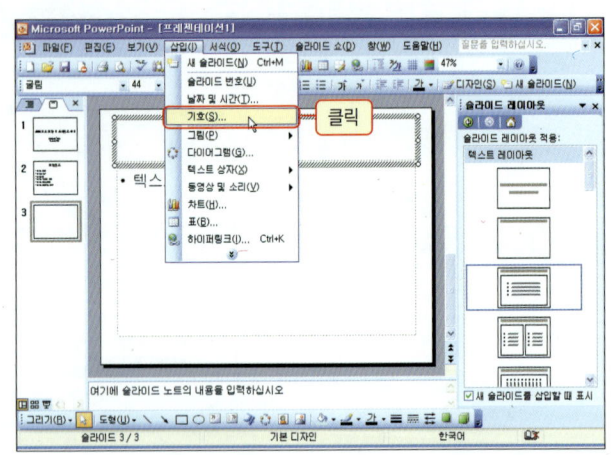

4 '기호 창의 하위 집단에서 '한중일 기호 및 문장 부호'를 클릭합니다.

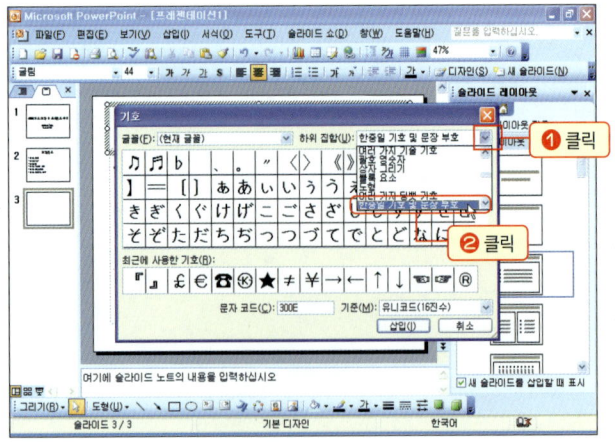

5 『을 클릭 한 후 '삽입' 버튼을 클릭합니다. 그런 다음 다시 』를 클릭하고 '삽입' 버튼을 클릭한 다음
'확인' 버튼을 클릭합니다.

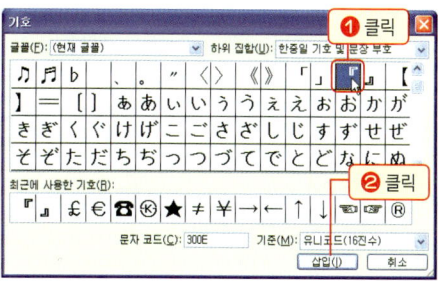 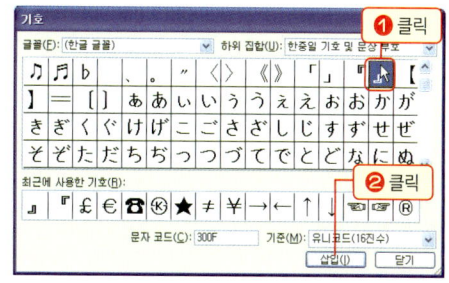

6 『 』 사이로 커서를 이동시킨 후 '평
가제도'를 입력합니다.

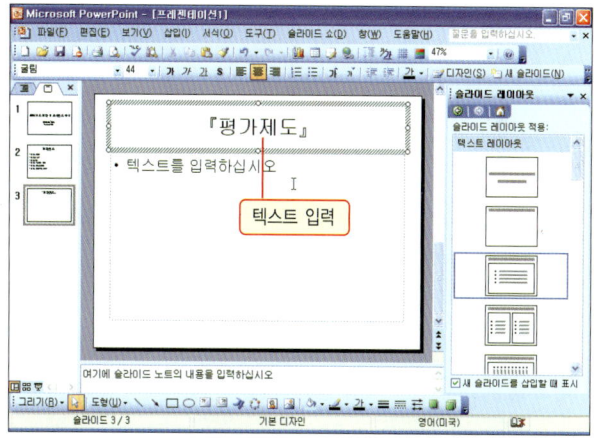

7 나머지 항목은 다음과 같이 입력합
니다.

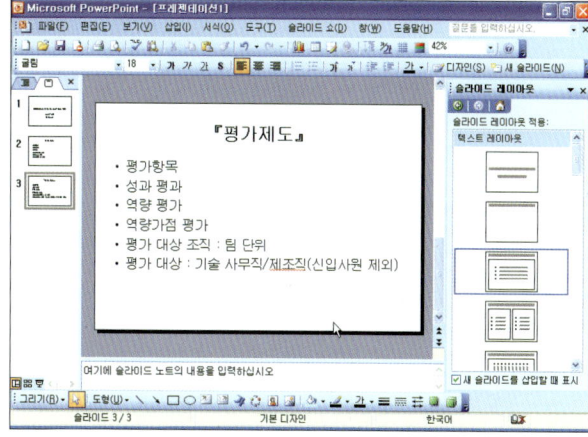

맞춤법 자동
검사기능 설정하기

★ **66**쪽 펼쳐보기

>> 궁금해요!

'제조직' 글자에 빨간색 밑줄이 나타나요.

슬라이드에 입력된 글자에 맞춤법을 자동으로 검사하는 기능이 설정되어 있기 때문입니다. 간혹 맞춤법이 정확한 글자에도
밑줄이 나타나는 경우가 있습니다.

05 한자 입력하기

1 '신입사원 제외' 문자열의 '외' 뒤에서 마우스 포인터를 클릭합니다.

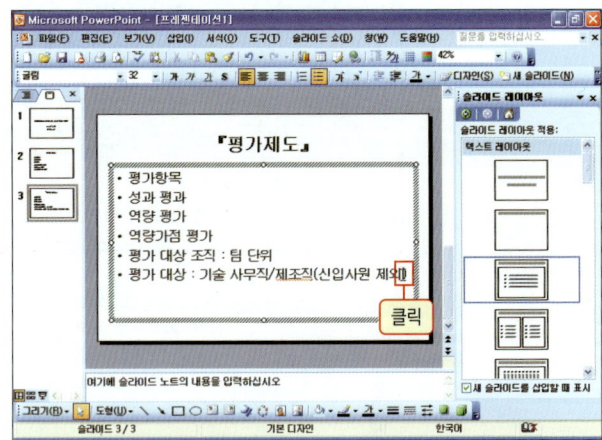

2 '제외'와 같을 때 키보드 아래쪽에 위치한 [한자] 키를 클릭합니다. 그림과 같이 '한글/한자변환' 창이 나타나면 입력하고자 하는 한자를 선택한 후 '변환' 버튼을 클릭합니다.

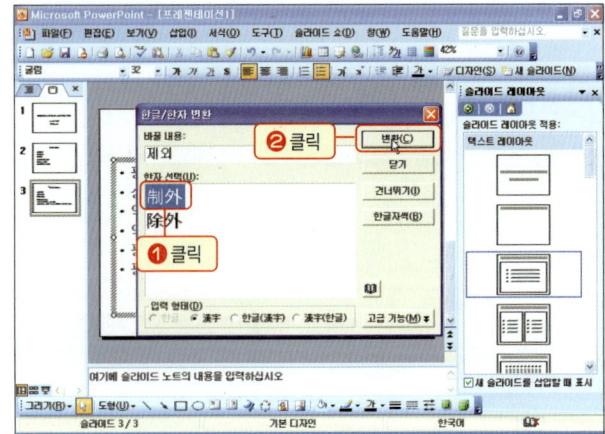

참고하세요!

메시지가 나타납니다.

'한글 텍스트가 선택되지 않았습니다. 한글 텍스트를 선택하고 한글/한자 변환을 다시 실행하십시오.'라는 메시지가 나오나요?
'←' 키를 눌러 왼쪽으로 커서를 이동시킨 후 '한자' 키를 누르면 됩니다.

3 그림과 같이 '制外'라는 한자가 입력
됩니다.

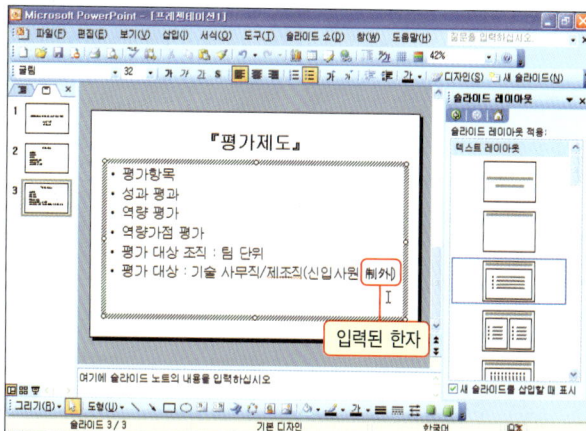

입력된 한자

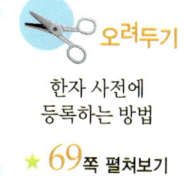
오려두기

한자 사전에
등록하는 방법

★69쪽 펼쳐보기

>> 궁금해요!

한자를 한글로 다시 변경하려고 한다면?

한자로 입력된 문자를 한글로 다시 변경하고 싶다면 한자음 뒤에서 '한자' 키를 누르면 한글로 변경됩니다.

'제외' 모두 한자로 안나오고 '제' 자만 한문으로 바뀌는데요?

이런 현상은 '제외'라는 단어가 파워포인트 한자 사전에 등록되어 있지 않기 때문입니다.

2부 | 파워포인트를 시작해 볼까요?

63page ★ 오려둔 것 펼쳐보기

빨간색 밑줄과 맞춤법 검사가
도대체 무슨 관계죠?

글자에 있는 빨간 밑줄?

슬라이드에 텍스트를 입력하면 자동으로 맞춤법 검사를 하여 맞춤법이 틀렸을 경우 빨간색 밑줄을 쳐서 오류가 있음을 알려줍니다.
하지만 간혹 맞춤법이 정확한 글자에도 밑줄이 나타나는 경우가 있습니다. 사람 이름이나 회사 이름과 같은 고유명사 또는 외래어의
경우 맞춤법이 맞다 하더라도 종종 맞춤법 오류표시가 나타납니다.
맞춤법 오류 표시의 지정은 '도구 - 옵션' 메뉴에서 지정합니다.

❶ 메뉴표시줄에서 '도구 - 옵션' 메뉴를 클릭합니다.

❷ '맞춤법 및 스타일 검사' 탭을 클릭합니다.

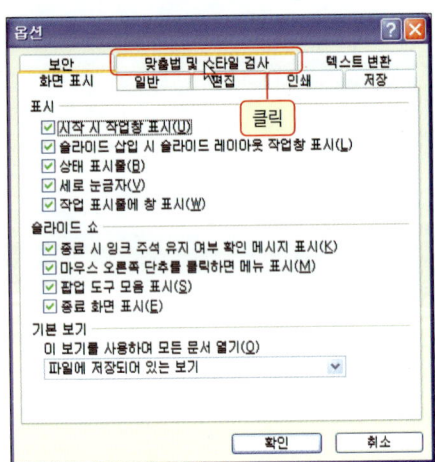

❸ '모든 맞춤법 오류 숨기기'를 클릭하여 선택을 해제한 후
'확인' 버튼을 클릭하면 맞춤법 오류 표시가 나타나지 않습니다.

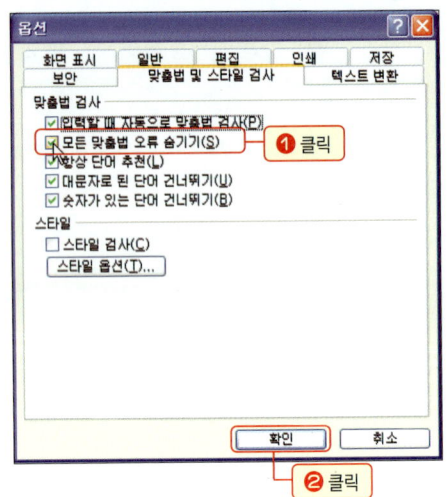

맞춤법 검사가 무엇인가요?

파워포인트 2003에는 틀린 글자나 문법에 맞지 않는 글자를 쉽게 검사하는 맞춤법 검사 기능을 지원하고 있습니다. 슬라이드에 입력되는 텍스트의 수가 적다면 문제가 없겠지만 텍스트가 많은 경우에는 틀린 글자를 찾는 것이 쉽지 않습니다. 이때 효율적으로 이용할 수 있는 기능이 바로 맞춤법 검사입니다.

지금부터 맞춤법 검사 기능을 자세히 알아보도록 하겠습니다.

1 다음과 같이 제목슬라이드와 제목 및 텍스트 슬라이드를 작성합니다.

능력있는 여성과 준비된여성으로

(어제와 다른 나를위한)

목 차

- 평생 교육
- 여성 교육의필요성
- 교육 기관
  - 여성 발전 센터
  - 여성 회관
  - 직업 학교
- 효율적 교 을 위한방안

2 '도구 – 맞춤법 및 문법 검사' 메뉴 또는 표준 도구 모음의 (맞춤법 및 문법 검사)를 클릭합니다.

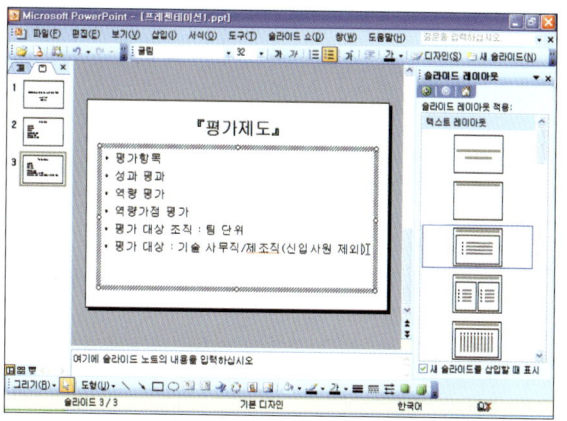

3 슬라이드에 맞춤법이 틀린 글자가 입력되어 있다면 그림과 같이 '맞춤법 및 문법 검사' 창이 나타납니다. '맞춤법 및 문법 검사' 창에는 맞춤법을 변경해야 하는 단어들이 순서대로 목록에 나타납니다. 추천 단어란에서 '능력 있는'을 선택한 후 '변경' 버튼을 클릭합니다.

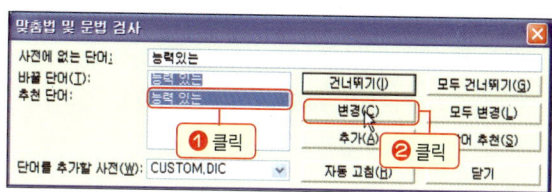

참고하세요!

만약 슬라이드에 똑같은 단어가 빈번하게 입력되어 있다면 '모두 변경' 버튼을 클릭해서 한꺼번에 변경해주는 것이 효율적입니다.

4 '변경' 버튼을 클릭하여 수정을 마치고 나면 자동으로 다음으로 수정해야 할 단어가 표시됩니다. '변경' 버튼을 클릭해서 모두 변경해 주세요.

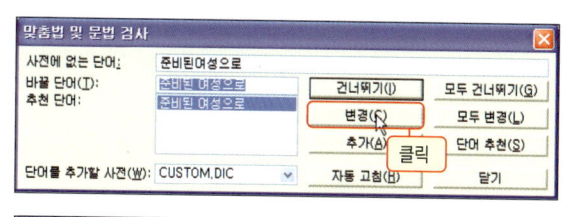

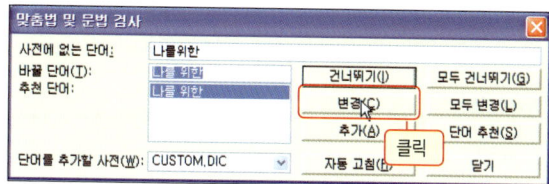

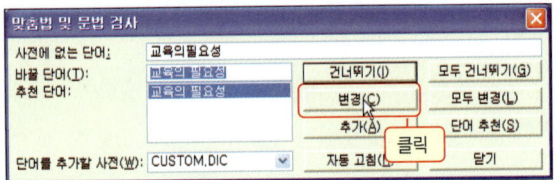

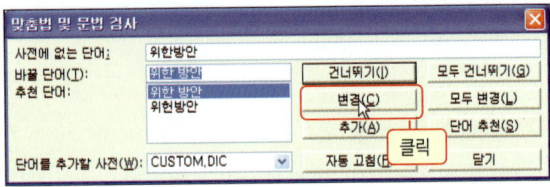

참고하세요!

맞춤법 및 문법 검사 창의 옵션

- 건너뛰기 : 추천된 단어에 알맞은 단어가 없을 경우에 클릭합니다.
- 모두 건너뛰기 : 동일한 단어 전체를 건너뛰고자 할 때 클릭합니다.
- 다시 시작 : 맞춤법 검사 중간에 다른 프로그램을 실행하거나 맞춤법 검사 화면을 벗어나게 되면 자동으로 맞춤법 검사가 중단됩니다. 이때 '다시 시작' 버튼을 클릭하면 맞춤법 검사를 새로 시작할 수 있습니다.
- 추가 : 현재 틀린 단어로 검색된 단어를 올바른 단어로 등록합니다.

⑤ 마지막 단어까지 맞춤법 검사가 완료되면 '맞춤법 검사가 끝났습니다.' 라는 메시지를 보여줍니다. 이때 '확인' 버튼을 클릭하면 맞춤법 검사가 완료됩니다.

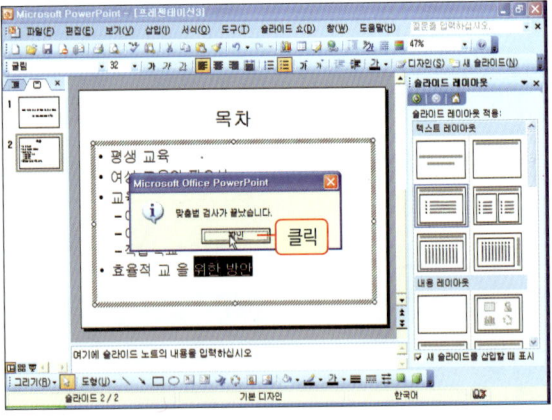

단어 추가

단어사전에 등록되어 있지 않은 단어를 사용하는 회사명 또는 기관명의 경우 슬라이드에 매번 입력할 때마다 오류표시가 생기거나 매번 맞춤법 검사에서 '건너띄기'를 해야합니다. 이런 번거로움을 경험하고 싶지 않다면 단어사전에 단어를 추가하면 됩니다.

❶ 다음과 같은 제목 슬라이드를 작성합니다.

> ## 2004년 컴퓨터 시스템 분석
>
> #### 이비컴 - NNC 미디어

❷ '도구-맞춤법 및 문법검사' 메뉴를 클릭하면 다음과 같은 창이 나타납니다. 이때 '추가' 버튼을 클릭합니다.

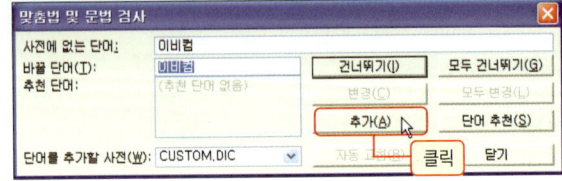

>> 궁금해요!

전 '맞춤법' 이라는 메뉴가 나오는데요?

마이크로소프트 오피스 다운로드 페이지로 가서 최신 빌드를 다운로드 받으시면 됩니다(www.microsoft.co.kr).

65page ★ 오려둔 것 펼쳐보기

한자 사전에 한자 단어를 등록하고 싶은데요?

슬라이드에 한자 단어를 입력하려고 할 때 해당 한자가 한자 사전에 등록되어 있지 않으면 변경하려는 단어의 한 글자만 한글 한자 변화 창에 나타납니다. 자주 사용하지 않는 단어라면 한 글자씩 변경해도 상관이 없겠지만, 이름이나 회사명과 같이 자주 사용하는 단어라면 한자 사전에 등록해서 사용하는 것이 효율적입니다. 지금부터 이름을 한자 사전에 한자 단어를 등록해 보도록 하겠습니다.

1 기본 도구 모음의 📄(새로 만들기)를 클릭하여 새 파일 창을 엽니다.

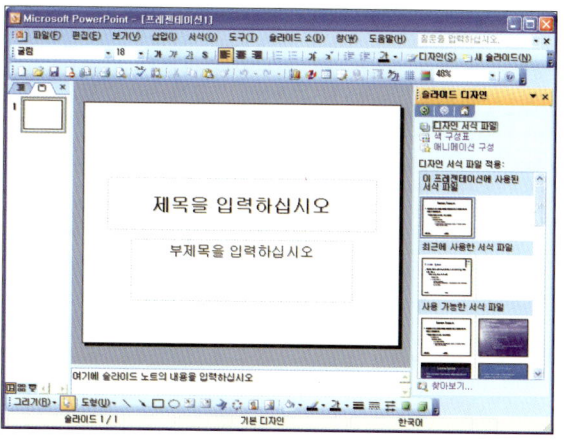

2 새 파일에 삽입된 제목 슬라이드의 부제목 영역을 클릭한 후 '김륜옥'을 입력합니다.

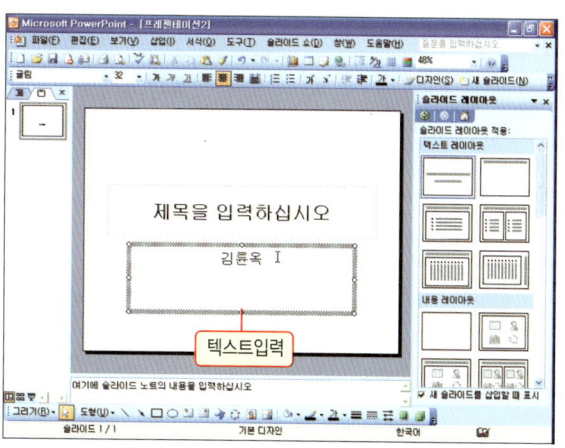

3 커서가 '옥'과 같이 위치하도록 마우스로 클릭한 후 '한자' 키를 누릅니다. 다음과 같이 '한글/한자 변환' 창이 나타나면 '새 단어 등록' 버튼을 클릭합니다.

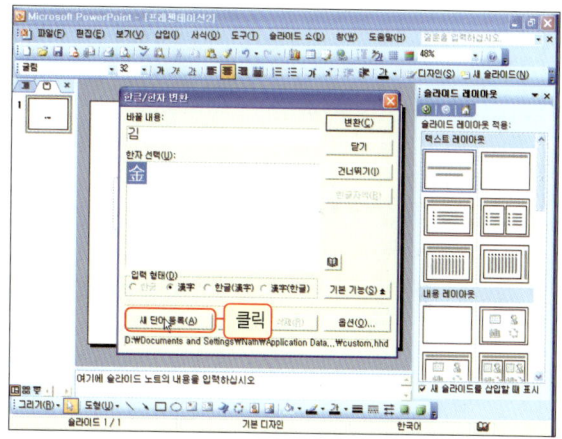

참고하세요!

'새 단어 등록' 단추가 보이지 않는다면 창 하단 오른쪽에 위치한 '고급 기능' 버튼을 클릭하세요.

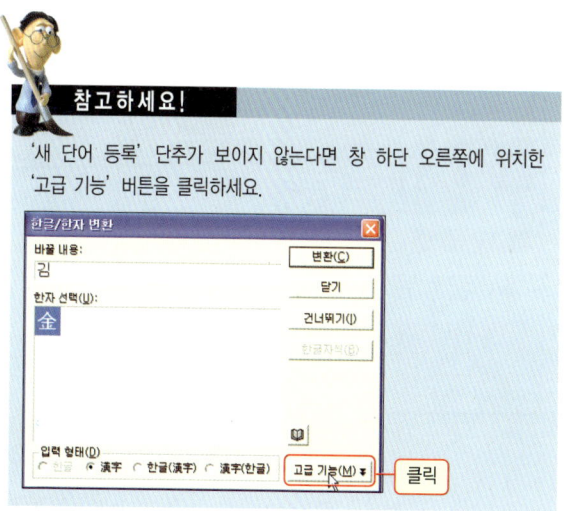

④ '한자 단어 등록' 창이 나타납니다. 우선 파란색으로 선택되어 있는 이름에 해당 한자를 선택한 후 '선택' 버튼을 클릭합니다.

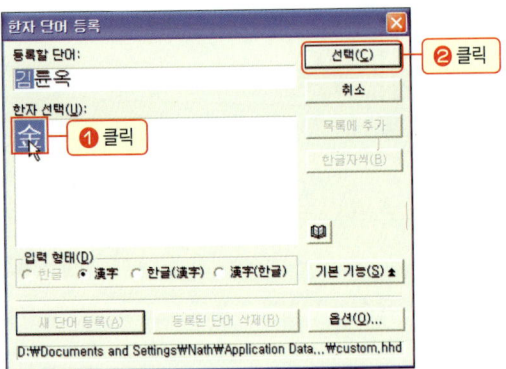

⑤ 4번과 마찬가지로 이름에 해당하는 한자를 선택한 후 '선택' 버튼을 클릭합니다.

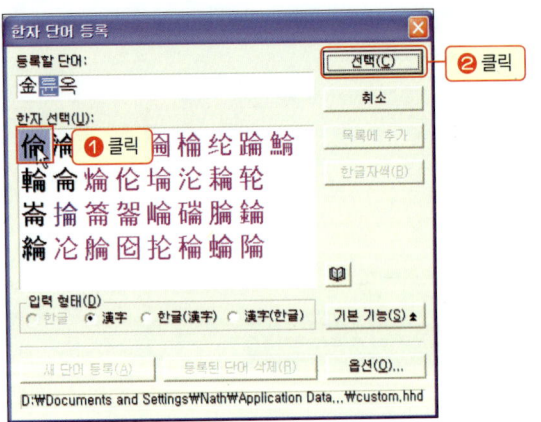

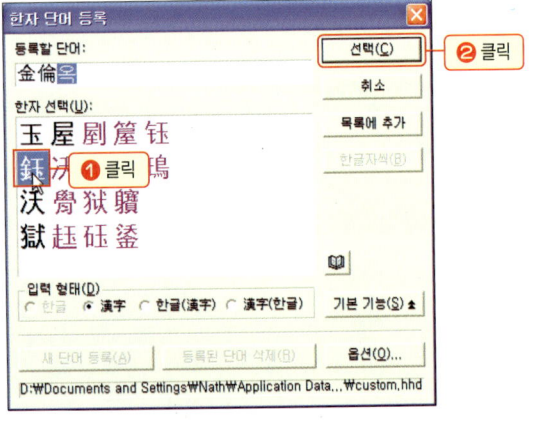

⑥ 등록할 단어란의 이름이 모두 한자로 변경되었으면 '목록에 추가' 버튼을 클릭합니다.

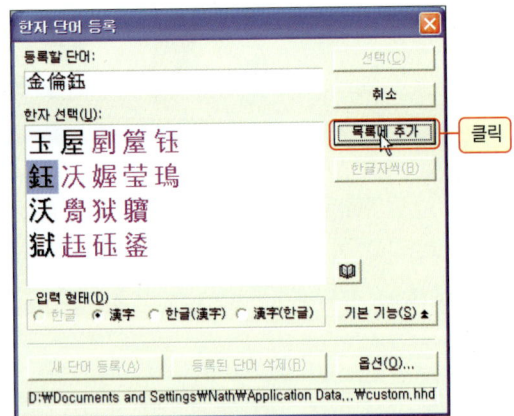

⑦ 이와같이 한자 단어 사전에 이름이 등록됩니다. 마지막으로 '변환' 버튼을 클릭하면 이름이 한자로 변환됩니다. 여러분의 이름도 한자 단어 사전에 추가해 보세요.

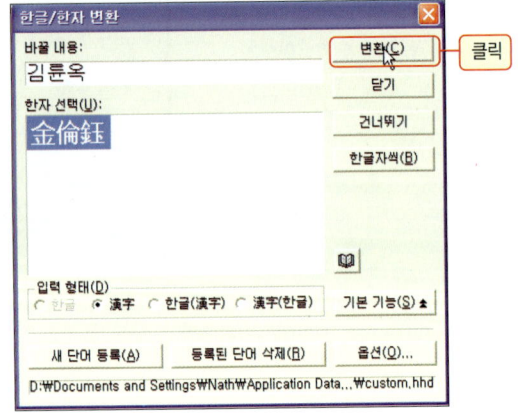

>> 03 슬라이드 내맘대로 꾸미기

발표 내용이 삽입된 슬라이드의 서식을 다양한 방법으로 변경하는 방법에 대하여 살펴보도록 하겠습니다.

슬라이드에는 텍스트, 도형, 이미지와 같은 여러 가지 내용들이 삽입될 수 있습니다. 그 중 가장 대표적인 것이 텍스트입니다. 슬라이드에 입력되는 텍스트들은 발표내용의 가장 핵심이 되는 단어들이 대부분입니다. 그렇기 때문에 슬라이드에 입력되는 텍스트의 글꼴과 크기, 그리고 색에 따라 프레젠테이션에 참석한 청중들의 관심도에 큰 차이가 생기게 됩니다. 그렇다면 과연 어떤 글꼴, 크기, 색을 지정하는 것이 좋을까요?

슬라이드에 어떤 글꼴을 지정하는 것이 좋을까?

물론 개인마다 좋아하는 글꼴과, 크기, 그리고 색에 차이가 있을 것입니다. 간혹 특정한 색 또는 글꼴을 선호하는 클라이언트를 만나게 되는데 이 경우에는 어쩔 수 없이 상대방이 선호하는 색과 글꼴을 사용해야겠지요. 하지만 그렇지 않은 경우에는 프레젠테이션의 목적을 부합하도록 조정해야 합니다.

파워포인트 2003에 기본값으로 지정되어 있는 글꼴은 '굴림' 입니다. 일반적으로 굴림은 작은 글씨를 사용할 경우에는 별 문제가 없지만 텍스트의 크기를 크게 강조하는 경우 너무 가늘어진다는 단점이 있습니다. 그래서 한글 글꼴의 경우에는 '돋움체' 또는 '견고딕' 을, 영문의 경우 'Arial' 을 지정하는 것을 권장하였습니다. 하지만 요즘은 디자인이 예쁘고 가독성이 뛰어난 글꼴들이 많아 프레젠테이션 전체 디자인에 어울리는 글꼴을 선택합니다.

> 1234567890
> ABCDEFGHIJKLMNOPQRSTUVWXYZ
> 가나다라마바사아자차카타파하
>
> **1234567890**
> **ABCDEFGHIJKLMNOPQRSTUVWXYZ**
> 가나다라마바사아자차카타파하

돋움체(위)와 Arial 글꼴의 사용 예

글꼴의 크기는?

기본적으로 지정되어 있는 글꼴의 크기는 입력 상자에 따라 다릅니다. 예를 들어 제목의 경우에는 44pt, 부제목이나 텍스트는 32pt로 지정되어 있습니다.

텍스트의 크기는 사용자가 임의로 변경할 수 있습니다. 하지만 제목 슬라이드는 프레젠테이션의 주제를 알려주는 핵심적인 슬라이드이기 때문에 제목의 크기가 큰 것이 좋습니다. 그렇다고 무조건 크게 할 수는 없겠지요. 슬라이드의 크기와 제목의 글자 수에 따라 달라지겠지만 일반적으로 32pt에서 44pt 사이로 지정합니다. 그 다음 본문의 내용 중 중요한 메시지는 20pt 이상, 일반 내용의 경우에는 14pt~16pt로 지정하는 것이 좋습니다. 하지만 이것도 절대적인 수치는 아닙니다. 경험이 조금 쌓이고 나면 여러분만의 노하우가 생길테니까요.

제목과 내용은 적절한 크기로 조정합니다.

글머리 기호의 사용

현재 슬라이드에 삽입되는 항목의 성격에 따라 글머리 기호를 적용할 것인지 아니면 번호 매기기를 지정할 것인지를 결정해야합니다. 일반적으로 글머리 기호는 항목의 중요도와는 상관없이 나열하려고 할 때 사용하며, 번호 매기기는 항목의 중요도에 따라 구분하려고 할 때 사용합니다.

글머리 기호를 삽입한 모습

글꼴의 색

그러면 과연 글꼴색은 어떨까요? 일반적으로 제목은 노란색을, 본문은 흰색을 사용하는 것이 가독성을 높다고 합니다. 하지만 이는 무조건적인 것이 아니라 슬라이드의 배경색을 어떻게 지정했느냐에 따라 달라집니다. 진한 색은 시선을 한번에 집중시키는 효과가 크기 때문에 슬라이드의 배경색으로 주로 사용되고 있습니다. 특히 파란색은 시각적으로 안정적이며, 편안함을 느끼게 해주는 대표색입니다. 다음은 각각의 색들이 표현하는 추상적 이미지입니다.

컬러	추상적 이미지
레드	정렬, 에너지, 감동의 이미지를 가지고 있는 색으로 강력하게 주장하거나 권고하고자 할 때 사용합니다.
그린	평화, 안정, 안심, 안전, 침착함과 같은 이미지의 색입니다. 자연스럽고 편안한 느낌을 주려고 할 때 사용하면 좋습니다.
블루	희망, 청춘, 전진, 젊음, 신뢰와 같은 이미지의 색입니다. 시각적으로 편안한 느낌을 전달합니다.
옐로우	명랑, 미래, 유년시절, 미숙, 용기와 같은 이미지의 색입니다. 가독성이 가장 좋아 강조해야할 제목 등에 사용하면 좋습니다.
화이트	순수, 자유, 정직, 결백의 이미지를 가지는 색으로 노란색 다음으로 가독성이 뛰어난 색입니다.
보라색	신비, 아름다움과 같은 이미지를 가지고 있습니다. 여성적인 느낌이 강하기 때문에 여성을 대상으로 한 프레젠테이션에 적합합니다.

슬라이드 배경색와 글꼴과의 관계

프레젠테이션의 목적이 무엇이냐에 따라 슬라이드 배경색과 글꼴 색을 지정해야 합니다. 특정 색이 좋은 의미를 가지고 있다고 해서 무조건 남발하게 되면 전체적인 균형이 깨질 수 있습니다. 그렇기 때문에 컬러 사용이 익숙하지 않은 경우에는 흰색 또는 짙은 색으로 바탕색을 지정한 후, 두 가지 정도의 색으로 제목과 본문을 꾸미는 것이 좋습니다.

컬러로 지정된 프레젠테이션은 프로젝터를 이용하여 발표할 때 색이 흐려 보이기 때문에 중요한 부분은 중간색이 아닌 명확하게 밝은 색을 지정해야 합니다.

디자인 서식

파워포인트에서는 미리 슬라이드의 바탕색과 글꼴 등을 지정해 놓은 '디자인 서식'을 제공하고 있습니다. 그래서 색상 지정에 자신이 없는 프레젠터의 경우 디자인 서식을 곧잘 이용하곤 합니다. 디자인 서식은 온라인 상에서 다운받아 추가하여 사용할 수도 있습니다.

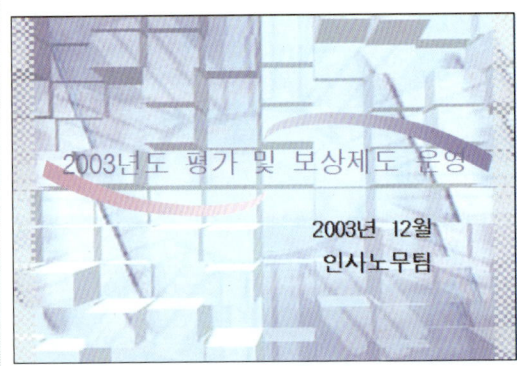
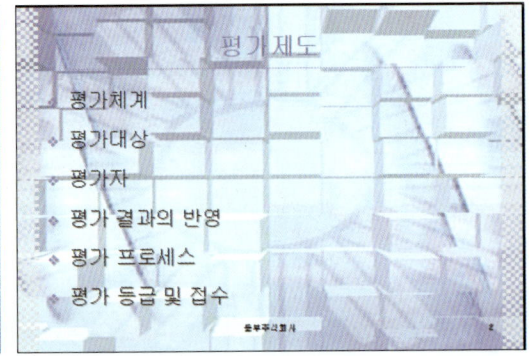
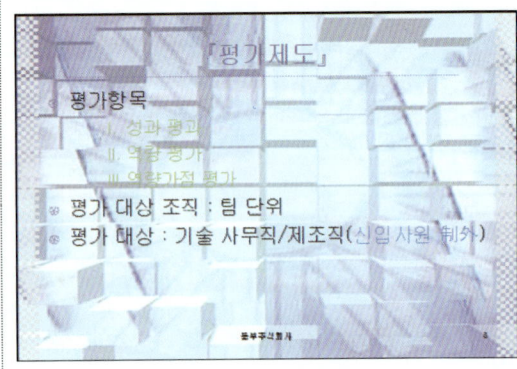
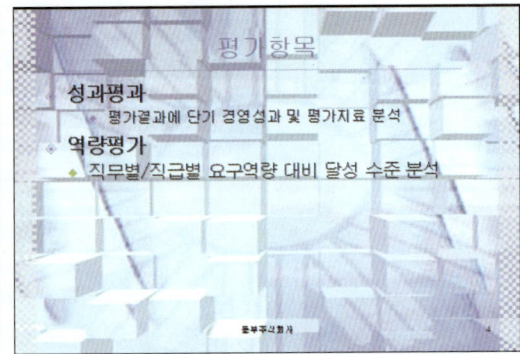

디자인 서식과 그림으로 구민 슬라이드 모습

01 슬라이드에 디자인 서식 지정하기

앞서 텍스트가 입력된 세 장의 슬라이드를 완성하였습니다. 디자인 서식을 지정하게 되면 슬라이드의 바탕색뿐만 아니라 글꼴, 그리고 글꼴의 크기와 글꼴색이 자동으로 지정됩니다.

1 디자인 서식 지정하기

지금부터 세 장의 슬라이드에 디자인 서식을 지정해 보도록 하겠습니다.

hot key

디자인 창 : Alt + S

1 서식 도구 모음의 '디자인'을 클릭합니다.

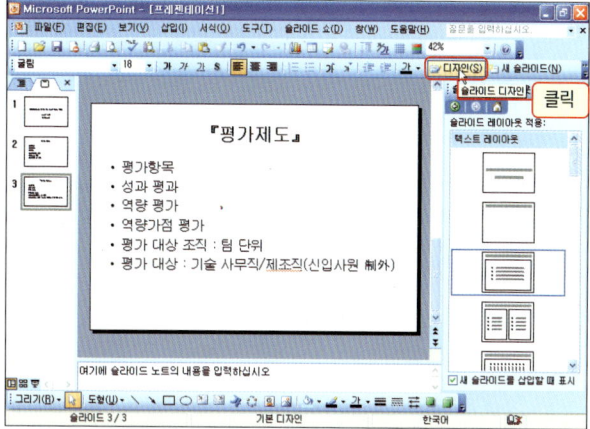

>>궁금해요!

오른쪽 작업 창을 디자인 서식으로 지정하는 다른 방법은 없나요?

작업 창의 제목 표시줄에 있는 '다른 작업 창' 버튼을 클릭한 후 '슬라이드 디자인'을 클릭해도 됩니다.

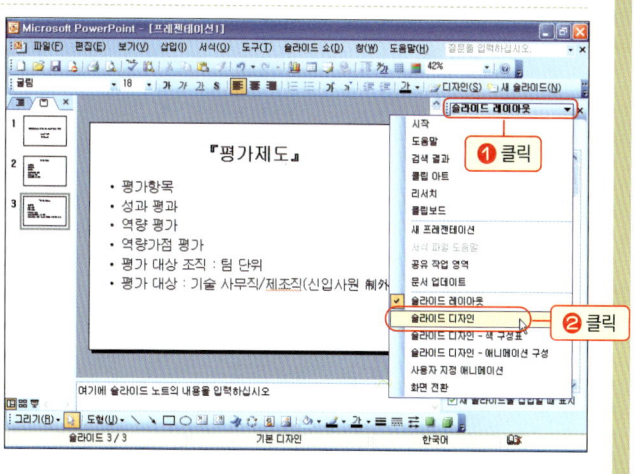

2 '농악의 흥겨움' 이라는 디자인을 적용해 보겠습니다. 우선 슬라이드 디자인 작업 창의 스크롤 바를 아래로 드래그합니다.

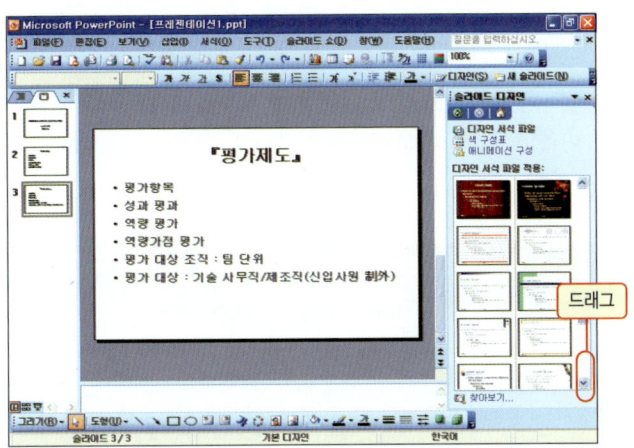

3 '농악의 즐거움' 디자인으로 마우스 포인터를 옮긴 후 ◦(목록 버튼)을 클릭합니다.

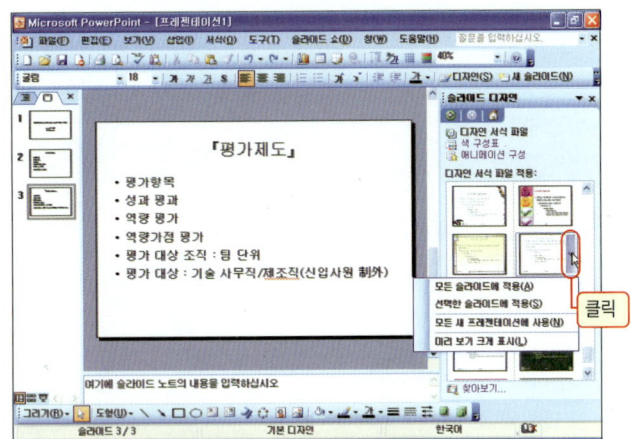

4 '모든 슬라이드에 적용' 메뉴를 클릭합니다.

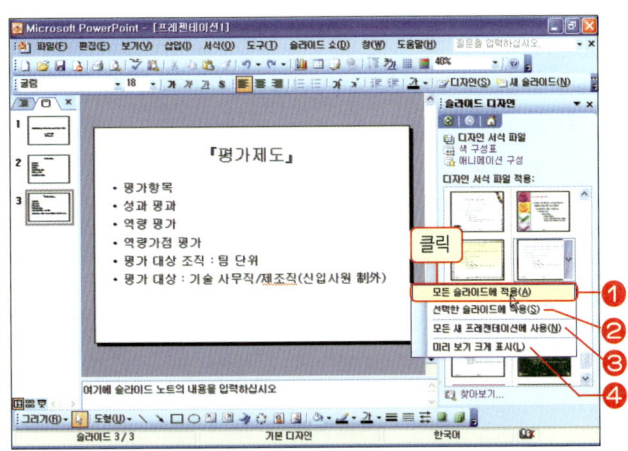

❶ 모든 슬라이드에 적용	모든 슬라이드에 똑같은 디자인을 적용하려고 할 때 클릭합니다.
❷ 선택한 슬라이드에 적용	전체 슬라이드가 아니라 현재 선택된 슬라이드에만 디자인을 적용합니다.
❸ 모든 새 프레젠테이션에 사용	새로 추가되는 프레젠테이션 파일에 자동으로 똑같은 디자인을 적용합니다. 파워포인트 2003에 추가된 기능입니다.
❹ 미리 보기 크게 보기	작업 창에 나타나는 디자인 서식의 미리 보기 화면이 확대됩니다.

5 그림과 같이 모든 슬라이드에 '농악의 즐거움' 디자인이 적용됩니다.

오려두기

설치되어 있지 않은
다른 디자인 구하기

★ **108쪽 펼쳐보기**

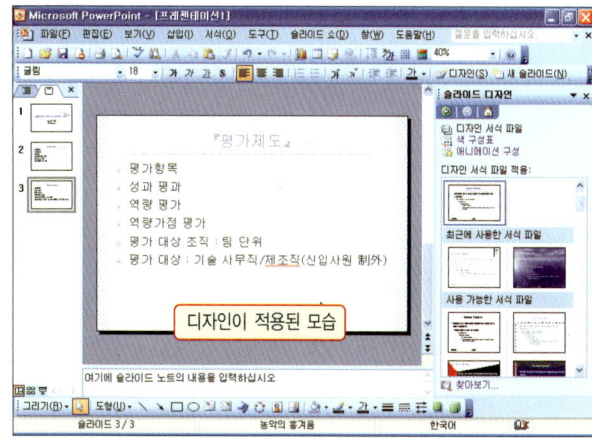

> **>> 궁 금 해 요 !**

전체 슬라이드에 디자인 서식을 지정하는 좀더 쉬운 방법은 없나요?

슬라이드에 지정하려고 하는 디자인을
곧바로 클릭하면 됩니다.

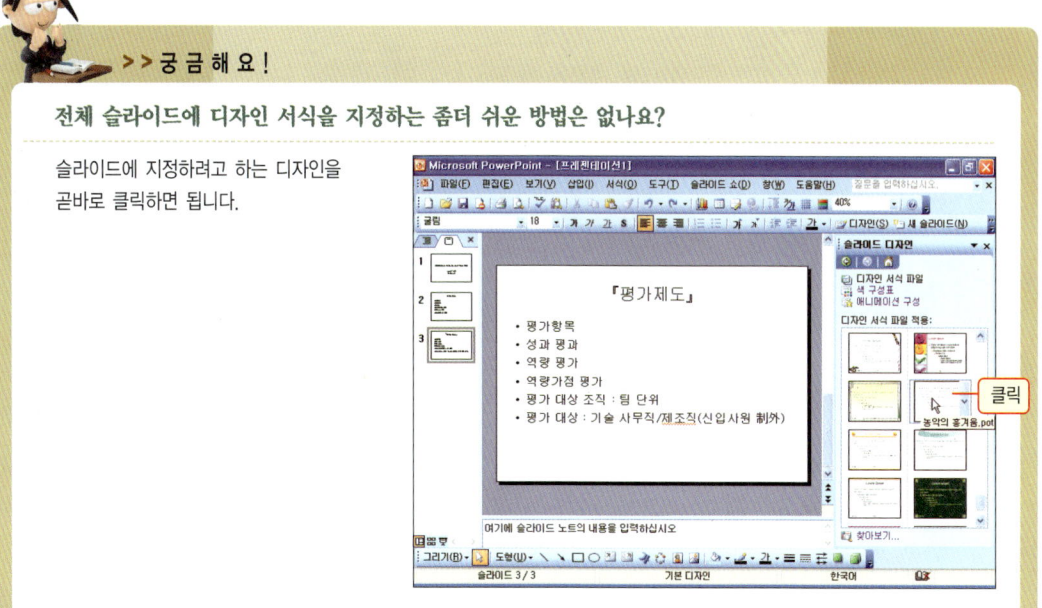

02 텍스트 서식 지정하기

슬라이드에 입력된 텍스트의 글꼴과 크기, 그리고 색을 변경하여 텍스트 서식을 지정해 보겠습니다.

1 글꼴 지정하기

현재 디자인이 적용된 슬라이드의 글꼴은 굴림체입니다. 그런데 제목이나 주요 메시지의 경우에는 조금 더 눈에 띄는 돋움체나 견고딕체로 지정하는 것이 좋습니다.

1 제목의 글꼴을 돋움체로 변경하기 위해 개요 및 슬라이드 탭에서 첫 번째 슬라이드를 클릭합니다.

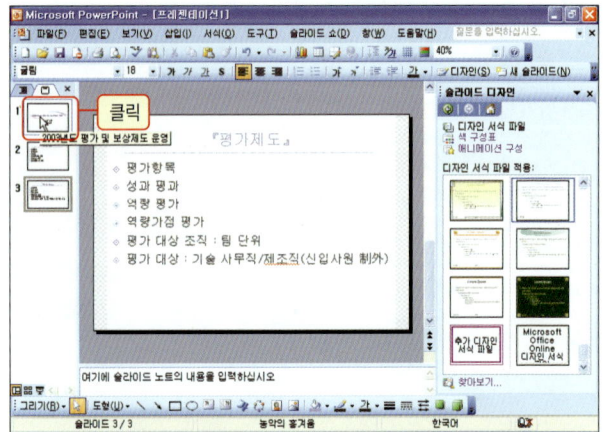

2 첫 번째 슬라이드의 제목을 클릭하면 그림과 같이 제목 입력 상자가 나타납니다.

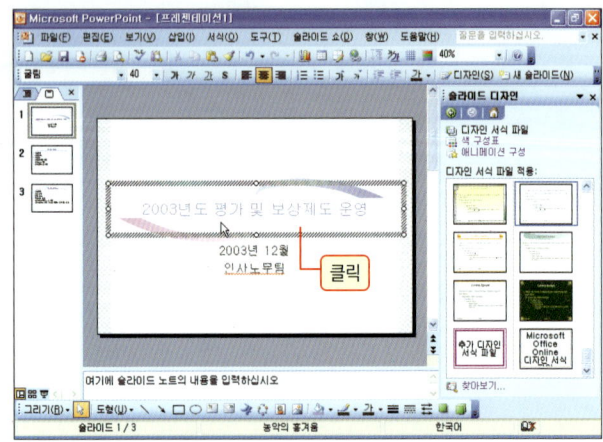

3 마우스 포인터를 '2' 앞에서 클릭한 후 'I' 모양일 때 마우스 왼쪽 버튼을 누른 채 오른쪽으로 드래그 합니다.

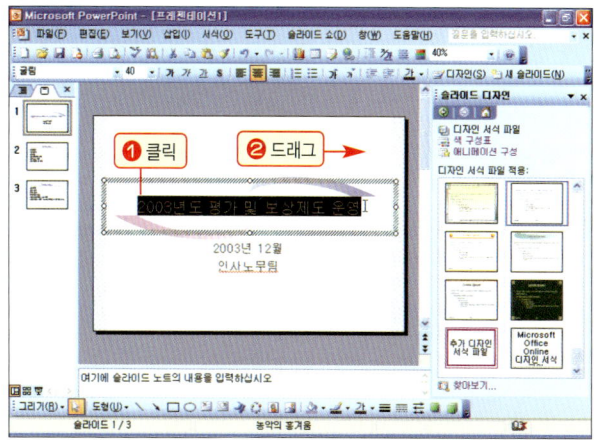

4 서식 도구 모음의 글꼴 버튼을 클릭합니다.

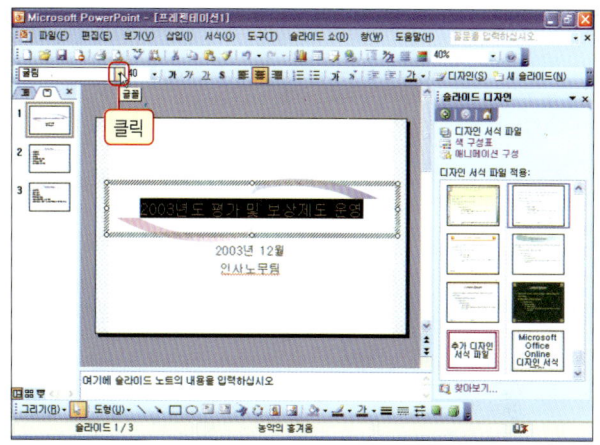

5 글꼴 목록에서 '돋움체'를 클릭합니다.

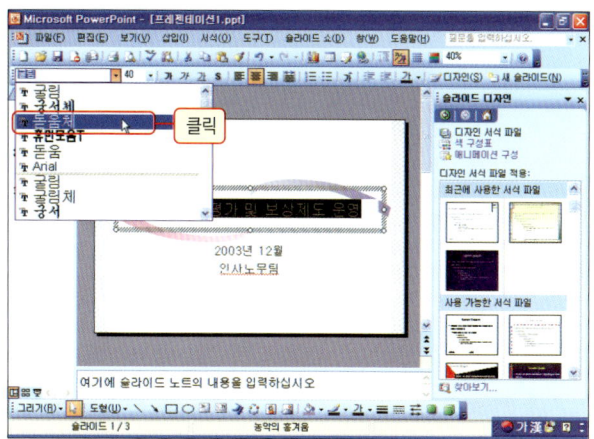

오려두기

글꼴 추가하기

★ 111쪽 펼쳐보기

6 그림과 같이 제목이 '돋움체'로 변경되었습니다. 아래의 부제목과 두 번째 슬라이드 세 번째 슬라이드의 제목도 이와 같은 방법으로 변경해보세요.

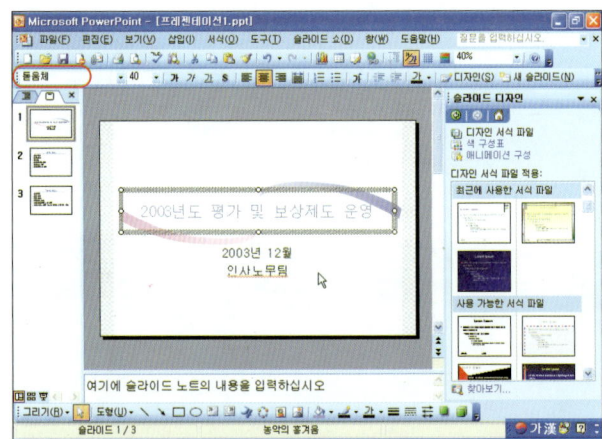

>>궁금해요!

저는 '돋움체'로 똑같이 변경했는데 왜 블록이 그대로 지정되어 있죠?

제목 입력 상자의 바깥쪽을 클릭하면 블록과 입력 상자의 선택이 모두 해제됩니다.

실수를 되돌릴 수는 없나요?

슬라이드를 만들다 보면 잘못된 서식을 적용한다든가 슬라이드에 삽입된 개체를 삭제하는 등의 실수를 범할 때가 있습니다. 이때 어떻게 해야할지 고민하지 마세요. 표준 도구 모음의 '실행 취소'와 '실행 반복'을 클릭하면 됩니다. 기본적으로 실행 취소와 실행 반복은 20번까지 가능합니다.
만약 실행 취소와 실행 반복 횟수를 좀 더 늘리고자 한다면 '도구 – 옵션' 메뉴를 클릭하면 됩니다.

'실행 취소'와 '실행 반복' 버튼

❶ '도구 – 옵션' 메뉴를 클릭합니다.

❷ '편집' 탭을 클릭합니다. '실행 취소'란에서 최대 횟수를 지정한 후 '확인' 버튼을 클릭하면 됩니다. 지정할 수 있는 가장 큰 횟수는 150회입니다.

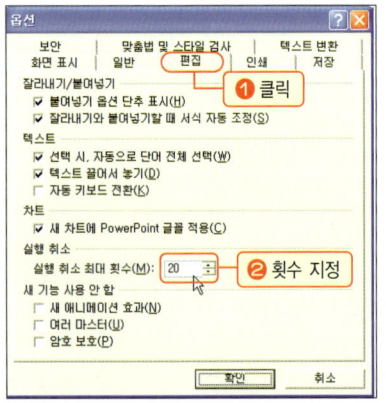

2 텍스트 크기 지정하기

텍스트의 크기를 직접 지정하는 방법과 현재 텍스트 크기를 규칙적으로 변경하는 방법을 알아보도록 하겠습니다.

1 '2003년도 평가 및 보상제도 운영' 이라는 제목을 마우스로 드래그해서 블록 설정합니다.

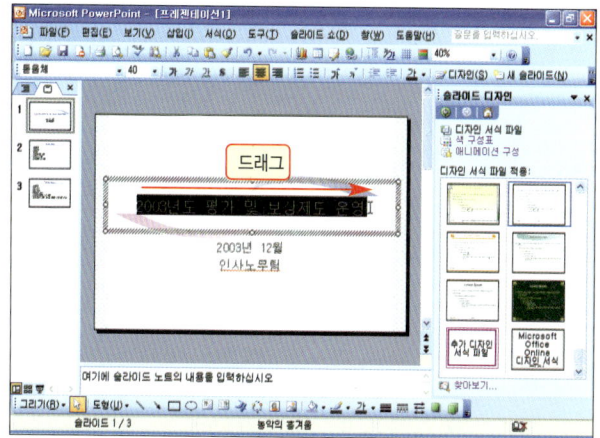

2 서식 도구 상자의 '글꼴' 상자를 클릭하여 글꼴 크기 '44'를 마우스로 클릭합니다.

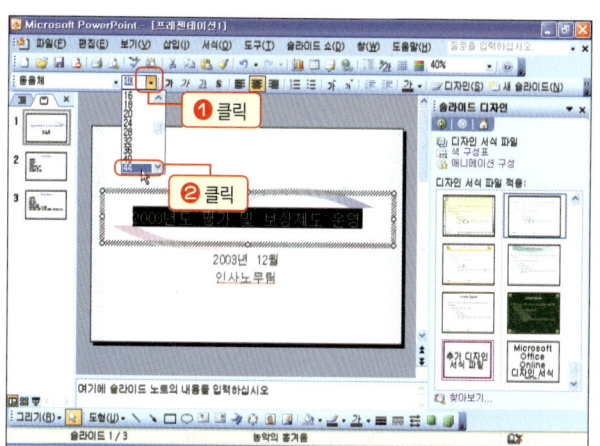

3 그림과 같이 제목 슬라이드의 제목 글꼴 크기가 '44' 포인트로 변경되었습니다. 이와 같이 직접 글꼴의 크기값을 직접 지정하여 변경할 수 있습니다. 두 번째 슬라이드와 세 번째 슬라이드의 제목도 이와 같은 방법으로 변경해 보세요.

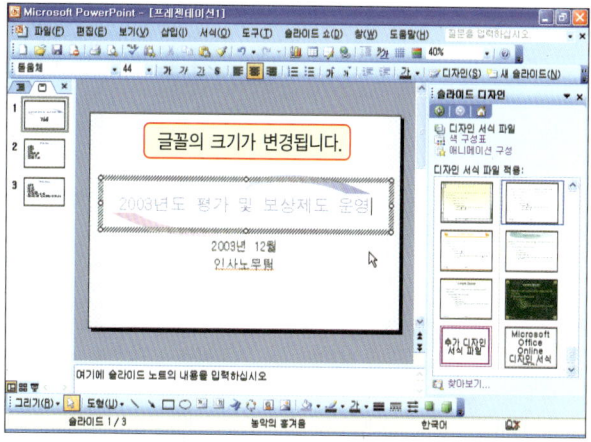

4 첫 번째 슬라이드의 부제목을 마우스로 드래그하여 블록 설정합니다.

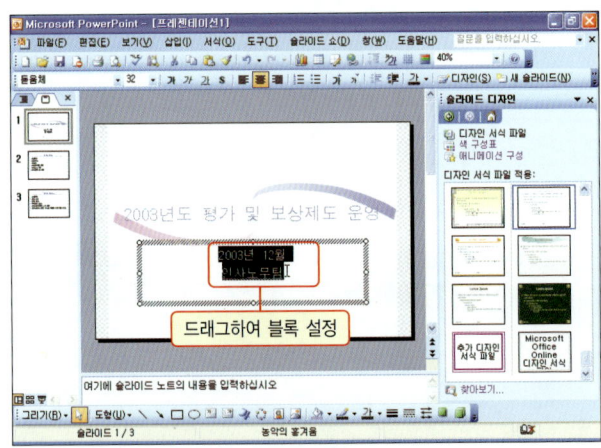

5 서식 도구 상자의 가 (글꼴 크기 크게)를 두 번 클릭합니다.

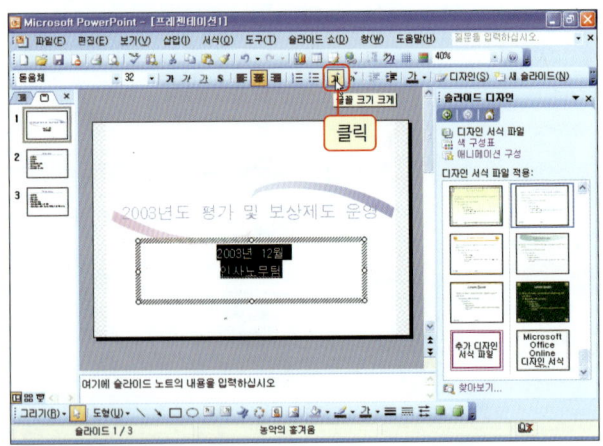

6 아주 간단히 글꼴의 크기가 확대되었습니다. 반대로 가 (글꼴 크기 작게)를 클릭하면 어떻게 될까요? 한번 해보세요.

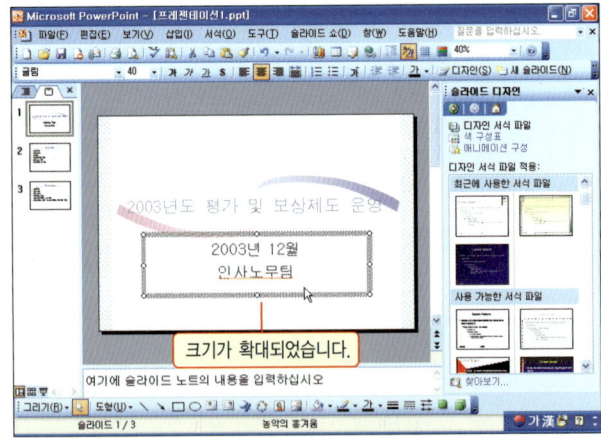

3 텍스트 색 지정하기

기본적으로 지정되어 있는 텍스트의 색을 변경해 보겠습니다.

1 개요 및 슬라이드 탭에서 세 번째 슬라이드를 클릭한 후 다음과 같이 목록을 마우스로 드래그하여 블록 설정합니다.

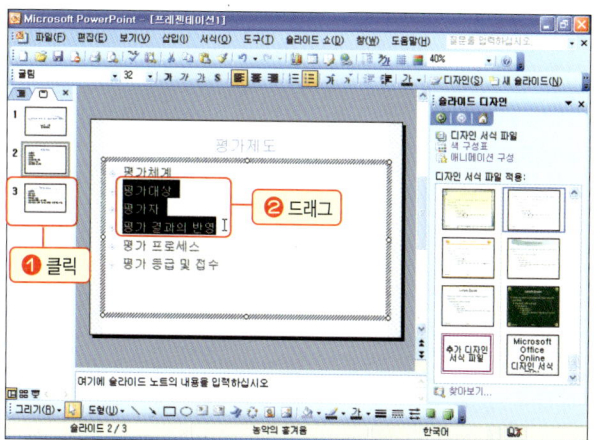

2 서식 도구 모음의 '글꼴 색' 도구의 (목록 버튼)을 클릭합니다.

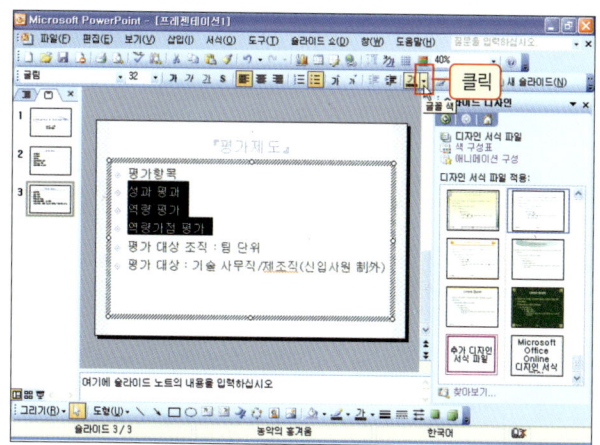

3 그림과 같이 색 구성표가 나타납니다. 이때 '강조/하이퍼링크 색 적용'을 클릭합니다.

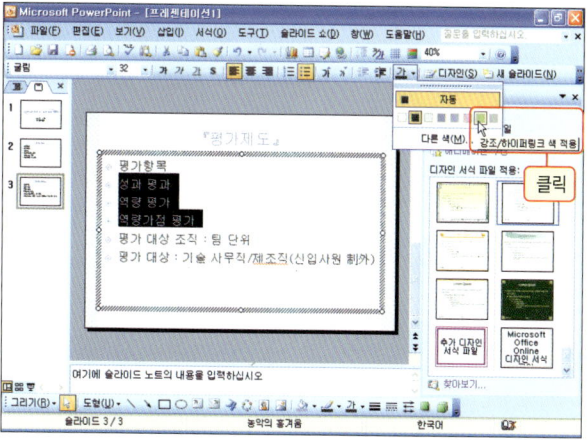

4 그림과 같이 텍스트의 색이 변경되었습니다.

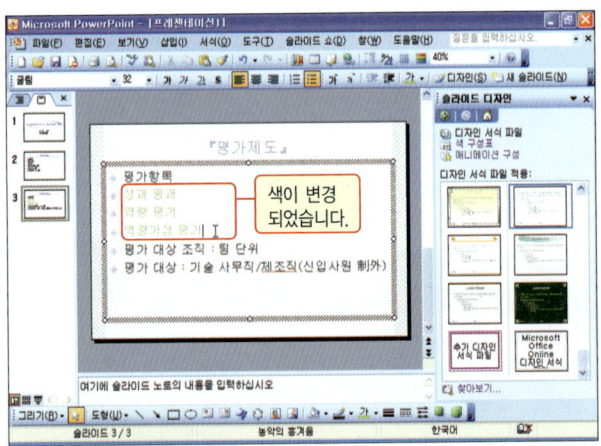

5 이번에는 색상표에 없는 색으로 텍스트의 색을 지정해 보겠습니다. 세 번째 슬라이드에서 '신입사원 제외'를 마우스로 드래그하여 블록 설정한 후 서식 도구 모음의 '글꼴 색' 도구의 ⌄(목록 버튼)을 클릭합니다. 색상표가 나타나면 '다른 색'을 클릭합니다.

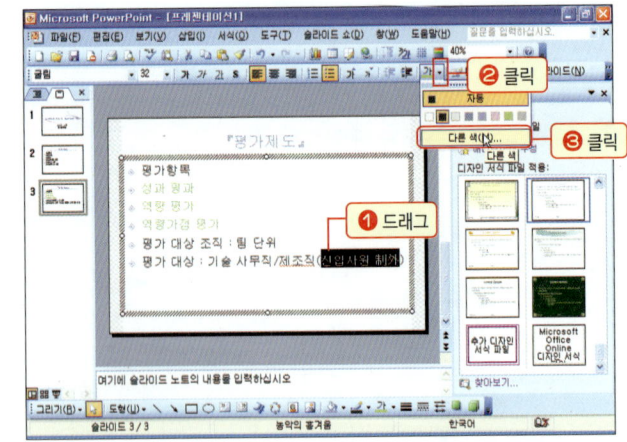

6 그림과 같이 색 지정 창이 나타나면 다음과 같이 변경하고자 하는 색을 마우스로 클릭한 후 '확인' 버튼을 클릭합니다.

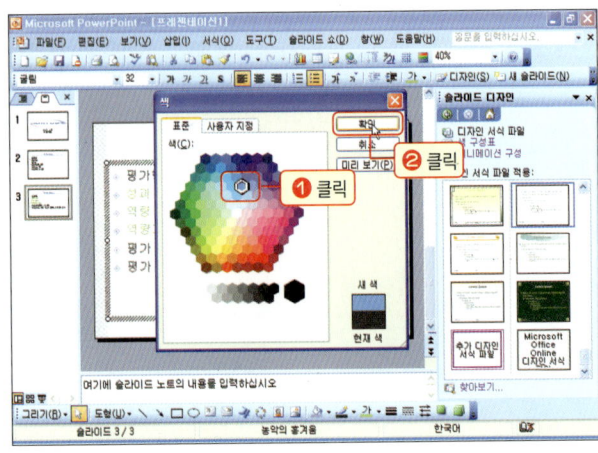

7 간단하게 색상표에 없는 색으로 텍스트의 색을 지정할 수 있습니다.

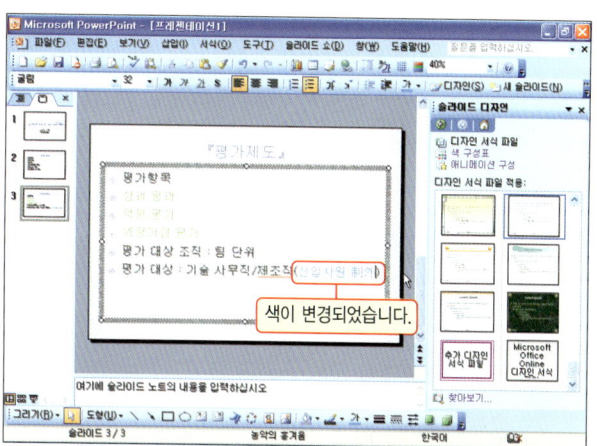

>>궁금해요!

색 지정 창의 '사용자 지정'은 어떻게 사용할 수 있나요?

텍스트의 색을 좀 더 세밀하게 지정하고자 할 때 이용할 수 있습니다. 색상값, 즉 RGB 값을 직접 입력하여 텍스트에 지정하고자 하는 색을 정확히 지정할 수 있습니다. 453페이지의 RGB 색상표를 참고하세요.

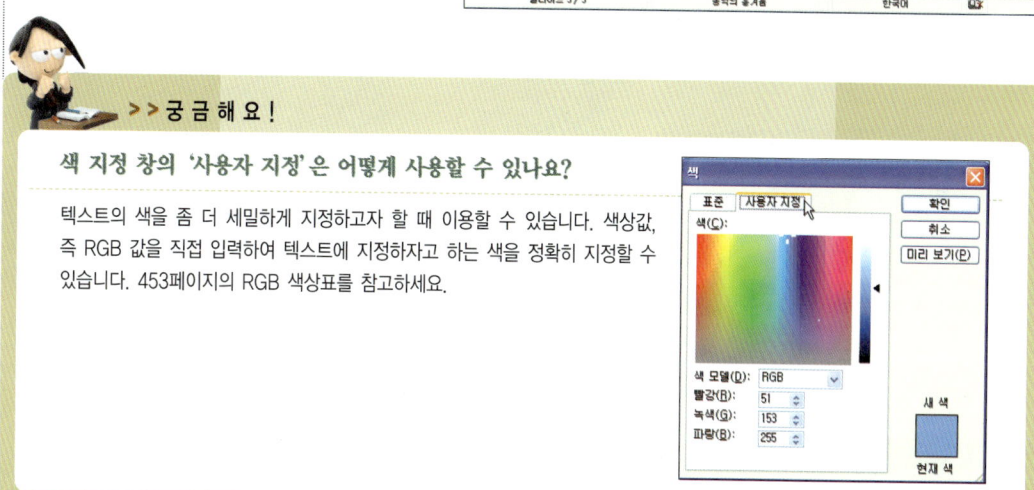

4 텍스트 스타일 지정하기

텍스트의 글꼴이나 크기를 변경하지 않고 아주 간단히 텍스트를 강조하고자 할 때는 스타일을 지정하면 효율적입니다. 파워포인트에서는 굵게, 기울임꼴, 밑줄, 그림자의 스타일이 지원되고 있습니다.

hot key

굵게 : Ctrl + B

1 첫 번째 슬라이드의 부제목을 블록 설정한 후 서식 도구 모음의 **가** (굵게)를 클릭합니다.

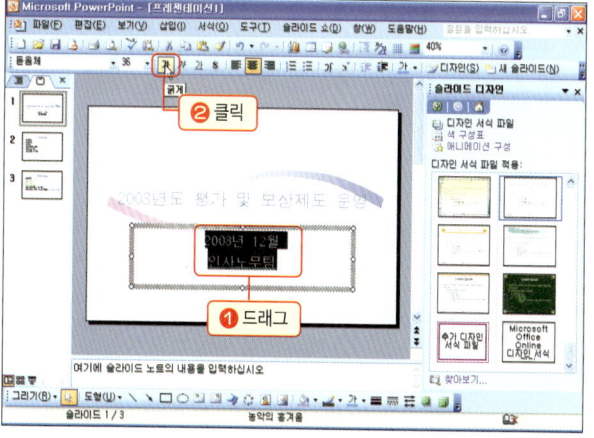

2 부제목의 스타일이 굵게 변경됩니다. 그럼 다시 한번 **가**(굵게)를 클릭해 보세요. 어떻게 되나요? 맞습니다. 원래의 스타일로 되돌아갑니다.

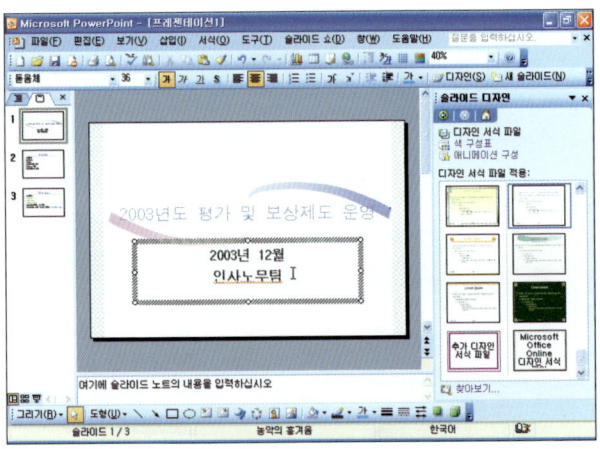

● hot key

기울임꼴 : Ctrl + I

3 두 번째 슬라이드의 목록을 그림과 같이 마우스로 드래그하여 블록 설정한 후 서식 도구 모음의 **가**(기울임꼴)을 클릭합니다.

참고하세요!

기울임꼴 스타일을 한글이나 한문에 적용하면 가독성이 떨어지므로 되도록 사용하지 않는 것이 좋습니다.

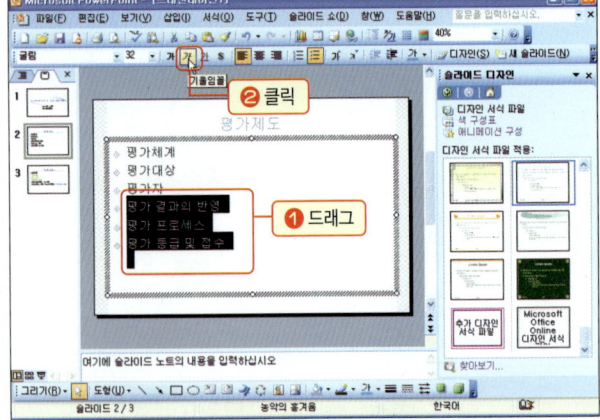

● hot key

밑줄 : Ctrl + U

4 텍스트가 약 오른쪽으로 15° 정도 기울어지는 기울임꼴 스타일이 지정되었습니다. 이번에는 서식 도구 모음의 **가**(밑줄)을 클릭하세요.

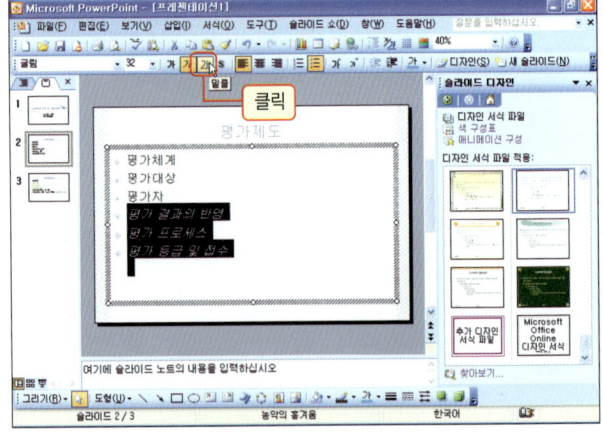

5 텍스트에 밑줄이 그어지는 스타일이 지정되었습니다. 서식 도구 모음의 **S**(그림자)를 클릭해보세요.

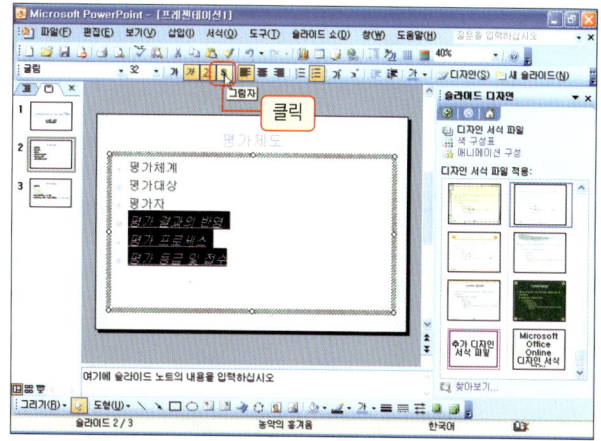

6 그림과 같이 텍스트에 그림자 스타일이 지정됩니다. 크기가 작고 색이 흐린 텍스트에 그림자 스타일을 지정하게 되면 텍스트의 가독성을 떨어지는 결과를 초래하게 됩니다. 그러므로 텍스트의 크기가 크고 텍스트의 색이 진한 경우가 아니라면 그림자 스타일은 지정하는 않는 것이 좋습니다.

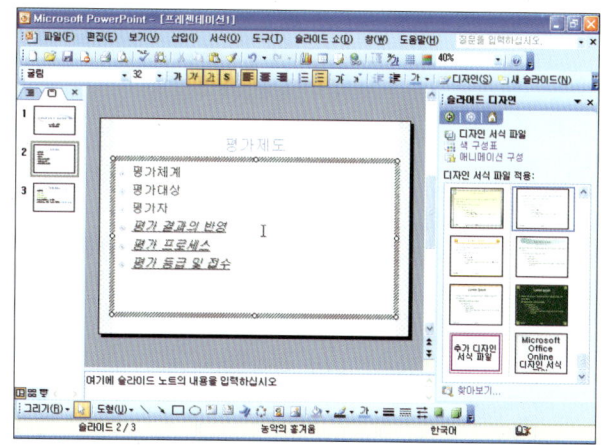

참고하세요!

제목 또는 텍스트 입력 상자의 선택

슬라이드에 입력된 텍스트에 동일한 서식을 지정하려고 할 때에는 굳이 해당 텍스트를 드래그하여 블록으로 설정하지 않아도 됩니다. 제목 또는 텍스트 입력 상자의 경계선을 클릭하여 점 모양의 편집 상태로 만든 다음 글꼴의 서식을 지정하면, 텍스트 입력 상자에 입력되어 있는 모든 텍스트에 동일한 글꼴 서식이 지정됩니다.

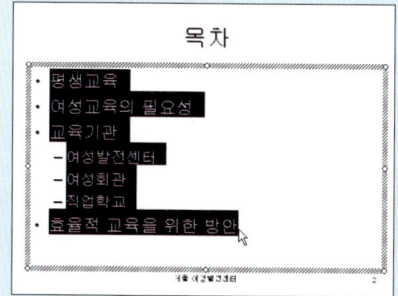

블록을 지정한 경우

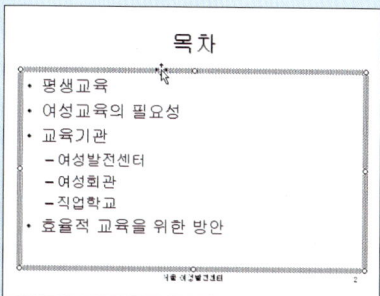

입력 상자를 선택한 경우

>> 궁 금 해 요 !

텍스트 서식은 복사할 수 없나요?

똑같은 스타일을 여러 텍스트에 지정해야 한다면 어떻게 해야할까요? 매번 스타일을 지정해야 할까요? 아닙니다. 파워포인트
에서는 아주 간단히 스타일을 여러 텍스트에 복사할 수 있는 '서식 복사' 라는 기능을 제공하고 있습니다. 지금부터 '서식 복
사' 기능을 이용하여 여러 텍스트에 동일한 서식을 지정하는 방법을 알아보도록 하겠습니다.

❶ 제목 및 텍스트 슬라이드를 추가하여 다음과 같은 텍스
트를 입력하고 첫 번째 문구인 '평생교육'의 글꼴은 굴
림, 글꼴의 색은 강조색으로 지정합니다.

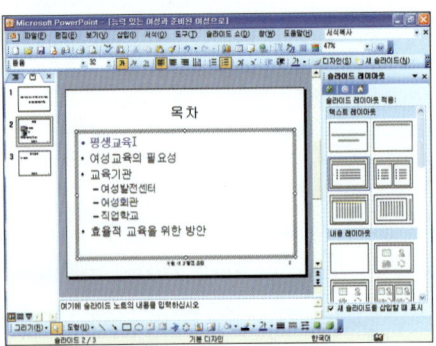

❷ 마우스 포인트로 서식이 지정되어 있는 '평생교육'을 클
릭한 후 표준 도구 모음의 (서식 복사)를 클릭합니다.

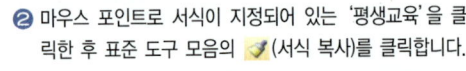

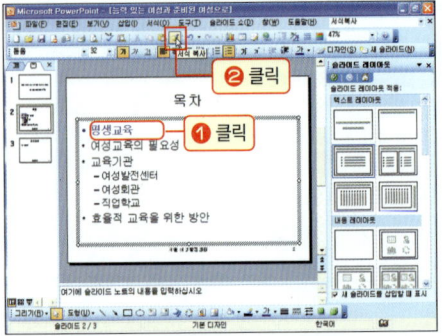

❸ 마우스 포인트 모양이 ◢ 로 변경됩니다. 이때 '여성 교
육의 필요성' 앞으로 마우스 포인터를 옮긴 후 오른쪽으
로 드래그합니다.

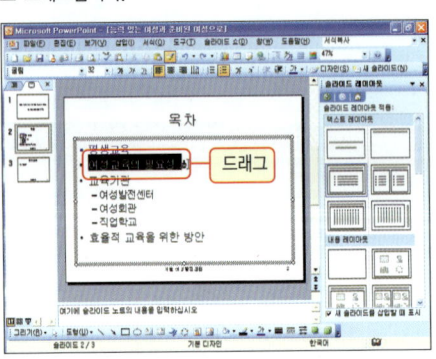

❹ 다음과 같이 서식이 복사됩니다. 표준 도구 모음의
(서식 복사)를 클릭합한 후 '교육기관'도 드래그해 보세요.

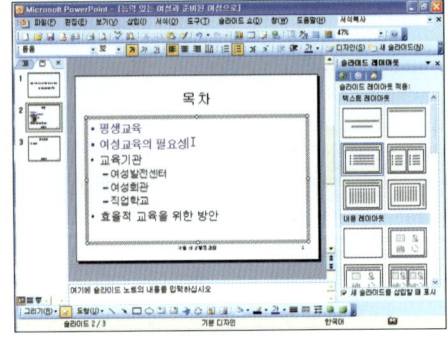

03 문단 편집하기

슬라이드에 입력된 텍스트의 서식을 지정해 보았습니다. 지금부터는 슬라이드에 입력된 텍스트의 전체적인 균형을 지정할 수 있는 문단 정렬 방법과 줄간격 조절 방법에 대하여 알아보도록 하겠습니다.

1 문단 정렬하기

문단을 정렬하는 맞춤에는 '왼쪽 맞춤', '가운데 맞춤', '오른쪽 맞춤', '균등 분할' 등이 있습니다.

1 첫 번째 슬라이드의 부제목을 블록 설정한 후 서식 도구 모음의 ▤(왼쪽 맞춤)을 클릭합니다.

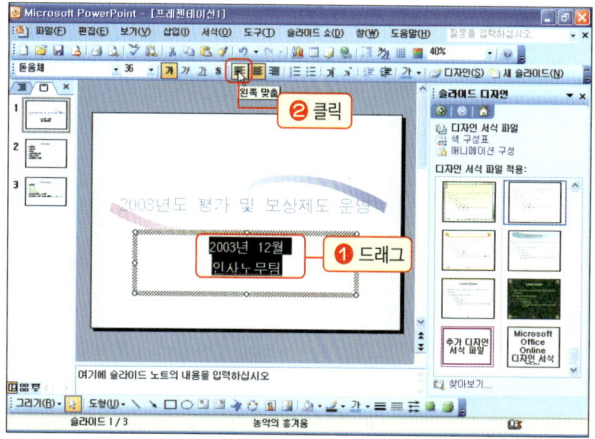

2 텍스트 입력 상자를 기준으로 왼쪽으로 정렬됩니다. 가운데 맞춤과 오른쪽 맞춤을 클릭해 보세요. 텍스트가 텍스트 상자 가운데, 오른쪽을 기준으로 텍스트들이 정렬됩니다.

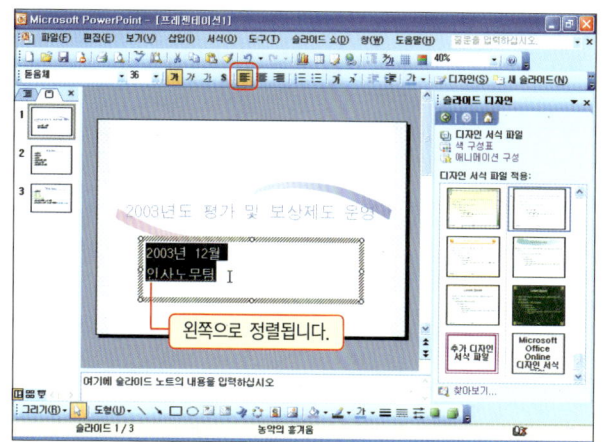

3 첫 번째 슬라이드의 부제목을 블록 설정한 후 서식 도구 모음의 ▤(균등 분할)을 클릭해 보세요.

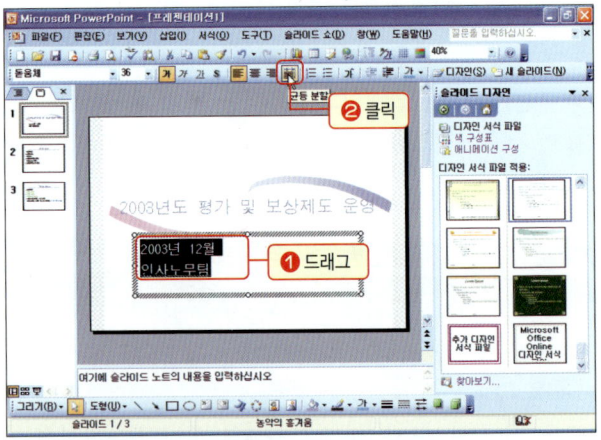

4 어떻게 되나요? 텍스트 상자의 양끝을 기준으로 글자의 간격이 동일하게 지정됩니다.

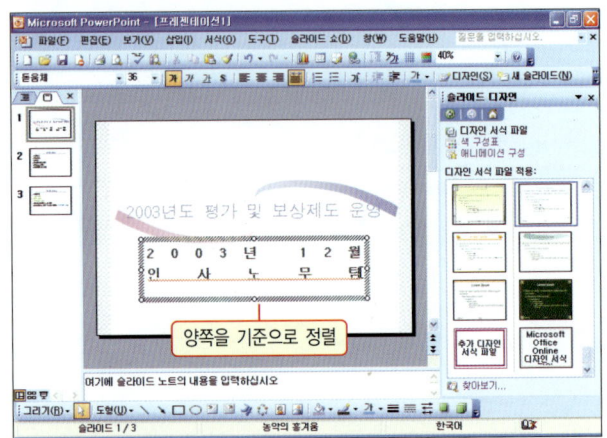

② 줄 간격 지정하기

텍스트가 입력된 줄과 줄 사이의 간격을 조정하여 전체적인 문단의 전체적인 균형을 지정할 수 있습니다.

1 두 번째 슬라이드의 텍스트를 모두 블록으로 설정한 후 '서식 - 줄 간격' 메뉴를 클릭합니다.

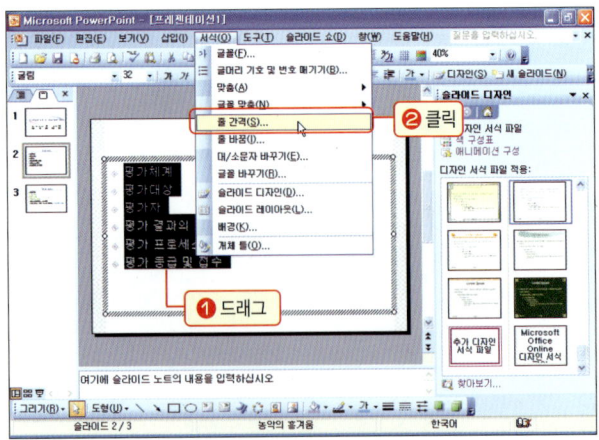

2 줄 간격의 값을 1.4로 설정한 후 '확인' 버튼을 클릭합니다.

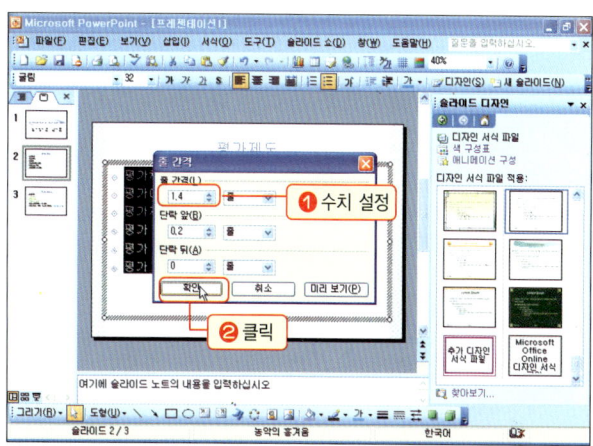

3 그림과 같이 줄 간격이 조절되었습니다. 줄 간격을 지정하기 전 보다는 좀 더 보기 좋습니다.

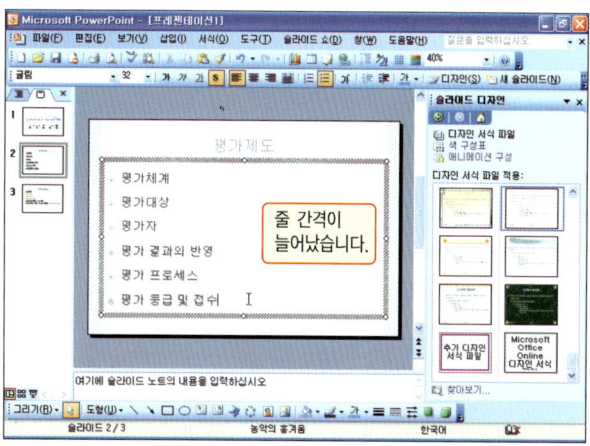

참고하세요!

서식 도구 모음 살펴보기

서식 도구 모음은 텍스트(문단)과 슬라이드에 관련된 도구들을 모아놓은 도구 모음입니다.

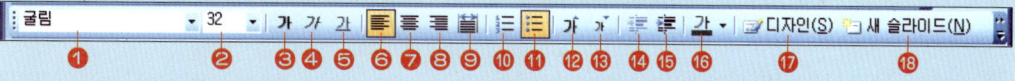

❶ 글꼴 : 텍스트의 글꼴을 지정합니다.

❷ 글꼴 크기 : 텍스트 글꼴의 크기를 지정합니다.

❸ 굵게 : 텍스트의 속성을 굵게 지정합니다.

❹ 기울임꼴 : 텍스트의 속성을 오른쪽으로 기울어지게 지정합니다.

❺ 밑줄 : 텍스트 아래의 밑줄 속성을 지정합니다.

❻ 왼쪽 맞춤 : 텍스트(문단)을 텍스트 상자의 왼쪽으로 기준으로 정렬합니다.

❼ 가운데 맞춤 : 텍스트(문단)을 텍스트 상자의 오른쪽으로 기준으로 정렬합니다.

❽ 오른쪽 맞춤 : 텍스트(문단)을 텍스트 상자의 가운데를 기준으로 정렬합니다.

❾ 균등 분할 : 텍스트(문단)을 텍스트 상자의 양 끝을 기준으로 정렬합니다.

❿ 번호 매기기 : 텍스트(문단)에 번호를 자동으로 지정합니다.

⓫ 글머리 기호 : 텍스트(문단)에 글머리 기호를 지정합니다.

⓬ 글꼴 크기 크게 : 텍스트의 크기를 현재보다 한 단계 크게 지정합니다.

⓭ 글꼴 크기 작게 : 텍스트의 크기를 현재보다 한 단계 작게 지정합니다.

⓮ 내어 쓰기 : 텍스트(문단)를 일정한 간격 안쪽으로 이동시킵니다.

⓯ 들여 쓰기 : 텍스트(문단)를 일정한 간격 바깥쪽으로 이동시킵니다.

⓰ 글꼴 색 : 텍스트의 색을 변경합니다.

⓱ 슬라이드 디자인 : 디자인 서식을 변경할 수 있도록 목록을 보여줍니다.

⓲ 새 슬라이드 : 새 슬라이드를 삽입할 수 있도록 슬라이드 레이아웃을 보여줍니다.

04 새 슬라이드 글머리 기호 및 번호 지정하기

목차와 같이 핵심 내용을 나열하는 경우 문단 앞에 글머리 기호가 자동으로 삽입됩니다. 지금부터 자동으로 삽입되는 글머리 기호를, 다른 글머리 기호 또는 번호로 지정하는 방법에 대하여 알아보도록 하겠습니다.

1 글머리 기호 지정하기

글머리 기호를 지정하는 방법은 미리 지정된 기호를 지정하는 방법과, 사용자가 직접 글머리 기호를 지정하는 방법이 있습니다.

1 두 번째 슬라이드의 내용을 모두 블록 설정한 후 '서식 – 글머리 기호 및 번호 매기기' 메뉴를 클릭합니다.

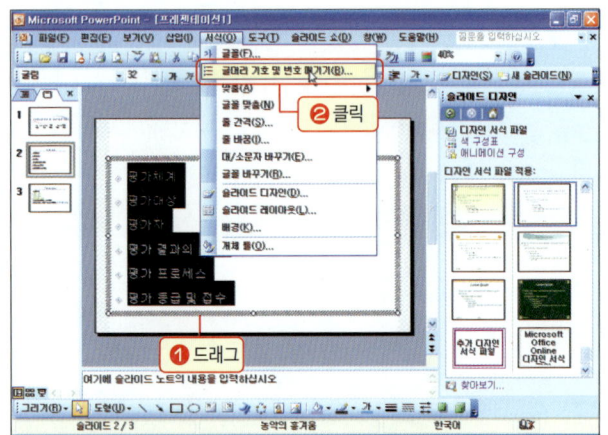

2 다음과 같이 글머리 기호를 클릭한 후 '확인' 버튼을 클릭합니다.

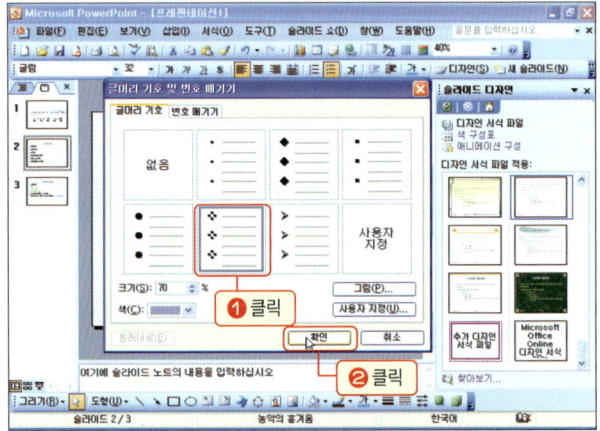

3 글머리 기호가 변경됩니다.

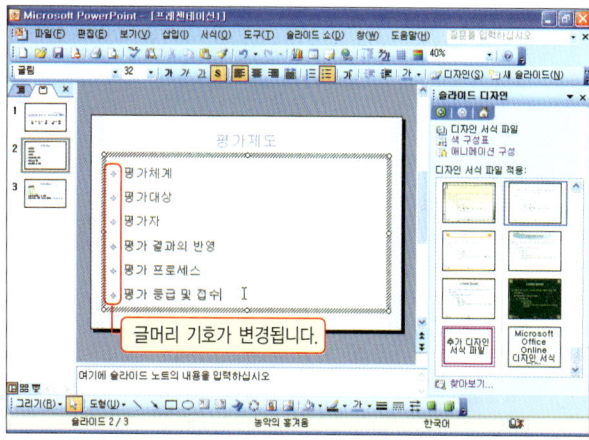

>>궁금해요!

글머리 기호의 색을 변경할 수 없나요?

'글머리 기호 및 번호 매기기'에서 슬라이드에 삽입되는 글머리 기호의 색뿐만 아니라 크기도 다양하게 지정할 수 있습니다.

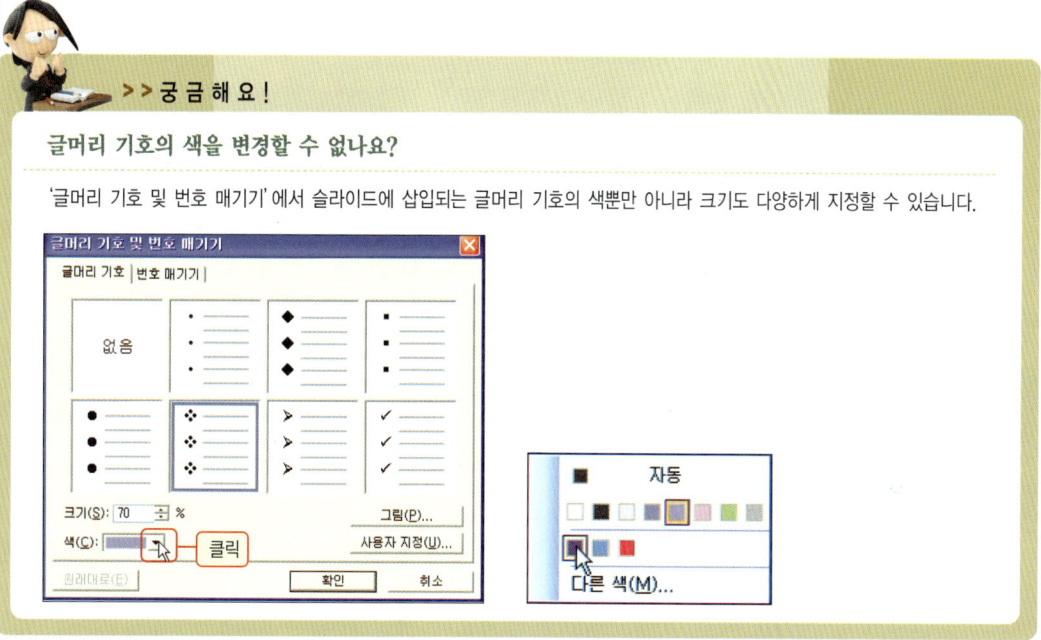

4 세 번째 슬라이드의 내용을 모두 블록 설정한 후 '서식 – 글머리 기호 및 번호 매기기' 메뉴를 클릭합니다.

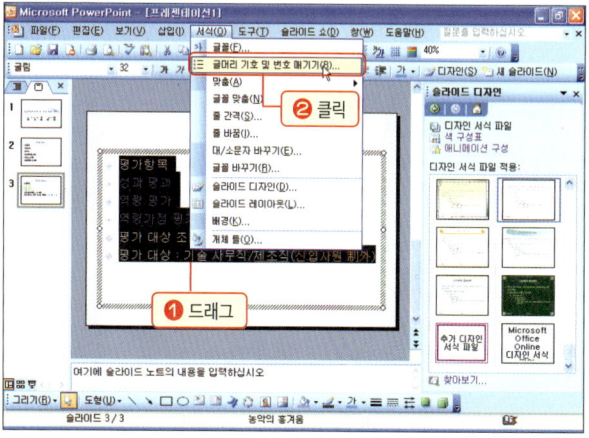

5 '글머리 기호 및 번호 매기기' 창에서 '사용자 지정' 버튼을 클릭합니다.

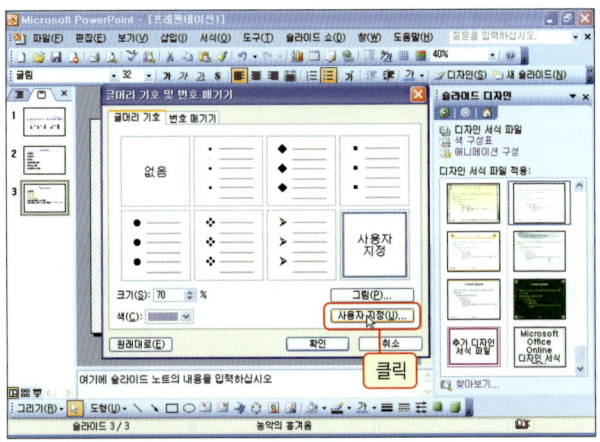

6 '기호' 창에서 그림과 같이 글꼴을 'Wingings'로 변경한 후 ✿를 선택한 다음 '확인' 버튼을 클릭합니다.

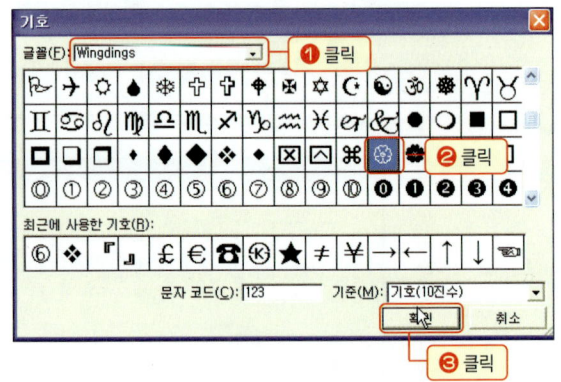

7 그림과 같이 글머리 기호가 변경됩니다.

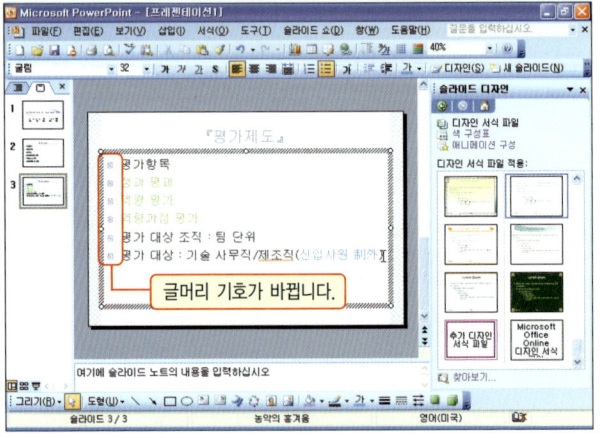

글머리 기호를 그림으로 지정할 수는 없나요?

클립아트에 등록되어 있는 그림 글머리 기호를 이용하면 가능합니다.

❶ '글머리 기호 및 번호 매기기' 창에서 '그림' 버튼을 클릭합니다.

❷ 그림과 같이 '그림 글머리 기호' 창이 나타나면 글머리 기호로 사용하고자 하는 그림을 선택한 후 '확인' 버튼을 클릭하면 됩니다.

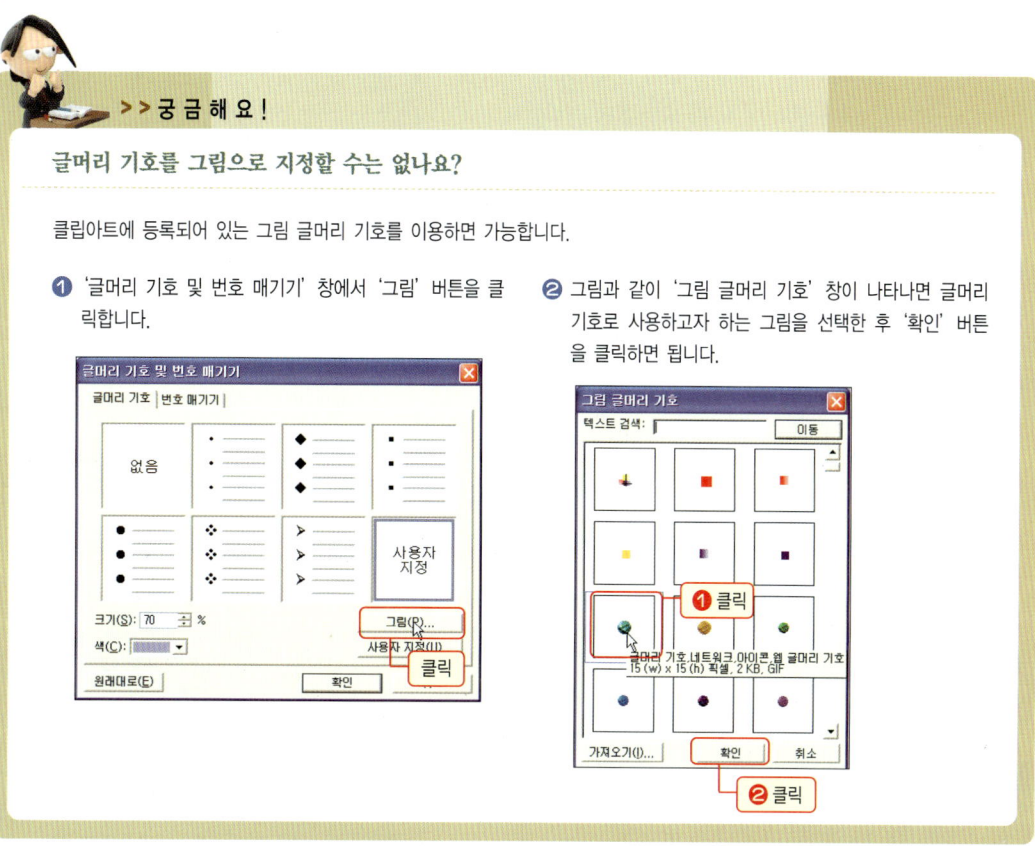

2 번호 지정하기

글머리 기호와는 달리 항목의 중요도에 따라 우선 순위를 주고자 할 때 지정합니다.

1 세 번째 슬라이드의 내용 중 두 번째 줄부터 네 번째줄까지 블록 설정한 후 '서식 – 글머리 기호 및 번호 매기기' 메뉴를 클릭합니다.

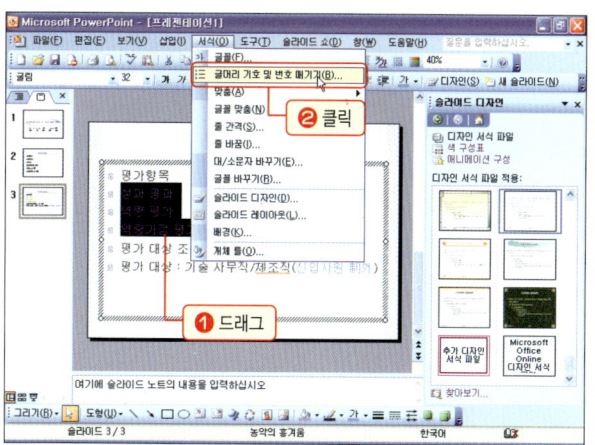

2 '번호 매기기' 탭을 클릭하고 네 번째 항
목을 선택한 후 '확인' 버튼을 클릭합니다.

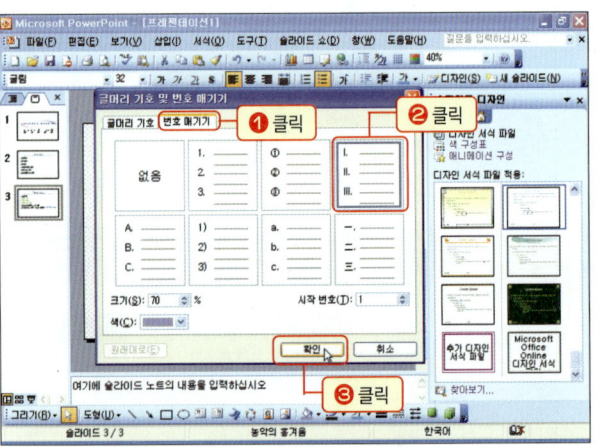

3 그림과 같이 글머리 기호가 숫자 기호
로 변경됩니다.

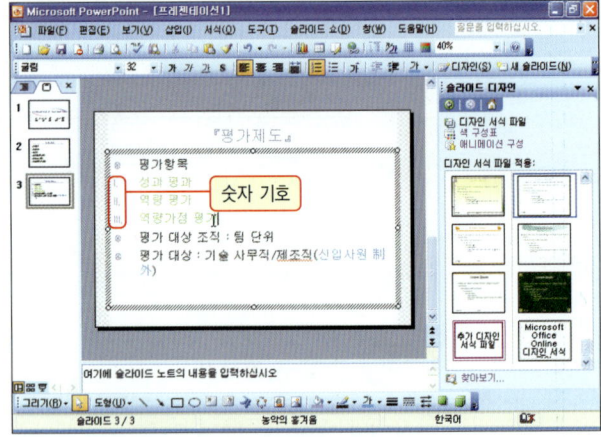

참고하세요!

번호를 삽입하게 되면 번호
와 문단과의 사이가 넓어져
서 마지막 문단이 두줄이
됩니다. 이 간격을 조절하는
방법은 98페이지를 참조하
세요.

>>궁금해요!

지정된 글머리 기호를 삭제하고 싶어요.

먼저 삭제하려고 하는 글머리 기호가 삽입된 영역을 블록으로
설정합니다. 그리고 '글머리 기호 및 번호 매기기' 창에서 '없
음'을 선택한 후 '확인' 버튼을 클릭하면 됩니다.

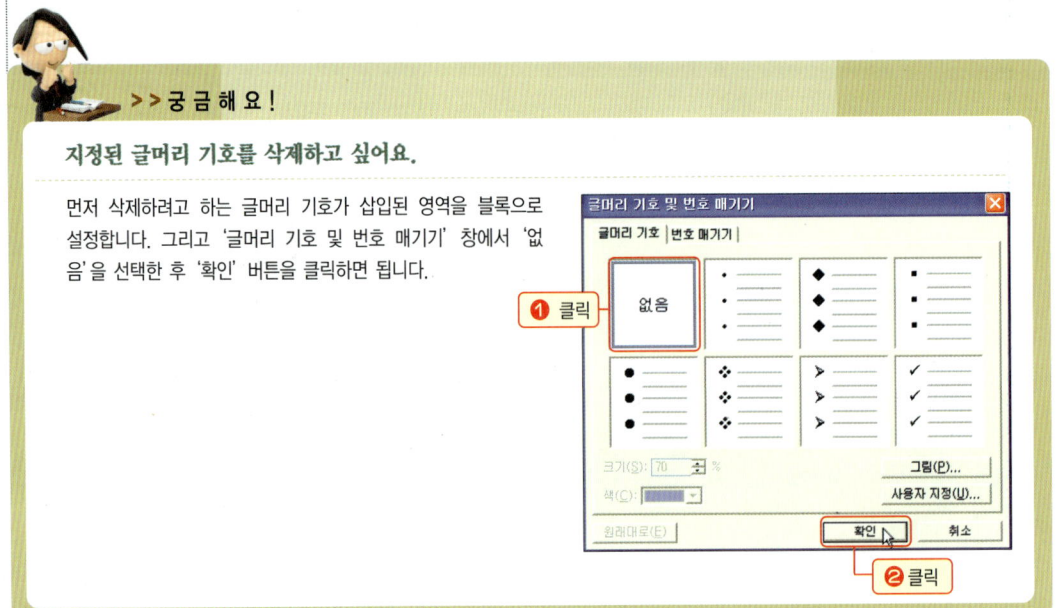

05 텍스트 수준 지정하기

텍스트에 글머리 기호 또는 번호가 두 개 수준 이상 삽입되어 있다면 항목을 구분하기 위해 텍스트의 수준을 지정하게 됩니다.

1 들여쓰기와 내어쓰기

텍스트의 수준은 간단히 들여쓰기와 내어쓰기로 지정할 수 있습니다.

참고하세요!

들여쓰기되는 간격을 눈금자에서 탭을 이용하여 지정할 수 있습니다.

1 세 번째 슬라이드의 내용 중 두 번째 줄부터 네 번째줄까지 블록 설정한 후 서식 도구 모음의 ▣(들여쓰기)를 클릭합니다.

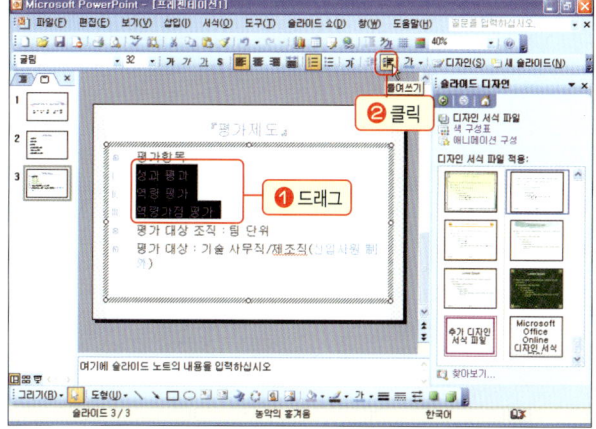

2 그림과 같이 블록이 지정된 영역이 일정한 간격 안쪽으로 들여쓰기 됩니다. 서식 도구 모음의 ▣(내어쓰기)를 클릭하면 원위치로 내어쓰기 됩니다.

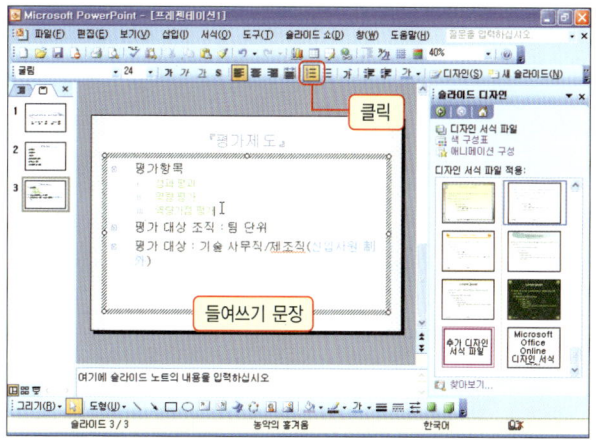

2 눈금자를 이용하여 간격 조절하기

눈금자의 탭을 이용하면 텍스트의 수준을 세밀하게 지정할 수 있습니다. 뿐만 아니라 글머리 기호나 번호와 텍스트와의 간격도 세밀하게 지정할 수 있습니다.

1 '보기 – 눈금자' 메뉴를 클릭합니다.

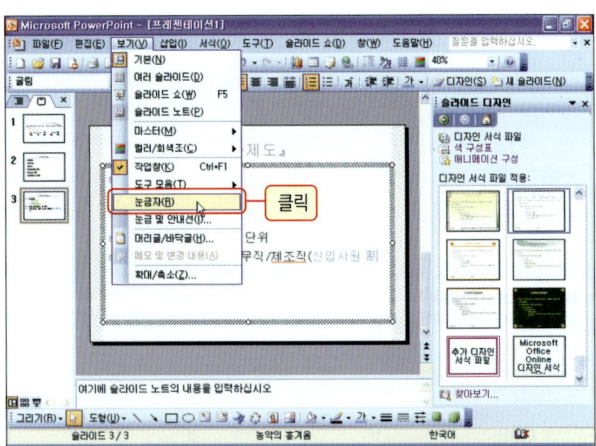

2 텍스트의 들여쓰기 위치를 나타내는 왼쪽 들여 쓰기 표시 🖡를 그림과 같이 클릭한 후 앞쪽으로 드래그합니다.

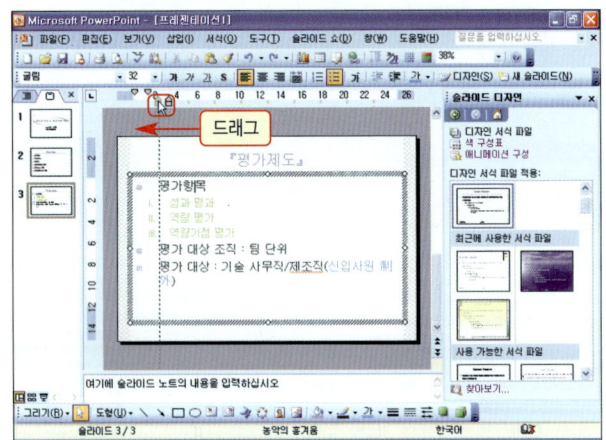

3 글머리 기호와 텍스트와의 간격이 조절되었습니다.

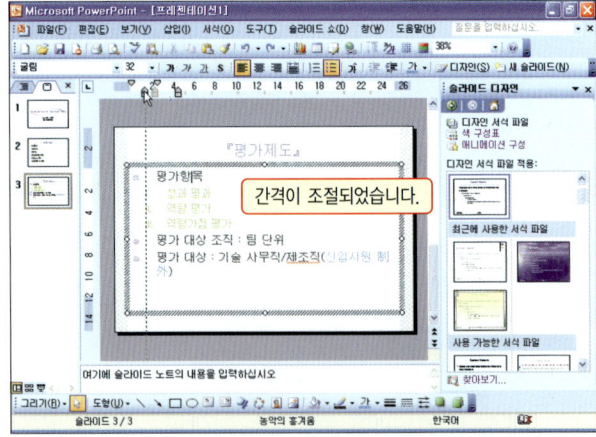

4 두 번째 단락의 번호를 뒤쪽으로 들여쓰기 하기 위해 눈금자에서 글머리 기호나 번호의 들여쓰기 위치를 나타내는 첫 줄 들여쓰기 ▽를 오른쪽으로 드래그합니다.

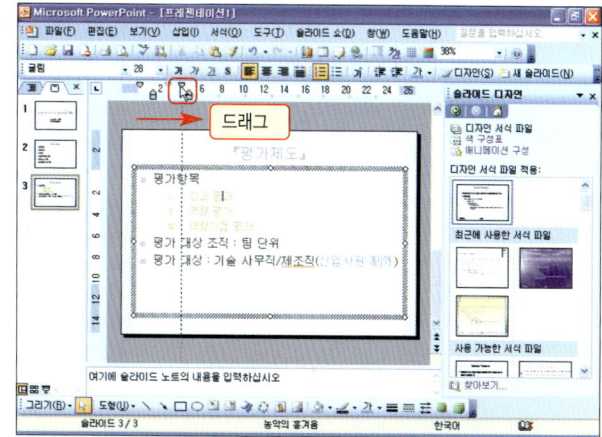

5 번호의 위치가 안쪽으로 들여쓰기되었습니다. 눈금자의 왼쪽 들여쓰기 표시 ⌂와 첫 줄 들여쓰기 ▽를 이용하여 다양한 간격으로 텍스트의 수준을 지정해 보세요.

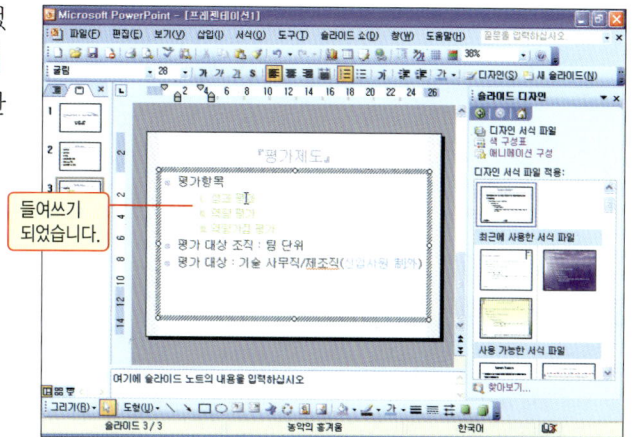

> > 궁금해요!

눈금자에 나오는 회색의 표식은 무엇을 의미하나요?

서식 도구 모음의 (들여쓰기) 클릭시 기본적으로 들여쓰기되는 간격을 지정하는 탭입니다.

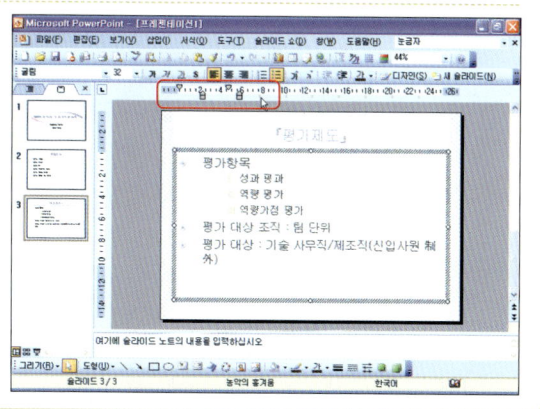

06 머리글, 바닥글, 그리고 슬라이드 번호 지정하기

슬라이드의 머릿글과 바닥글, 그리고 슬라이드 번호 등을 지정하여 청중의 이해를 도울 수 있습니다.

1 슬라이드에 바닥글 및 슬라이드 번호 지정하기

슬라이드에는 바닥글과 슬라이드 번호, 그리고 날짜만 지정할 수 있습니다.

1 메뉴표시줄에서 '보기 - 머리글/바닥글' 메뉴를 클릭합니다.

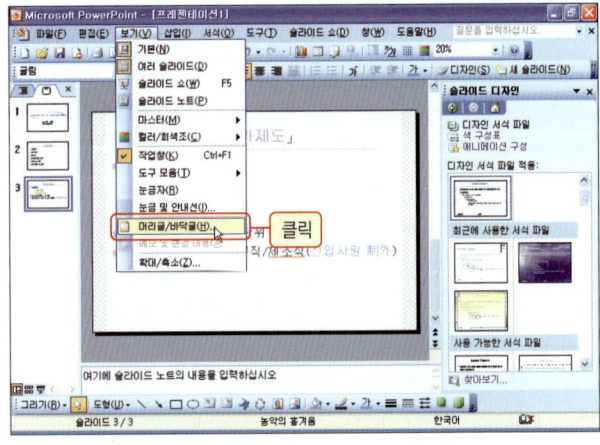

참고하세요!

'제목 슬라이드에 표시 안함'을 선택하지 않으면 제목과 부제목이 삽입되는 첫 번째 슬라이드에도 바닥글과 슬라이드 번호가 삽입됩니다. 일반적으로 실제 프레젠테이션에서는 첫 번째 슬라이드에 바닥글과 슬라이드 번호를 삽입하지 않고 있습니다.

2 '슬라이드 번호' 항목을 선택한 후 '바닥글' 입력란에 '동부 주식회사'라고 입력합니다. 그 다음 '제목 슬라이드에는 표시 안함'을 선택한 후 '모두 적용' 버튼을 클릭합니다.

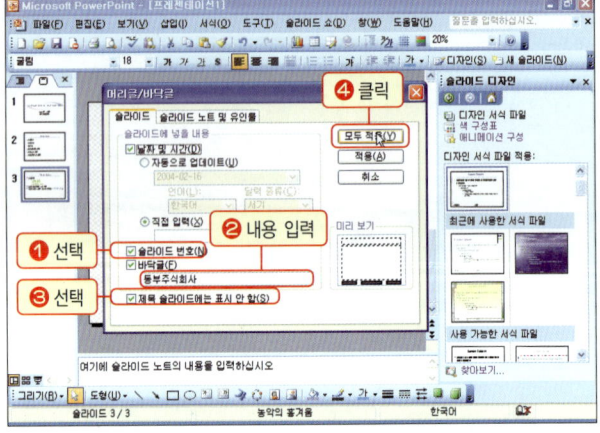

3 바닥글과 페이지 번호가 삽입됩니다. 현재 슬라이드는 세 번째 슬라이드이기 때문에 슬라이드 번호 3이 입력되어 있습니다.

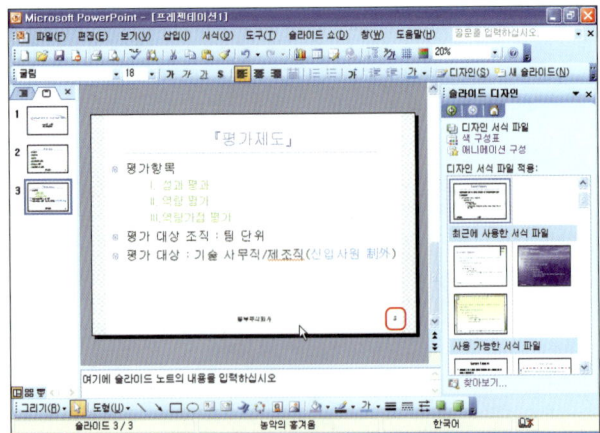

두 번째 슬라이드의 번호가 2로 나타나는데요. 1로 나타나게 할 수는 없나요?

물론 가능합니다. '머리글/바닥글' 메뉴를 클릭하기 전에 '페이지 설정' 메뉴에서 '슬라이드 시작번호'를 0으로 지정하면 됩니다.

슬라이드 번호를 전체 슬라이드 번호와 함께 표시되도록 할 수 있나요?

'머리글/바닥글' 메뉴에서는 지정이 불가능합니다. 하지만 슬라이드 마스터를 이용하게 되면 가능합니다. 396페이지를 참조하세요.

바닥글과 슬라이드 번호의 위치를 변경하고 싶어요!

슬라이드 마스터를 이용하여 전체 슬라이드의 바닥글과 슬라이드 번호 위치를 변경할 수 있습니다. 396페이지를 참조하세요.

2 슬라이드 노트에 머리글과 쪽번호 지정하기

바닥글과 달리 머리글은 슬라이드에 삽입되지 않습니다. 머리글은 슬라이드 노트나 유인물에만 삽입됩니다.

1 '보기 – 머리글/바닥글' 메뉴를 클릭한 후 '머리글/바닥글' 창에서 '슬라이드 노트 및 유인물' 탭을 클릭합니다.

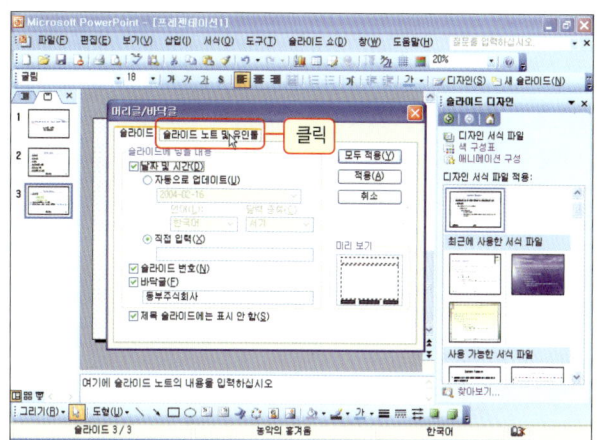

2 그림과 같이 입력한 후 '모두 적용' 버튼을 클릭합니다.

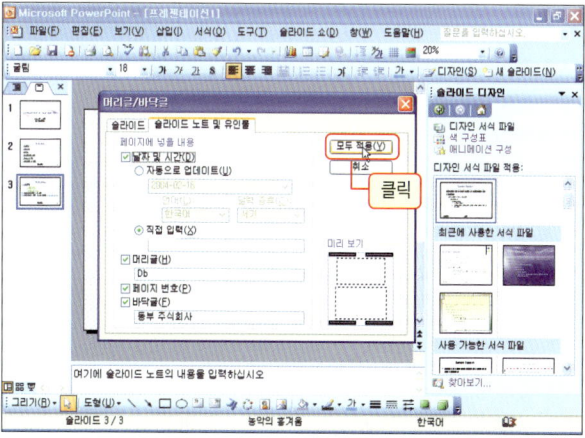

3 '보기 – 슬라이드 노트' 메뉴를 클릭합니다.

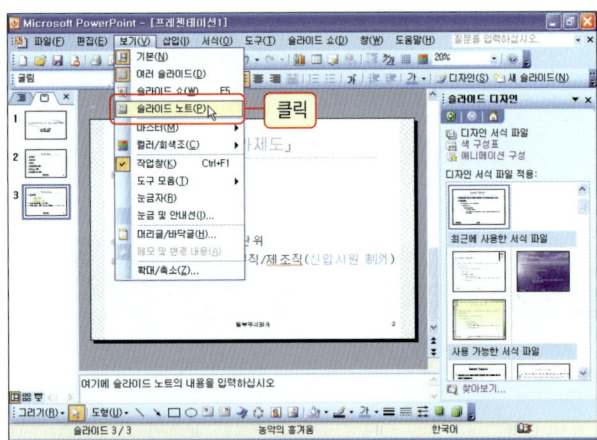

4 그림과 같이 슬라이드 노트에 머리글과 바닥글, 그리고 페이지 번호가 삽입되어 있습니다.

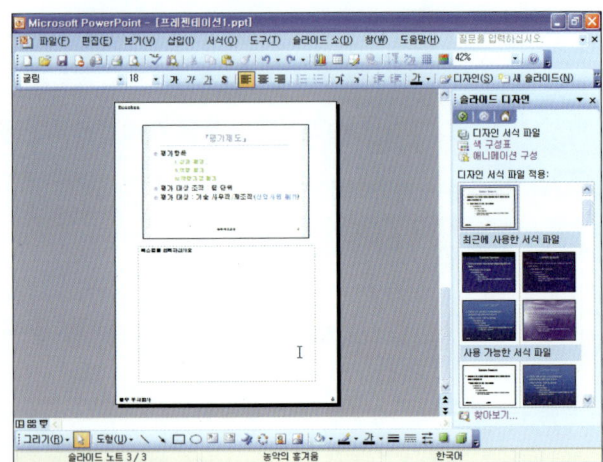

>> 궁 금 해 요 !

슬라이드 노트에 삽입되는 머리글과 바닥글, 쪽 번호 위치도 변경할 수 있나요?

슬라이드 노트 마스터를 이용하면 가능합니다. 슬라이드 마스터에 관련된 내용을 396페이지를 참조하세요.

07 지정된 디자인 서식 변경하기

슬라이드에 디자인 서식이 지정되어 있다 하더라도 다른 다양한 디자인으로 변경할 수 있습니다. 또한 색상표를 이용하면 디자인이 적용된 슬라이드에서 특정 항목의 일부분을 새로운 형태의 서식으로 지정할 수 있습니다.

1 디자인 서식 변경하기

아주 간단하게 슬라이드에 적용된 디자인을 다른 디자인으로 지정하는 방법입니다. 변경되는 슬라이드 단위는 슬라이드 전체가 될 수도 있고, 슬라이드 하나 하나에 다른 디자인을 적용할 수도 있습니다.

○ hot key

디자인 : Alt + S

1 먼저 첫 번째 슬라이드를 선택한 다음 서식 도구 모음의 디자인을 클릭하세요. '광선' 이라는 디자인으로 서식을 변경해 보겠습니다. 슬라이드 디자인 작업 창의 스크롤 바를 아래로 드래그하여 새로 지정하려는 디자인으로 마우스 포인터를 옮깁니다.

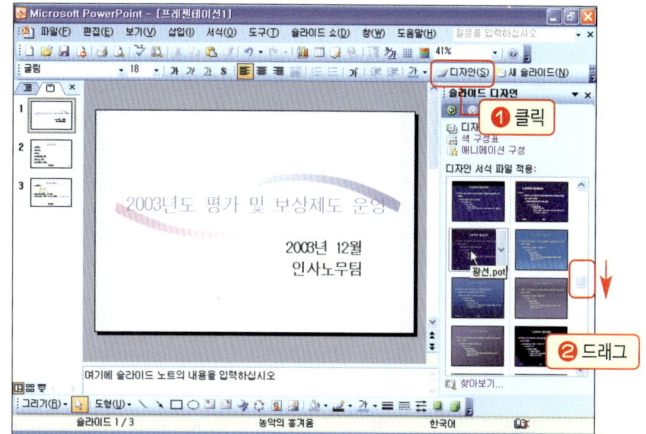

2 '광선' 디자인에서 ✓를 클릭한 후 '모든 슬라이드에 적용' 메뉴를 클릭합니다.

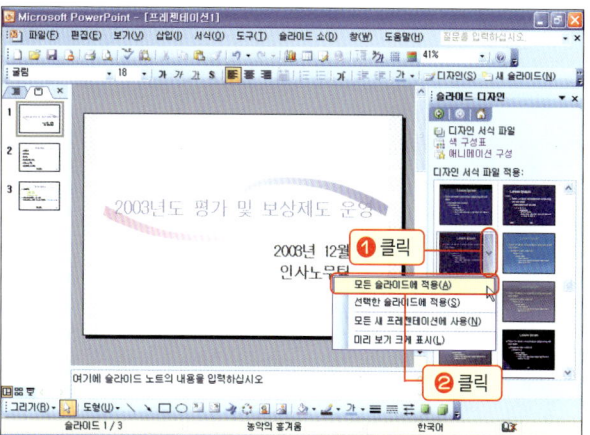

3 디자인 서식이 간단하게 변경되었습니다.

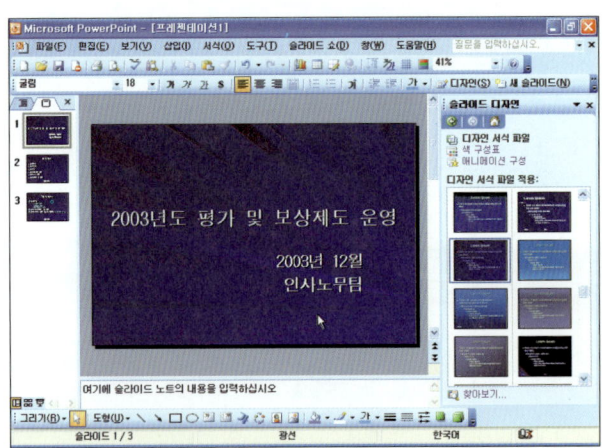

2 색 구성표를 이용하여 슬라이드의 전체 서식 변경하기

슬라이드에서 지정될 수 있는 디자인 요소들, 즉 슬라이드 배경, 텍스트, 차트와 같은 요소들의 색을 미리 지정하여 사용자들이 쉽게 지정할 수 있도록 색 구성표를 제공합니다. 색 구성표를 이용하여 간단하게 서식을 변경해 보겠습니다.

1 슬라이드 디자인 작업 창에서 '색 구성표'를 클릭합니다.

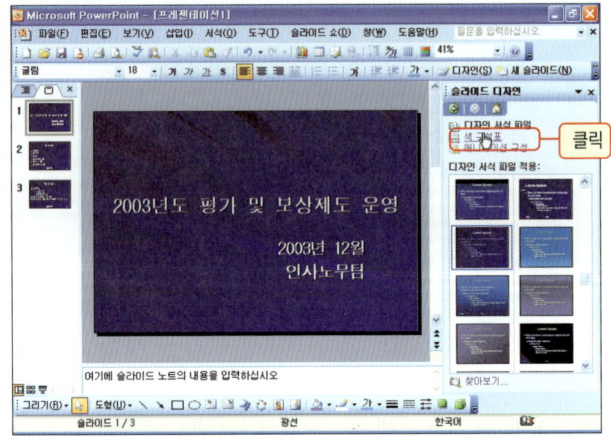

2 슬라이드 디자인 작업 창에 다양한 색으로 구성된 색상표가 나타납니다.

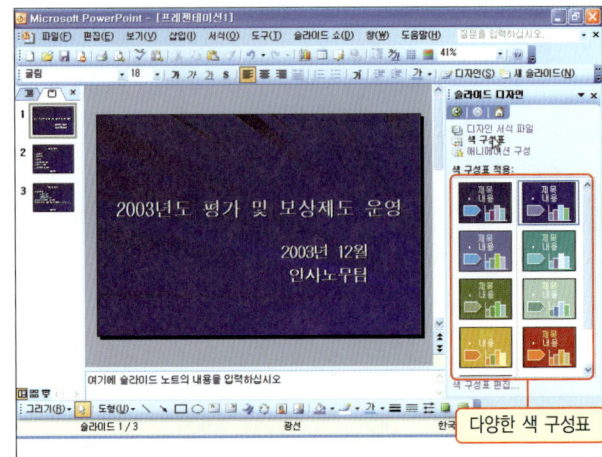

3 그림과 같이 초록색 바탕색 디자인에서 ⌄를 클릭한 후 '모든 슬라이드 적용'을 클릭합니다.

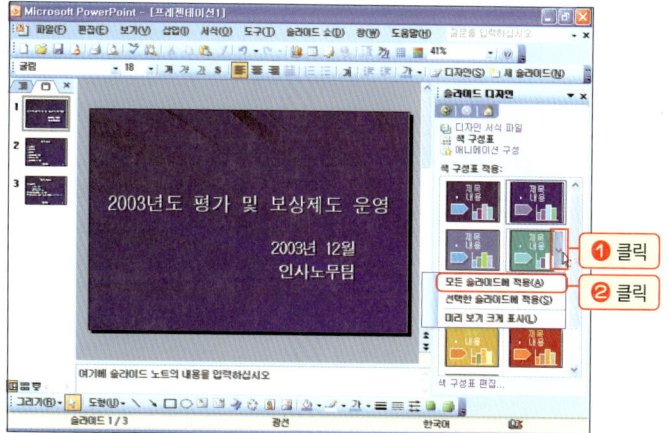

4 슬라이드의 바탕색 뿐만 아니라 글자색이 변경된 것을 확인할 수 있습니다.

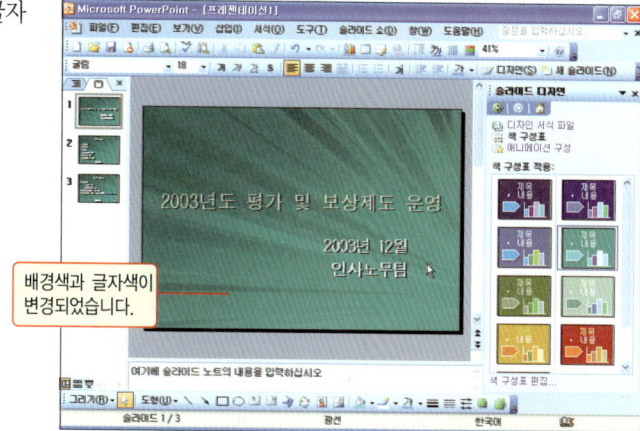

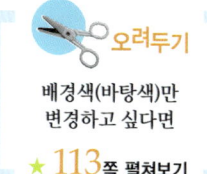

오려두기

배경색(바탕색)만
변경하고 싶다면

★ **113**쪽 펼쳐보기

3 색 구성표 내맘대로 꾸미기

색 구성표에 미리 지정되는 있는 색상들을 사용자들이 선택적으로 변경하여 슬라이드에 지정할 수 있습니다. 색 구성표에서 슬라이드 제목의 색을 변경해 봅니다.

1 슬라이드 디자인 작업 창에서 '색 구성표' 아래의 '색 구성표 편집'을 클릭합니다.

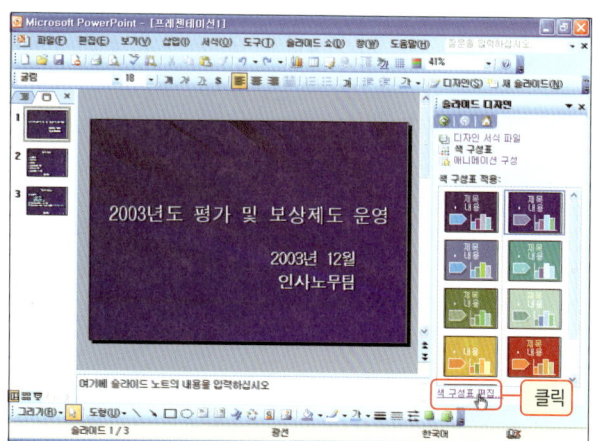

2 그림과 같이 '색 구성표 편집' 창이 나타나면 '제목 텍스트'를 마우스로 선택한 후 '색 변경' 버튼을 클릭합니다.

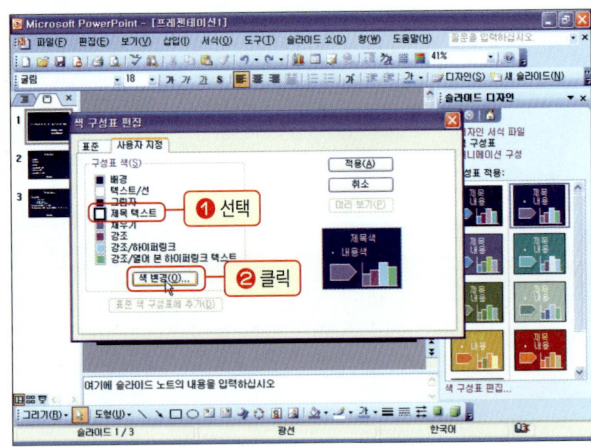

3 '제목 텍스트 색' 창이 나타나면 그림과 같이 회색을 선택한 후 '확인' 버튼을 클릭합니다.

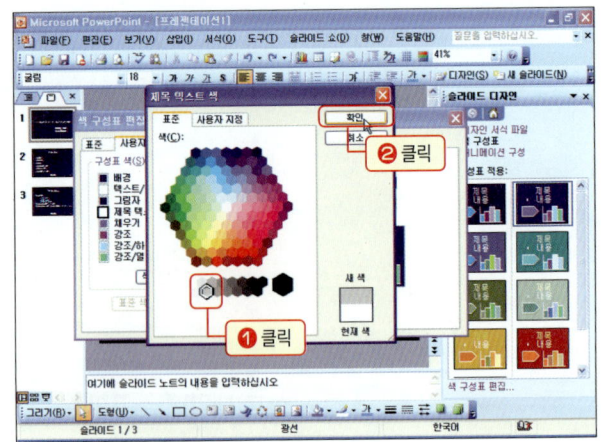

4 제목 텍스트 색이 흰색에서 회색으로 변경되었습니다. 변경된 색을 적용하기 위해 '적용' 버튼을 클릭합니다.

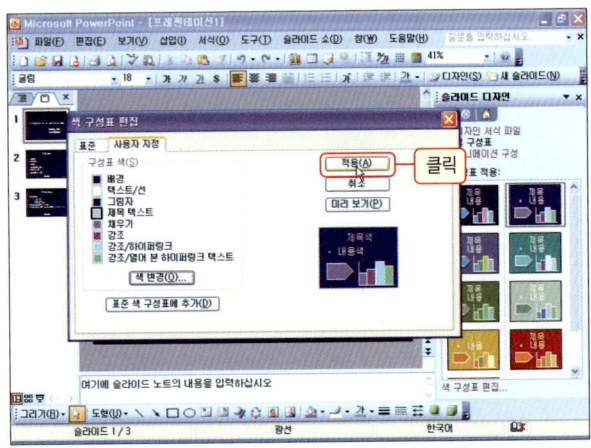

5 제목의 색이 흰색에서 회색으로 변경되었습니다. '색 구성표 편집'을 이용하여 다른 색도 변경해 보세요.

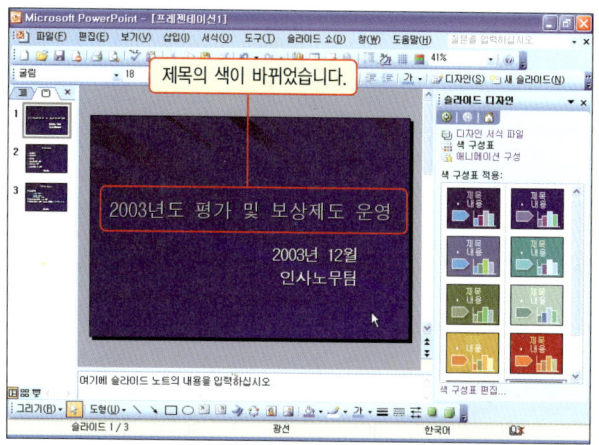

4 지정된 서식 삭제하기

지금까지 다양항 형태로 슬라이드의 서식을 지정해보았습니다. 지금부터는 슬라이드의 서식을 삭제하는 방법에 대하여 알아보도록 하겠습니다.

1 우선 슬라이드 디자인 작업 창의 스크롤 바를 아래로 드래그하여 '기본 디자인'의 ⌄를 클릭합니다. 그런 다음 '모든 슬라이드에 적용'을 클릭합니다.

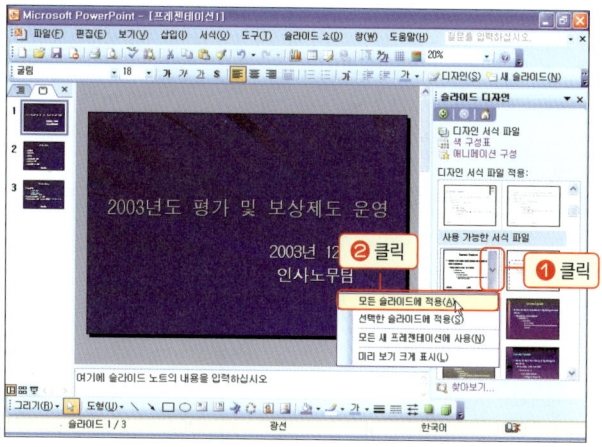

2 지금까지 지정되었던 디자인이 아주 간단하게 삭제되었습니다.

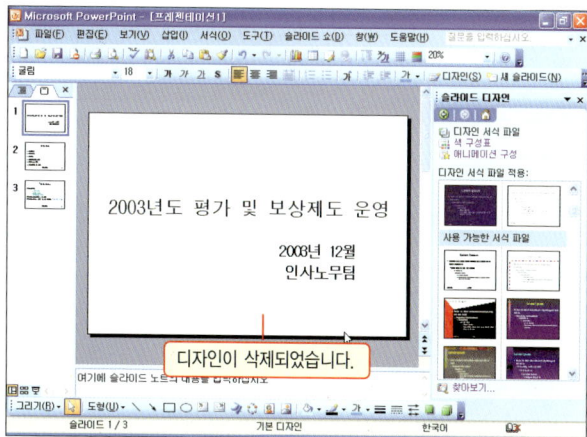

77 page ★ 오려둔 것 **펼쳐보기**

설치되어 있지 않은 다른 디자인은 어디서 구하나요?

혹시 '슬라이드에 적용할 수 있는 디자인의 종류가 적은 것 같은데 슬라이드의 디자인 서식을 좀 더 추가할 수는 없을까?' 라는 궁금증이 들지 않았나요? 그에 대한 답은 '가능하다' 입니다.

파워포인트 2003에서 디자인 서식을 추가하는 방법은 크게 두 가지가 있습니다.

첫 번째는 Office 2003 CD에서 설치되지 않은 나머지 디자인 서식 파일을 설치하는 방법이고, 두 번째는 마이크로 소프트 서식 파일 사이트에서 서식 파일을 추가하는 방법입니다. Office 2003 CD에서 디자인 서식 파일이 모두 설치되지 않은 이유는 파워포인트 2003 설치시 '기본설치' 옵션을 지정했기 때문입니다. 그러므로 '전체 설치' 옵션으로 파워포인트 2003을 설치하였다면 첫 번째 방법은 수행하지 않아도 됩니다.

웹에서 디자인 서식 파일을 다운받게 되면 현재 슬라이드에 다운받은 디자인 서식이 적용됩니다. 하지만 이 디자인 서식 파일 자체가 여러분 컴퓨터에 디자인 서식으로 자동 저장되는 것이 아닙니다. 그렇기 때문에 반드시 저장해야 합니다.

1) office 2003 CD에서 디자인 서식 파일 추가하기

① 슬라이드 디자인 작업창의 스크롤 바를 아래로 드래그하여 '추가 디자인 서식 파일' 을 클릭합니다.

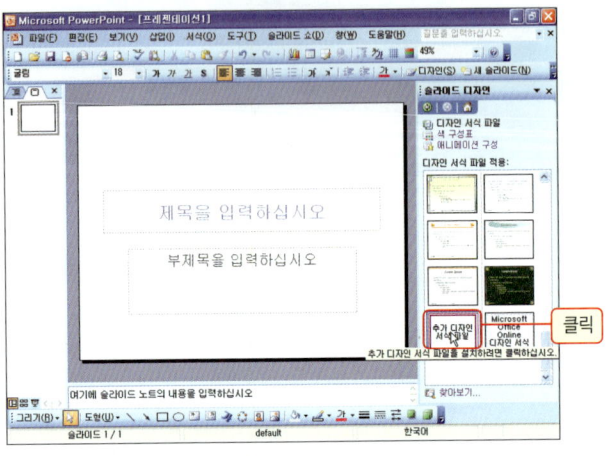

② 그림과 같은 '구성요소 설치' 창이 나타납니다.

③ 구성요소 설치가 완료되면 다양한 디자인 서식 파일이 추가됩니다. 디자인 서식 파일이 추가되면 슬라이드 디자인 작업 창의 '추가 디자인 서식 파일' 이 삭제됩니다.

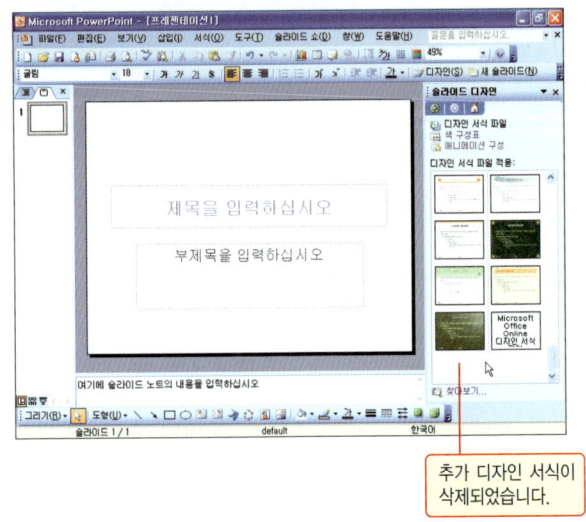

추가 디자인 서식이 삭제되었습니다.

2) 웹에서 디자인 서식 파일 가져오기

❶ 파워포인트 2003에서 새롭게 추가된 기능입니다. 슬라이드 디자인 작업 창의 스크롤 바를 아래로 드래그하여 'Microsoft Office Online 디자인 서식 추가'를 클릭합니다.

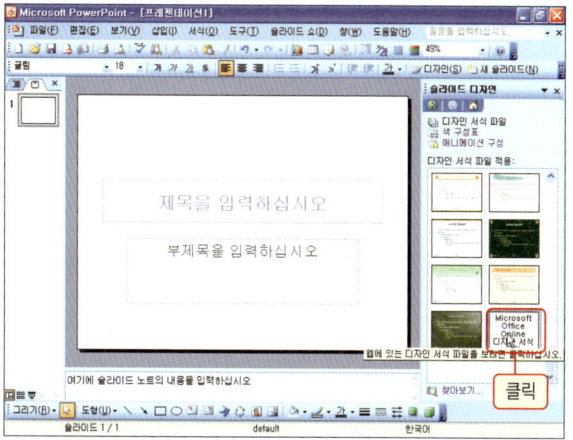

❷ 그림과 같이 Microsoft Powerpoint 디자인 서식 파일이 등록되어 있는 사이트로 이동됩니다.

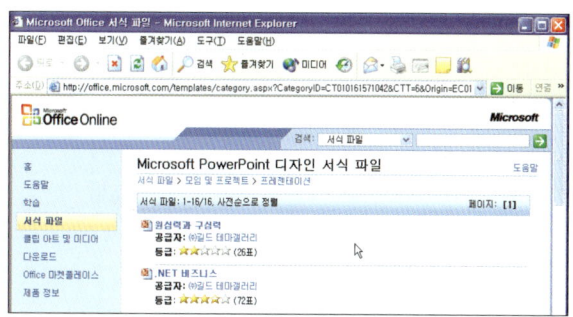

❸ 등록된 디자인 서식 파일 중 내 컴퓨터에 추가하고자 하는 디자인 서식을 클릭합니다. 여기서는 '세계는 하나 – 지구촌'을 클릭하겠습니다.

❹ 선택한 디자인 서식 파일에 대한 세부적인 정보가 나타납니다. 지금 다운로드 를 클릭합니다.

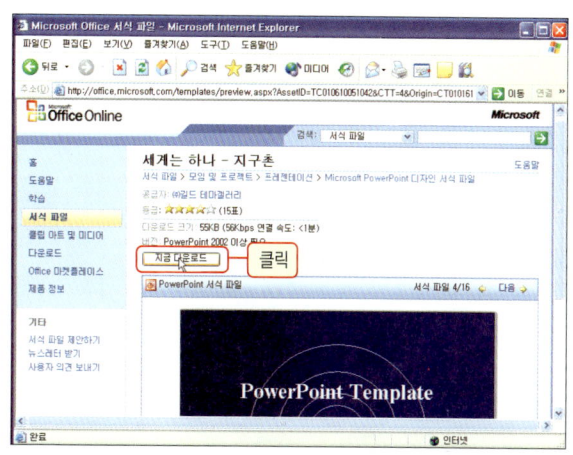

❺ 그림과 같은 화면은 사용자의 컴퓨터에 Microsoft Office에 관련된 ActiveX 컨트롤이 없기 때문에 나타납니다. 그러므로 '계속' 버튼을 클릭하세요(이미 설치되어 있는 컴퓨터는 6 단계로 넘어갑니다).

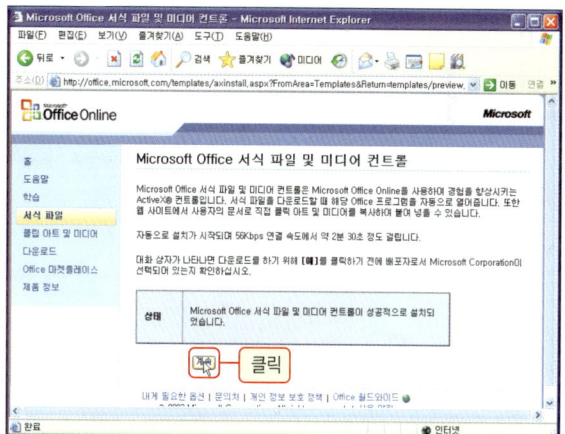

❻ Microsoft Office Online의 서식 파일에 관련된 링크들이 업데이트될 경우 자동으로 다운 로드할지의 여부를 묻는 창입니다. '아니요' 버튼을 클릭하세요.

7 다운로드된 디자인이 적용되어 슬라이드에 나타납니다.

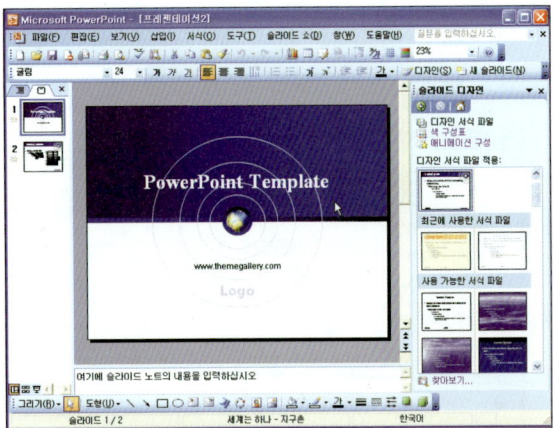

8 다운받은 디자인 서식을 나중에 다시 사용하려면 저장을 해야 합니다. '파일' 메뉴에서 '저장'을 클릭한 후 '다른 이름으로 저장' 창에서 파일 형식을 '디자인 서식 파일'이 되도록 클릭합니다.

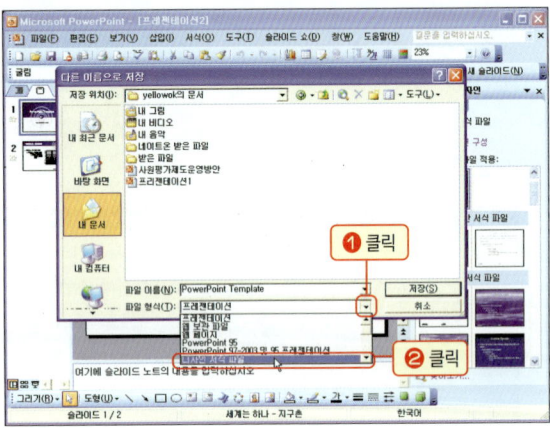

9 저장 위치가 'Templets'으로 변경됩니다. 마지막으로 파일명 '세계는 하나 – 지구촌'을 클릭한 후 '저장' 버튼을 클릭합니다.

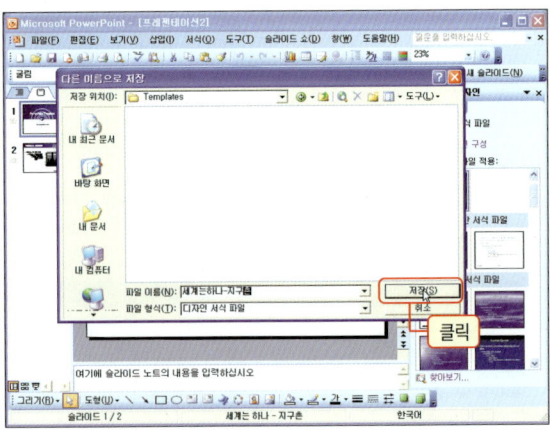

3) 저장된 디자인 서식 찾아보기

1 슬라이드 디자인 작업 창 아래쪽의 '찾아보기'를 클릭합니다.

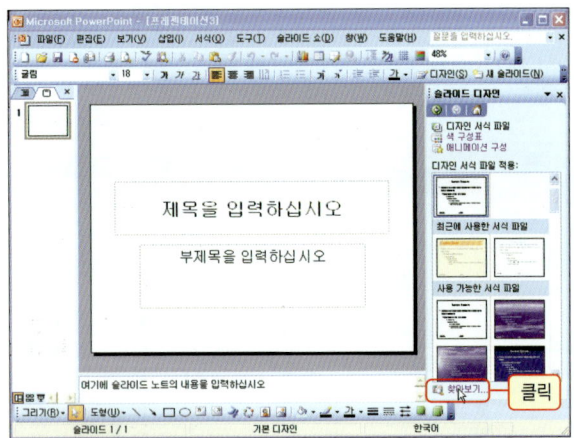

2 '디자인 서식 파일 적용' 창이 나타나면 방금 전에 저장한 '세계는 하나 – 지구촌' 서식을 선택한 후 '적용' 버튼을 클릭합니다.

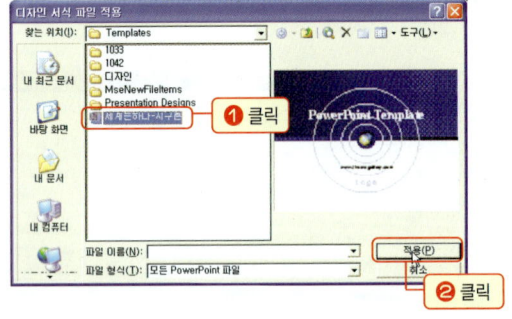

3 그림과 같이 빈 슬라이드에 디자인 서식이 적용됩니다.

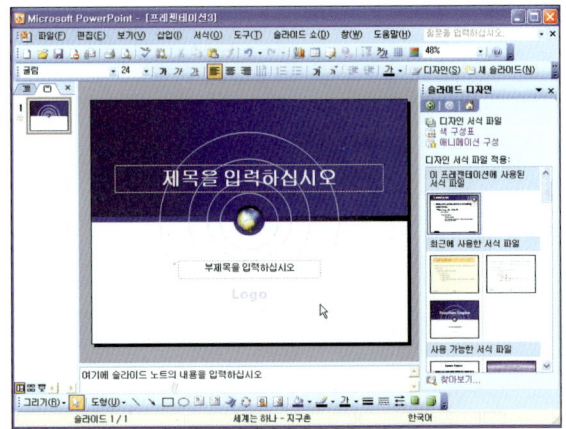

80page ★ 오려둔 것 펼쳐보기

예쁜 글꼴을 추가해 볼까요?

발표하려는 주제에 알맞은 글꼴이 없어 답답한 경우가 있습니다. 이럴 때에는 어떻게 해야할까요?

일반적으로 Microsoft Office 프로그램에 등록되는 글꼴들은 Windows 폴더의 Fonts 폴더에 저장되어 있습니다. 그러므로 새로운 글꼴 파일을 Windows 폴더의 Fonts 폴더에 저장하면 파워포인트에서 새로운 글꼴을 사용할 수 있답니다.

글꼴은 인터넷에서 무료로 배포되는 글꼴과, 글꼴을 전문적으로 디자인하여 판매하는 상용 글꼴 형태가 있습니다. 상용 글꼴은 대개 인터넷에서 일정한 요금을 지불해야만 사용할 수 있는 글꼴이기 때문에 디자인이 세련되고 화려합니다. 그렇다면 무료로 배포되는 글꼴은 모두 질이 떨어질까요? 무조건 그런 것은 아닙니다. 무료로 배포되는 글꼴이라고 해도 상용 글꼴 못지않게 세련되고 화려한 글꼴들도 많습니다. 하지만 간혹 상용 글꼴이 불법으로 배포되는 경우가 있으므로 주의하여야 합니다.

무료 글꼴이 아니라 상용 글꼴을 사용하려고 한다면 일단 다운받아 사용해 본.다음 추후에 구입해서 사용하는 것이 좋습니다.

1) 글꼴 다운받기

❶ 다음과 같이 엠파스(www.empas.com)로 이동한 후 검색어로 '폰트'를 입력하고 '검색'을 클릭합니다.

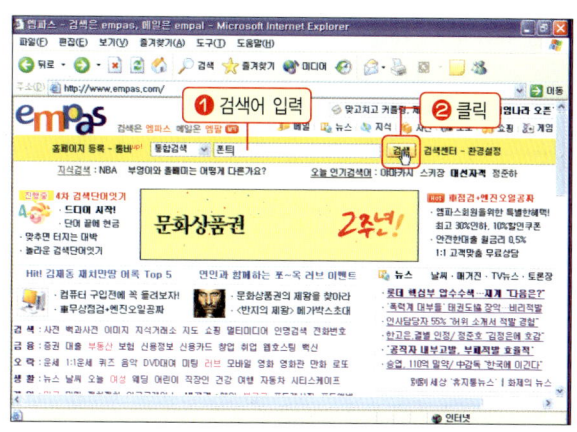

❷ 그림과 같이 폰트와 관련된 사이트가 검색됩니다. 이 중 여러 사이트를 방문하여 설치하고자 하는 글꼴을 다운받습니다.

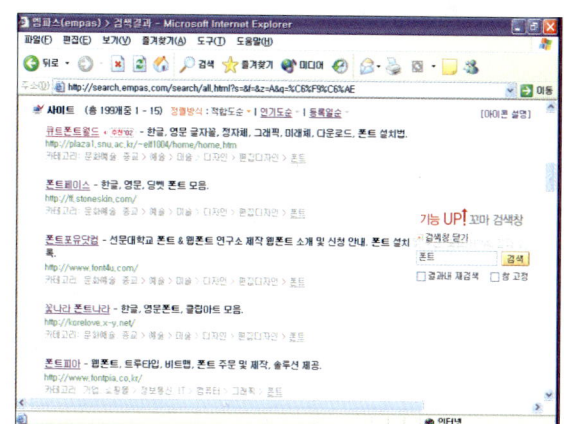

2) 글꼴 설치하기

인터넷에서 다운받는 글꼴은 크게 세 가지 형태로 제공되고 있습니다.

▶ 확장자가 ttf인 파일 : 글꼴을 다운받은 후 '시작 – 제어판 – 글꼴'에서 '파일 – 새 글꼴 설치' 메뉴를 클릭하고 글꼴을 다운받은 위치를 지정하여 설치합니다.

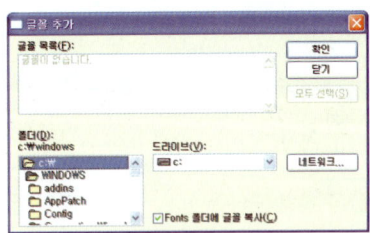

▶ 확장자가 exe인 파일 : 다운받은 후 설치 작업을 수행해야만 Windows 폴더의 Fonts 폴더에 설치되는 형태입니다.

▶ 확장자가 zip인 파일 : 글꼴의 크기가 커서 압축한 형태의 파일입니다. 이 경우에는 압축을 해제한 후 생성된 파일의 확장자에 따라 첫 번째 또는 두 번째의 방식으로 설치하면 됩니다.

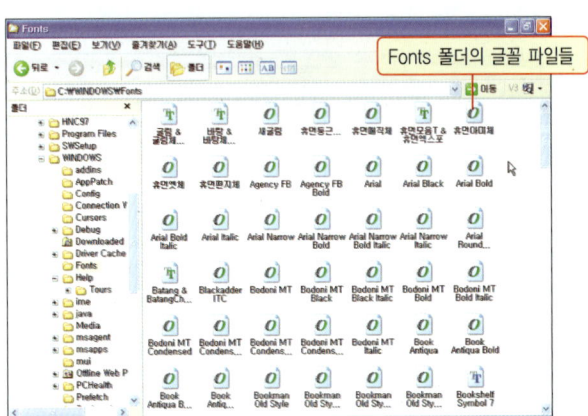

Fonts 폴더의 글꼴 파일들

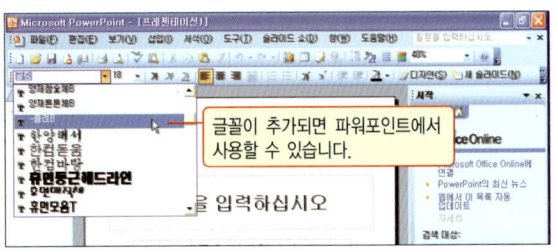

글꼴이 추가되면 파워포인트에서 사용할 수 있습니다.

3) 비슷한 글꼴 찾아보기

글꼴의 이름이 다르더라도 디자인이 비슷한 경우가 있습니다. '시작 – 제어판 – 글꼴'에는 특정한 글꼴과 디자인이 비슷한 글꼴을 분석해서 알려주는 기능이 있습니다.

① '시작 – 제어판 – 글꼴'을 클릭합니다.

② 도구 모음에서 **AB**(유사성)을 클릭합니다.

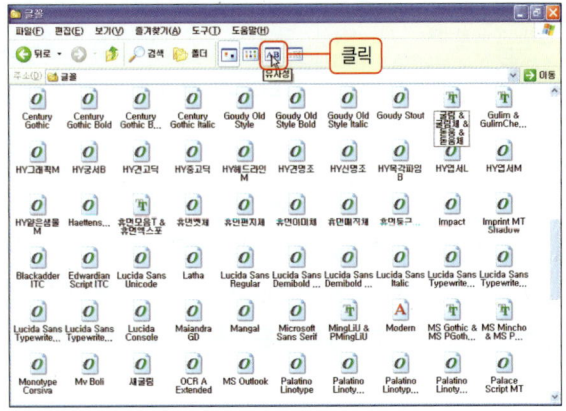

클릭

③ 검색하고자 하는 글꼴을 클릭하면 다음과 같이 유사정도에 따라 결과를 나열해 줍니다.

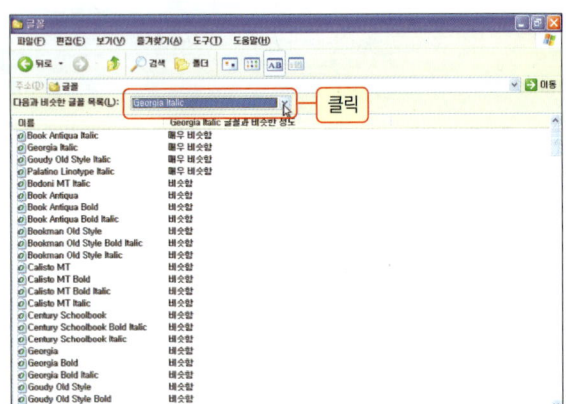

클릭

105page ★ 오려둔 것 펼쳐보기

글자색은 변경하지 않고
배경색만 변경하고 싶어요!!

색상표를 이용하면 슬라이드의 바탕색뿐 아니라 글자색도 변하게 됩니다. 이미 글자색을 변경해 놓은 슬라이드라면 다시 한번 글자색을 변경해야하는 번거로움이 있습니다. 그래서 파워포인트에서는 슬라이드의 바탕색만 사용자들이 원하는 디자인으로 변경할 수 있도록 배경이라는 메뉴를 제공하고 있습니다. 슬라이드의 배경색을 지정하는 다양한 방법에 대하여 알아보도록 하겠습니다.

1) 간단히 배경색 지정하기

아주 간단하게 배경의 색을 지정할 수 있습니다.

① 배경색을 변경하고자 하는 슬라이드에서 '서식 – 배경' 메뉴를 클릭합니다.

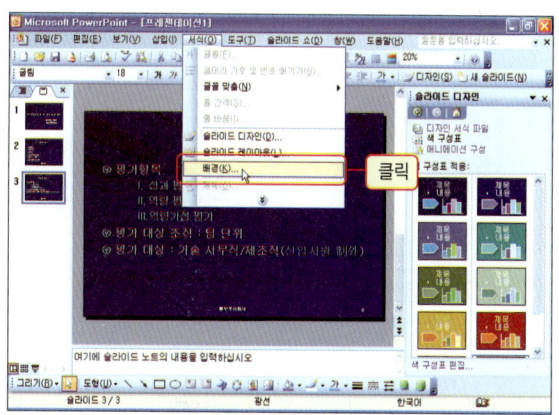

② '배경' 창에서 ⌄를 클릭한 후 '다른 색'을 클릭합니다.

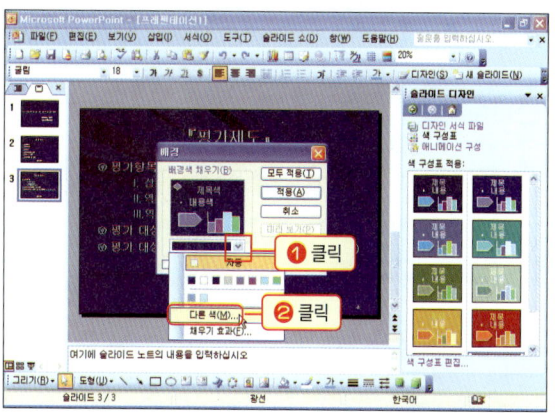

③ '색' 창에서 그림과 같이 옥색을 선택한 후 '확인' 버튼을 클릭합니다.

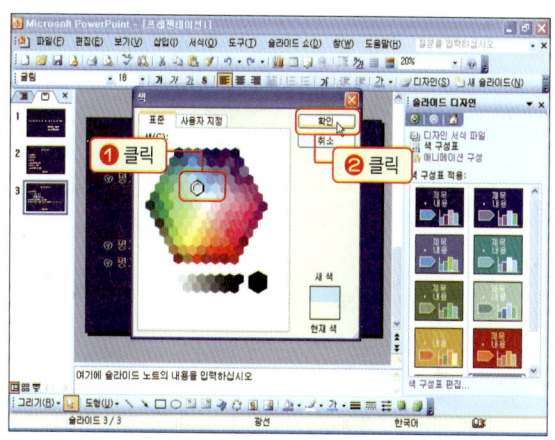

④ '배경' 창에서 '적용' 버튼을 클릭합니다.

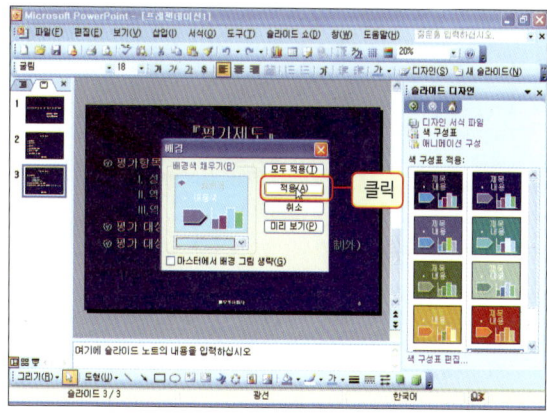

5 세 번째 슬라이드의 배경색이 변경됩니다. 이와 같이 아주 간단히 슬라이드의 배경색을 지정할 수 있습니다.

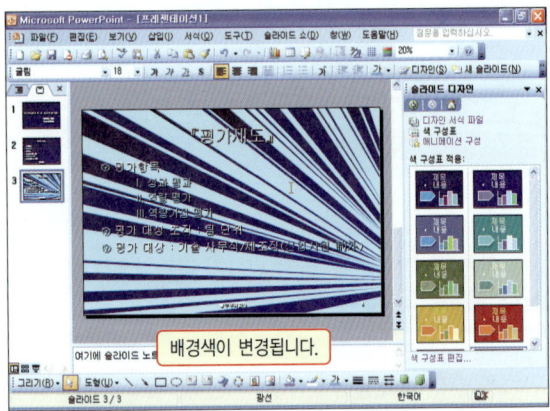

2 '채우기 효과' 창의 '그라데이션' 탭에서 그림과 같이 선택한 후 '확인' 버튼을 클릭합니다.

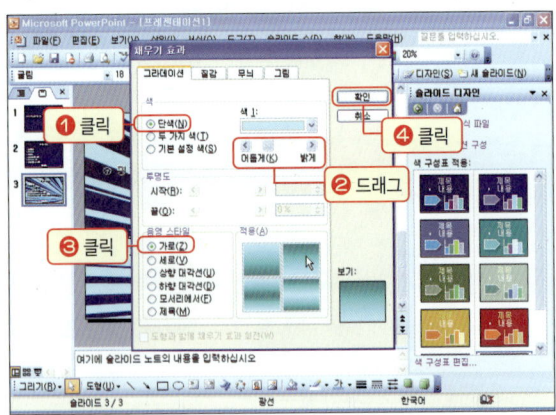

2) 그라데이션 효과로 입체적인 배경 지정하기

좀 더 세련되고 입체적인 배경을 지정하게 위해서는 '배경' 창에서 '채우기 효과'를 지정해야 합니다. 지금부터 채우기 효과의 그라데이션을 이용하여 입체적인 배경을 지정해 보도록 하겠습니다.

1 슬라이드에서 '서식 – 배경' 메뉴를 클릭하고 '배경' 창에서 ▼를 클릭한 후 '채우기 효과'를 클릭합니다.

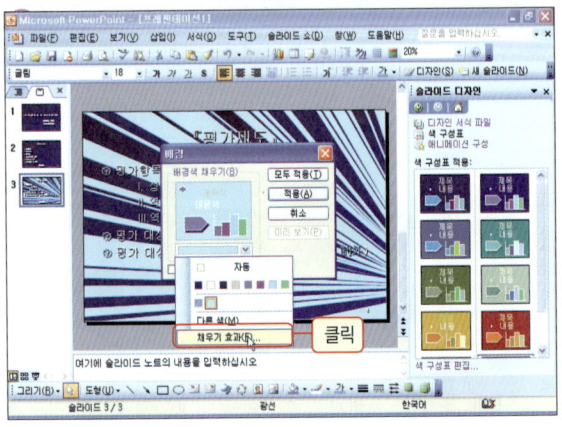

3 배경 창에서 '적용' 버튼을 클릭합니다.

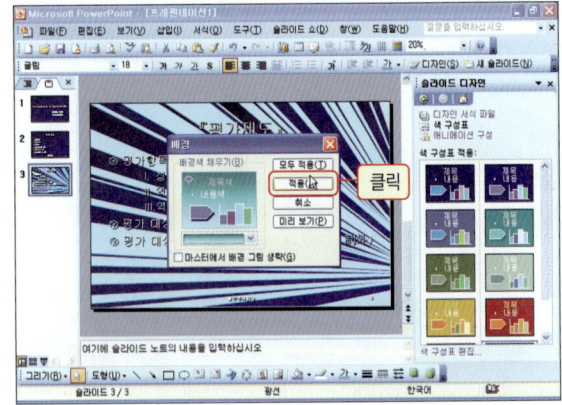

4 그림처럼 슬라이드에 입체적인 그라데이션이 적용됩니다.

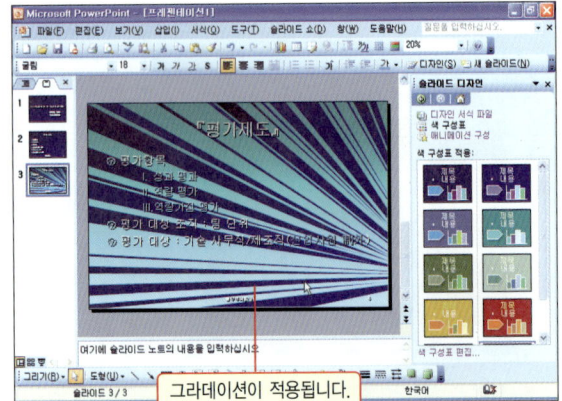

2) 그림으로 배경 지정하기

채우기 효과의 그림을 이용하면 다양한 그림을 배경으로 지정할 수 있습니다.

❶ 지정된 서식 삭제하기를 참조하여 슬라이드에 적용되어 있는 디자인을 모두 삭제한 후 '농악의 흥겨움' 디자인 서식을 지정합니다.

❷ 슬라이드에서 '서식 – 배경' 메뉴를 클릭합니다.

❸ '배경' 창에서 ∨ 를 클릭한 후 '채우기 효과'를 클릭합니다.

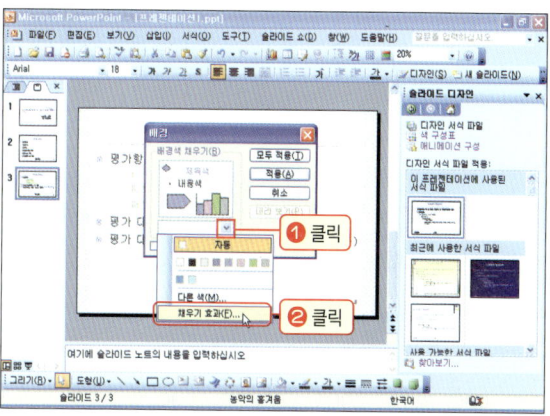

❹ '채우기 효과' 창의 '그림' 탭을 클릭한 후 '그림 선택' 버튼을 클릭합니다.

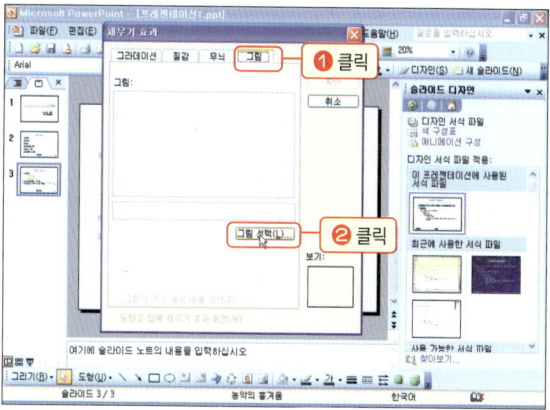

❺ '그림 선택' 창이 나타나면 배경으로 지정할 그림의 위치를 지정하고 파일을 선택한 후 '삽입' 버튼을 클릭합니다. 그런 다음 '채우기 효과' 창에 그림이 삽입되면 '확인' 버튼을 클릭합니다.

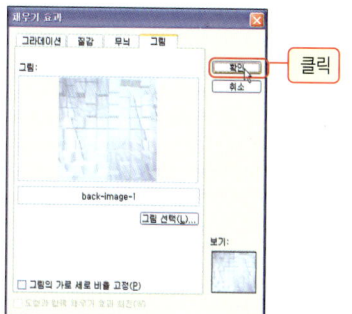

❻ 그림과 같이 '배경' 창이 나타나면 '모두 적용' 버튼을 클릭합니다.

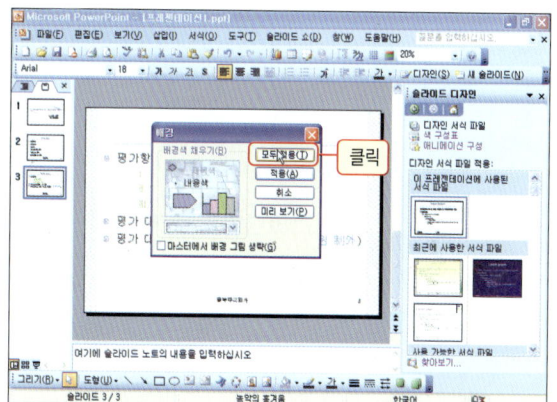

❼ 그림과 같이 슬라이드의 배경이 그림으로 지정됩니다.

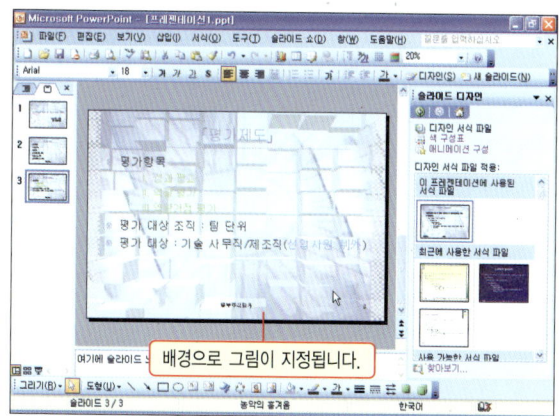

Powerpoint 2003

>>**04** 슬라이드 멋지게 편집하기

지금까지 슬라이드 창에서 슬라이드에 직접 텍스트를 입력하고, 관련된 여러 서식을 다양한 형태로 꾸며보았습니다. 하지만 슬라이드에 입력되는 데이터가 텍스트라면 개요 창을 이용하는 것이 좋습니다.

개요 창

슬라이드에 삽입되는 데이터 중에서 가장 많이 삽입되는 데이터 형태가 바로 텍스트입니다. 이런 텍스트를 좀 더 쉽게 입력하고 편집할 수 있도록 하는 것이 바로 개요 창입니다. 개요 창을 이용하면 서식 도구 모음이나 슬라이드 레이아웃 작업 창을 이용하지 않고서도 간단하게 슬라이드를 삽입할 수 있습니다. 물론 개요 창은 텍스트를 삽입하고 편집할 수 있으므로 이때 삽입되는 슬라이드는 '제목 및 텍스트' 슬라이드입니다.

슬라이드의 이동과 복사

슬라이드의 위치를 이동하거나 또는 슬라이드를 재사용하기 위해 드래그 혹은 Ctrl +드래그만으로 간단하게 슬라이드를 이동하거나 복사할 수 있습니다.

슬라이드의 삭제

프레젠테이션에 더이상 필요하지 않은 슬라이드는 삭제해야 합니다. Delete 키를 이용하면 아주 간단히 슬라이드를 삭제할 수 있습니다.

01 개요 창을 이용하여 텍스트 편집하기

지금부터 개요 창을 이용하여 슬라이드를 추가하고 텍스트를 입력하며, 입력된 텍스트의 서식을 지정하는 방법에 대하여 알아보겠습니다.

1 개요 창 선택하기

개요 창을 선택한 후 텍스트를 입력하고 편집하기 쉽도록 화면 구성을 변경해 보겠습니다.

1 우선 왼쪽의 개요 및 슬라이드 탭 창에서 개요 창을 클릭합니다.

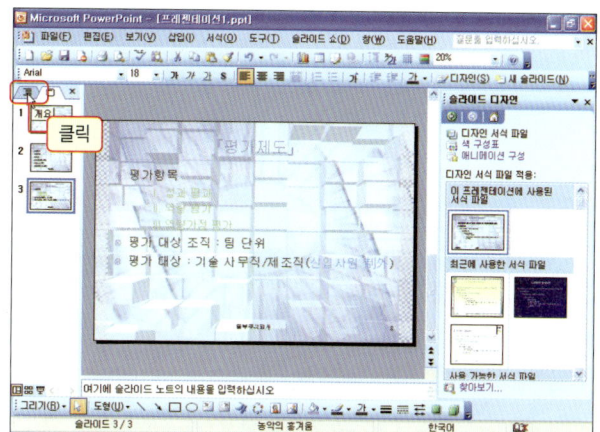

2 그림과 같이 개요 창이 나타납니다. 왼쪽 개요 창에서 텍스트가 검은색으로 블록 설정되어 있는 이유는 세 번째 슬라이드가 선택된 상태에서 개요 창을 클릭했기 때문입니다.

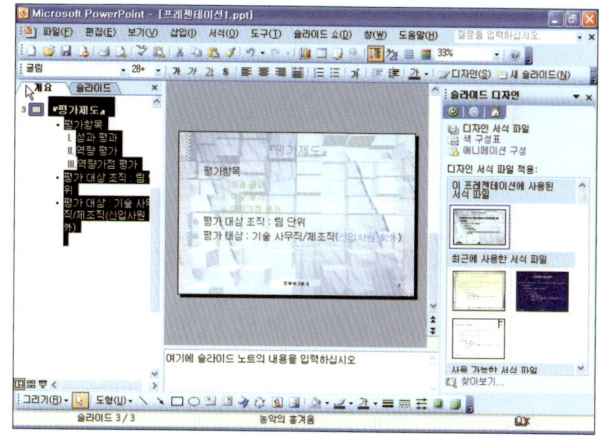

3 개요 창의 공간을 확대시키기 위해 우선 작업 창을 닫습니다.

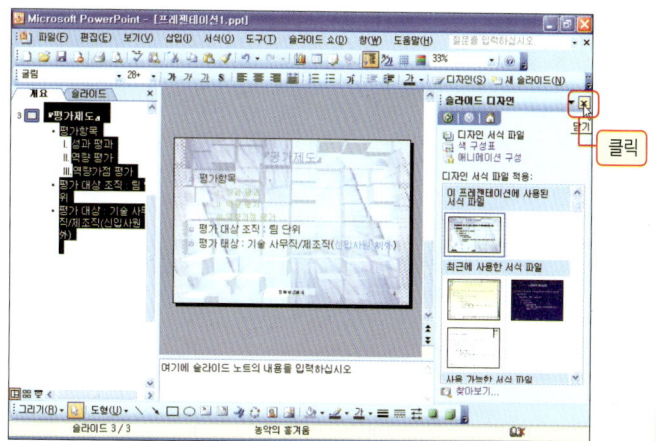

4 개요 창과 슬라이드 창 경계선을 오른쪽으로 드래그하여 개요 창의 너비를 넓힙니다.

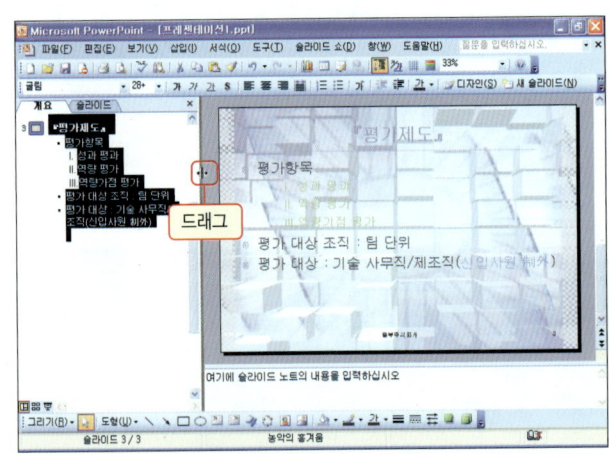

2 개요 창을 이용하여 슬라이드 추가하기

작업 창의 슬라이드 디자인이나 서식 도구 모음을 이용하지 않고서도 아주 간단히 '제목 및 텍스트' 슬라이드를 추가해 보겠습니다.

참고하세요!

슬라이드 삽입시 제목을 클릭한 후 슬라이드 삽입을 하게 되면 앞쪽에 새로운 슬라이드가 삽입됩니다. 그러므로 반드시 내용, 즉 목록 부분을 클릭한 후 슬라이드를 삽입해야 합니다.

1 세 번째 슬라이드의 마지막 문장 뒤를 마우스로 클릭합니다.

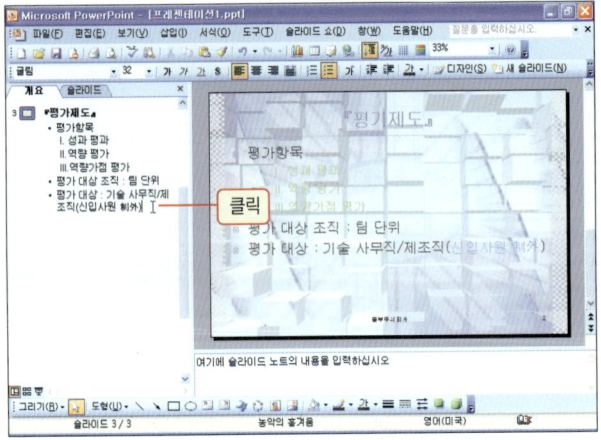

hot key

새 슬라이드 : Alt + N

2 커서 위치에서 마우스 오른쪽 버튼을 클릭합니다. '새 슬라이드' 메뉴를 클릭합니다.

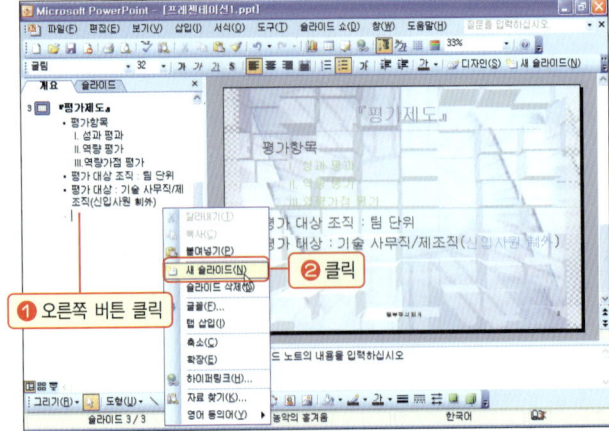

3 그림과 같이 '제목 및 텍스트' 슬라이드가 네 번째 슬라이드로 삽입됩니다.

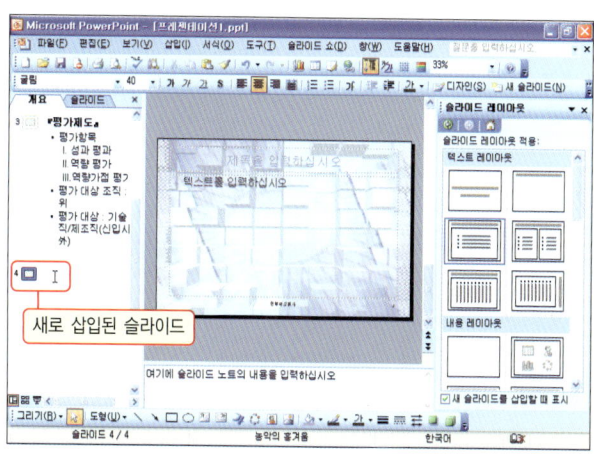

새로 삽입된 슬라이드

3 개요 창에 텍스트 삽입하기

개요 창을 이용하여 직접 제목과 내용을 입력해 보도록 하겠습니다.

1 개요 창 창의 슬라이드 번호 옆에 '평가항목' 이라고 입력하면 그림과 같이 제목 영역에 '평가항목' 이 입력됩니다.

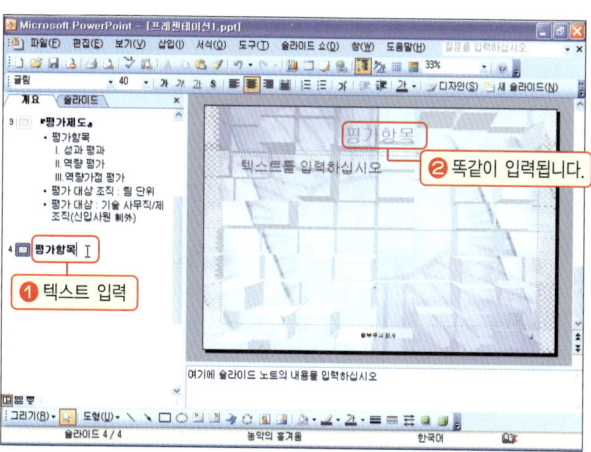

2 똑같이 입력됩니다.

1 텍스트 입력

2 내용 영역에 세부 내용을 입력하기 위하여 현재 커서를 내용 영역으로 옮겨야 합니다. 제목 영역에 위치한 커서를 내용 영역으로 옮기려면 `Ctrl` + `Enter` 키를 누릅니다.

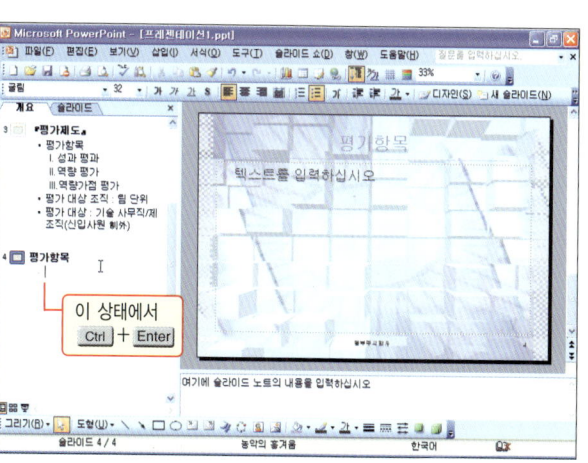

이 상태에서
`Ctrl` + `Enter`

3 '성과 평과'를 입력한 후 Enter 키를 누릅니다.

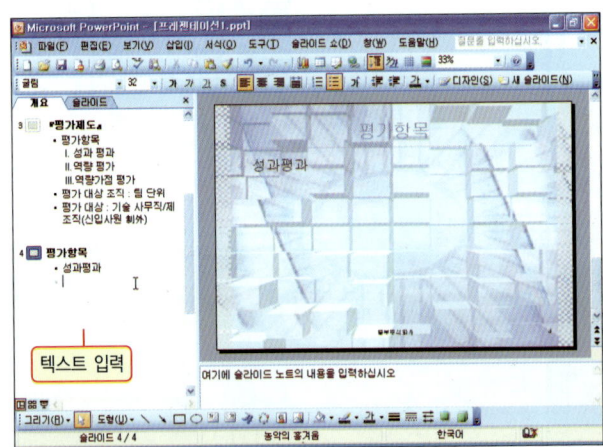

텍스트 입력

4 같은 방법으로 나머지 텍스트들도 그림과 같이 입력합니다.

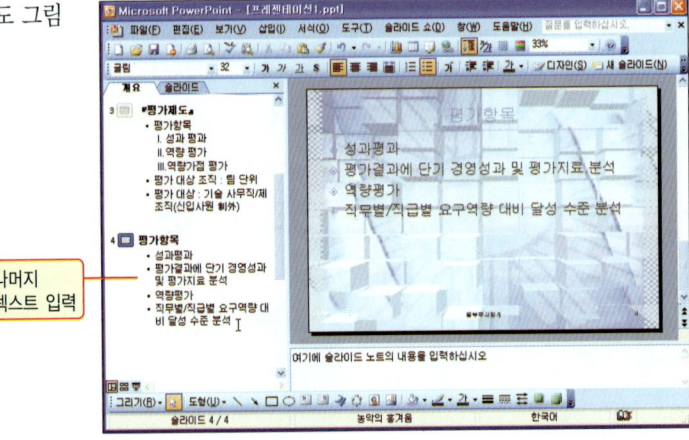

나머지 텍스트 입력

4 개요 창에서 텍스트 서식 지정하기

개요 창에 직접 제목과 내용을 입력하였습니다. 이번에는 슬라이드 창을 이용하지 않고 개요 창에서 직접 텍스트의 서식을 지정해 보도록 하겠습니다.

1 '보기 – 도구 모음 – 개요' 메뉴를 클릭합니다.

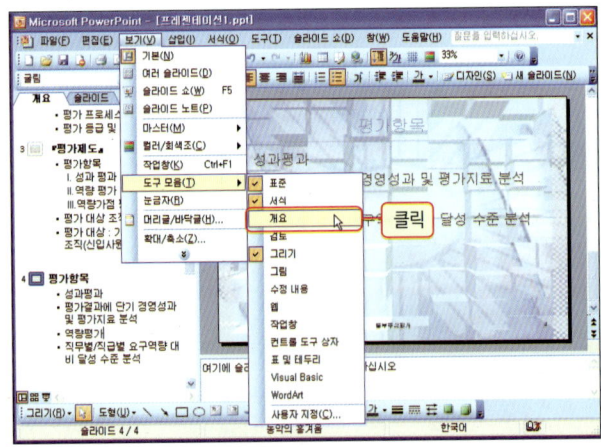

클릭

2 '평가결과에............' 부분을 마우스로 클릭한 후 개요 도구 모음의 ➡(수준 내리기)를 두 번 클릭합니다.

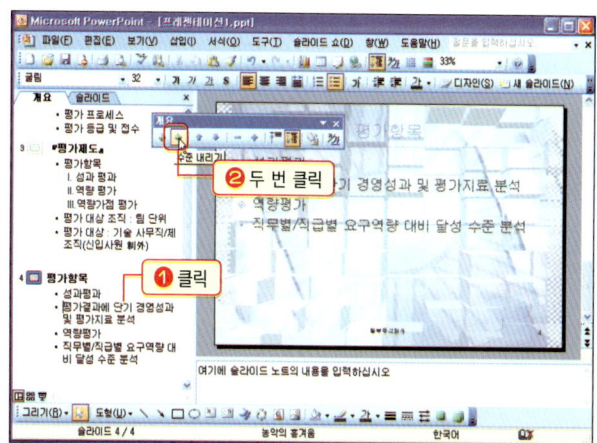

3 그림과 같이 안쪽으로 들여쓰기가 되었습니다. 개요 도구 모음의 ⬅(수준 올리기)를 클릭하면 당연히 내어쓰기가 되겠죠?

들여쓰기된 문장

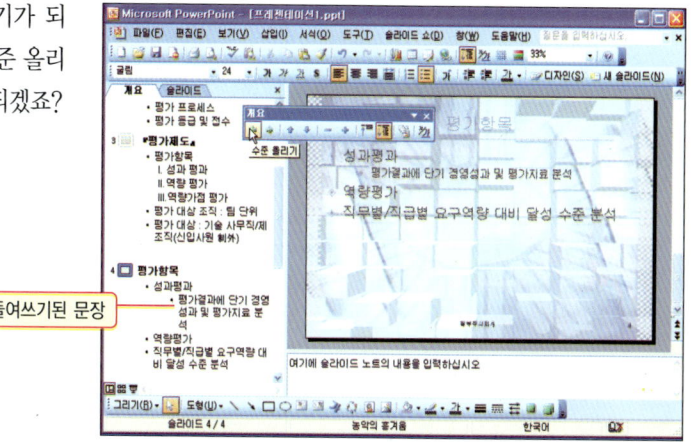

4 개요 도구 모음의 ➡(수준 내리기)를 이용하여 그림과 같이 지정해 주세요.

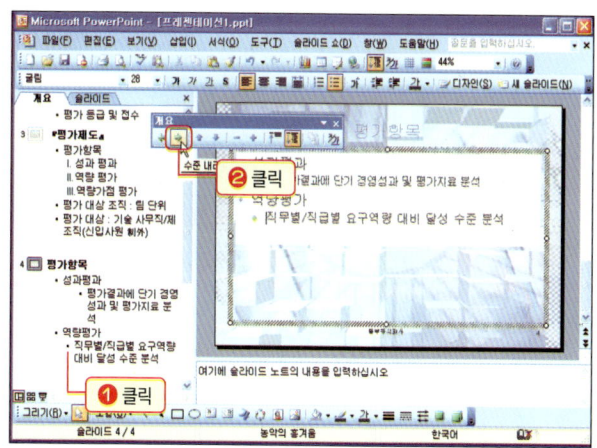

참고하세요!

텍스트의 수준을 내리고자 할 때 Tab, 그리고 텍스트의 수준을 올리고자 할 때 Shift + Tab 키를 눌러보세요.

5 '평가 항목' 을 블록 설정한 뒤 글꼴을 '돋움', 서식을 '굵게' 로 지정합니다. 개요 창의 글꼴은 변경되지 않고 슬라이드 창의 글꼴은 변경되었습니다.

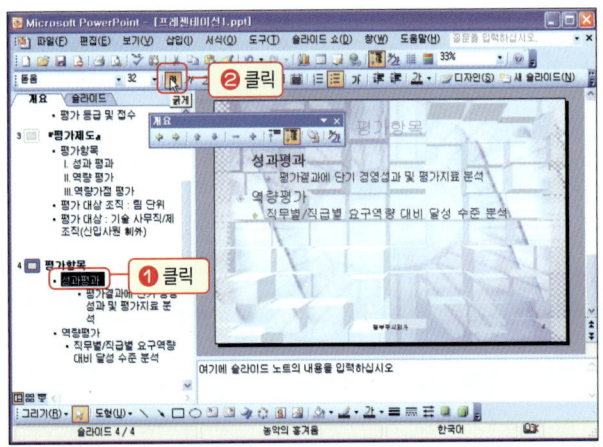

6 개요 창에는 텍스트 서식을 지정하더라도 지정된 서식이 나타나지 않습니다. 만약 개요 창에도 텍스트에 지정된 서식이 나타나게 하려면 개요 도구 모음의 🄰 (서식 표시)를 클릭해야합니다. '역량 평가' 의 서식도 변경해 보세요.

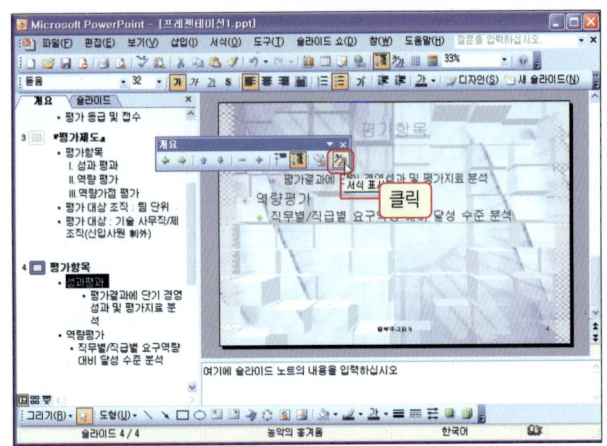

참고하세요!

개요 도구 모음을 자세하게

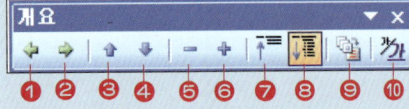

❶ 수준 올리기 : 선택한 문장의 수준을 하나 올려줍니다.
❷ 수준 내리기 : 선택한 문장의 수준을 하나 내려줍니다.
❸ 위로 이동 : 선택한 줄을 한칸 위로 이동합니다.
❹ 아래로 이동 : 선택한 줄을 한칸 아래로 이동합니다.
❺ 축소 : 선택한 슬라이드의 제목만 보여줍니다.
❻ 확장 : 선택한 슬라이드의 제목과 내용을 모두 보여줍니다.
❼ 모두 축소 : 모든 슬라이드의 제목만 보여줍니다.
❽ 모두 확장 : 모든 슬라이드의 제목과 내용을 모두 보여줍니다.
❾ 슬라이드 요약 : 선택한 슬라이드의 제목을 모아서 소개 페이지를 만들어 줍니다.
❿ 서식 : 텍스트에 적용된 서식을 보여줍니다.

02 슬라이드의 이동과 복사

내용 구성 마법사를 이용하거나 또는 이미 완성된 슬라이드를 편집하여 사용하고자 하는 경우 슬라이드의 위치를 이동하거나 복사해야 할 필요가 있습니다. 슬라이드의 이동, 복사는 개요 창이나 슬라이드 탭 또는 여러 슬라이드 보기 상태에서 가능합니다.

1 슬라이드 이동과 복사, 그리고 삭제

슬라이드를 원하는 위치로 이동하고 복사하는 방법에 대하여 살펴보겠습니다.

1 가장 간단하게 슬라이드를 이동, 복사, 삭제할 수 있는 상태가 바로 여러 슬라이드 보기입니다. 화면 보기 전환 버튼 중 '여러 슬라이드 보기' 를 클릭합니다.

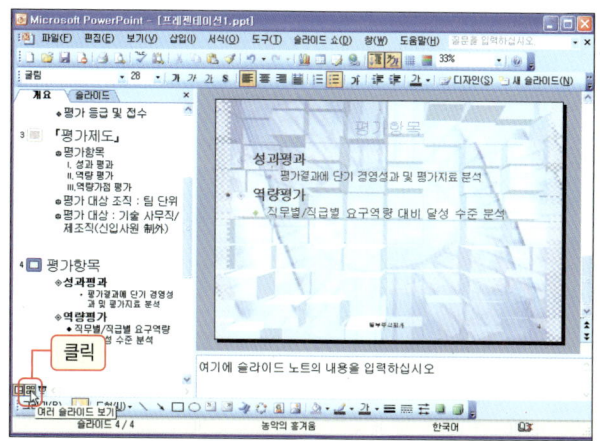

> **>> 궁금해요!**
>
> **슬라이드의 크기가 너무 작아요.**
>
> '여러 슬라이드 보기'의 경우 슬라이드의 수에 따라 화면에 나타나는 슬라이드의 크기가 작아집니다. 만약 슬라이드의 크기를 확대하고 싶다면 표준 도구 모음의 66% ▼ (확대/축소)를 클릭하여 입력된 수치를 변경하면 됩니다. 만약 슬라이드의 크기를 작게하려면 당연히 적은 수치를 입력하면 되겠죠!

2 그림과 같이 작성된 슬라이드가 한 화면에 나타납니다. 두 번째 슬라이드를 세 번째 슬라이드 뒤로 이동해 보겠습니다. 우선 두 번째 슬라이드를 마우스로 선택합니다.

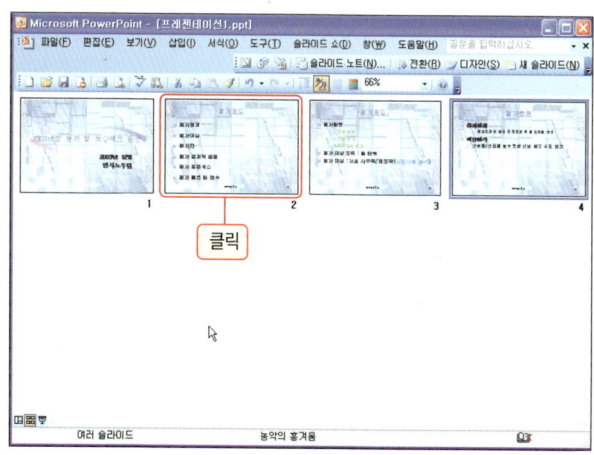

hot key

잘라내기 : Ctrl + X

3 두 번째 슬라이드를 선택한 후 마우스 오른쪽 버튼을 클릭한 후 부 메뉴에서 '잘라내기' 메뉴를 클릭합니다.

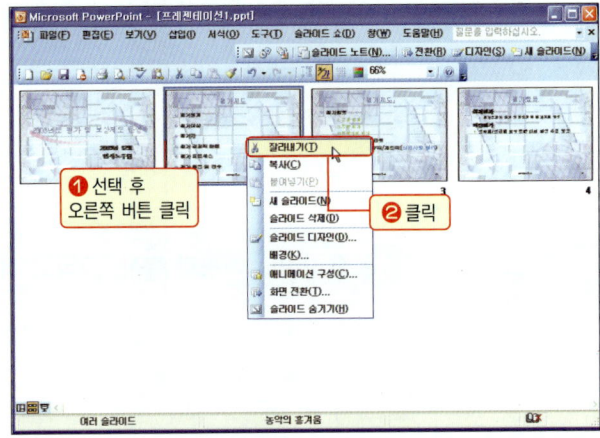

4 '잘라내기' 메뉴를 클릭하면 두 번째 슬라이드가 클립보드로 이동됩니다. 그리고 세 번째 슬라이드 번호와 네 번째 슬라이드 번호가 2번과 3번으로 변경됩니다. 2번과 3번 슬라이드 사이를 선택합니다.

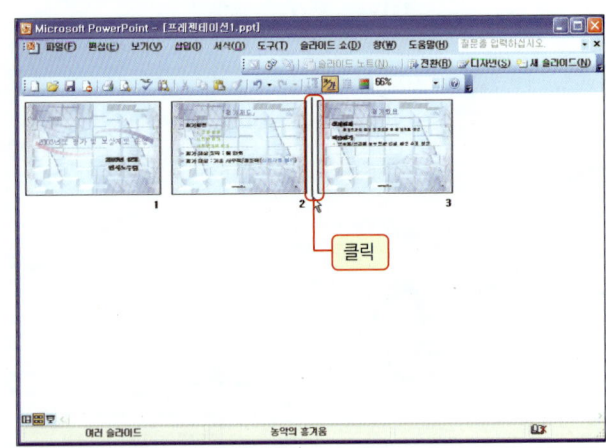

hot key

붙여넣기 : Ctrl + V

5 마우스 오른쪽 버튼을 클릭합니다. 부 메뉴에서 '붙여넣기' 메뉴를 클릭합니다.

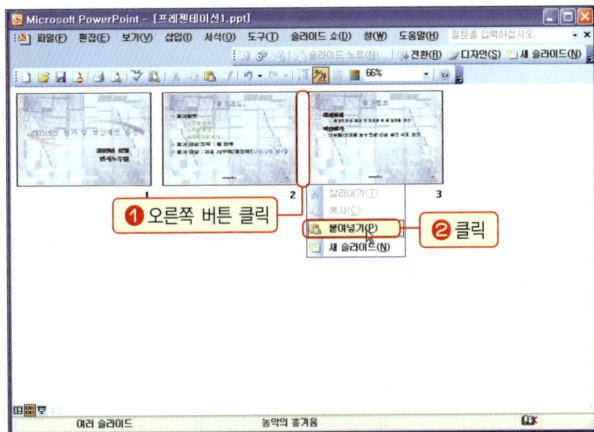

6 그림과 같이 클립보드로 이동된 슬라이드가 두 번째 슬라이드와 세 번째 슬라이드 사이로 삽입됩니다. 당연히 슬라이드 번호도 변경되겠죠. 똑같은 방법으로 세 번째 슬라이드를 두 번째 슬라이가 되도록 이동시켜 주세요.

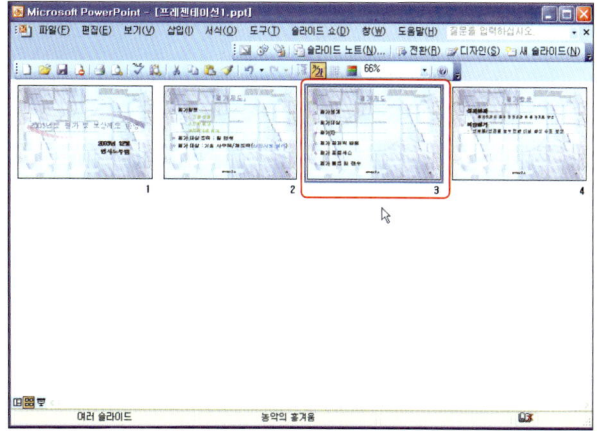

참고하세요!

클립보드란?

그림이나 텍스트와 같은 데이터를 복사하거나 붙여넣기할 때 사용되는 임시 저장공간입니다.

일반적으로 클립보드에는 하나의 정보만 기억할 수 있습니다. 하지만 오피스 프로그램에서 사용되는 오피스 클립 보드의 경우에는 최대 12개까지 동시에 보존해서 사용할 수 있습니다. 만약 13번째 항목을 클립보드에 보관하려고 하면 클립보드의 첫째 항목을 지울 것인지 아니면 13번째 항목을 복사하지 않을 것인지를 묻는 메시지가 표시됩니다.

hot key

복사하기 : Ctrl + C

7 슬라이드 제목이 '평가제도'인 세 번째 슬라이드를 네 번째 슬라이드 뒤로 복사해 보겠습니다. 우선 세 번째 슬라이드를 클릭하세요. 그 다음 마우스 오른쪽 버튼을 클릭한 후 '복사' 메뉴를 클릭합니다.

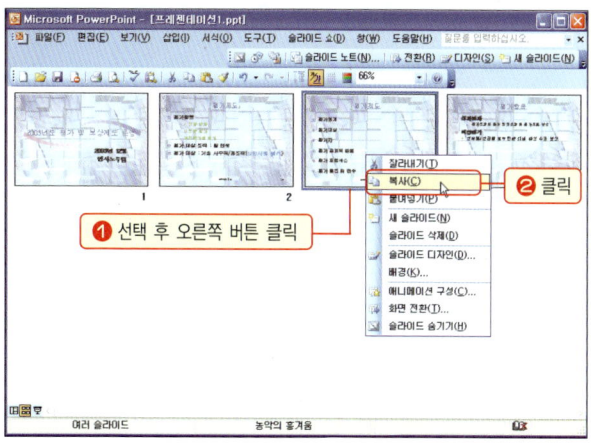

○ hot key

붙여넣기 : Ctrl + V

8 선택한 세 번째 슬라이드가 클립보드로 복사됩니다. 네 번째 슬라이드 뒤를 클릭한 후 마우스 오른쪽 버튼을 클릭합니다. 부 메뉴에서 '붙여넣기' 를 클릭합니다.

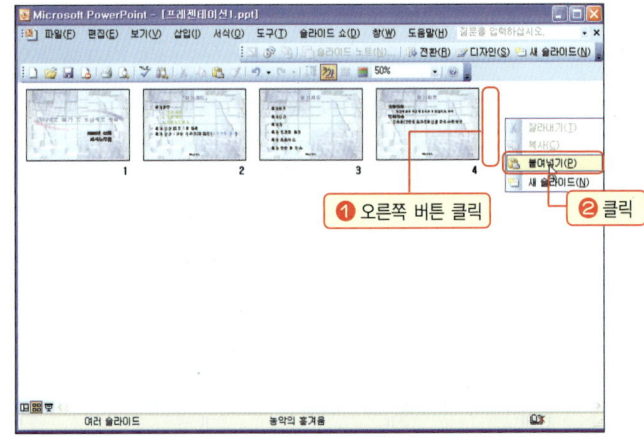

9 그림과 같이 세 번째 슬라이드가 다섯 번째 슬라이드로 복사되어 있습니다.

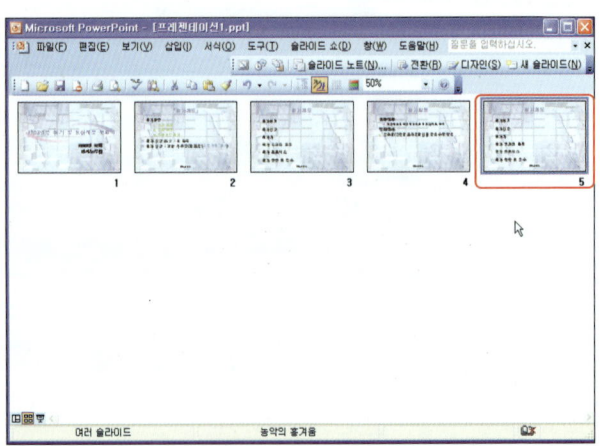

> > 궁금해요!

슬라이드를 좀더 쉽게 이동하거나 복사하는 방법을 알려주세요.

이동하고자 하는 슬라이드를 선택한 후 원하는 위치로 드래그하면 간단히 슬라이드를 이동할 수 있습니다. 이때 마우스 포인터 모양은 ▦ 입니다. 슬라이드를 복사하는 방법도 이와 비슷합니다. Ctrl 키를 누른 상태에서 복사하고자 하는 위치로 마우스를 드래그하면 됩니다. 마우스 포인트 모양은 ▦ 입니다.

필요없는 슬라이드를 삭제하려면요?

우선 삭제하고자 하는 슬라이드를 선택하고 마우스 오른쪽 버튼을 클릭한 후 '슬라이드 삭제'를 클릭하거나 Delete 키를 누릅니다.

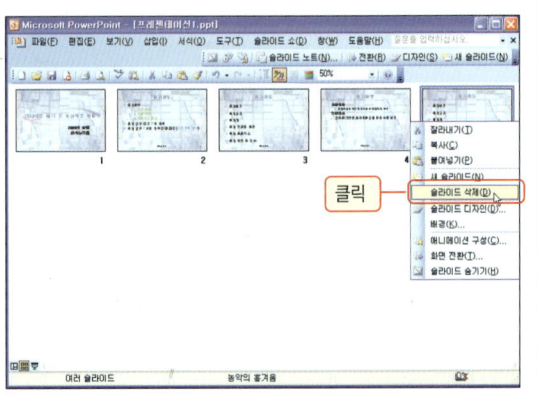

>> 05 프레젠테이션 저장과 불러오기

지금까지 네 장의 슬라이드로 구성된 프레젠테이션을 작성하였습니다. 이러한 슬라이드를 계속해서 사용할 예정이라면 반드시 파일 형태로 보관해야 합니다. 작성한 자료를 파일의 형태로 보관하는 것을 '저장한다' 라고 표현합니다. 반대로 컴퓨터에 저장되어 있는 프레젠테이션 파일을 사용하기 위해 자료를 꺼내오는 것을 '불러온다' 라고 표현합니다.

저장하기

파워포인트에서는 다양한 형태로 파일을 저장할 수 있습니다. 기본적으로는 프레젠테이션 파일인 *.ppt로 저장됩니다. 하지만 이외에도 디자인 서식 파일이나 웹 페이지와 같은 다양한 형태로 저장할 수 있습니다. 다음은 파워포인트에서 대표적으로 저장할 수 있는 파일 포맷과 확장자입니다.

파일 포맷	내용
프레젠테이션 (*.ppt)	일반 Microsoft PowerPoint 프레젠테이션 파일로 저장됩니다.
웹 보관 파일 (*.mht, mhtml)	모든 지원 파일을 포함하는 단일 파일로 사용될 웹 페이지로 저장됩니다.
웹 페이지(*.htm, html)	.htm 파일과 모든 지원 파일을 포함하는 폴더로 사용될 웹 페이지로 저장됩니다.
PowerPoint 97~2003 및 95 프레젠테이션 (*.ppt)	파워포인트 2003 이전 버전에서 사용할 수 있도록 저장됩니다.
PowerPoint 쇼 (*.pps)	항상 슬라이드 쇼 프레젠테이션으로 열리는 프레젠테이션으로 저장됩니다.
디자인 서식 파일 (*.pot)	서식 파일로 사용될 프레젠테이션으로 저장됩니다.
GIF(Graphics Interchange Format) (*.gif)	gif 웹 페이지용 그래픽으로 사용될 슬라이드로 저장됩니다.
JPEG 파일 교환 형식 (*.jpg)	jpg 웹 페이지용 그래픽으로 사용될 슬라이드로 저장됩니다.

불러오기

컴퓨터에 저장되어 있는 프레젠테이션 파일을 꺼내오는 기능으로 파워포인트에서 지원되는 파일 포맷 중 *.ppt, *.pot, *.pps으로 저장된 파일을 꺼내올 수 있습니다.

01 프레젠테이션 파일 저장하기

한번도 저장한 적이 없는 프레젠테이션 파일이라면 제목표시줄에 [프레젠테이션 1]과 같은 형태로 나타납니다. 하지만 제목표시줄의 이름이 다른 형태로 입력되어 있다면 그 프레젠테이션은 이미 저장되어 있는 프레젠테이션입니다. 지금까지 작성한 프레젠테이션을 컴퓨터에 다양한 형태의 프레젠테이션 파일로 저장해 봅니다.

오려두기

10분만에 프리젠테이션 작성하기

★ 138쪽 펼쳐보기

hot key

저장 : Ctrl + S

1 처음 저장하기

한번도 저장되어 있지 않은 파일, 즉 제목표시줄에 [프레젠테이션 1]로 표시되어 있는 프레젠테이션을 저장해 보겠습니다.

1 '파일 – 저장' 메뉴를 클릭하거나 표준 도구 모음의 📙(저장)을 클릭합니다.

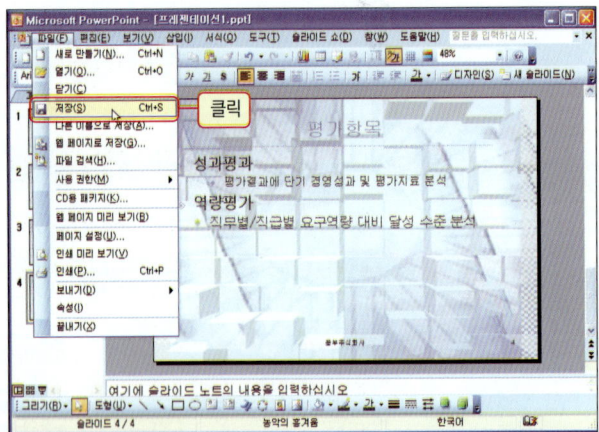

2 그림과 같은 '다른 이름으로 저장' 창이 나타납니다. 이때 '저장 위치' 아래에 있는 아이콘 중 '내 문서'를 클릭합니다.

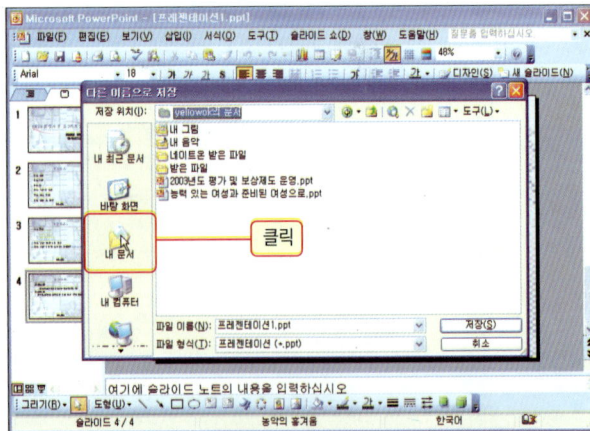

저장 위치를 좀더 자세하게

저장 위치를 좀 더 세밀하게 지정하고 싶다면 '저장 위치' 오른쪽의 ▼(목록 버튼)을 클릭하세요. 그러면 폴더의 목록이 나타납니다. 여기서 파일을 저장하고자 하는 위치를 클릭하면 됩니다.

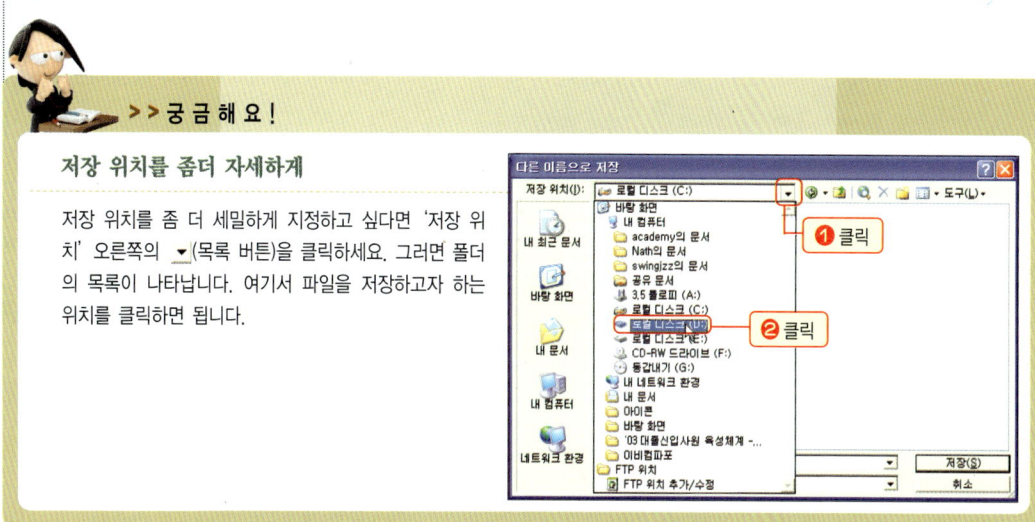

3 파일 이름란에 '사원평가제도운영방안'이라고 입력한 후 '저장' 버튼을 클릭합니다.

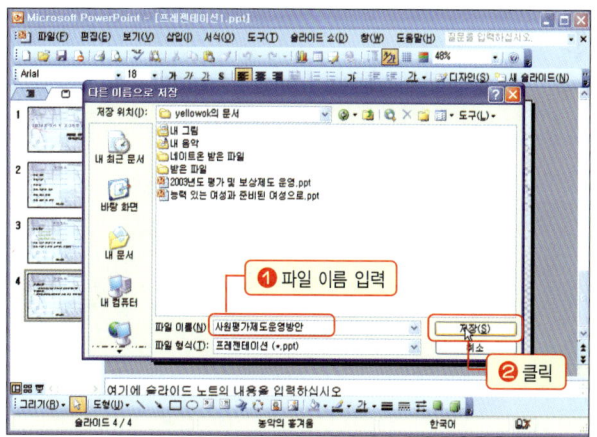

4 제목표시줄의 [파워포인트 1]이 [사원평가제도운영방안.ppt]로 변경되어 나타납니다.

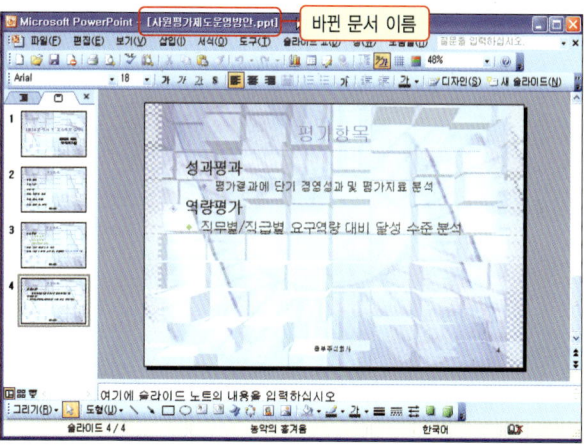

> > 궁 금 해 요 !

'파일 - 저장' 메뉴를 클릭해도 '다른 이름으로 저장' 창이 안 나타나요!

저장하려고 하는데 '다른 이름으로 저장' 창이 안 나타나는 이유는 이미 그 프레젠테이션이 컴퓨터에 파일의 형대로 저장되어 있기 때문입니다. 그렇다면 이미 저장되었는지는 어떻게 알 수 있을까요? 제목표시줄을 살펴보면 됩니다. 제목표시줄에 [파일 명.ppt]의 형태로 나타나면 이미 그 파일은 저장되어 있는 것입니다.

2 다른 이름으로 저장하기

이미 저장된 프레젠테이션 파일을 다른 이름으로 다시 저장해 보겠습니다.

1 메뉴표시줄에서 '파일 - 다른 이름으로 저장' 메뉴를 클릭합니다.

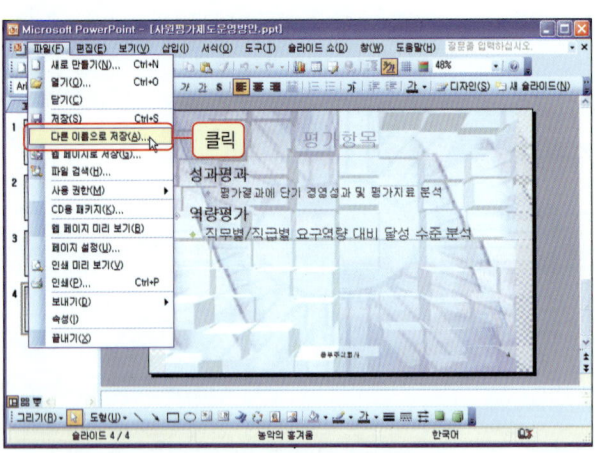

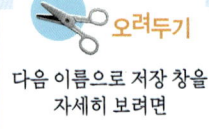

오려두기

다음 이름으로 저장 창을 자세히 보려면

★ 135쪽 펼쳐보기

2 그림과 같이 '다른 이름으로 저장' 창이 나타납니다. 이때 새로 파일을 저장하고자 하는 위치와 이름을 지정한 후 '저장' 버튼을 클릭하면 됩니다. 저장 위치는 'C:' 파일명은 '사원평가제도'로 입력한 후 '저장' 버튼을 클릭해주세요.

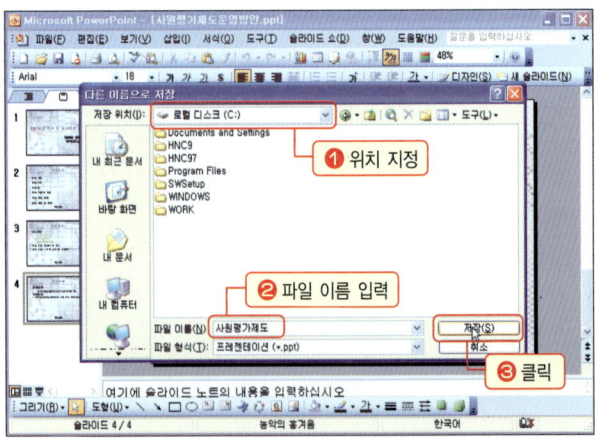

오려두기

CD-ROM에 직접
프레젠테이션을 저장하려면

★ 137쪽 펼쳐보기

3 그림과 같이 새롭게 파일이 저장되었습니다.

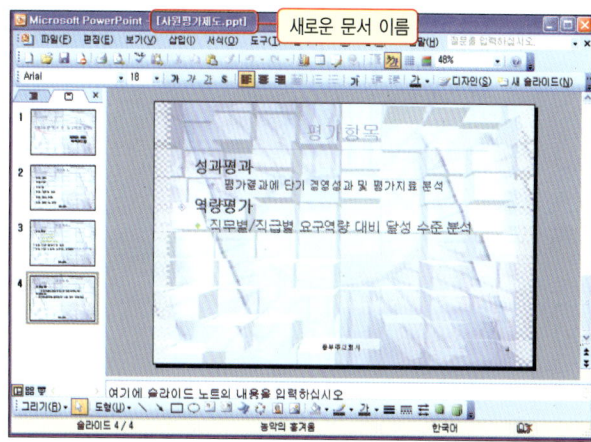

3 웹 페이지로 저장하기

프레젠테이션에 참석하지 못한 사람들을 위해 웹 사이트에 프레젠테이션 파일을 게시할 수 있도록 웹 프레젠테이션 파일로 저장해보도록 하겠습니다.

1 '파일 – 웹 페이지로 저장' 메뉴를 클릭합니다.

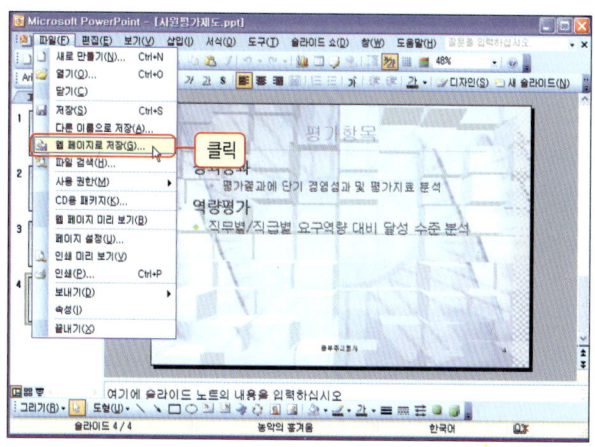

참고하세요!

**웹 페이지로 저장하는
다른 방법**

'파일 – 저장' 메뉴를 클릭한 후 직접 파일 형식을 웹 보관 파일 또는 웹 페이지로 지정해도 됩니다.

2 그림과 같이 '다른 이름으로 저장' 창이 나타납니다. 창 아래쪽을 살펴보면 파일 이름과 파일 형식(웹 보관 파일)이 자동으로 지정되어 있습니다. 특별한 변경사항이 없다면 '제목 변경' 버튼을 클릭합니다.

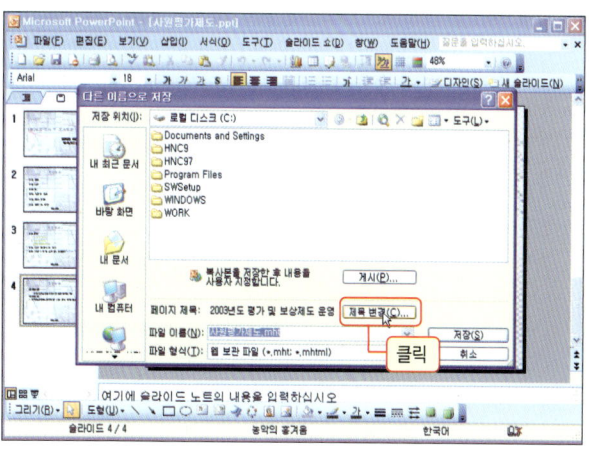

3 그림과 같이 '페이지 제목 설정' 창이 나타나면 '사원평가제고운영방안' 을 입력한 후 '확인' 버튼을 클릭합니다. 제목은 바로 웹 브라우저의 제목표시줄에 표시될 제목을 나타냅니다.

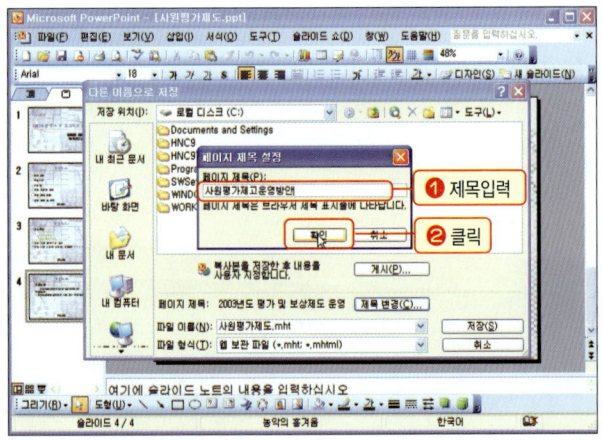

4 그림처럼 모두 변경되었다면 '저장' 버튼을 클릭합니다.

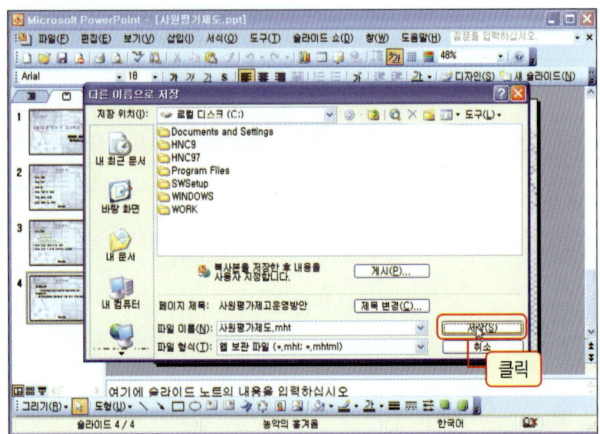

5 메뉴표시줄에서 '파일 – 웹 페이지 미리보기' 메뉴를 클릭합니다.

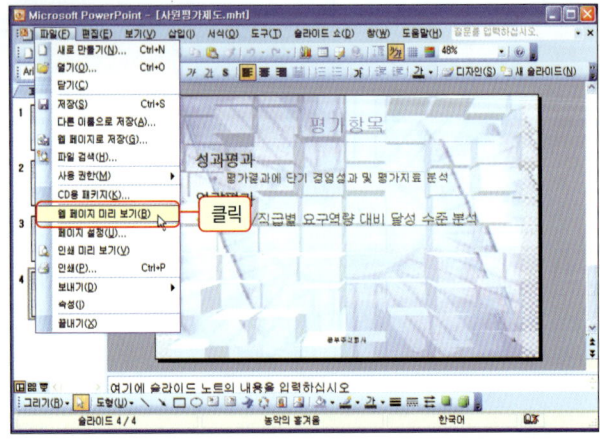

>> 궁금해요!

웹 페이지로 저장된 프레젠테이션 파일을 어떻게 웹에 올리나요?

웹 페이지로 저장된 프레젠테이션 파일을 웹에 올리기 위해선 우선 FTP 계정을 가지고 있어야 하며, FTP 프로그램을 이용해야 합니다. FTP 프로그램으로는 WS_FTP, Cute FTP, 알 FTP 등이 사용되고 있습니다.

6 웹에 게시된 형태로 결과를 보여줍니다. 이는 실제로 웹에 게시된 것이 아니라 어떤 형태로 게시될 것인지 미리보기한 것입니다. 그러므로 실제로 웹에서 보여주기 위해서는 웹에 올리는 작업을 해야 합니다.

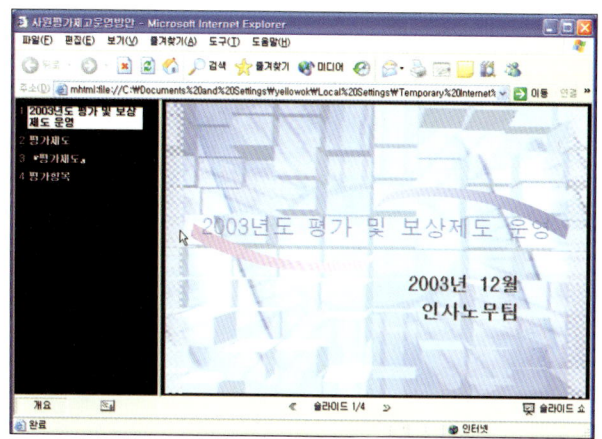

02 저장된 프레젠테이션 파일 꺼내오기

컴퓨터에 파일 형태로 저장된 프레젠테이션을 다시 사용할 수 있도록 꺼내오는 작업을 '불러오기 한다.' 라고 합니다. 지금부터 파일의 형태로 저장된 프레젠테이션 파일을 꺼내오는 방법에 대하여 알아보도록 하겠습니다.

1 파일 꺼내오기

컴퓨터에 저장된 파일을 꺼내오는 작업은 어떤 프로그램이나 똑같습니다. 지금부터 저장된 프레젠테이션 파일을 꺼내도록 하겠습니다.

1 '파일 – 열기' 메뉴 또는 표준 도구 모음의 (열기)를 클릭합니다.

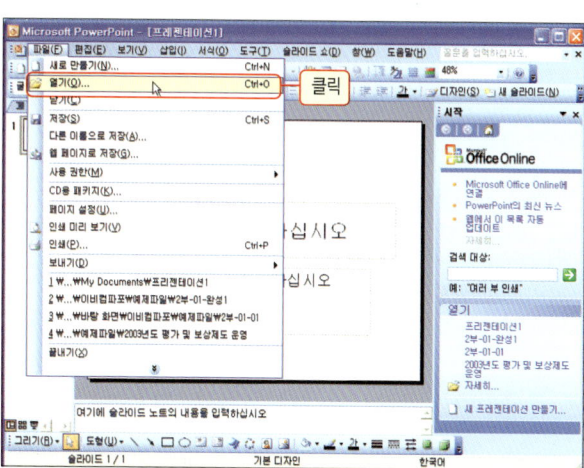

2 '열기' 창이 나타나면 찾고자 하는 파일이 저장된 위치와 이름을 지정합니다. 위치는 '내 문서', 파일명은 '사원평가제고운영방안'을 선택한 후 '열기' 버튼을 클릭합니다.

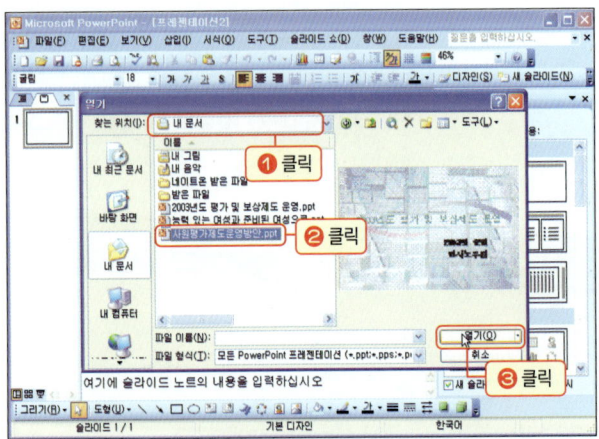

3 그림처럼 '사원평가제도운영방안' 파일이 슬라이드에 나타납니다.

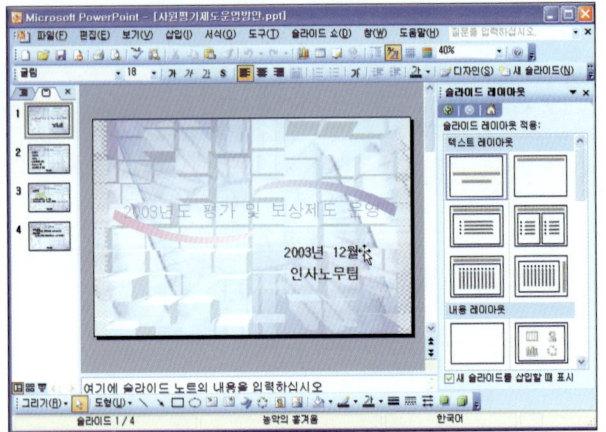

130page ★ 오려둔 것 펼쳐보기

'다른 이름으로 저장 창' 해부하기

'다른 이름으로 저장' 창을 살펴보면 가장 오른쪽에 '도구' 라는 옵션 버튼이 있습니다. '도구' 옵션은 크게 저장 옵션, 보안 옵션, 웹 옵션, 그림 옵션으로 이루어져 있습니다. 지금부터 각 옵션에 대하여 살펴보겠습니다.

1) 저장 옵션

일반적인 저장에 관련된 옵션을 지정할 수 있습니다.

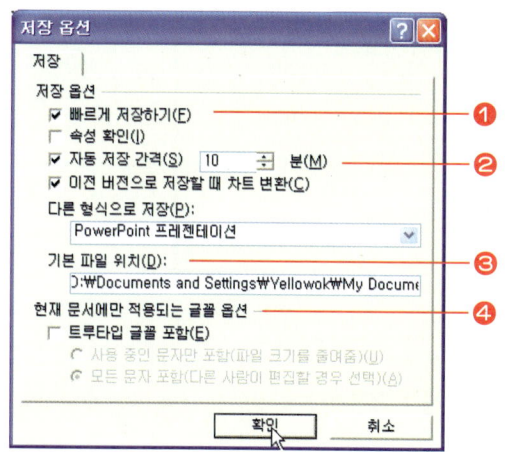

❶ 빠르게 저장하기

파일을 저장할 때 변경된 내용만 저장하는 옵션입니다. 작업을 끝마친 후 최종적으로 저장하려고 할 경우에는 '빠르게 저장하기' 의 선택을 해제한 후 저장하는 것이 좋습니다.

❷ 자동 저장 간격

지정된 시간이 경과하면 자동으로 파일을 저장해주는 옵션입니다.

❸ 기본 파일 위치

저장할 때 기본이 되는 폴더를 지정하는 옵션입니다. 기본적으로 'My Documents' 으로 되어 있습니다.

❹ 현재 문서에만 적용되는 글꼴 옵션

다른 환경의 컴퓨터에서도 똑같은 글꼴로 표현될 수 있도록 지정해주는 옵션입니다.

- 사용중인 문자만 포함 : 현재 슬라이드에서 사용되는 문자의 글꼴만 포함합니다.

- 모든 문자 포함 : 모든 문자의 글꼴을 포함합니다.

2) 보안 옵션

프레젠테이션을 불러오기 할 때 암호를 설정하여 문서를 보호할 수 있습니다.

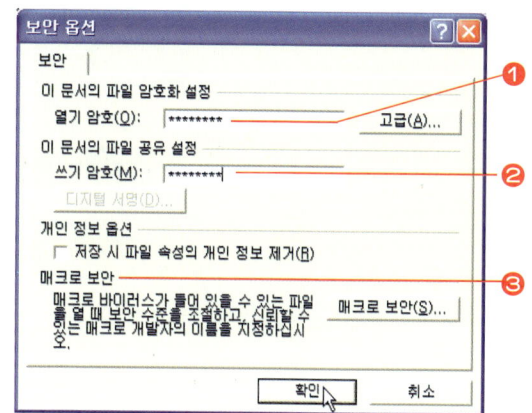

❶ 열기 암호

프레젠테이션을 실행하고자 할 때 입력하는 암호를 지정합니다.

❷ 쓰기 암호

프레젠테이션의 내용을 임으로 변경하고자 할 때 입력하는 암호를 지정합니다.

❸ 매크로 보안

매크로 바이러스에 대비하기 위한 옵션으로 '매크로 보안' 버튼을 클릭하여 보안 수준을 지정합니다.

3) 웹 옵션

웹 프레젠테이션과 관련된 여러 옵션을 지정할 수 있습니다.

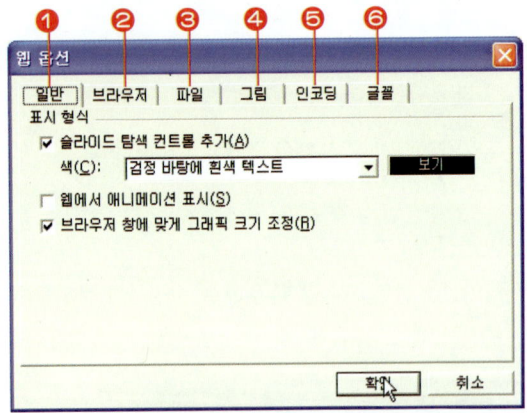

❶ 일반 탭

탐색 컨트롤의 색이나 웹에서 보여주는 애니메이션에 관련된 내용을 지정합니다.

❷ 브라우저 탭

웹 프레젠테이션을 지원할 프리우저를 선택합니다.

❸ 파일 탭

파일의 이름 및 위치를 지정하며 기본 편집기 확인 여부를 지정합니다.

❹ 그림 탭

화면의 크기를 지정합니다.

❺ 인코딩 탭

문서의 저장형식을 지정합니다.

❻ 글꼴 탭

기본 글꼴과 글꼴의 크기 등을 지정합니다.

4) 그림 옵션

프레젠테이션에 삽입된 그림의 용량에 관련된 내용을 지정합니다.

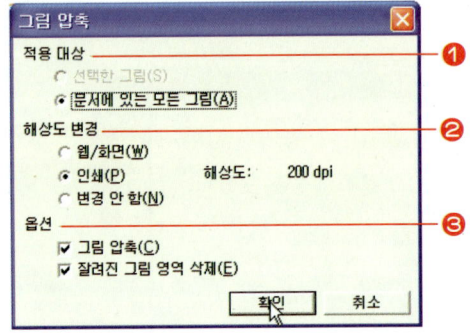

❶ 적용 대상

그림의 압축 대상을 지정합니다. 선택한 그림 또는 슬라이드에 삽입된 모든 그림을 압축할 수 있습니다.

❷ 해상도 변경

웹 또는 화면 또는 인쇄하기에 적당한 해상도를 지정할 수 있습니다.

❸ 옵션

그림 압축과 잘려진 그림 영역의 삭제에 관련된 옵션을 지정할 수 있습니다.

131page★ 오려둔 것 **펼쳐보기**

CD-ROM에
직접 프레젠테이션을 저장하려면

파워포인트 2003에 새로 추가된 기능으로 작성된 프레젠테이션 파일을 직접 CD-ROM에 저장하여 CD를 제작하는 기능입니다. 이 기능의 가장 큰 장점은 파워포인트 프로그램이 없는 시스템에서도 프레젠테이션을 진행할 수 있도록 파워포인트 뷰어 프로그램을 자동으로 저장한다는 것입니다.

❶ '파일 - CD용 패키지' 메뉴를 클릭합니다.

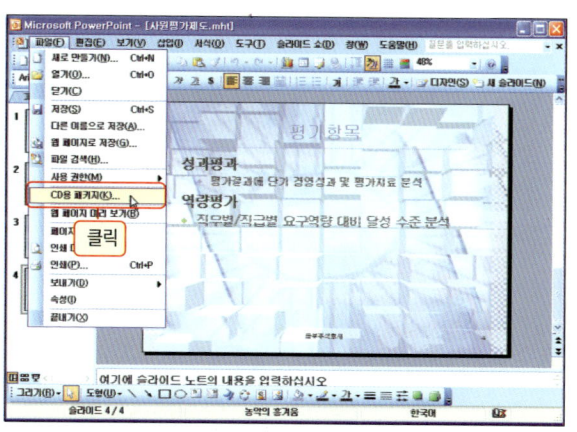

❷ 'CD용 패키지' 창이 나타나면 CD 이름을 '사원평가제도운영 방안' 으로 입력한 후 'CD로 복사' 버튼을 클릭합니다.

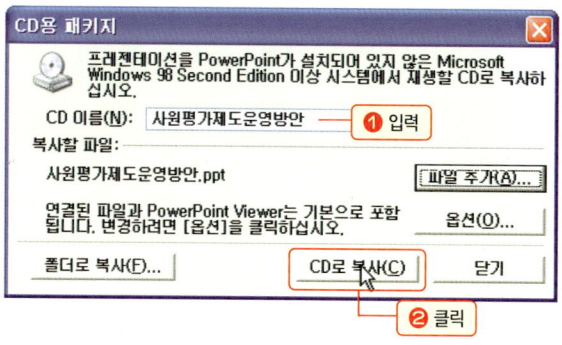

❸ 그림과 같이 프레젠테이션 파일이 CD로 복사되는 창이 나타납니다. 복사가 완료되면 다른 CD에 복사할지 물어보는 창이 나타나는데 이때 다른 CD에 복사하려면 '예' 버튼을, 그렇지 않은 경우에는 '아니요' 버튼을 클릭합니다.

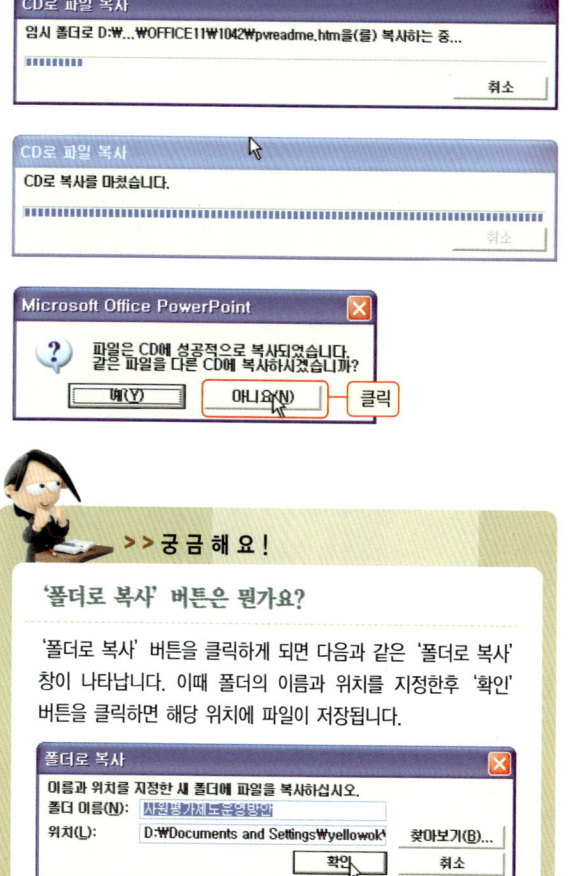

>> 궁금해요!

'폴더로 복사' 버튼은 뭔가요?

'폴더로 복사' 버튼을 클릭하게 되면 다음과 같은 '폴더로 복사' 창이 나타납니다. 이때 폴더의 이름과 위치를 지정한후 '확인' 버튼을 클릭하면 해당 위치에 파일이 저장됩니다.

128 page ★ 오려둔 것 펼쳐보기

급할 때! 프레젠테이션
10분만에 작성하기

회사에서 또는 수업시간에 갑자기 프레젠테이션을 작성하라고 한다면 무엇을 어떻게 해야할지 몰라 당황할 것입니다.

하지만 걱정 마세요. 파워포인트 2003에는 이러한 고민을 해결하기 위해 아주 짧은 시간 안에 간단하게 프레젠테이션을 작성할 수 있는 '내용 구성 마법사' 가 제공되고 있습니다.

내용 구성 마법사는 디자인이 이미 지정된 슬라이드를 제공하며, 또한 각 슬라이드에 어떠한 내용을 입력해야 하는지 알려주기 때문에 쉽게 프레젠테이션을 작성할 수 있습니다. 뿐만 아니라 다양한 형태의 애니메이션도 지정되어 있습니다.

지금부터 '내용 구성 마법사' 를 이용하여 빠르고 쉽게 프레젠테이션을 작성해 보겠습니다. 내용 구성 마법사는 레이아웃을 시정하는 단계와 지정된 레이아웃에 직접 데이터를 입력하는 단계로 구성됩니다.

1) 내용 구성 마법사 이용하여 레이아웃 지정하기
어떤 형태의 마법사를 사용할 것인지를 설정하는 단계입니다.

1 화면 오른쪽 작업 창에서 '다른 작업 창(🔽)'을 클릭합니다.

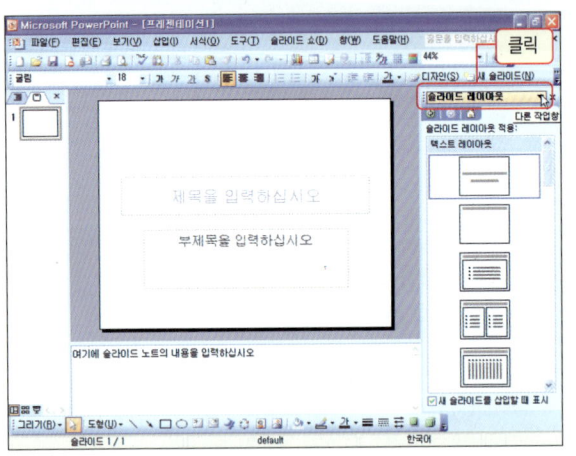

2 그림과 같이 '새 프레젠테이션' 을 클릭합니다.

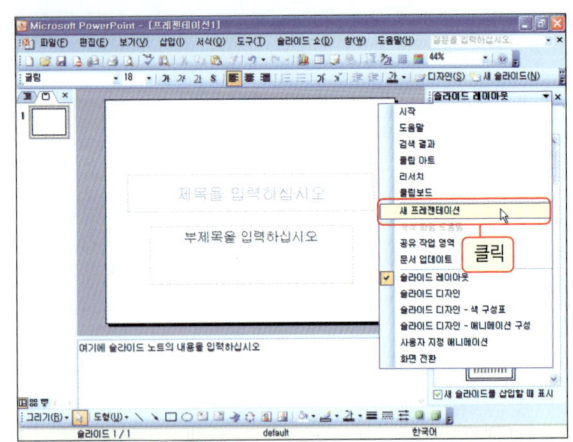

3 '새 프레젠테이션' 작업 창에서 '내용 구성 마법사'를 클릭합니다.

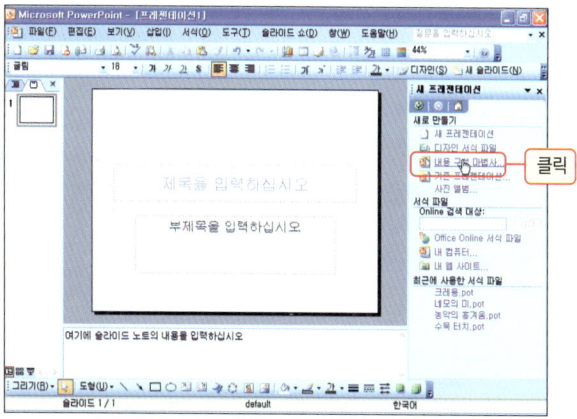

4 그림과 같이 '내용 구성 마법사'가 실행되면 '다음' 버튼을 클릭합니다.

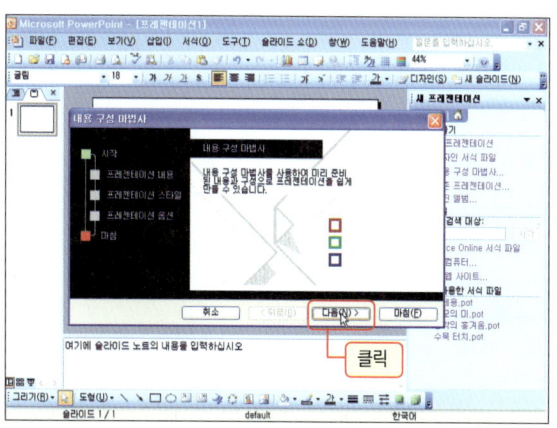

5 프레젠테이션 내용을 지정합니다. 여기에서는 '회사 – 사원연수'를 마우스 포인터로 클릭한 후 '다음' 버튼을 클릭합니다.

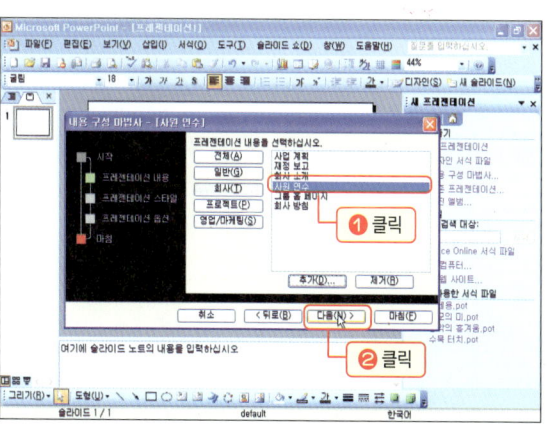

6 '화면 프레젠테이션'을 마우스 포인터로 클릭한 후 '다음' 버튼을 클릭합니다.

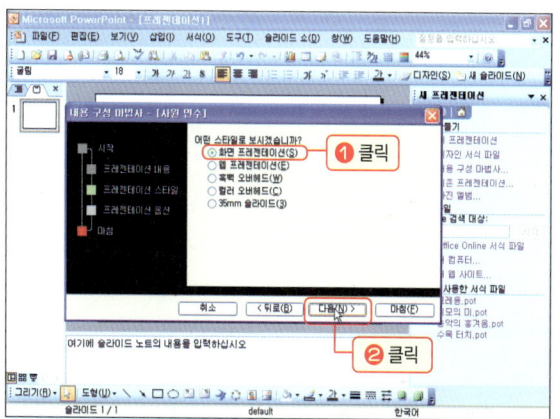

7 프레젠테이션 제목은 '동부전기 사원연수', 바닥글은 '동부전기'로 입력한 후 '다음' 버튼을 클릭합니다.

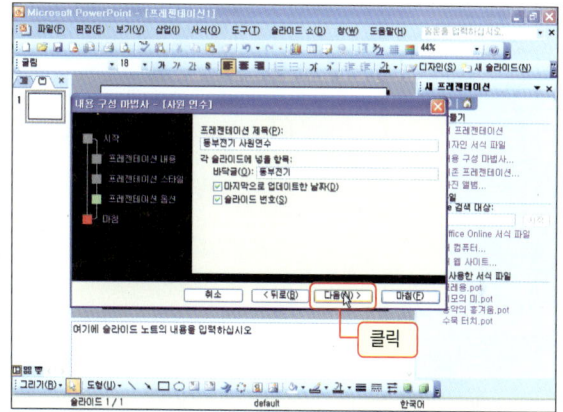

8 프레젠테이션을 만들기 위한 준비가 끝났다는 메시지가 나타납니다. '마침' 버튼을 클릭합니다.

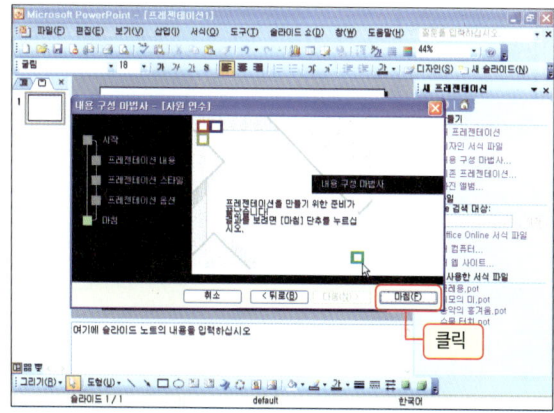

2) 지정된 레이아웃에 데이터 입력하기

이제부터 본격적으로 프레젠테이션을 구성하고 있는 슬라이드에 데이터를 입력해야 합니다. 개요 창을 보면서 직접 필요한 항목에 데이터를 입력하고 불필요한 항목은 삭제하면서 프레젠테이션을 작성하면 됩니다. 레이아웃을 편집하여 데이터를 입력해보도록 하겠습니다.

❶ 발표자가 자동으로 입력되어 있습니다. 이는 파워포인트 2003을 설치할 때 입력했던 사용자 이름입니다. 입력된 이름을 변경해 보겠습니다. 왼쪽 개요 창에 입력된 1번 슬라이드의 이름 앞에서 마우스 포인터의 모양이 ✥ 가 되는 위치로 마우스 포인터를 이동시킵니다.

❷ 마우스 포인터가 ✥ 일 때 마우스 왼쪽 버튼을 클릭하면 그림과 같이 검은색으로 블록이 설정됩니다. 이때 직접 '인사부'를 입력합니다.

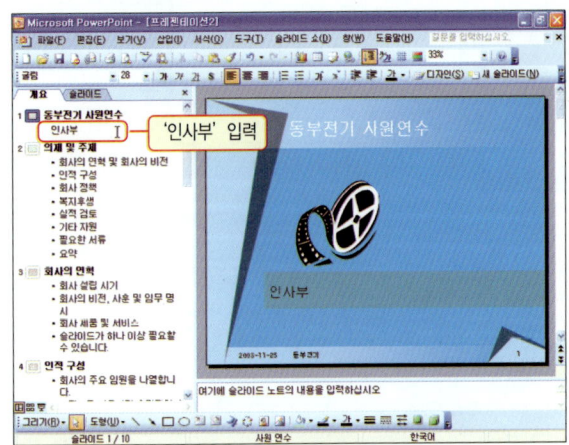

❸ 2번 슬라이드의 내용 목록 중 불필요한 내용을 삭제해 보겠습니다. 우선 두 번째 위치한 '인적사항'을 1번과 같은 방법으로 선택합니다. 검은색으로 블록이 설정되었다면 [Delete] 키를 누릅니다.

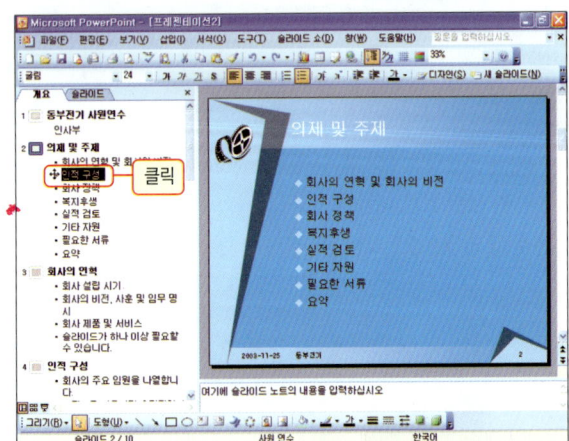

❹ 2번 슬라이드의 내용이 그림과 같이 되도록 세 번을 반복하여 삭제합니다.

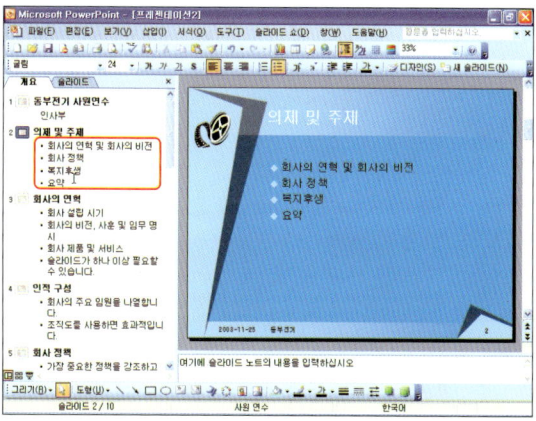

5 3번 슬라이드를 클릭하면 어떤 내용을 입력해야 하는지 설명이 입력되어 있습니다. 앞서 설명된 1번과 2번을 반복하여 다음과 같이 내용을 변경합니다.

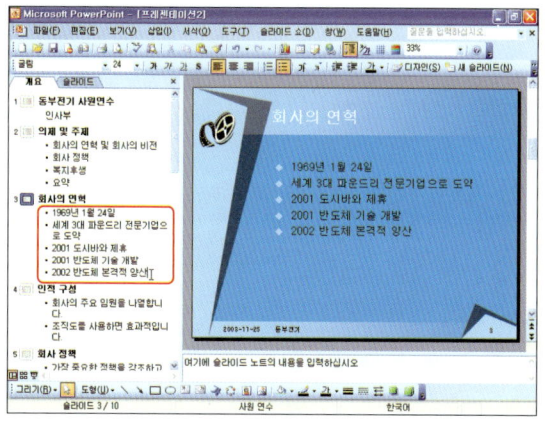

6 '인적 구성' 슬라이드는 삭제되어야 하는 슬라이드입니다. 슬라이드 제목 앞의 □ 에 마우스 포인트를 이동시켜 마우스 포인터가 ✛ 으로 변경되면 마우스 왼쪽 버튼을 클릭합니다.

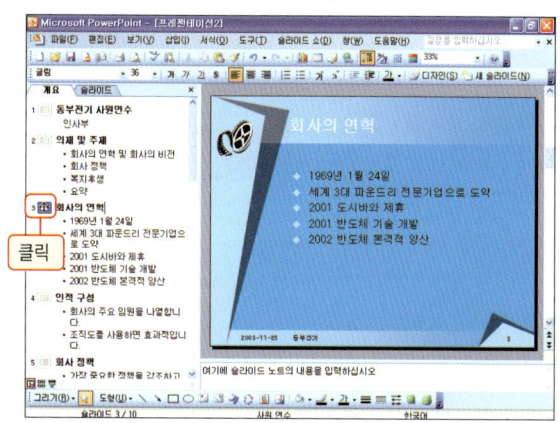

7 그림과 같이 제목을 포함한 모든 항목이 검은색으로 블록 설정됩니다. 이때 Delete 키를 누릅니다.

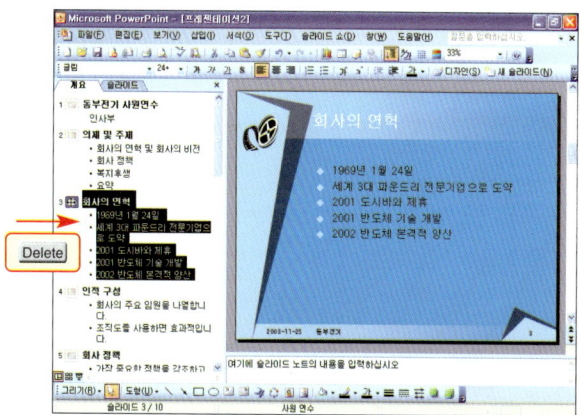

8 '슬라이드와 발표자 노트와 함께 모든 그래픽이 삭제됩니다. 계속하시겠습니까?' 라고 삭제 전 확인 창이 나타납니다. '확인' 버튼을 클릭합니다.

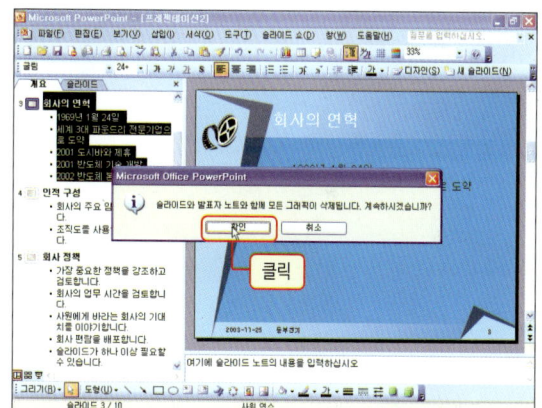

9 다음과 같이 슬라이드 전체가 삭제됩니다. 나머지 슬라이드와 항목도 삭제한 후 변경해 보세요.

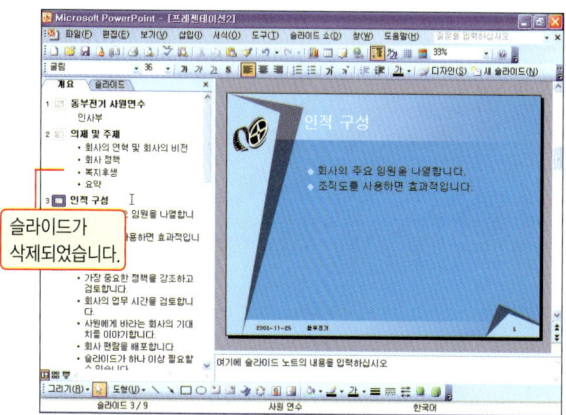

Powerpoint 2003

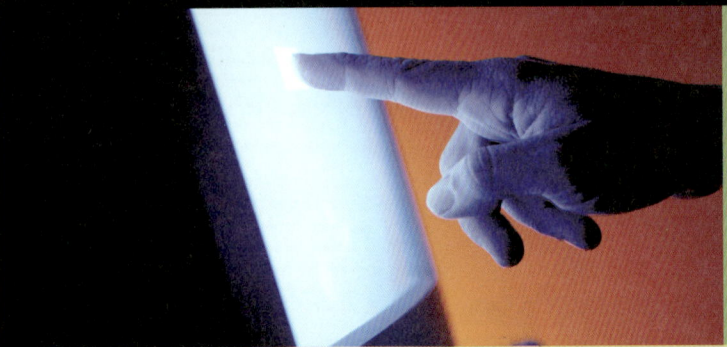

다수의 청중에게 발표자가 의도한 주제를 효과적으로 설득하려면 문서의 질(質 : quality)이 무척이나 중요합니다.

어떻게 하면 조금이라도 더 눈에 띄고 보기 좋은 문서를 만들 수 있을까요? 3부에서 그 해답을 찾아보세요.

3

한눈에 쏙 들어오는
프레젠테이션 만들기

1장 도형으로 슬라이드 꾸미기

2장 조직도와 다이어그램 만들기

The Book

on my desk

>> **01**

도형으로 슬라이드 꾸미기

지금까지 텍스트로 작성된 프레젠테이션을 작성해 보았습니다. 프레젠테이션의 성공은 청중에게 전달하고자 하는 메시지를 얼마나 정확하고 설득력있게 전달하는가에 달려있습니다. 파워포인트에서는 메시지를 청중에게 효과적으로 전달할 수 있는 여러 가지 표현방법을 제공합니다. 좀 더 입체적이고 시각적인 프레젠테이션을 위한 도형 다루기에 대하여 살펴보겠습니다.

도형

단순하게 텍스트로만 메시지를 표현한다면 메시지의 흐름이나 전후 관계, 결과 도출과 같은 내용을 한눈에 파악하기 어렵습니다. 이러한 단점을 해결할 수 있는 것이 바로 도형입니다.

도형 핸들링의 중요성

파워포인트의 그리기 도구 모음에서 제공되는 도형의 수는 제한적입니다. 그렇기 때문에 슬라이드에 삽입하려는 도형과 가장 유사한 도형을 그린 후 크기 조정 핸들, 회전 핸들, 모양 조정 핸들을 사용하여 사용자가 원하는 형태로 도형의 모양을 변경해야 합니다. 뿐만 아니라 Ctrl 키나 Shift 키를 어떻게 사용하냐에 따라 슬라이드에 그려지는 도형의 모양이 달라집니다.

입체 도형 꾸미기

단순하게 도형만 슬라이드에 그리는 것이 아니라 그림자라든지 3차원 효과 또는 그라데이션을 이용하면 청중의 관심을 한눈에 집중시킬 수 있습니다.

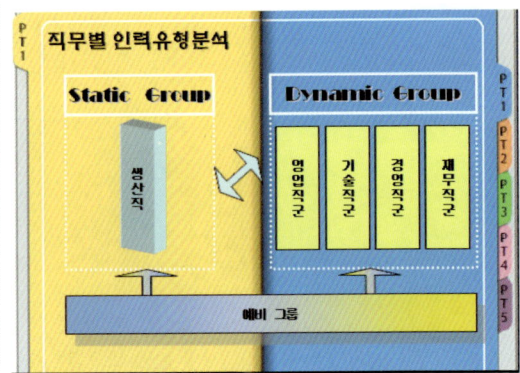

도형으로 꾸며진 슬라이드

01 드로잉이란 무엇인가요?

안타깝게도 여러분이 필요로 하는 모든 형태의 도형을 파워포인트에서 제공하지는 않습니다. 때문에 파워포인트에서 제공하는 기본 도형의 크기를 변경하거나 회전시켜서 원하는 모양의 도형으로 꾸미는 작업이 필요합니다. 이와같이 슬라이드에 도형을 그린 후 크기를 변경하거나 회전하는 작업들을 '드로잉'이라합니다. 지금부터 기본적인 드로잉 방법에 대하여 살펴보겠습니다.

1 도형 그리기

그리기 도구 모음을 이용하여 슬라이드에 그리고자(삽입하고자)하는 도형을 클릭한 후 슬라이드의 적당한 위치에서 드래그하면 됩니다. 이때 마우스 포인터의 모양은 +입니다.

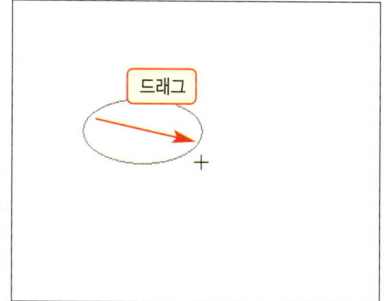
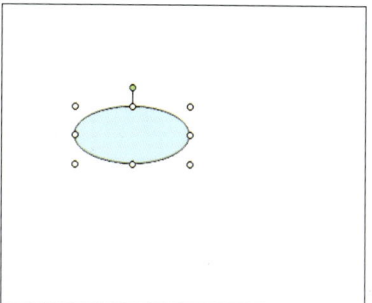

2 도형 크기 조절하기

슬라이드에 삽입된 도형을 살펴보면 8개의 작은 점과 1개의 녹색점이 나타납니다. 이중 8개의 흰색점은 '크기 조정 핸들', 1개의 녹색점은 '회전 핸들'이라고 합니다. 또한 삽입된 도형의 모양을 변경시킬 수 있도록 노란색 마름모 형태의 '모양 조정 핸들'이 나타납니다.

❶ 크기 조절 핸들

도형의 크기나 위치를 변경시킬 때 사용되는 핸들입니다. 각각의 8개점에 마우스 포인터를 위치시키면 ↕, ↔, ↖, ↗와 같이 양방향 화살표로 변경됩니다. 이때 마우스를 화살표 방향즉 안쪽 또는 바깥쪽으로 드래그하면 도형의 크기가 변경됩니다.

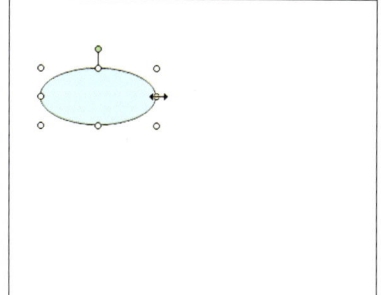
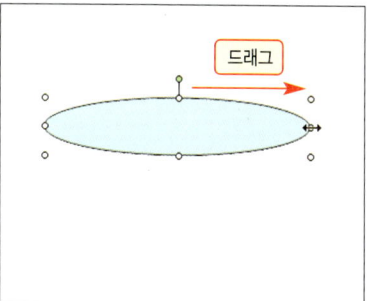

❷ 회전 핸들

도형의 방향을 특정한 방향으로 회전시키고자 할 때 사용되는 핸들입니다. 항상 슬라이드에 그려진 도형의 위쪽에 녹색의 원 모양으로 나타납니다. 도형의 방향의 회전은 '회전 핸들'에 마우스 포인터를 위치시키면 ⟲ 으로 변경됩니다. 이때 회전시키고자 하는 방향으로 마우스를 드래드하면 됩니다.

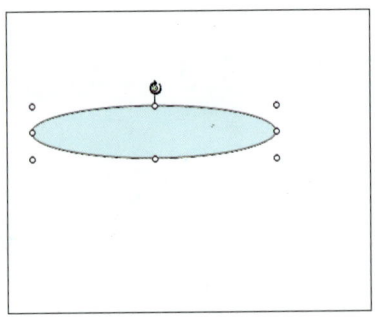
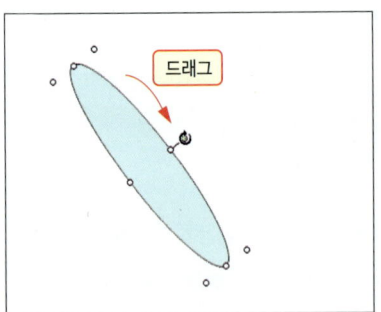

❸ 도형 조정 핸들

삼각형이나 화살표와 같이 각 면의 길이나 꼭지점의 위치를 조질할 필요가 있는 도형을 삽입하면 나타나는 핸들로 노란색의 마름모 모양을 하고 있습니다. 마우스 포인터를 도형 조정 핸들에 위치시키면 ▷ 로 변경됩니다. 이때 도형의 모양을 변경하려는 방향으로 마우스를 드래그하면 됩니다.

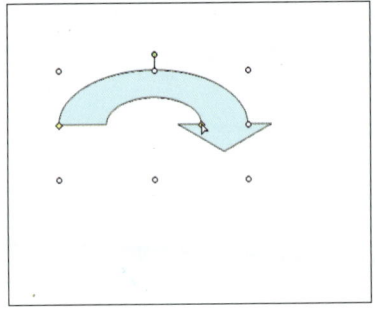
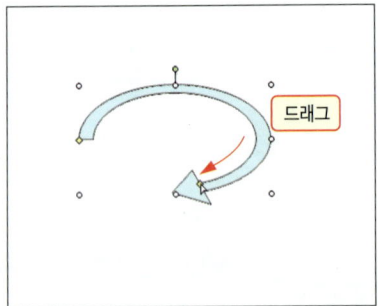

02 Ctrl 키와 Shift 키를 이용한 도형의 드로잉

크기 조정 핸들, 회전 핸들, 모양 조정 핸들로 도형의 크기와 방향, 그리고 모양을 변경하여 다양한 형태의 도형을 만들 수 있습니다. 하지만 마우스 드래그만으로는 도형 제작에 한계가 있습니다. 이때 사용할 수 있는 키가 바로 Ctrl 키와 Shift 키입니다. 지금부터 Ctrl 키와 Shift 키를 사용하여 도형을 세밀하게 그리는 방법을 알아보겠습니다.

1 Ctrl 키 이용하기

❶ 도형 세밀하게 이동하기

참고하세요!

Ctrl 키를 누르지 않은 채 방향키를 누르면 Ctrl 키를 누르고 이동한 것보다 조금 큰 간격으로 이동합니다.

마우스로 드래그하다 보면 원하는 거리보다 많게 또는 적게 이동되곤 합니다. 이때 사용하는 것이 Ctrl 키입니다. 도형을 마우스로 클릭한 후 Ctrl 키를 누른 채 방향키(→, ←, ↑, ↓)를 누르면 아주 조금씩 원하는 방향으로 움직입니다.

❷ 도형의 중심 지정하여 도형 그리기

일반적으로 도형을 선택한 후 슬라이드에서 마우스를 드래그하면 현재 마우스 포인터의 위치가 도형의 시작점이 됩니다. 하지만 Ctrl 키를 누른 채 도형을 그리게 되면 현재 마우스 포인터의 위치가 도형의 중심이 됩니다. 때문에 도형의 중심 위치는 같되 크기가 다른 도형을 그리고자 할 때 편리합니다.

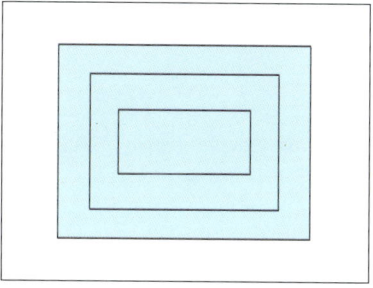
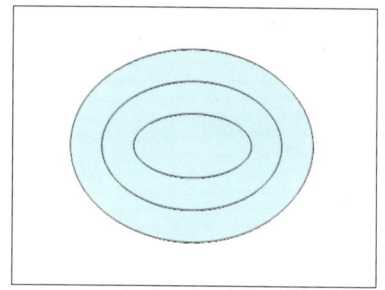

❸ 도형의 중심을 기준으로 도형 크기 조절하기

이미 슬라이드에 삽입되어 있는 도형의 '크기 조절 핸들'을 드래그하면 드래그하는 한쪽면만 크기가 조절됩니다. 하지만 Ctrl 키를 누른 채 '크기 조절 핸들'을 드래그하면 도형의 중심을 기준으로 양쪽이 대칭되어 크기가 조절됩니다.

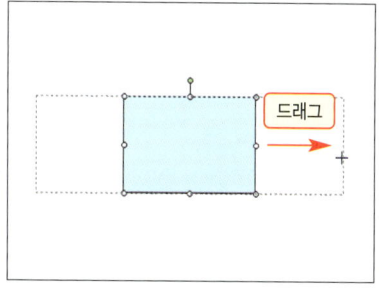

❹ 도형 복사하기

도형을 마우스로 클릭한 후 마우스 포인터를 도형의 중앙에 위치시키면 마우스 포인터의 모양이 ✛ 이 됩니다. ✛ 포인터일 때 마우스를 드래그하면 마우스를 드래그하는 위치로 도형이 이동됩니다. 이때 Ctrl 키를 누른 채 마우스를 드래그해 보세요. 마우스 포인터의 모양이 ☒ 로 변경되며, 똑같은 모양의 도형이 마우스를 드래그하는 방향으로 복사됩니다.

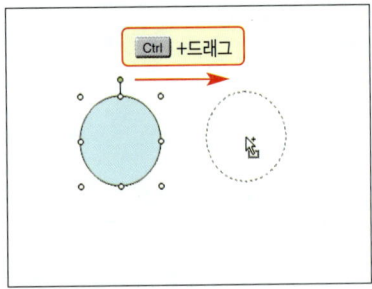

2 Shift 키 이용하기

❶ 도형 수직/수평 방향으로 이동하기

마우스로 도형을 좌우 또는 상하로 이동시켜야 하는 경우 Shift 키를 누른 채 마우스로 드래그하면 정확히 수직, 또는 수평으로 도형이 이동됩니다.

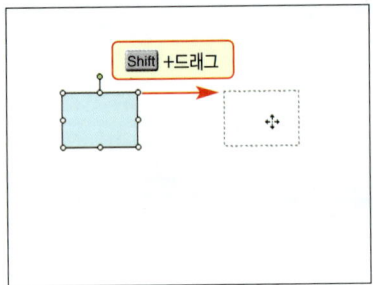

❷ 정사격형, 정원과 같은 정방향 도형 그리기

도형을 그릴 때 가로와 세로의 비율이 동일한 정비율의 도형을 그리기란 쉽지 않습니다. 하지만 Shift 키를 누른 채 도형을 그리면 정방향 도형을 그릴 수 있습니다.

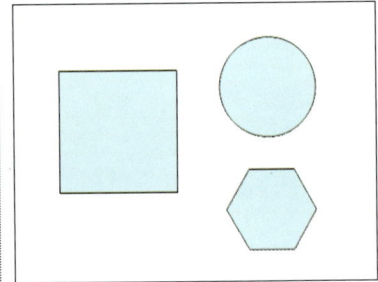

❸ 15° 간격으로 도형 회전 및 선 그리기

회전 핸들에 마우스 포인터를 위치시킨 후 드래그하면 도형을 회전시킬 수 있습니다. 이때 Shift 키를 누른 채 회전 핸들을 드래그하면 도형이 15° 간격으로 회전됩니다. 또한 Shift 키를 누른 채 선을 그리면 15° 간격으로 선의 각도를 조절할 수 있습니다.

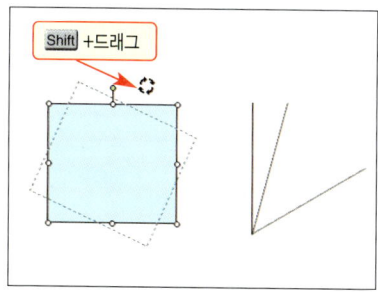

❹ 가로와 세로 배율을 기준으로 도형 크기 조절하기

도형의 '크기 조절 핸들'에 마우스 포인터를 위치시키고 드래그하면 가로와 세로의 크기를 동시에 조절할 수 있습니다. 하지만 ↘ , ↗ 핸들은 원형도형의 모양을 유지하며 크기를 조절할 수는 없습니다. 만약 원형도형의 가로와 세로의 비율을 유지하면서 도형의 크기를 조절하고 싶다면 Shift 키를 누른 채 드래그하면 됩니다.

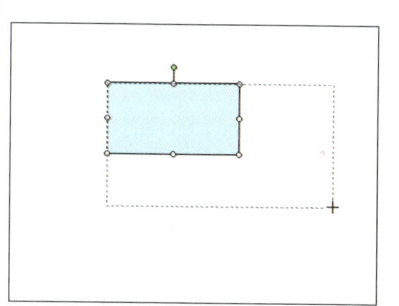

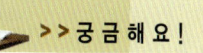

> **＞＞궁 금 해 요!**
>
> **마우스 포인터 모양이 ↕ , ↔ 일 때 Shift 키를 누르고 마우스를 드래그하면 도형의 크기가 어떻게 변경되나요?**
>
> Shift 키를 눌러도 ↕ , ↔일 때는 선택된 부분의 크기만 변경됩니다.

❺ 여러 개의 도형 선택

도형의 서식을 변경하거나 삭제할 때, 그리고 그룹과 같은 작업을 하려고 할 때 여러 개의 도형을 선택해야 합니다. Shift 키를 누른 채 도형을 마우스로 클릭해 보세요. 여러 개의 도형을 선택할 수 있습니다.

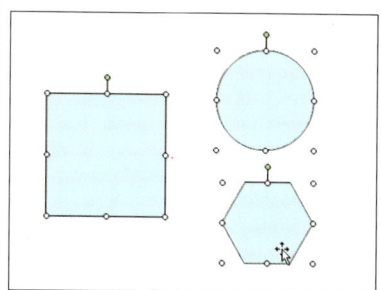

03 도형 그리기

앞 절에서 드로잉에 관련된 내용을 살펴보았습니다. 이번 절에서는 간단하게 도형을 그린 후 도형의 색을 지정하고 복사하는 방법에 대하여 알아보도록 하겠습니다.

1 그리기 도구 모음 살펴보기

도형과 선 뿐만 아니라 클립아트나 워드아트와 같은 도구들을 모아놓은 도구 모음입니다. 그리기 도구 모음에 대하여 살펴보도록 하겠습니다.

① **그리기 메뉴** : 그리기와 관련된 여러 메뉴가 있습니다.

② **개체 선택** : 슬라이드에 삽입된 개체를 선택합니다.

③ **도형 메뉴** : 도형을 선택할 수 있는 메뉴가 있습니다.

④ **선** : 선을 그립니다.

⑤ **화살표** : 화살표를 그립니다.

⑥ **직사각형** : 직사각형을 그립니다.

⑦ **타원** : 타원을 그립니다.

⑧ **텍스트 상자** : 슬라이드에 텍스트를 입력할 수 있는 텍스트 상자를 그립니다.

⑨ **세로 텍스트 상자** : 슬라이드에 텍스트를 입력할 수 있는 세로 텍스트 상자를 그립니다.

⑩ **WordArt 삽입** : 워드아트를 삽입합니다.

⑪ **다이어그램 또는 조직도 삽입** : 다이어그램이나 조직도 등을 삽입합니다.

⑫ **클립 아트 삽입** : 클립 아트를 삽입합니다.

⑬ **그림 삽입** : 그림을 삽입합니다.

⑭ **채우기 색** : 슬라이드에 삽입된 도형의 바탕색을 지정합니다(색, 그라데이션, 질감, 무늬).

⑮ **선 색** : 슬라이드에 삽입된 도형이나 선의 색이나 무늬를 지정합니다

⑯ **글꼴 색** : 텍스트의 색을 변경합니다.

⑰ **선 스타일** : 선 두께 등 여러 가지 선의 유형을 지정합니다.

⑱ **대시 스타일** : 선에 여러 가지 형태의 점선 유형을 지정합니다.

⑲ **화살표 스타일** : 선에 여러 가지 화살표 유형을 지정합니다.

⑳ **그림자 스타일** : 도형 등에 다양한 그림자 유형을 지정합니다.

㉑ **3차원 스타일** : 도형 등에 다양한 3차원 효과를 유형을 지정합니다.

2 도형 그리기

그리기 도구 모음을 이용하여 간단한 도형을 슬라이드에 그려보도록 하겠습니다.

1 부록 CD에서 도형.ppt 파일을 불러온 다음 사각형을 그리기 위해 그리기 도구 모음의 직사각형 □을 클릭합니다.

2 마우스를 슬라이드 화면으로 이동하면 마우스 포인트가 + 모양이 됩니다. 적당한 위치에서 마우스를 드래그해 주세요.

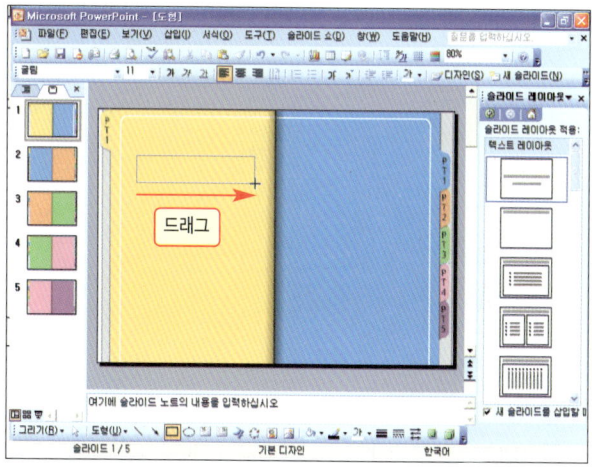

3 그림과 같이 직사각형의 도형이 그려집니다. 그리기 도구 모음에서 직사각형 □을 클릭한 후 슬라이드로 마우스 포인터를 이동한 다음, 조금 전에 그렸던 직사각형 아래를 마우스로 그래그하여 또 다른 사각형을 그립니다.

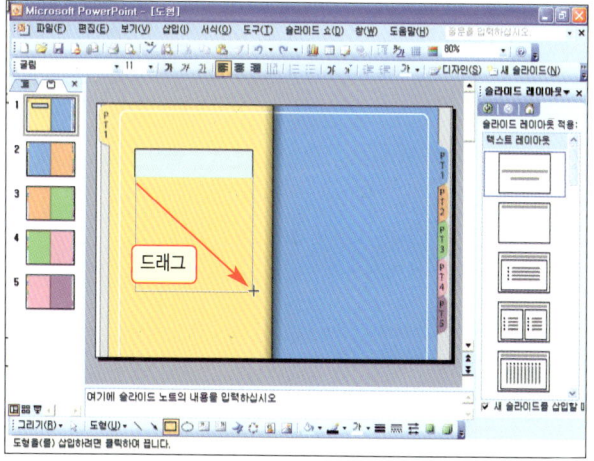

3 도형의 색 변경 및 복사하기

슬라이드에 삽입된 도형의 바탕색을 변경한 후 도형을 복사해 보도록 하겠습니다.

1 슬라이드에 그려진 첫 번째 직사각형을 마우스로 클릭합니다. 그 다음 Shift 키를 누른 상태에서 두 번째 직사각형을 클릭하여 슬라이드에 삽입된 두 개의 직사각형을 모두 선택합니다.

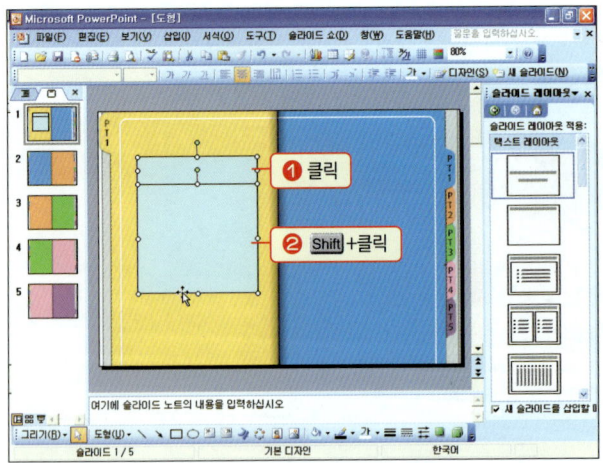

2 그리기 도구 모음의 🪣▼(채우기 색)의 ▼(목록 버튼)를 클릭합니다.

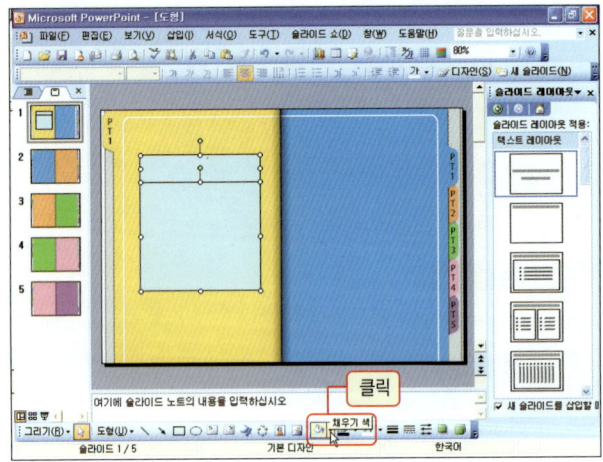

3 그림과 같이 색 채우기 메뉴가 나타나면 '채우기 없음'을 클릭합니다.

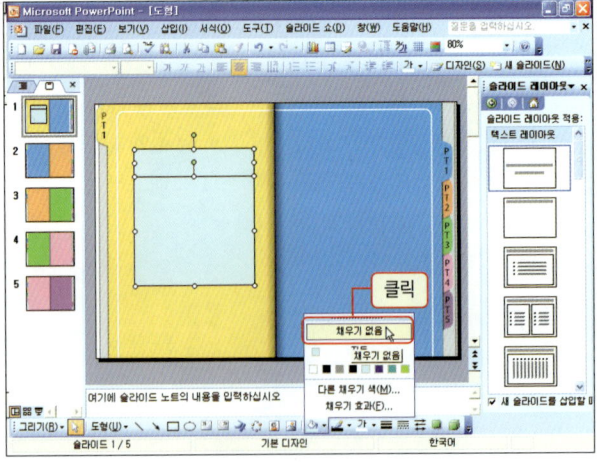

>>궁금해요!

여러 개의 도형을 좀 더 간편하게 선택하는 방법은 없나요?

선택하려는 도형의 바깥쪽에서 마우스 왼쪽 버튼을 누른 다음 그림과 같이 도형이 포함되도록 영역을 드래그합니다.

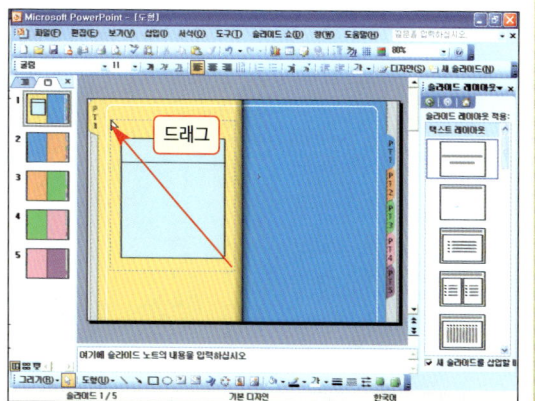

영역 안에 선택하려고 하는 모든 도형이 포함되어 있다면 마우스 왼쪽 버튼에서 손을 뗍니다. 그러면 영역 안의 모든 도형이 한꺼번에 선택됩니다.

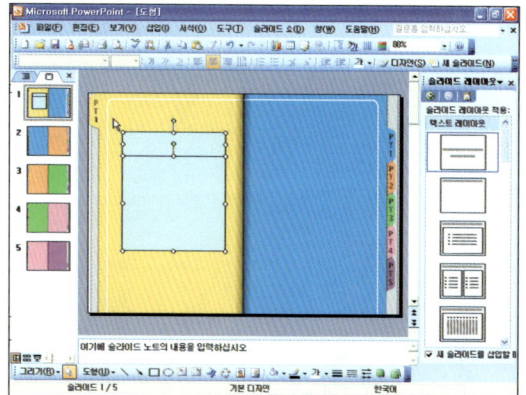

만약 선택하려고 하는 도형이 서로 떨어져 있다면 Shift 키를 누른 채 도형을 하나하나 클릭하면 됩니다.

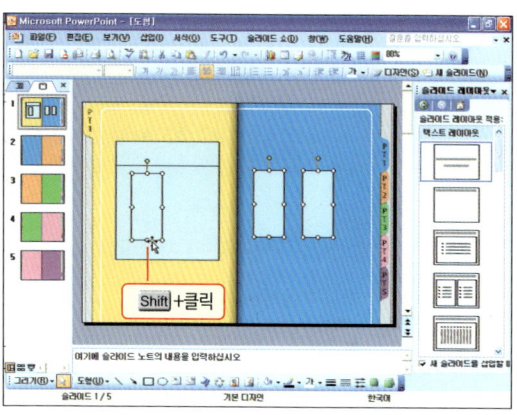

4 그림과 같이 선택된 두 사각형의 바탕
색이 삭제되었습니다. 그러면 이 두 도형을
오른쪽으로 복사해 보겠습니다. 우선 두 사
각형 도형이 선택된 상태에서 도형의 경계
선으로 마우스 포인터를 이동시키세요. 이
때 마우스 포인터의 모양은 ⁙ 입니다.

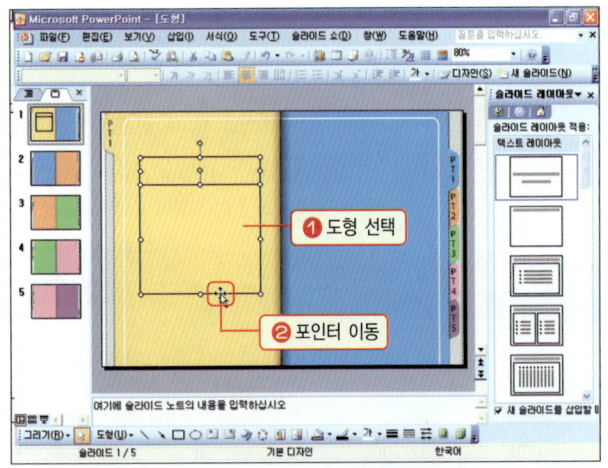

5 마우스 포인터가 ⁙ 모양일 때 Ctrl
키를 눌러보세요. 그러면 ⁙ 로 마우스 포
인터 모양이 변경됩니다. 이 때 Ctrl 키를
누른 상태로 마우스를 오른쪽으로 드래그
하면 도형이 복사됩니다.

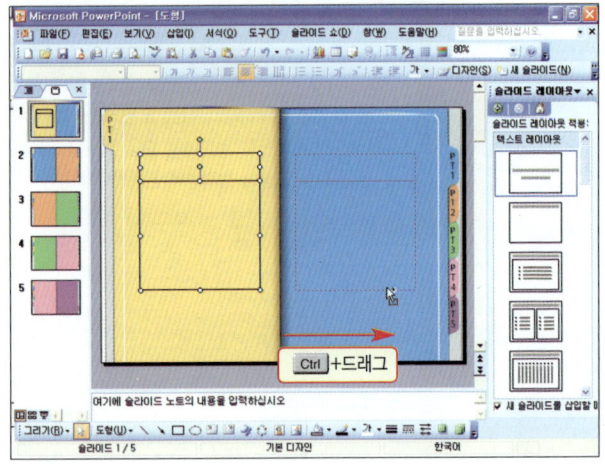

> > 궁 금 해 요 !

왜 나는 복사가 안되고 오른쪽에만 도형이 나타나나요?

도형의 경계선에서 마우스 포인터가 ⁙ 모양이었다 하더라도 오른쪽으로 그래그할 때 Ctrl 키를 누르지 않으면 이동이 됩니
다. 그러므로 복사하기 위해서는 복사하려고 하는 위치까지 Ctrl 키를 꼭 누르고 있어야 합니다.

6 이제 세로로 긴 사각형을 슬라이드에 그
려보겠습니다. 그리기 도구 모음의 직사각형
▭을 이용하여 사각형을 그려보세요.

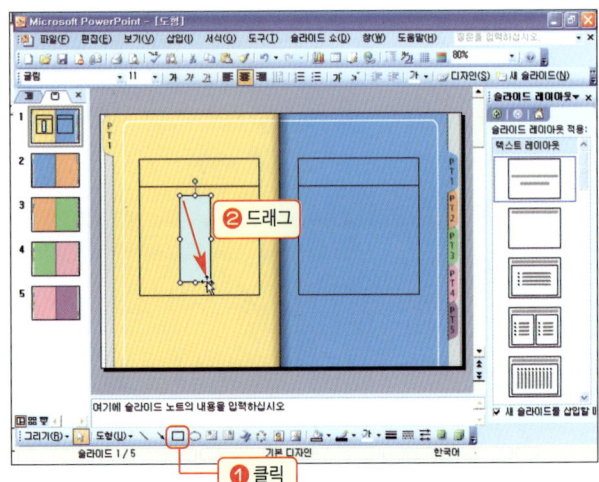

참고하세요!

도형을 복사하는 여러 가지 방법

메뉴와 복사도구, 단축키를 이용해서도 도형을 복사할 수 있습니다. 모두 클립보드에 도형을 복사한 후 도형이 복사된 위치에서 붙여 넣기를 해야합니다.

▶ **편집 메뉴 이용하기**
❶ 복사하고자 하는 도형을 선택한 후 '편집 – 복사'를 클릭합니다.
❷ '편집 – 붙여넣기'를 클릭합니다.

▶ **단축 메뉴 이용하기**
❶ 복사하고자 하는 도형을 선택한 후 마우스 오른쪽 버튼을 클릭하여 '복사'를 클릭합니다.
❷ 마우스 오른쪽 버튼을 클릭하여 '붙여넣기'를 클릭합니다.

▶ **도구모음의 '복사' 도구 이용하기**
❶ 복사하고자 하는 도형을 선택한 후 '복사(📋)' 도구를 클릭합니다.
❷ '붙여넣기(📋)' 도구를 클릭합니다.

▶ **단축키 이용하기**
❶ 복사하고자 하는 도형을 선택한 후 Ctrl + C 키를 누릅니다.
❷ Ctrl + V 키를 누릅니다.

7 왼쪽의 세로로 긴 사각형을 Ctrl 키를 이용하여 오른쪽으로 복사하세요.

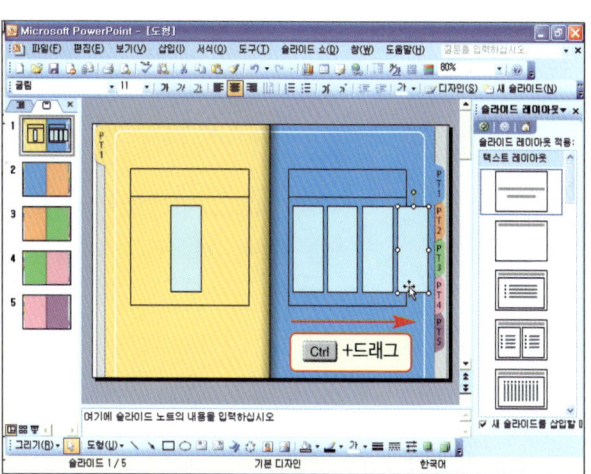

8 오른쪽에 복사된 4개 도형의 바탕색을 변경해 보겠습니다. 우선 4개의 도형을 선택해 주세요. Shift 키를 누른 상태에서 4개의 도형을 순서대로 클릭하면 됩니다.

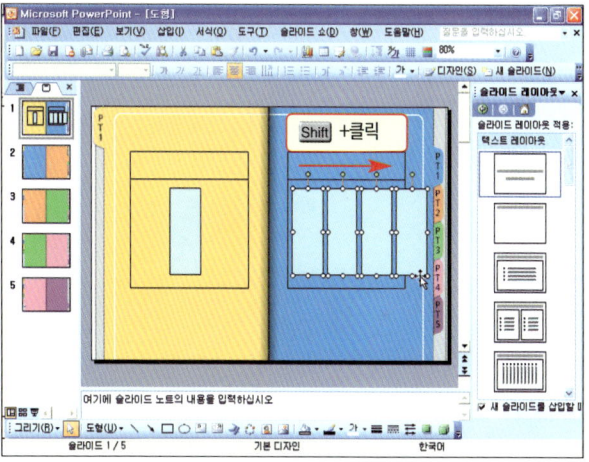

>> 궁 금 해 요 !

매번 도형을 하나하나 선택해야 하나요?

아닙니다. 똑같은 서식을 지정하려고 하는 도형을 그룹으로 묶게 되면 한번의 선택으로 도형을 쉽게 선택할 수 있습니다.
그룹 기능은 173페이지를 참조하세요.

9 그리기 도구 모음의 ![채우기색] (채우기 색)의 를 클릭한 후 '다른 채우기 색'을 클릭합니다.

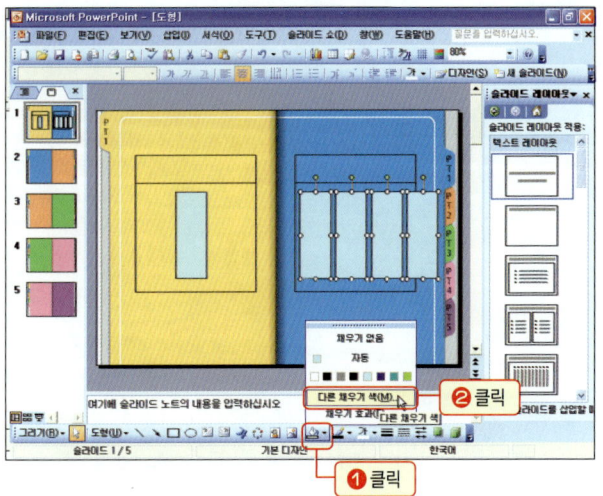

10 '색' 지정 창이 나타나면 '사용자 지정' 탭을 클릭합니다. 그 다음 도형의 색생값을 '빨강 : 229', '노색:250', '파랑:106' 으로 입력한 후 '확인' 버튼을 클릭합니다.

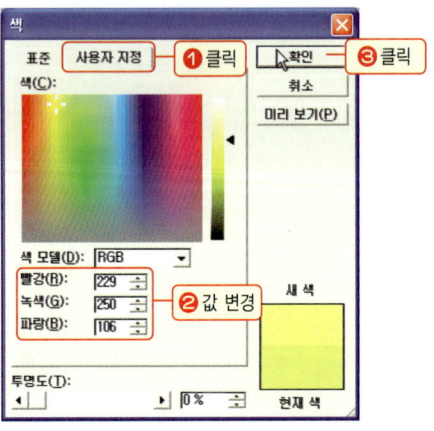

오려두기

도형의 서식을 한꺼번에
변경하고 싶다면

★ 158쪽 펼쳐보기

11 그림과 같이 선택된 4개의 직사각형
의 바탕색이 변경된 것을 확인할 수 있습니
다.

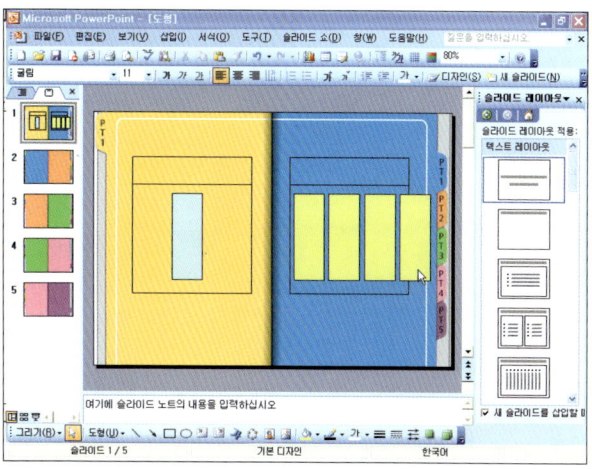

>> 궁 금 해 요 !

'색' 지정 창에 대해서 자세히 알려주세요.

'색' 지정 창은 '표준' 탭과 '사용자 지정' 탭으로 구성되어 있습니다.

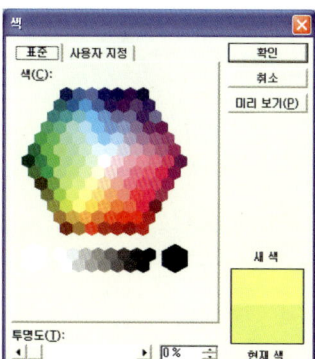

▶ **표준 탭**

144개의 표준색으로 지정되어 있는 색상표입니다. 세밀한 색상이 필요한 경우가
아니라면 '표준' 탭에 지정된 114개의 색 중 하나를 사용하면 됩니다.

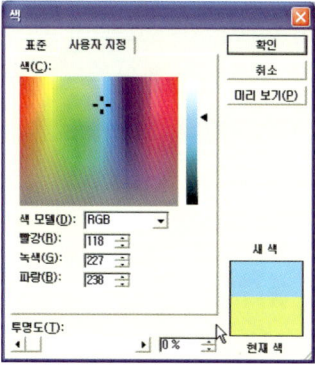

▶ **사용자 지정 탭**

표준색에 없는 색으로 색을 지정하고 싶다면 '사용자 지정' 탭을 누르세요. 지정
하고자 하는 색의 RGB 값을 알고 있다면 직접 RGB 값을 입력하면 됩니다.
만약 하나하나 색상을 확인하면서 변경하고자 한다면 색상 팔레트의 색 위치를
클릭하면 됩니다.

157page ★ 오려둔 것 펼쳐보기

도형의 서식을 한꺼번에 변경할 수는 없나요?

도형의 서식을 변경하는 가장 간단한 방법은 그리기 도구 모음을 이용하는 것입니다. 하지만 도형의 서식을 한꺼번에 변경하려고 한다면 그리기 도구 모음을 이용하는 것보다 도형 서식 메뉴를 이용하는 것이 더 편리합니다. 서식을 변경하고자 하는 도형을 선택한 후 마우스 오른쪽 버튼을 클릭하면 도형 서식 창이 나타납니다. 도형 서식 창에서 변경하고자 하는 값을 지정한 후 '확인' 버튼을 클릭하면 됩니다.

1) 색과 선

도형의 바탕색과 투명도, 그리고 선의 종류와 스타일 등을 지정할 수 있습니다. 뿐만 아니라 선택된 개체가 선이라면 선의 스타일과 화살표 모양도 지정할 수 있습니다.

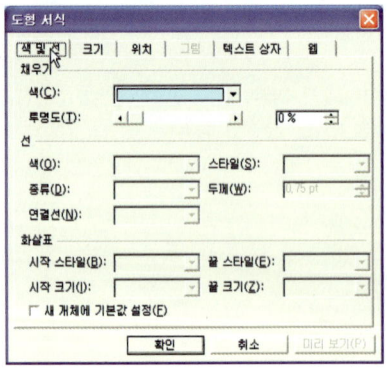

2) 크기

도형의 크기 및 회전 비율, 그리고 현재 도형의 크기를 기준으로 높이(가로)와 너비(세로)의 비율을 지정할 수 있습니다.

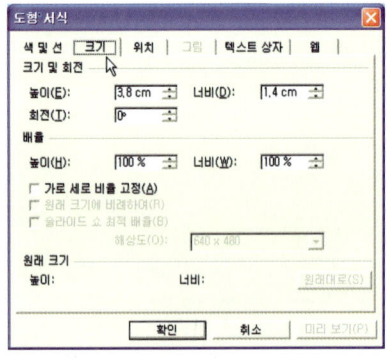

3) 위치

슬라이드의 왼쪽 모서리 또는 가운데를 기준으로, 도형이 놓여질 위치를 직접 지정할 수 있습니다.

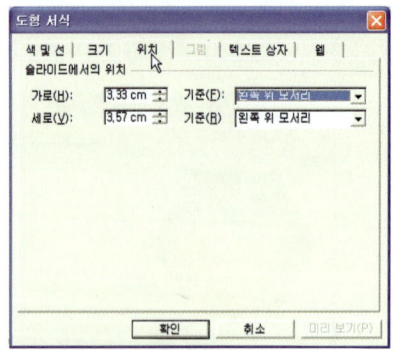

4) 텍스트 상자

텍스트가 입력된 도형 또는 텍스트 입력상자에서 텍스트의 위치와 여백을 지정할 수 있습니다. '고정 위치'는 도형 또는 텍스트 입력 상자의 세로를 기준으로 텍스트 위치를 지정하며 왼쪽, 가운데, 오른쪽 정렬과는 관계 없습니다.

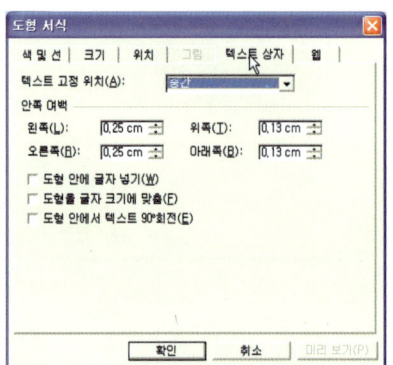

04 도형 핸들링하기

도형의 크기와 위치, 모양을 변경하는 방법과 도형에 텍스트를 입력하는 방법을 알아보겠습니다.

1 도형의 크기 변경 및 이동하기

도형의 크기를 조절하거나 이동하는 방법에 대하여 알아보도록 하겠습니다.

1 우선 Shift 키를 이용하여 왼쪽 도형의 바깥쪽 사각형을 선택하세요.

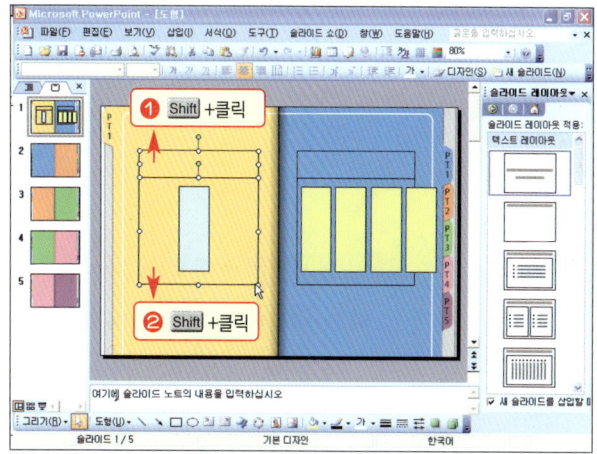

2 선택된 사각형 오른쪽 경계선의 크기 조절 핸들에 마우스 포인터를 위치시킵니다. 그러면 마우스 포인터가 ↔ 모양으로 변경됩니다.

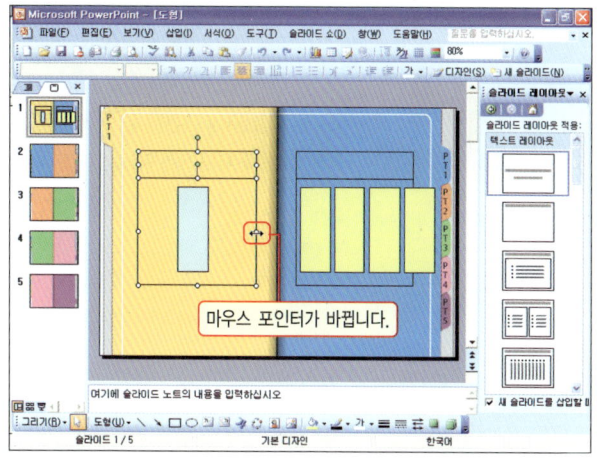

3 마우스 왼쪽 버튼을 누른 다음 왼쪽으로 드래그하여 가운데 도형을 기준으로 왼쪽과 오른쪽의 여백이 같아지도록 조정합니다. 그러면 그림과 같은 점선이 나타나는데 이때 마우스에서 손을 뗍니다.

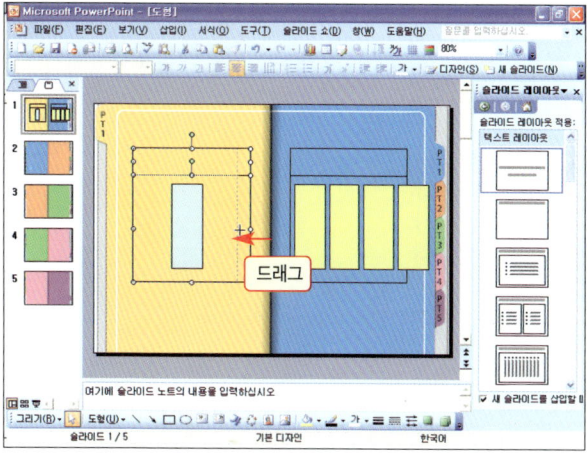

4 오른쪽 도형의 위치를 이동해 보겠습니다. Shift 키를 이용하여 오른쪽의 모든 도형을 선택하세요. 그 다음 선택된 도형의 경계선에 마우스 포인터를 위치시켜  모양으로 변경되었을 때 왼쪽으로 드래그합니다.

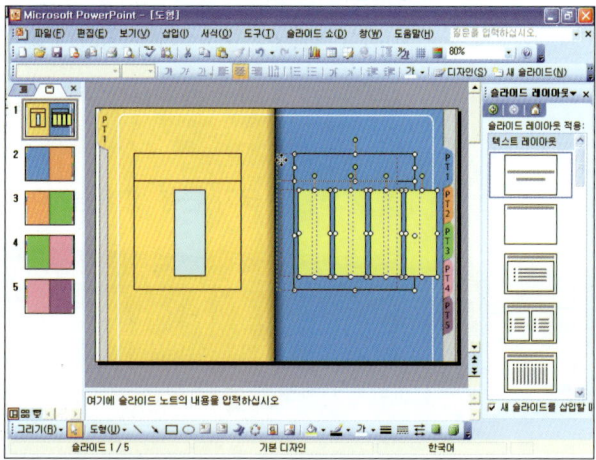

참고하세요!

인접한 도형의 선택은 153 페이지를 참조하세요.

> > 궁금해요!

마우스 포인터의 모양에 따라 결과가 달라지네요?

도형을 포함한 모든 개체의 크기 변경, 이동 또는 복사할 때의 마우스 포인터 모양이 각각 다릅니다. 그렇기 때문에 사용자가 마우스를 드래그하기 전에 반드시 마우스 포인터 모양을 확인해야 합니다.

▶ **크기 변경 (↔ , ↕ , ↘ , ↗)**
도형(개체)을 마우스로 클릭한 후 경계선의 크기 조절 핸들에 마우스 포인터를 위치시키면 양쪽방향 화살표로 변경됩니다. 이때는 도형의 크기를 변경할 수 있습니다.

▶ **이동 (✛)**
도형(개체)을 마우스로 클릭한 후 경계선에 마우스 포인터를 위치시키면 모양의 화살표로 변경됩니다(크기 조절 핸들이 아님). 이때 도형을 왼쪽 또는 오른쪽으로 그래그하면 드래그한 위치로 이동됩니다.

▶ **복사 (⬚)**
도형(개체)의 경계선에 마우스 포인터를 위치시키면 이동을 의미하는 ✛ 모양의 화살표로 마우스 포인터가 변경됩니다. 이때 Ctrl 키를 누르면 마우스 포인트의 모양이 ⬚ 으로 변경되는데 이것은 복사의 의미입니다.

5 오른쪽에 위치한 모든 도형이 이동되었습니다. 이제는 안쪽의 4개 직사각형이 바깥쪽 직사각형 안으로 위치되도록 바깥쪽 직사각형의 크기를 변경해 보겠습니다.

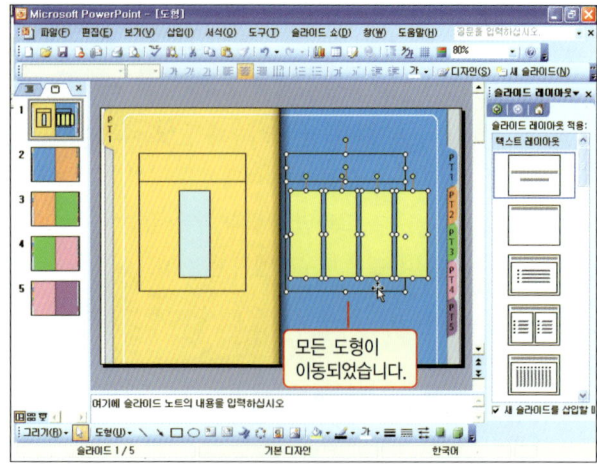

모든 도형이 이동되었습니다.

6 오른쪽에 위치한 바깥쪽 사각형을 선택하세요. 그 다음 마우스 포인터를 오른쪽 경계선의 크기 조절 핸들에 위치시킵니다.

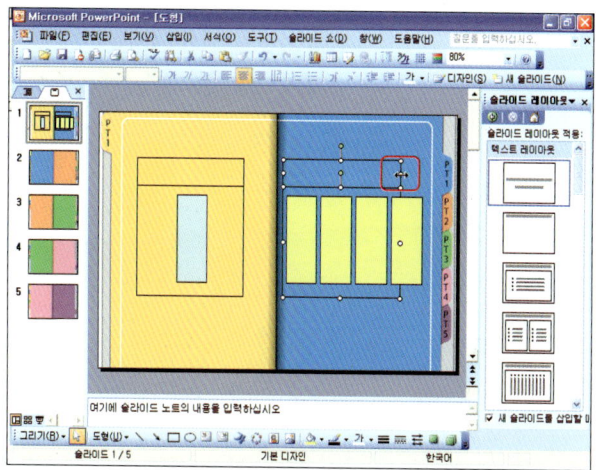

7 도형의 크기를 키우기 위해 마우스 포인터 모양이 ↔일 때 오른쪽으로 드래그합니다. 이때 가장 오른쪽에 위치한 도형이 사각형 안에 올 수 있도록 크기를 변경합니다.

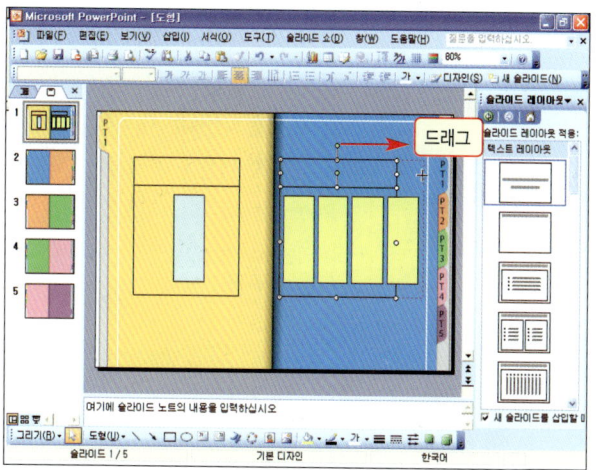

② 도형에 텍스트 입력하기

슬라이드에 그려진 도형에 텍스트를 입력하고 텍스트의 서식을 변경하는 방법입니다.

1 왼쪽 도형의 위쪽 사각형을 선택한 후 마우스 오른쪽 버튼을 클릭합니다. 그림과 같은 부 메뉴에서 '텍스트 추가' 메뉴를 클릭합니다.

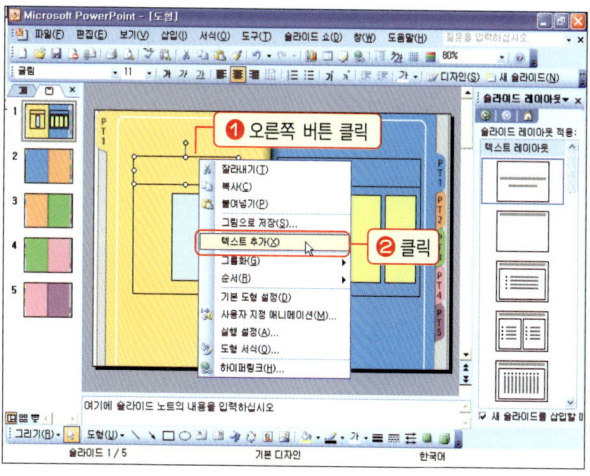

2 사각형 안에 커서가 생기면서 텍스트를 입력할 수 있는 상태로 변경됩니다. 그러면 'Static Group' 라고 입력하세요.

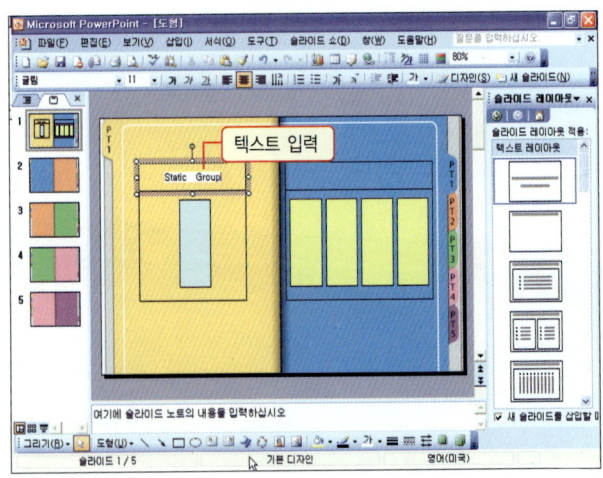

3 오른쪽 도형의 위쪽 사각형을 선택한 후 마우스 오른쪽 버튼을 클릭하여 '텍스트 추가' 메뉴를 클릭합니다. 마우스 커서가 나타나면 'Dynamic Group' 를 입력하세요.

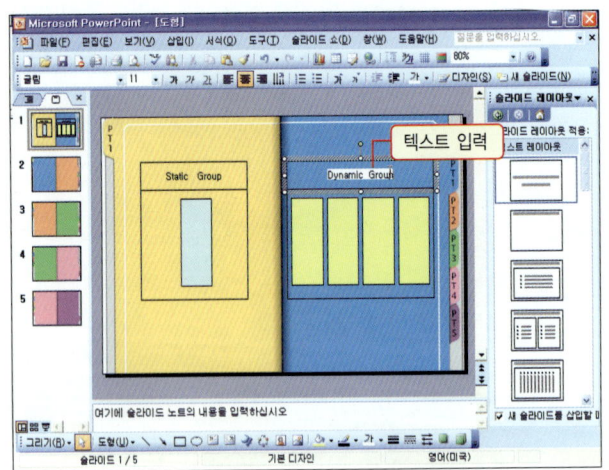

4 'Static Group' 아래의 직사각형을 선택한 후 마우스 오른쪽 버튼을 클릭하여 '텍스트 추가' 메뉴를 클릭합니다.

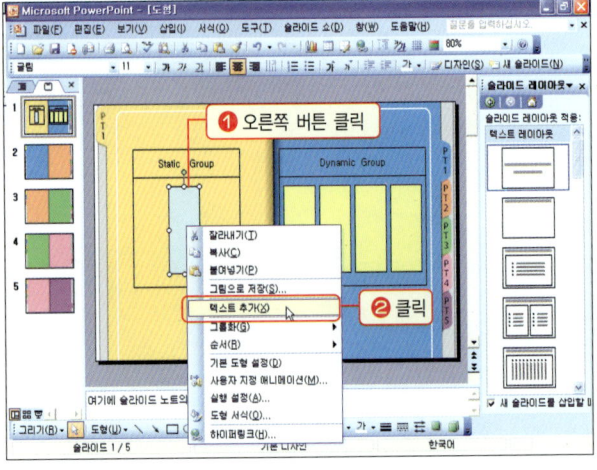

5 커서가 나타나면 '생'을 입력한 후 Enter 키를 누르고 '산'을 입력합니다. 이런 방법으로 '생산직군'을 입력합니다.

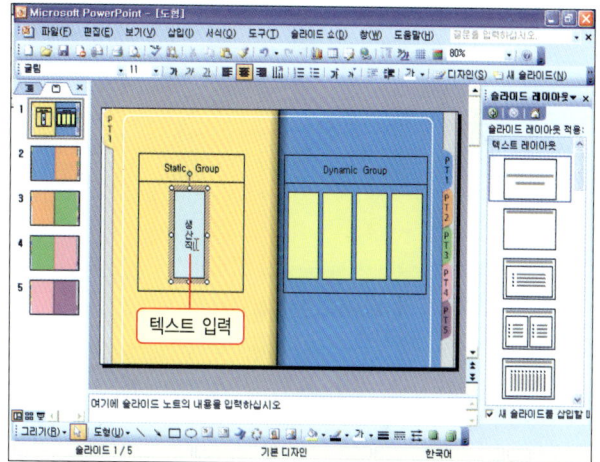

6 나머지 오른쪽 도형도 5번과 같은 방법으로 문장을 입력합니다.

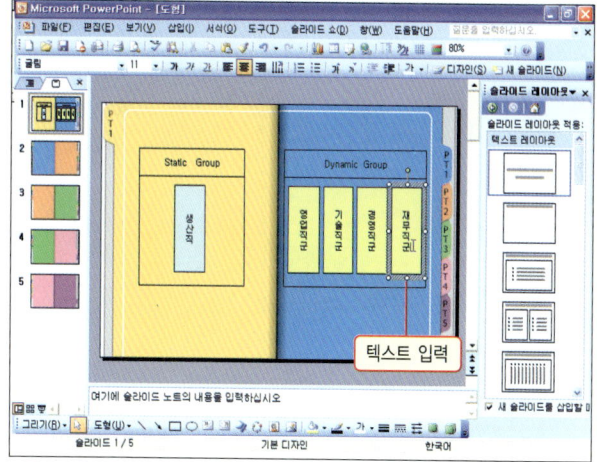

3 텍스트 서식 변경하기

도형에 입력되어 있는 텍스트의 서식을 변경해 보겠습니다. 슬라이드에 입력된 텍스트 서식을 지정하는 방법과 같답니다.

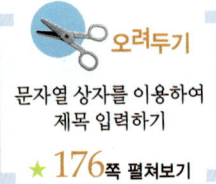

오려두기

문자열 상자를 이용하여
제목 입력하기

★ 176쪽 펼쳐보기

1 'Static Group'과 'Dynamic Group'이 입력된 도형의 텍스트 서식을 동일하게 변경하려고 합니다. 그러면 두 개의 도형을 선택한 후 텍스트 서식을 지정할 때 두 개의 도형에 삽입된 텍스트 서식이 동일하게 변경됩니다. 우선 'Static Group'과 'Dynamic Group'이 입력된 도형을 클릭하세요.

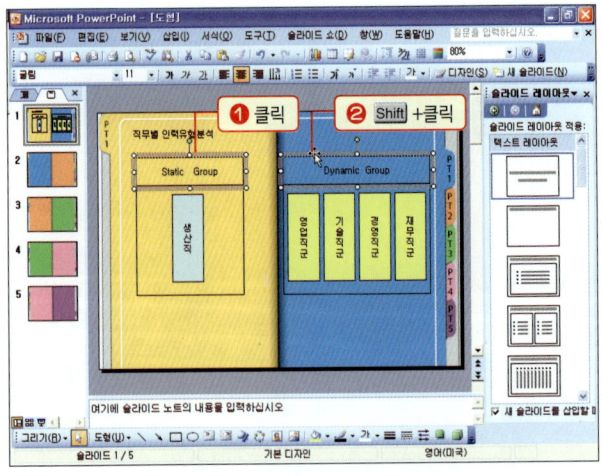

2 서식 도구 모음에서 '글꼴' 도구의 ✓(목록 버튼)을 클릭합니다.

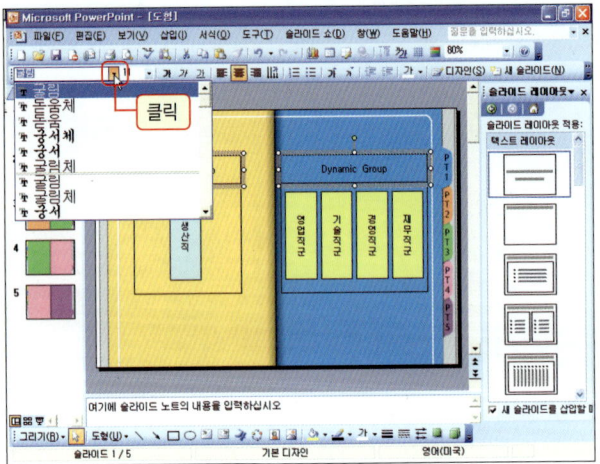

3 글꼴 목록의 스크롤 바를 아래로 드래그한 후 'BroadWay' 글꼴을 찾아서 선택합니다.

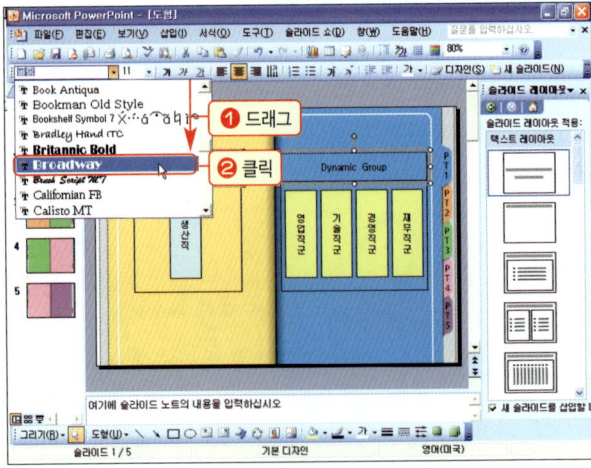

4 그림과 같이 선택된 도형의 텍스트 글꼴이 변경됩니다.

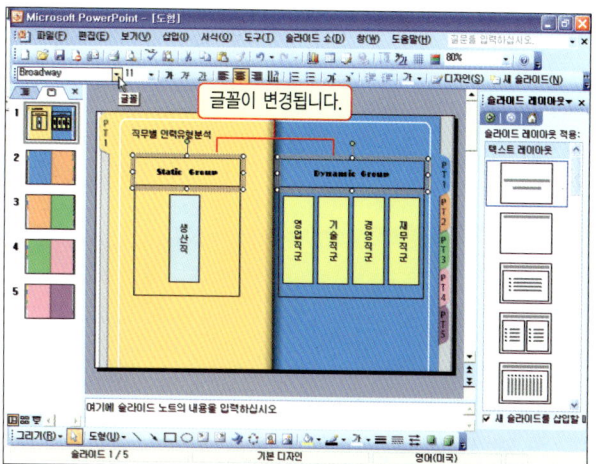

글꼴이 변경됩니다.

>>궁금해요!

왜 저는 몇 글자만 글꼴이 변경될까요?

지금 선택된 도형의 경계선을 한번 살펴보세요. 아마도 경계선의 선택 테두리가 ////와 같은 빗금모양으로 되어있을 겁니다. 또한 커서도 있죠?

빗금모양은 도형 전체를 선택하는 것이 아니라 도형 안에 텍스트를 삽입하거나 삭제할 수 있도록 합니다. 그러므로 커서를 이용하여 도형에 삽입한 텍스트 전체를 드래그하여 영역을 지정해야 전체 텍스트의 글꼴이 변경됩니다. 만약 전체를 영역으로 지정하지 않은 상태에서 텍스트의 글꼴을 변경하면, 커서를 기준으로 오른쪽에 연속적으로 입력된 텍스크의 글꼴만 변경됩니다. 그렇다면 어떻게 해야 도형 전체를 선택할 수 있을까요? 조금만 주의를 기울이면 됩니다.

도형을 선택할 때 도형의 경계선에서 커서가 모양일 때 클릭하면 됩니다.

도형 클릭 전

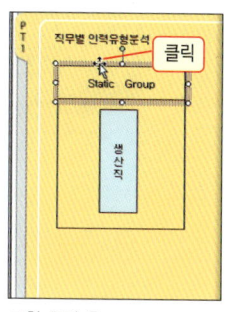

도형 클릭 후

도형 안에 입력된 텍스트 중 일부분의 글꼴 또는 서식만 변경하려면 도형 안의 텍스트에 마우스 포인터를 이동시켜 보세요. 마우스 포인트 모양이 I 로 변경될 것입니다. 이때 마우스 왼쪽 버튼을 클릭한 후 마우스로 서식을 변경하고자 하는 영역을 드래그하면 됩니다.

텍스트 클릭 전

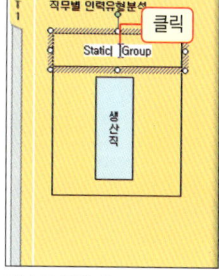

텍스트 클릭 후

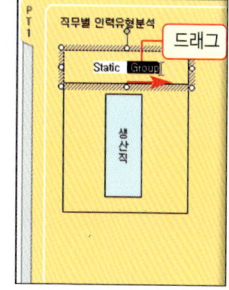

영역 지정 후

5 글꼴의 크기를 변경해 봅니다. 서식
도구 모음의 '글꼴 크기' 도구의 ⌄(목록
버튼)를 클릭한 후 글꼴 크기 목록 상자에
서 '18'을 클릭합니다.

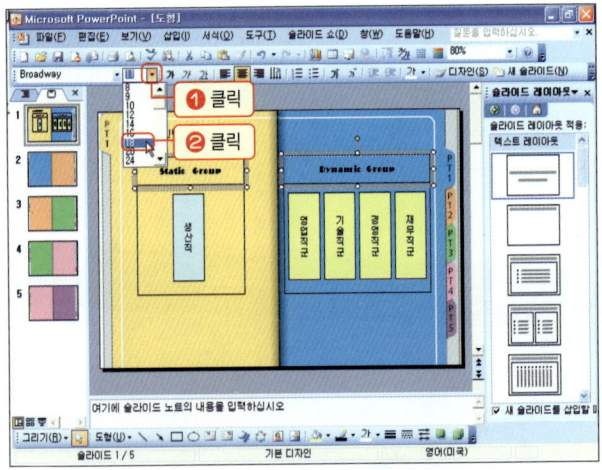

6 그림처럼 글꼴의 크기가 변경됩니다. 이
제 글꼴에 그림자 스타일을 지정해보도록 하
겠습니다. 서식 도구 모음의 **S** (그림자 스
타일)를 클릭하면 됩니다. 만약 서식 도구 모
음에 그림자 스타일이 없다면 도형의 경계선
에서 마우스 포인터 모양이 ✛ 일 때 마우스
오른쪽 버튼을 클릭합니다.

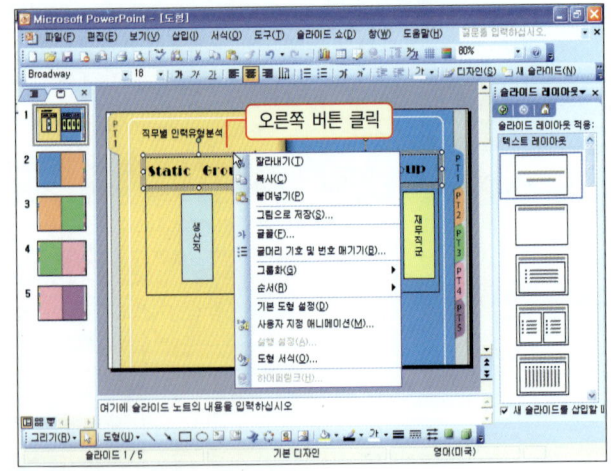

7 부메뉴가 나타나면 '글꼴' 메뉴를 선택
합니다.

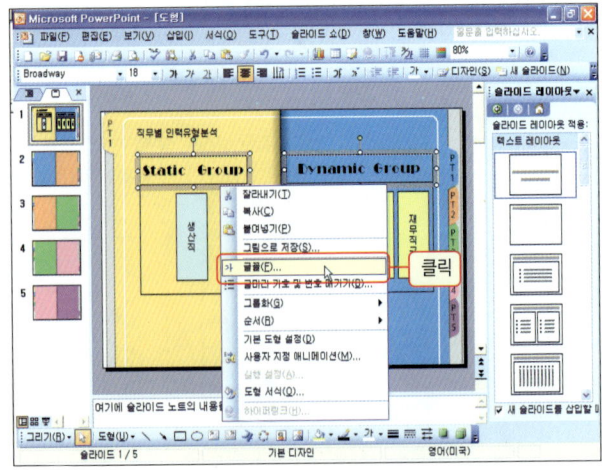

8 '글꼴' 창의 효과 항목에서 '그림자'를 선택한 후 '확인' 버튼을 클릭합니다.

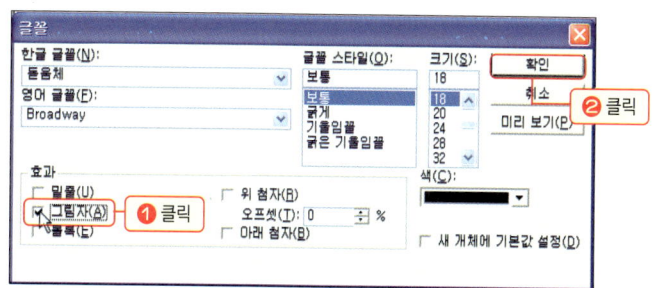

글꼴 메뉴는 언제 사용하나요?

간단한 서식을 지정하고자 할 때는 대부분 서식 도구 모음을 이용합니다. 하지만 좀더 자세한 서식을 지정하거나 한꺼번에 서식을 지정해야 할 경우 '글꼴' 메뉴를 이용하는 것이 더 효율적입니다.

9 지정한 글자에 그림자 효과가 적용되었습니다.

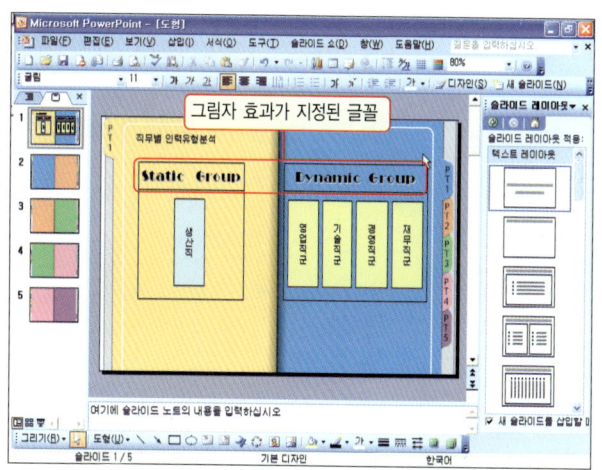

10 '생산직', '영업직군', '기술직군', '경영직군', '재무직군'이 입력된 도형을 선택한 후 서식 도구 모음의 [가](굵게)를 클릭합니다.

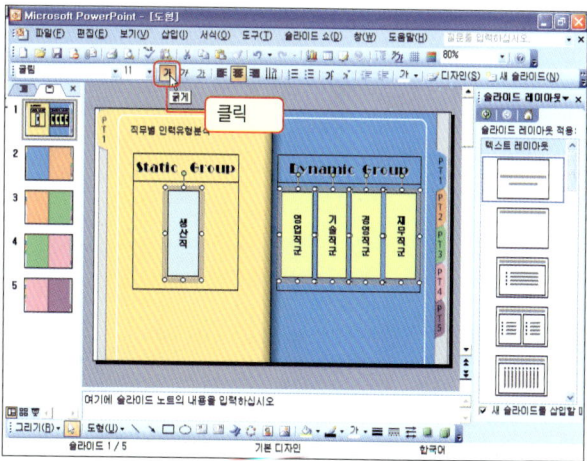

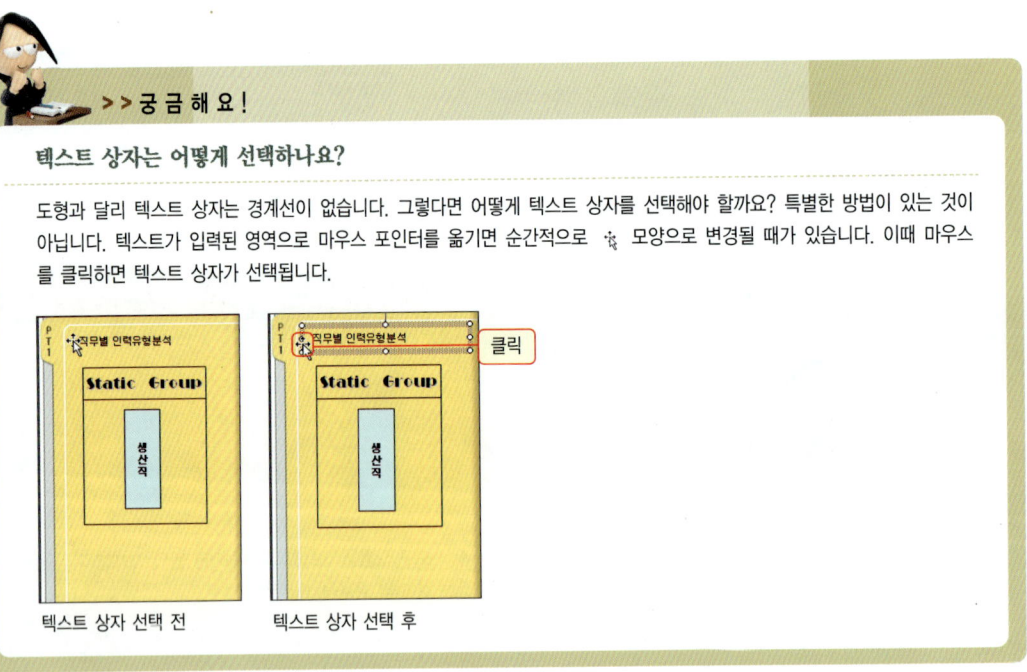

> **>> 궁 금 해 요 !**
>
> **텍스트 상자는 어떻게 선택하나요?**
>
> 도형과 달리 텍스트 상자는 경계선이 없습니다. 그렇다면 어떻게 텍스트 상자를 선택해야 할까요? 특별한 방법이 있는 것이 아닙니다. 텍스트가 입력된 영역으로 마우스 포인터를 옮기면 순간적으로 ✛ 모양으로 변경될 때가 있습니다. 이때 마우스를 클릭하면 텍스트 상자가 선택됩니다.
>
> 텍스트 상자 선택 전   텍스트 상자 선택 후

11   텍스트 상자를 이용하여 입력한 '직무별 인력유형 분석'의 텍스트 서식도 변경해 보도록 하겠습니다. 우선 텍스트 상자를 선택합니다.

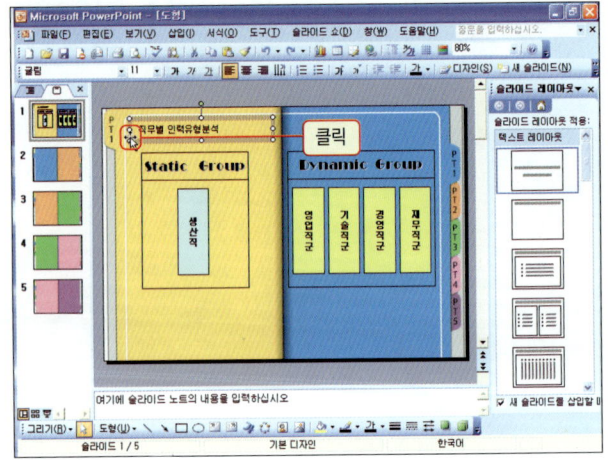

12   서식 도구 모음의 '글꼴' 도구와 '글꼴 크기' 도구를 이용하여 글꼴은 '양재참숯체B', 그리고 글꼴 크기는 18로 변경합니다.

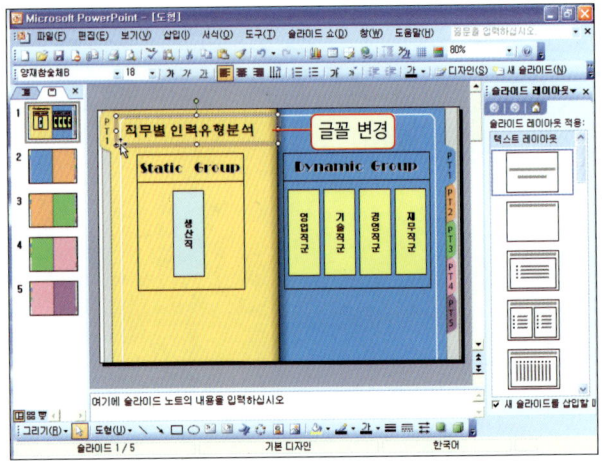

4 도형 모양 변경 및 회전시키기

그리기 도구 모음의 도형 메뉴에서 원하는 형태의 모든 도형을 만들 수는 없습니다. 도형 조정 핸들을 이용하여 도형의 모양을 변경시키고 도형의 방향을 회전시켜 보겠습니다.

1 그리기 도구 모음의 직사각형 □ 을 클릭한 후 커다란 직사각형을 그립니다.

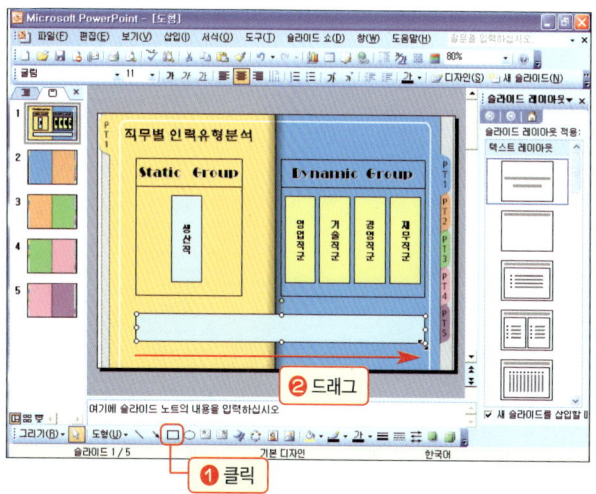

2 그리기 도형 모음의 도형 메뉴를 클릭한 후 '블록 화살표' 메뉴를 클릭합니다. '위쪽 화살표'를 클릭합니다.

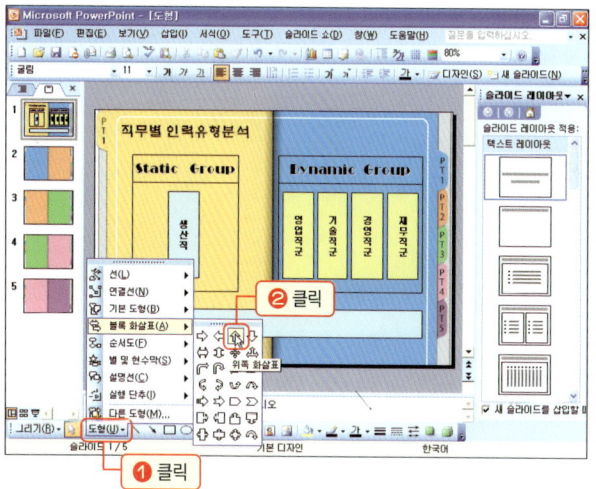

3 + 모양으로 변경된 마우스 포인터를 슬라이드로 이동시킨 후 드래그하여 화살표를 그립니다.

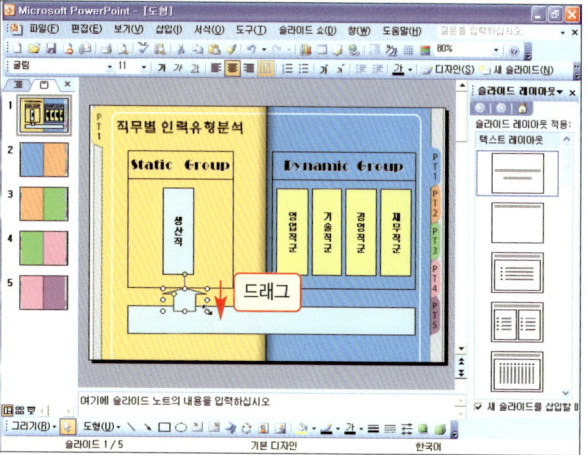

4 이제 화살표의 모양을 변경해 보도록 하겠습니다. 노란색 마름모 모양의 도형 조정 핸들 ◇ 에 마우스 포인터를 위치시킵니다.

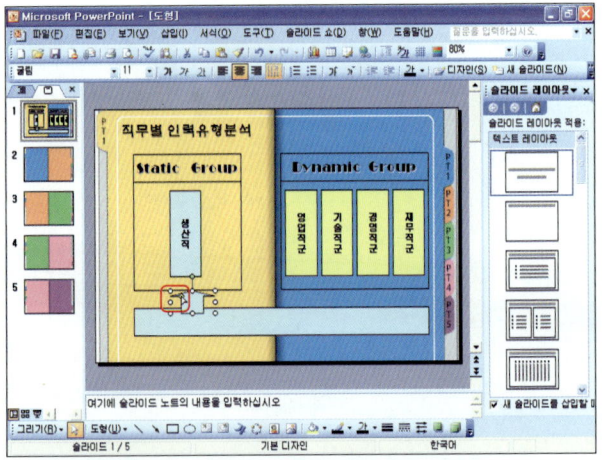

5 마우스 포인터 모양이 △ 로 변경됩니다. 이때 마우스 포인터를 오른쪽으로 드래그합니다.

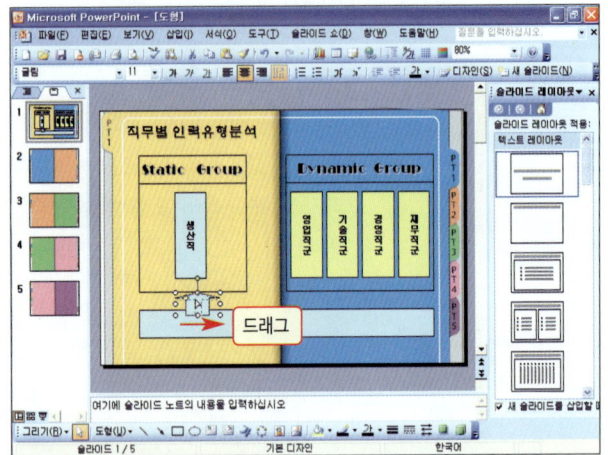

6 그림과 같이 도형의 모양이 변경됩니다.

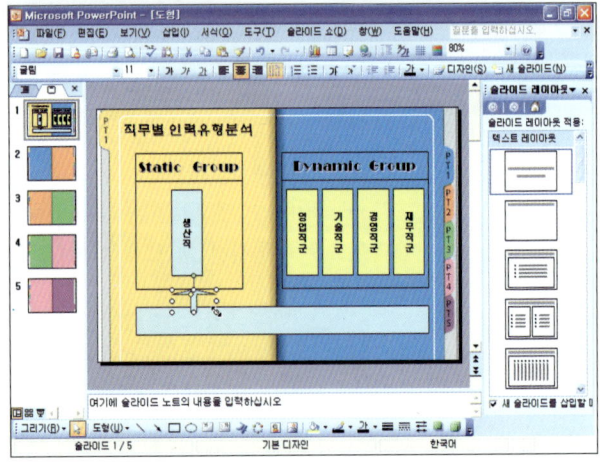

7 그리기 도형 모음의 도형 메뉴를 클릭한 후 '블록 화살표' 메뉴를 클릭합니다. 그리고 '왼쪽/오른쪽 화살표'를 클릭합니다.

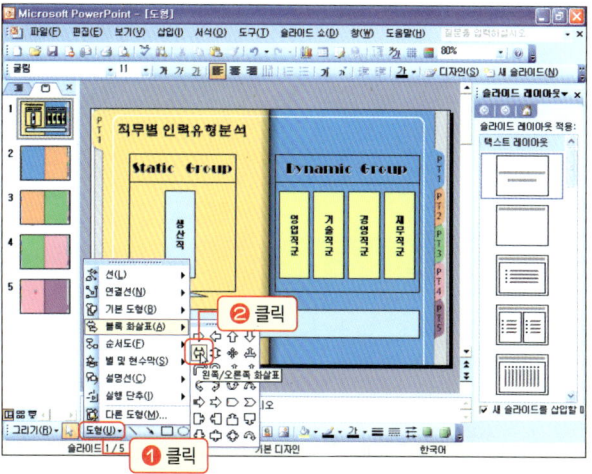

8 + 모양으로 변경된 마우스 포인터를 슬라이드로 이동시킨 후 드래그하여 화살표를 그립니다.

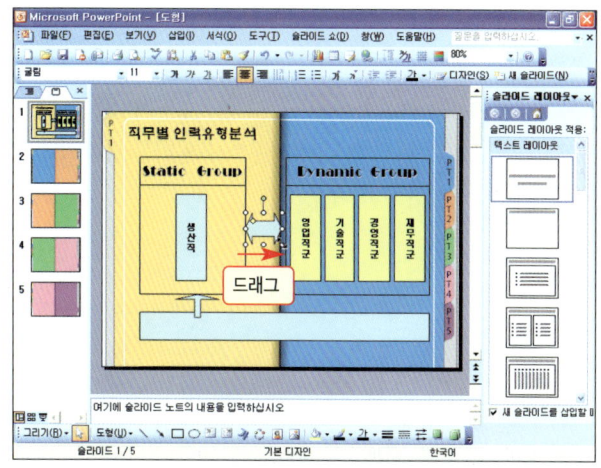

9 노란색 마름모 모양의 도형 조정 핸들 ◇에 마우스 포인터를 위치시킨 후 아래쪽으로 드래그하여 그림처럼 모양을 변경합니다.

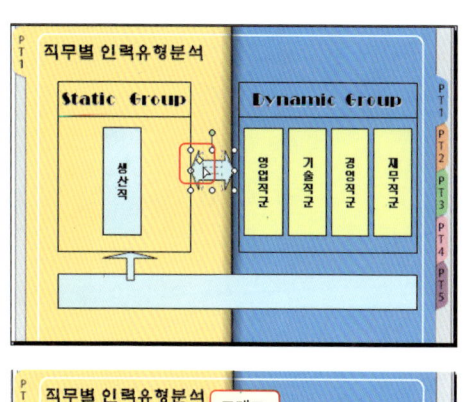

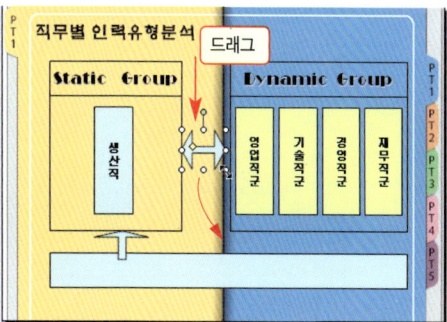

10 도형을 회전해 보도록 하겠습니다. '왼쪽/ 오른쪽 화살표'의 회전 핸들 로 마우스 포인터를 이동시킵니다.

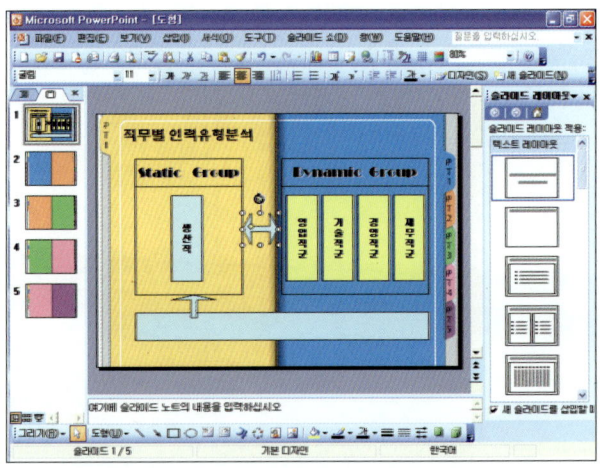

11 마우스 포인터 모양이 로 변경됩니다. 이때 마우스 포인터를 왼쪽으로 드래그합니다.

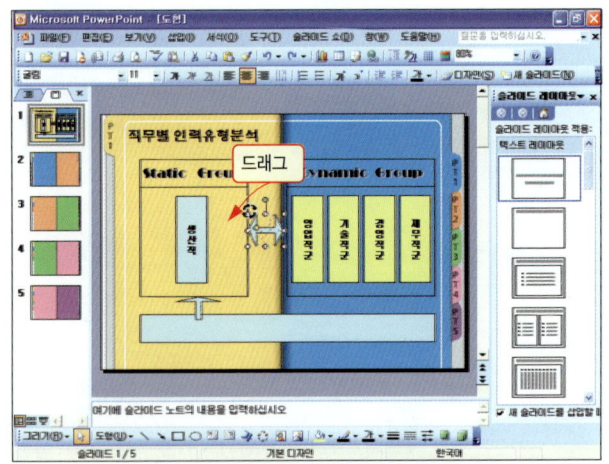

12 그림과 같이 도형의 모양이 회전됩니다.

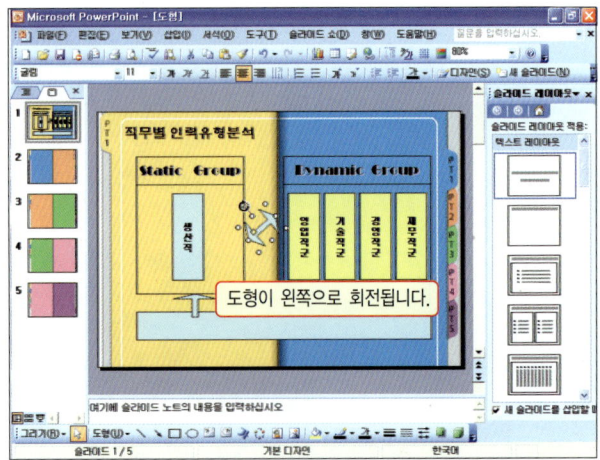

5 도형 그룹 및 순서 지정하기

슬라이드에 삽입될 도형을 하나로 묶는 그룹과, 삽입된 도형의 표시 순서를 지정하는 방법을 알아보도록 하겠습니다.

1 슬라이드에 그려진 도형 중 'Static Group'와 'Dynamic Group' 도형을 그림과 같이 선택합니다.

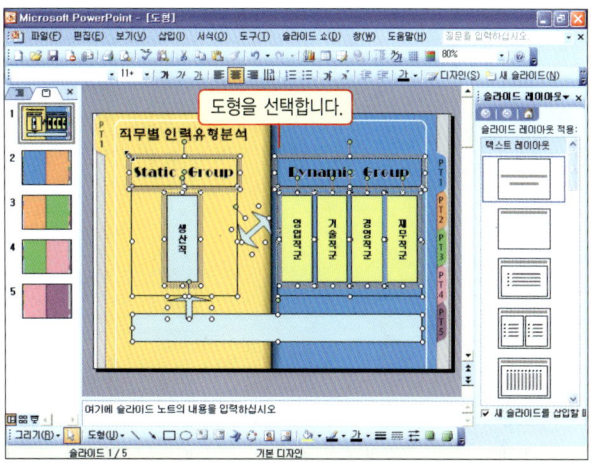

2 도형이 선택된 상태에서 마우스 오른쪽 버튼을 클릭합니다. 그런 다음 '그룹화' 메뉴를 클릭한 후 '그룹' 메뉴를 클릭합니다.

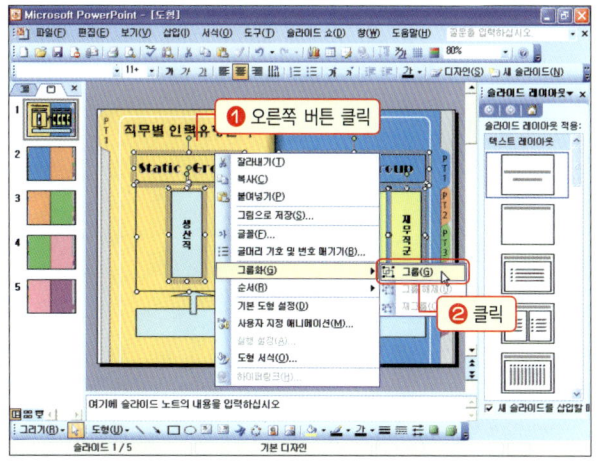

3 선택된 도형이 하나의 그룹으로 지정되었습니다.

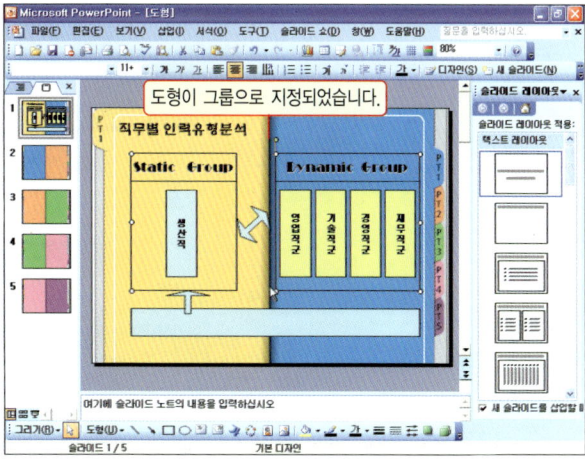

>>궁금해요!

도형을 왜 그룹화 하나요?

▶ **이동과 복사가 편합니다.**
도형을 그룹화하지 않으면 도형 전체를 이동시키거나 또는 다른 슬라이드로 복사하고자 할 때 매번 모든 도형을 선택해야 합니다. 하지만 도형을 그룹화하면 한번의 선택으로 간단하게 이동과 복사를 수행할 수 있습니다. 전체가 아닌 몇 개의 도형만 이동 및 복사를 하고자 한다면 해당 도형만 그룹화하면 됩니다.

▶ **도형 서식을 한꺼번에 변경할 수 있습니다.**
동일한 서식을 지정하려 할 때 그룹으로 묶여있지 않으면 도형을 하나씩 선택하여 서식을 지정해야 하지만, 그룹을 지정하게 되면 그룹 전체에 동일한 서식을 한꺼번에 지정할 수 있습니다.

4 그룹으로 지정된 도형을 왼쪽으로 이동시켜 보세요. 어떻게 되나요? 그룹으로 지정된 도형만 이동이 됩니다. 왼쪽으로 이동된 도형을 다시 오른쪽으로 그래드하여 원위치해 주세요.

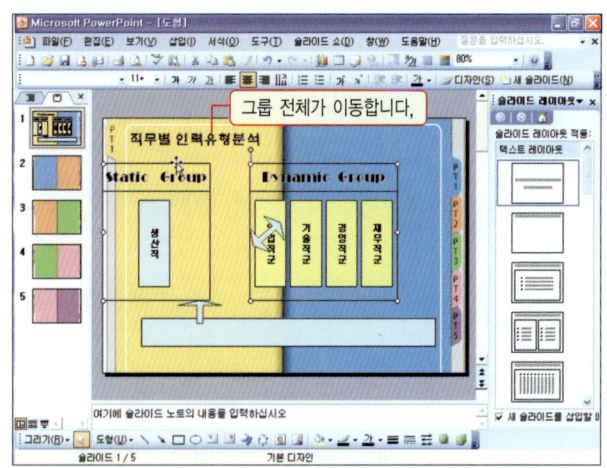

>>궁금해요!

한번 그룹화된 도형을 다시 풀고 싶은데요.

그룹화된 도형을 선택한 상태에서 마우스 오른쪽 버튼을 클릭한 후 '그룹' 메뉴의 '그룹 해제' 메뉴를 선택하면 됩니다.

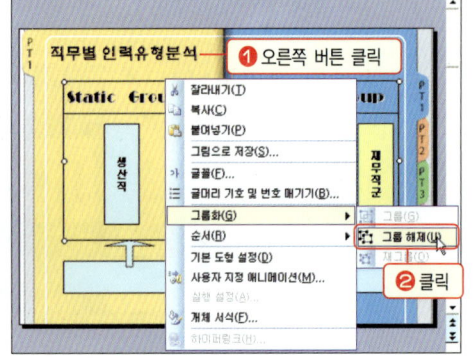

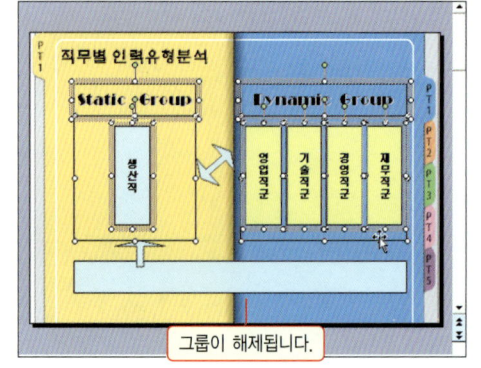

5 슬라이드 아래 쪽에 삽입된 직사각형 도형을 선택한 후 마우스 오른쪽 버튼을 눌러 '순서' 메뉴의 '앞으로 가져오기'를 클릭합니다.

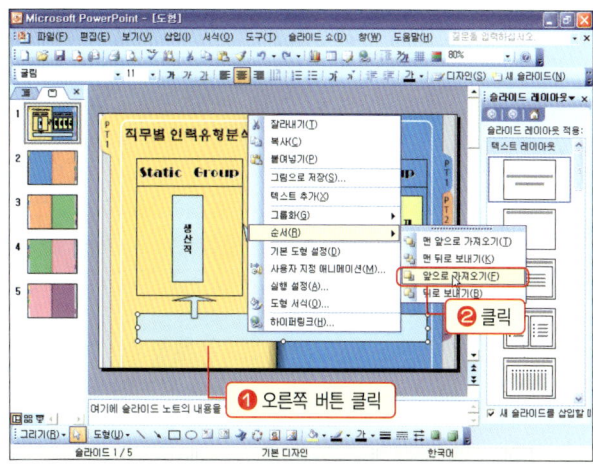

6 그림과 같이 직사각형 도형의 위치가 위쪽 화살표 앞으로 변경되었습니다.

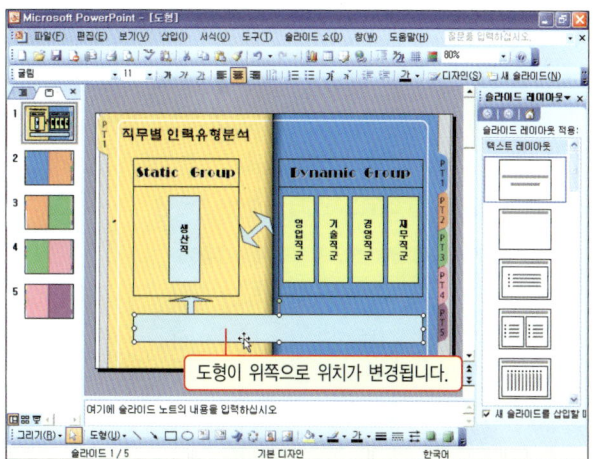

>> 궁금해요!

큰 도형을 그렸더니 작은 도형이 사라졌어요.

슬라이드에 작은 도형을 그린 다음 큰 도형을 그렸을 경우 작은 도형이 큰 도형 밑으로 숨겨져 보이는 않는 경우가 있습니다. 이럴 때 사용해야 하는 것이 '순서' 기능입니다. 큰 도형의 위치를 아래로, 또는 작은 도형의 위치를 위가 되도록 순서를 변경하면 됩니다.

164page ★ 오려둔 것 펼쳐보기

도형을 이용하지 않으면 슬라이드에 텍스트를 입력할 수 없나요?

사용자가 원하는 위치에 텍스트를 입력하려면 도형이나 그리기 도구 모음의 문자열 상자를 이용해야 합니다. 그렇다면 도형과 문자열 상자를 이용할 때의 차이점이 무엇일까요?

도형을 이용하여 문자열을 입력하려고 한다면 작성한 도형에서 마우스 오른쪽 버튼을 눌러 '텍스트 추가' 메뉴를 선택해야만 텍스트를 입력할 수 있습니다. 하지만 문자열 상자의 경우에는 텍스트를 입력하고자 하는 위치에 문자열 상자를 그리면 자동으로 커서가 나타납니다. 뿐만 아니라 문자열 상자는 상자의 배경색과 경계선이 나타나지 않습니다. 그러므로 슬라이드의 특정한 위치에 배경색과 선이 그려지지 않는 텍스트를 입력하고자 한다면 텍스트 상자를 이용하는 것이 좋습니다.

1 그리기 도구 모음의 📄(텍스트 상자)를 클릭한 후 마우스 포인터를 슬라이드로 이동시키면 마우스 포인터 모양이 ↓로 변경됩니다.

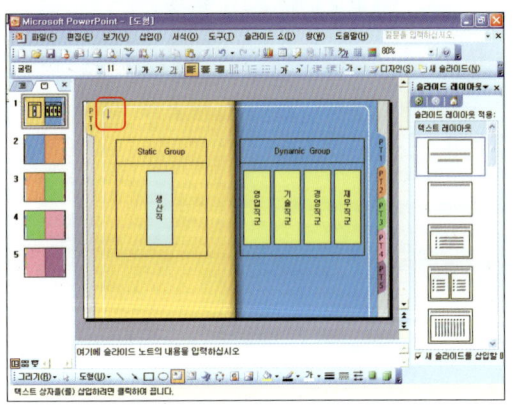

2 다음 그림과 같이 적당한 크기로 텍스트 상자를 드래그합니다.

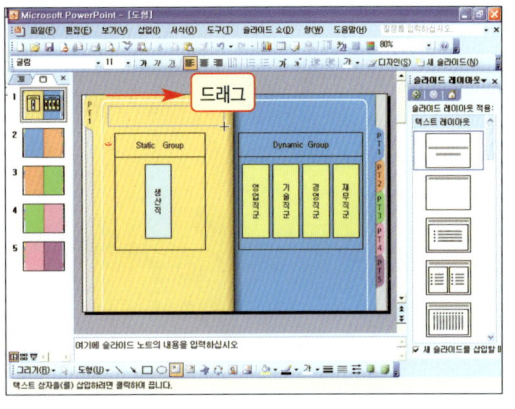

3 그림과 같이 텍스트 상자가 그려지면서 커서가 바로 나타납니다. 이때 '직무별 인력유형 분석'을 입력합니다.

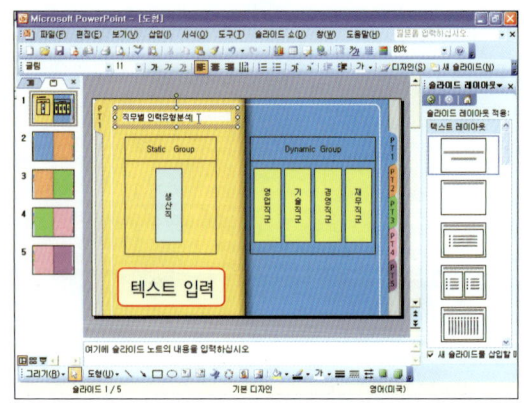

4 슬라이드의 빈 영역을 클릭하면 다음과 같이 텍스트만 나타납니다.

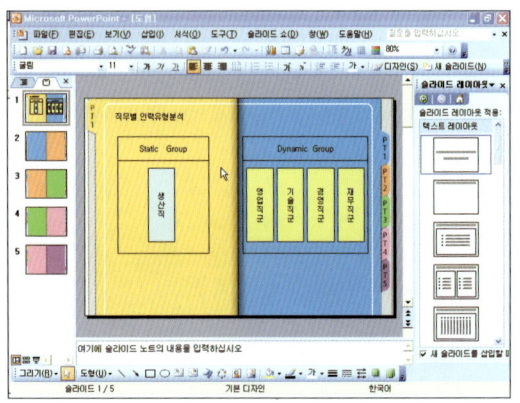

05 입체 도형 꾸미기

슬라이드에 그려진 도형들이 좀 더 눈에 잘 띌 수 있도록 다양한 입체 효과를 지정해야 합니다.

1 도형에 그림자 지정하기

도형에 간단히 입체 효과를 지정하는 기능이 그림자 효과입니다.

1 슬라이드 하단에 그려진 직사각형을 선택합니다.

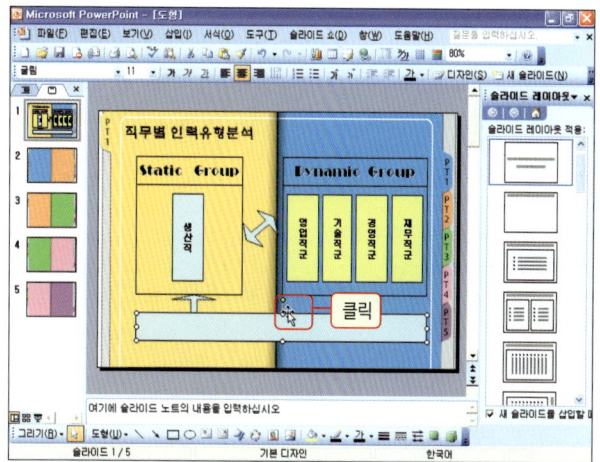

2 그리기 도구 모음에서 ▣(그림자 스타일)을 클릭한 후 '그림자 스타일 6'을 클릭합니다.

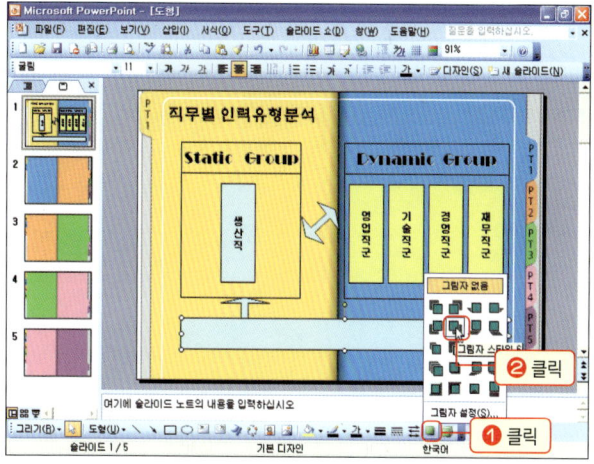

3 그림과 같이 그림자가 적용됩니다.

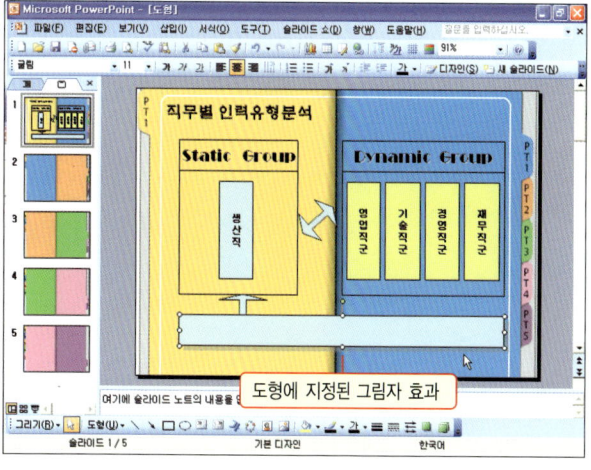

도형에 지정된 그림자 효과

4 도형에 지정된 그림자의 스타일을 변경하기 위해 그리기 도구 모음의 을 클릭한 후 '그림자 설정' 메뉴를 클릭합니다.

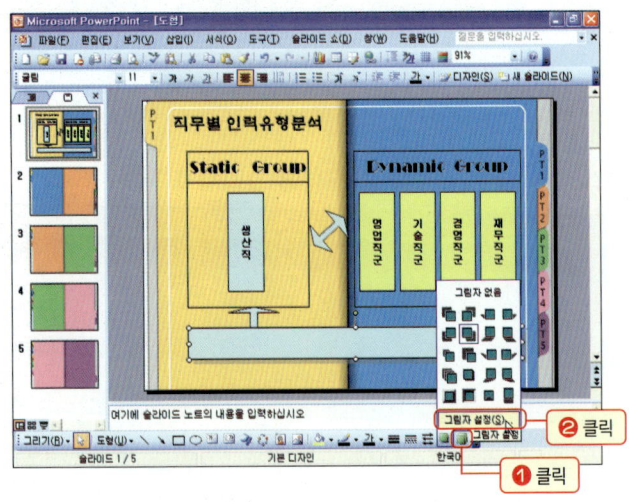

5 '그림자 설정' 창이 나타납니다. 이제 아이콘을 3번 클릭합니다.

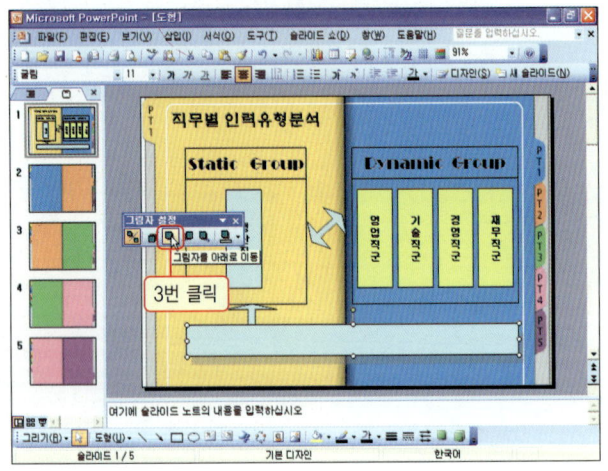

6 그림과 같이 그림자의 길이가 아래로 길어졌습니다. 이번에는 '그림자 설정' 창에서 을 3번 클릭합니다.

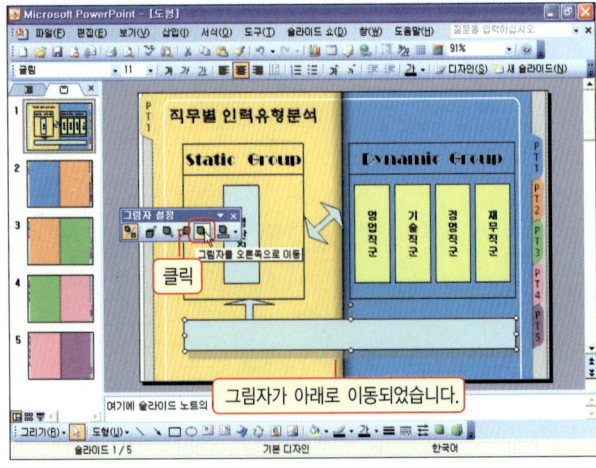

7 그림자의 위치가 오른쪽으로 이동됩니다.

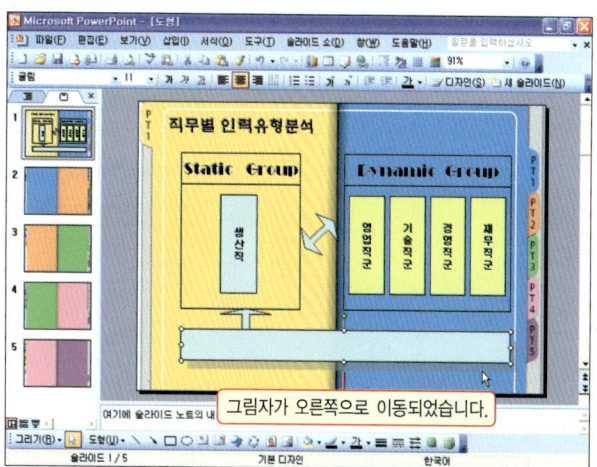

그림자가 오른쪽으로 이동되었습니다.

>> 궁금해요!

저는 아직 '그림자 설정' 창이 나타나는데요?

그림자의 세부 설정이 끝나면 '그림자 설정' 창의 닫기 버튼을 클릭하면 됩니다.

참고하세요!

그림자 설정 메뉴의 기능

그리기 도구 모음의 ▨(그림자 스타일)을 클릭하면 다양한 형태의 그림자를 지정할 수 있습니다. 또한 그림자의 색 또는 그림자 방향 등을 사용자가 지정할 수 있도록 그림자 설정 메뉴를 지원하고 있습니다. 앞에서 그림자의 방향과 그림자의 길이를 지정해 보았습니다. 그림자 설정 메뉴의 나머지 기능에 대해서도 알아봅니다.

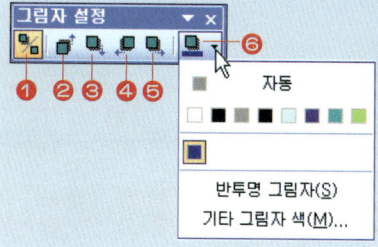

❶ 그림자 설정/해제 : 그림자 스타일 6번 형태의 그림자를 지정하거나 설정된 그림자를 해제합니다.

❷ 그림자를 위로 이동 : 현재 설정된 그림자 스타일의 방향을 위쪽으로 이동시킵니다.

❸ 그림자를 아래로 이동 : 현재 설정된 그림자 스타일의 방향을 아래쪽으로 이동시킵니다.

❹ 그림자를 왼쪽으로 이동 : 현재 설정된 그림자 스타일의 방향을 왼쪽으로 이동시킵니다.

❺ 그림자를 오른쪽으로 이동 : 현재 설정된 그림자 스타일의 방향으로 오른쪽으로 이동시킵니다.

❻ 그림자 색 : 그림자의 색을 다양한 여러 가지 색으로 지정합니다.
 – 반 투명 그림자 : 현재 선택된 그림자의 색을 투명하게 지정합니다.
 – 기타 그림자 색 : '색' 지정 창을 이용하여 다양한 색을 지정합니다.

2 도형에 그라데이션 지정하기

하나의 색 또는 두가지 색을 이용하여 색이 단계적으로 변화되는 것을 그라데이션이라고 합니다. 그라데이션 디자인은 모두 6가지로 구성되어 있습니다.

1 슬라이드 하단에 위치한 직사각형 도형을 클릭한 후 그리기 도구 모음의 (색채우기) (목록 버튼)을 클릭한 후 '채우기 효과' 를 선택합니다.

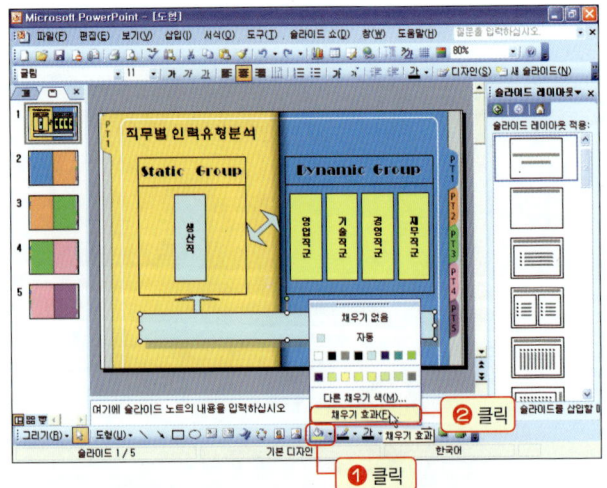

2 '채우기 효과' 창이 나타나면 색을 '두 가지 색' 으로 지정합니다. '색1' 의 목록 버튼을 클릭하세요.

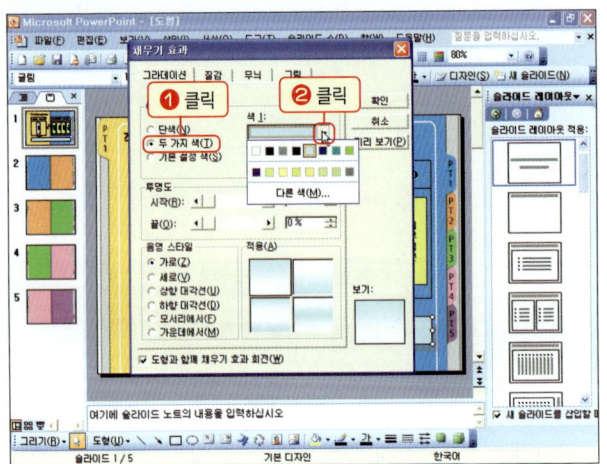

3 목록에서 '다른 색' 을 클릭하면 '색' 지정 창이 나타납니다. 여기에서 '사용자 지정' 탭을 클릭하세요. 그 다음 색생값을 '빨강 : 232', '노색 : 205', '파랑 : 6' 으로 입력한 후 '확인' 버튼을 클릭합니다.

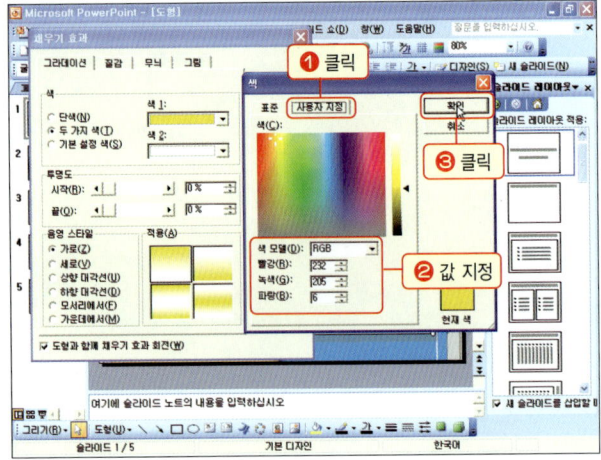

4 '색2'의 목록 버튼을 클릭한 후 '다른 색'을 클릭합니다.

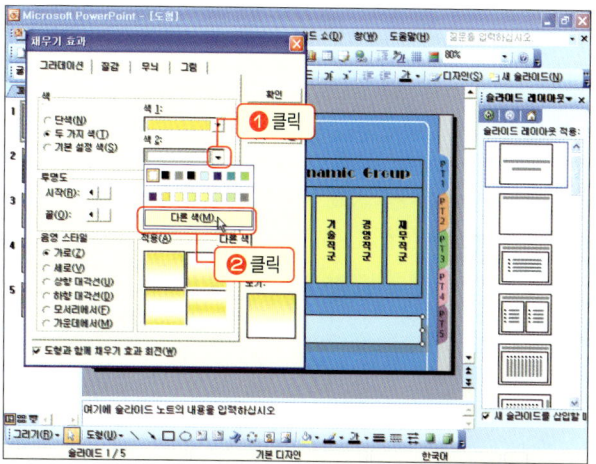

5 '색' 지정 창에서 '사용자 지정' 탭을 클릭합니다. 색생값을 '빨강 : 51', '노색 : 153', '파랑 : 255'로 입력한 후 '확인' 버튼을 클릭합니다.

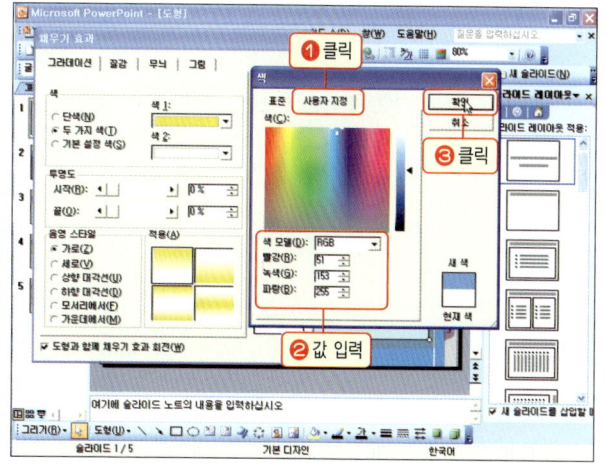

6 이제 그라데이션 스타일을 지정해 보겠습니다. 먼저 음영 스타일을 세로로 지정하고 적용란에서 오른쪽 상단 디자인을 선택한 후 '확인' 버튼을 클릭합니다.

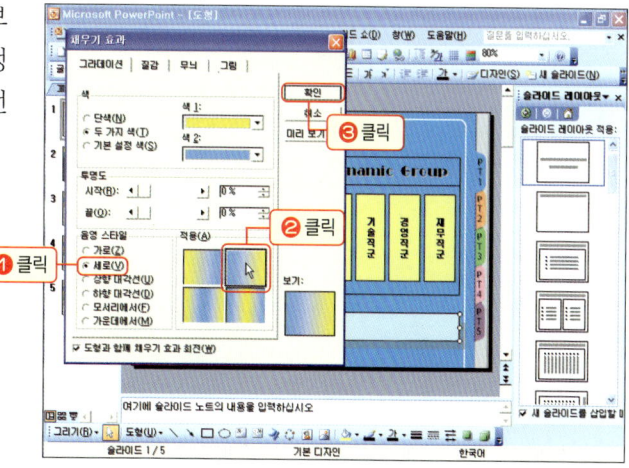

7 그림과 같이 가로 형태의 그라데이션이 적용되었습니다. 도형에 '예비그룹'이라는 텍스트를 입력한 후 텍스트 서식을 '굵게'로 지정합니다.

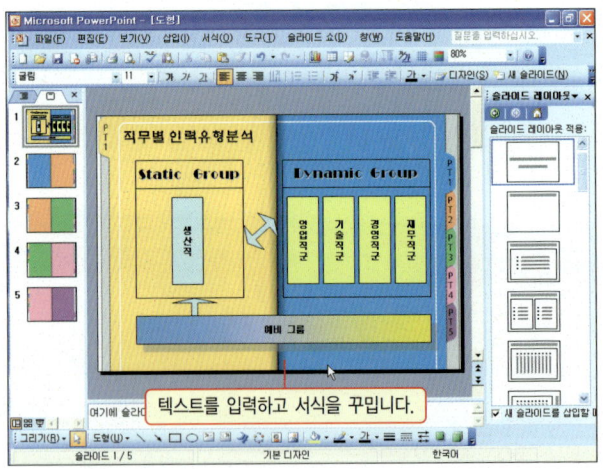

참고하세요!

도형에 텍스트를 삽입하는 방법과 텍스트 서식지정 방법을 잊어버렸다면 161페이지 '텍스트 입력하기'를 다시 한번 살펴보세요.

8 '왼쪽에 위치한 '위쪽 화살표'를 오른쪽으로 [Ctrl] 키를 누른 채 드래그하여 다음과 같이 복사합니다.

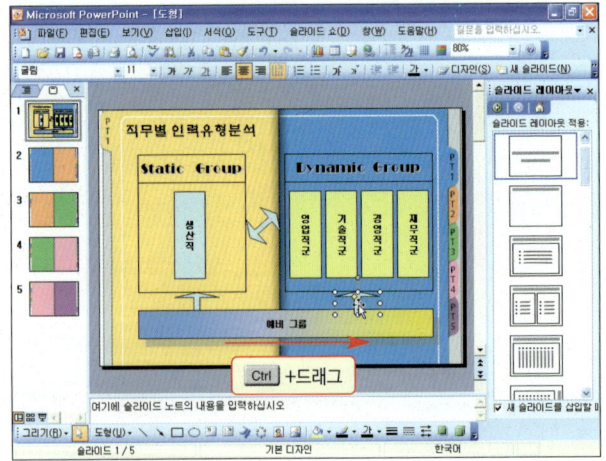

9 오른쪽으로 복사된 도형을 선택한 후 마우스 오른쪽 버튼을 클릭합니다. '순서' 메뉴에서 '뒤로 보내기'를 클릭합니다.

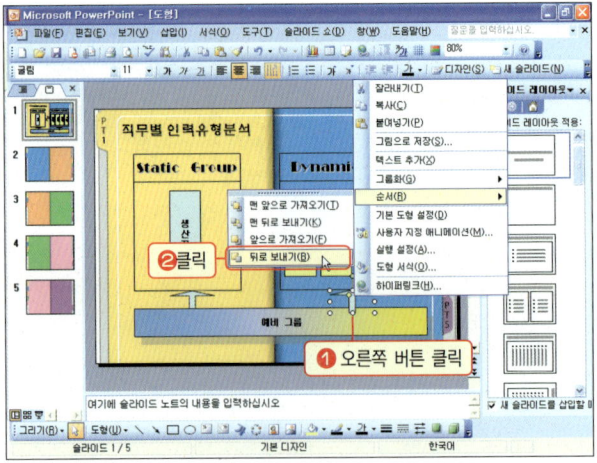

10 위쪽 화살표를 모두 선택한 후 그리기 도구 모음의 🪣▼(색 채우기)의 ▼(목록 버튼)을 클릭한 후 '채우기 효과'를 클릭합니다.

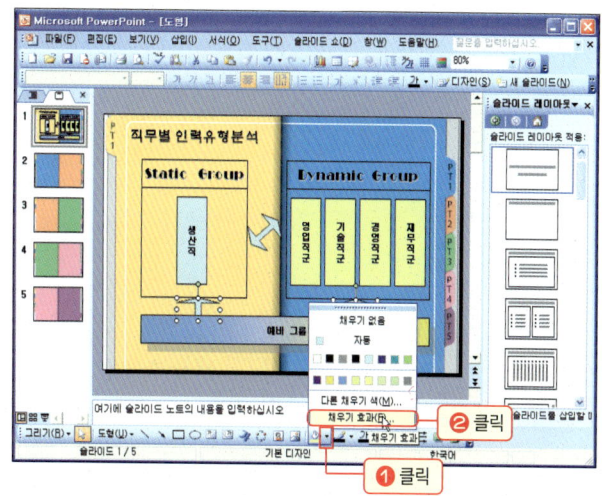

11 '채우기 효과' 창의 '그라데이션' 탭에서 색을 두가지 색으로 지정한 후 색1의 색생값은 '빨강 : 232', '노랑색 : 205', '파랑 : 6'으로, 색2의 색상값은 '빨강 : 51', '노랑색 : 153', '파랑 : 255'로 지정합니다.

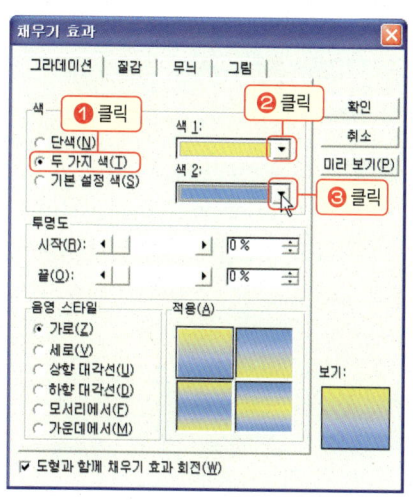

✂ 오려두기

채우기 효과에 대하여
자세히 알고 싶다면

★ 192쪽 펼쳐보기

12 음영 스타일을 '세로'로 지정하고 적용란에서 왼쪽 상단 스타일을 선택한 후 '확인' 버튼을 클릭합니다.

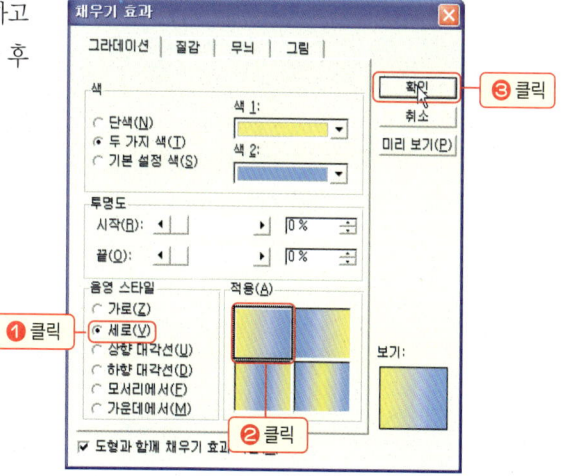

13 그림과 같이 위쪽 화살표에 그라데 이션 효과가 지정되었습니다.

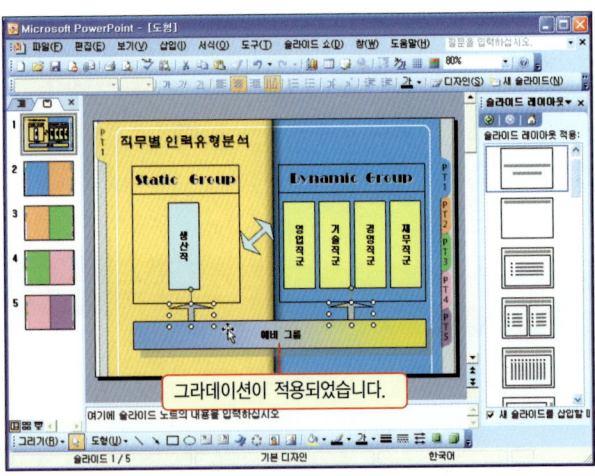

③ 선 서식 지정하기

슬라이드의 특정 위치에 그려진 직선, 도형의 선 색깔, 선의 디자인, 선의 굵기 등을 다양하게 지정할 수 있습니다.

1 'Static Group'와 'Dynamic Group' 가 입력된 도형을 선택한 후 그리기 도구 모음의 ▤(선 스타일)을 클릭합니다.

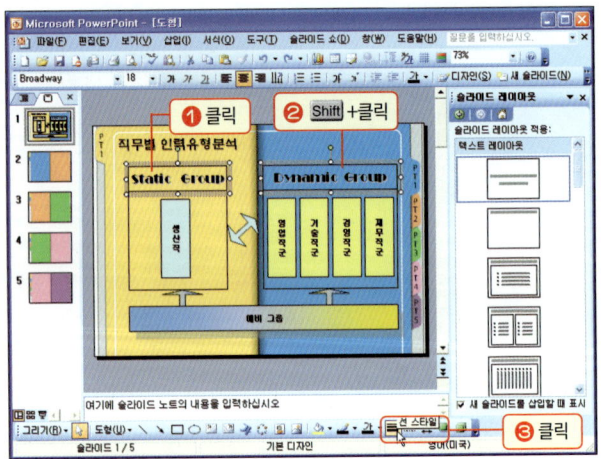

2 다음과 같이 선의 굵기 목록이 나타납 니다. 이 중 2 1/4을 클릭합니다.

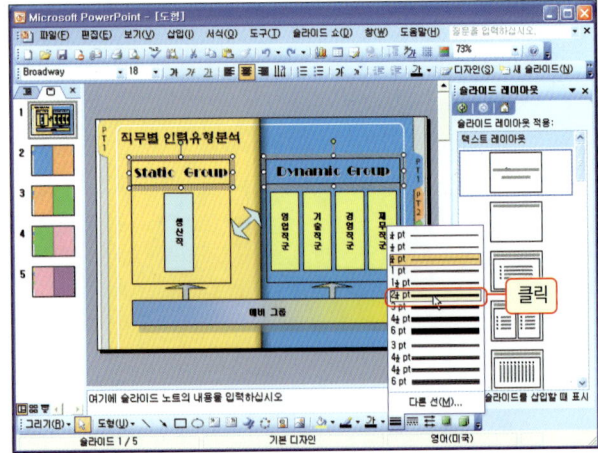

3 그림과 같이 도형선의 굵기가 변경되었습니다.

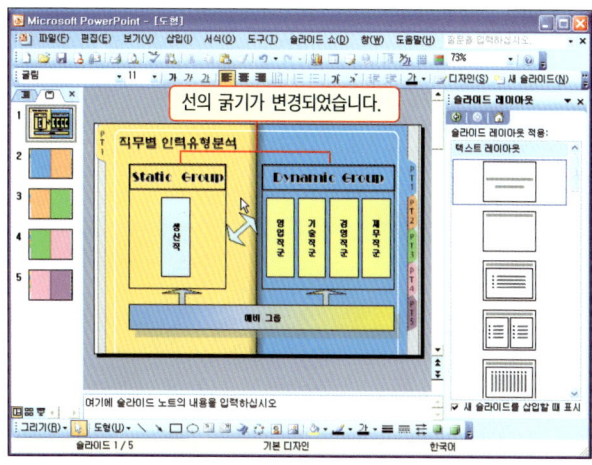

4 아래 도형도 마찬가지로 그림처럼 선택한 후 그리기 도구 모음의 ▤(선 스타일)을 이용하여 선의 굵기를 2 1/4으로 지정합니다.

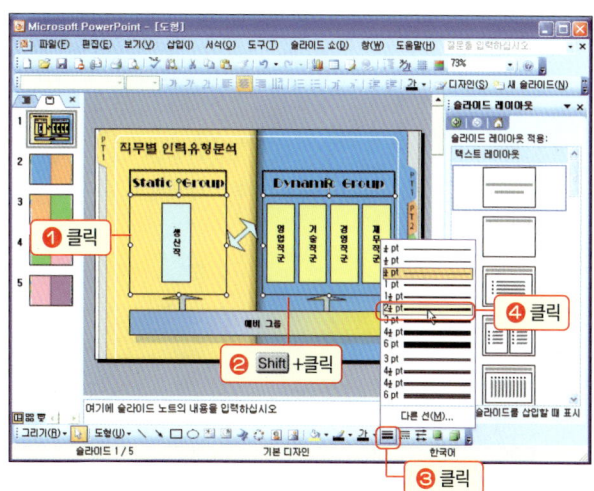

5 선의 스타일을 변경해 보도록 하겠습니다. 도형이 선택된 상태에서 그리기 도구 모음의 ▦(대시 스타일)을 클릭합니다.

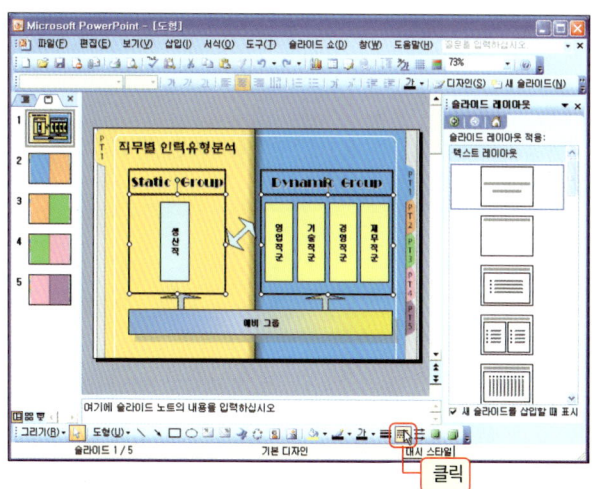

6 대시 스타일 중 '둥근 점선'을 클릭합니다.

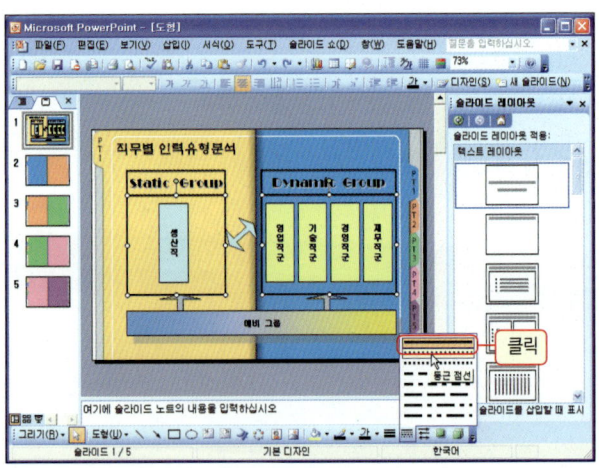

7 선 스타일이 둥근 점선으로 변경되었습니다. 선의 색을 변경하기 위하여 우선 도형을 선택합니다.

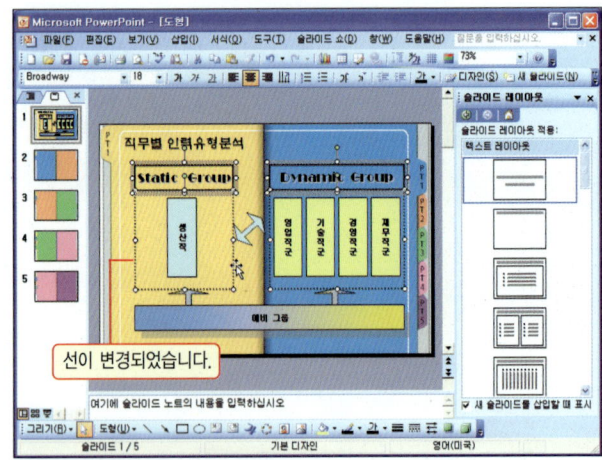

8 그리기 도구 상자의 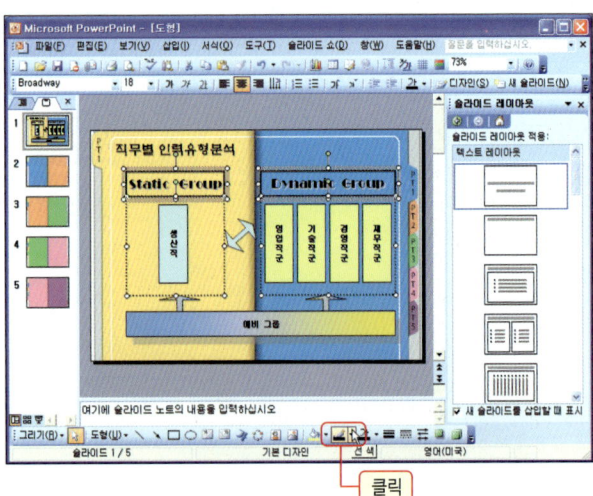(선 색) 목록 버튼을 클릭합니다.

9 그림과 같이 '배경색 적용'을 클릭합니다.

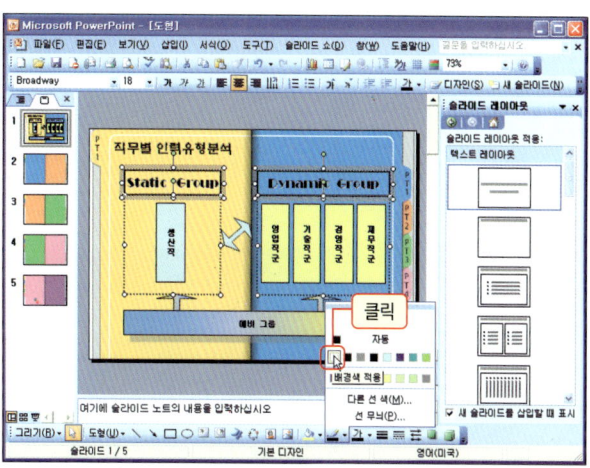

10 그림과 같이 선의 색이 변경됩니다.

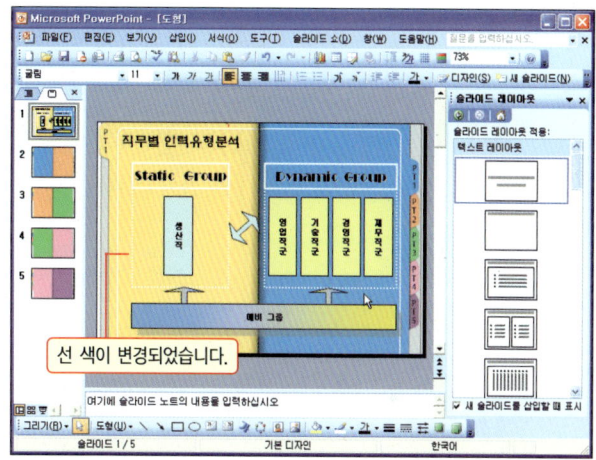

오려두기

선에 대해 자세히
알고 싶다면

★ 194쪽 펼쳐보기

4 3차원 효과 지정하기

정육면체와 같은 도형을 그리려면 어떻게 해야 할까요? 3차원 효과를 이용하면 됩니다. 3차원 효과를 이용하면 슬라이드에 삽입된 여러 가지 형태의 도형에 간단하게 입체 효과를 지정할 수 있습니다. 파워포인트에서는 10가지 형태의 3차원 효과를 지원합니다.

1 '생산직'이 입력된 도형을 선택합니다.

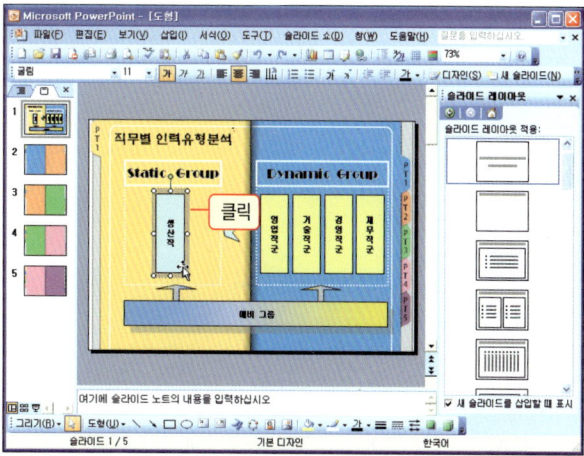

2 그리기 도구 모음의 ▣(3차원 스타일)을 클릭합니다.

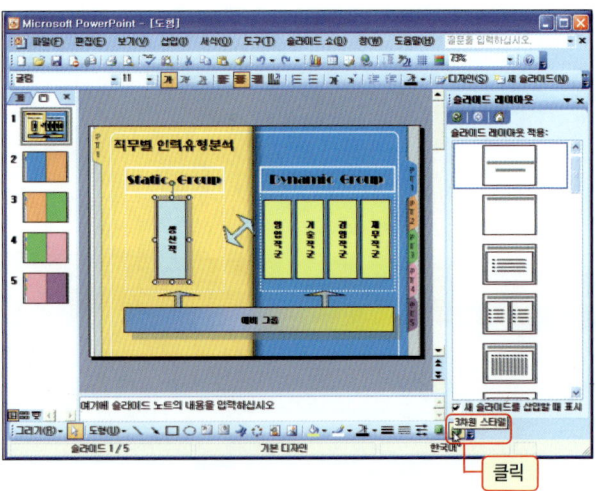

3 3차원 스타일 목록이 나타납니다. 이 중 '3차원 스타일 1'을 클릭합니다.

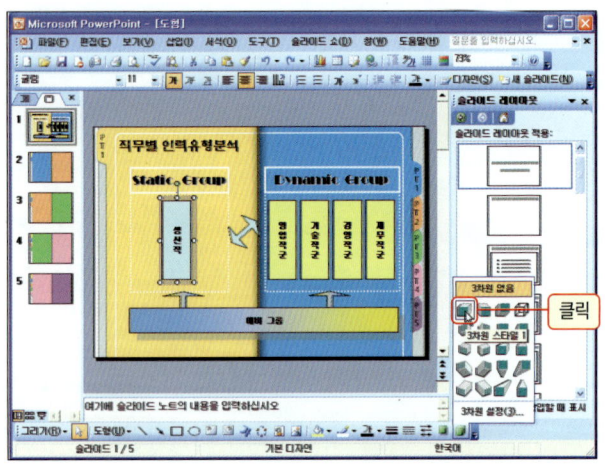

4 그림처럼 직사각형 도형에 3차원 스타일이 적용되었습니다.

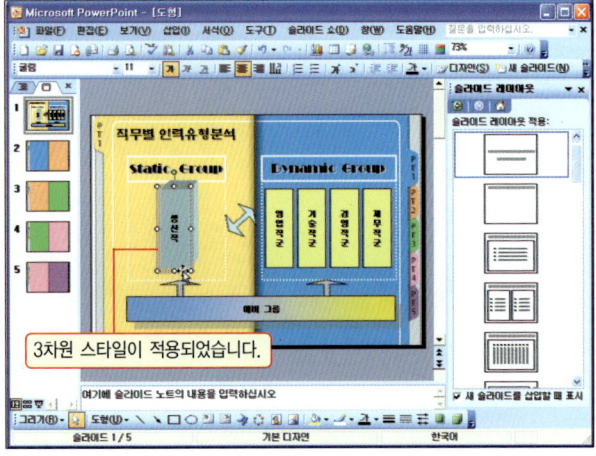

5 3차원 스타일의 서식을 변경해 보도록 하겠습니다. 그리기 도구 모음의 ▣(3차원 스타일)을 클릭한 후 '3차원 설정'을 클릭합니다.

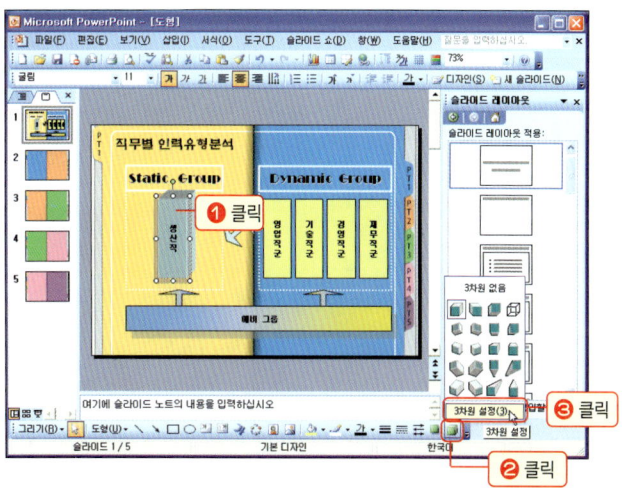

6 3차원 설정 도구 모음에서 ✎(깊이 조정)을 클릭합니다.

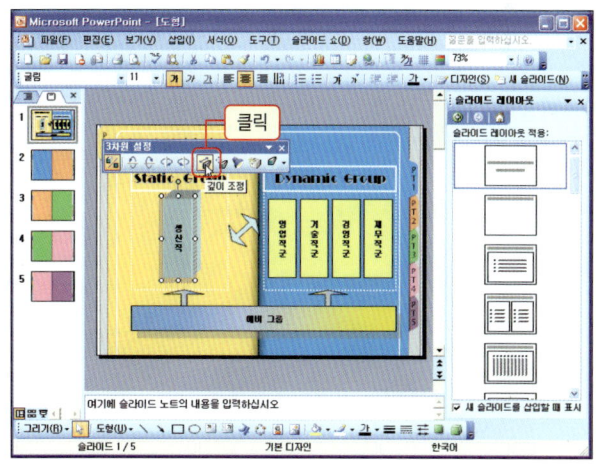

7 현재 3차원 스타일의 깊이가 36pt로 지정되어 있습니다. 15pt로 지정하기 위해 사용자 지정란에 15를 입력한 후 Enter 키를 누릅니다.

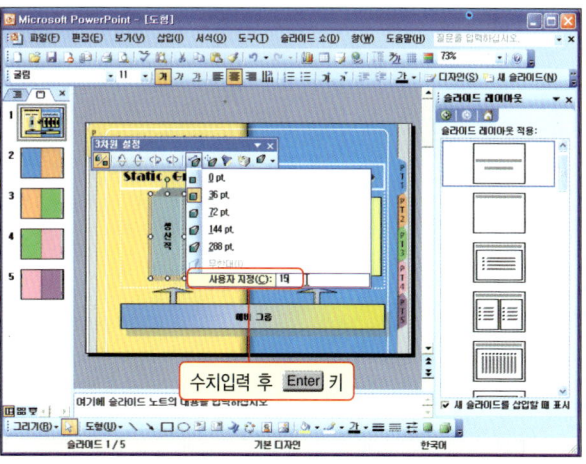

8 3차원 스타일의 넓이가 줄어들었습니다. 3차원 스타일이 적용된 도형의 기울기를 조절해 보겠습니다. 3차원 설정 도구 모음에서 ◁▷(왼쪽으로 기울이기)를 5번 클릭합니다.

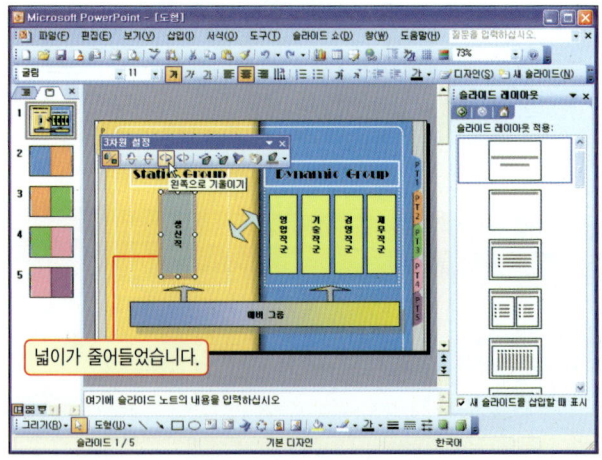

오려두기

슬라이드에 삽입될 도형을 그림으로 저장하려면

★ 199쪽 펼쳐보기

9 도형의 방향이 왼쪽으로 기울어집니다.

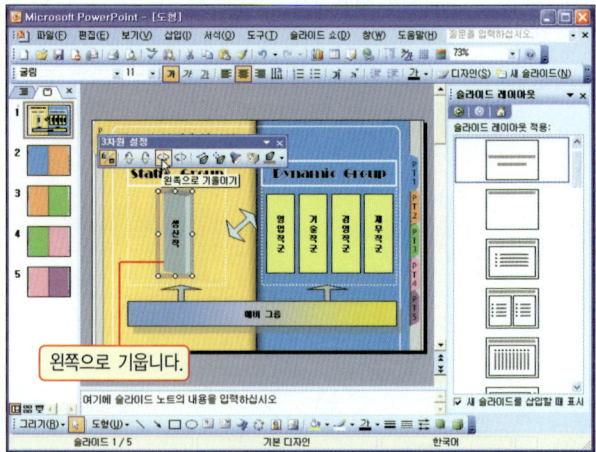

>> 궁금해요!

그림자 효과와 3차원 효과를 모두 지정할 수는 없나요?

그림자 효과와 3차원 효과를 모두 지정할 수 없습니다. 그렇기 때문에 그림자 효과를 지정한 상태에서 3차원 효과를 지정하면 그림자 효과가 해제되고 3차원 효과가 적용됩니다. 물론 반대로 마찬가지구요.

만약 3차원 효과가 지정된 도형에 그림자를 지정하고자 한다면 3차원 효과 도형 뒤에 2차원 도형을 그린 후, 2차원 도형을 '맨 뒤로 보내기' 메뉴로 순서를 변경하면 됩니다. 물론 색도 그림자처럼 변경해야겠죠!

참고하세요!

3차원 설정 도구 모음에 대하여

3차원 설정을 이용하게 되면 다양한 형태의 3차원 서식을 지정할 수 있습니다. 앞에서 그림자의 기울기와 깊이를 조정해 보았는데, 3차원 설정 도구 모음의 나머지도 살펴보겠습니다.

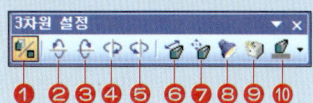

❶ **3차원 설정/해제** : 3차원 스타일 1번 형태의 그림자를 지정하거나 설정된 그림자를 해제합니다.

❷ **아래로 기울이기** : 도형을 아래로 조금씩 회전시킵니다.

❸ **위로 기울이기** : 도형을 위로 조금씩 회전시킵니다.

❹ **왼쪽으로 기울이기** : 도형을 왼쪽으로 조금씩 회전시킵니다.

❺ **오른쪽으로 기울이기** : 도형을 오른쪽으로 조금씩 회전시킵니다.

❻ **깊이 조정** : 3차원 효과의 깊이를 지정합니다. 깊이 조정 목록은 0pt, 36pt, 72pt, 144pt, 288pt, 무한대와 사용자 지정으로 구성되어 있으며, 0pt는 3차원 설정을 해제하는 것과 같습니다. 기본은 36pt입니다.

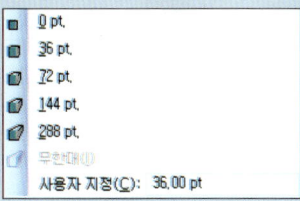

❼ **방향 돌리기** : 3차원 효과의 방향을 지정합니다. 총 9개의 방향을 지정할 수 있습니다.

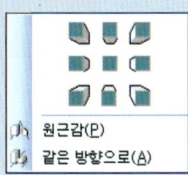

❽ **조명 비추기** : 조명이 비추는 방향을 지정하여 도형의 일부분에 그림자를 지정합니다. 기본적으로 조명의 색을 밝은 색으로 지정되어 있습니다.

❾ **표면 바꾸기** : 도형 표면의 유형을 지정합니다. 기본적으로 '윤기 없음'이 선택되어 있습니다.

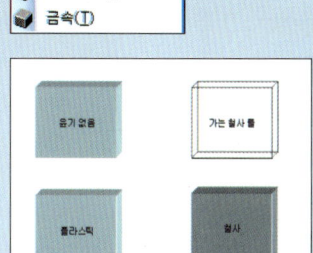

❿ **3차원 색** : 3차원 도형의 옆면의 색을 '색' 지정 창을 이용하여 지정합니다.

183_{page} ★ 오려둔 것 **펼쳐보기**

채우기 효과에 대해서 좀더 자세히 알려주세요

단순한 색이 아닌 입체적인 형태의 도형이 필요할 때에는 채우기 효과를 이용합니다. 채우기 효과는 앞에서 살펴본 그라데이션 기능 이외에 '질감', '무늬', '그림' 으로 구성되어 있습니다. 채우기 효과에 대하여 자세히 알아보도록 하겠습니다.

1) 그라데이션

한 색 또는 두 가지 색을 이용하여 첫 번째 색에서 두 번째 색으로 변해가는 것을 의미합니다. 단색을 지정한 경우에는 흰색과 검정색을 기준으로 그라데이션 효과를 지정합니다. 6가지 그라데이션 스타일을 지정할 수 있으며 선택한 그라데이션 스타일에 따라 또 4가지의 세부 디자인으로 나뉘어 집니다. 또한 그라데이션의 투명도 지정할 수 있습니다.

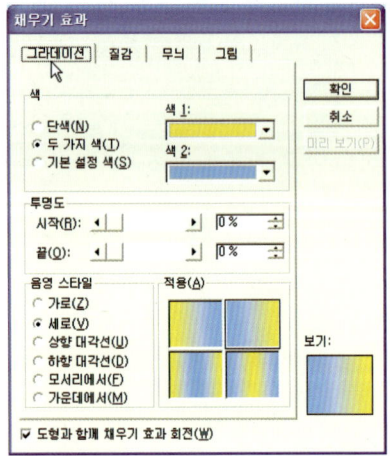

그라데이션 탭

2) 질감

신문용지, 재생용지와 같이 특정한 질감을 가지는 이미지를 이용하여 도형에 입체적인 효과를 지정합니다. 또한 다른 질감의 이미지를 추가하여 도형에 새로운 질감을 지정할 수도 있습니다.

새로운 질감 이미지를 추가해보도록 하겠습니다.

① '채우기 효과' 창의 '질감' 탭에서 '다른 질감' 버튼을 클릭합니다.

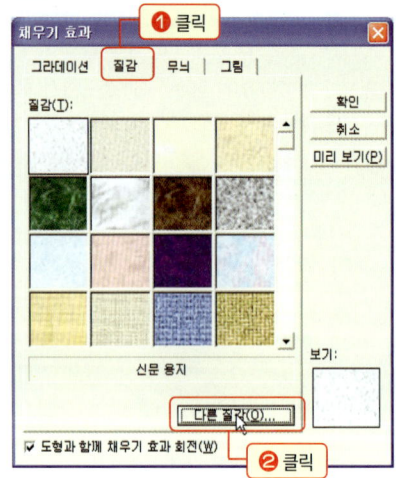

② '질감 선택' 창이 나타나면 질감으로 지정하고자 하는 그림을 선택한 후 '삽입' 버튼을 클릭합니다.

❸ 그림처럼 질감 목록에 방금 추가한 질감이 추가되어 나타납니다.

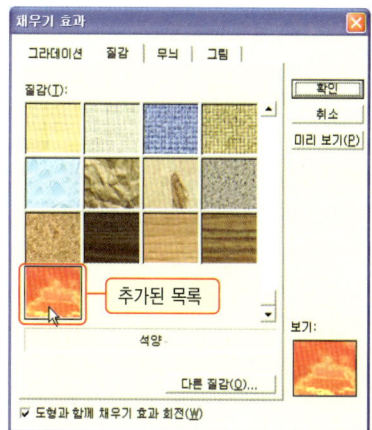

3) 무늬

도형에 특정한 형태의 무늬를 지정합니다. 무늬는 48가지의 디자인으로 구성되어 있으며 무늬가 지정되는 도형의 전경색과 배경색을 직접 지정할 수 있습니다.

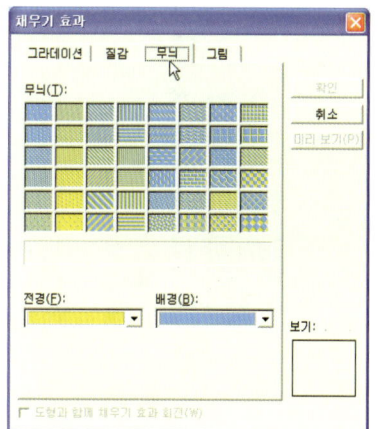

무늬 탭

무늬 디자인은 '5%'로 부터 '글 다이아몬드'까지 총 40개의 디자인을 지정할 수 있습니다.

채우기 효과에서 전경색과 배경색의 의미는 다음과 같습니다.
- 전경색 : 도형의 바탕이 되는 색을 의미합니다.
- 배경색 : 도형의 배경무늬 색을 의미합니다.

4) 그림

특정한 그림을 도형의 배경으로 지정합니다. 발표하려는 내용에 부합하는 그림을 도형의 배경으로 지정한다면 더욱 멋진 문서가 될 수도 있습니다.

도형의 배경으로 그림을 지정해 보도록 하겠습니다.

❶ '채우기 효과' 창의 '그림' 탭에서 '그림 선택' 버튼을 클릭합니다.

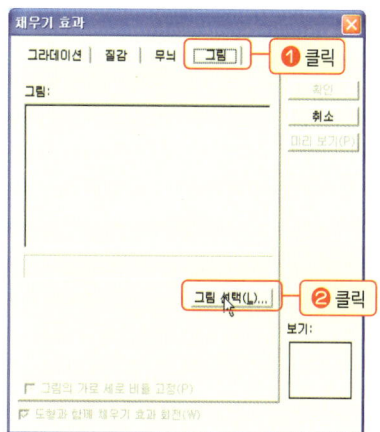

❷ 그림과 같이 '그림 선택' 창이 나타납니다. 배경 그림으로 지정하고자 하는 그림을 선택한 후 '삽입' 버튼을 클릭합니다.

❸ 그림과 같이 선택한 그림이 나타납니다.

187page ★ 오려둔 것 **펼쳐보기**

선에 대해서 자세히 알려주세요

슬라이드에 그릴 수 있는 선은 크게 세 가지 종류입니다.
우선 일반적인 직선과 방향을 가지고 있는 화살표, 그리고 도형과 도형을 연결하는 연결선이 그것입니다. 직선과 방향을 가지고 있는 화살표의 경우 그리기 도구 모음의 '선'과 '화살표'를 이용하면 됩니다. 연결선은 그리기 도구 모음 '도형' 메뉴의 '연결선' 메뉴를 클릭하면 다양한 형태의 연결선을 지정할 수 있습니다.
또한 슬라이드에 삽입된 모든 형태의 선, 즉 도형의 경계선뿐 아니라 슬라이드에 그려진 선, 화살표, 연결선의 서식은 서식 도구 모음의 '선색', '선 스타일', '대시 스타일', '화살표 스타일'로 다양하게 지정할 수 있습니다.

1) 선과 화살표 지정하기

특정한 방향성이 없이 슬라이드에 그릴 수 있는 아주 간단한 선입니다. 이미 슬라이드에 그려진 일반 선에 방향성을 주고자 한다면 그리기 도구 모음의 화살표 스타일을 선택하면 됩니다. 화살표는 특정한 방향 즉 왼쪽, 오른쪽, 위, 아래와 같은 방향성을 지정합니다. 방향성을 가지고 있기 때문에 주로 데이터의 흐름 등을 표현할 때 사용합니다.

>>CD-ROM
부록(CD)>예제파일>선과연결선.ppt

▶ **선과 화살표 그리기**

① 선과연결선.ppt 파일의 첫 번째 슬라이로 이동합니다. 그런 다음 그리기 도구 모음의 ＼을 클릭한 후 마우스 포인터를 슬라이드로 이동시킵니다.

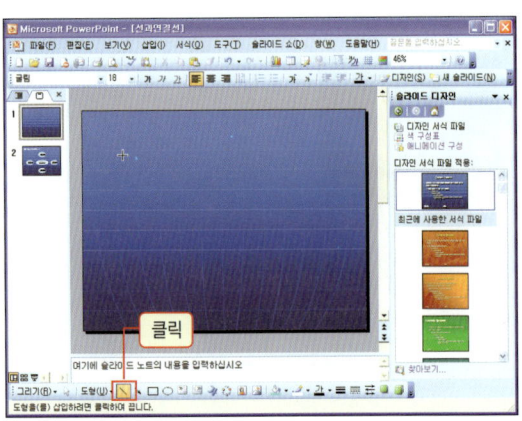

② 마우스 포인터를 오른쪽으로 드래그하여 선을 그리면 그림처럼 얇은 직선이 그려집니다. 이 직선의 굵기는 0.75pt입니다.

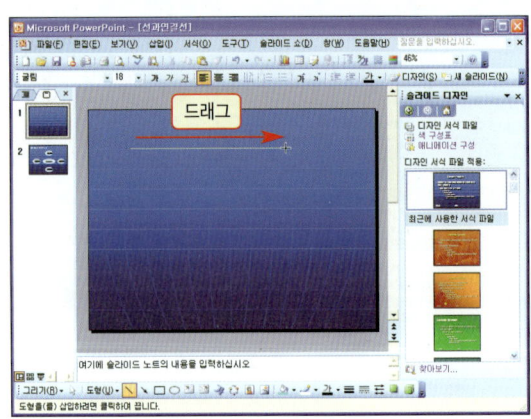

③ 다음과 같이 세로 직선을 그려주세요.

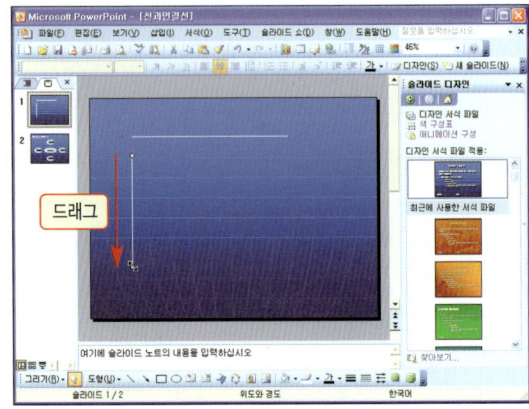

④ 세로 직선이 대각선이 되도록 지정해 보겠습니다. 우선 세로 직선을 선택한 후 세로 직선 아래쪽의 크기 조정 핸들에 마우스 포인터를 위치시킵니다. 그리고 마우스를 위쪽으로 드래그합니다.

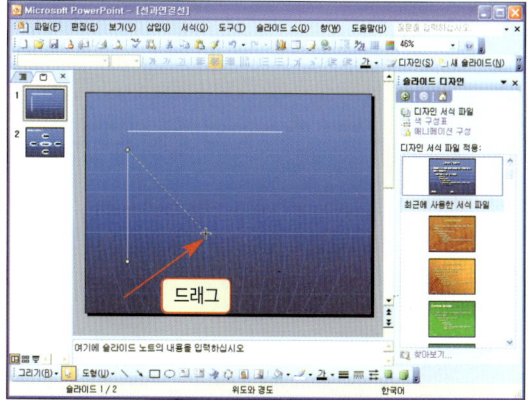

⑤ 그림과 같이 세로 직선이 대각선 형태로 변경됩니다.

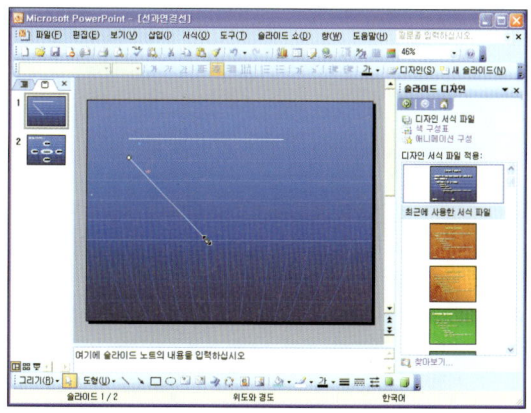

⑥ 그리기 도구 모음의 ◥를 클릭한 후 마우스를 슬라이드로 이동시켜 그림과 같은 화살표를 그린 후 슬라이드에 그려진 모든 선의 굵기를 6pt로 지정하세요.

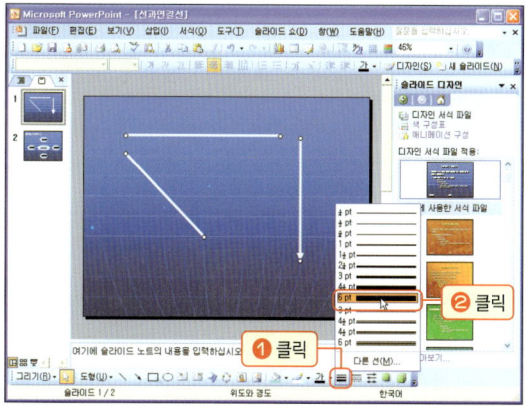

▶ **화살표 모양 변경하기**

① 화살표의 방향을 변경해 보도록 하겠습니다. 화살표를 선택한 후 그리기 도구 모음의 ☰(화살표 스타일)을 클릭하고 화살표 스타일 목록에서 '화살표 스타일8'을 클릭합니다.

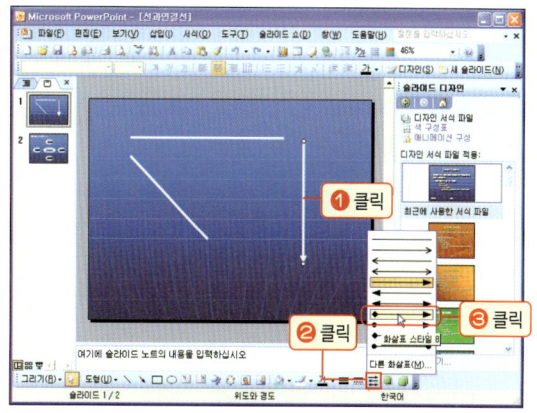

② 그림과 같이 화살표 스타일이 변경됩니다.

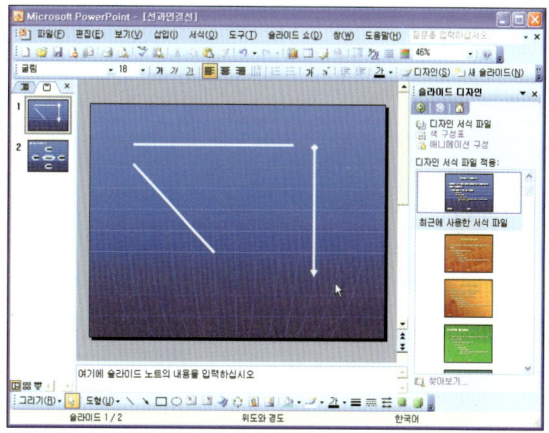

2) 연결선 지정하기

선을 그리거나 두 도형을 연결하고자 할 때 사용하는 선입니다. 꺾인 형태의 연결선이나 곡선 형태의 연결선의 형태는 모양 조정 핸들을 이용하여 다양하게 변경할 수 있습니다.

▶ 선과 화살표 그리기

1 선과 연결선 파일의 두 번째 슬라이드로 이동합니다. 그리기 도구 모음의 '도형' 메뉴를 클릭한 후 '연결선' 메뉴에서 '구부러진 양쪽 화살표 연결선'을 클릭합니다.

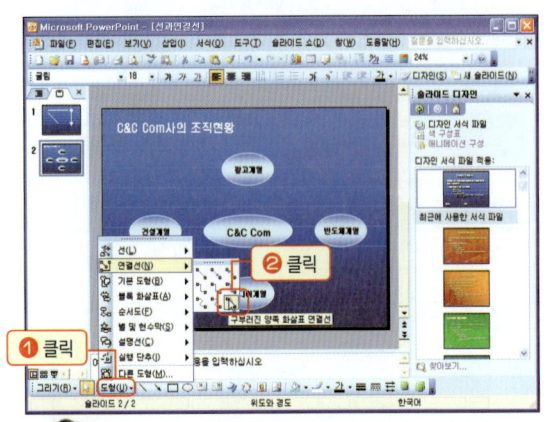

2 마우스 포인터 모양이 + 모양으로 변경됩니다. 이때 마우스 포인터를 이동시켜 '광고계열' 도형을 클릭합니다. 그림과 같이 도형에 8개의 파란색 점이 나타나는데, 파란색 점에 마우스 포인터를 이동시키면 마우스 포인터가 ⊕ 으로 변경됩니다.

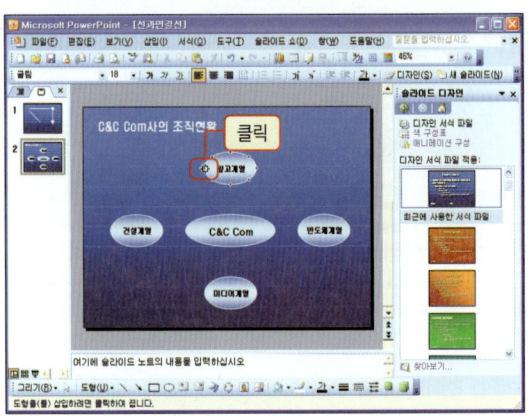

>> 궁 금 해 요 !

다른 화살표 스타일은 지정할 수 없나요?

'도형 서식'을 이용하면 가능합니다.

1 화살표 모양을 변경하려고 하는 선을 선택합니다.

2 그리기 도구 모음의 ⬛(화살표 스타일)을 클릭한 후 '다른 화살표'를 클릭합니다.

3 다음 그림과 같이 '도형 서식' 창이 나타납니다.

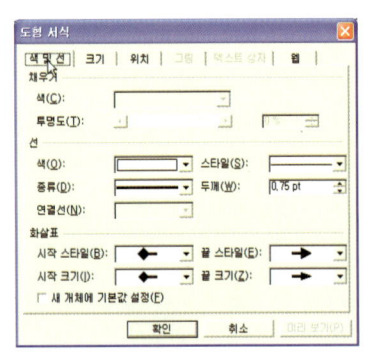

4 '색 선 및' 탭 하단의 화살표 영역에서 시작 스타일과 끝 스타일을 지정하면 사용자가 원하는 형태의 화살표 스타일을 지정할 수 있습니다.

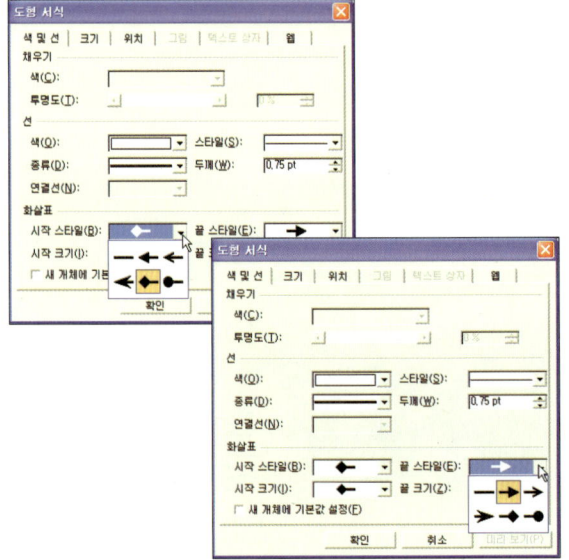

❸ 마우스 포인터가 ✛ 모양으로 변경되었을 때 '건설계열' 도형의 가운데 빨간색 점을 클릭하면 곡선 연결선이 연결됩니다.

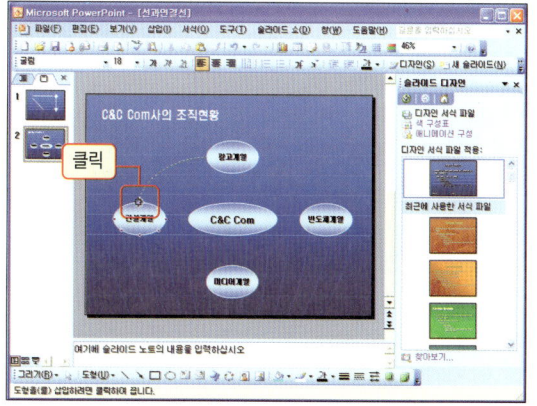

❹ 두 개의 도형에 양쪽 화살표 형태의 곡선 연결선이 연결되었습니다.

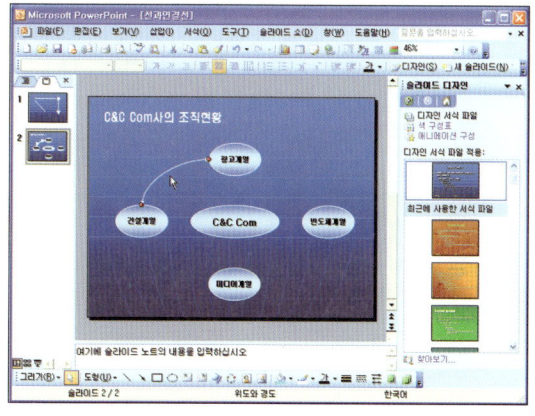

❺ '곡선' 과 '직선 화살표 연결선' 을 이용하여 다음과 같이 연결선을 지정합니다.

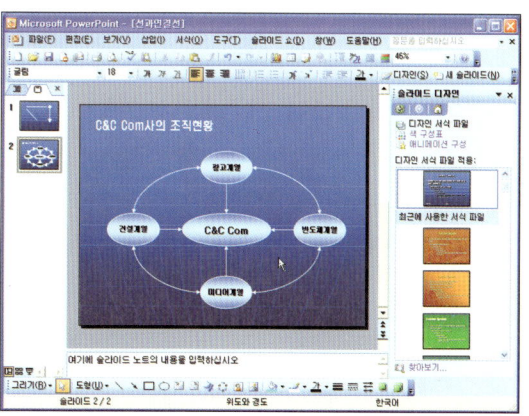

▶ 연결선 모양 변경하기

❶ 연결된 연결선의 모양을 변경해 보도록 하겠습니다. 우선 그림과 같이 연결선을 선택합니다.

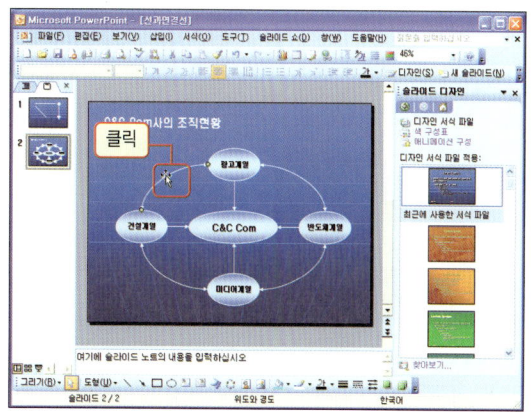

❷ 아래쪽 도형의 녹색점에 마우스 포인터를 이동시킵니다. 이때 마우스 포인터의 모양이 +으로 변경됩니다.

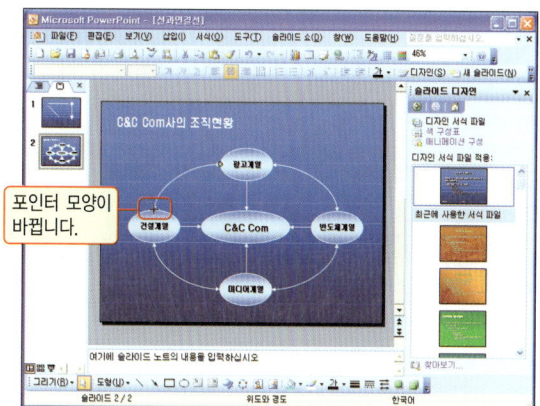

❸ 그림과 같이 마우스 포인터를 이동시킵니다.

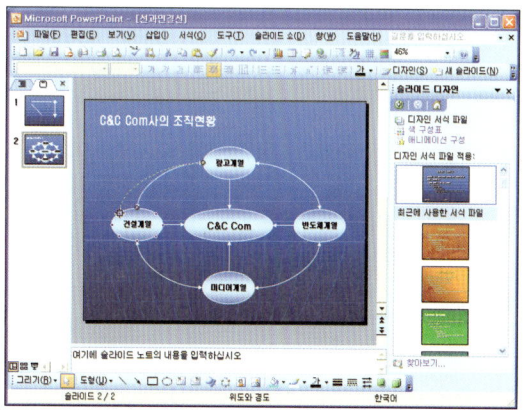

④ 연결선의 모양이 변경됩니다. 오른쪽 연결선을 선택하고 마우스 오른쪽 버튼을 클릭한 후 부메뉴에서 '꺾인 연결선' 메뉴를 선택합니다.

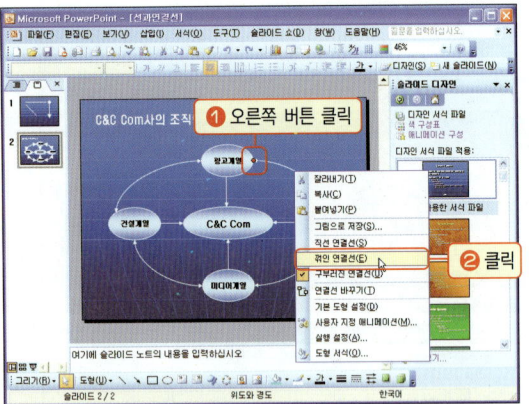

⑤ 그림과 같이 곡선 형태의 연결선이 꺾은선 형태로 변경됩니다. 다른 연결선들도 변경해 보세요.

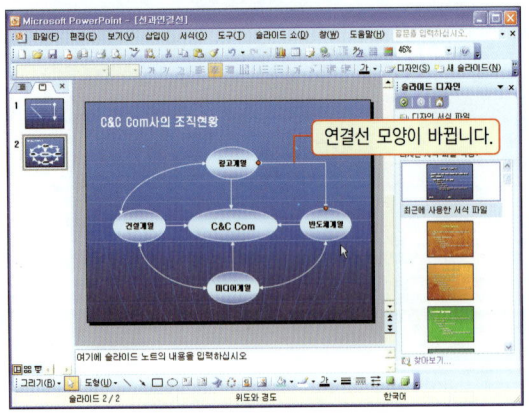

⑥ 아래쪽 연결선을 선택한 후 마우스 오른쪽 버튼을 클릭합니다. '연결선 바꾸기' 메뉴를 클릭합니다.

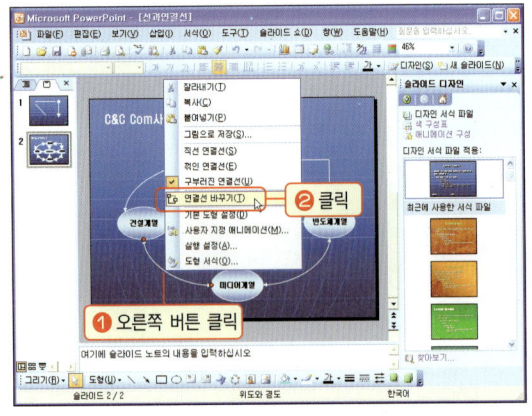

⑦ 연결선의 모양이 변형되며 모양 조정 핸들이 나타납니다.

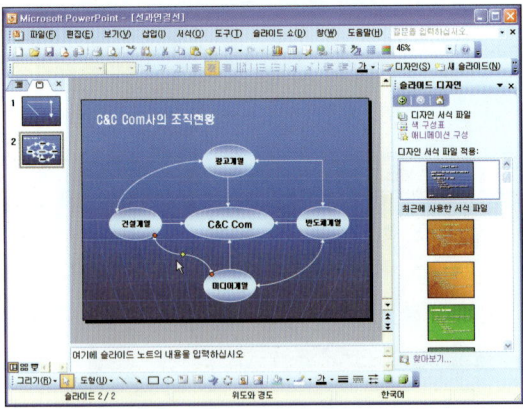

⑧ 모양 조정 핸들을 그림처럼 바깥쪽으로 드래그합니다.

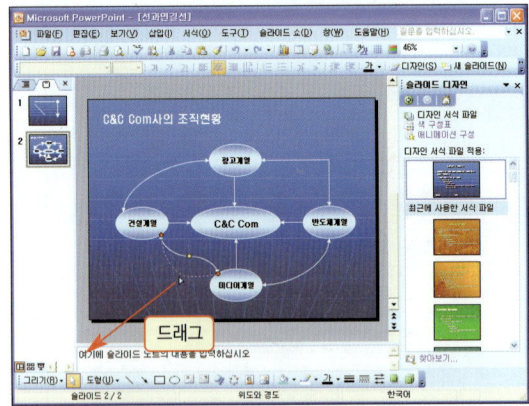

⑨ 그림과 같이 연결선의 모양이 변경됩니다.

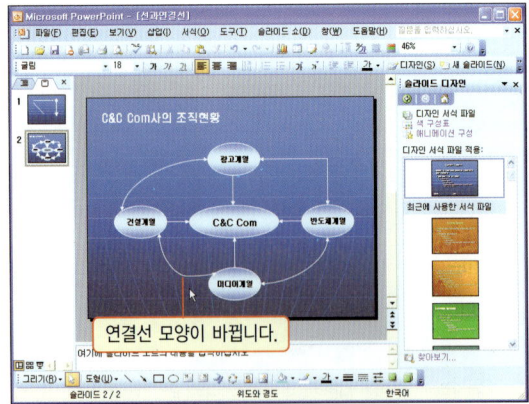

190page ★ 오려둔 것 펼쳐보기

그림 저장 기능에 대하여
알려주세요.

프레젠테이션이 완료된 슬라이드를 웹 사이트에 공개하려면 어떻게 해야할까요?

2부에서 우리는 슬라이드를 웹 페이지로 저장하는 방법에 대하여 알아보았습니다. 하지만 웹 페이지 형태가 아니라 슬라이드를 한 화면에 그림처럼 표현하고 싶다면 어떻게 해야할까요? 걱정마세요. 파워포인트에는 슬라이드뿐 아니라 슬라이드를 구성하는 도형이나 내용 등의 일부분을 그림으로 저장하는 기능이 있답니다.

1) 슬라이드를 그림으로 저장하기

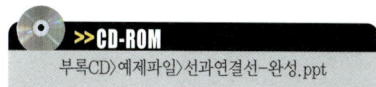

>> CD-ROM

부록(CD)>예제파일>선과연결선–완성.ppt

① 선과연결선–완성.ppt 파일에서 두 번째 슬라이드를 선택한 후 '파일 – 다른 이름으로 저장' 메뉴를 클릭합니다.

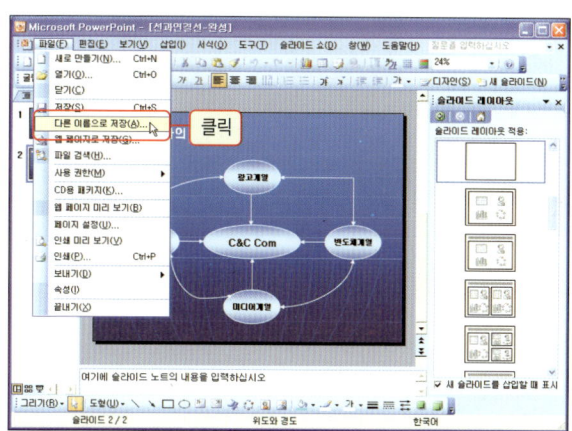

② '다른 이름으로 저장' 창이 나타나면 '저장 위치'를 지정한 후 '파일 이름'을 입력합니다. 그 다음 '파일 형식'을 JPEG 파일 교환 형식으로 지정한 후 '저장' 버튼을 클릭합니다.

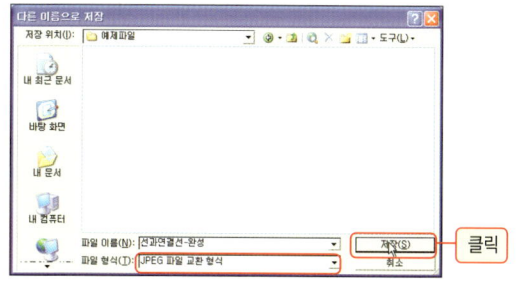

③ 현재 슬라이드만 그림으로 저장할 것인지 프레젠테이션을 구성하고 있는 슬라이드 전체를 그림으로 저장할 것인지 물어봅니다. 이때 '현재 슬라이드만' 버튼을 클릭하세요. 그런 다음 윈도우 탐색기를 이용하여 파일을 찾아보세요. '선과연결선–완성.jpg' 파일을 확인할 수 있습니다.

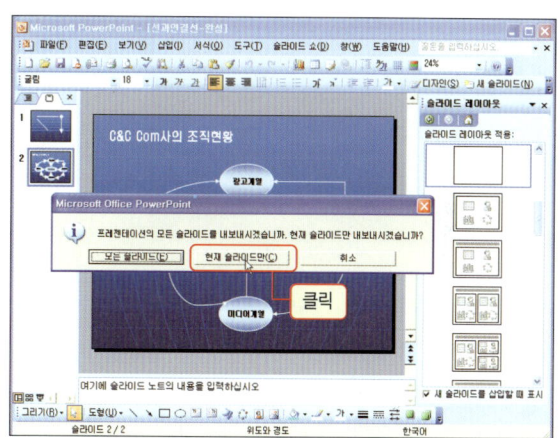

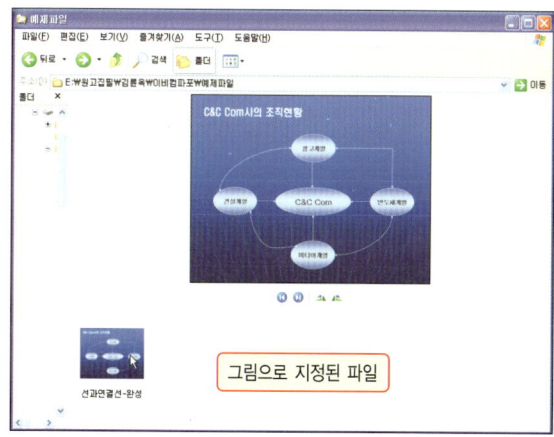

> **궁금해요!**
>
> **'모든 슬라이드' 버튼을 클릭하면 어떻게 되나요?**
>
> 프레젠테이션을 구성하고 있는 모든 슬라이드를 그림으로 저장하게 됩니다. 그렇기 때문에 현재 파워포인트 파일명과 동일한 폴더를 생성한 후 슬라이드 순서대로 '슬라이드 1', '슬라이드2'와 같이 파일명을 지정하여 저장합니다.

2) 슬라이드의 내용만 그림으로 저장하기

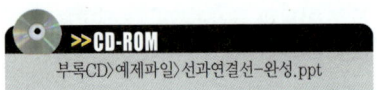

>>CD-ROM
부록CD〉예제파일〉선과연결선-완성.ppt

1 선과연결선-완성.ppt 파일에서 두 번째 슬라이드를 선택한 후 슬라이드 내부의 모든 도형을 선택합니다.

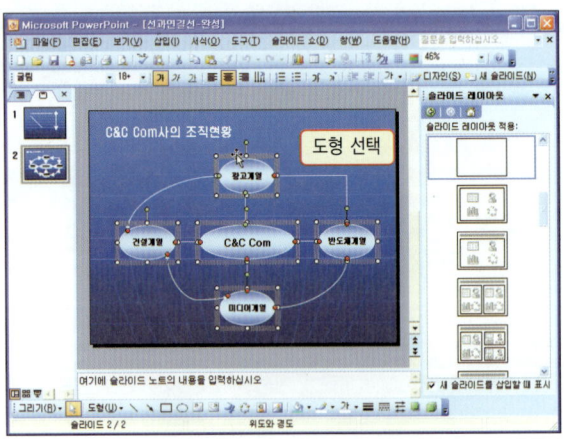

2 도형이 선택된 상태에서 마우스 오른쪽 버튼을 클릭한 후 '그림으로 저장' 메뉴를 클릭합니다.

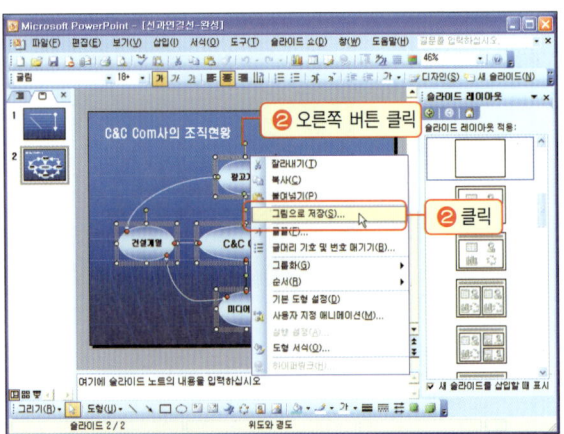

3 '다른 이름으로 저장' 창이 나타나면 '저장 위치'를 지정한 후 '파일 이름'을 입력합니다. 그 다음 '파일 형식'을 JPEG 파일 교환 형식으로 지정한 후 '저장' 버튼을 클릭합니다.

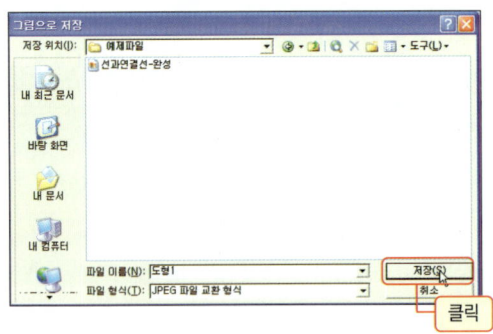

4 다음과 같이 도형만 그림으로 저장됩니다.

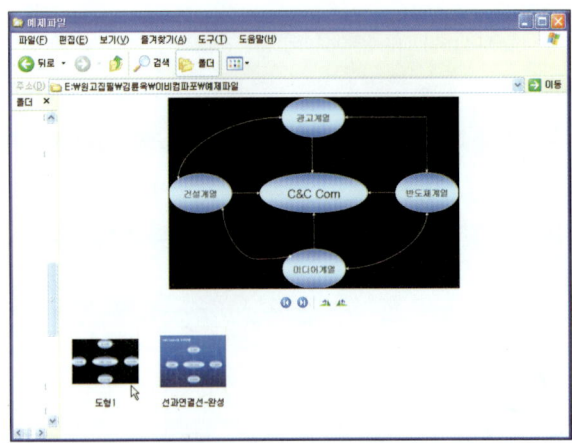

>> **02**

조직도와 다이어그램 만들기

조직 구성원간의 관계를 한눈에 파악할 수 있도록 도식화시킨 표를 '조직도'라 합니다. 또한 슬라이드의 내용을 좀더 쉽게 이해할 수 있도록 간단한 그림으로 표현한 것이 '다이어그램(도해, 일람표)'입니다. 하지만 요즘은 조직도와 다이어그램을 같은 형태로 이해하는 경향입니다. 때문에 조직도와 다이어그램을 모두 일컬어 다이어그램이라고 표현하기도 합니다.

조직도

회사와 같은 여러 단체의 조직이나 구성 등을 한눈에 파악할 수 있도록 표현해주는 도형입니다. 조직도를 이용하면 시간에 따른 처리과정이나 진척상황 등을 쉽에 표현할 수 있습니다. 파워포인트에서는 간단하게 조직도를 삽입할 수 있도록 조직도 기능을 제공합니다.

다이어그램

다이어그램은 눈에 보이지 않는 개념적인 내용을 쉽게 이해할 수 있도록 표현한 그림입니다. 조직도와 마찬가지로 파워포인트의 다이어그램 기능으로 제작할 수 있습니다.

도형과 연결선을 이용한 다이어그램(조직도)

꼭 파워포인트의 조직도 기능과 다이어그램 기능을 이용해야만 할까요? 반드시 그렇지는 않습니다. 앞서 배운 도형과 연결선을 이용하여 파워포인트에서 제공해주는 조직도나 다이어그램보다 더 멋지고 다양한 효과를 표현할 수 있습니다.

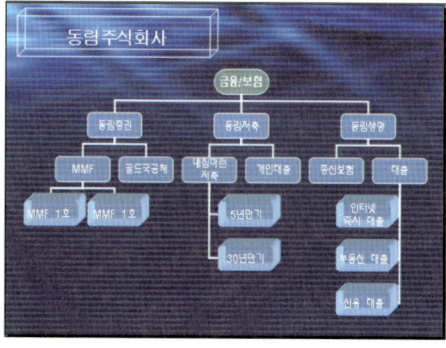

조직도 슬라이드

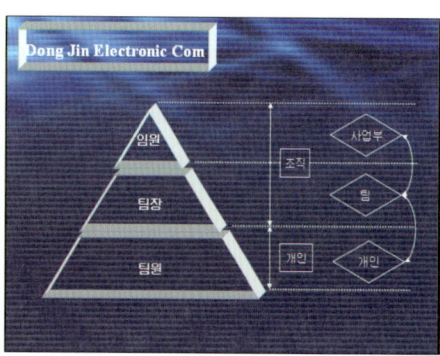

다이어그램 슬라이드

01 다이어그램 갤러리로 간단한 조직도 만들기

다이어그램 갤러리를 이용하여 간단하게 조직도를 만들어보도록 하겠습니다.

1 슬라이드에 조직도 삽입하기

슬라이드에 조직도를 삽입해 보겠습니다.

1 첫 번째 슬라이드를 선택한 후 그리기 도구 모음의 📊(다이어그램 또는 조직도 삽입)을 클릭합니다.

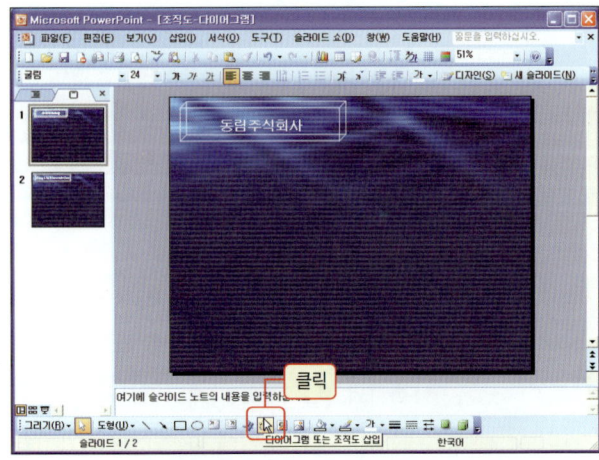

오려두기

도형을 이용한
조직도 만들기

★ 220쪽 펼쳐보기

2 '다이어그램 갤러리' 창이 나타납니다. 조직도를 선택한 후 '확인' 버튼을 클릭합니다.

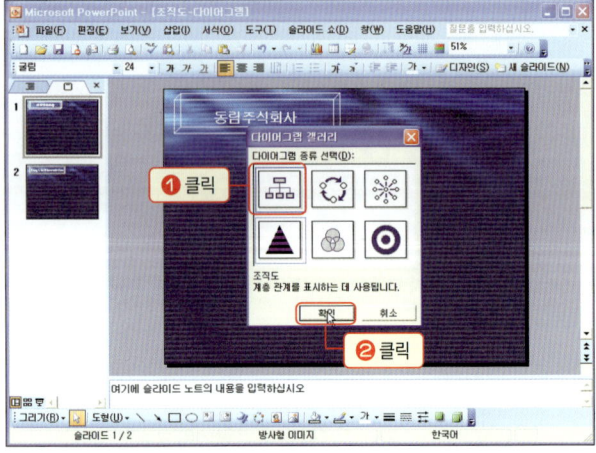

3 기본적인 조직도가 삽입됩니다.

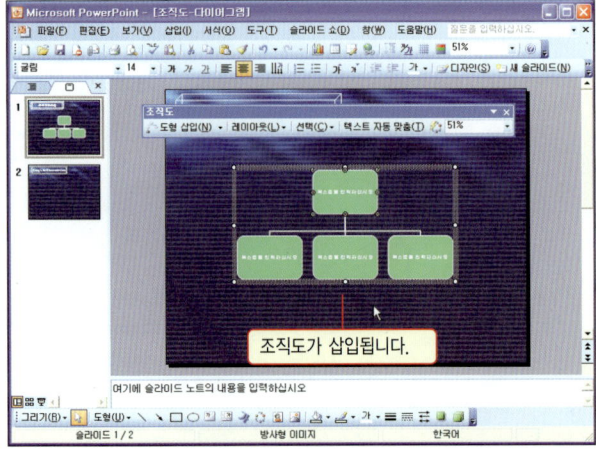

참고하세요!

조직도를 삽입하는 또다른 방법

▶ 그리기 도구 모음
그리기 도구 모음의 🔄(다이어그램 또는 조직도 삽입)을 클릭하면 '다이어그램 갤러리' 창이 나타납니다.

▶ '삽입 – 다이어그램' 메뉴
'삽입 – 다이어그램' 메뉴를 클릭하면 '다이어그램 갤러리' 창이 나타납니다.

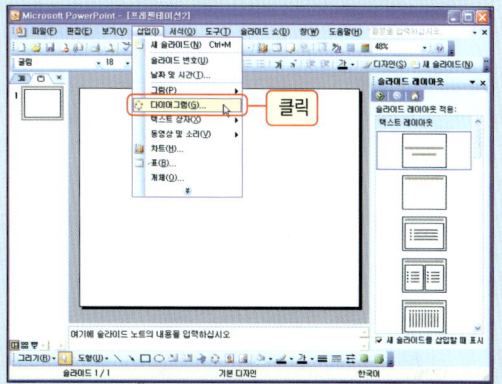

▶ '삽입 – 그림 – 조직도' 메뉴
'삽입 – 그림 – 조직도' 메뉴를 이용하는 경우에는 그리기 도구 모음이나 '삽입 – 다이어그램' 메뉴를 이용하는 방법과 달리 직접 조직도 입력 상자가 슬라이드에 삽입됩니다.

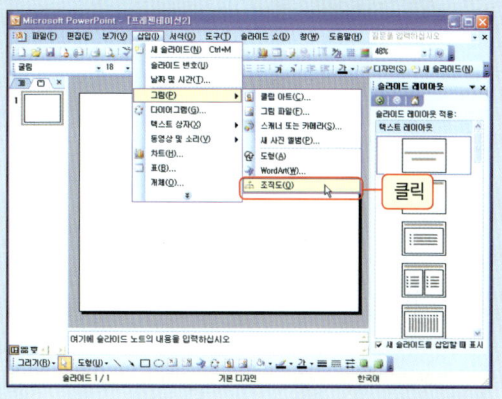

2 조직도 도형 추가하기

조직도를 구성하고 있는 도형을 추가해 보겠습니다.

1 왼쪽 아래쪽 도형을 선택합니다. 조직도 도구 모음의 '도형 삽입'을 클릭한 후 '하위 수준'을 클릭합니다.

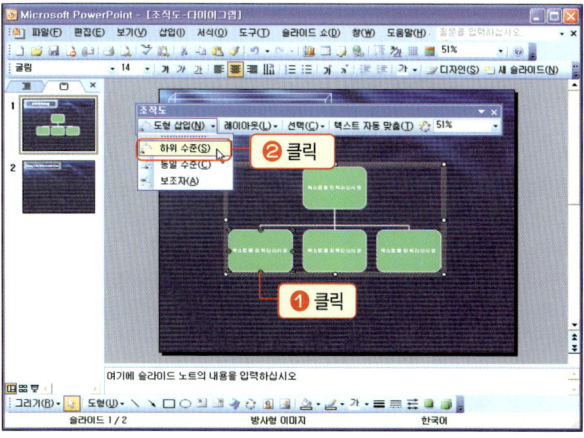

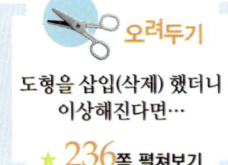

오려두기

도형을 삽입(삭제) 했더니
이상해진다면…

★ 236쪽 펼쳐보기

2 그림과 같이 한단계 아래(하위수준)으로 도형이 삽입됩니다.

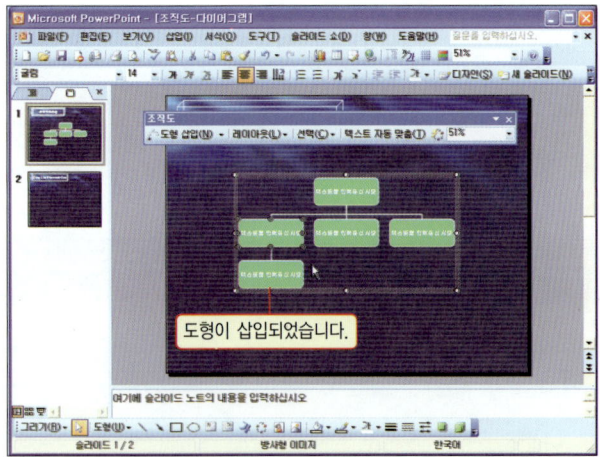

>>궁금해요!

도형이 엉뚱한 위치에 삽입되었어요.

엉뚱한 위치에 삽입된 도형을 삭제하려면 도형을 선택한 후 Delete 키를 누르면 됩니다. 만약 슬라이드에 삽입된 조직도 전체를 삭제하고자 한다면 조직도를 선택한 후 Delete 키를 누르세요.

3 같은 방법으로 그림과 같이 도형을 삽입합니다.

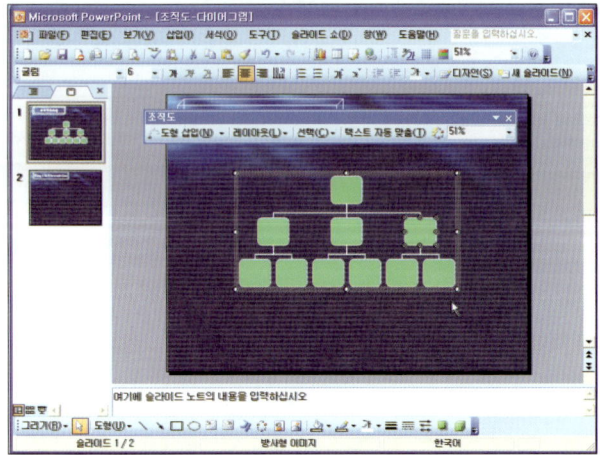

>>궁금해요!

도형이 너무 작아졌어요!!

조직도 자체의 크기를 조절하지 않았기 때문입니다. 조직도의 크기를 임의로 조절하지 않으면 추가되는 도형을 모두 표시하기 위해 자동으로 도형의 크기가 작아집니다.

4 왼쪽 아래를 기준으로 세 번째 위치한 도형을 선택합니다. 조직도 도구 모음의 '도형 삽입'을 클릭한 후 '하위 수준'을 클릭합니다.

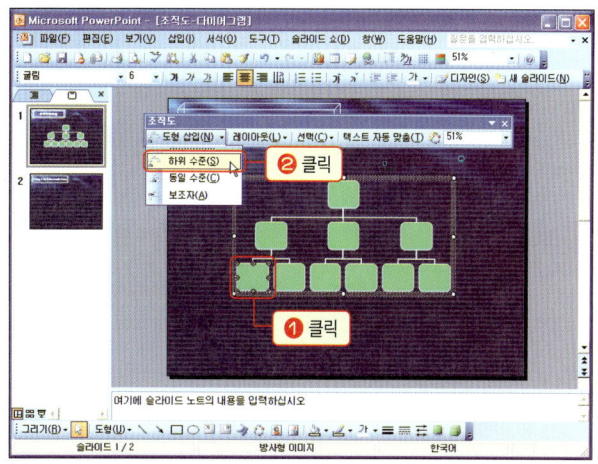

5 그림과 같은 모양이 되도록 하위 수준 도형을 추가해 주세요.

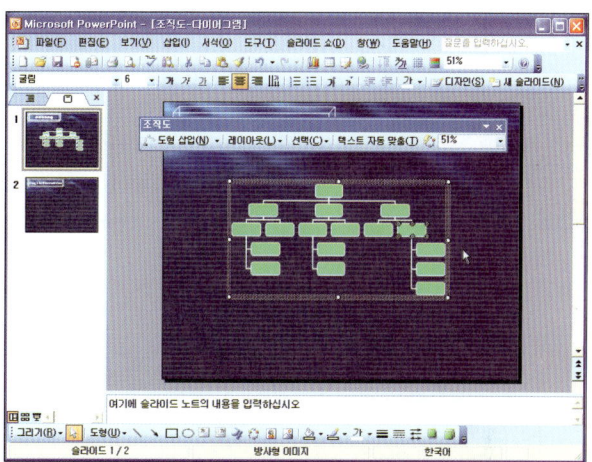

> > 궁 금 해 요 !

동일 수준과 보조자를 클릭하면 어떻게 도형이 삽입되나요?

▶ 동일 수준 : 선택한 도형의 옆에 새로운 도형을 삽입합니다.
▶ 보조자 : 선택한 도형의 아래에 새로운 도형을 삽입합니다.

참고하세요!

조직도 도구 모음

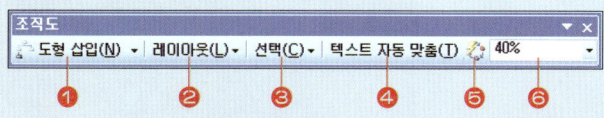

❶ 도형 삽입 : 조직도에 추가적으로 도형을 삽입합니다.
❷ 레이아웃 : 조직도에 적용된 레이아웃을 변경합니다.
❸ 선택 : 기준이 되는 도형을 선택한 후 동일 수준의 모든 도형이나 연결선들을 한꺼번에 선택합니다.

❹ 텍스트 자동 맞춤 : 조직도를 구성하고 있는 도형의 크기에 텍스트의 크기를 맞춥니다.
❺ 자동 서식 : 조직도의 서식을 지정합니다.
❻ 확대/축소 : 조직도의 크기를 확대 또는 축소합니다.

3 도형에 텍스트 삽입하기

조직도를 구성하고 있는 도형에 텍스트(내용)를 입력해 보도록 하겠습니다.

1 조직도 경계선의 크기 조절 핸들을 드래그하여 조직도의 크기를 확대합니다.

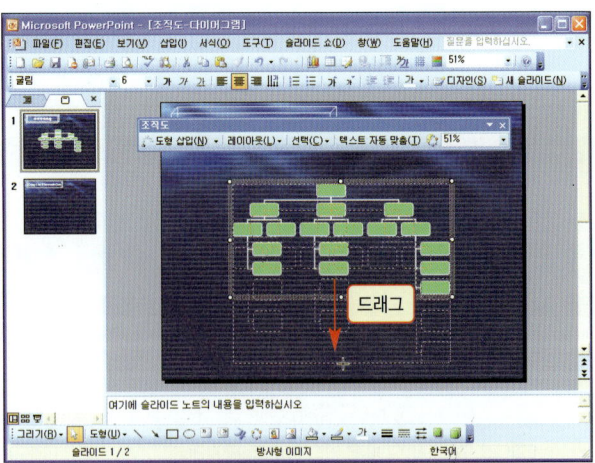

2 조직도의 크기가 확대됨에 따라 조직도를 구성하고 있는 도형의 크기도 확대되었습니다.

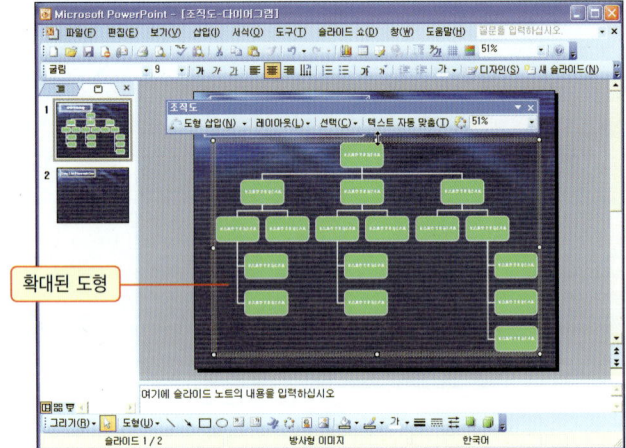

3 조직도를 구성하는 도형에 텍스트를 입력하기 위해 우선 조직도 도구 모음에서 '텍스트 자동 맞춤'을 클릭하여 텍스트 자동 맞춤을 해제합니다.

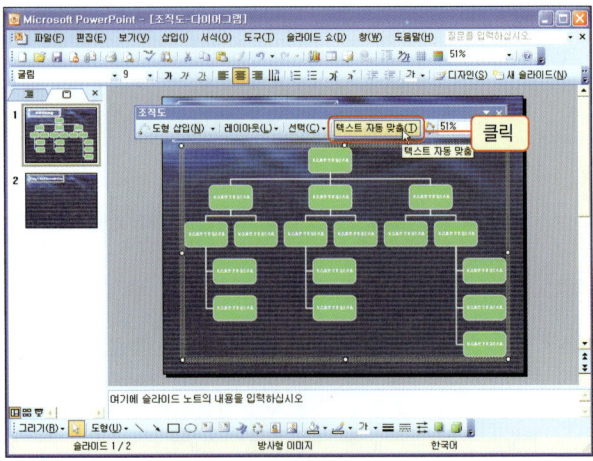

4 조직도가 선택된 상태에서 서식 도구 모음의 '글꼴크기'의 목록 버튼을 클릭하여 글꼴의 크기를 16으로 지정합니다.

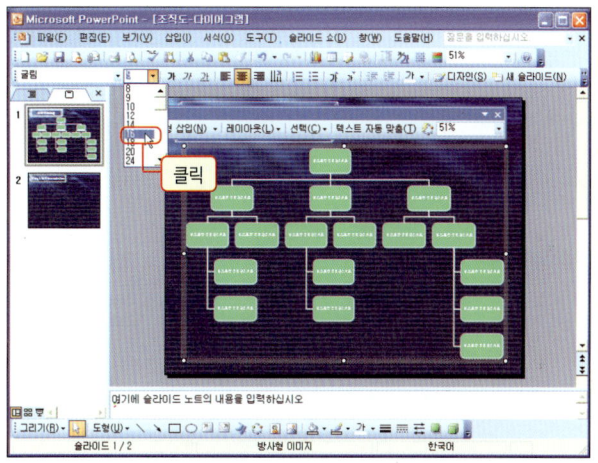

5 제일 상위에 위치한 도형에 삽입된 '텍스트를 입력하십시오' 라는 안내문구를 클릭하면 커서가 나타납니다 이때 '금융/보험'을 입력합니다.

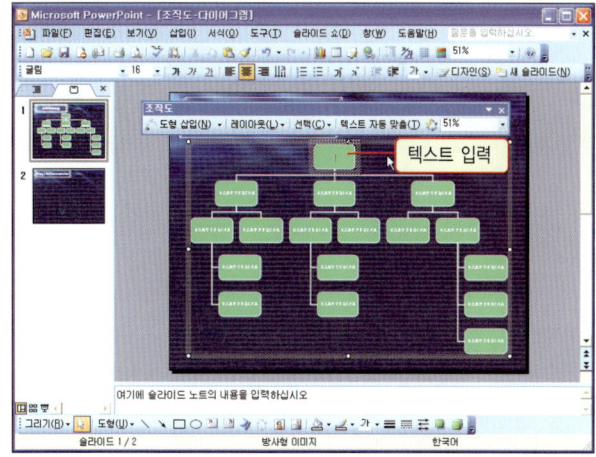

6 조직도를 구성하고 있는 나머지 도형들에도 그림과 같이 텍스트를 입력합니다.

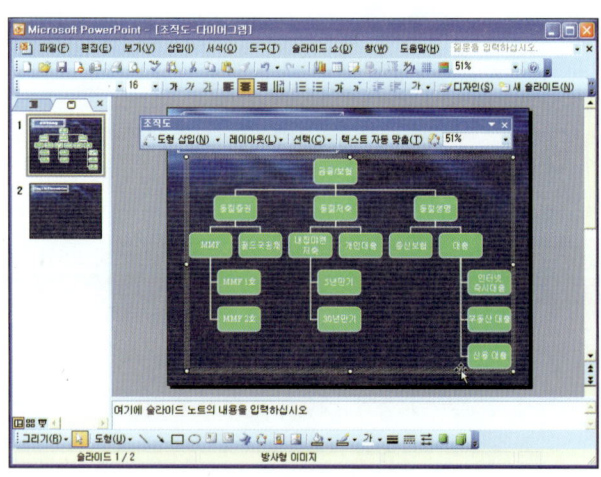

4 도형의 레이아웃 변경하기

슬라이드에 삽입되는 조직도의 레이아웃, 즉 기본 디자인은 Top-Down 형태입니다. 조직도의 레이아웃은 다양하게 변경할 수 있습니다.

1 'MMF' 가 입력된 도형을 선택한 후 조직도 도구 모음 '레이아웃' 의 '표준' 을 선택합니다.

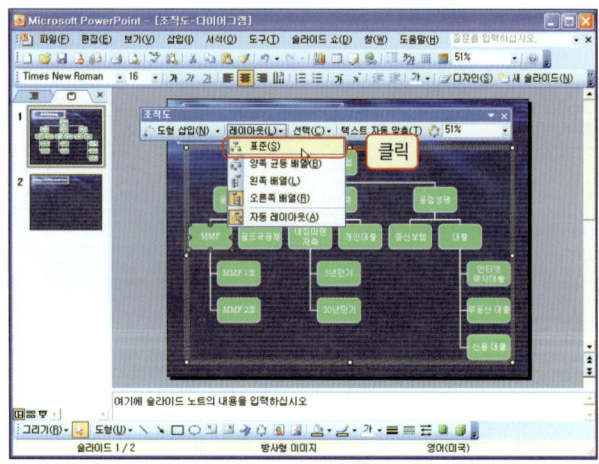

> >> 궁 금 해 요 !

이런 경고 창이 떴답니다.

도형에 레이아웃을 지정하려면 반드시 레이아웃을 변경하고자 하는 상위 도형을 선택해야 합니다. 그렇기 때문에 상위 도형을 선택하지 않았다면 이와 같은 경고 창이 나타납니다. '확인' 버튼을 클릭한 후 상위 도형을 선택한 다음 다시 한번 레이아웃을 변경해 보세요.

2 'MMF'가 입력된 도형의 하위 도형 모두 Top-down 디자인으로 변경되었습니다.

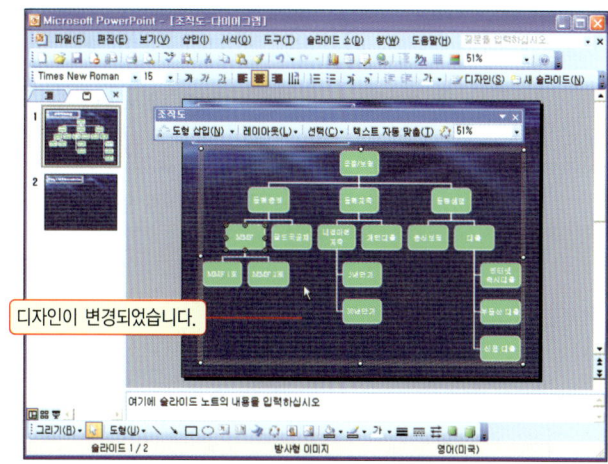

3 '대출'이 입력된 도형을 선택한 후 조직도 도구 모음 '레이아웃'의 '왼쪽 배열'을 선택합니다.

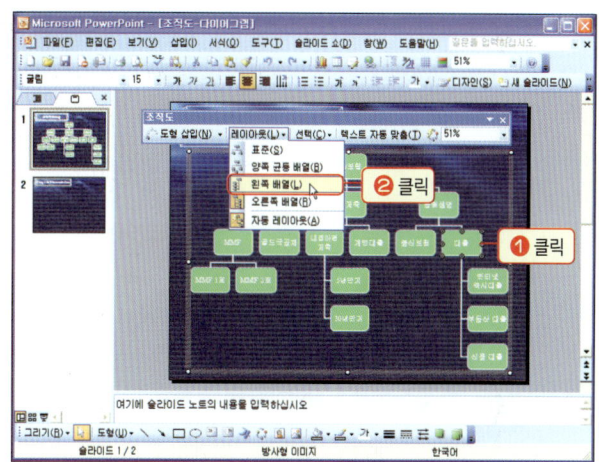

4 그림과 같이 '대출'이 입력된 도형의 하위 도형이 모두 왼쪽으로 배열되는 디자인으로 변경되었습니다.

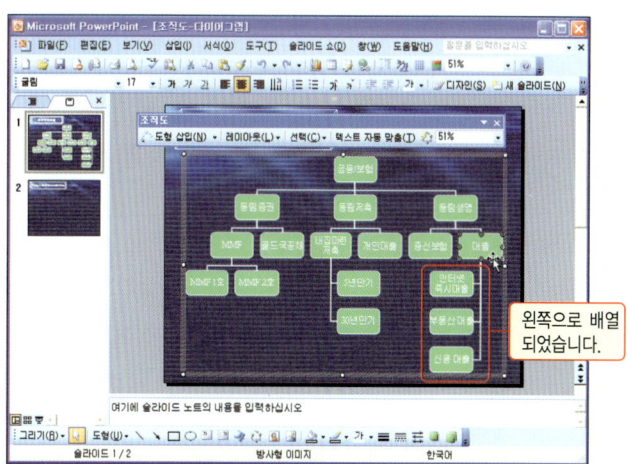

02 도형 서식 및 글꼴 서식 변경하기

조직도를 구성하고 있는 도형의 서식과 도형에 삽입된 텍스트의 서식을 변경할 수 있습니다.

1 도형의 크기 조절 및 모양 변경하기

조직도를 구성하고 있는 도형의 크기와 모양을 변경할 수 있습니다.

1 도형의 크기를 변경하기 위해서는 먼 저 조직도가 선택된 상태에서 조직도 도구 메뉴 '레이아웃'의 '자동 레이아웃'을 클릭 하여 선택을 해제합니다.

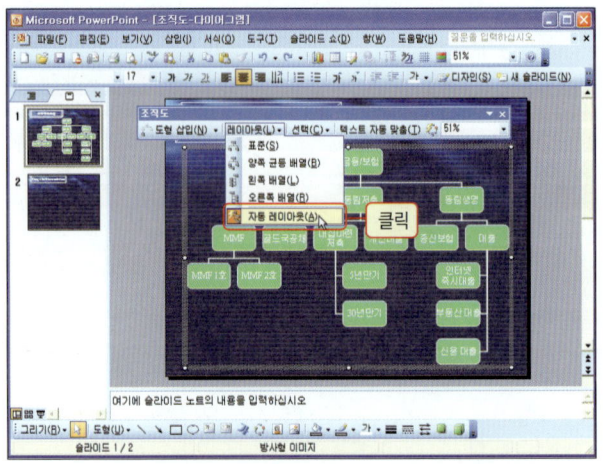

> **＞＞궁금해요!**

자동 레이아웃을 왜 해제하죠?

자동 레이아웃이 선택되어 있으면 도형 하나하나의 크기를 조절할 수 없습니다. 자동 레이아웃을 해제한 후 도형의 외곽선에 나타나는 크기 조절 핸들을 살펴보세요. 크기 조절이 불가능하다는 의미의 ⊗모양이 크기 조절이 가능한 ○으로 변경됩니다. 또한 노란색 마름모 모양의 모양 조정 핸들도 나타납니다.

2 모든 도형을 선택하기 위해 '금융/보 험'이 입력된 도형을 선택합니다. 조직도 도구 모음에서 '선택'의 '동일 분기'를 클 릭합니다.

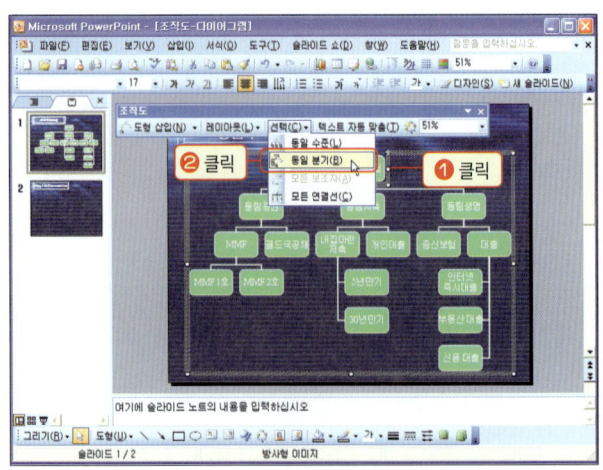

3 그림과 같이 모든 도형이 선택됩니다.

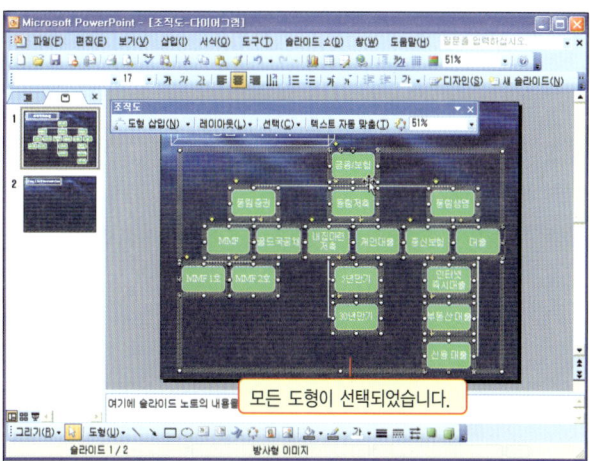

모든 도형이 선택되었습니다.

> > 궁 금 해 요 !

Shift 키나 드래그를 이용해서 선택하면 안되나요?

물론 가능합니다. 하지만 조직도 내의 구성 요소를 선택할 때에는 조직도 도구 모음의 '선택'을 이용하는 것이 효율적입니다.

4 '30년만기' 가 입력된 도형의 아래쪽 크기 조절 핸들에 마우스 포인터를 위치시킵니다. 마우스 포인터 모양이 ↕으로 변경되었을 때 마우스를 위쪽으로 드래그합니다.

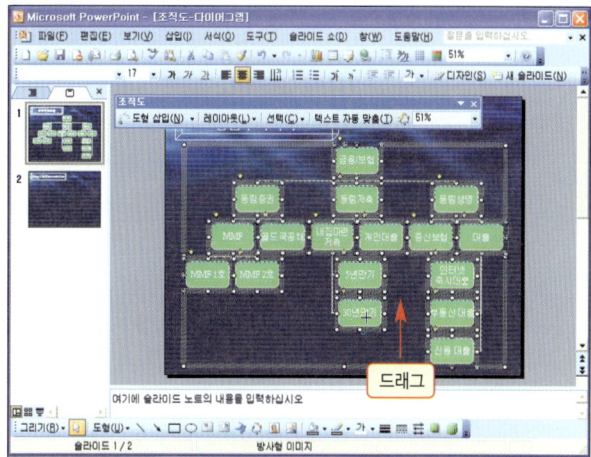

드래그

5 그림처럼 전체 도형의 높이가 줄어들었습니다.

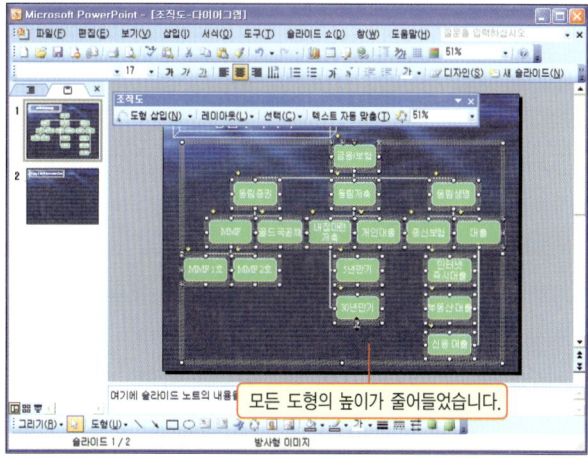

모든 도형의 높이가 줄어들었습니다.

6 도형의 모양을 변경해 보겠습니다. '금융/보험'이 입력된 최상위 도형을 선택하세요. 노란색 마름모 모양의 모양 조정 핸들이 나타납니다.

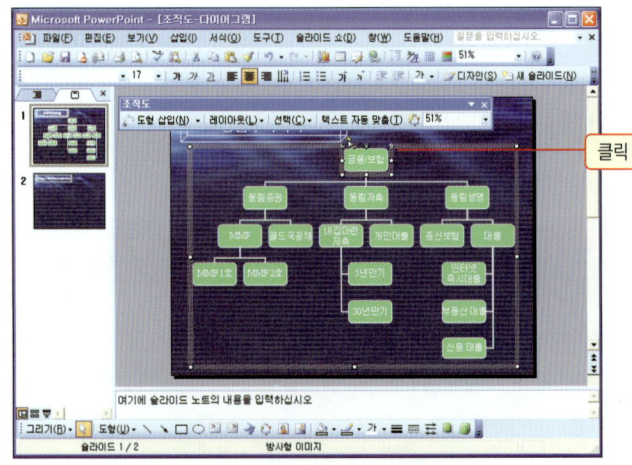

7 모양 조정 핸들을 안쪽으로 드래그합니다.

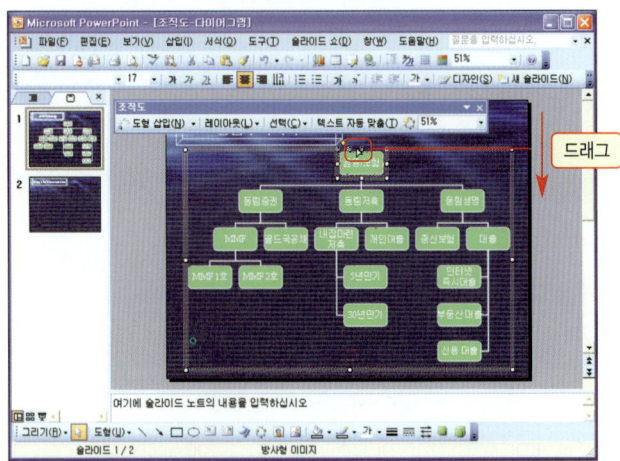

8 최상위 도형의 모양이 반원 모서리 모양으로 변경되었습니다.

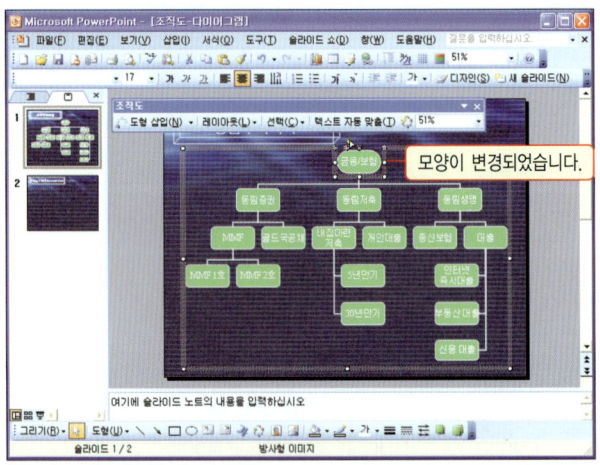

2 선의 서식 변경하기

도형의 연결하는 선의 위치뿐만 아니라 서식도 다양하게 변경할 수 있습니다.

1 선의 위치를 변경해 보겠습니다. 조직도를 선택한 후 Shift 키를 이용하여 다음과 같이 선을 선택합니다.

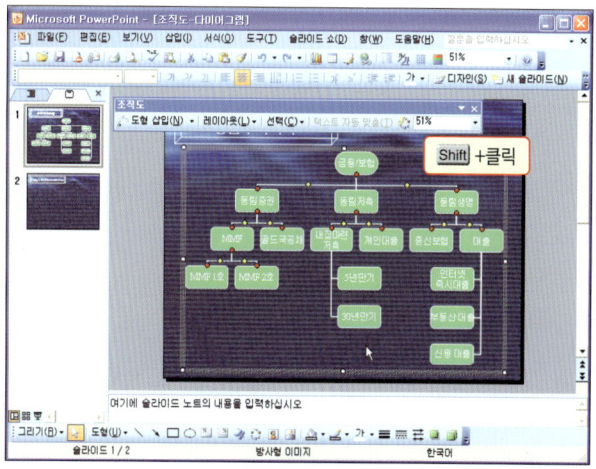

2 다음과 같이 모양 조정 핸들을 위로 드래그합니다.

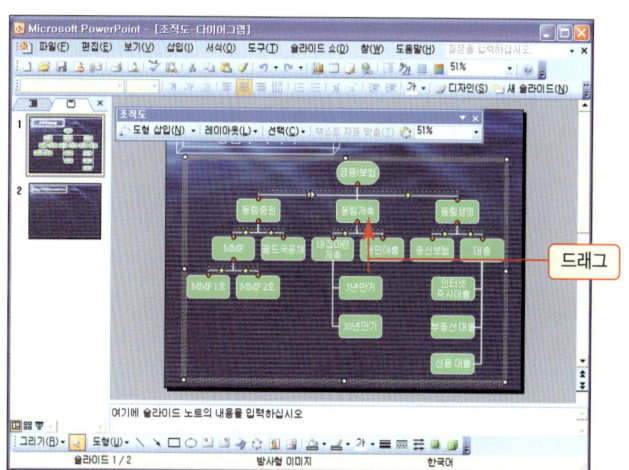

3 그림과 같이 선의 위치가 변경됩니다.

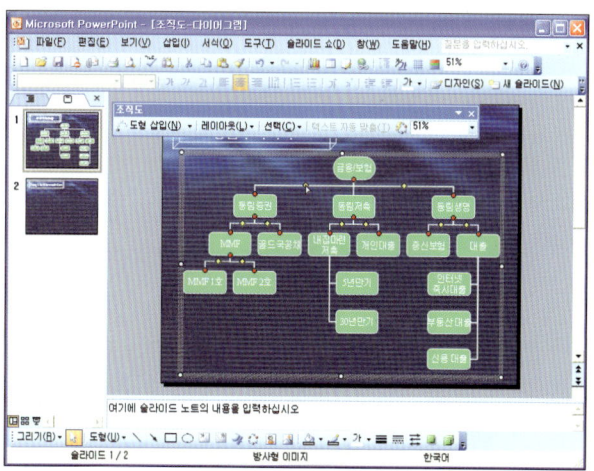

4 조직도 도구 모음의 '선택'에서 '모든 연결선'을 클릭합니다.

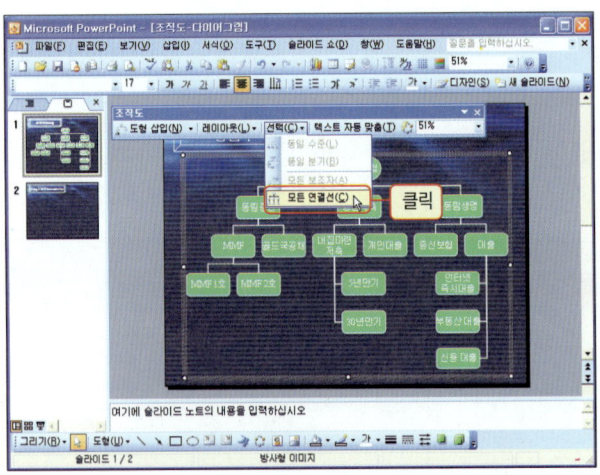

5 도형을 연결하고 있는 모든 선이 선택됩니다. 그 중 하나의 선에 마우스 포인터를 위치시키고 마우스 오른쪽 버튼을 클릭한 후 '도형 서식' 메뉴를 클릭하세요.
그리기 도구 모음에 있는 선 스타일로 지정해도 좋습니다.

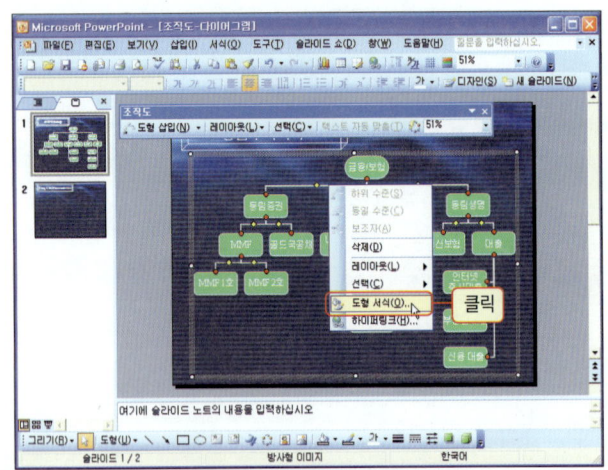

6 '도형 서식' 창에서 선의 두께를 '3pt'로 지정한 후 '확인' 버튼을 클릭합니다.

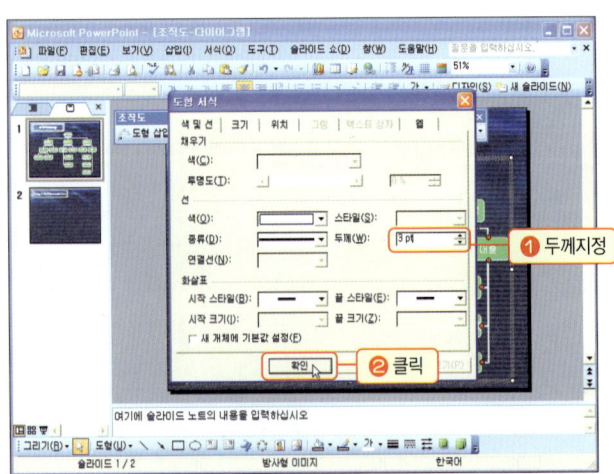

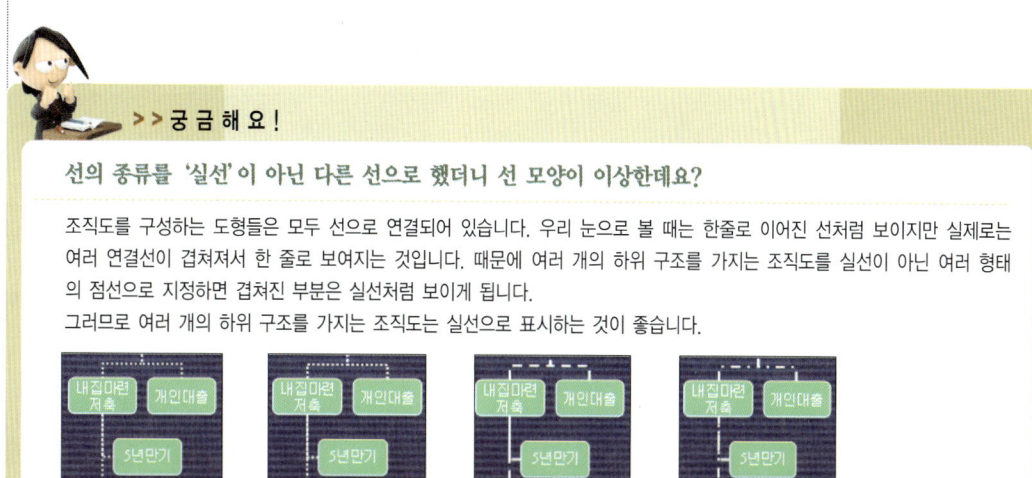

선의 종류를 '실선'이 아닌 다른 선으로 했더니 선 모양이 이상한데요?

조직도를 구성하는 도형들은 모두 선으로 연결되어 있습니다. 우리 눈으로 볼 때는 한줄로 이어진 선처럼 보이지만 실제로는 여러 연결선이 겹쳐져서 한 줄로 보여지는 것입니다. 때문에 여러 개의 하위 구조를 가지는 조직도를 실선이 아닌 여러 형태의 점선으로 지정하면 겹쳐진 부분은 실선처럼 보이게 됩니다.

그러므로 여러 개의 하위 구조를 가지는 조직도는 실선으로 표시하는 것이 좋습니다.

둥근점선	사각점선	파선	파선-점선

3 색과 투명도 활용하기

도형의 바탕색도 다양하게 변경하여 조직도를 입체적으로 표현할 수 있습니다.

1 최상위 도형인 '금융/보험' 도형을 선택합니다. 도형의 경계선에서 마우스 오른쪽 버튼을 클릭한 후 '도형 서식' 메뉴를 클릭하세요.

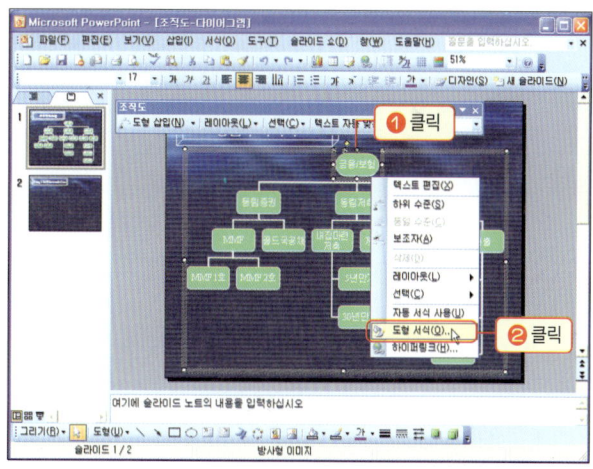

2 '도형 서식' 창에서 '색' 목록 버튼을 클릭하여 '연한녹색'을 선택합니다.

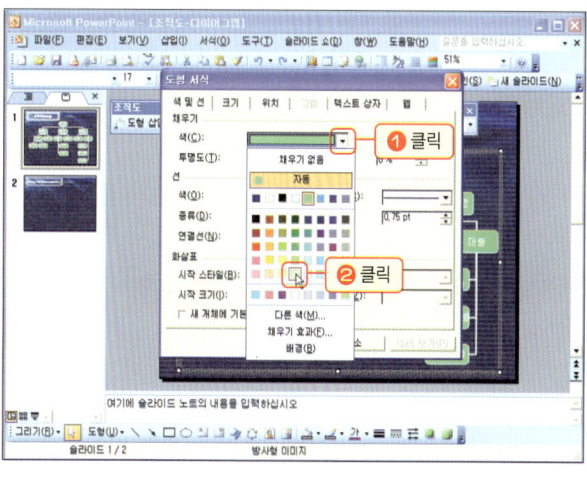

3 '투명도'를 60%로 지정한 후 '확인' 버튼을 클릭합니다.

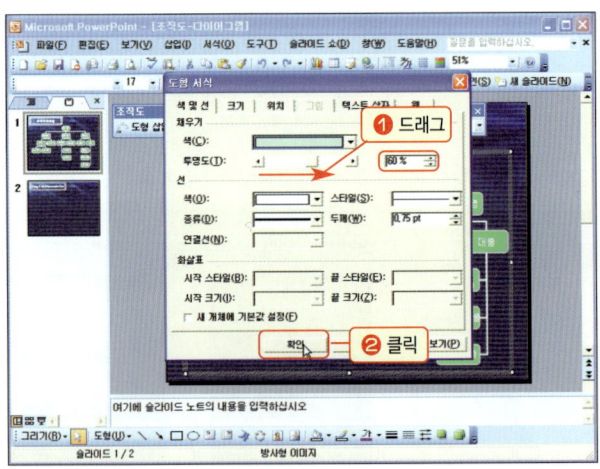

4 '금융/보험'이 입력된 도형의 색이 변경되었습니다.

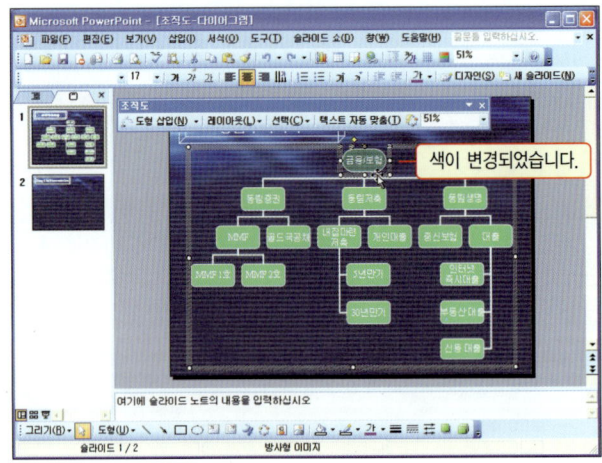

5 나머지 도형의 색을 변경해 봅니다. '금융/보험'이 입력된 도형을 제외한 모든 도형을 선택합니다. '동림증권', '동림저축', '동림생명'이 입력된 도형을 선택한 후 조직도 도구 메뉴의 '선택'에서 '동일 분기'를 선택하면 됩니다.
도형의 경계선에서 마우스 오른쪽 버튼을 클릭한 후 '도형 서식' 메뉴를 클릭합니다.

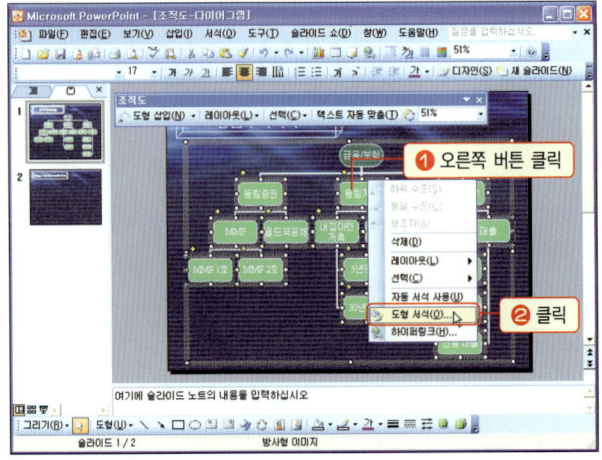

참고하세요!

**도형서식 메뉴로
빠르게 이동하는 방법**

도형을 선택한 후 부메뉴에서 '도형 서식' 메뉴를 이용하는 것이 번거롭다면 도형을 선택한 후 더블클릭해 보세요. 한번에 '도형 서식' 창이 나타납니다.

오려두기

조직도의 서식을
쉽게 변경하려면

★ **237**쪽 펼쳐보기

6 '도형 서식' 창에서 '색' 목록 버튼을 클릭하여 '흐린파랑'을 클릭합니다. 그리고 투명도를 50%로 지정한 후 '확인' 버튼을 클릭하세요.

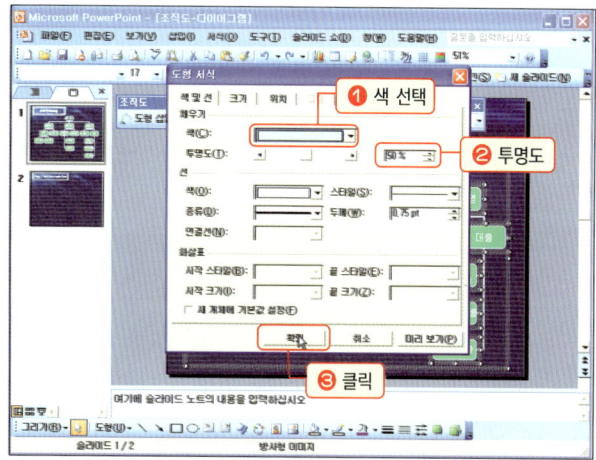

7 그림과 같이 도형의 색이 변경되었습니다.

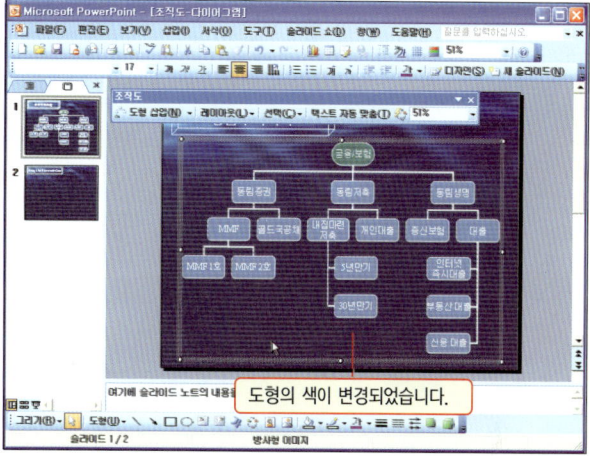

4 글꼴 서식 지정하기

도형에 삽입된 글꼴의 서식도 다양하게 변경할 수 있습니다.

1 조직도를 구성하는 모든 도형을 선택합니다. 서식 도구 모음의 글꼴에서 '휴먼모음T'를 클릭합니다(서체가 없다면 적당한 다른 서체를 지정하세요!).

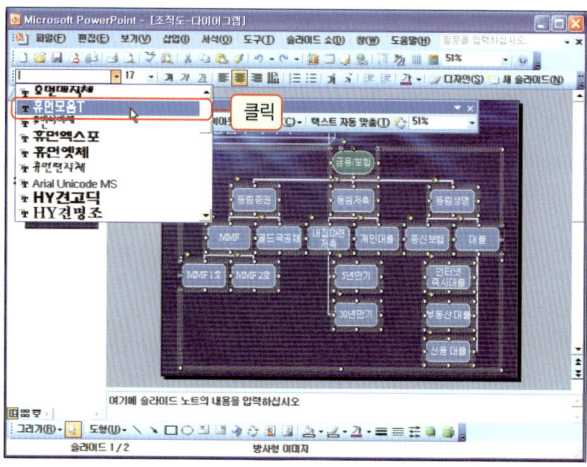

2 '금융/보험' 도형을 선택한 후 서식 도구 모음의 글꼴 크기에서 '20'을 지정합니다.

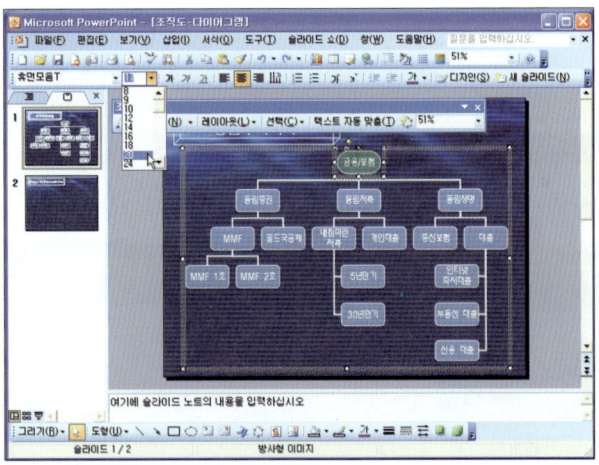

3 다음과 같이 도형에 입력된 텍스트의 글꼴과 텍스트의 크기가 변경됩니다.

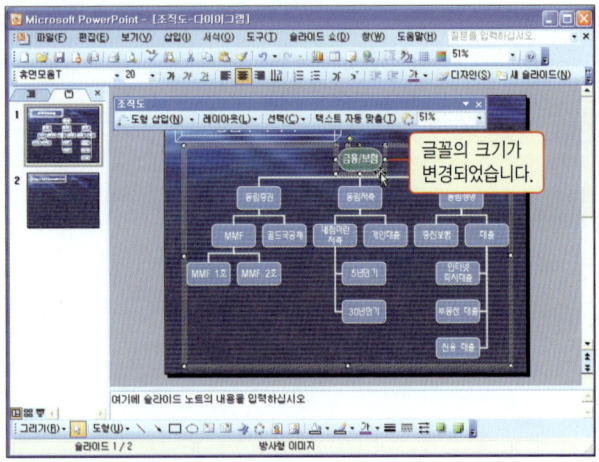

글꼴의 크기가 변경되었습니다.

5 3차원 효과 지정하기

도형에 3차원 효과를 지정할 수 있습니다.

1 조직도의 가장 하위 도형들을 선택합니다.

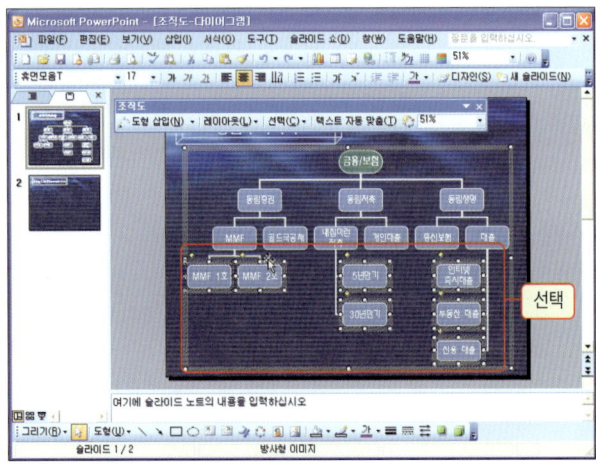

선택

2 그리기 도구 모음의 [ ](3차원 스타일)을 클릭합니다.

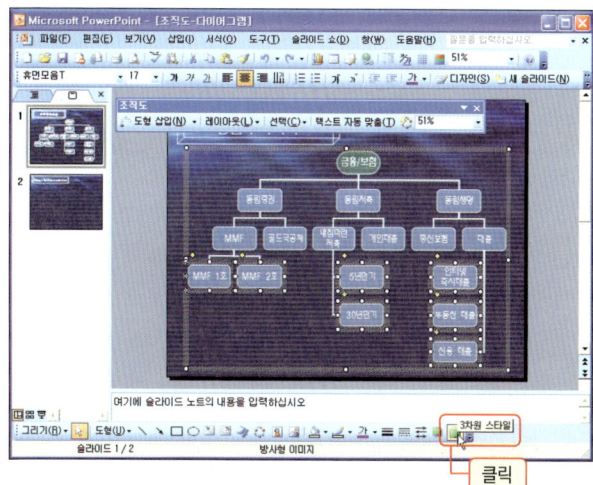

3 3차원 스타일 목록에서 '3차원 스타일 1'을 클릭합니다.

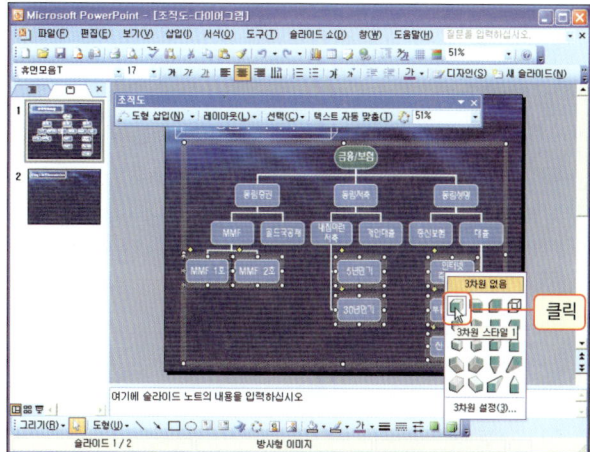

4 그림과 같이 3차원 스타일이 적용됩니다. 물론 그림자 스타일도 지정할 수 있습니다.

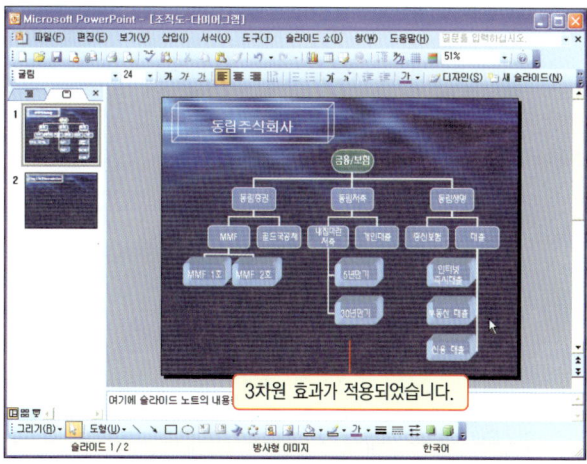

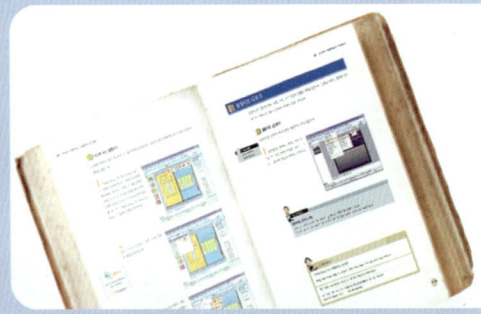

202page ★ 오려둔 것 펼쳐보기

도형을 이용한
다이어그램(조직도)

다이어그램 갤러리 창을 살펴보면 조직도와 다이어그램의 디자인이 구분되지 않은 것을 알 수 있습니다. 앞에서도 언급했지만 최근에는 조직도와 다이어그램을 명확히 구분짓지 않습니다. 그래서 다이어그램의 디자인으로 조직도를 표현하기도 합니다.
도형과 연결선을 이용하여 다이어그램을 작성해 보겠습니다.

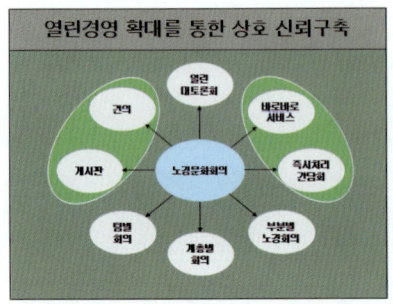

다이어그램을 이용한
조직도

1) 다이어그램 드로잉하기
원 도형과 연결선을 이용하여 다이어그램의 틀을 완성해 봅니다.

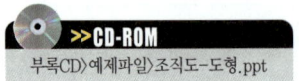

부록(CD)예제파일〉조직도-도형.ppt

1 그리기 도구 모음의 ○(타원)을 클릭한 뒤 마우스 포인터를 슬라이드로 이동한 후 그림처럼 드래그하여 타원을 슬라이드에 그립니다.

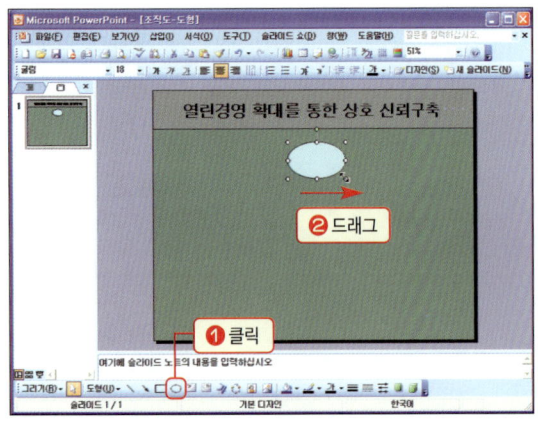

2 그려진 타원을 복사해 보겠습니다. 우선 복사하려는 타원을 클릭한 후 Ctrl 키를 누른 상태에서 마우스를 아래쪽으로 드래그하여 복사합니다.

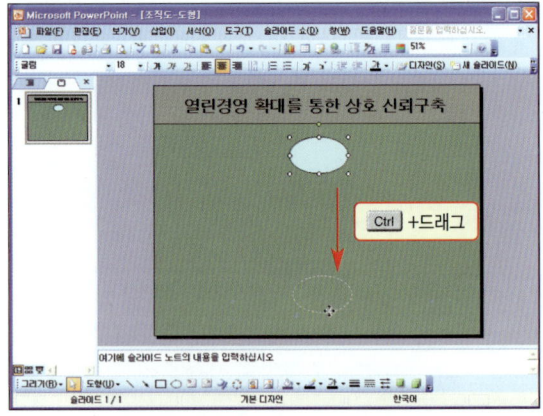

3 Ctrl 키를 누른 상태에서 타원이 그려져야 하는 영역으로 드래그하여 도형을 복사합니다.

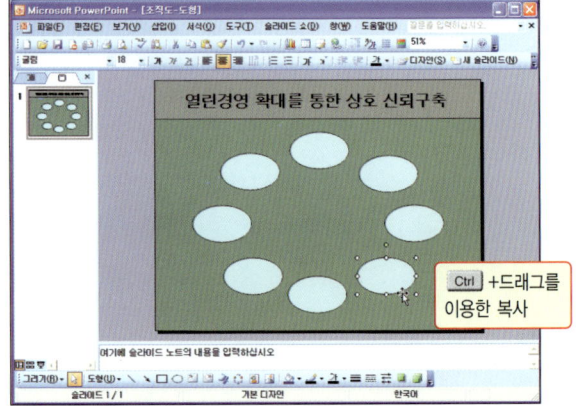

④ 연결선을 이용하여 각 타원을 연결합니다. 그리기 도구 모음의 '도형 – 연결선' 메뉴를 선택한 후 '직선 양쪽 화살표 연결선'을 클릭합니다.

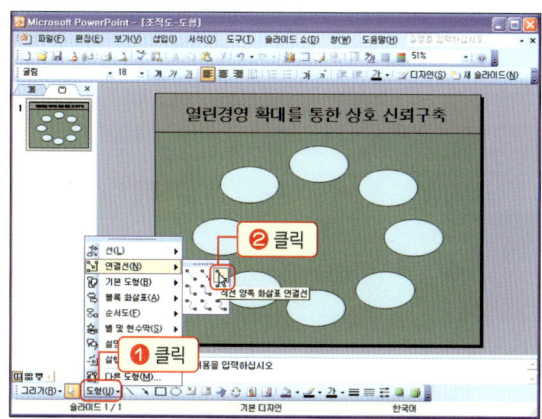

⑤ 왼쪽의 타원을 클릭하면 파란색 점이 나타납니다. 이때 오른쪽 가운데에 마우스 포인터를 위치시키면 마우스 포인터가 ✛으로 변경됩니다. 오른쪽으로 드래그하여 타원의 연결점을 클릭합니다.

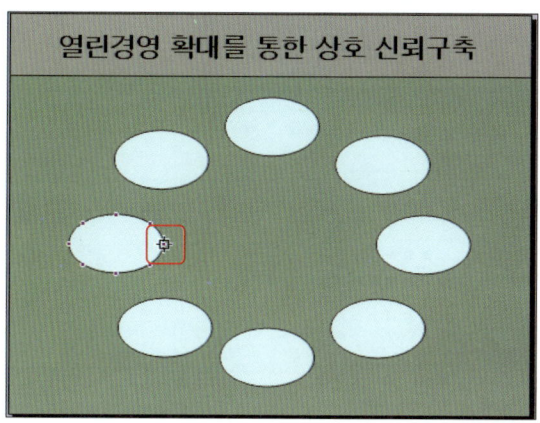

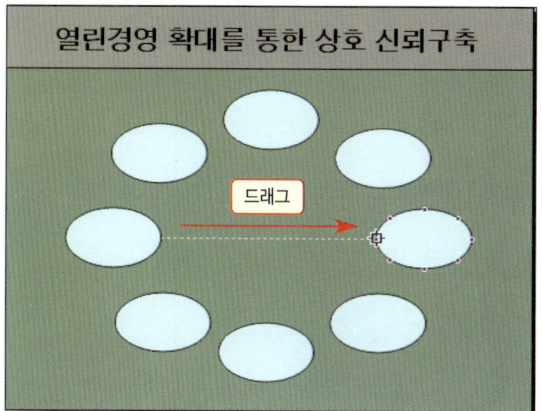

⑥ 이와 같은 방법으로 모든 도형을 연결선으로 연결합니다.

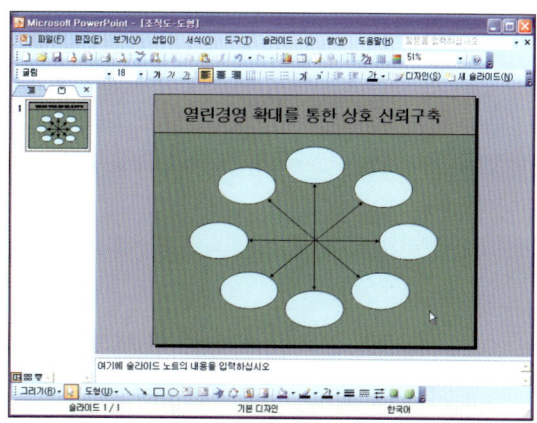

⑦ 중심에 타원을 그리기 위해 그리기 도구 모음의 ◯(타원)을 클릭합니다. 마우스 포인트를 연결선을 중심으로 옮긴 다음 Ctrl 키를 누른 상태에서 마우스를 드래드합니다. 연결선 중심을 기준으로 도형이 그려집니다.

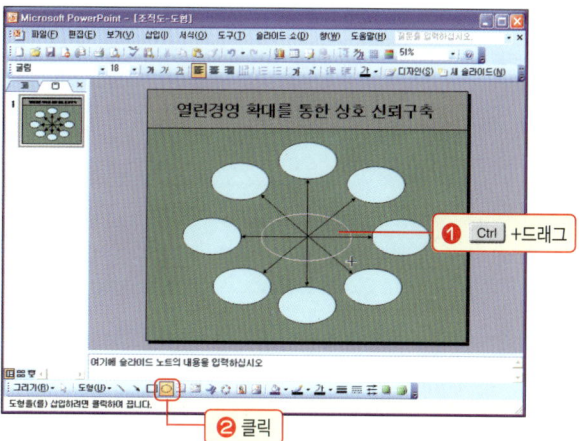

2) 텍스트 입력 및 서식 변경하기

슬라이드에 그려진 타워 도형에 텍스트를 입력해 보겠습니다.

1 가장 중심에 있는 도형을 선택하면 크기 조정 핸들이 나타납니다. 이때 '노경문화회의'를 입력합니다.

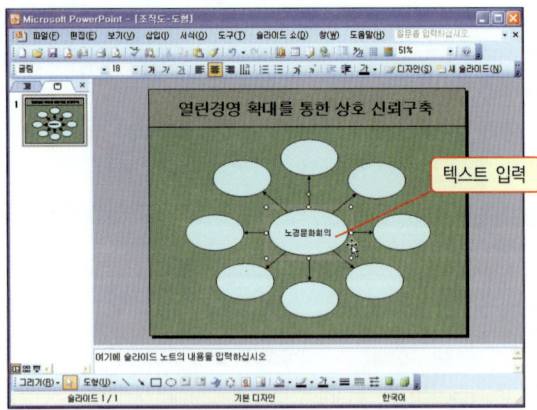

2 나머지 도형도 같은 방법으로 텍스트를 입력합니다.

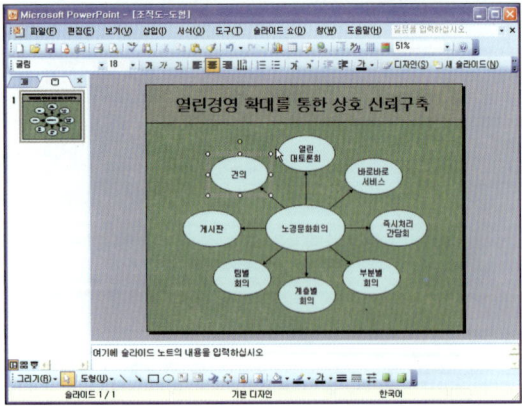

3 텍스트가 입력된 모든 도형을 선택하고 서식 도구 모음의 가 (굵게)를 클릭하여 그림과 같이 변경합니다.

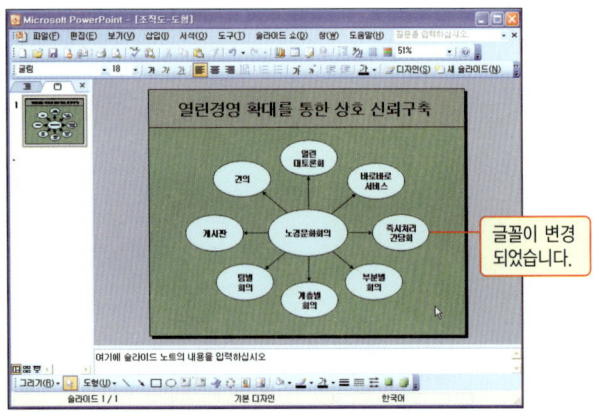

3) 다이어그램 꾸미기

도형의 스타일을 변경해 보겠습니다.

1 다이어그램의 중심이 되는 도형, 즉 '노경문화회의'가 입력된 도형을 선택합니다. 그런 다음 마우스 오른쪽 버튼을 클릭한 후 '도형 서식' 메뉴를 클릭합니다.

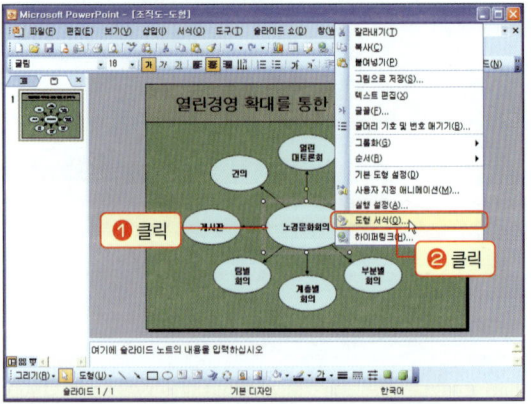

2 '도형 서식' 창에서 채우기 색을 '흐린 파랑'으로 선택하고 선은 '선 없음'을 선택한 후 '확인' 버튼을 클릭합니다. 그러면 도형의 색과 선 모양이 한꺼번에 변경됩니다.

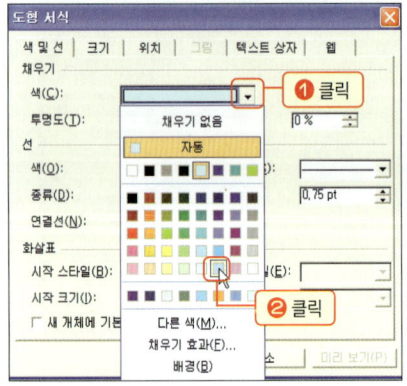

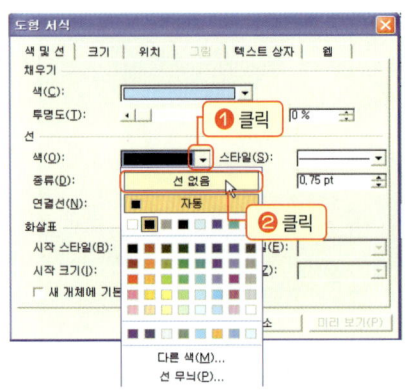

3 나머지 타원 도형도 선택합니다. 마우스 오른쪽 버튼을 클릭한 후 '도형 서식' 메뉴를 클릭합니다. '도형 서식' 창에서 '다른 색'을 클릭하고 '색' 창에서 연한 회색을 선택한 후 '확인' 버튼을 클릭합니다.

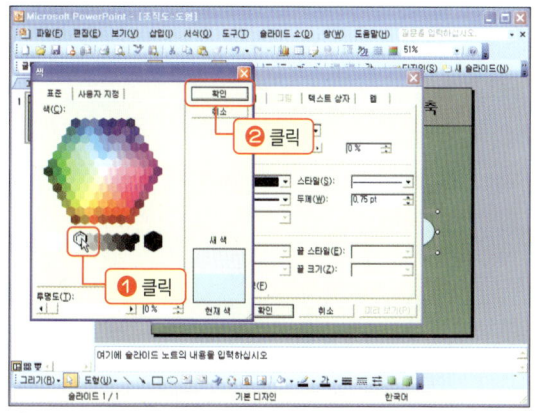

4 '선 없음'을 선택한 후 '확인' 버튼을 클릭합니다. 그러면 도형의 색과 선 모양이 변경됩니다.

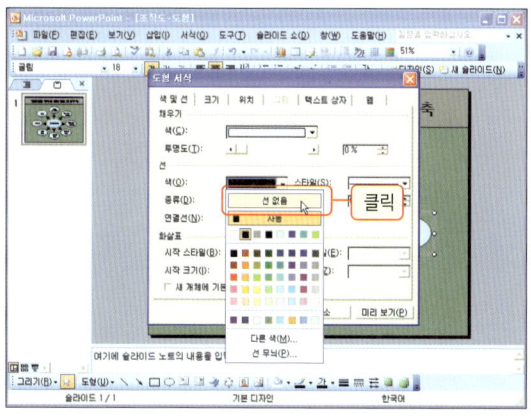

5 기울어진 타원을 그려보도록 하겠습니다. 우선 그리기 도구 모음의 (타원)을 이용하여 적당한 크기의 타원을 그립니다.

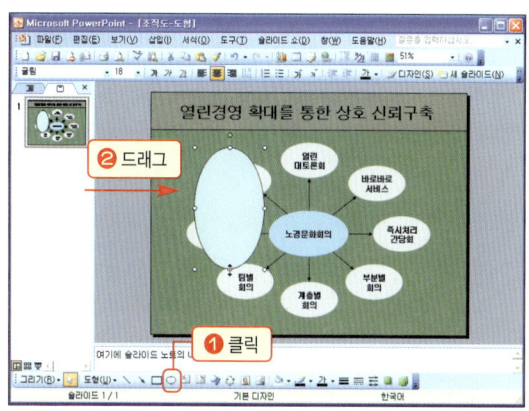

6 초록색의 회전 핸들을 클릭한 후 마우스를 오른쪽으로 드래그하여 도형을 회전시킵니다.

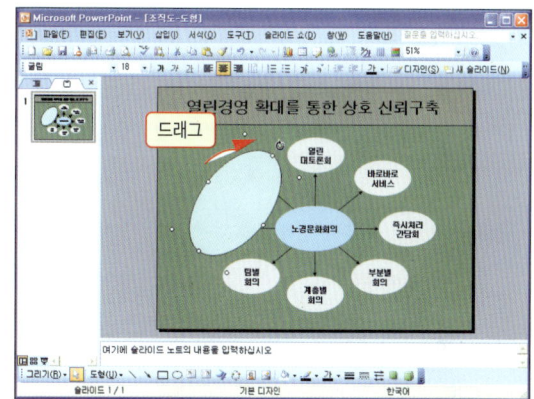

7 마우스 오른쪽 버튼을 클릭한 후 '도형 서식' 메뉴를 클릭하고 '도형 서식' 창에서 '다른 색'을 클릭합니다. '사용자 지정' 탭에서 '빨강 : 67', '녹색: 189', '파랑 : 70', 투명도는 '60%'로 지정한 후 '확인' 버튼을 클릭합니다.

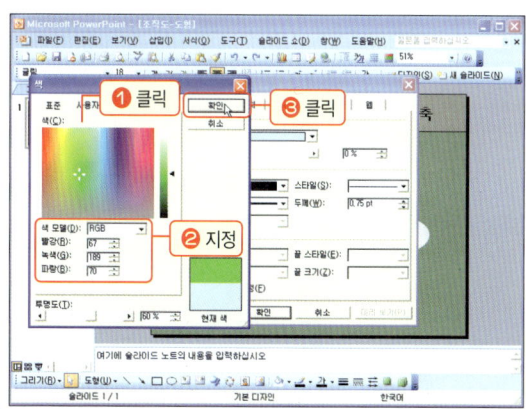

❽ 선색은 흰색으로 지정한 후 '확인' 버튼을 클릭합니다.

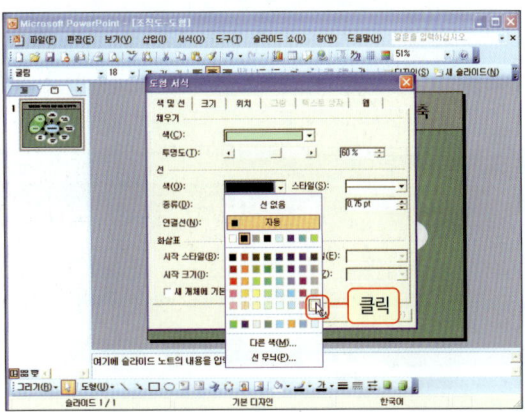

❾ 타원의 순서를 아래로 위치시키고 오른쪽으로 복사해야 합니다. 도형을 선택한 후 마우스 오른쪽 버튼을 클릭하고 '순서' 메뉴에서 '맨 뒤로 보내기'를 클릭합니다. 그런 다음 Ctrl 키를 누른 상태에서 도형을 오른쪽으로 그래그하여 복사합니다.

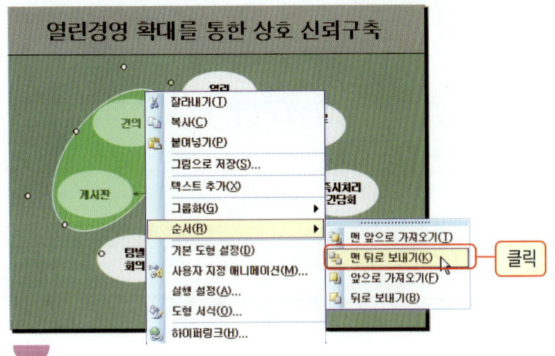

❿ 복사된 타원 도형을 회전합니다. 복사된 도형이 선택된 상태에서 그리기 도구 모음의 '그리기' 메뉴를 클릭한 후 '회전 또는 대칭'의 '왼쪽으로 90도 회전'을 클릭합니다.

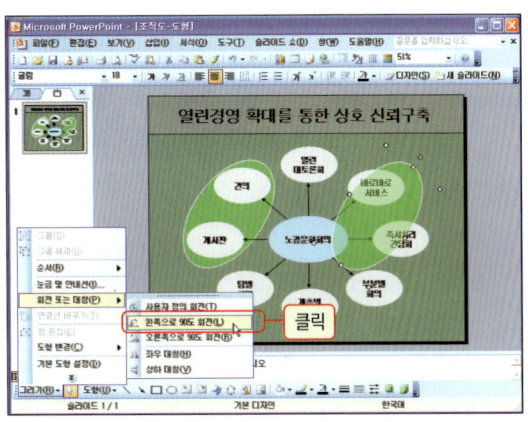

⓫ 타원 도형이 왼쪽으로 회전됩니다. 정확히 일치하지 않으므로 도형의 회전 핸들과 크기 조절 핸들을 이용하여 적당히 조정하면 됩니다. 그리고 마지막으로 마우스 오른쪽 버튼을 클릭한 후 '순서' 메뉴에서 '맨 뒤로 보내기'를 클릭합니다.

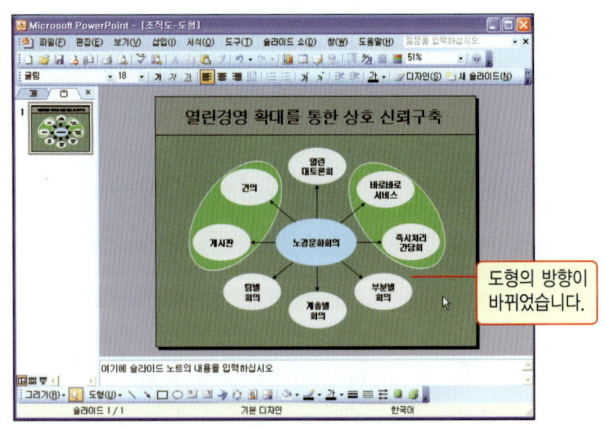

03 다이어그램 만들기

다이어그램 갤러리를 이용하면 한눈에 데이터를 흐름을 분석할 수 있는 다이어그램 제작이 가능합니다.

1 다이어그램 삽입하기

피라미드형 다이어그램을 슬라이드에 삽입해 보도록 하겠습니다.

1 예제 파일의 두 번째 슬라이드를 선택합니다. 피라미드형 다이어그램을 조직도에 삽입하기 위해 그리기 도구 모음의 (다이어그램 또는 조직도 삽입)을 클릭합니다.

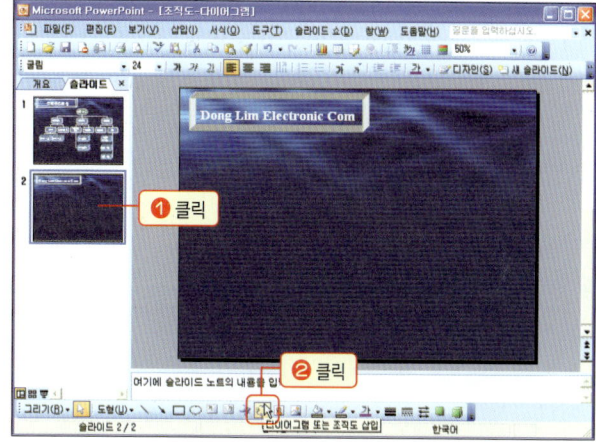

2 '다이어그램 갤러리' 창에서 '피라미드형 다이어그램'을 선택한 후 '확인' 버튼을 클릭합니다.

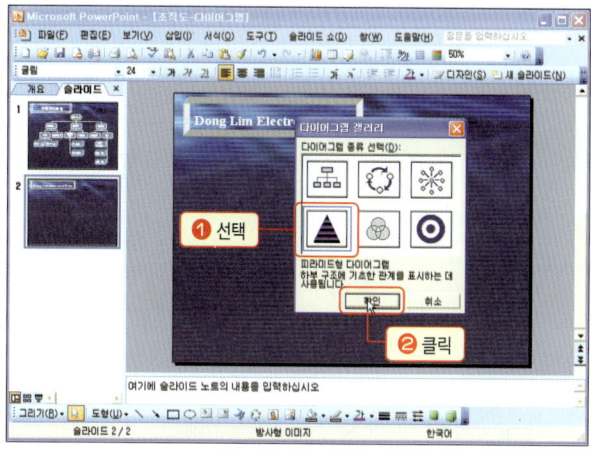

오려두기

다이어그램에 도형을
추가하거나 삭제하려면
★ **239**쪽 펼쳐보기

3 그림과 같이 '피라미드형 다이어그램'이 슬라이드에 삽입됩니다.

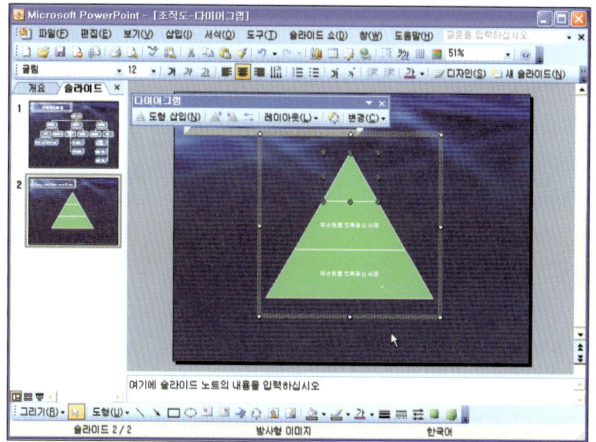

2 텍스트 삽입 및 서식 변경하기

다이어그램에 텍스트를 삽입하고 서식을 다양하게 변경할 수 있습니다.

1 우선 텍스트의 크기를 변경해 보겠습니다. 다이어그램을 선택한 후 서식 도구 모음의 '글꼴크기' 목록 버튼을 클릭하여 글꼴 크기를 20으로 지정합니다.

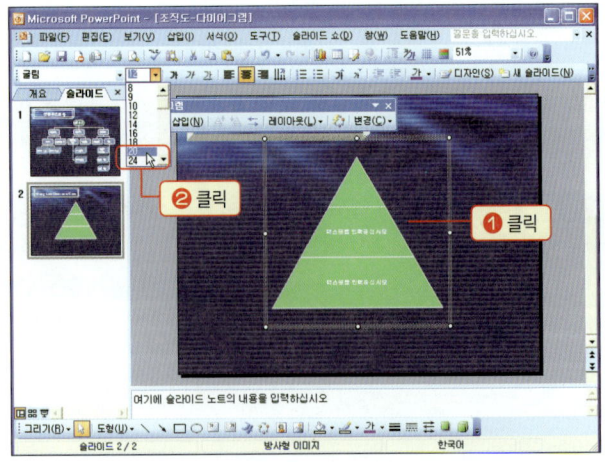

2 제일 위에 위치한 도형의 내부를 클릭한 후 커서가 나타나면 '임원'을 입력합니다.

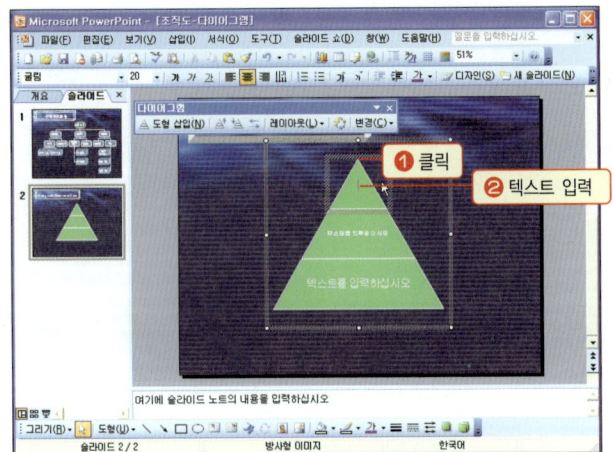

3 나머지 도형도 똑같은 방법으로 선택한 후 '팀장'과 '팀원'을 순서대로 입력합니다.

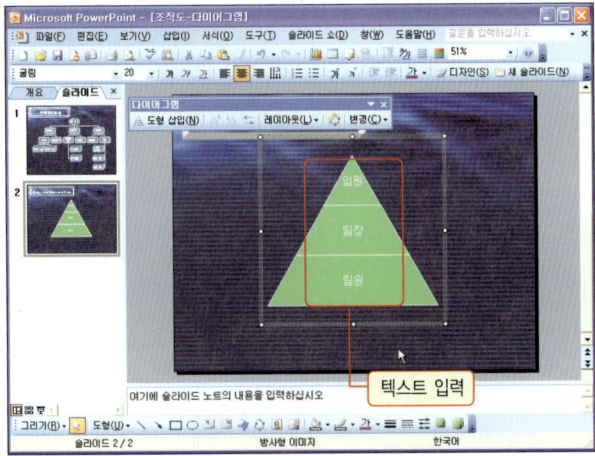

hot key

굵게 : Alt + B

오려두기

다이어그램의 종류와
도구 모음

★ 240쪽 펼쳐보기

4 다이어그램을 선택한 후 서식 도구 모음의 **가** (굵게)를 클릭하여 다이어그램에 입력된 텍스트를 진하게 표현합니다.

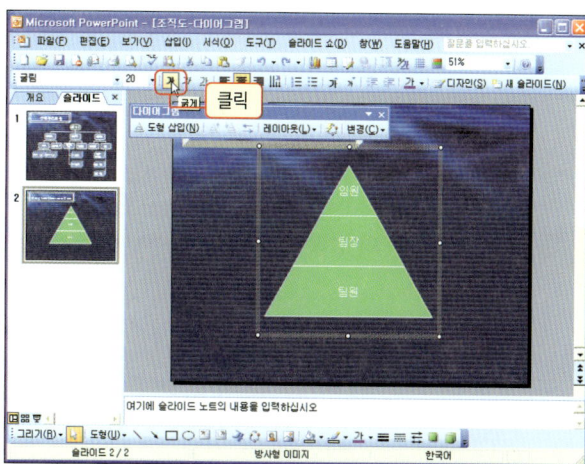

참고하세요!

다이어그램 도구 모음

어떤 디자인의 다이어그램을 선택했느냐에 따라 도구 모음의 아이콘 모양이 약간 달라집니다. 우선 피라미드형 다이어그램의 도구 모음을 살펴보도록 하겠습니다.

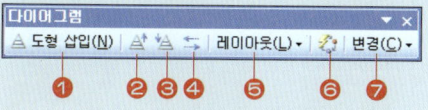

❶ 도형 삽입 : 다이어그램에 추가로 도형을 삽입합니다.

❷ 도형을 뒤로 이동 : 현재 선택된 도형의 위치를 위로 이동시킵니다.

❸ 도형을 앞으로 이동 : 현재 선택된 도형의 위치를 아래로 이동시킵니다. 특히 '도형을 뒤로'와 '도형을 아래로'를 이용하여 도형의 위치를 변경하려면 반드시 '자동 레이아웃'이 선택되어 있어야 합니다.

❹ 다이어그램 반대로 : 현재 다이어그램 디자인을 거꾸로 변경합니다.

❺ 레이아웃 : 다이어그램에 적용된 레이아웃을 변경합니다.

❻ 자동서식 : 다이어그램의 서식을 지정합니다.

❼ 변경 : 다른 디자인의 다이어그램으로 변경합니다.

3 다이어그램 간격 조절하기

다이어그램을 구성하는 도형의 간격을 조절할 수 있습니다.

1 우선 다이어그램을 선택한 후 왼쪽으로 드래그하여 다이어그램의 위치를 변경합니다.

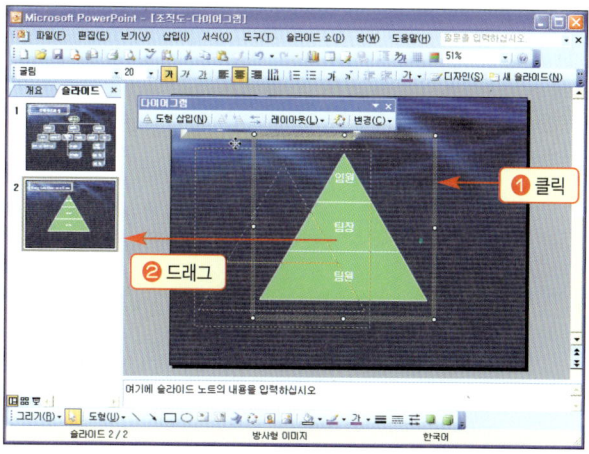

2 다이어그램을 구성하는 도형 사이의 간격을 넓혀보도록 하겠습니다. 우선 첫 번째 도형을 선택합니다. 만약 ⓧ모양의 크기 조정 불가 핸들이 나타난다면 다이어그램 도구 모음의 '레이아웃'에서 '자동 레이아웃'의 선택을 해제합니다.

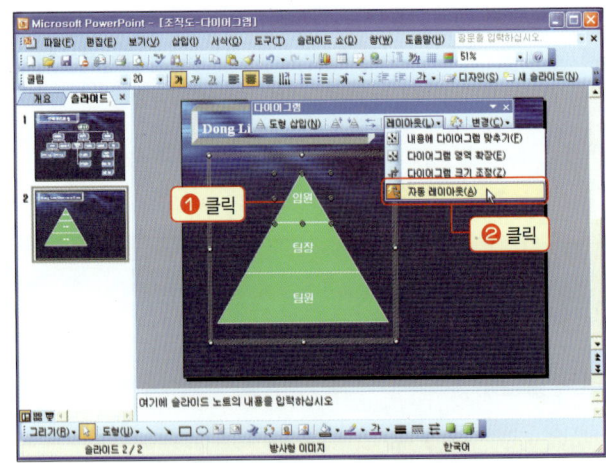

3 ⓧ모양의 크기 조정 불가 핸들이 ○크기 조정이 가능한 핸들로 변경됩니다. '임원'이 입력된 도형의 아래쪽 조절점을 위로 드래그합니다.

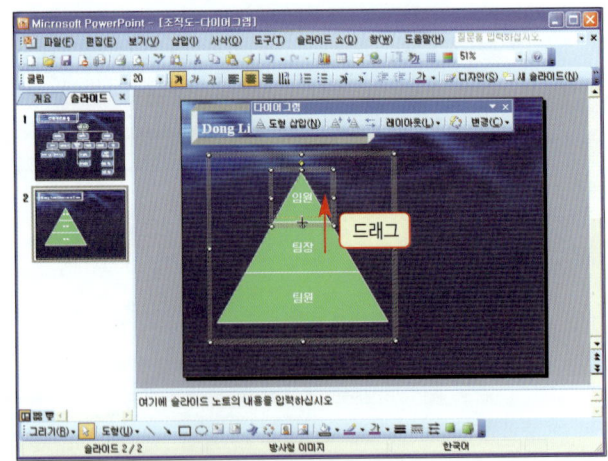

4 '임원'이 입력된 도형과 '팀장'이 입력된 도형의 간격이 넓어집니다.

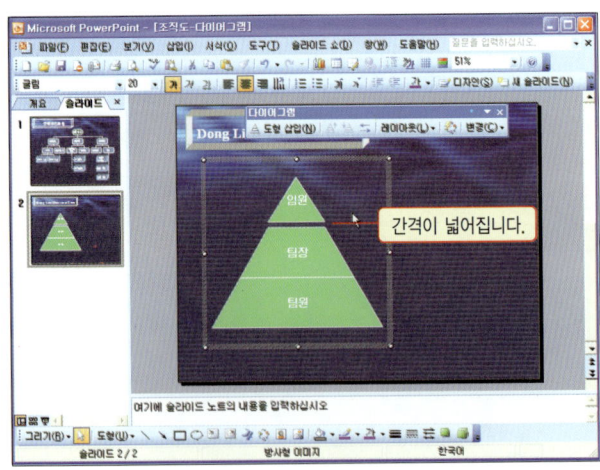

5 '팀장'이 입력된 도형을 선택한 후 아래쪽 크기 조절 핸들을 위로 드래그하여 그림과 같이 도형 사이의 간격을 조절합니다.

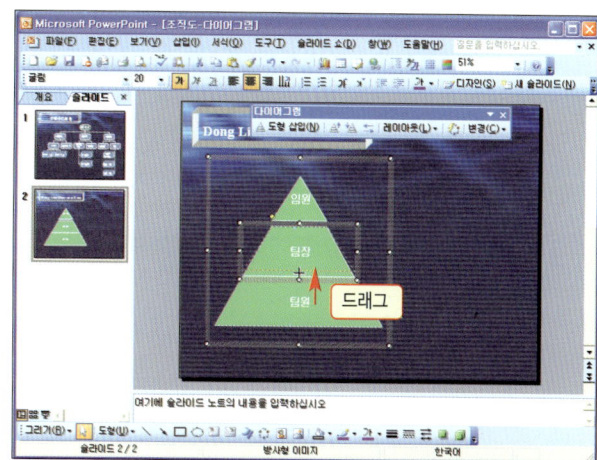

레이아웃 메뉴에 대하여 자세히 알려주세요.

| 내용에 다이어그램 맞추기(F) |
| 다이어그램 영역 확장(E) |
| 다이어그램 크기 조정(Z) |
| 자동 레이아웃(A) |

❶ 내용에 다이어그램 맞추기 : 그림 테두리와 다이어그램 사이의 간격을 최대한 같게 만들어줍니다.

❷ 다이어그램 영역 확장 : 다이어그램과 그림 테두리 사이에 간격을 두어 좀 더 여유롭게 편집할 수 있습니다.

❸ 다이어그램 배율 조정 : 다이어그램 자체는 확대되지 않고 다이어그램의 전체 삽입 영역을 확대할 수 있도록 크기 조정 핸들이 나타납니다.

④ 3차원 입체 효과 지정하기

조직도와 마찬가지로 다이어그램에도 3차원 효과를 지정할 수 있습니다.

1 다이어그램을 구성하는 모든 도형을 선택한 후 그리기 도구 모음의 ▣(3차원 스타일)을 클릭하고 3차원 스타일 목록에서 '3차원스타일1'을 클릭합니다.

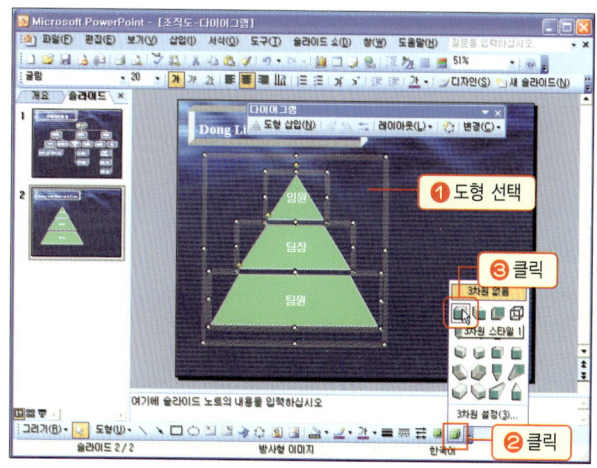

2 3차원 스타일이 적용된 다이어그램의 면색을 투명하게 지정해 보겠습니다. 우선 도형이 모두 선택된 상태에서 마우스 오른쪽 버튼을 클릭한 후 '도형 서식' 메뉴를 클릭합니다.

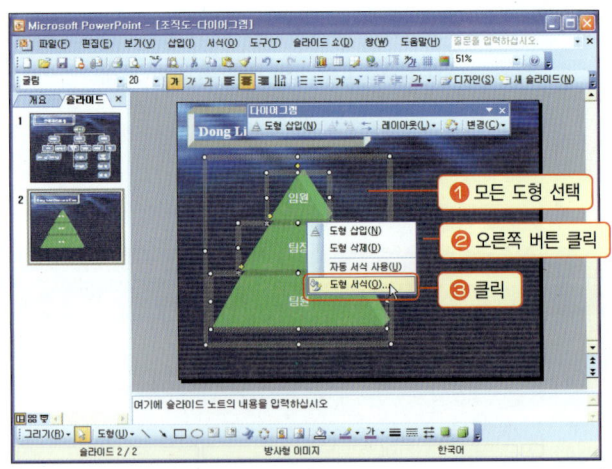

3 '도형 서식' 창에서 '색' 목록 버튼을 클릭한 다음 '채우기 없음'을 클릭하고 '확인' 버튼을 클릭합니다.

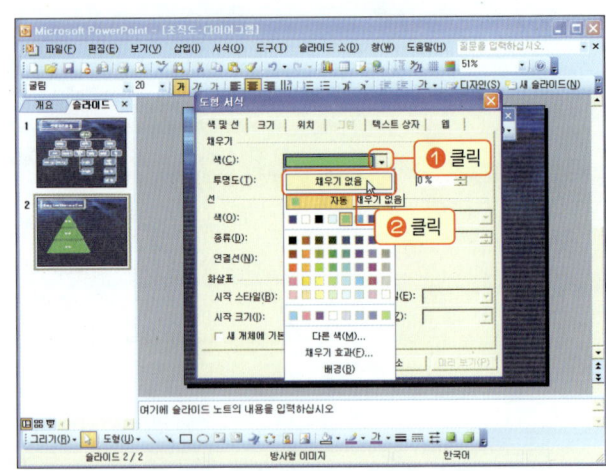

✂ 오려두기

도형을 이용한 슬라이드 디자인의 예

★ 241쪽 펼쳐보기

4 입체적인 모양의 다이어그램으로 변경됩니다.

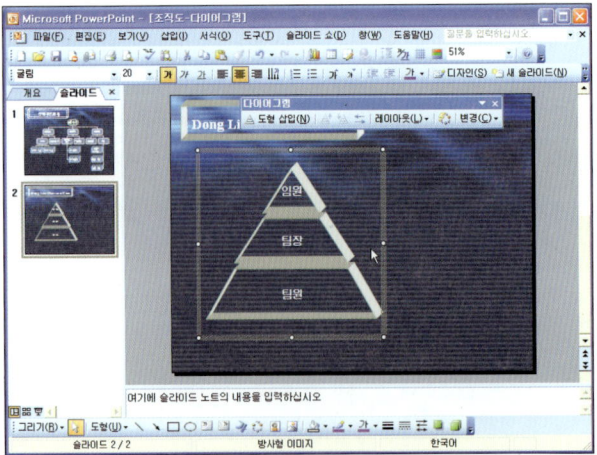

5 도형으로 추가 설명 붙이기

도형과 연결선을 이용하여 부가적인 설명을 추가할 수 있습니다.

1 그리기 도구 모음의 ▤(선 스타일)을 클릭하여 그림과 같이 선을 그립니다.

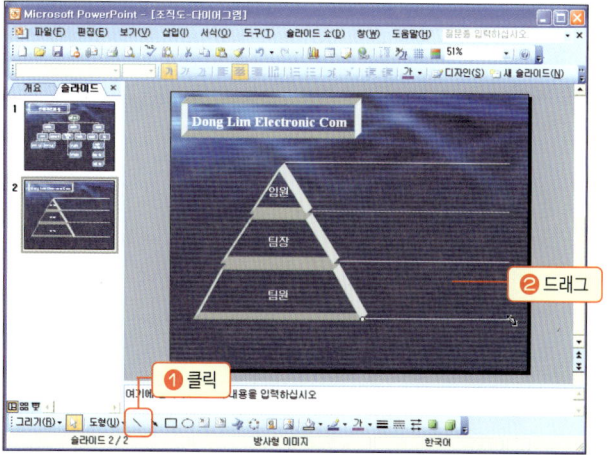

2 그리기 도구 모음의 도형 메뉴를 클릭한 후 '연결선-직선 양쪽 화살표 연결선' 메뉴를 클릭합니다.

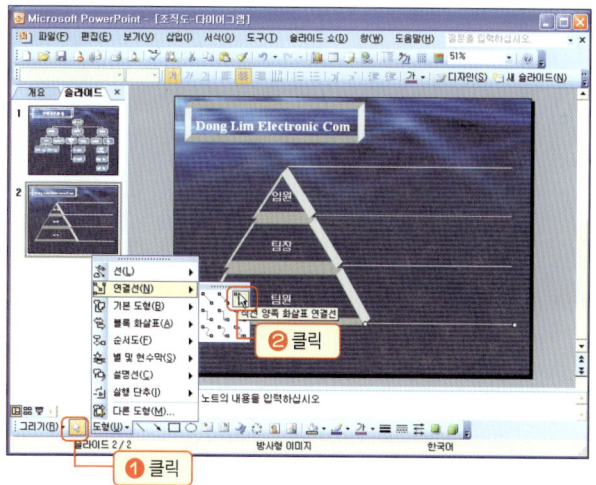

3 그림과 같이 화살표를 그립니다. 화살표의 방향이 양쪽 방향이 되도록 변경하기 위해 슬라이드에 그려진 두 개의 화살표를 선택합니다. 그리기 도구 모음의 ▤(화살표 스타일)을 클릭한 후 화살표 스타일 목록에서 '화살표 스타일 7'을 선택합니다.

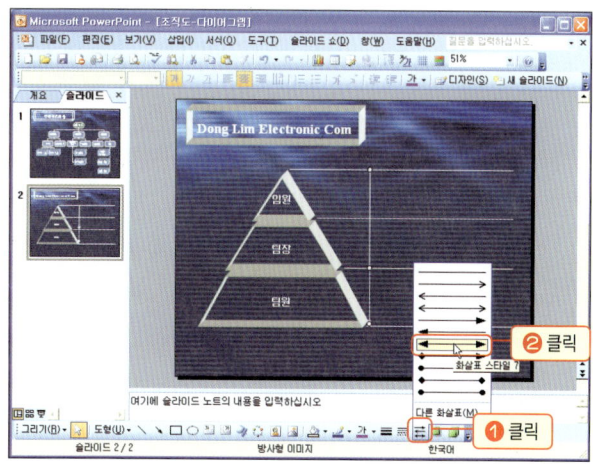

4 그리기 도구 모음에서 직사각형 ▭ 을 이용하여 슬라이드에 그림과 같은 도형을 그립니다.

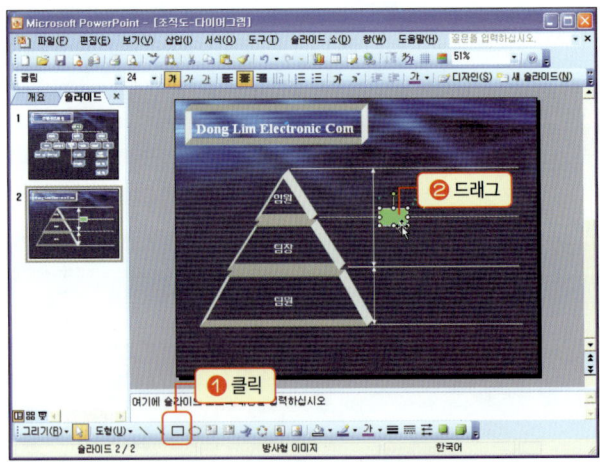

5 Ctrl 키를 누른 상대에서 직사각형 도형을 아래로 드래그하여 복사합니다.

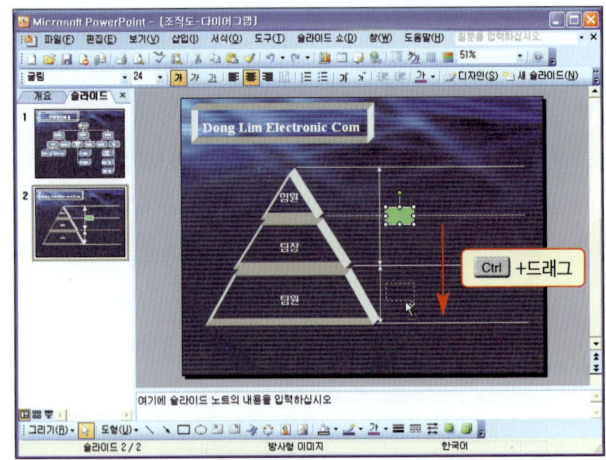

6 그리기 도구 모음의 '도형' 메뉴를 클릭한 후 '기본도형'의 '다이아몬드'를 선택한 후 적당한 크기가 되도록 다이아몬드 도형을 슬라이드에 그립니다.

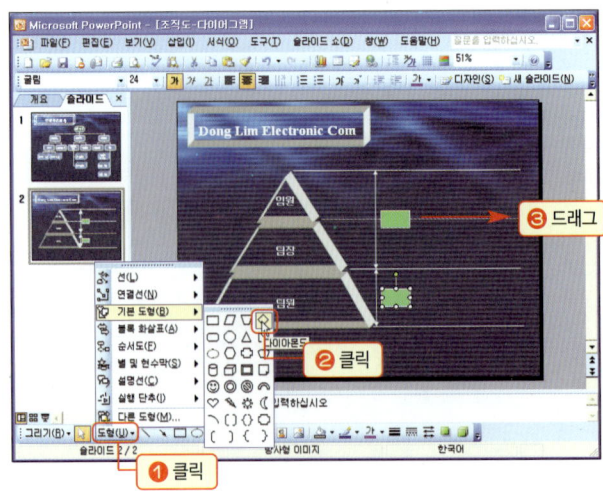

7 Ctrl 키를 누른 상태에서 다이아몬드 도형을 아래로 드래그하여 그림처럼 복사합니다.

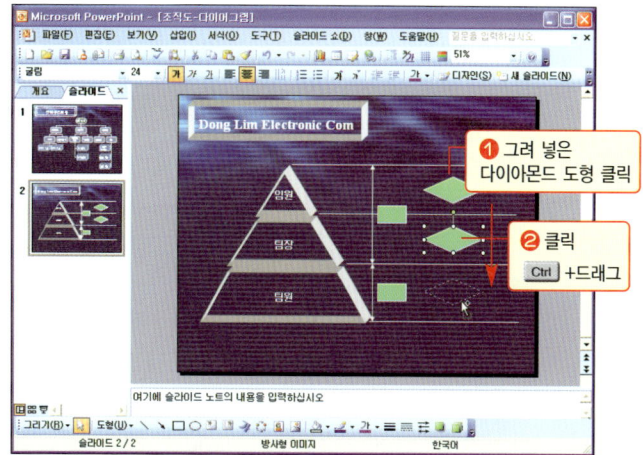

8 다이아몬드 도형에 연결된 연결선을 그려보도록 하겠습니다. 그리기 도구 모음의 '도형' 메뉴를 클릭합니다. '연결선'의 '구부러진 양쪽 화살표 연결선'을 클릭합니다.

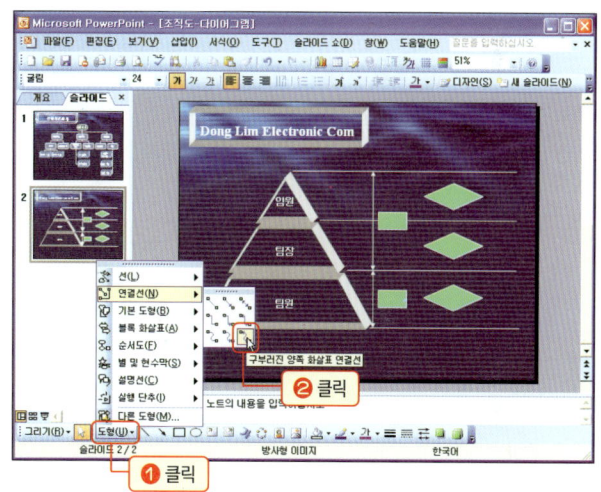

9 마우스 포인터를 슬라이드로 이동시킨 뒤 다이아몬드 도형의 오른쪽 꼭지점을 클릭한 후 두 번째 다이아몬드 도형의 오른쪽 꼭지점을 클릭하여 두 도형을 연결합니다.

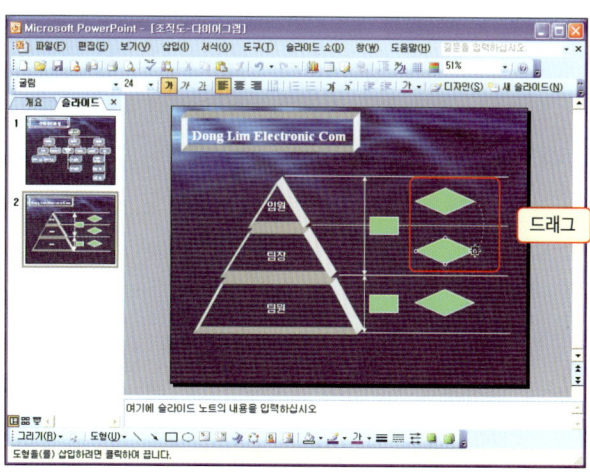

10 연결선을 선택한 후 Ctrl 키를 누른 상태에서 두 번째 다이어몬드와 세 번째 다이어몬드 사이로 복사합니다.

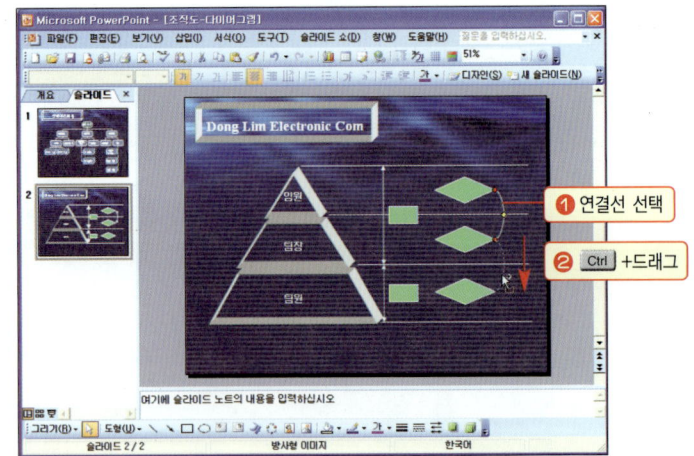

11 아래쪽 직사각형과 다이어몬드 도형을 모두 선택한 다음 그리기 도구 모음의 (색 채우기)의 (목록 버튼)을 클릭합니다. '채우기 없음'을 선택하세요.

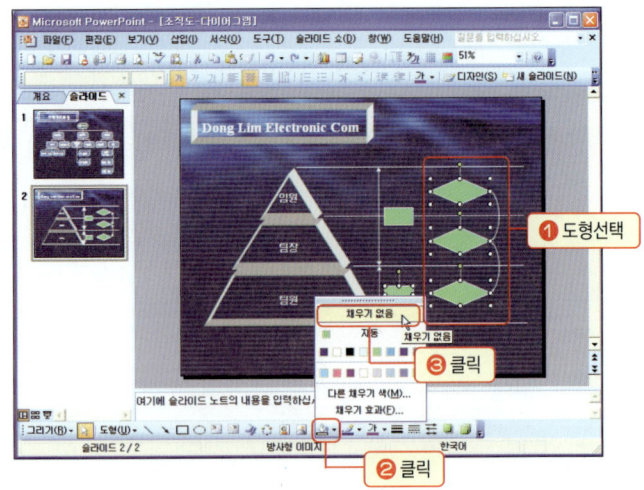

12 위쪽 직사각형을 선택한 후 마우스 오른쪽 버튼을 클릭합니다. 그런 다음 '도형 서식' 메뉴를 클릭합니다.

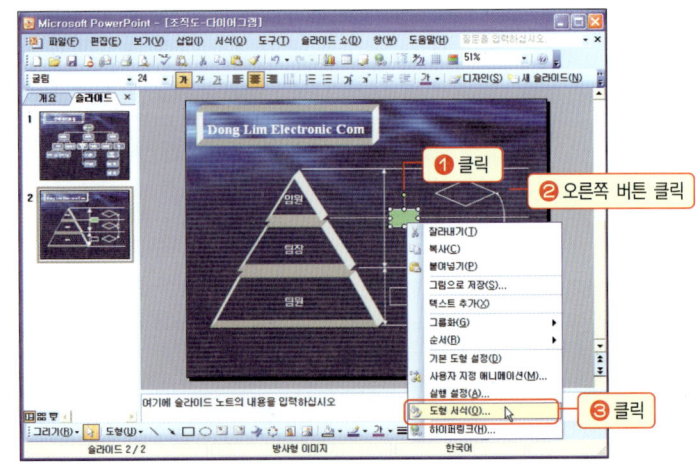

13 '도형 서식' 창에서 '색'의 '배경'을 선택한 후 '확인' 버튼을 클릭합니다.

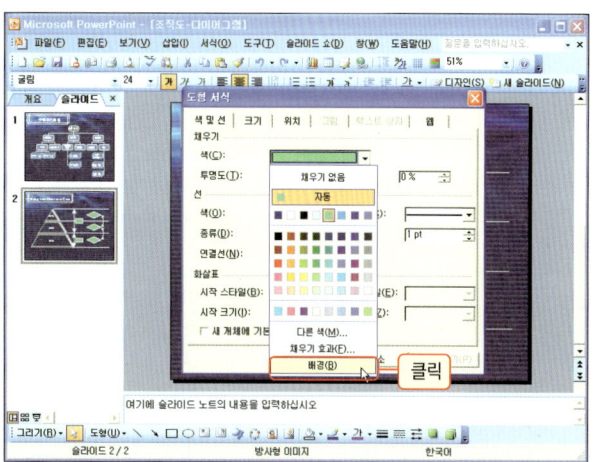

14 그림과 같이 텍스트를 입력합니다.

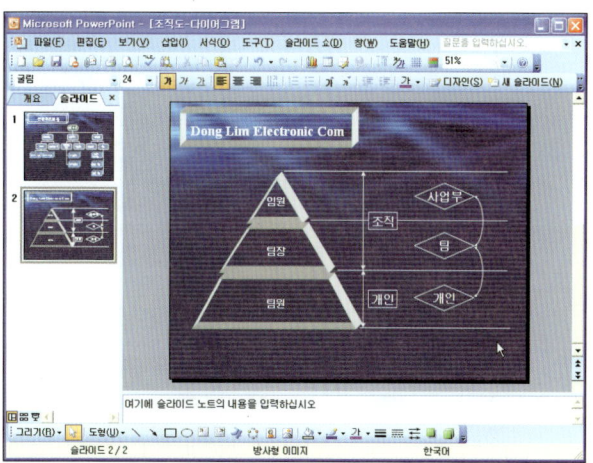

204page ★ 오려둔 것 **펼쳐보기**

도형을 삽입하거나 삭제하면
조직도가 이상해져요!

조직도 내의 도형을 새로 추가하거나 삭제하면 조직도 모양이 이상해지는 경우가 있습니다. 이는 조직도 도구 모음 '레이아웃' 메뉴에서 '자동 레이아웃' 이 선택되지 않았기 때문입니다.

'자동 레이아웃' 이 선택되어 있으면 조직도에 도형이 추가되거나 삭제되었을 때 조직도의 레이아웃을 표준 형태로 최적화시킵니다.
그러므로 만약 '자동 레이아웃' 의 선택이 해제되었다면 다시 선택하여 도형을 추가하거나 삭제하는 것이 좋습니다.

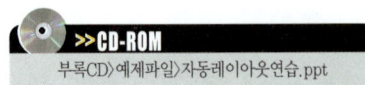

>> CD-ROM
부록CD〉예제파일〉자동레이아웃연습.ppt

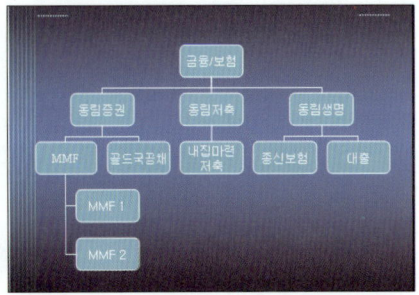

기본 조직도

1) 조직도의 도형을 삭제할 때

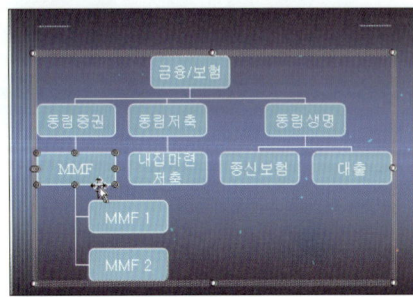

'자동 레이아웃' 을 선택하지 않은 경우

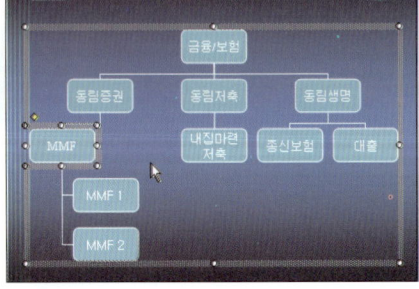

'자동 레이아웃' 을 선택한 경우

2) 조직도에 도형을 추가할 때

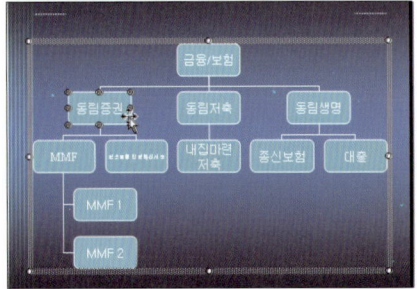

'자동 레이아웃' 을 선택하지 않은 경우

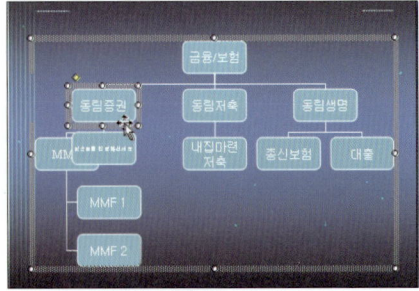

'자동 레이아웃' 을 선택한 경우

217 page ★ 오려둔 것 펼쳐보기

조직도 도구 모음의 자동서식에 대하여 알고 싶어요.

조직도를 삽입하는 것은 간단하지만 좀 더 세부적으로 서식을 변경하려면 시간도 오래 걸리고 까다롭습니다. 그래서 파워포인트에서는 조직도 스타일을 쉽게 변경할 수 있도록 16가지 스타일을 제공합니다. 그것이 바로 조직도 스타일 갤러리입니다.

조직도에 자동 서식을 지정하려면 조직도를 선택한 상태에서 조직도 도구 모음의 🎨 (자동서식)을 클릭합니다. '조직도 스타일 갤러리' 창에서 지정하려는 자동서식을 클릭한 후 '확인' 버튼을 클릭하면 됩니다.

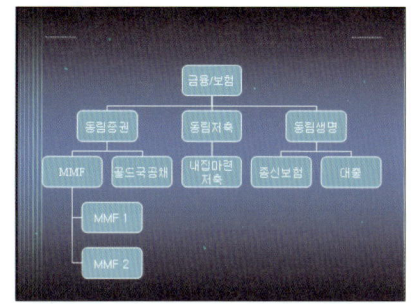

〈기본〉 – 자동서식 지정 전

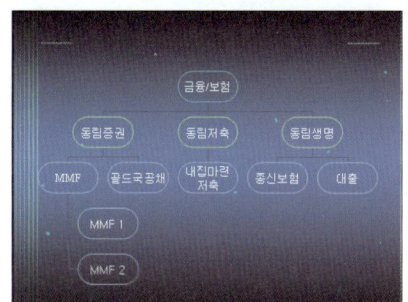

윤곽선

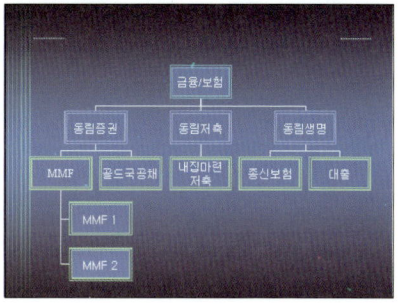

이중 윤곽선

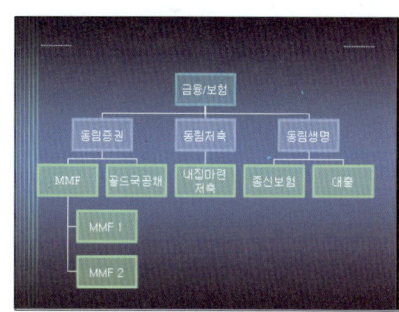

강조

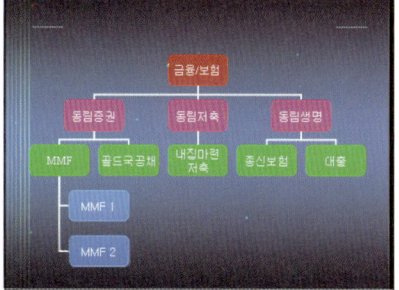

기본 색

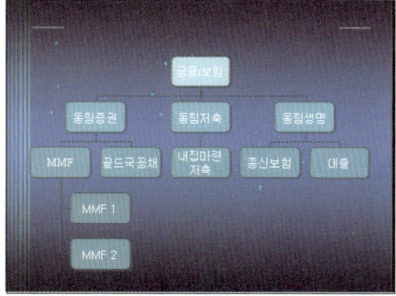

음영

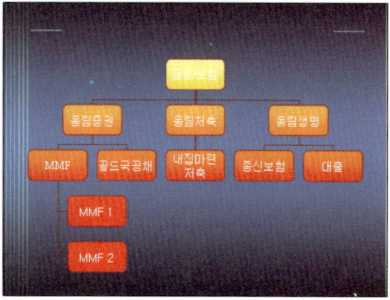

불꽃

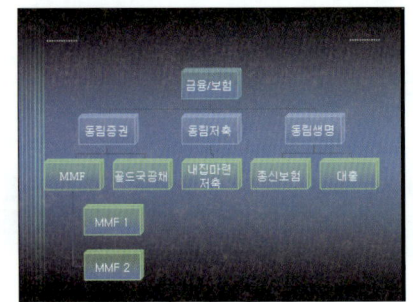

3차원 색

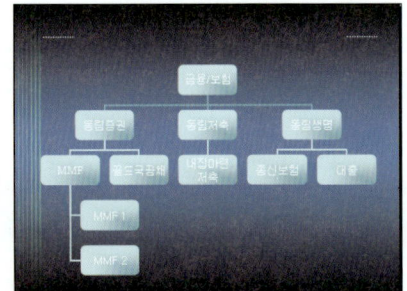

그라데이션

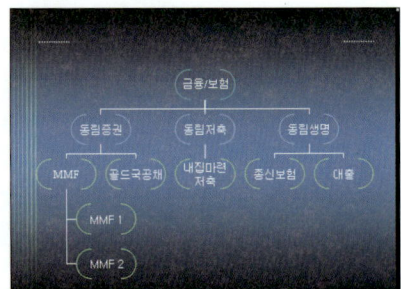

대괄호

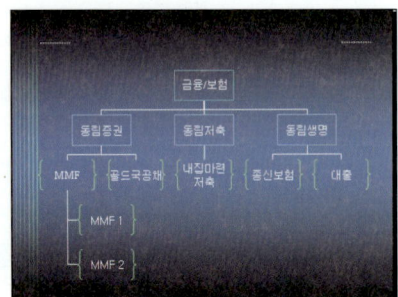

중괄호

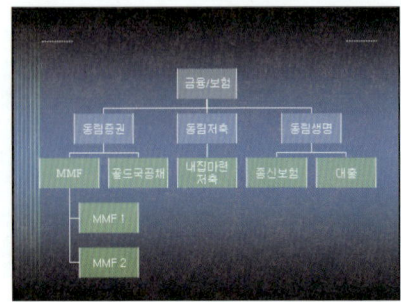

책갈피

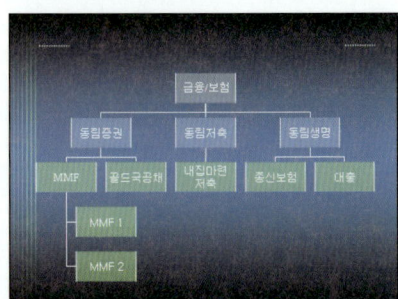

줄무늬

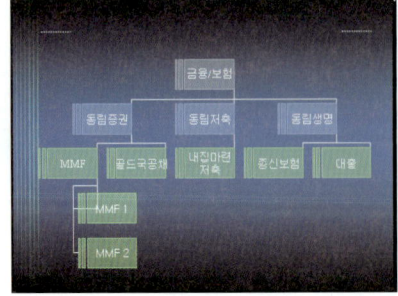

입체

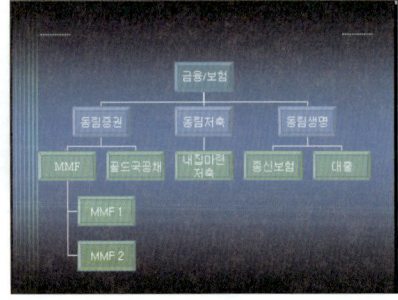

입체 그라데이션

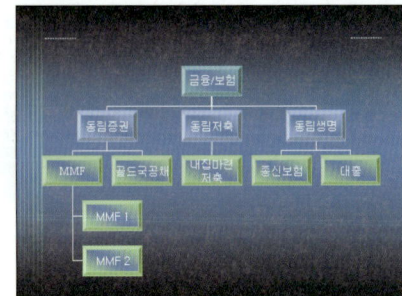

그림자

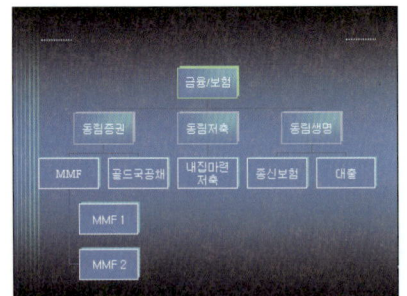

가는 철사 틀

225page ★ 오려둔 것 펼쳐보기

다이어그램 도형의 추가와 삭제

슬라이드에 삽입된 다이어그램은 모두 세 개의 도형으로 이루어져 있습니다. 하지만 다이어그램으로 표현하려는 데이터가 세 개뿐일리는 없겠지요. 경우에 따라 네 가지가 될 수도 있고 두 가지가 될 수도 있습니다.

새로운 도형을 추가하고 삭제하는 방법을 알아보겠습니다.

1) 도형 추가하기

'다이어그램' 창에서 '도형삽입'을 클릭하면 현재 선택된 도형을 기준으로 새로 도형이 추가됩니다.

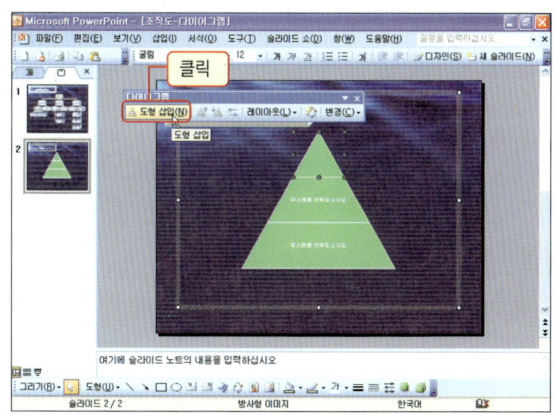

기본 다이어그램

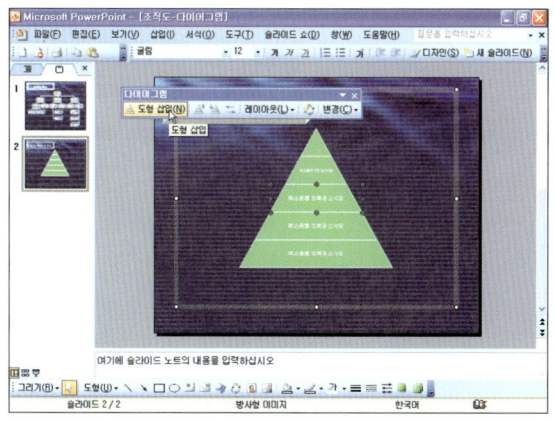

도형이 두 개 추가된 다이어그램

2) 도형 삭제하기

삭제하고자 하는 도형을 선택한 후 Delete 키를 누르면 됩니다.

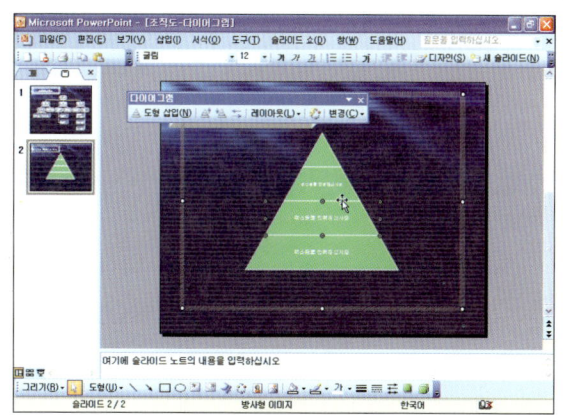

Delete 키를 한번 눌러 도형이 삭제 된 경우

227 page ★ 오려둔 것 **펼쳐보기**

다이어그램의 종류와
도구 모음

파워포인트에서는 주기형, 방사형, 피라미드형, 벤다이어그램형, 과녁형 등 모두 다섯가지 유형의 다이어그램을 제공합니다. 그러므로 표현하려는 내용에 따라 다이어그램을 적절하게 선택해야 합니다. 물론 다이어그램 디자인이 모두 다이어그램으로만 사용되는 것은 아닙니다. 종종 방사형은 조직도로 응용되기도 합니다. 즉, 다이어그램 디자인의 개괄적인 특징이 절대적인 것은 아닙니다. 다이어그램 도구 모음에서는 다이어그램의 각종 서식을 변경할 수 있지만, 삽입된 다이어그램의 종류에 따라 도구 모음의 아이콘이 변경됩니다.

다음은 파워포인트에서 제공되는 다이어그램 디자인의 특징입니다.

1) 주기형
연속적인 주기를 가지는 데이터를 표현하기에 유용한 다이어그램 디자인입니다.

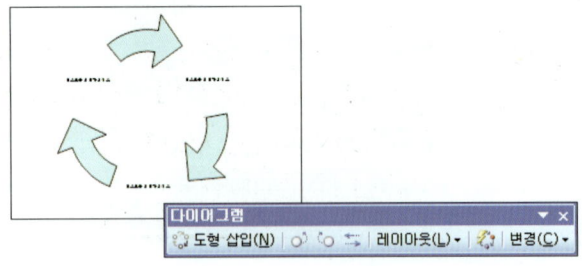

2) 방사형
핵심요소와 서브요소와의 관계를 표현하기에 적당합니다.

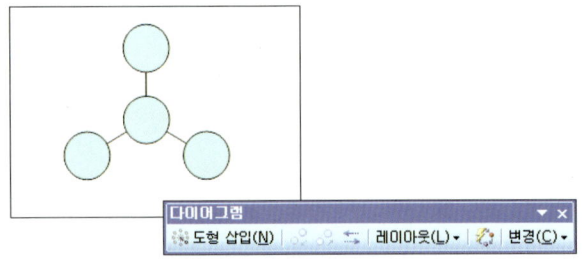

3) 피라미드형
하부구조를 기초로 하여 각각의 관계를 표현하기에 유용한 다이어그램입니다.

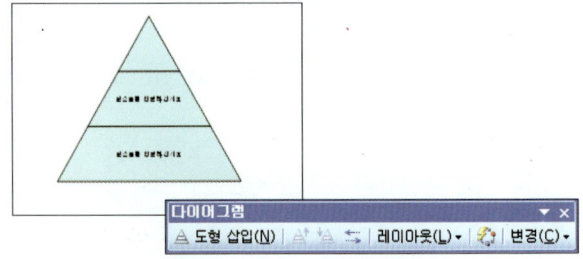

4) 벤다이어그램형
각각의 요소 사이에 공통된 영역을 표현하는 데에 적당합니다.

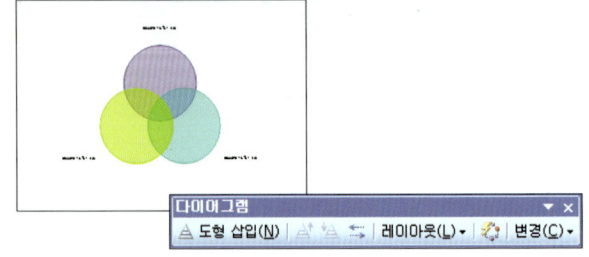

5) 과녁형
특정한 목표를 이루기 위한 단계를 표현하기에 유용합니다.

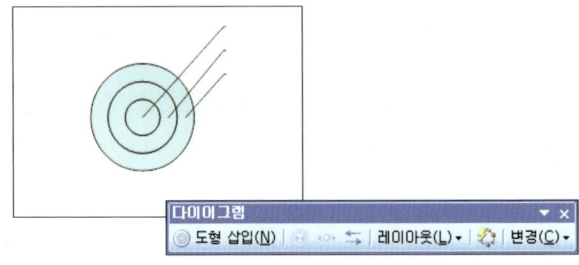

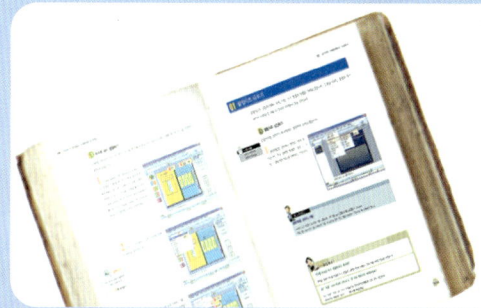

230page ★ 오려둔 것 **펼쳐보기**

도형을 이용한 슬라이드
디자인의 예

도형을 자유자재로 다룰 수 있다면 파워포인트로 구현할 수 있는 디자인의 폭은 무척 넓어지게 됩니다. 다음은 도형을 이용한 대표적인 슬라이드 레이아웃의 예로, 슬라이드의 내용에 따라 조금씩 변형하여 사용하면 좋을 것입니다('부록 CD 〉 예제 파일 〉 슬라이드 레이아웃.ppt' 파일에 더욱 많은 디자인의 예를 담았습니다).

전개/대등/대립형 표현

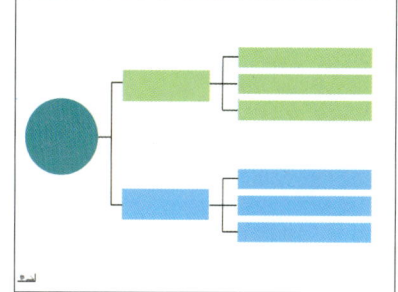

교차형 표현

성장/상승형 표현

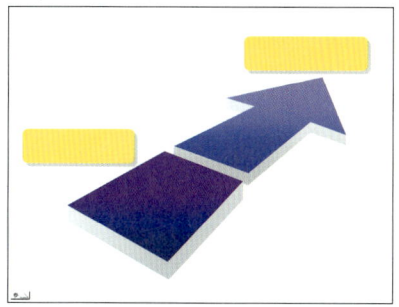

Powerpoint 2003

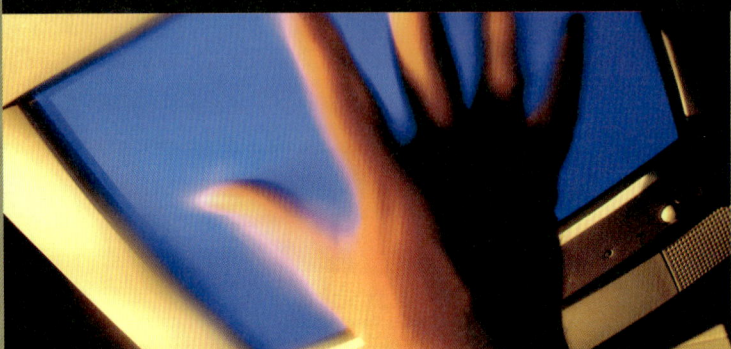

흔히 프레젠테이션은 '압축의 예술'이라고 합니다. 의도한 내용을 얼마나 효율적으로

압축하여 상대방에게 전달하는가? 이것이 바로 프레젠테이션의 핵심 포인트랍니다.

슬라이드 문서의 내용을 최적화하여 표현하는 방법. 4부에서 배워보세요.

4

효과적인 내용 전달을 위한
프레젠테이션 만들기

1장 간단하게 만드는 표 슬라이드

2장 데이터 분석을 위한 차트 슬라이드

The Book
on my desk

>> **01**

간단하게 만드는
표 슬라이드

파워포인트에서의 표 기능은 워드프로세서의 그것과 유사합니다. 때문에 워드프로세서에서 표를 만들고 다룰 줄 안다면 별다른 어려움이 없을 것입니다.

표

표 기능을 이용하면 많은 내용의 자료를 한 눈에 파악할 수 있습니다. 일단 만들고자 하는 표의 칸 수와 줄 수를 이용하여 표를 생성한 다음 셀 병합, 셀 나누기, 셀에 색 지정하기, 선 모양 바꾸기와 같은 작업을 수행하여 표를 완성합니다.

도형과 연결선을 이용한 표

표 역시 도형이나 선을 이용하여 좀더 입체적이고 화려하게 만들 수 있습니다. 따라서 빠른 시간 내에 간단하게 표를 만들려면 표 기능을 이용하고, 좀더 세밀하고 보기 좋은 표가 필요하다면 도형이나 연결선을 이용하여 표를 만드는 것이 좋습니다.

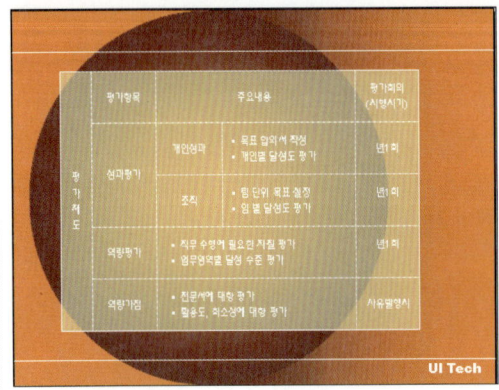

표 기능으로 작성된 표

01 표 만들기

슬라이드에 표를 삽입하는 방법은 여러 가지가 있습니다. 그 중 표 삽입 기능을 이용하여 간단한 표를 작성해 보겠습니다.

1 표 삽입하기

오려두기

표를 삽입하는
또다른 방법들

★ 248쪽 펼쳐보기

1 슬라이드에 5행 5열 표를 삽입해 보겠습니다. 표준 도구 모음의 ▢(표 삽입) 버튼을 클릭합니다.

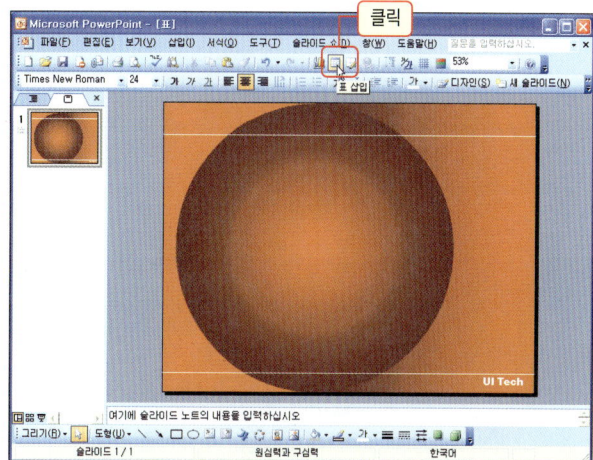

2 마우스 포인터를 아래쪽으로 드래그하여 5×5가 되도록 한 후 클릭합니다.

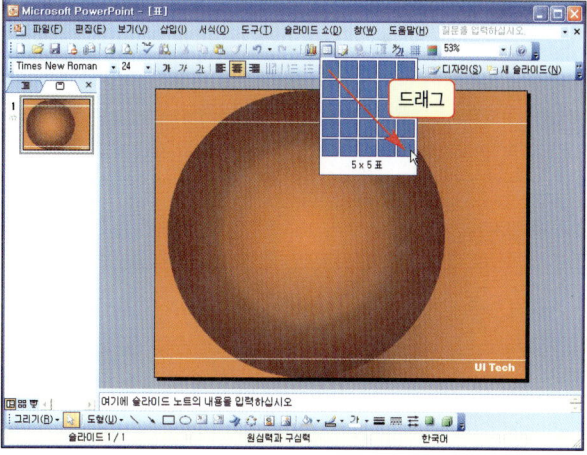

>>궁금해요!

4×4 이상은 안되는데요?

마우스 포인터를 이동만 하면 4×4 이상 늘어나지 않습니다. 반드시 마우스 왼쪽 버튼을 클릭한 후 아래쪽으로 드래그해야 합니다.

3 5행 5열의 표가 슬라이드에 삽입됩니다.

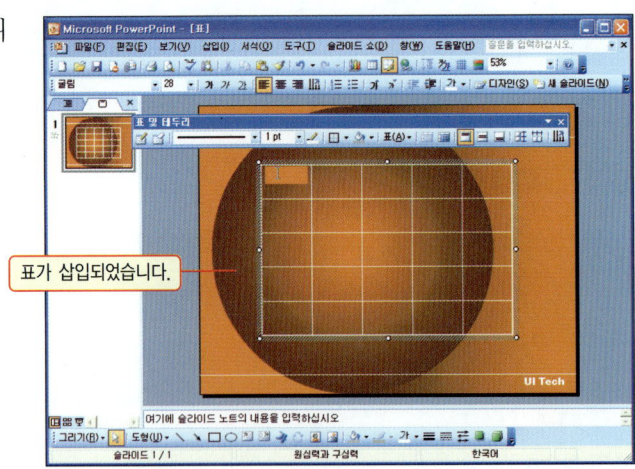

표가 삽입되었습니다.

2 셀 병합하기

표를 구성하는 여러 개의 셀들을 하나의 셀로 만드는 기능이 바로 셀 병합입니다. 반드시 두 개 이상의 셀이 영역으로 설정되어 있어야 합니다.

1 첫 번째 열을 드래그하여 모두 영역으로 선택합니다.

오려두기

표 및 테두리 도구 모음 살펴보기

★ **261**쪽 펼쳐보기

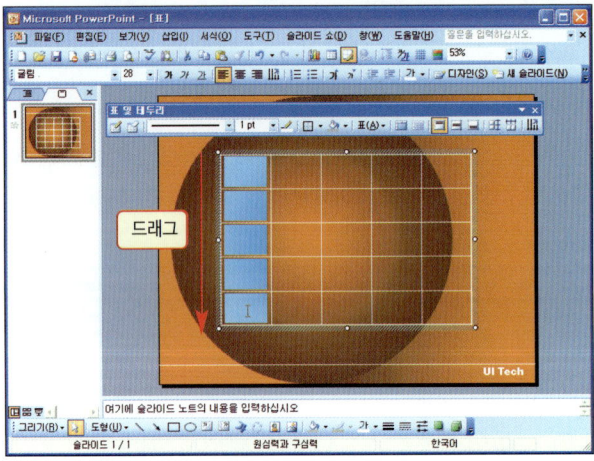

드래그

2 표 및 테두리 도구 모음에서 ▦(셀 병합)을 클릭합니다.

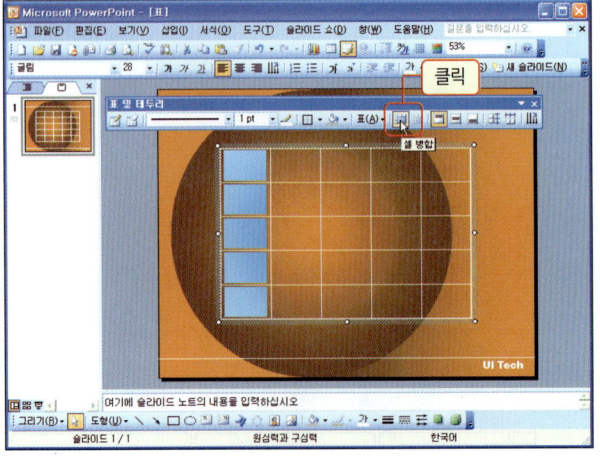

클릭

3 첫 번째 열이 모두 하나의 셀로 병합되었습니다.

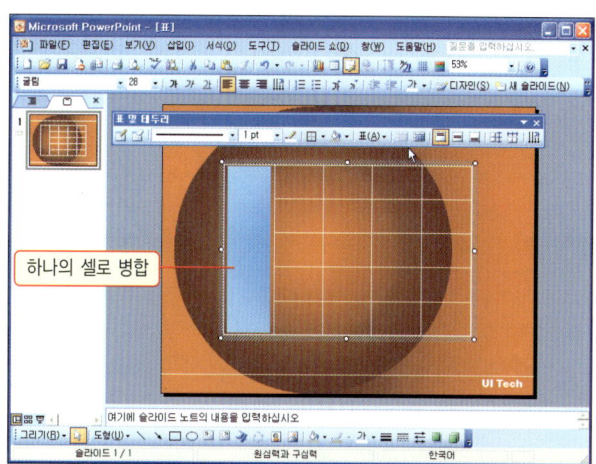

4 똑같은 방법으로 나머지 셀들도 그림처럼 병합합니다.

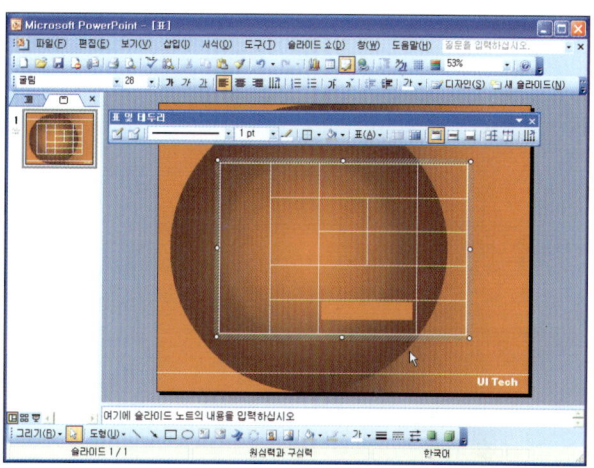

>> 궁금해요!

잘못 합쳐진 셀은 어떻게 나누나요?

표 및 테두리 도구 모음에서 ▦(셀 분할)을 이용하는 방법과, 표 및 테두리 도구 모음의 '표' 메뉴에서 '셀 분할' 메뉴를 이용하는 방법이 있습니다.

우선 나누고자 하는 셀을 선택합니다. 당연히 셀은 하나겠죠? 그 다음 표 및 테두리 도구 모음에서 ▦(셀 분할)를 클릭하거나 표 및 테두리 도구 모음의 '표' 메뉴에서 '셀 분할' 메뉴를 클릭하면 됩니다. 당연히 표 및 테두리 도구 모음의 ▦(셀 분할)을 이용하는 방법이 편리합니다.

표 및 테두리 도구 모음의 '셀 분할' 버튼

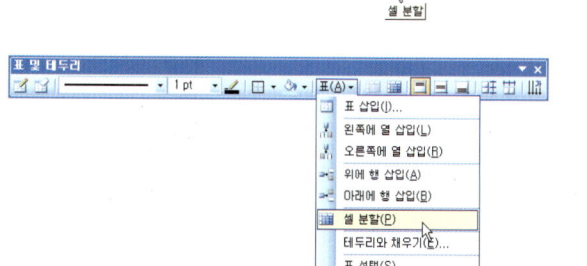

표 및 테두리 도구 모음의 '표' 메뉴

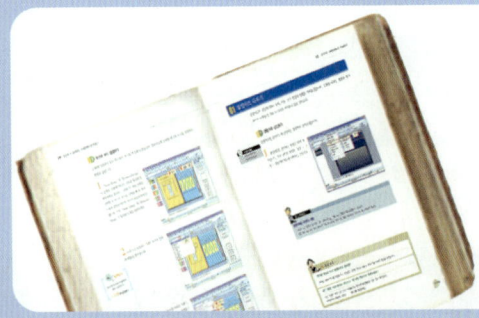

245page ★ 오려둔 것 펼쳐보기

표를 삽입하는 또 다른 방법들

슬라이드에 표를 삽입하는 방법은 여러 가지가 있습니다. 앞서 살펴본 표준 도구 모음의 ▦ (표 삽입)을 이용하는 방법과 메뉴표시줄에서 '삽입 – 표' 메뉴를 이용하는 방법, 그리고 표 및 테두리 도구 모음을 이용하여 직접 슬라이드에 표를 그리는 방법 등이 있습니다. 그렇다면 어떤 방법을 이용하는 것이 좋을까요?

'표' 메뉴를 이용하면 행과 열 수를 직접 입력해야 하는데 간혹 행과 열을 혼동하여 잘못된 표가 슬라이드에 삽입되곤 합니다. 이와 달리 표준 도구 모음의 ▦ (표 삽입)을 이용하여 표를 삽입하면, 보이는 그대로의 표를 슬라이드에 삽입하기 때문에 실수를 줄일 수 있습니다. 또한 표 및 테두리 도구 모음을 이용하면 직접 표를 그릴 수 있지만, 행과 열의 높이와 너비를 균등하게 맞추기 어려운 단점이 있습니다.

지금부터 '삽입 – 표' 메뉴를 이용하여 표를 삽입하는 방법과, 표 및 테두리 도구 모음을 이용하여 직접 표를 그리는 방법에 대하여 살펴보겠습니다.

부록(CD)∖예제파일∖표그리기연습.ppt

1) '삽입 – 표' 메뉴 이용하기

'삽입 – 표' 메뉴를 이용하여 5행 5열 표를 슬라이드에 삽입해 봅니다.

❷ '표 삽입' 창이 나타납니다. 이때 행의 개수와 열의 개수를 5로 지정한 후 '확인' 버튼을 클릭합니다.

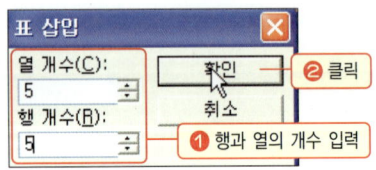

❶ 메뉴표시줄에서 '삽입 – 표' 메뉴를 클릭합니다.

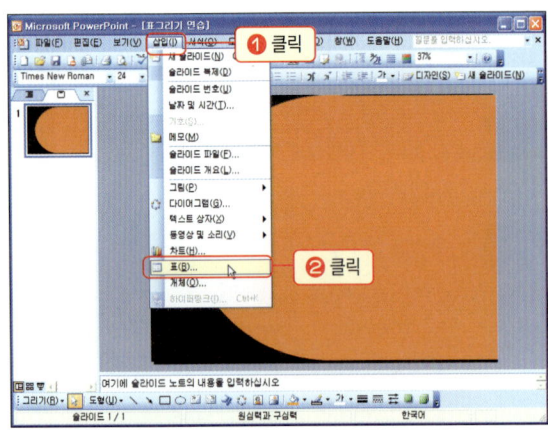

❸ 5행 5열 표가 슬라이드에 삽입됩니다.

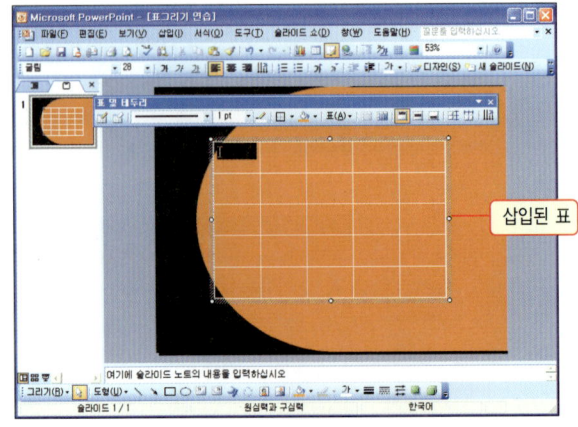

2) 표 및 테두리 도구 모음 이용하기

표 및 테두리 도구 모음을 이용하여 5행 5열 표를 그려보도록 하겠습니다.

1 슬라이드에 표가 삽입된 상태가 아니기 때문에 표 및 테두리 도구 모음이 화면에 나타나지 않습니다. '보기 – 도구 모음 – 표 및 테두리' 메뉴를 클릭하여 표 및 테두리 도구 모음을 표시합니다.

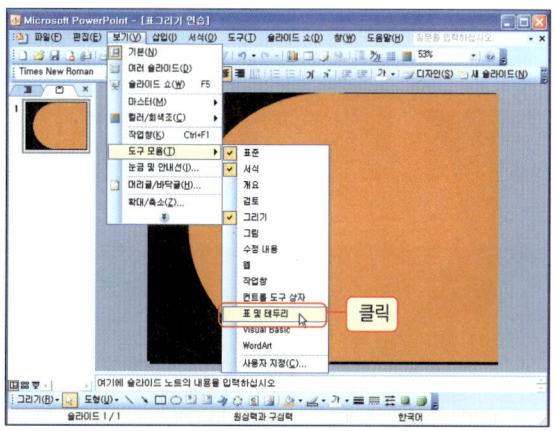

2 표 및 테두리 도구 모음의 ✏️(표 그리기)를 클릭합니다.

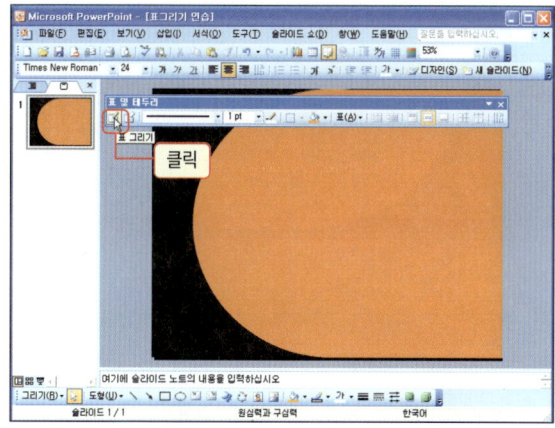

3 마우스 포인터를 슬라이드로 이동시키면 마우스 포인터 모양이 연필 모양으로 변경됩니다. 이때 표를 그리고자 하는 위치를 클릭한 후 오른쪽 아래로 드래그합니다.

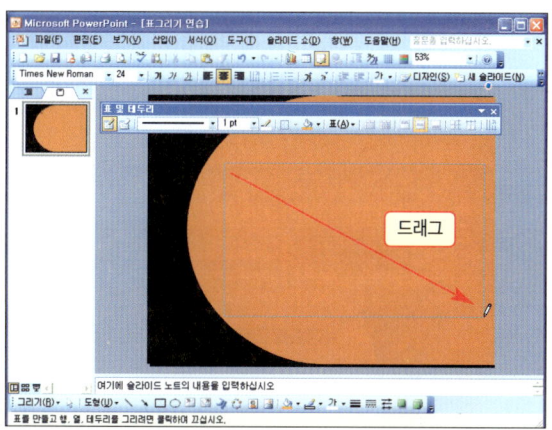

4 1행 1열의 표가 슬라이드에 삽입됩니다. 이제 5행 5열의 표로 변경해 보겠습니다. 1행을 5행으로 나누기 위해 왼쪽 모서리의 1/5 지점을 클릭한 후 오른쪽으로 드래그합니다.

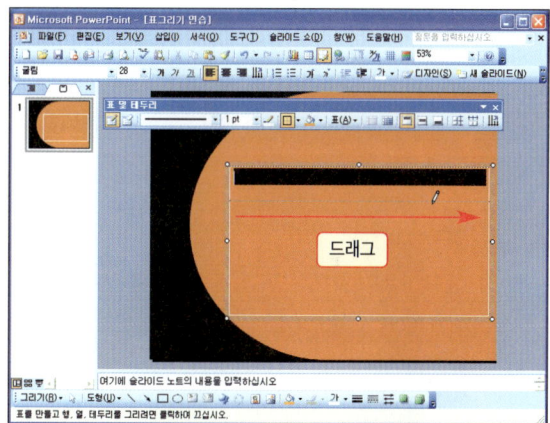

5 똑같은 방법으로 나머지 줄도 다음과 같이 그립니다.

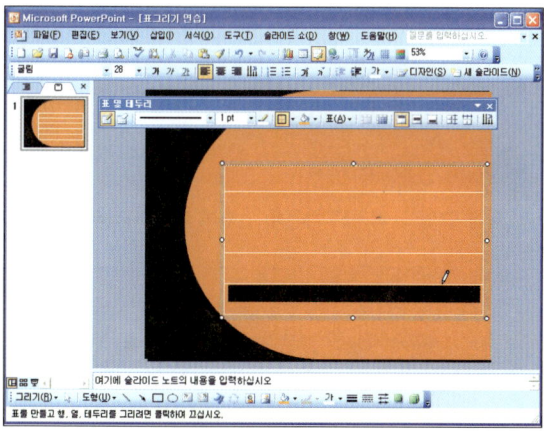

⑥ 1열을 5열로 나누어 봅니다. 줄을 만드는 방법과 똑같습니다. 연필 모양의 마우스 포인터 상태에서 표 위 모서리를 기준으로 1/5 지점을 클릭한 후 아래로 드래그합니다.

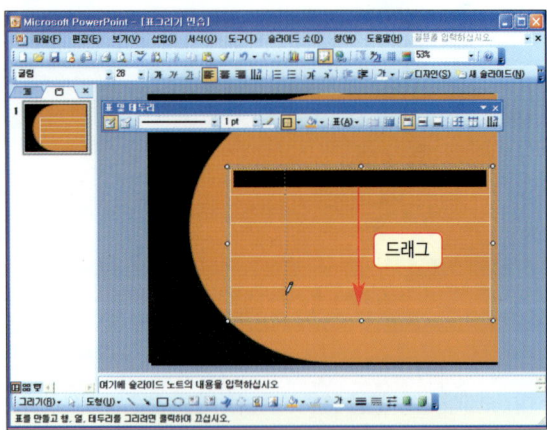

⑦ 똑같은 방법으로 나머지 칸도 그리면 됩니다.

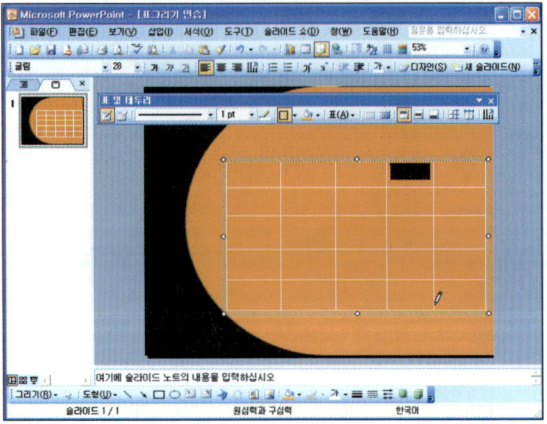

>> 궁금해요!

표를 그만 그리려고 하는데 연필이 자꾸 따라와요!

표 및 테두리 도구 모음의 📝(표 그리기)를 다시 한번 클릭하면 연필 모양의 마우스 포인터가 화살표로 변경됩니다.

참고하세요!

행 높이와 열 너비 간편하게 맞추기

표를 직접 그릴 때 행의 높이와 열의 너비를 일일이 똑같이 맞추어 그린다는 것이 쉬운 일은 아닙니다. 그래서 파워포인트에서는 '행 높이를 같게', '열 너비를 같게' 라는 기능을 제공합니다.

① 표를 선택한 후 표 및 테두리 도구 모음의 '행 높이를 같게'를 클릭합니다.

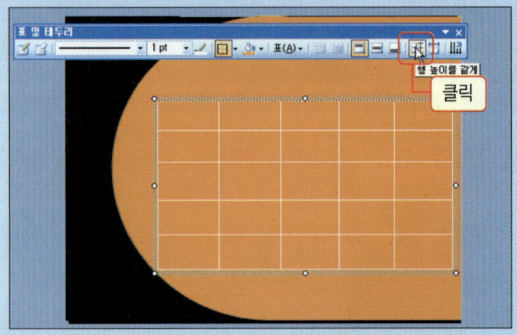

② 표 및 테두리 도구 모음의 '열 너비를 같게'를 클릭합니다.

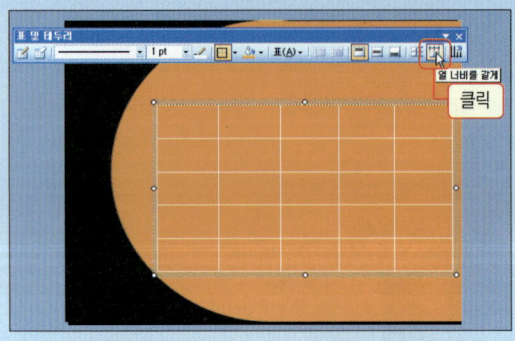

③ 행과 열의 너비가 동일하게 변경됩니다.

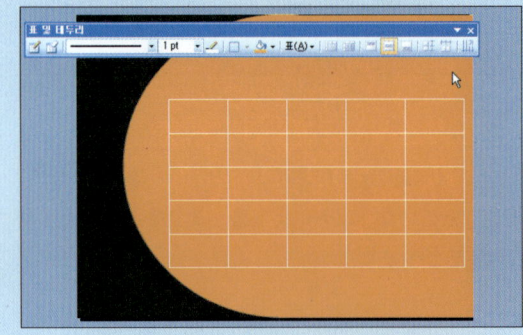

02 표 꾸미기

표를 구성하는 셀에 텍스트를 입력하거나, 표의 위치나 또는 크기를 조정하는 방법을 알아 보겠습니다.
또한 셀 바탕색이나 셀 테두리를 변경하여 화려한 표를 만들어 봅니다.

1 텍스트 입력 및 텍스트 서식 변경하기

표를 구성하는 셀에 텍스트를 입력한 후 텍스트의 서식을 변경해 보겠습니다.

1 텍스트를 입력하기 전에 셀에 삽입될 텍스트의 글꼴 크기를 조정합니다. 표의 경계선에서 표를 클릭하세요.

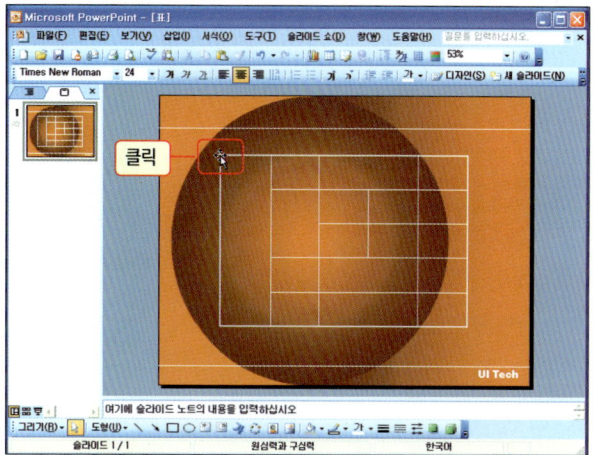

2 표가 선택되면 서식 도구 모음의 글꼴에서 '휴먼모음T'를 클릭합니다. 그리고 글꼴 크기도 '16'을 지정합니다.

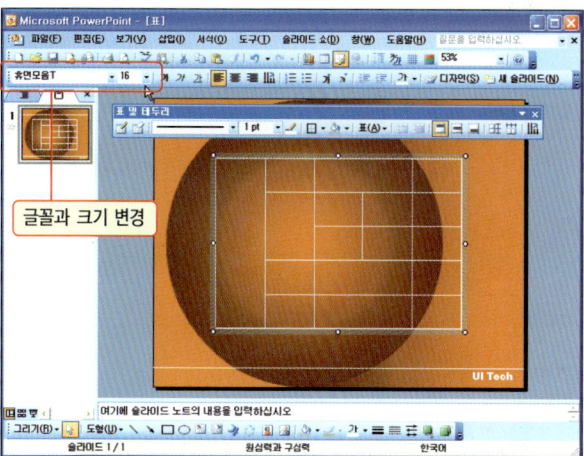

3 이제 텍스트를 입력해 보겠습니다. 첫 번째 열을 클릭하여 커서가 나타나면 '평가 제도'라고 입력합니다. 당연히 한 글자를 입력한 다음 Enter 키를 눌러야 합니다.

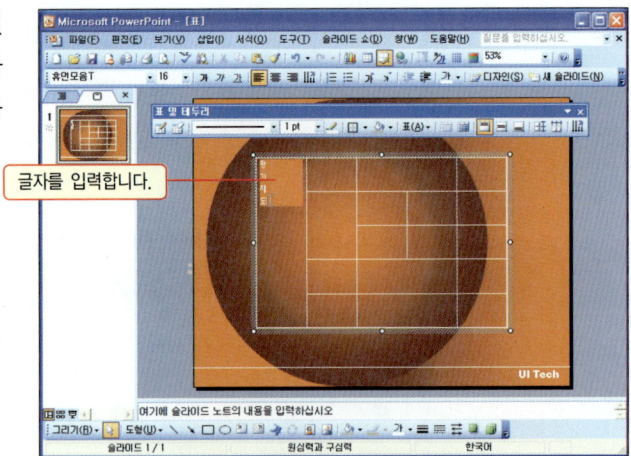

글자를 입력합니다.

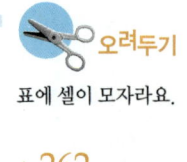

오려두기

표에 셀이 모자라요.

★ 262쪽 펼쳐보기

4 나머지 셀들도 같은 방법으로 텍스트를 입력하세요. 간혹 셀의 너비가 좁아서 한줄에 다 입력되지 않는 경우가 있는데, 일단은 텍스트를 모두 입력하세요.

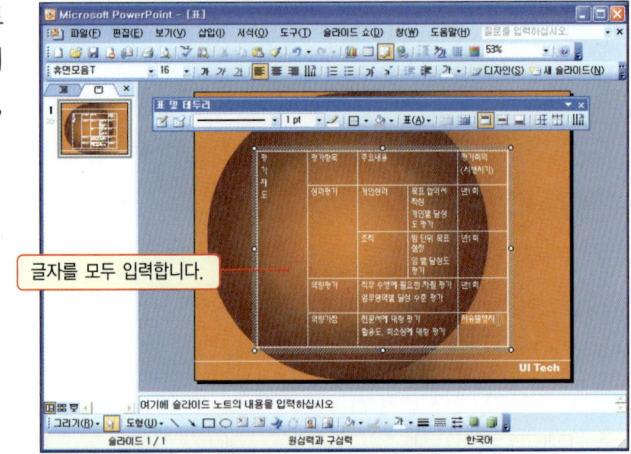

글자를 모두 입력합니다.

2 표의 위치 변경 및 크기 조절하기

슬라이드에 삽입된 표의 위치와 표 전체 크기를 얼마든지 사용자가 지정할 수 있습니다.

1 표의 위치를 변경하기 위해 표를 선택한 후 표를 왼쪽으로 적당히 드래그합니다.

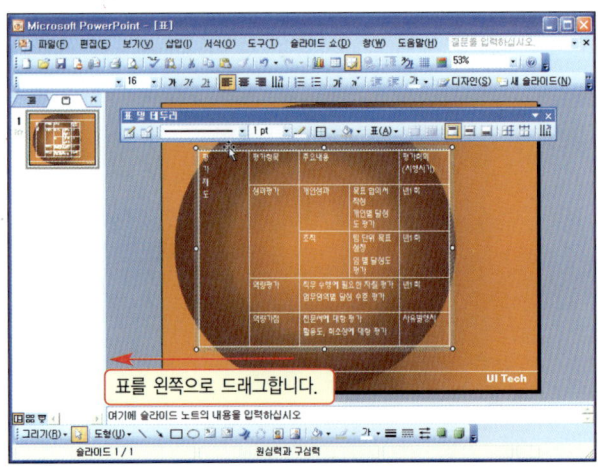

표를 왼쪽으로 드래그합니다.

2 표 전체의 크기를 확대시키기 위해 오
른쪽 아래 모서리에 마우스 포인터를 위치
시킵니다. 그런 다음 마우스를 오른쪽 아래
로 드래그합니다.

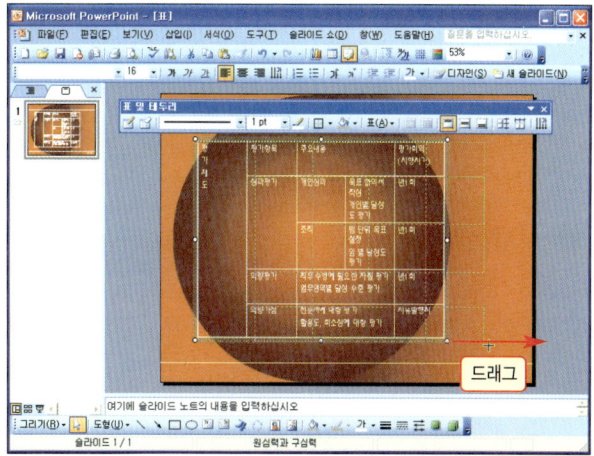

3 그림과 같이 표의 위치와 크기가 변경
됩니다.

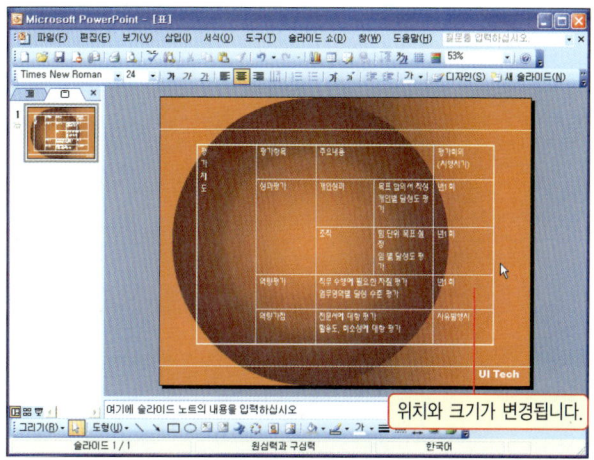

3 셀 크기 변경하기

표를 구성하는 셀의 크기를 변경해 보겠습니다.

1 '평가제도'가 입력된 셀의 오른쪽 경계
선에 마우스 포인터를 위치시킨 후 마우스
왼쪽 버튼을 클릭합니다.

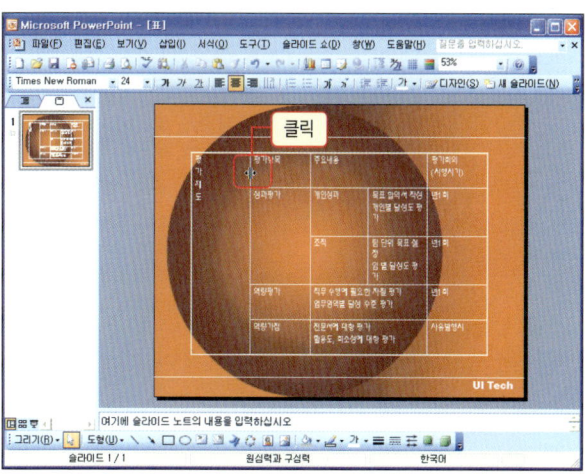

2 마우스 포인터 모양이 ◂┃▸ 으로 변경됩니다. 이때 마우스 왼쪽 버튼을 누른 상태에서 왼쪽으로 드래그합니다.

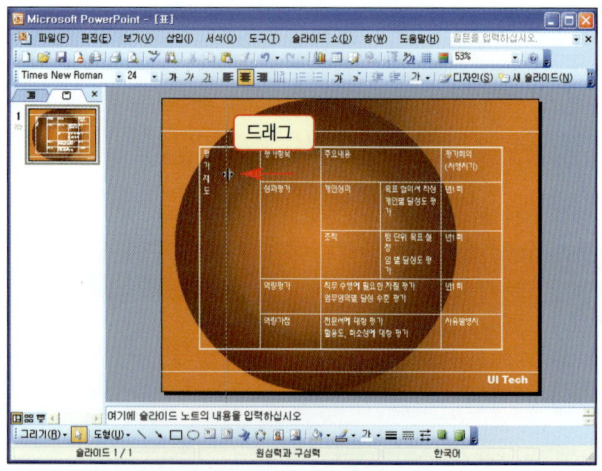

3 나머지 셀들도 셀들의 경계선에서 드래그하여 그림과 같이 되도록 셀 크기를 변경합니다.

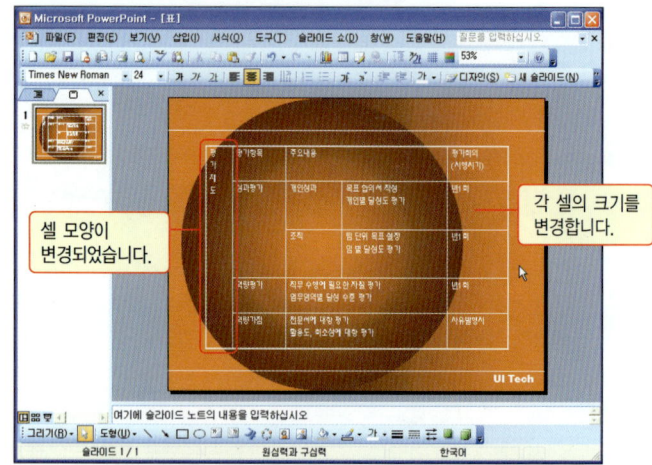

4 표를 구성하는 가장 오른쪽 셀의 오른쪽 경계선을 클릭하여 그림과 같은 너비가 되도록 조절하세요.

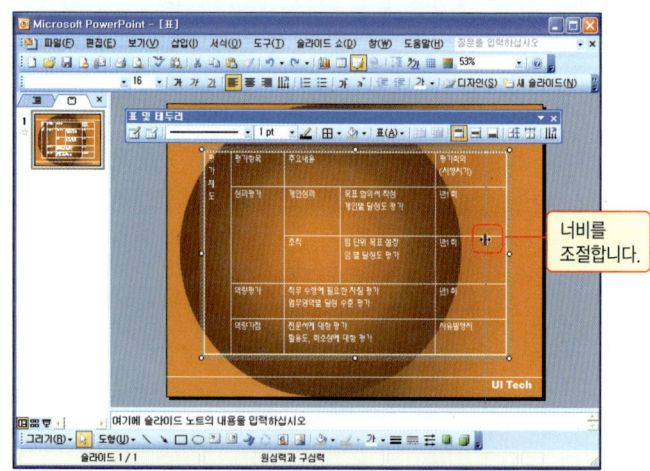

>> 궁금해요!

드래그했더니 표가 이상해졌어요.

오른쪽 경계선의 도형 크기 조정 핸들에 마우스 포인터를 놓고 드래그했기 때문입니다. 도형 크기 조정 핸들을 이용해서 표의 크기를 조절하면 표 전체의 너비가 작아지면서 표를 구성하는 셀들의 너비가 전부 변경됩니다. 그러므로 반드시 마우스 포인터가 ╬ 으로 변경된 것을 확인한 후에 드래그하세요.

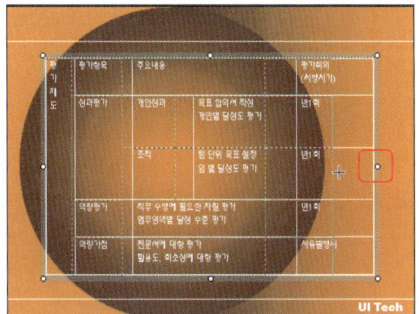

크기 조정 핸들을 드래그하는 경우

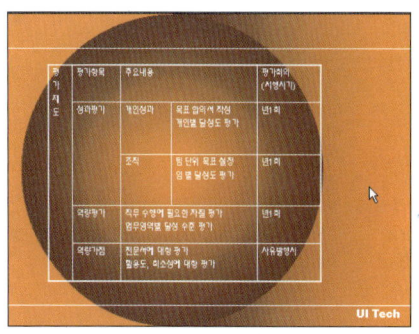

그림처럼 표 전체 크기가 변경됩니다.

5 셀의 높이를 균등하게 맞추기 위해 표를 선택한 후 표 및 테두리 도구 모음의 ⊞(행 높이를 같게)를 클릭합니다.

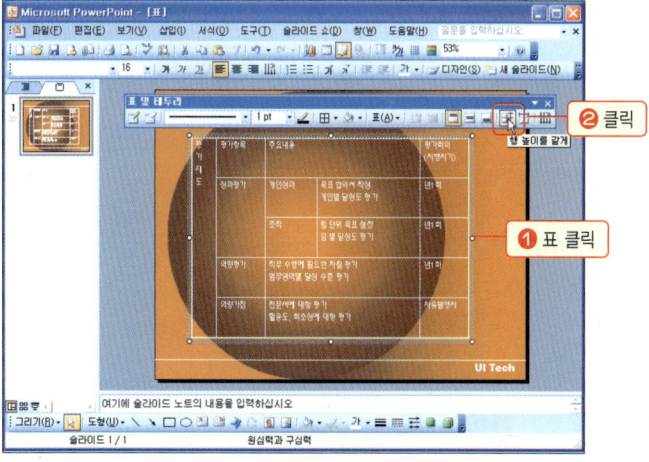

참고하세요!

셀 너비와 셀 높이를 똑같이 맞추고 싶다면 250페이지를 참조하세요.

4 텍스트 정렬 및 글머리 꾸미기

셀에 입력된 텍스트의 위치를 정렬하고 글머리 기호를 삽입해 보겠습니다.

1 먼저 표 전체를 클릭합니다. 우선 서식 도구 모음의 ▤(가운데 맞춤)을 클릭합니다.

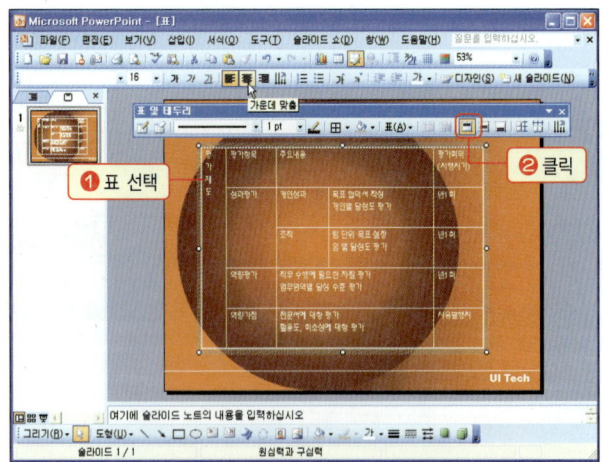

2 셀의 가로를 기준으로 가운데 맞춤이 적용되었습니다. 이번에는 셀의 세로를 기준으로 가운데 맞춤을 적용해 보겠습니다. 표 및 테두리 도구 모음에서 ▤(세로 가운데 맞춤)을 클릭합니다.

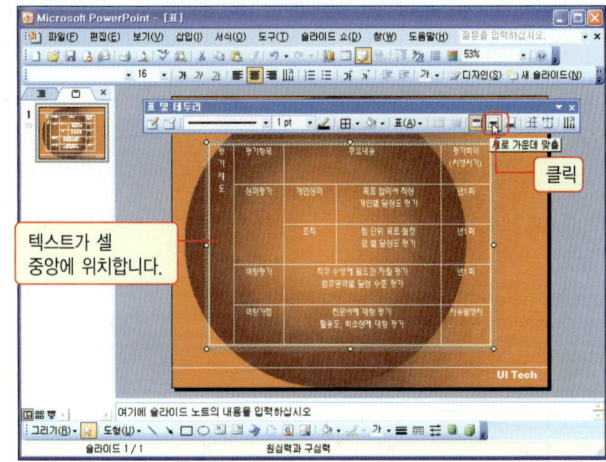

3 텍스트가 셀의 정중앙에 배치되었습니다. 그림과 같이 영역을 지정한 후 표준 도구 모음의 ▤(왼쪽 맞춤)을 클릭해 보세요. 왼쪽 맞춤은 셀 왼쪽을 기준으로 텍스트를 정렬합니다. 나머지 두 영역도 왼쪽맞춤을 지정합니다.

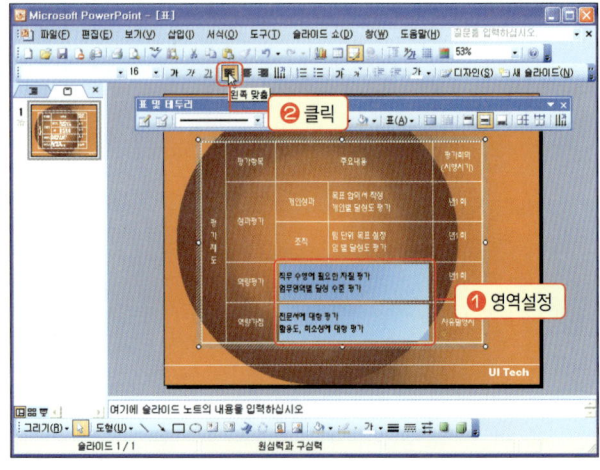

4 이번에는 글머리 기호를 지정해 봅니다. 우선 다음과 같이 두 셀을 영역 설정한 후 서식 도구 모음의 (글머리 기호)를 클릭합니다.

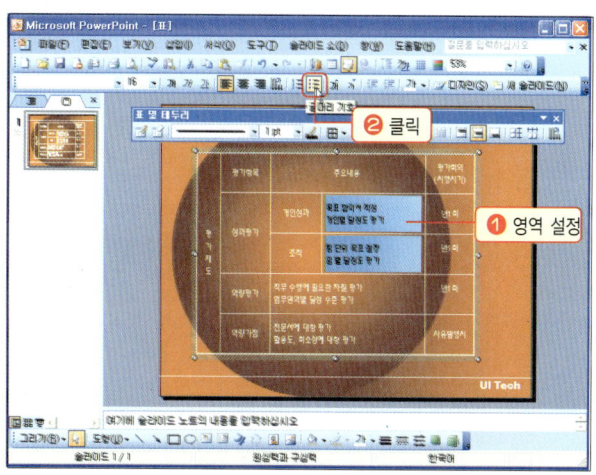

5 글머리 기호가 삽입됩니다. 나머지 두 셀도 영역을 지정하여 같은 방법으로 글머리 기호를 지정합니다.

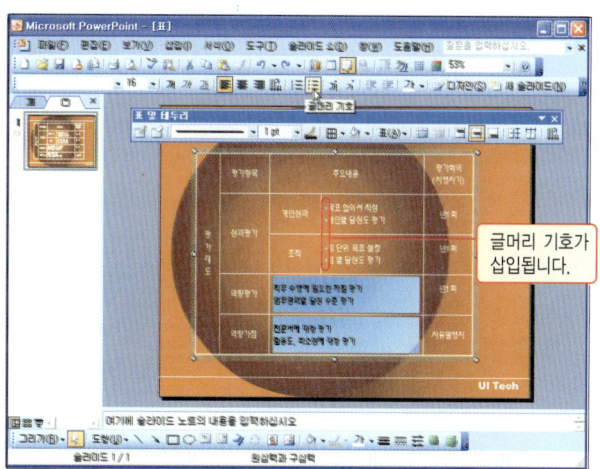

6 글머리 기호의 색을 변경해 보겠습니다. 우선 글머리 기호가 삽입된 셀들을 영역으로 지정합니다. 그리고 메뉴표시줄에서 '서식 – 글머리 번호 매기기'를 클릭합니다.

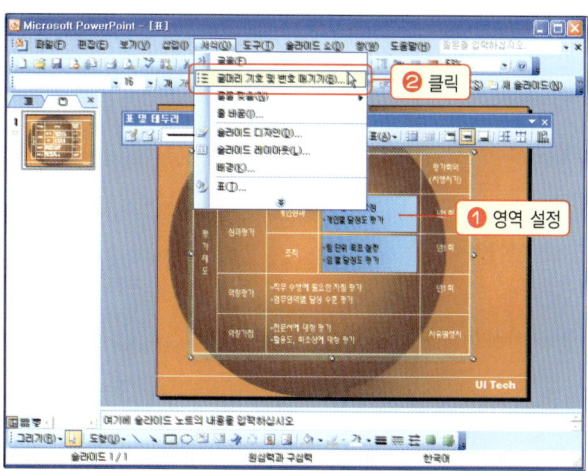

7 글 머리 기호의 색을 그림과 같이 흰색으로 지정한 후 '확인' 버튼을 클릭합니다.

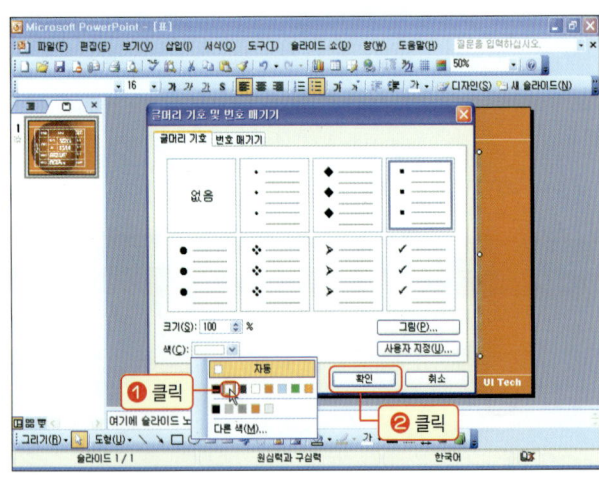

8 글머리 기호의 색이 흰색으로 바뀌었습니다. 나머지 두 셀에 입력된 글머기 기호의 색도 흰색으로 변경하세요.

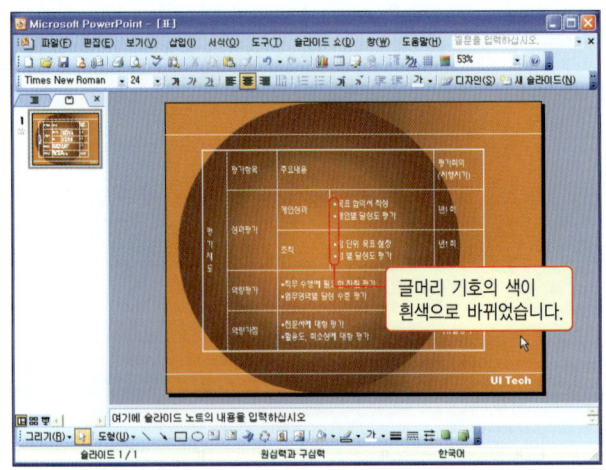

글머리 기호의 색이 흰색으로 바뀌었습니다.

9 마지막으로 글머리 기호와 셀의 경계선과의 간격을 그림과 같이 조절합니다.

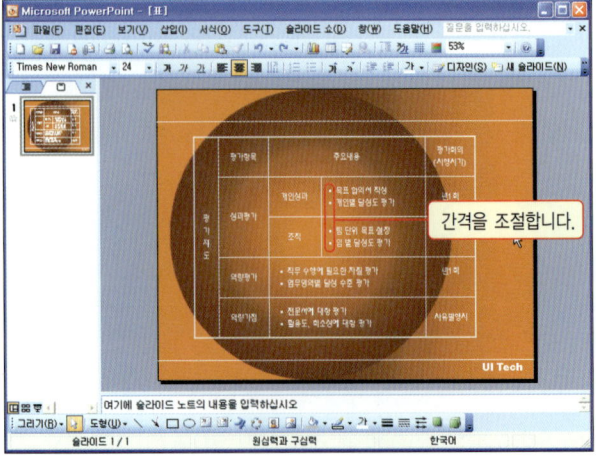

간격을 조절합니다.

참고하세요!

글머리 기호와 간격에 관련된 내용은 92페이지를 참조하세요.

5 셀 바탕색 변경하기

표를 구성하고 있는 셀 바탕색의 '투명도'를 이용하여 바꾸어 보겠습니다. 투명도를 이용하면 은은하게
색이 비치는 효과가 가능합니다.

1 표를 선택한 후 표 및 테두리 도구 모
음 의 를 클릭하고 '다른 채우기
색'을 클릭합니다.

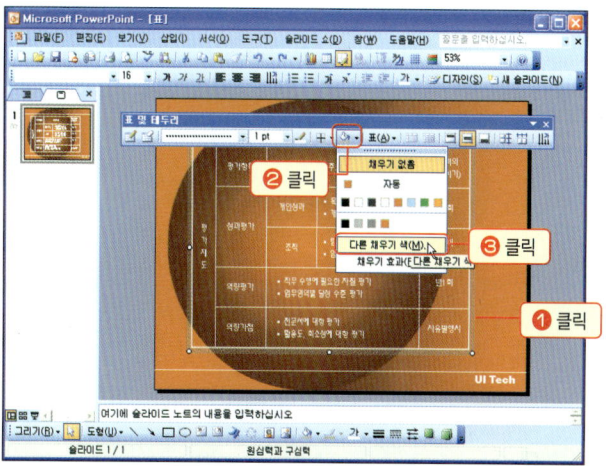

2 '색' 지정 창이 나타나면 '표준' 탭에
서 '회색'을 선택한 후 투명도를 50%로 지
정합니다. 그런 다음 '확인' 버튼을 클릭하
세요.

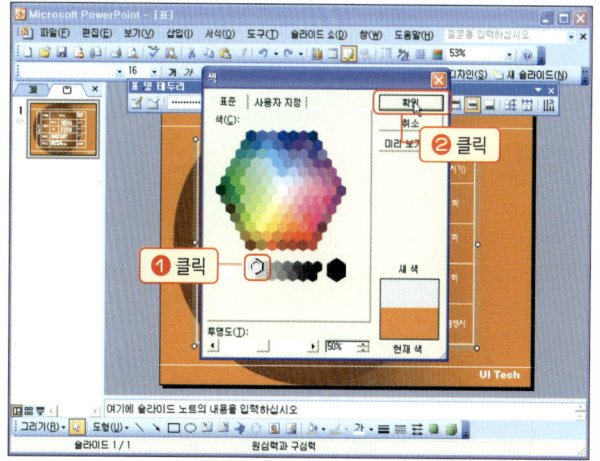

3 그러면 셀 바탕에 투명한 바탕색이 적
용됩니다.

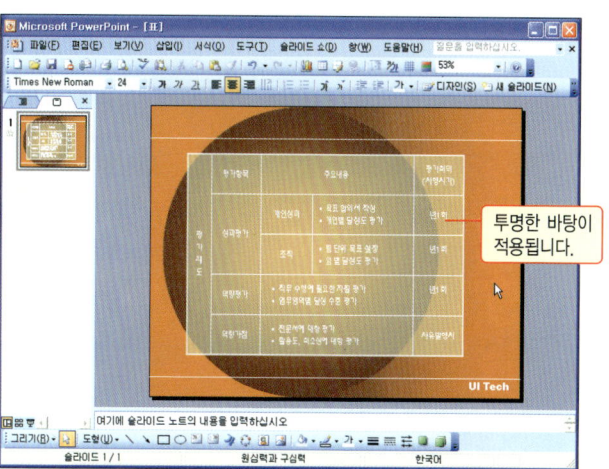

6 셀 테두리 변경하기

셀의 경계선인 테두리도 다양한 디자인으로 변경할 수 있습니다. 물론 테두리 선의 색도 변경할 수 있답니다.

1 표를 선택한 후 표 및 테두리 도구 모음에서 테두리 스타일의 목록 버튼을 클릭합니다. 그런 다음 테두리 스타일 목록에서 5번째 디자인을 선택하세요.

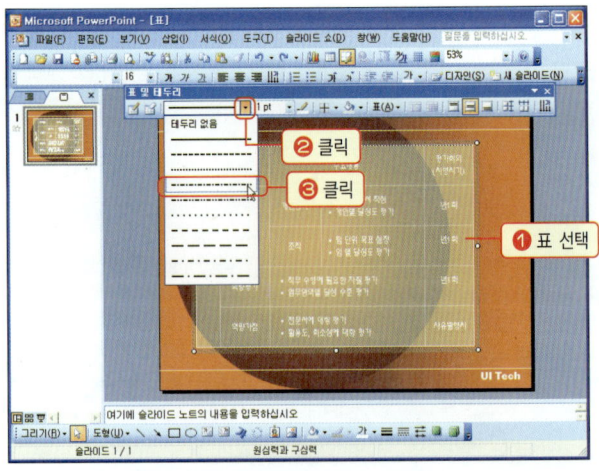

오려두기

좀더 세련된 표를
작성하려면

★ **264**쪽 펼쳐보기

2 표 및 테두리 도구 모음에서 테두리의 목록 버튼을 클릭하여 '안쪽 테두리'를 클릭합니다.

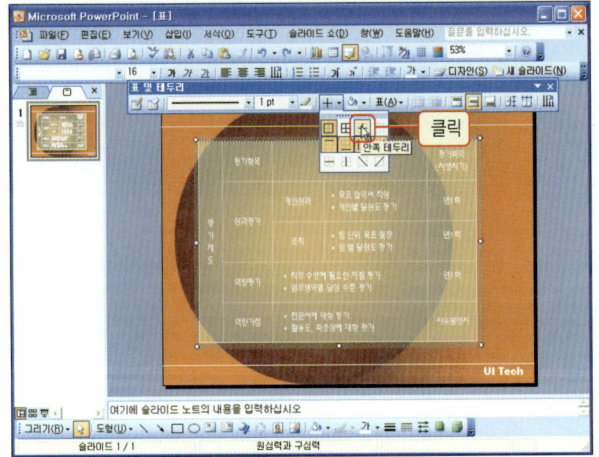

3 테두리의 디자인이 변경되었습니다.

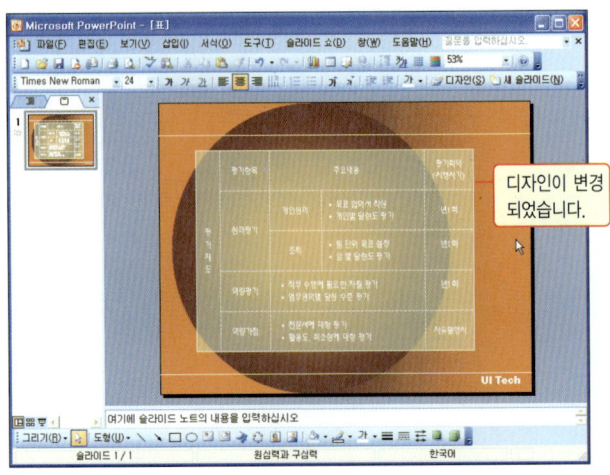

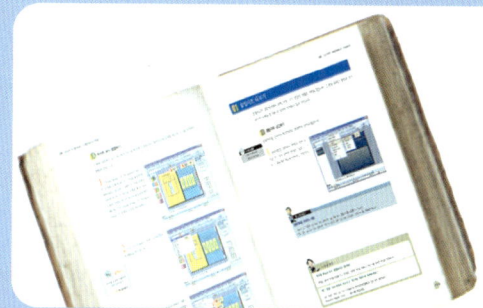

246page ★ 오려둔 것 **펼쳐보기**

표 및 테두리 도구 모음
살펴보기

슬라이드에 삽입된 표와 테두리 서식에 관련된 도구들을 모아놓은 도구 모음입니다.
표 및 테두리 도구 모음에 대하여 살펴보도록 하겠습니다.

❶ 표 그리기 : 가로, 세로 또는 사선과 같은 선을 직접 그릴 때 사용합니다.

❷ 지우개 : 선택된 표의 선을 지워줍니다.

❸ 테두리 스타일 : 셀이나 표 전체의 테두리 스타일을 지정합니다.

❹ 테두리 두께 : 셀이나 표 전체 테두리의 두께를 지정합니다. 최대 6pt까지 지정할 수 있습니다.

❺ 테두리 색 : 테두리의 색을 지정합니다. 기본은 검정색입니다.

❻ 테두리 : 테두리의 종류를 지정합니다.

❼ 채우기 색 : 커서가 있는 셀 또는 또는 영역 설정된 셀 부분의 색을 지정합니다.

❽ 표 : 행 또는 열을 삽입하거나 삭제하는 등의 작업을 메뉴에서 직접 지정할 수 있습니다.

❾ 셀 병합 : 영역이 설정된 셀을 하나로 합칩니다.

❿ 셀 분할 : 하나의 셀을 두 개로 나눕니다.

⓫ 위쪽 맞춤 : 셀 위쪽을 기준으로 텍스트를 정렬합니다.

⓬ 세로 가운데 맞춤 : 가로, 세로 가운데를 기준으로 텍스트를 정렬합니다. 표에서 가장 보편화된 맞춤입니다.

⓭ 아래쪽 맞춤 : 셀 아래쪽을 기준으로 텍스트를 정렬합니다.

⓮ 행 높이를 같게 : 영역이 설정된 셀들의 행 높이를 동일하게 지정합니다.

⓯ 열 너비를 같게 : 영역이 설정된 셀들의 열 너비를 동일하게 지정합니다.

⓰ 텍스트 방향 변경 : 표에 입력된 텍스트의 방향을 변경합니다(가로는 세로로, 세로는 가로로 변경합니다).

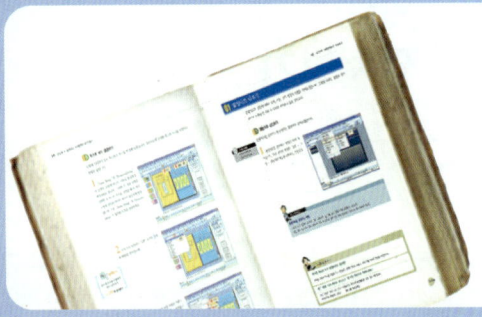

252page ★ 오려둔 것 펼쳐보기

표에 셀이 모자라요

슬라이드에 표를 삽입하고 텍스트를 다 입력했는데 한 행, 또는 하나의 열이 모자르다면 어떻게 해야 할까요? 또는 반대로 행과 열이 남는다면 어떻게 해야 할까요? 이때 이용할 수 있는 기능이 바로 셀 삽입과 셀 삭제입니다.

부록(CD)〉예제파일〉표-셀삽입셀삭제.ppt

1) 셀 삽입하기

셀은 행과 열로 구분됩니다. 따라서 셀을 삽입할 때에는 행을 삽입해야 하는지 열을 삽입해야 하는지 잘 살펴보아야 합니다.

① 'B Group' 이 입력된 셀과 'D Group' 이 입력된 셀 사이에 'C Group' 을 입력할 수 있도록 열을 추가해 보겠습니다. 우선 'B Group' 이 입력된 셀을 클릭한 후 표 테두리 도구 모음의 '표' 메뉴를 클릭합니다. 그런 다음 '오른쪽에 열 삽입' 메뉴를 클릭합니다.

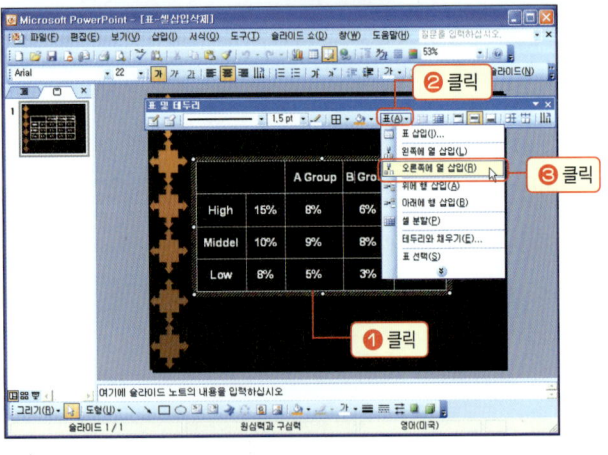

② 'B Group' 이 입력된 셀을 기준으로 오른쪽 열이 삽입됩니다.

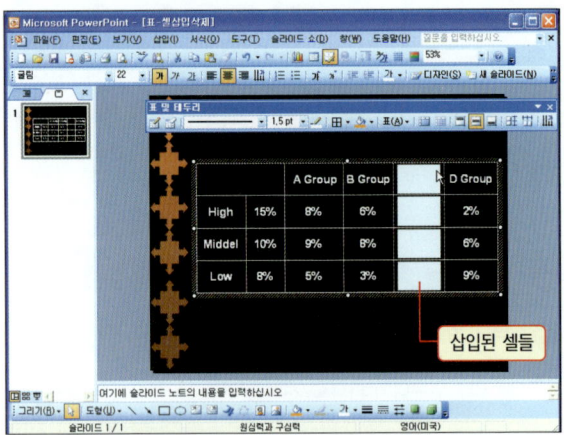

③ 'Low' 가 입력된 셀을 클릭한 후 표 테두리 도구 모음의 '표' 메뉴를 클릭합니다. '아래에 행 삽입' 메뉴를 클릭합니다.

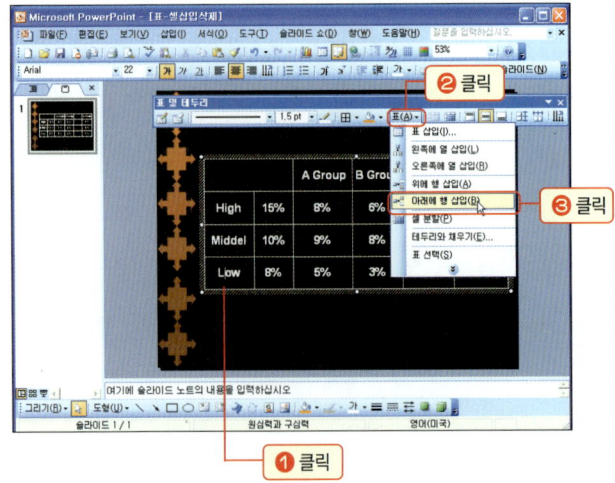

④ 'Low' 행 아래쪽에 행이 삽입됩니다.

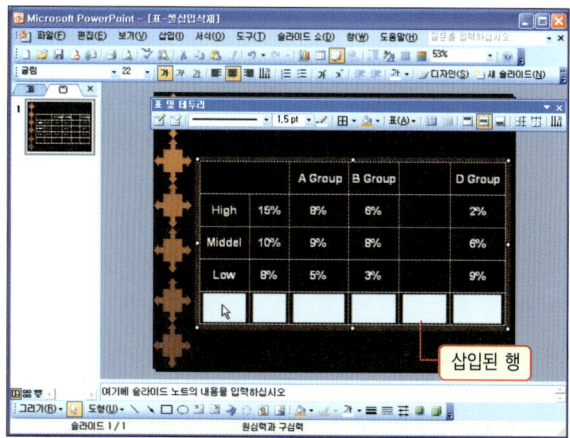

2) 셀 삭제하기

표를 구성하는 셀 중 더 이상 필요가 없는 셀은 삭제해야 합니다. 셀을 어떤 방법으로 삭제할 수 있을까요?

① 'D Group'이 입력된 셀을 삭제해 보겠습니다. 우선 'D Group'이 입력된 셀을 클릭합니다.

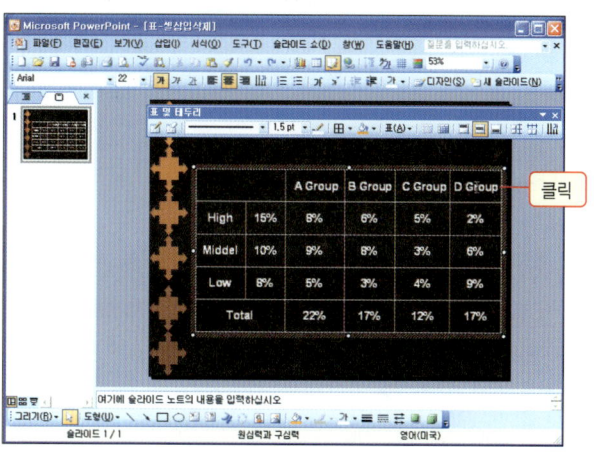

② 표 테두리 도구 모음의 '표' 메뉴의 '열 삭제' 메뉴를 클릭합니다.

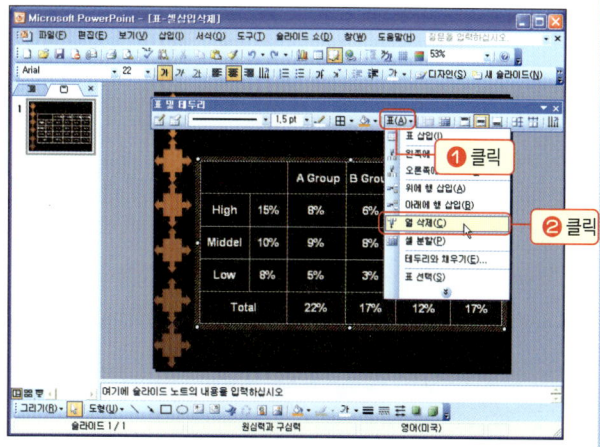

③ 다음 그림과 같이 'D Group'이 입력된 열이 삭제되었습니다.

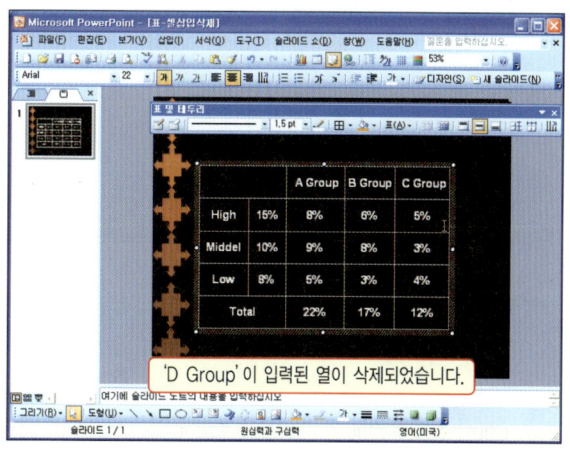

260page ★ 오려둔 것 펼쳐보기

표 디자인 테크닉

앞서 배운대로 표를 구성하는 특정 셀의 배경색이나 테두리 색은 변경할 수 있지만, 그림자나 3차원과 같은 입체 효과를 지정할 수는 없습니다. 그래서 청중에게 좀더 어필할 수 있는 표를 위해서는 표 기능이 아닌 도형을 이용하곤 합니다.

표 디자인에 관한 숨겨진 테크닉들을 공개합니다.

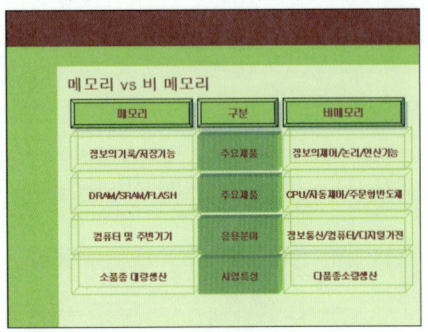

도형을 이용한 표

1) 도형으로 표 틀 만들기

직사각형 도형을 이용하여 표의 틀을 만들어 보도록 하겠습니다.

>> CD-ROM
부록CD〉예제파일〉표-도형.ppt

❶ 그리기 도구 모음의 직사각형 □을 클릭한 후 마우스로 드래 그하여 적당한 크기의 직사각형을 그립니다.

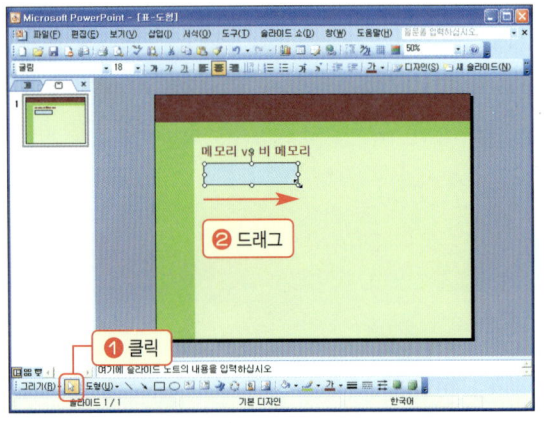

❷ 그리기 도구 모음의 직사각형 □을 이용하여 두 번째 직사각 형을 첫 번째 직사각형 옆에 그립니다.

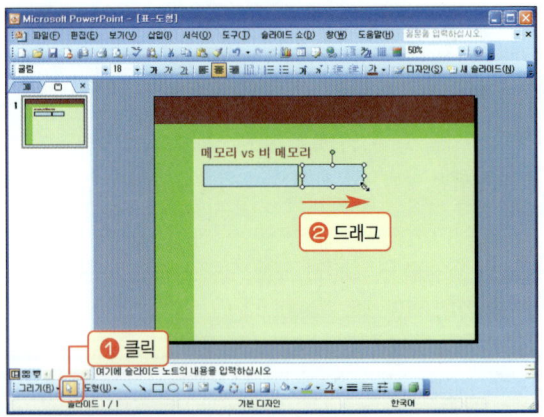

❸ 세 번째 위치한 도형은 첫 번째 도형와 크기가 같으므로 첫 번째 도형을 선택한 후, Ctrl 키를 누른 채 오른쪽으로 드래그하여 복사합니다.

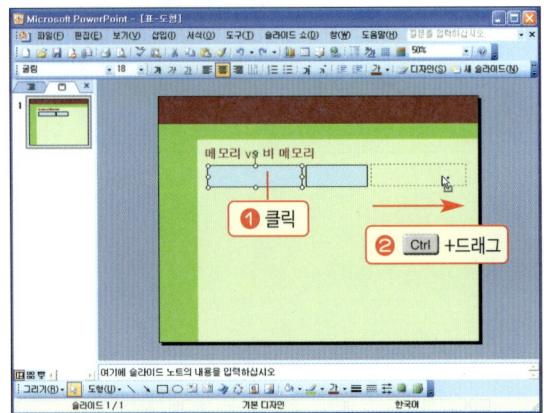

④ 슬라이드에 삽입된 모든 도형을 선택한 상태에서 Ctrl 키를 누른 채 아래로 드래그하여 두 번째 행을 복사합니다.

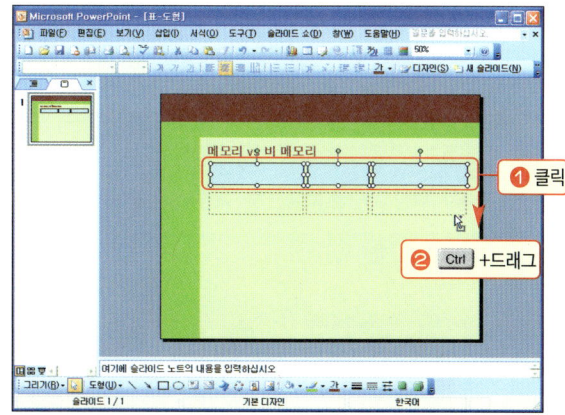

참고하세요!

도형을 선택하는 방법은 149, 153페이지를 참조하세요.

⑤ 두 번째 행을 구성하는 도형들의 높이를 늘리기 위해 그림과 같이 도형이 선택된 상태에서 크기 조정 핸들을 아래로 드래그합니다.

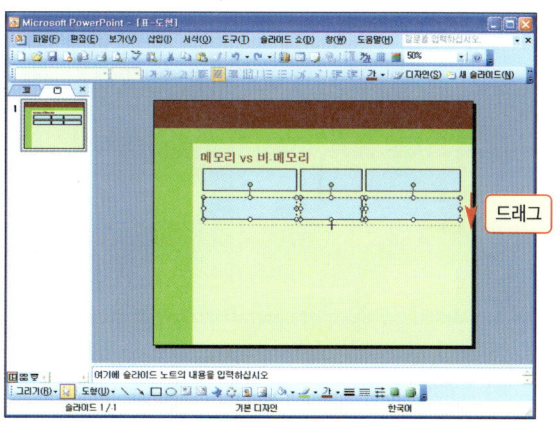

⑥ 똑같은 방법으로 나머지 행들도 복사해서 표 틀을 완성합니다.

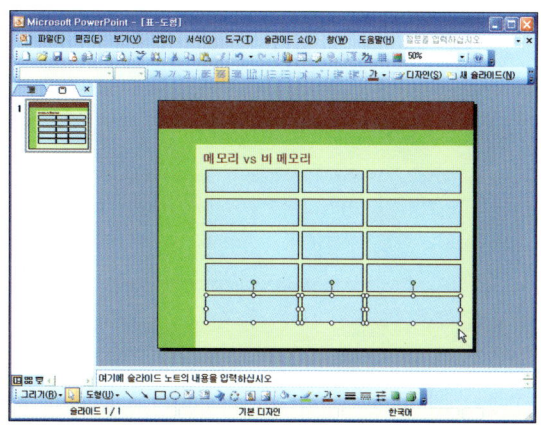

2) 텍스트 입력 및 서식 변경하기

작성된 표 틀에 텍스트를 입력하고 서식을 변경해 보도록 하겠습니다.

① 첫 번째 도형을 선택한 후 '메모리'를 입력합니다.

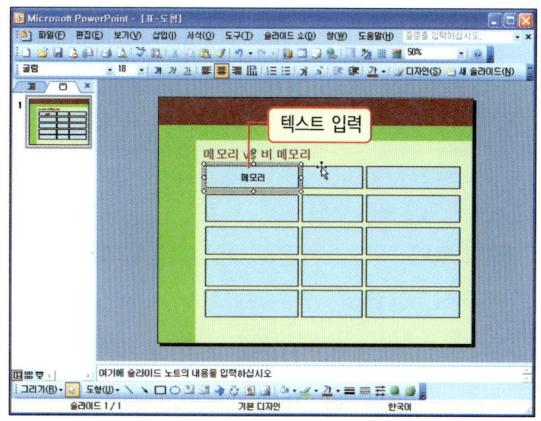

참고하세요!

도형에 텍스트를 입력하는 방법은 161페이지를 참조하세요.

② 나머지 도형에도 텍스트를 입력합니다.

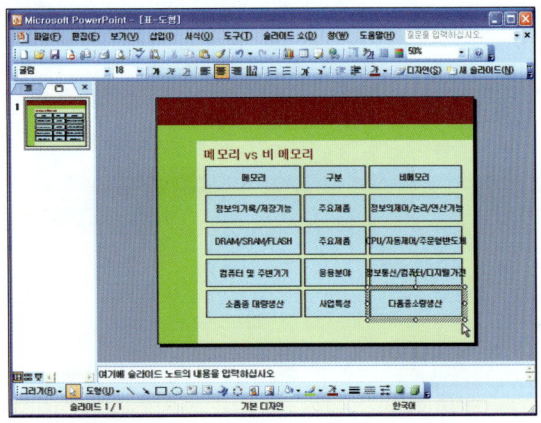

③ 그림처럼 도형을 선택한 후 서식 도구 모음의 글꼴 크기를 16
으로 지정합니다.

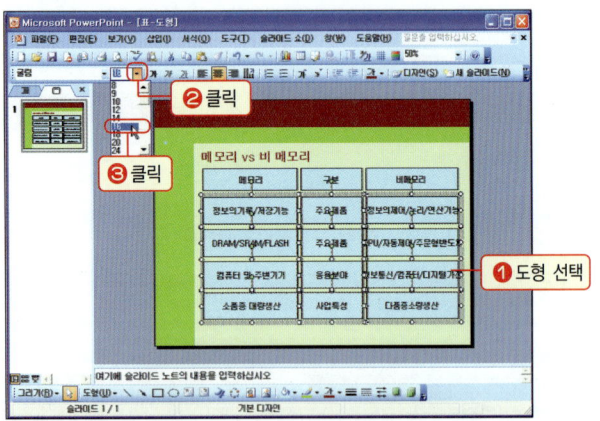

④ 도형을 모두 선택한 후 그리기 도구 모음의 '글꼴 색' 도구에
서 ✓(목록 버튼)을 클릭하고 '다른 색' 메뉴를 클릭합니다. '색' 지
정 창의 사용자 지정 탭에서 '빨강 : 102', '녹색 : 10', '파랑:0' 을
지정한 후 '확인' 버튼을 클릭합니다.

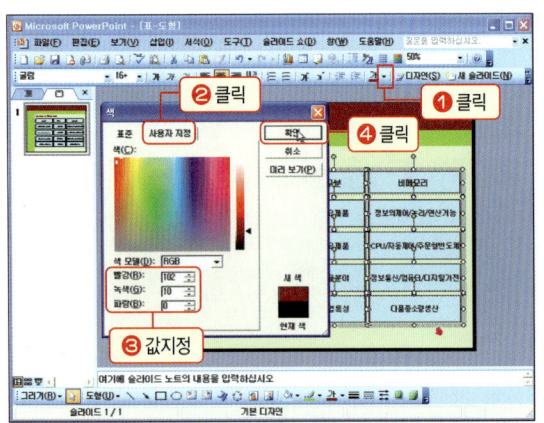

3) 입체적인 표로 꾸미기

도형 변경과 3차원, 그리고 그리기 효과를 이용하여 입체
적인 표를 만들어 보겠습니다.

① 첫 행을 구성하고 있는 도형과 가운데 열을 선택한 후 그리기
도구 모음 '채우기 색' 의 ✓(목록 버튼)을 클릭한 다음 '다른 채우기
색' 을 클릭합니다. '색' 지정 창의 사용자 지정 탭에서 '빨강 : 153',
'녹색 : 204', '파랑 : 51' 을 지정한 후 '확인' 버튼을 클릭합니다.

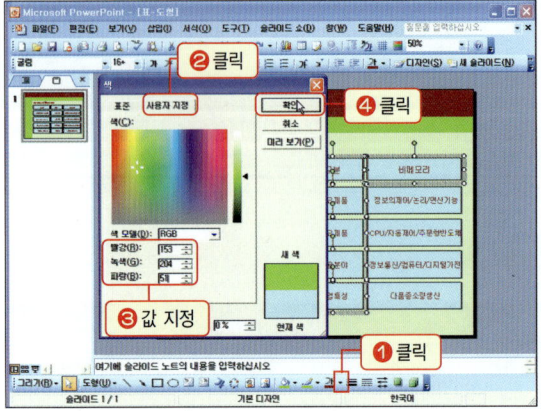

② 바탕색이 변경되지 않은 나머지 도형들을 선택합니다. 1번과
같은 방법으로 색을 변경합니다. 단 '빨강 : 204', '녹색 : 255',
'파랑 : 153' 으로 지정한 후 투명도를 29%로 지정합니다.

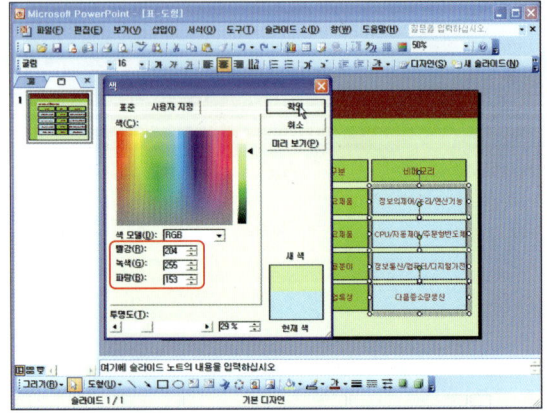

③ 도형에서 선의 색을 변경해 보겠습니다. 바탕색이 바뀐 도형
들을 선택한 상태에서 그리기 도구 모음 '선색' 의 ✓(목록 버튼)을
클릭한 다음 '다른 선 색' 을 클릭합니다. '색' 지정 창의 사용자 지
정 탭에서 '빨강 : 153', '녹색 : 204', '파랑 : 51' 을 지정한 후 '확
인' 버튼을 클릭합니다. '선 스타일' 을 이용하여 선의 두께를
'3pt' 로 변경합니다.

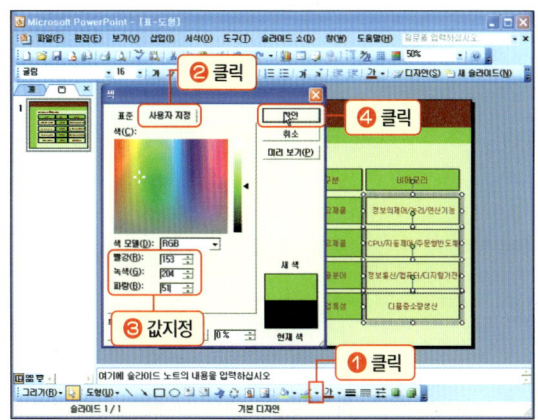

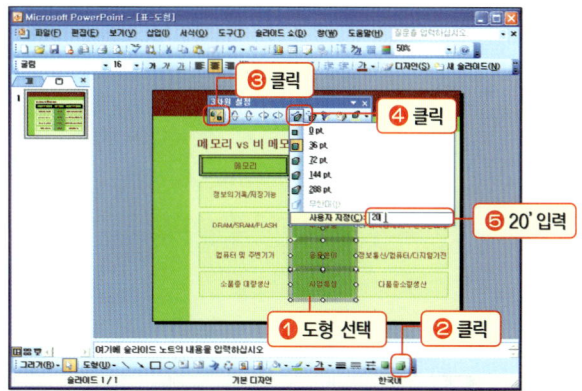

6️⃣ 나머지 도형들에게 3차원 효과를 지정해 보겠습니다. 가운데 열을 구성하고 있는 도형을 선택한 후 그리기 도구 모음 📧(3차원 스타일)의 3차원 설정을 클릭합니다. 3차원 설정 도구 모음이 나타나면 📧(3차원 설정/해제)를 선택한 후 📧(깊이 조정)을 클릭하고 20으로 입력합니다.

4️⃣ 첫 행을 구성하는 도형의 모양을 변경합니다. 우선 첫 행을 구성하는 도형을 선택하고 그리기 도구 모음의 '그리기' 메뉴를 클릭합니다. '도형 변경 - 기본 도형' 메뉴를 클릭한 후 '도형을 빗면으로 변경'을 선택하세요.

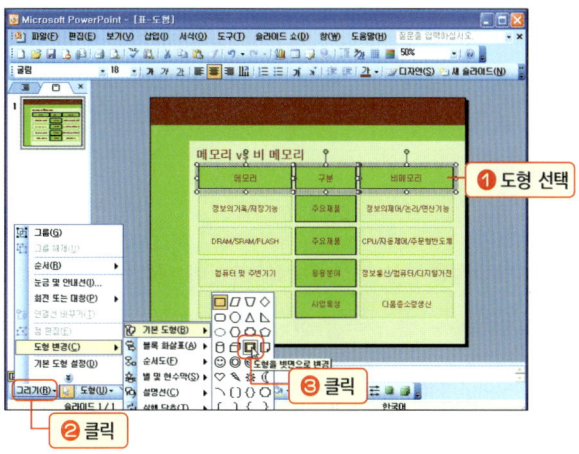

7️⃣ 두 번째 열과 세 번째 열을 구성하고 있는 도형들을 그림과 같이 선택합니다. 그런 다음 그리기 도구 모음의 📧(3차원 스타일)을 클릭한 후 '3차원 스타일 4'를 클릭합니다.

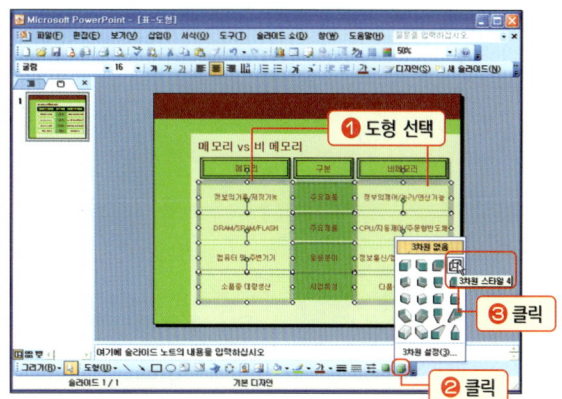

5️⃣ 그리기 서식 도구 모음의 ▦(그림자 스타일)을 클릭한 후 '그림자 스타일 6'을 클릭합니다.

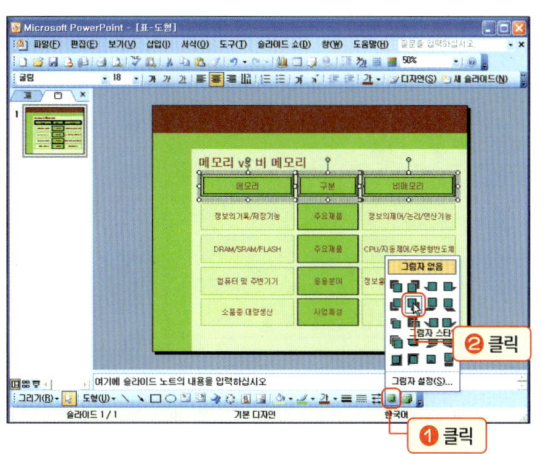

8️⃣ 마지막으로 모든 도형을 선택한 후 서식 도구 모음의 ⏹(굵게)를 클릭합니다.

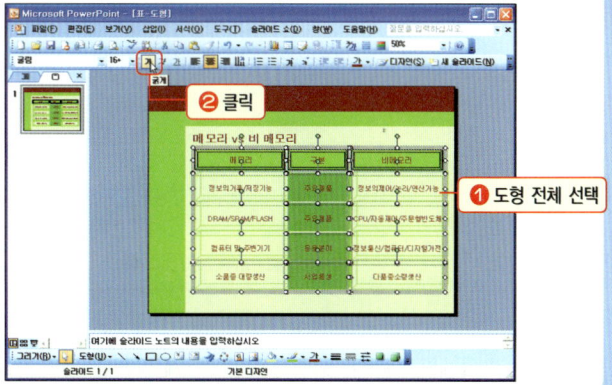

Powerpoint 2003

>>02 데이터 분석을 위한 차트 슬라이드

복잡한 수치 데이터를 한눈에 파악할 수 있도록 하는 것이 그래프입니다. 파워포인트에서는 수치 데이터만 있으면 간단하게 차트를 생성할 수 있습니다. 게다가 그래프와 원본 데이터가 연동되므로, 원본 데이터 값이 조정되면 그래프에도 곧바로 적용됩니다.

차트

파워포인트에서는 'Microsoft Graph' 라는 외부 편집기를 이용해서 차트를 작성합니다. 이는 스프레드 시트 프로그램인 엑셀과 거의 동일한 프로그램이기 때문에, 엑셀을 사용본 적이 있는 사용자라면 쉽게 작성할 수 있습니다.

차트 종류 선택의 중요성

일반적으로 '차트를 만들어보세요' 라고 하면 흔히 막대 그래프를 작성합니다. 하지만 데이터 성격에 따라 차트 종류의 선택은 신중해야 합니다. 예를 들어 팀별 분기별 실적을 원형 차트로 작성한다면 별다른 효과를 볼 수 없습니다. 원형 차트는 다중 계열을 차트로 표현할 수 없기 때문입니다. 동일한 관점에서 일정한 기간에 따른 데이터의 추세를 표현하려 한다면, 꺾은선형 차트를 사용하는 것이 좋습니다.
이번 장에서는 차트의 모든 것을 정복할 수 있습니다.

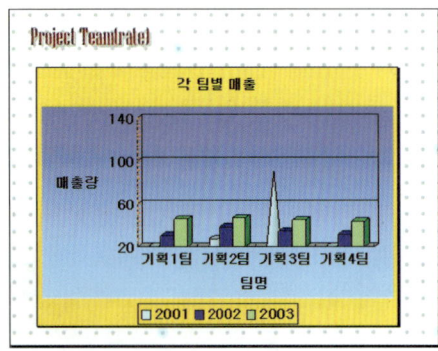

서식이 변경된 차트

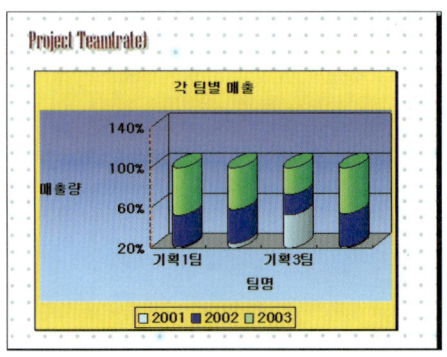

3차원이 적용된 차트

01 데이터 시트를 이용한 막대 차트 만들기

슬라이드에 그래프를 삽입하는 방법은 크게 3가지 정도의 방법이 있습니다. 여기에서는 가장 간편한 방법으로 차트를 삽입하고 변경하는 방법을 알아보겠습니다. 엑셀을 사용했던 사용자들은 쉽게 따라할 수 있겠지만 엑셀의 방법과는 약간 다르기 때문에 자세히 살펴보는 것이 좋습니다.

1 간단하게 만드는 차트

차트를 만드는 방법은 간단합니다. 단, 엑셀처럼 미리 데이터를 입력하는 것이 아니라 기존에 입력된 데이터를 데이터 시트 창에서 변경하여 넣는 것이 다를 뿐입니다.

>> CD-ROM
부록CD〉예제파일〉차트1.ppt

1 슬라이드에 차트를 삽입하기 위해서 표준 도구 모음의 ▦(차트 삽입) 버튼을 클릭합니다.

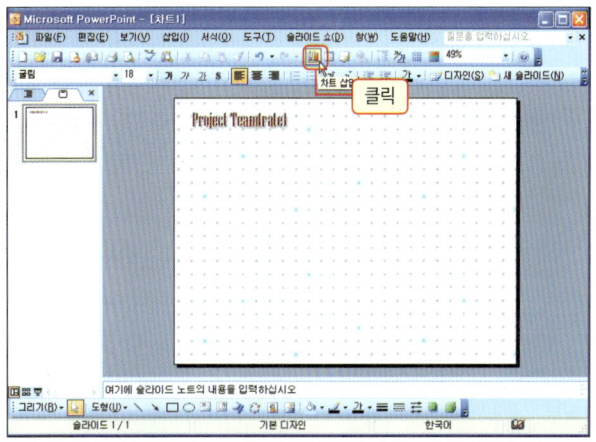

오려두기

그래프의 종류에는 어떤 것들이 있나요?

★ 274쪽 펼쳐보기

2 기본 차트가 삽입되면서 데이터 시트 창이 나타납니다. 데이터 시트 창에는 자동으로 입력된 데이터가 있을 것입니다. 각 셀(각 칸을 의미)을 클릭한 후 그림처럼 데이터를 변경합니다.

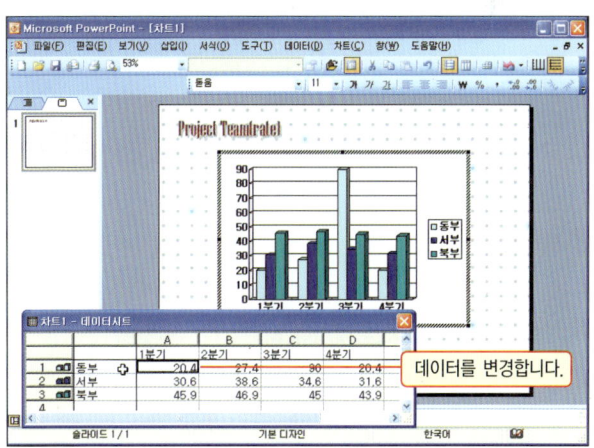

참고하세요!

차트로 그리려고 하는 항목이 두 개라면…
298페이지를 참조하세요.

		A	B	C	D
			기획1팀	기획2팀	기획3팀	기획4팀
1		2001	20.4	27.4	90	20.4
2		2002	30.6	38.6	34.6	31.6
3		2003	45.9	46.9	45	43.9
4						

참고하세요!

**차트를 삽입하는
또 다른 방법**

엑셀 시트에서 차트를 삽입
하는 방법과 작업 창에서
'슬라이드 레이아웃'의 차트
관련 슬라이드를 삽입한 후
차트 개체를 더블클릭하여
삽입하는 방법이 있습니다.

3 모든 입력이 끝나면 슬라이드의 빈 부분을 클릭합니다. 원하는 모양의 차트가 삽입됩니다.

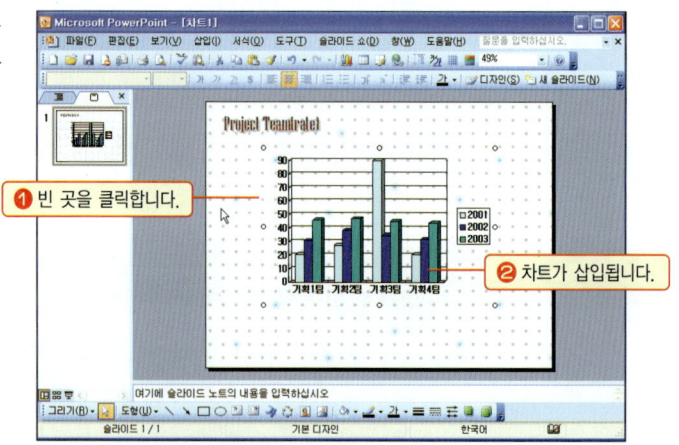

❶ 빈 곳을 클릭합니다.

❷ 차트가 삽입됩니다.

2 데이터 시트 값 변경하기

삽입한 차트의 데이터 값을 변경하려면 차트를 더블클릭한 후 데이터를 입력하면 됩니다.

1 현재는 이미 차트가 삽입된 상태입니다. 차트의 각종 값을 변경하거나 서식을 변경하기 위해서는 차트 편집 모드로 변경해야 합니다. 편집 모드로 변경하는 방법은 기존에 삽입된 차트를 더블클릭하는 것입니다.

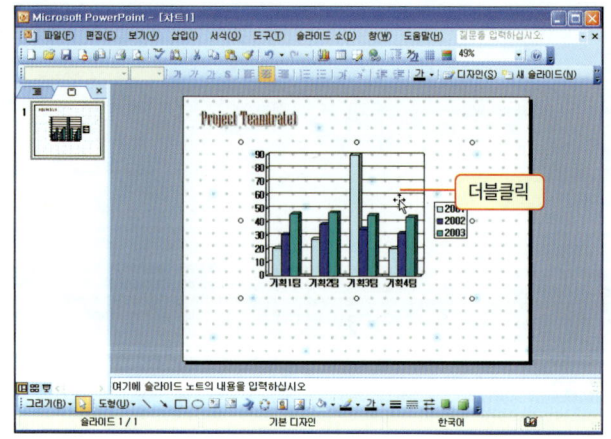

더블클릭

2 차트 편집 모드로 변경되면서 데이터 시트 창이 표시됩니다. 변경하려는 값이 있는 셀을 클릭한 후 값을 입력하고 Enter 키를 누릅니다. 차트 영역 밖을 마우스 포인터로 클릭하면 입력이 완료됩니다.

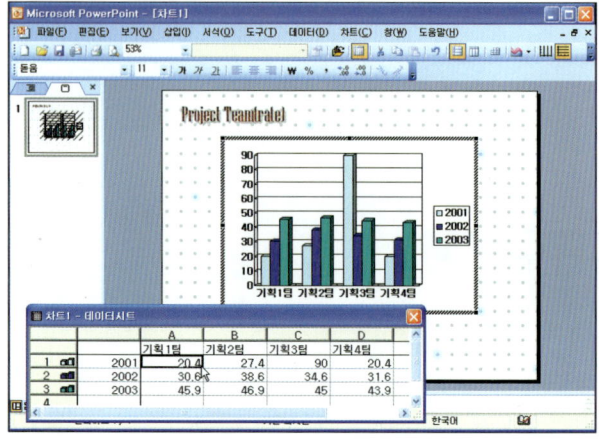

>> 궁금해요!

데이터 시트 창이 표시되지 않아요.

차트 편집 모드에서 데이터 시트 창이 표시되지 않는다면 다음과 같이 해 보세요.

▶ 차트 도구 모음에서 ▦ (데이터 시트 보기)를 클릭합니다.

▶ '보기 – 데이터 시트' 메뉴를 클릭합니다.

▶ 마우스 오른쪽 버튼을 누른 후 표시된 부 메뉴에서 '데이터 시트' 메뉴를 클릭합니다.

차트 도구 모음에서 ▦ 버튼을 클릭하도록 합니다.

3 차트의 크기 변경과 위치 이동하기

슬라이드에 삽입된 차트의 크기와 위치를 쉽게 변경할 수 있습니다.

1 만약 그림처럼 차트가 편집 모드가 아니라면 차트의 크기를 조절하기 위해서 차트의 각 모서리에 있는 크기 조정 핸들을 마우스로 드래그합니다. 차트의 바깥쪽으로 드래그하면 차트가 커지고 안쪽으로 드래그하면 차트의 크기가 작아집니다.

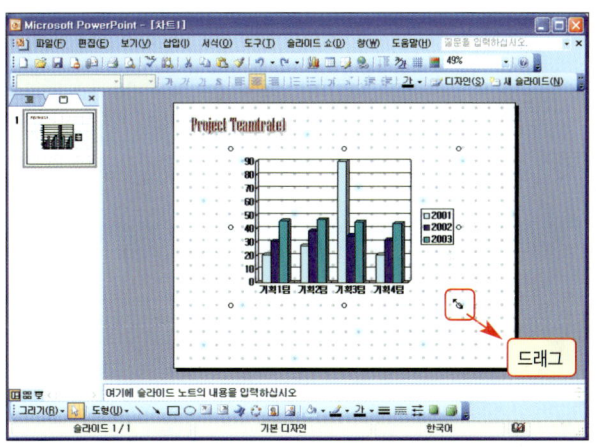

>> 궁금해요!

차트의 편집 모드와 선택 모드는 어떻게 다른가요?

편집 모드는 차트의 크기 변경과 위치 이동뿐만 아니라 차트의 내용에 관련된 사항들을 집적 변경할 수 있는 상태를 의미합니다. 차트에 대각선 빗금 모양의 경계선이 나타나며 크기 조정 핸들들의 모양도 검은색 사각형 형태입니다.

선택 모드는 차트의 크기 변경과 위치 이동만 가능한 상태를 의미하며, 차트의 외곽선에 크기 조정 핸들이 나타납니다.

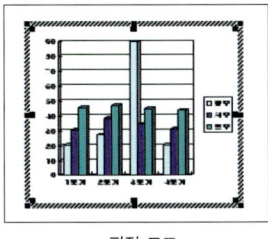 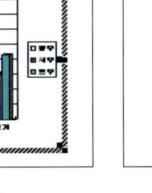 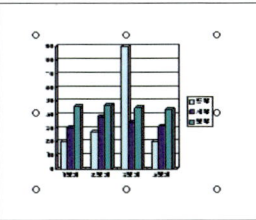

편집 모드   선택 모드

2 차트의 위치를 변경하기 위해 차트를 선택하세요. 그러면 마우스 포인터가 ✛ 모양으로 변경됩니다.

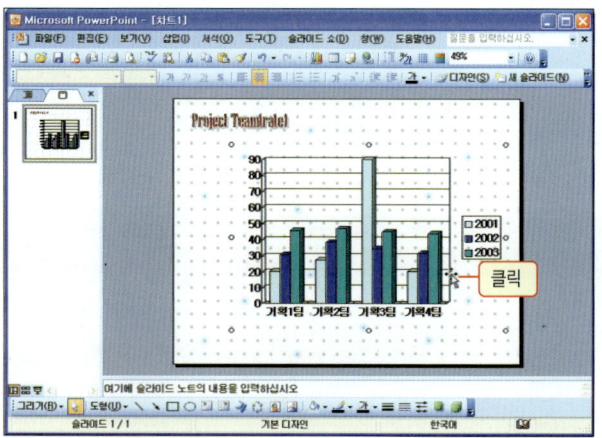

3 마우스 왼쪽 버튼을 누른 채 차트를 이동하려는 곳으로 드래그합니다. 이동하는 방향으로 차트의 잔상이 표시될 것입니다.

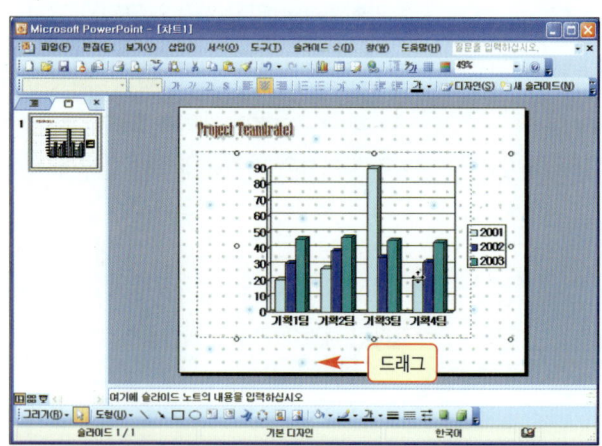

4 차트가 편집 모드에 있을 때도 이동과 크기 조절이 가능합니다. 편집 모드에서도 각 모서리나 외곽 부분에 검은 점들이 표시됩니다. 이 점들을 원하는 방향으로 드래그하여 차트의 크기를 변경할 수 있습니다.

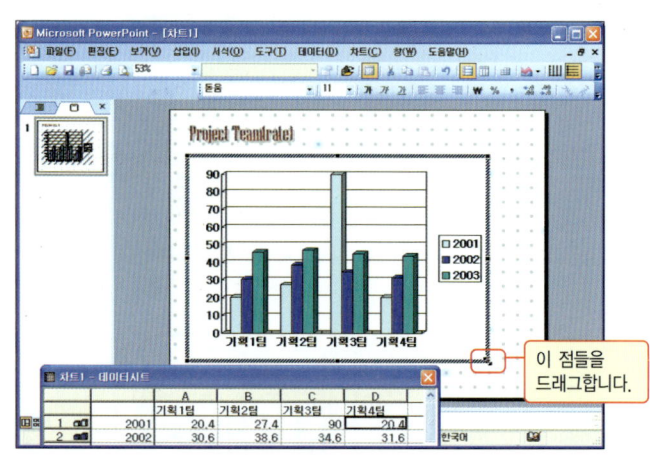

5 편집 모드에서 차트를 이동하려면 차트의 외곽선 대각선 빗금에 마우스 포인터를 위치시킨 후 이동하려는 방향으로 드래그하면 됩니다. 크기 조정 핸들을 그래그하면 차트의 크기가 변경됩니다.

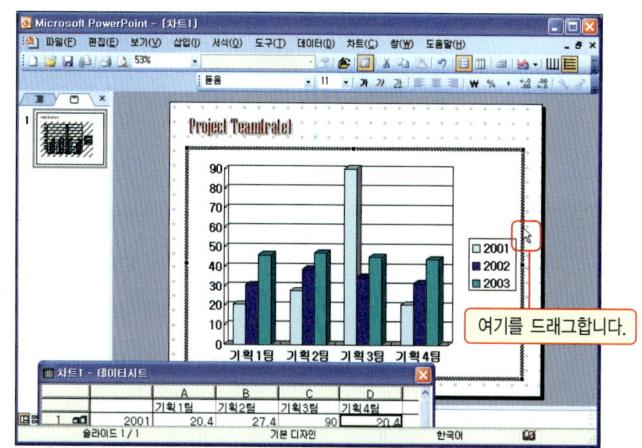

6 차트가 편집 모드에 있을 때에는 차트의 그림 부분이나 범례 부분을 마음대로 드래그하여 위치나 크기를 변경할 수 있습니다. 변경하는 방법은 차트의 이동과 크기 변경과 동일합니다. 예를 들어 차트의 그림 부분을 이동하려면 먼저 차트의 그림 부분을 클릭한 후 외곽선을 드래그하면 됩니다.

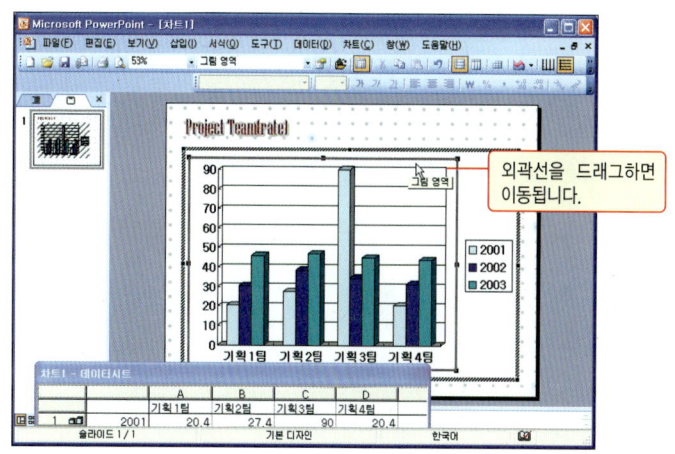

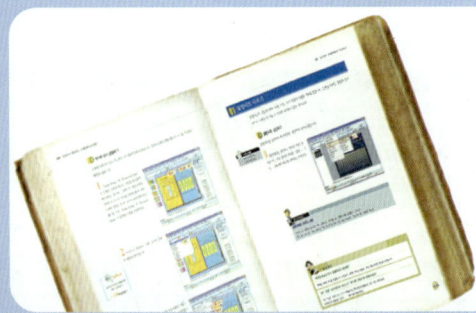

269page ★ 오려둔 것 펼쳐보기

그래프의 종류에 대하여
자세히 알려주세요

파워포인트의 그래프, 즉 'Microsoft Graph' 편집기에서 제공하는 그래프의 종류에는 크게 14가지가 있습니다. 물론 각각의 그래프 아래에 세부 종류가 있기 때문에 실제로 여러분들이 그래프 디자인으로 설정할 수 있는 것은 더욱 많습니다.

그러면 어떠한 그래프로 데이터를 표현해야 할까요? 개인적으로 원 그래프를 선호한다고 해서 모든 데이터를 원 그래프로 표현할 수는 없습니다. 그러므로 각각의 그래프가 가지는 특성을 분석하여 가장 알맞은 그래프 디자인을 지정해야 합니다.

다음은 'Microsoft Grah' 편집기에서 제공하는 대표적인 그래프들의 특징입니다.

1) 세로 막대형

가장 기본적인 그래프 디자인으로, 특정 기간 동안에 발생된 데이터의 변동사항 또는 각각의 항목을 비교 분석할 때 유용합니다.

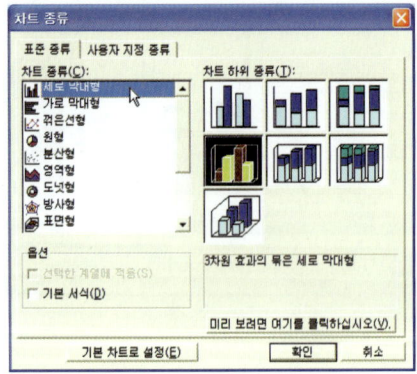

2) 가로 막대형

각 항목간의 데이터를 효율적으로 비교해주는 그래프 디자인입니다.

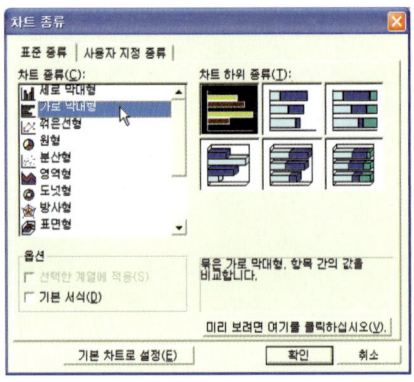

3) 꺾은선형

금리 또는 주가 변동과 같이 일정한 시간동안 변화된 데이터 흐름을 표현하고자 할 때 유용한 그래프 디자인입니다.

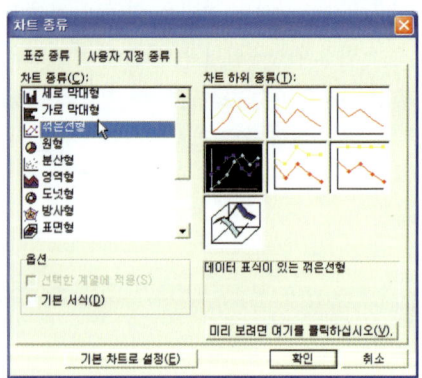

4) 원형

설문조사나 여론조사의 결과 등을 표현하고자 할 때 유용한 그래프 디자인으로 하나의 데이터 계열만 데이터로 사용됩니다.

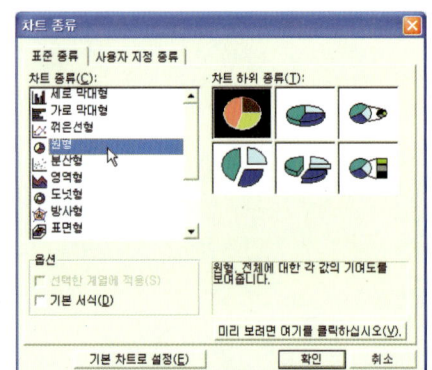

5) 분산형

데이터 값 사이의 관계를 분석하고자 할 때 주로 사용되며, 공학용 데이터 표현에 유용합니다.

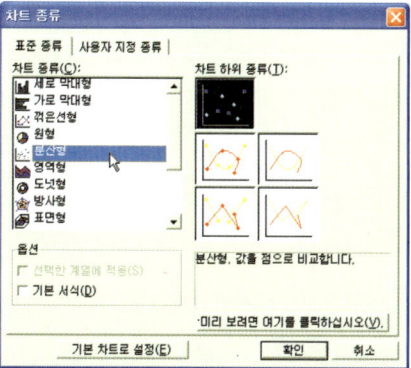

6) 영역형

시간이 경과함에 따라 데이터의 양이 어떻게 변동되는지를 분석할 때 유용한 그래프 디자인입니다.

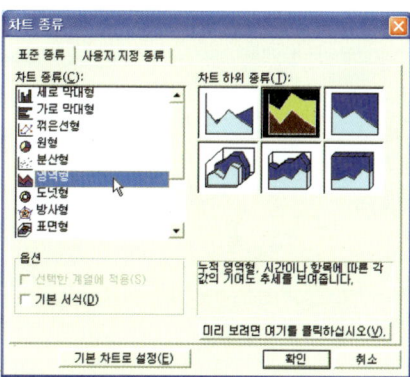

7) 도넛형

원형 그래프와 비슷하지만 하나의 데이터 계열만 데이터로 사용할 수 있는 원형 그래프와는 달리 여러 개의 데이터 계열을 표현할 수 있습니다.

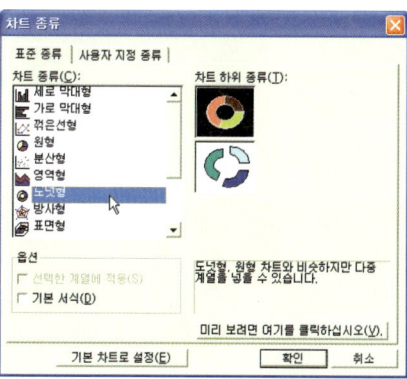

8) 방사형

그래프 중앙을 기준으로 각 항목이 얼마나 멀리 떨어져 있는지를 표현할 때 유용합니다.

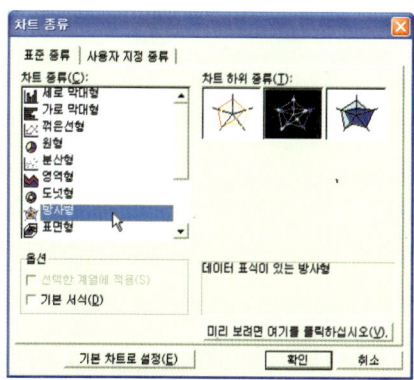

9) 거품형

데이터 집합의 상대적 크기를 비교하고자 할 때 유용합니다.

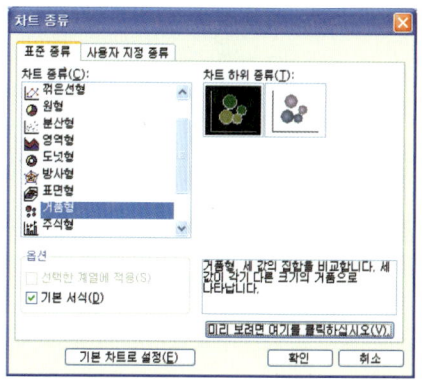

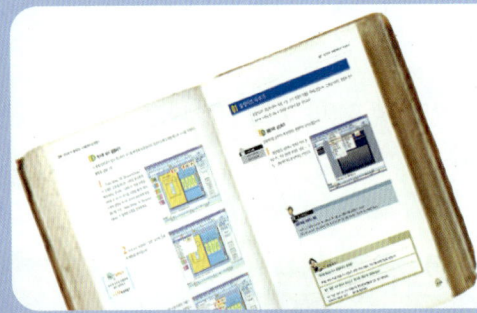

278page ★ 오려둔 것 **펼쳐보기**

그래프 도구 모음 살펴보기

그래프에 관련된 도구들을 모아놓은 도구 모음입니다. 그래프 도구 모음은 다른 도구 모음과는 달리 서식 도구 모음이 사라지고 표준 모두 모음 옆에 그래프 도구 모음이 표시됩니다. 그래프 도구 모음에 대하여 살펴보도록 하겠습니다.

❶ 차트 개체 : 갑축, 그림 영역, 차트 영역과 같이 서식을 변경하고자 하는 차트 요소를 선택합니다.

❷ 개체 서식 : 현재 선택된 개체에 대한 서식 창을 표시합니다.

❸ 파일 가져오기 : 엑셀 파일을 직접 그래프의 데이터로 사용하고자 할 때 엑셀 파일을 가져옵니다.

❹ 데이터 시트 보기 : 그래프에 사용된 데이터가 입력된 데이터 시트를 표시하거나 숨깁니다.

❺ 행과 열 : 데이터 시트에 입력된 데이터로 그래프를 생성할 때 기준이 되는 항목 축을 결정합니다.

❻ 데이터 테이블 : 그래프 밑에 그래프에 사용된 데이터의 테이블을 표시합니다.

❼ 차트 종류 : 차트의 종류를 변경합니다.

❽ 항목 축 눈금선 : 항목 축의 눈금선을 표시하거나 숨깁니다.

❾ 값 축 눈금선 : 값 축의 눈금선을 표시하거나 숨깁니다.

❿ 범례 : 범례를 표시하거나 숨깁니다.

⓫ 그리기 : 그리기 도구 모음을 표시하거나 숨깁니다.

⓬ 채우기 색 : 현재 선택된 개체의 색을 지정합니다.

⓭ 도움말 : 'Micrisoft Graph'에 관련된 도움말을 제공합니다.

02 차트 옵션을 이용한 차트 제목과 축 제목의 입력

차트를 처음 만든 후에 가장 먼저 해야 할 일은 차트의 제목과 축 제목을 입력하는 것입니다. 물론 이를 입력하지 않아도 차트 제작에 문제는 없지만, 청중이 한 눈에 차트를 이해하도록 하려면 필요한 구성 요소입니다.

1 차트 구조 이해하기

차트의 각 부분의 구조와 명칭을 살펴보도록 하겠습니다.

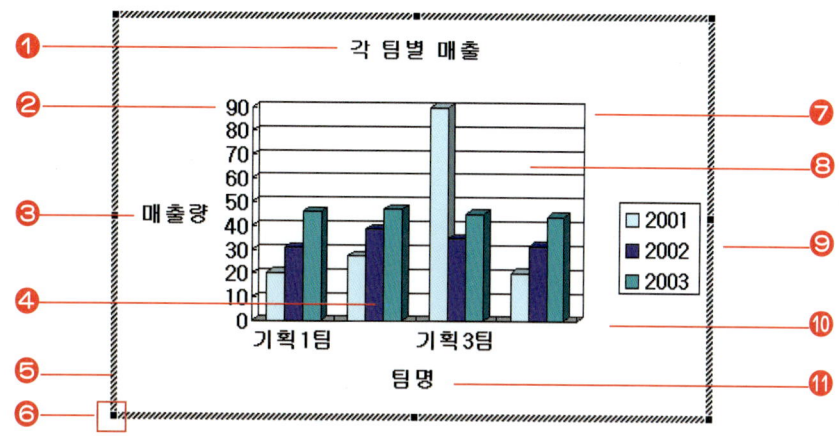

❶ 차트 제목 : 차트의 제목을 입력합니다. 차트의 제목도 원하는 방향으로 이동할 수 있으며 삭제도 가능합니다.

❷ 차트 영역 : 전체 차트의 영역 부분을 의미합니다.

❸ Z(값) 축 제목 : 3차원 차트일 때에만 나타나며 2차원 차트일 경우에는 Y(값) 축 제목이라 불립니다.

❹ Z(값) 축 : 역시 3차원 차트일 때에만 나타나며 2차원 차트일 경우에는 Y(값) 축이라 불립니다.

❺ 외곽선 : 차트의 위치를 이동하려 할 때 드래그하여 이동시킬 수 있으며 외곽선이 나타나면 현재 차트가 편집 모드인 것을 의미합니다.

❻ 크기 조절점 : 차트의 크기를 조절할 때 마우스로 드래그하여 조절할 수 있습니다.

❼ 그림 영역 : 실질적으로 차트가 표시되는 부분을 의미합니다. 그림 영역만 선택한 후 크기나 이동의 변경할 수 있습니다.

❽ 계열 : 차트가 그려졌을 때 각 항목을 계열이라 합니다.

❾ 범례 : 범례가 표시되며 범례의 색상이나 위치, 크기 등을 변경할 수 있습니다.

❿ X(항목) 축 : X축이 표시됩니다.

⓫ X(항목) 축 제목 : X축의 제목이 표시됩니다.

2 차트 제목/축 제목 입력하기

차트를 만들었을 때 차트의 제목이나 각 축의 제목이 자동으로 입력되지는 않습니다. 차트의 제목과 축 제목을 입력하는 것은 차트를 만든 후의 작업입니다. 차트의 각종 부분을 변경하는 작업은 반드시 차트를 더블클릭하여 편집 모드로 변경하여 작업하도록 합니다.

1 '차트 – 차트 옵션' 메뉴를 클릭합니다. 만약 '차트' 메뉴가 보이지 않는다면 현재 차트가 편집 모드가 아닌 것입니다.

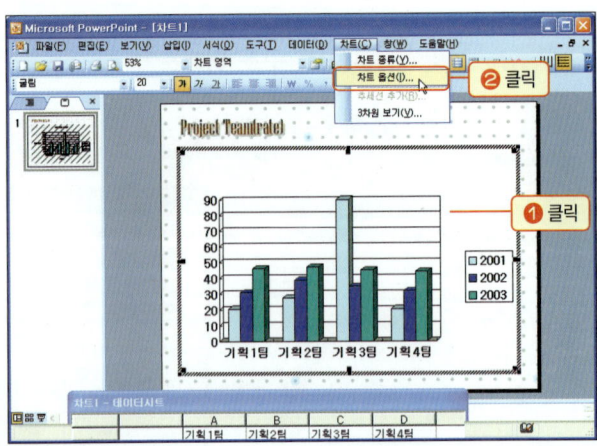

참고하세요!

편집 모드 상태의 차트에서 마우스 포인터를 차트 영역에 위치한 후, 마우스 오른쪽 버튼을 클릭하면 나타나는 부메뉴에서 '차트 옵션' 메뉴를 클릭해도 됩니다.

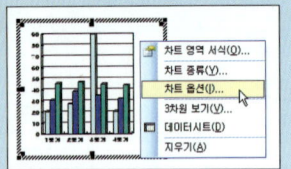

2 '차트 옵션' 창이 표시되면 '제목' 탭을 클릭한 후 차트 제목, X(항목) 축, Z(값) 축을 입력합니다. 입력할 때마다 미리보기 창에 입력된 모양이 표시됩니다. 모두 입력했다면 '확인' 버튼을 클릭합니다.

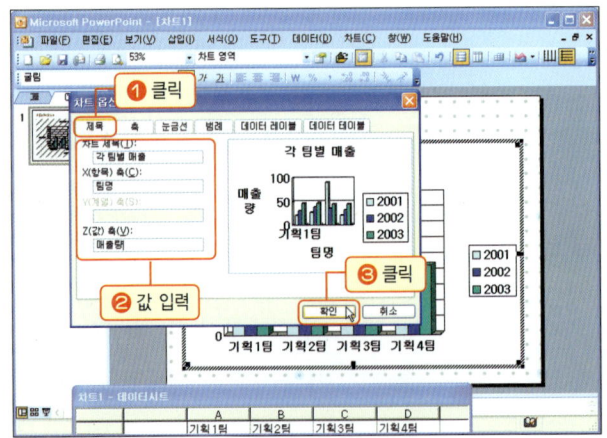

3 차트의 제목과 축 제목들이 입력되었습니다.

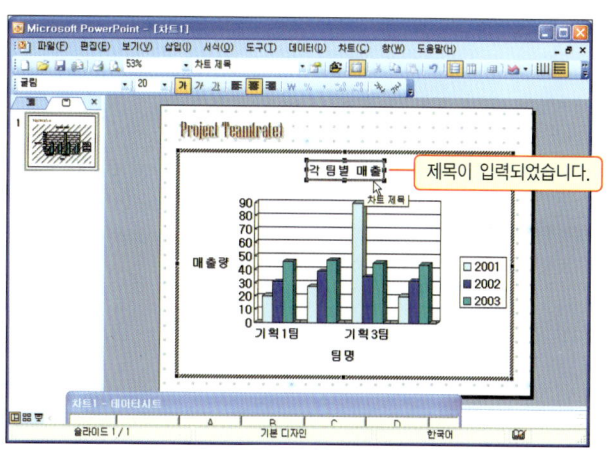

3 차트 제목/축 제목 편집하기

차트 제목과 축 제목은 이동/삭제/편집이 간편합니다. 다시 '차트 – 차트 옵션' 메뉴를 클릭하여 새롭게 변경할 수 있지만 편집 모드에서 간편하게 편집할 수도 있습니다.

1 차트의 이동과 삭제와 동일한 방법으로 위치 이동이나 삭제, 편집이 가능합니다. 먼저 이동하려면 차트 제목이나 축 제목을 클릭합니다. 외곽선이 표시되면 외곽선을 원하는 방향으로 드래그합니다.

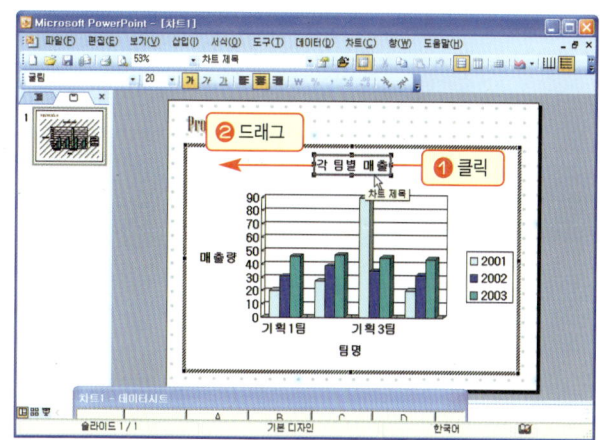

2 위치가 이동됩니다. 이번에는 입력된 텍스트를 변경하기 위해서 텍스트 상자 안쪽을 클릭합니다. 마우스 포인터의 모양이 I 자가 될 때 클릭하면 됩니다.

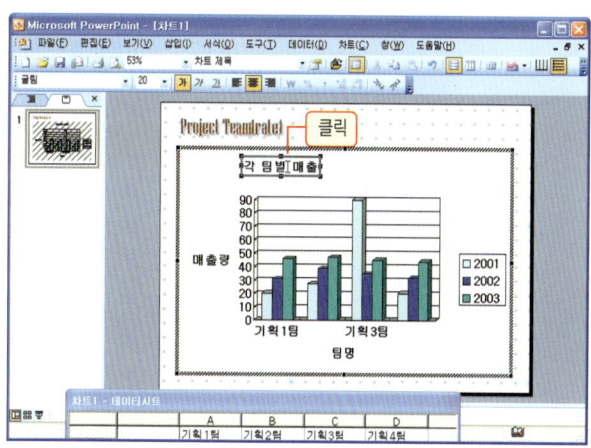

279

3 커서가 상자 안쪽에 표시되면 원하는 텍스트를 입력한 후 마우스로 차트의 다른 부분을 클릭하세요. 그러면 입력이 완료됩니다.

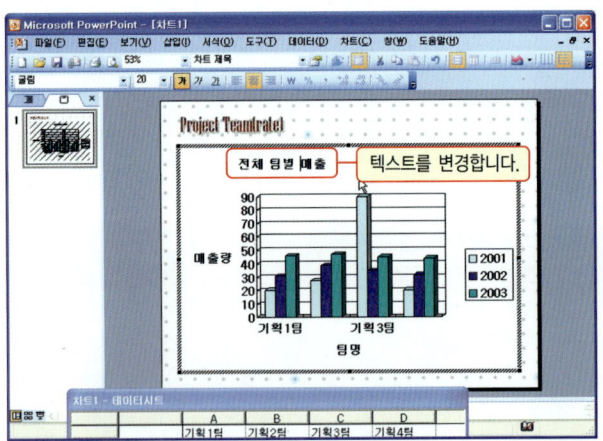

>>궁금해요!

차트 제목이나 축 제목을 삭제하려면 어떻게 해야하나요?

차트 제목이나 축 제목을 삭제하는 방법은 먼저 원하는 항목을 클릭하여 대각선 빗금 모양의 외곽선이 표시되도록 한 후 Delete 키를 누르면 됩니다. 단, 텍스트 상자 안에 커서가 깜빡이는 상태에서는 차트 제목이나 축 제목이 삭제되는 것이 아니라 텍스트 상자 안의 글이 삭제됩니다.

03 차트 서식 변경하기

사실 차트는 만드는 것보다 원하는 대로 꾸미는 것이 더 어렵습니다. 하지만 차트의 구조와 각 기능을 제대로 이해하고 있다면 그다지 어려운 것은 아닙니다. 각 항목에서 중요한 부분을 어떻게 변경하는지 알아보겠습니다.

1 차트 영역의 서식 변경하기

차트 영역 전체의 서식을 변경할 수 있습니다. 차트의 외곽에 테두리를 그리고 그림자를 지정해 보겠습니다. 또한 차트에 배경색도 지정해 봅니다.

1 차트 영역에 서식을 지정하려면 차트 도구 모음의 '차트 개체' 버튼을 클릭한 후 '차트 영역'을 선택합니다. 차트에서 차트 영역이 선택되면 차트 도구 모음의 ☑(서식) 버튼을 클릭하세요.

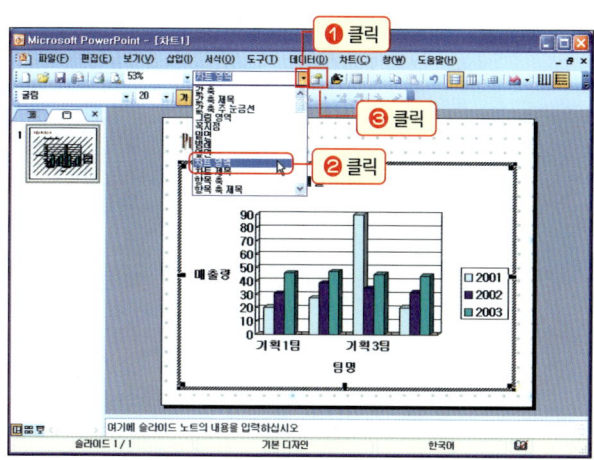

참고하세요!

차트 도구 모음의 ☑의 설명이 서식이 아니라 차트 영역 서식으로 나타나는데요?

차트 도구 모음의 ☑ 버튼은 현재 선택된 계열에 따라 이름이 변경됩니다. 즉 현재 차트 영역이 선택되어 있다면 '차트 영역 서식'으로, 만약 그림 영역이 선택되어 있다면 '그림 영역 서식'으로 이름이 변경됩니다.

2 '차트 영역 서식' 창이 표시됩니다. '무늬' 탭을 클릭하고 '테두리 – 자동', '그림자'를 체크하세요. 그런 다음 '영역' 항목에서 배경색으로 사용할 색을 선택한 후 '확인' 버튼을 클릭합니다.

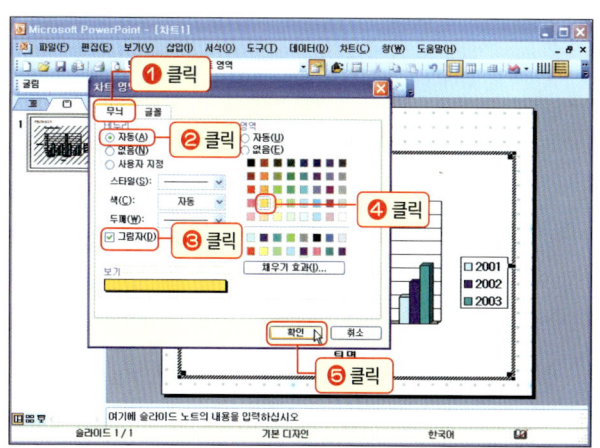

3 차트 바깥 부분을 클릭한 후 차트의 모양을 보면 차트에 외곽선과 그림자가 표시된 것을 볼 수 있습니다. 또한 배경색이 표시되어 한층 부드러운 느낌이 납니다.

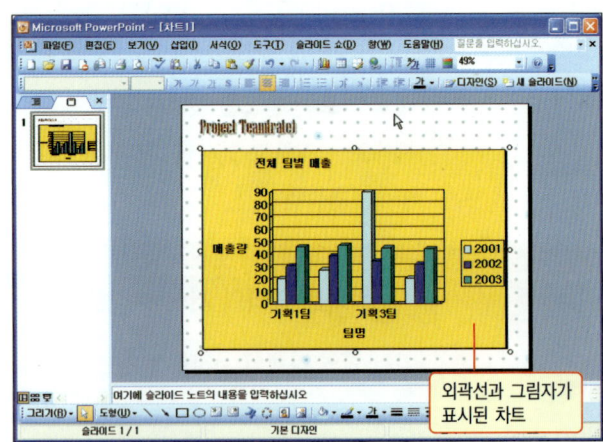

외곽선과 그림자가 표시된 차트

> > 궁금해요!

차트 배경에 그라데이션 효과를 지정하고 싶어요.

차트의 배경에도 그라데이션을 지정할 수 있습니다. 그라데이션은 '차트 영역 서식' 창에서 '채우기 효과' 버튼을 누른 후 그라데이션을 지정하면 됩니다. 이후의 방법은 이전에 배웠던 방법과 동일하고요. 단, 그라데이션 색상은 차트의 각 계열의 색상과 혼동되지 않는 색상을 사용하는 것이 좋습니다.

차트를 구성하고 있는 요소를 선택하는 좀 쉬운 방법 좀 알려주세요.

차트 편집 모드일 때 차트를 구성하고 있는 각 요소에 마우스 포인터를 이동시키면 풍선 도움말이 나타납니다. 이때 풍선 도움말의 설명이 선택하려고 하는 계열과 이름이 같다면 그 상태에서 마우스 왼쪽 버튼을 더블클릭하면 됩니다.

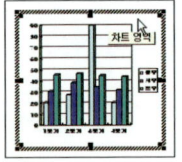

2 계열 서식 변경하기

차트(혹은 그래프)에 입력된 각 요소들을 계열이라 합니다. 계열도 색상을 지정하거나 모양을 변경할 수 있습니다.

1 먼저 변경할 계열을 클릭합니다. 한 번만 클릭하면 변경할 동일 계열이 한꺼번에 선택됩니다. 계열을 선택했다면 차트 도구 모음의 을 클릭하세요.

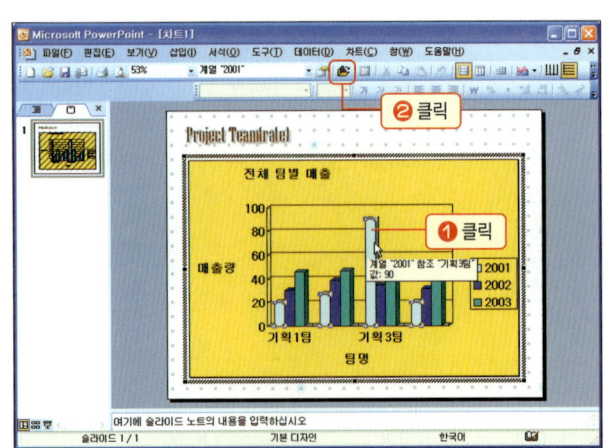

특정 계열의 특정 항목만 선택하기

보통 그림 영역에서 특정 계열을 클릭하면 계열 전체가 선택됩니다. 이때 한번 더 특정 계열의 항목을 클릭하면 그 항목만 선택되며 선택된 항목만 서식을 변경할 수도 있습니다.

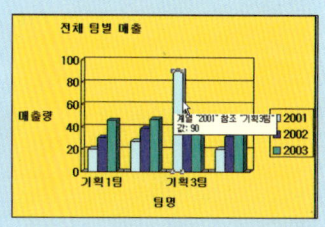

2 '데이터 계열 서식' 창이 표시됩니다. '무늬' 탭에서도 차트 영역 서식에서와 동일하게 색상이나 테두리 등을 지정할 수 있답니다.

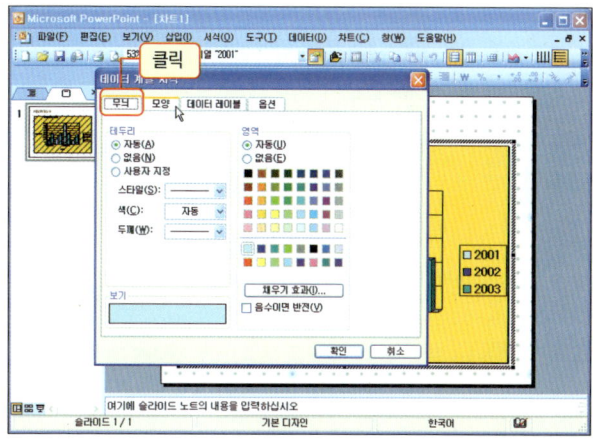

계열에 따른 그라데이션 적용

모든 차트에 그라데이션을 적용할 수 있는 것은 아닙니다. 차트의 계열 모양에 따라 그라데이션을 사용하지 못할 수도 있습니다.

3 '모양' 탭을 클릭하면 계열의 차트 막대 모양의 종류가 표시됩니다. 원하는 모양을 클릭한 후 '확인' 버튼을 클릭하세요.

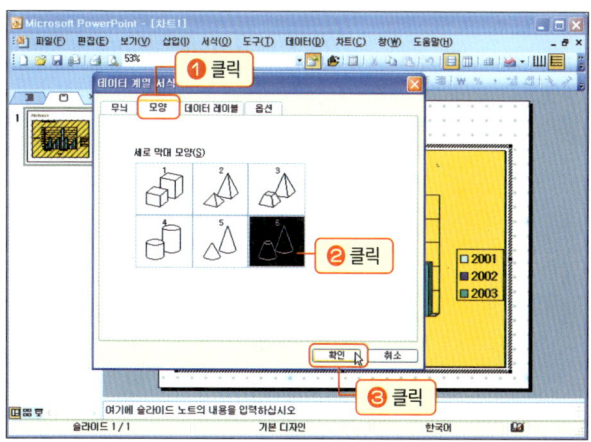

4 계열의 모양이 변경됩니다. 다른 계열도 모양을 변경해 보세요.

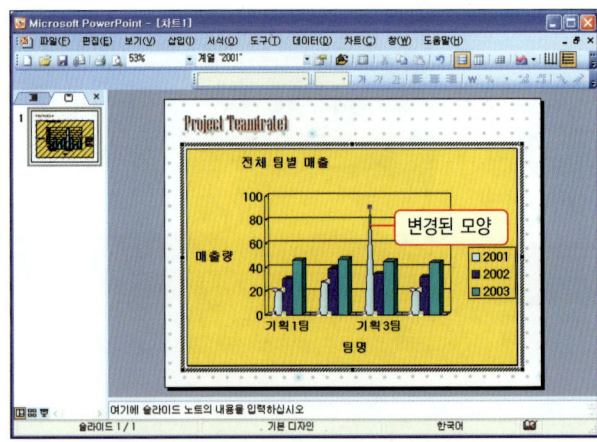

참고하세요!

데이터 계열간의 조정

데이터 계열 항목간의 간격이나 너비 등을 '옵션' 탭에서 변경할 수 있습니다. '옵션' 탭의 각 항목은 차트의 종류에 따라, 혹은 2차원 차트냐 3차원 차트냐에 따라 다르게 나타납니다.

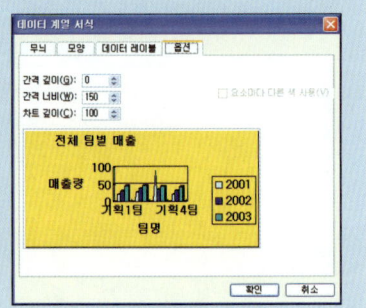

---

③ 그림 영역 서식 지정하기

차트를 처음 그려보는 사용자마다 차트 영역과 그림 영역이 동일한 것이라 생각하곤 합니다. 하지만 차트 영역과 그림 영역은 전혀 다른 부분입니다. 그림 영역에 그라데이션을 설정해 보겠습니다.

1 '차트 개체'에서 '그림 영역'을 선택합니다. 그림 영역이 선택되면 '서식' 버튼을 클릭합니다.

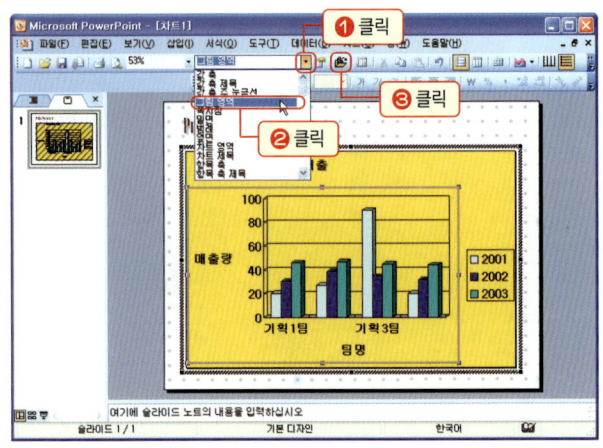

2 '그림 영역 서식' 창이 나타나면 '채우기 효과' 버튼을 클릭합니다.

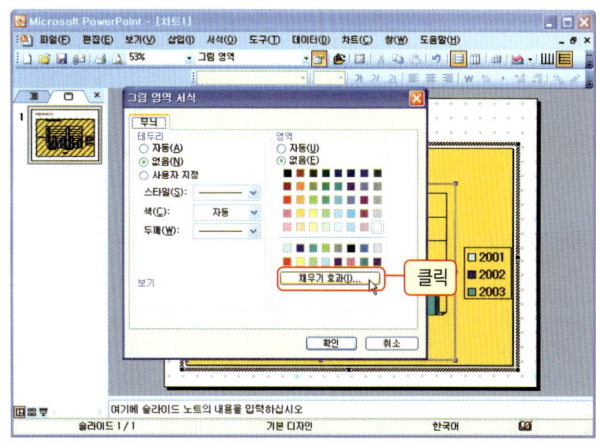

3 '채우기 효과' 창이 나타나면 '그라데이션' 탭에서 '두 가지 색'을 클릭하고 색1, 색2를 선택합니다. 그런 다음 음영 스타일, 적용에서 원하는 항목을 선택한 후 '확인' 버튼을 클릭하세요.

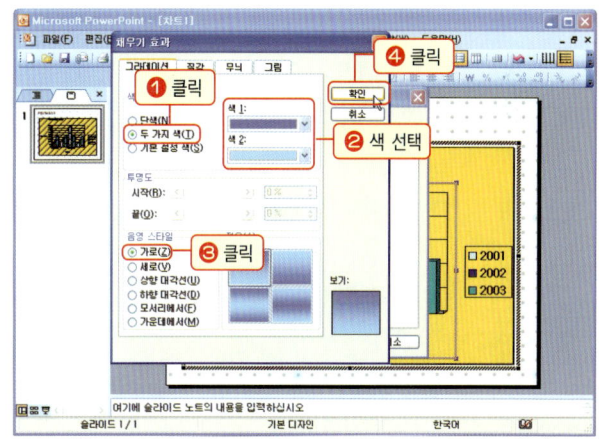

4 그림 영역에 그라데이션이 적용됩니다. 이제 차트 영역과 그림 영역이 어떻게 다른지 알 수 있을 것입니다.

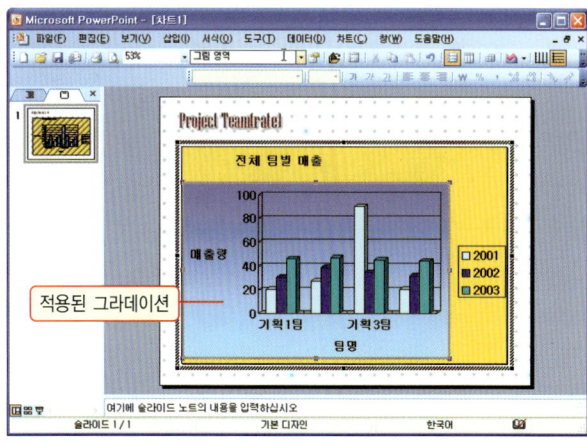

4 축 서식 변경하기

차트에는 두 개의 축이 있는데 세로 축인 '값 축'과 가로 축인 '항목 축'이 그것입니다. 이 두 개의 축에 눈금을 표시하거나 표시하지 않을 수 있습니다.

1 '차트 개체' 버튼을 누르고 '값 축'을 선택합니다. 값 축이 선택되면 '서식' 버튼을 클릭합니다.

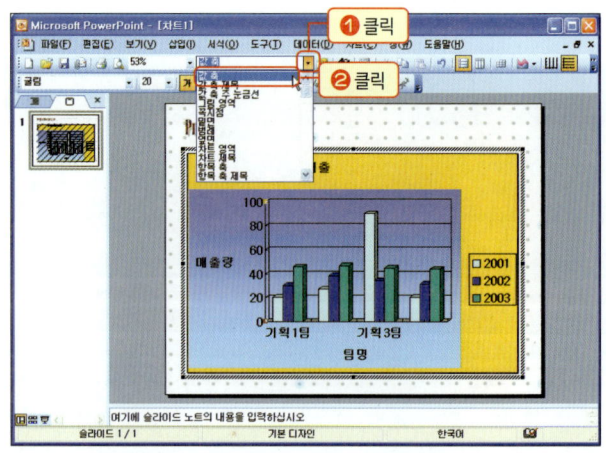

2 '축 서식' 창에서 '사용자 지정'을 선택하고 '스타일 – 실선', '색 – 주황'을 선택합니다. 계속해서 '두께', '보조 눈금 – 안쪽'을 선택한 후 '확인' 버튼을 클릭하세요.

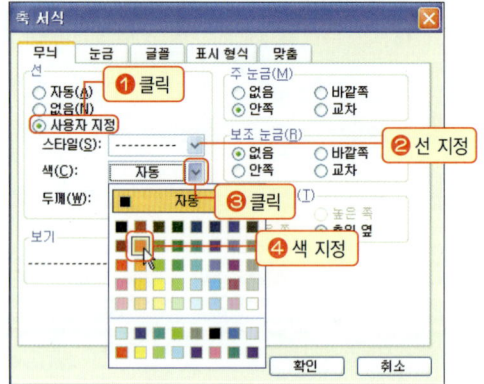

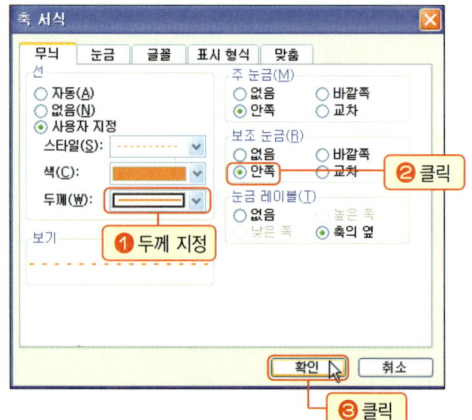

3 값 축에 보조 눈금선이 표시됩니다. 다른 항목들도 변경해 보세요.

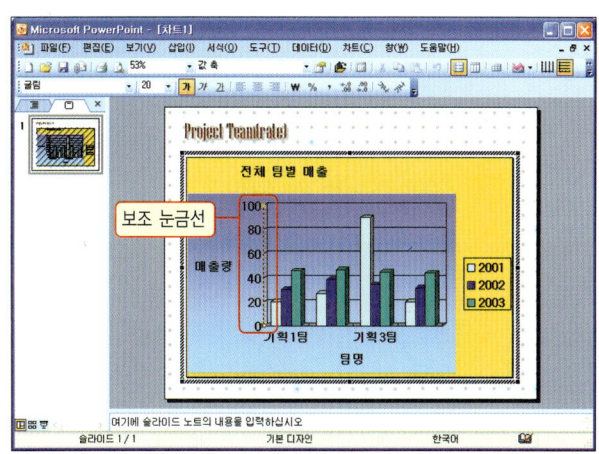

5 눈금선 변경하기

값 축이나 항목 축의 눈금선의 개수나 단위 등을 변경할 수 있습니다. 특히 값 축의 경우 최소값, 최대값, 주 단위 등을 사용자가 원하는 형태로 변경할 수 있습니다.

1 값 축의 가장 작은 값은 0이고, 가장 큰 값은 100입니다. 또한 각 단위가 20 단위씩으로 지정되어 있습니다. '차트 개체' 버튼을 누르고 '값 축'을 선택한 후 '서식' 버튼을 눌러 '축 서식' 창을 표시합니다.

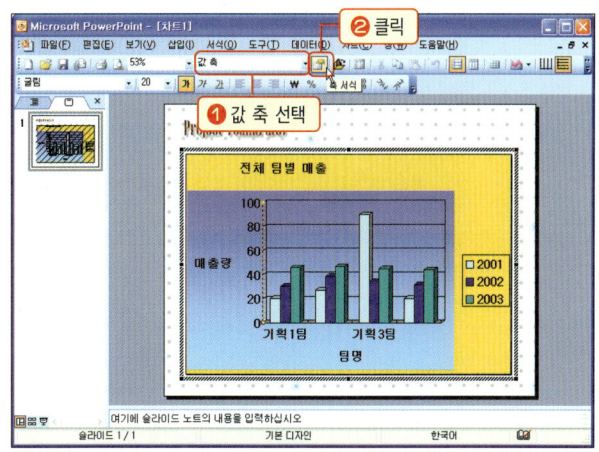

2 '축 서식' 창이 나타나면 '최소값 – 20', '최대값 – 140', '주단위 – 40'으로 변경한 후 '확인' 버튼을 클릭합니다. 수치를 사용자가 변경하면 체크 표시가 자동으로 사라집니다.

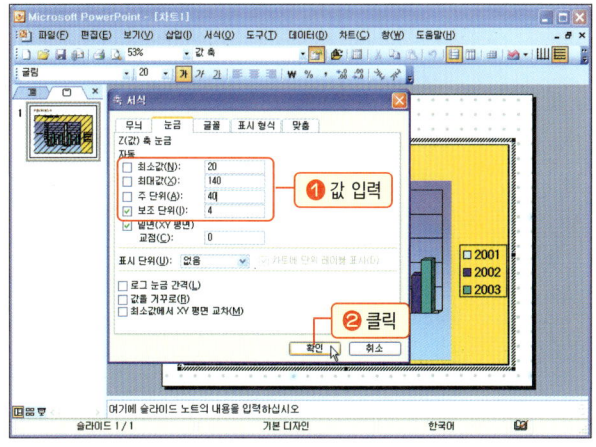

3 값 축의 수치가 20부터 시작하고 최대 140까지 표시된 것을 알 수 있습니다. 또한 각 항목의 단계가 40씩 증가했습니다.

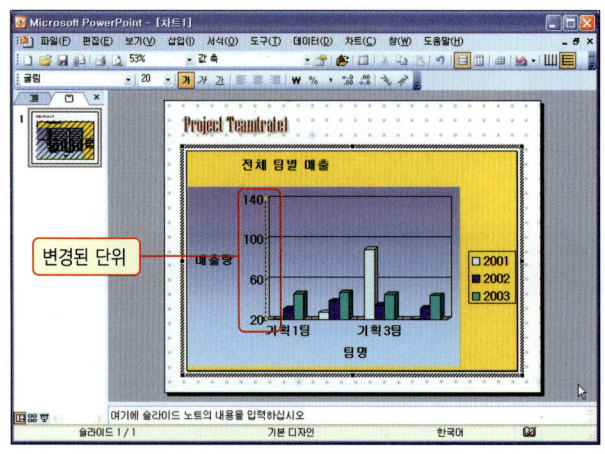

6 범례 서식과 위치 변경하기

범례 서식은 위치를 바꾸는 것이 대부분입니다. 하지만 간혹 범례의 각 항목 색상을 변경할 때도 사용합니다.

1 '차트 개체' 버튼을 누르고 '범례'를 선택한 후 '서식' 버튼을 눌러 '범례 서식' 창을 표시합니다.

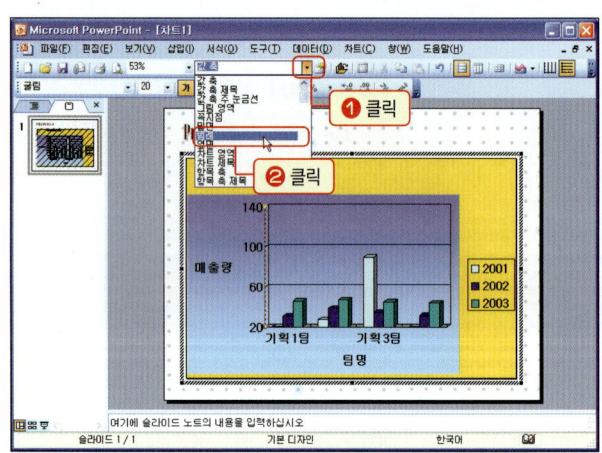

2 '배치' 탭을 클릭하고 범례를 표시할 위치를 클릭한 후 '확인' 버튼을 클릭합니다.

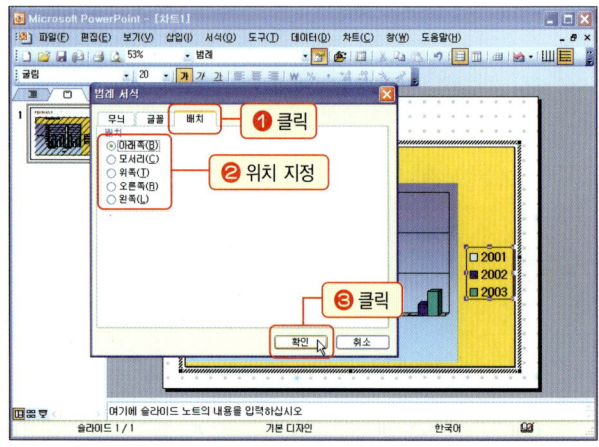

> > 궁 금 해 요 !

좀 더 쉽게 범례의 위치를 조정할 수는 없나요?

마우스로 범례를 드래그하여 범례의 위치를 조정할 수 있습니다. 방법은 차트 제목의 위치를 변경하는 것과 동일합니다. 단, 다른 슬라이드의 차트나 차트 구성 요소간의 위치를 통일할 경우에는 '범례 서식' 창에서 조절하는 것이 더욱 유리합니다.

3 범례를 사용하여 범례의 색상과 차트의 계열 색상을 변경할 수 있습니다. 변경하고자 하는 범례의 색상을 클릭하세요. 그림처럼 선택이 쉽지 않는 경우에는 범례를 클릭한 후 색상 부분을 다시 한번 클릭합니다. 계속해서 차트 도구 모음의 (서식)을 클릭하기 바랍니다.

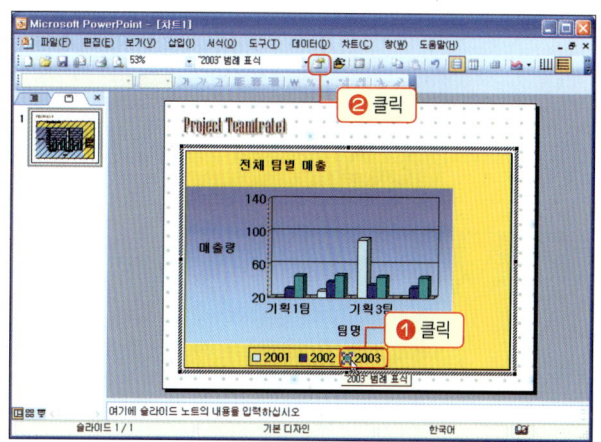

4 '범례 표식 서식' 창이 표시되면 변경하려는 색상을 클릭한 후 '확인' 버튼을 클릭합니다.

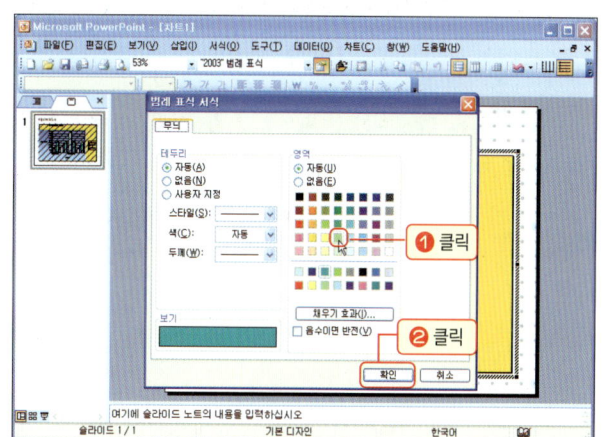

> > 궁 금 해 요 !

범례는 어떻게 삭제하나요?

범례를 차트에서 삭제하려면 차트 도구 모음에서 (범례)를 클릭하면 됩니다. 표시하려면 다시 클릭하면 됩니다.

오려두기

도형을 이용한
차트 슬라이드 만들기

★ 293쪽 펼쳐보기

5 범례의 항목 색상과 차트의 계열 색상
이 동시에 변경된 것을 알 수 있습니다. 이
밖에 차트의 다른 항목들도 변경해 보세요.

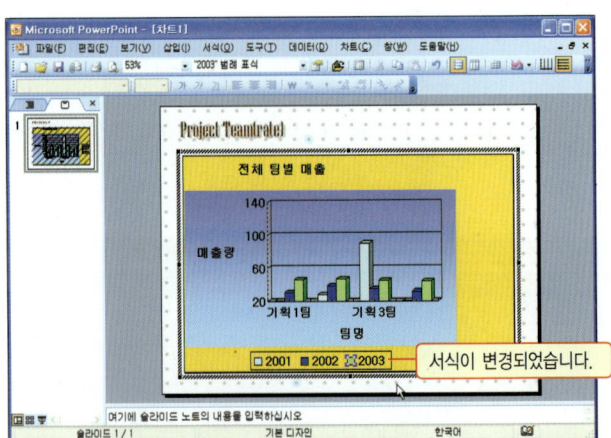

>> 궁금해요!

그래프에 데이터값 표시하기

그래프에 원본 데이터값을 표시하려면 차트 도구
모음의 █(데이터 테이블)을 클릭하면 됩니다. 만
약 다시 데이터 시트를 화면에서 감추려면 다시 한
번 █(데이터 테이블)을 클릭하면 됩니다.

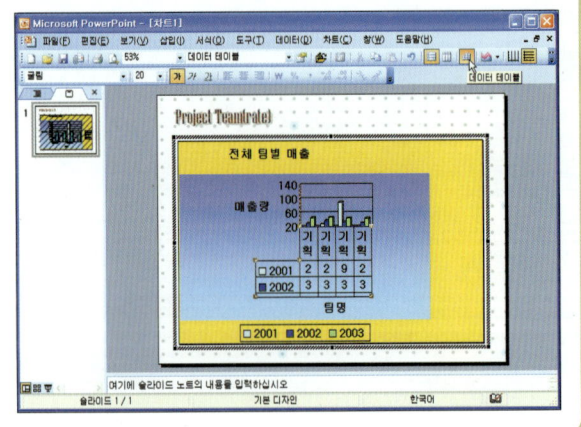

04 차트 종류 변경하기

작성한 후에도 차트의 종류는 얼마든지 변경할 수 있습니다. 차트의 종류를 변경하는 방법을 알아보겠습니다.

1 차트 종류 변경하기

차트의 종류를 변경하는 것은 반드시 차트 편집 모드에서만 가능합니다.

1 차트 편집 모드에서 '차트 – 차트 종류' 메뉴를 클릭합니다.

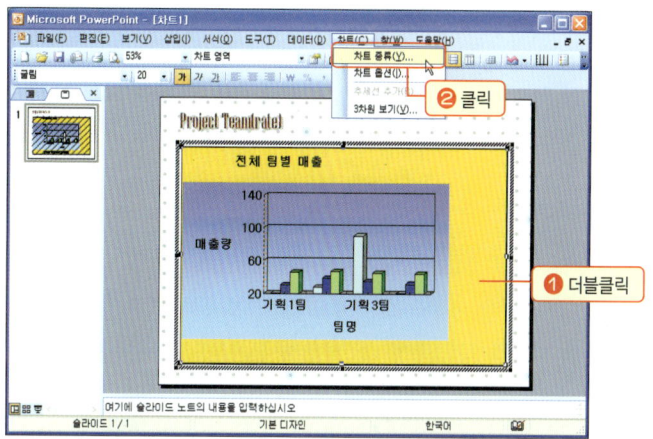

2 '차트 종류' 창에서 '원통형'을 선택하고 하위 종류에서 '원통 모양의 100% 기준 누적 세로 막대형'을 선택합니다. 계속해서 '확인' 버튼을 클릭합니다.

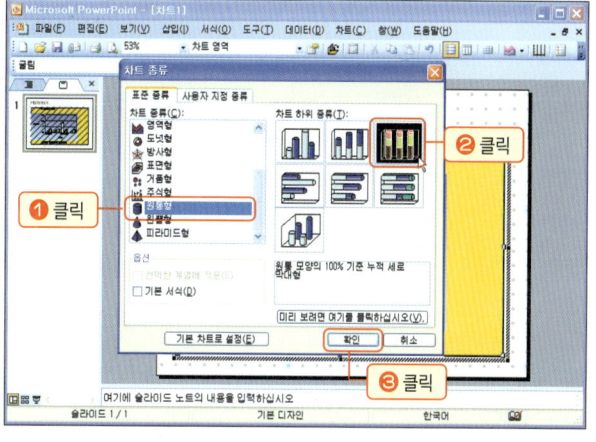

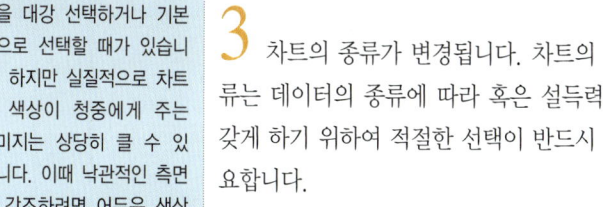

프레젠터는 자칫 차트의 색상을 대강 선택하거나 기본값으로 선택할 때가 있습니다. 하지만 실질적으로 차트의 색상이 청중에게 주는 이미지는 상당히 클 수 있습니다. 이때 낙관적인 측면을 강조하려면 어두운 색상보다는 밝은 색상을, 부정적인 이미지를 강조하려면 어두운 색상을 사용하는 것이 원하는 부분을 강조할 수 있습니다.

3 차트의 종류가 변경됩니다. 차트의 종류는 데이터의 종류에 따라 혹은 설득력을 갖게 하기 위하여 적절한 선택이 반드시 필요합니다.

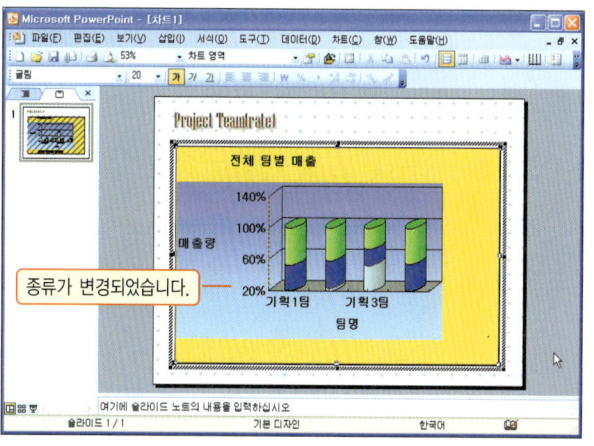

2 특정 계열만 꺾은선으로 변경하기

특정 계열만 다른 형태의 차트 모양으로 표시할 수 있습니다. 이 방법은 특정 계열을 강조하고자 할 때 많이 사용하는데, 3차원 차트인 경우에는 이런 방식의 차트를 작성하지 못할 수도 있습니다.

1 먼저 차트를 2차원 차트로 변경한 후 꺾은선 차트로 표시하고자 하는 계열을 마우스 오른쪽 버튼으로 클릭하세요. 그런 다음 '차트 종류' 메뉴를 클릭합니다.

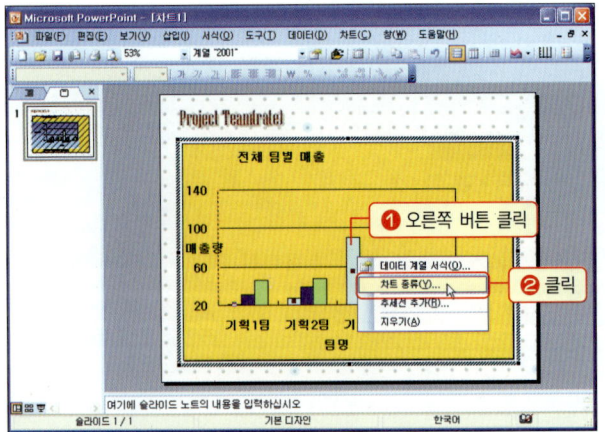

2 '차트 종류' 창에서 '꺾은선형'을 선택한 후 하위 종류에서도 '꺾은선형'을 선택합니다. 지정이 끝났으면 '확인' 버튼을 클릭합니다.

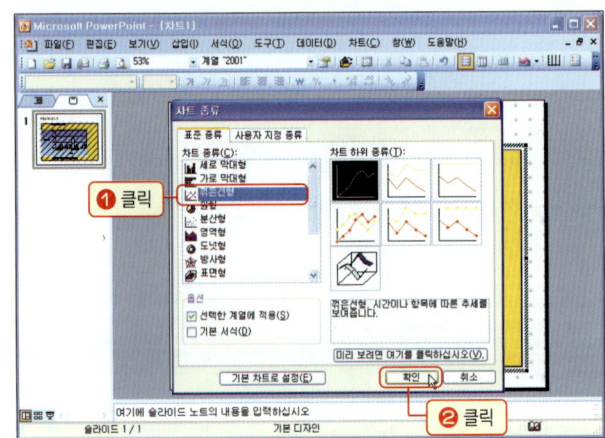

3 선택했던 계열만 꺾은선형으로 표시됩니다.

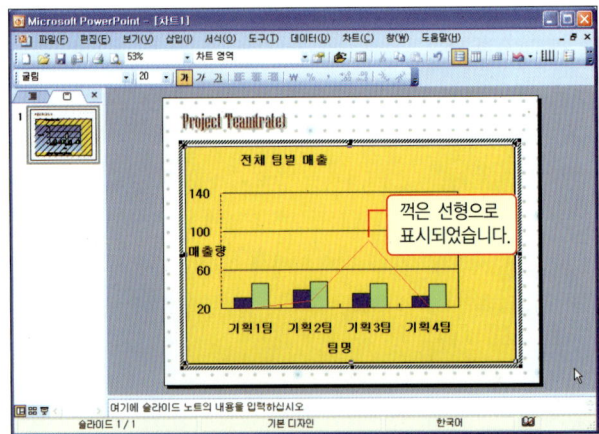

✂ 오려두기

엑셀에서 작성한 표와
차트 삽입하기

★ 303쪽 펼쳐보기

290page ★ 오려둔 것 **펼쳐보기**

도형을 이용한
차트 슬라이드 만들기

파워포인트에서 제공하지 않는 차트를 만들고자 한다면 도형을 이용하여 직접 만들 수도 있습니다. 처음에는 조금 버겁겠지만 익숙해지면 개성있는 차트로 청중의 시선을 사로잡을 것입니다.

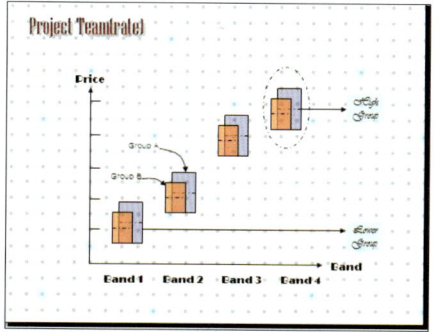

도형을 이용한 차트

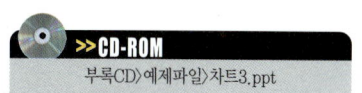

>>CD-ROM
부록(CD)〉예제파일〉차트3.ppt

① 예제 파일의 첫 번째 슬라이드에는 파워포인트에서 제공하는 전형적인 모습의 차트가 있습니다. 두 번째 슬라이드를 클릭해 보세요. 두 번째 슬라이드는 사용자가 직접 도형으로 만든 차트입니다. 여기서는 사용자가 직접 도형을 이용하여 두 번째 슬라이드처럼 차트를 만들어 보겠습니다.

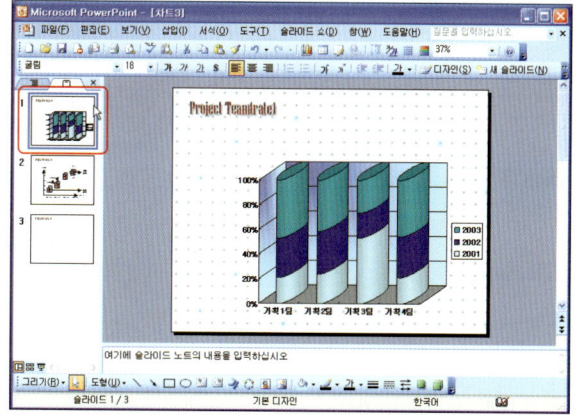

차트 기능으로 만든 그래프

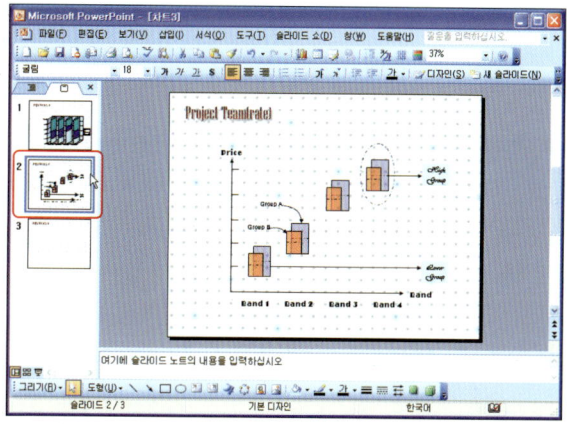

도형으로 만든 그래프

② 값 축과 항목 축을 만들기 위해서 그리기 도구 모음의 ＼(화살표)를 클릭한 후 적당한 크기로 드래그합니다. 이때 Shift 키를 누른 상태에서 드래그하면 정확하게 직선을 그릴 수 있습니다.

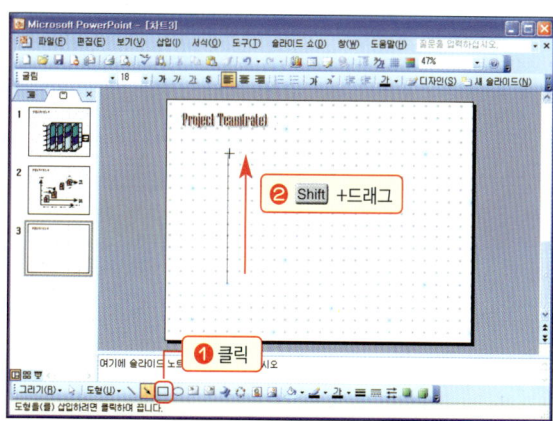

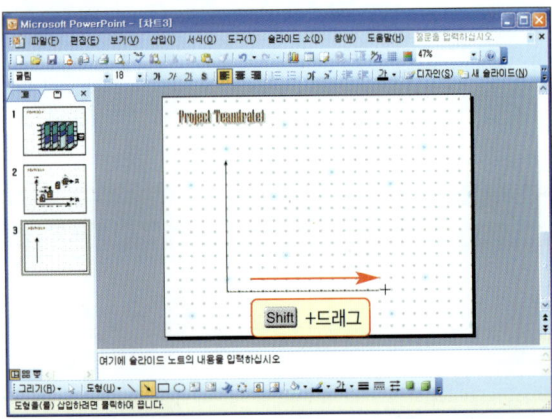

3 값 축의 눈금선을 그리기 위해서 그리기 도구 모음의 ✎(선)을 클릭한 후 적당하게 드래그하여 눈금선을 그리도록 합니다. 하나의 눈금선을 그린 후 나머지 눈금선을 그릴 때에는 Shift + Ctrl 키를 함께 누른 상태에서 그린 눈금선을 드래그하여 적당한 위치에 놓습니다. 눈금선이 복사될 것입니다.

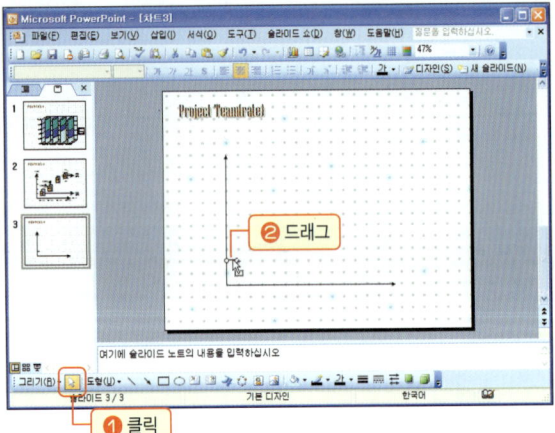

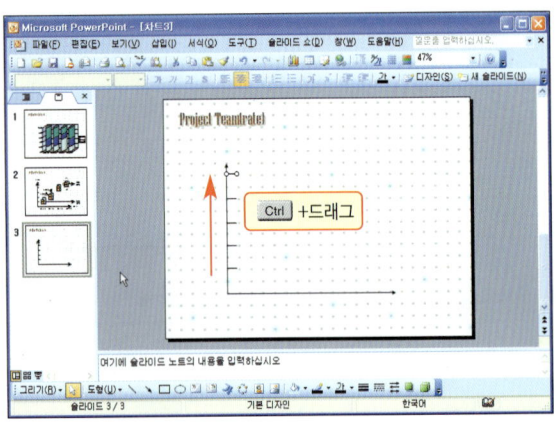

왜 복사하는데 Ctrl 와 Shift 키를 이용하나요?

Ctrl 키와 Shift 키를 누른 상태에서 도형을 드래그하게 되면 평행한 위치에 도형이 복사됩니다.

4 차트로 사용할 사각형을 그리기 위해서 그리기 도구 모음의 □(직사각형)을 클릭한 후 적당한 크기로 드래그합니다. 사각형의 서식을 변경하기 위해서 삽입한 사각형을 더블클릭합니다.

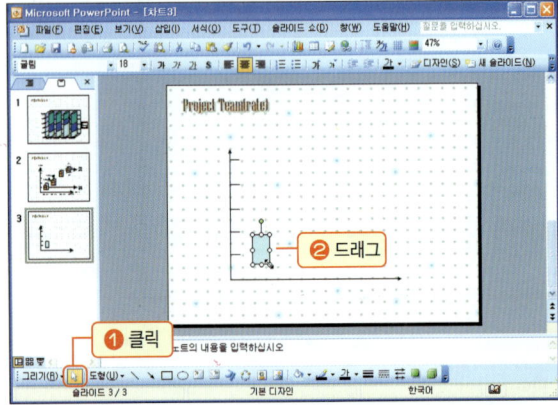

5 '도형 서식' 창이 나타나면 '채우기 색 – 강조 색 적용'을 선택한 후 '투명도 – 60%'로 지정한 후 '확인' 버튼을 클릭합니다.

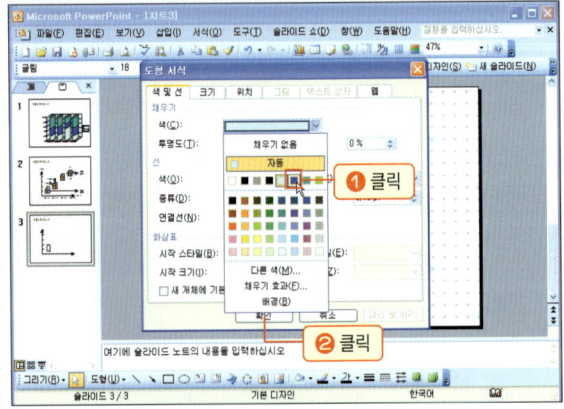

6 이번에는 도형 중간의 직선을 그리기 위해 그리기 도구 모음의 ✎(선)을 클릭한 후 사각형의 중앙을 가로질러 드래그합니다. 선을 삽입한 후 ▦(대시 스타일)을 클릭하여 선의 종류를 '파선 – 점선'으로 변경합니다.

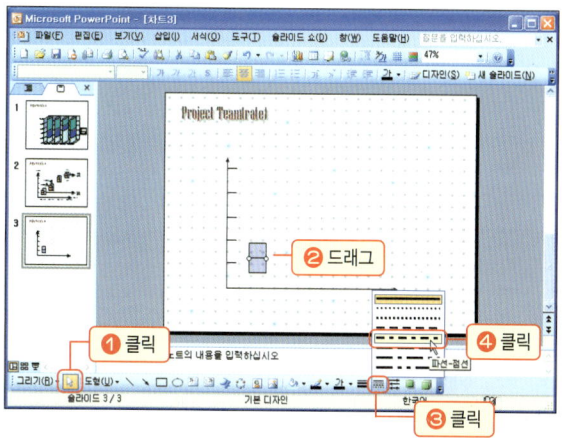

⑦ 선 모양을 변경하였으면 선과 사각형을 하나의 도형으로 선택하기 위해서 마우스로 둘러싸도록 드래그해 모두 선택합니다. 이때 완전하게 도형을 둘러싸도록 크게 드래그하여야 합니다.

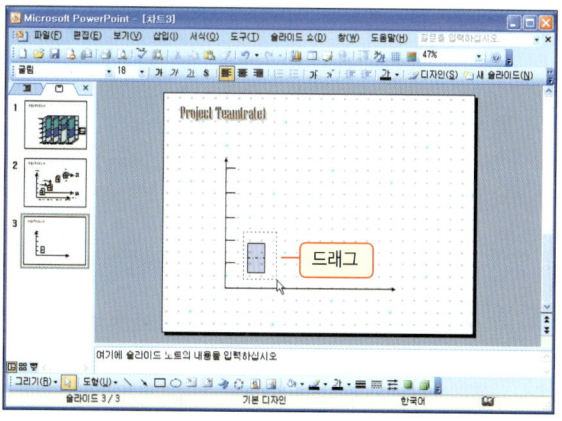

⑧ 선택된 도형 위에서 마우스 오른쪽 버튼을 클릭한 후 '그룹화 – 그룹' 메뉴를 클릭하여 하나의 도형으로 그룹을 만듭니다.

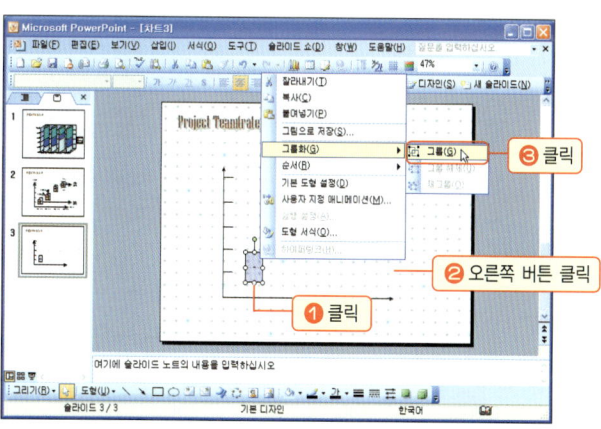

⑨ 그룹지은 도형을 Ctrl 키를 누른 상태에서 드래그하여 그림처럼 복사합니다.

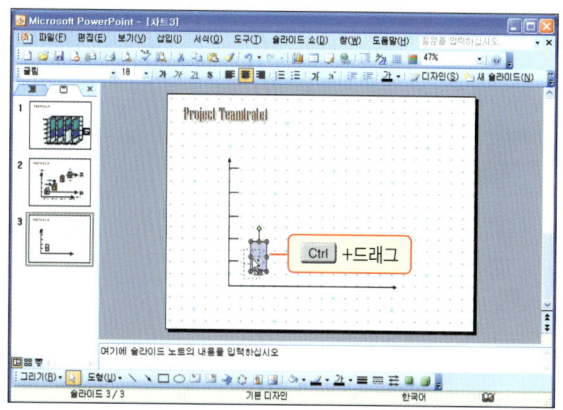

⑩ 복사한 도형을 적당히 크기 조절한 후 더블클릭하여 '도형 서식' 창을 표시합니다. '채우기 색 – 주황'으로 선택한 후 '투명도 – 40%'로 지정한 후 '확인' 버튼을 클릭합니다.

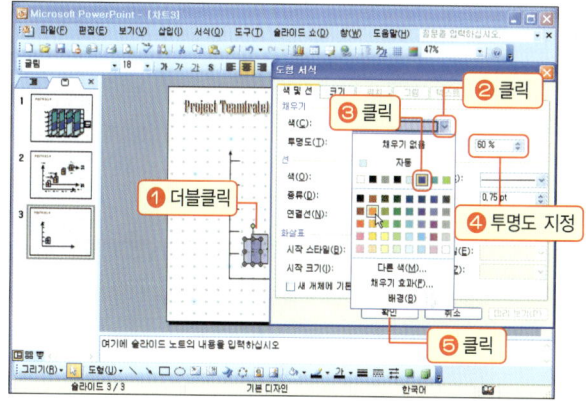

⑪ 두 개의 사각형을 드래그하여 모두 선택한 후 마우스 오른쪽 버튼을 클릭하여 부메뉴를 나타냅니다. 그 다음 '그룹화 – 그룹' 메뉴를 선택하여 하나의 사각형으로 만듭니다.

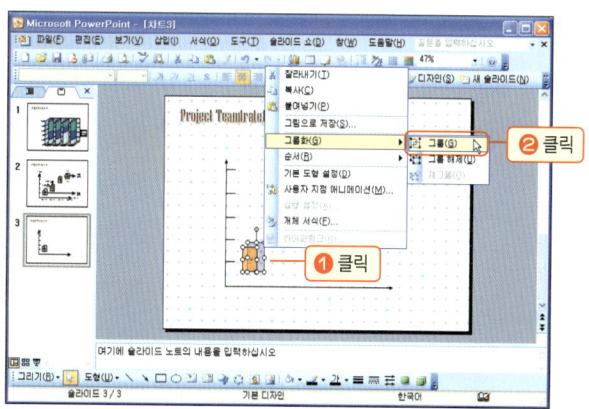

⑫ 이제 Ctrl 키를 누른 상태에서 마우스로 드래그하여 도형을 복사합니다. 다음 그림처럼 4개의 도형을 복사하도록 하세요.

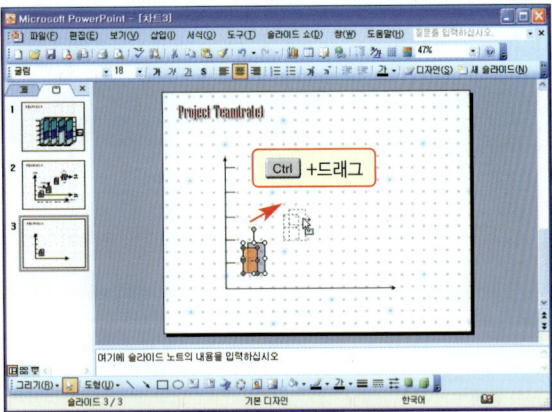

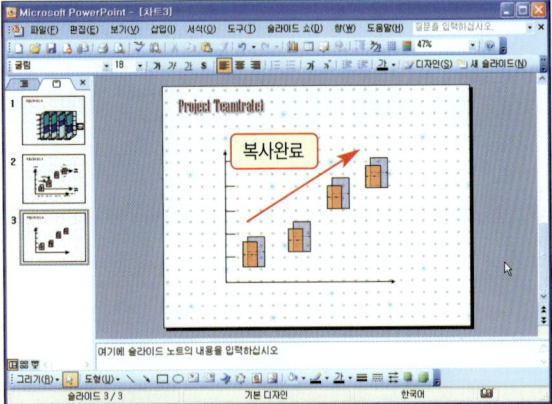

⑬ 항목 축의 각 항목 이름을 입력하기 위해서 도구 모음의 (텍스트 상자)를 클릭한 후 각 상자 아래쪽에서 드래그하여 텍스트 상자를 입력합니다.

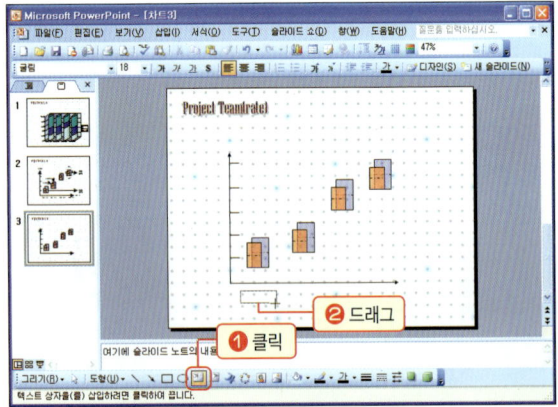

⑭ 텍스트 상자가 추가되면 '글꼴 – Broadway', '글꼴 크기 – 18'로 지정한 후 그림처럼 축 제목과 각 텍스트 항목을 입력합니다.

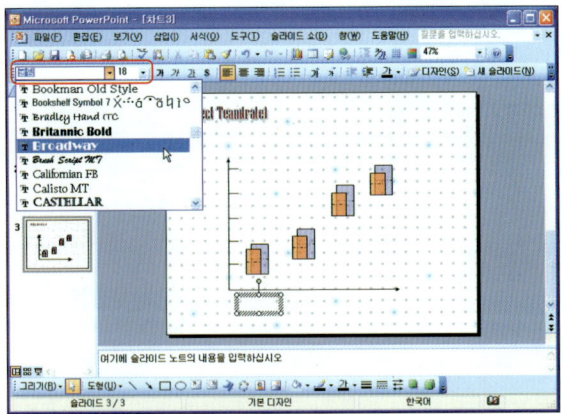

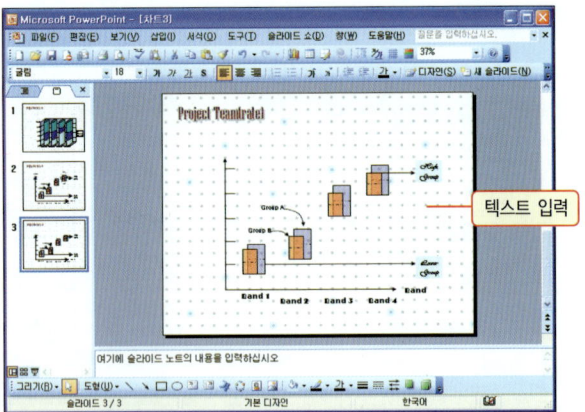

⑮ 마지막으로 원을 삽입하기 위해서 그리기 도구 모음의 (타원)을 클릭한 후 적당하게 드래그하여 그림처럼 삽입합니다.

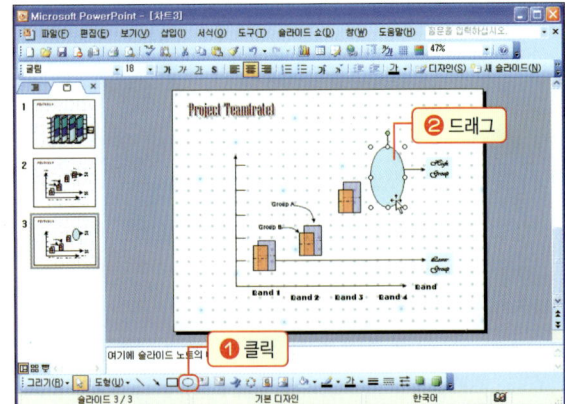

16 원형 도형을 더블 클릭하여 '도형 서식' 창을 표시합니다. '채우기 색 - 채우기 없음', '선 종류 - 파선 - 점선'을 선택한 후 '확인' 버튼을 클릭합니다.

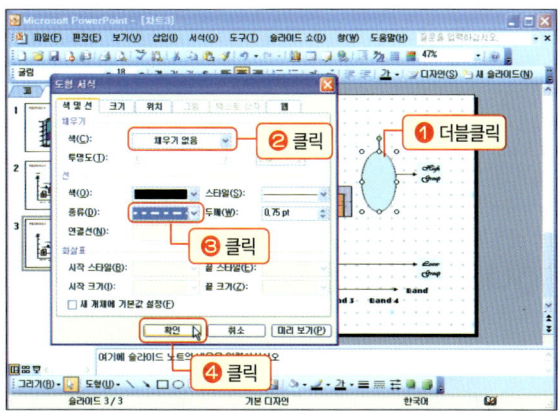

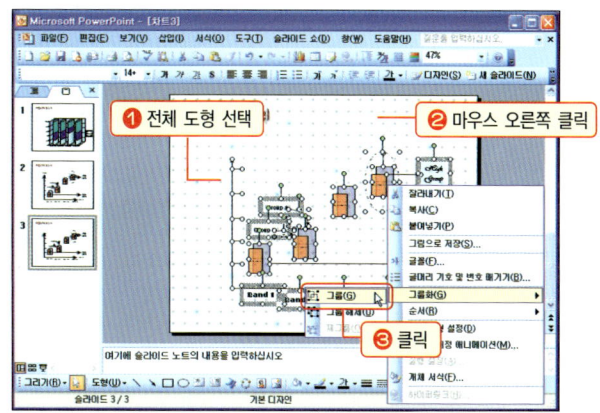

17 원이 '채우기 없음'으로 지정되어 그림과 같이 변경된 것을 볼 수 있습니다. 도형으로 차트를 만들고 나면 반드시 모든 구성 요소들을 그룹으로 지정하세요. 자칫 실수로 각 항목들이 이동되거나 삭제되는 것을 예방하기 위함입니다. 전체 도형들이 선택되도록 마우스로 드래그합니다.

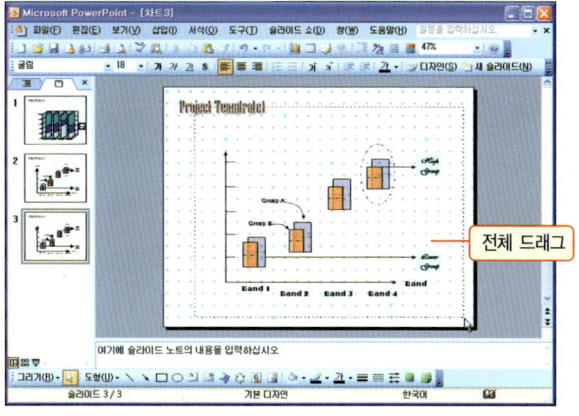

18 전체 도형이 선택된 상태에서 마우스 오른쪽 버튼을 클릭한 후 '그룹화 - 그룹' 메뉴를 클릭하여 하나의 도형으로 지정합니다. 나중에 세부 항목 중에 변경할 항목이 있다면 그룹을 해제한 후에 변경하면 됩니다.

05 3차원 원형 차트 만들기

다른 차트와는 달리 3차원 원형 차트에서만 제공되는 옵션들이 있습니다. 3차원 원형 차트는 자주 사용되는 형태이므로 제작 방법을 살펴보겠습니다.

1 3차원 원형 차트 만들기

>>CD-ROM
부록(CD)>예제파일>차트4.ppt

3차원 원형 차트를 만드는 방법은 다른 차트를 만드는 경우와 동일합니다. 단, 원형 차트는 하나의 계열만을 차트로 만들며 여러 개의 계열을 하나의 원형 차트로 만들 수는 없습니다.

1 차트를 삽입하기 위해서 표준 도구 모음의 📊(차트)를 클릭합니다.

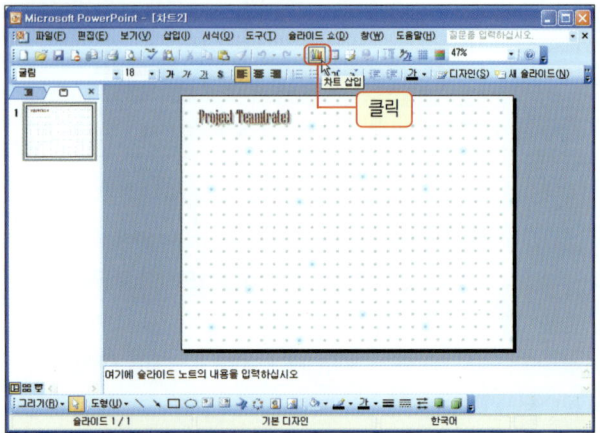

2 원형 차트는 하나의 계열만 표시할 수 있으므로 B, C, D 열을 삭제해야 합니다. B 열 번호를 마우스 오른쪽 버튼으로 클릭한 후 '삭제' 메뉴를 클릭합니다. C열과 D열도 동일한 방법으로 삭제하도록 합니다.

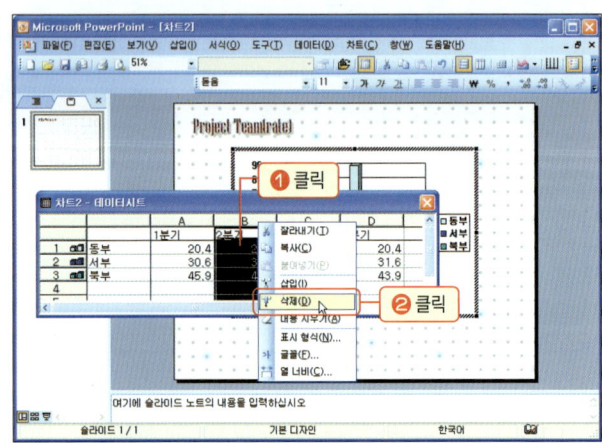

>>궁금해요!

계열을 삭제하는 또 다른 방법은 없나요?

삭제하려고 하는 데이터의 열 머리글(A, B, C...)이나 행 머리글(1, 2, 3...)을 마우스로 클릭한 후 Delete 키를 누르면 됩니다.

3 B, C, D열을 모두 삭제하였다면 그림
처럼 각 셀의 값을 변경하도록 합니다. 모
두 변경하였다면 '차트 – 차트 종류' 메뉴
를 클릭합니다.

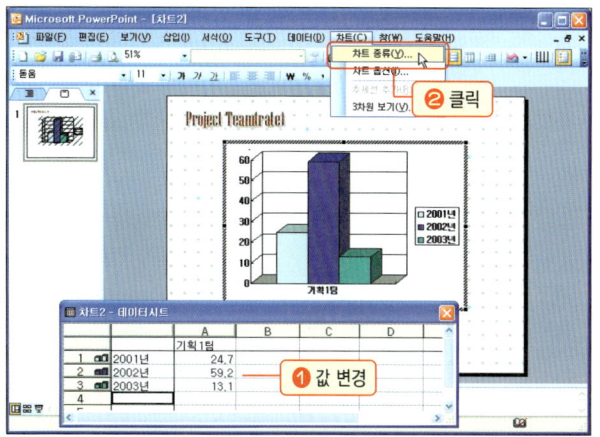

4 '차트 종류' 창이 나타나면 차트 종류
를 '원형'으로 선택하고, 하위 종류에서 '3
차원 효과의 원형'을 선택합니다.

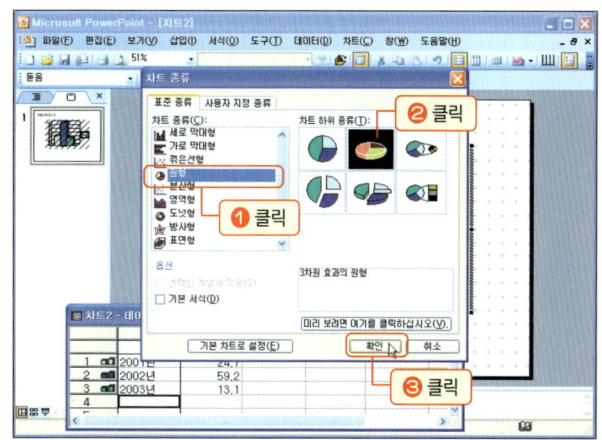

5 차트가 원형으로 변경됩니다. 만약 그
림처럼 각 계열이 제대로 표시되지 않고 하
나의 원으로 표시된다면 차트 도구 모음에
서 Ⅲ(열)을 클릭합니다.

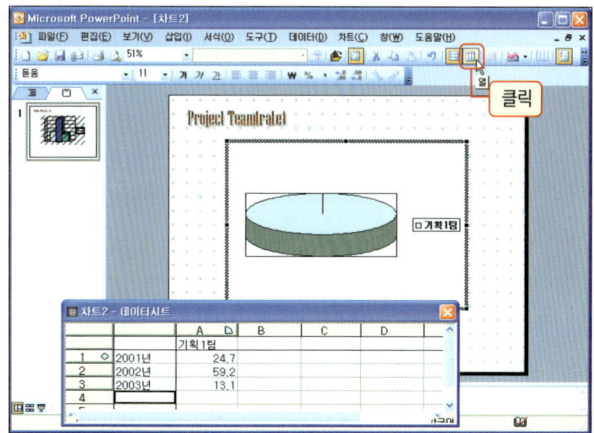

6 차트의 각 계열이 서로 다른 색상으로 변경됩니다. 차트를 각각의 계열로 쪼갤 수 있습니다. 차트를 클릭하여 선택한 후 원의 바깥쪽으로 드래그합니다.

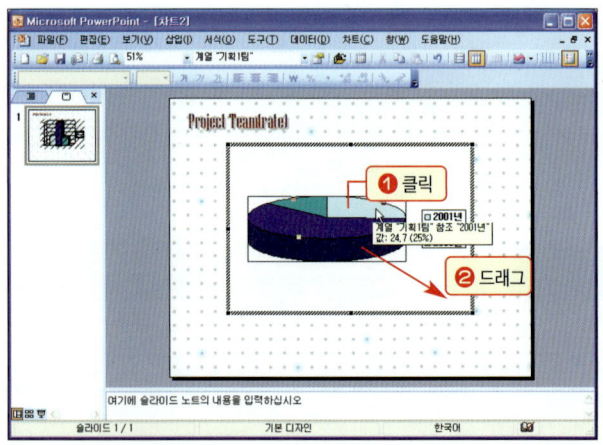

7 각각의 계열로 원형 차트가 조각납니다. 원래대로 다시 뭉치려면 이번에는 원의 안쪽으로 드래그하면 됩니다.

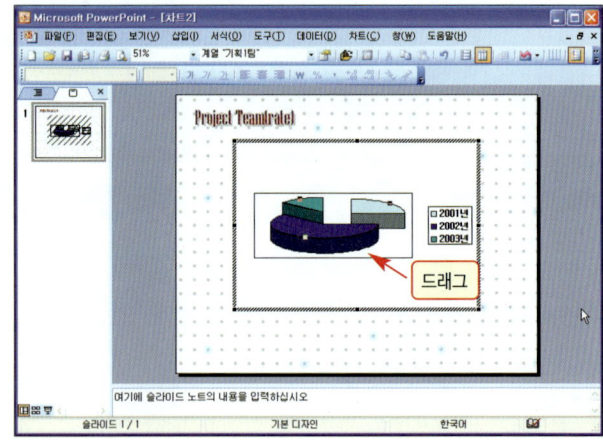

2 각 조각 서식 지정하기

원형 차트의 각 조각도 결국에는 막대 차트에서 막대 하나하나의 계열과 동일하므로 각 조각마다 서식을 변경할 수 있습니다.

1 서식을 변경할 조각을 다시 한번 클릭하면 해당 조각만 선택됩니다. 차트 도구 모음의 █(서식)을 클릭합니다.

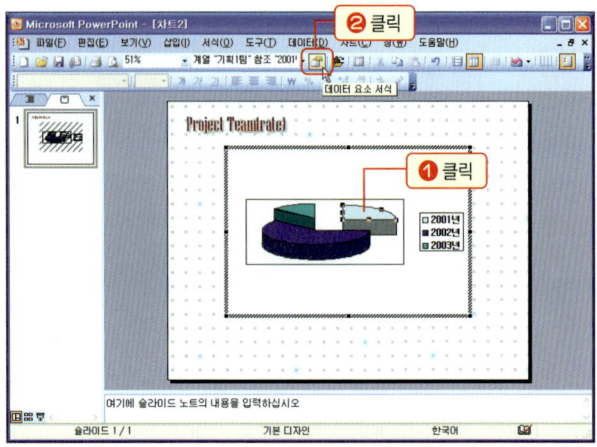

2 '데이터 요소 서식' 창이 표시되면 '데이터 레이블' 탭을 클릭합니다. 레이블로 사용할 수 있는 항목들이 표시됩니다. '백분율' 항목을 선택한 후 계속해서 '옵션' 탭을 선택하고 '첫째 조각의 각'을 150도로 입력합니다. 원형 차트가 회전하는 것을 볼 수 있습니다. '확인' 버튼을 클릭하세요.

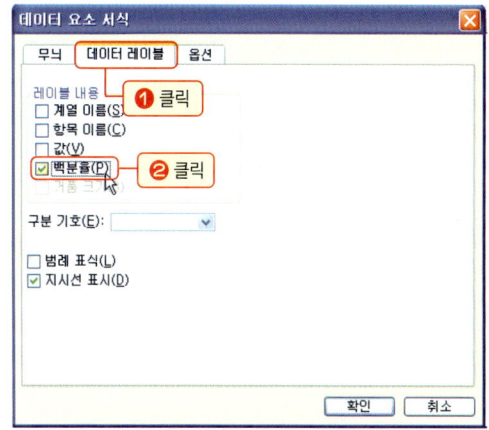

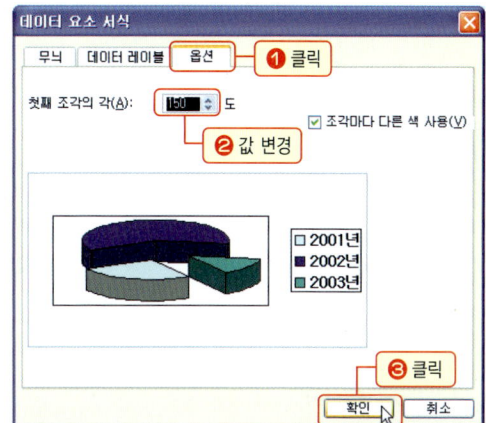

3 차트의 각도가 변경되고 레이블이 표시된 것을 볼 수 있습니다.

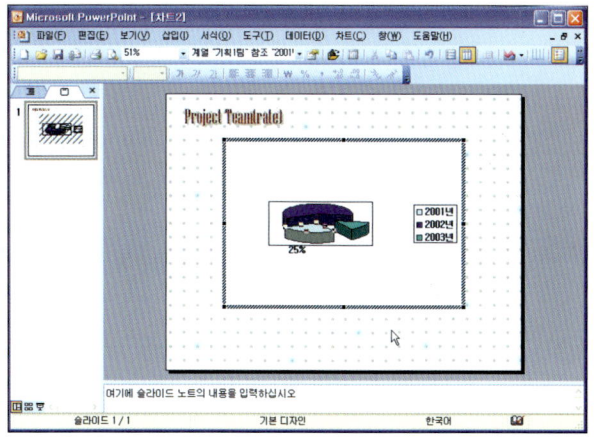

>> 궁 금 해 요!

옵션 탭에서의 '조각마다 다른 색 사용'은 어떤 경우에 사용하나요?

'조각마다 다른 색 사용' 옵션의 체크를 해제하면 모든 조각이 동일한 하나의 색상을 사용하도록 지정할 수 있습니다. 특별한 경우를 제외하고는 각 항목이 다른 색을 사용하는 것이 각각의 값을 정확하게 비교할 수 있어 더욱 유용합니다.

3 3차원 보기로 차트 변경하기

3차원 차트의 경우 '3차원 보기' 라는 옵션을 제공합니다. 3차원 차트의 상하 회전, 좌우 회전 등을 지정할 수 있습니다.

1 차트가 편집 모드인 상태에서 '차트' 메뉴를 클릭하고 '3차원 보기' 메뉴를 선택합니다.

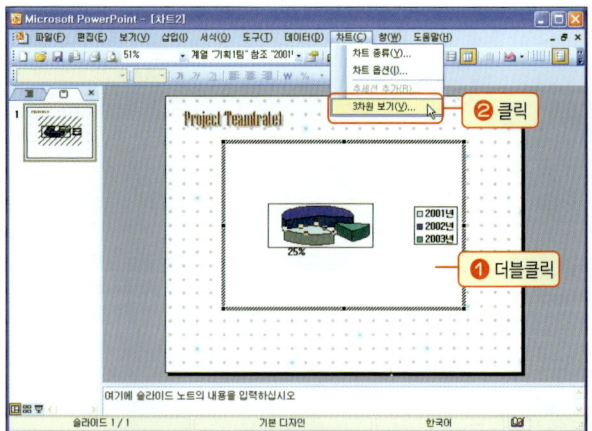

2 '3차원 보기' 창이 나타납니다. 상하 회전 버튼나 좌우 회전 버튼을 클릭한 후 '확인' 버튼을 클릭하면 변경된 3차원 차트를 볼 수 있습니다. '항목 축 길이의 ??%' 를 지정하면 3차원 차트의 항목 축의 높이(두께)를 사용자가 직접 지정할 수 있습니다.

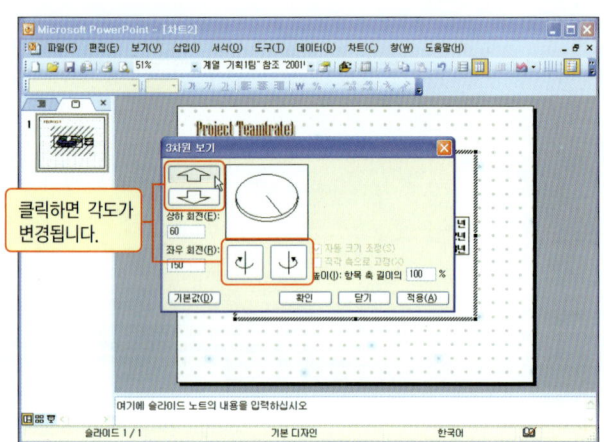

292page ★ 오려둔 것 **펼쳐보기**

엑셀에서 작성한 표와
차트 삽입하기

엑셀 파일에 입력한 데이터를 사용하여 차트를 만들거나 엑셀에 입력된 차트를 복사하여 슬라이드로 붙여넣을 수 있습니다. 파워포인트에서 지속적으로 사용해야 한다면 굳이 엑셀에서 작업한 후에 파워포인트로 이동시킬 필요가 없지만, 이미 엑셀에서 작업한 내용이라면 이 방법이 편리할 것입니다.

1) 엑셀의 시트를 직접 가져와서 차트 만들기

엑셀의 시트에 입력된 자료를 파워포인트로 가져와서 차트로 만드는 방법입니다.

1 파워포인트에서 기존의 차트를 삽입하는 것과 같이 표준 도구 모음의 📊(차트)를 클릭하여 새로운 차트를 슬라이드에 삽입합니다.

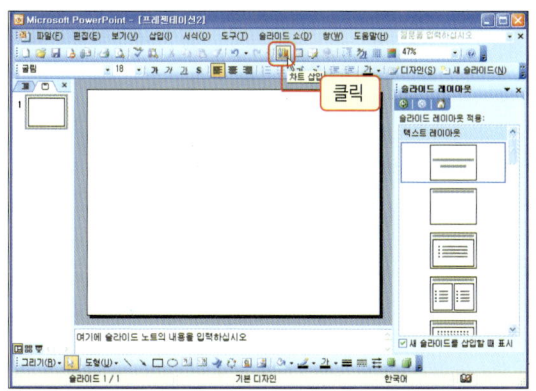

2 차트가 삽입되면 '데이터 시트' 창에서 첫 번째 셀을 클릭합니다. 반드시 첫 번째 셀을 클릭한 후에 진행을 해야 오류를 막을 수 있습니다. '편집 – 파일 가져오기' 메뉴를 클릭합니다.

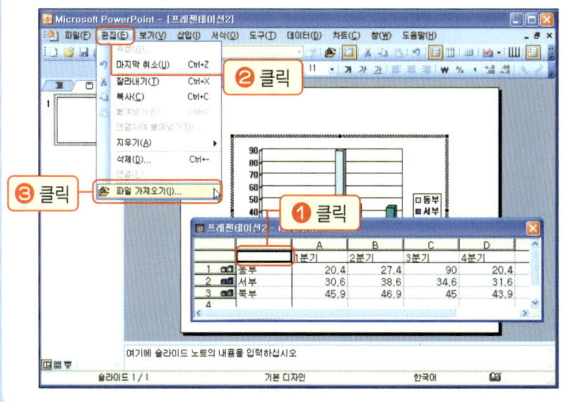

3 '파일 가져오기' 창이 나타나면 부록 CD의 예제 파일 폴더에서 '엑셀예제' 파일을 선택한 후 '열기' 버튼을 클릭합니다. '데이터 가져오기 옵션' 창이 나타나면 'Sheet1'을 선택하고 '시트 전체'를 선택한 후 '확인' 버튼을 클릭합니다.

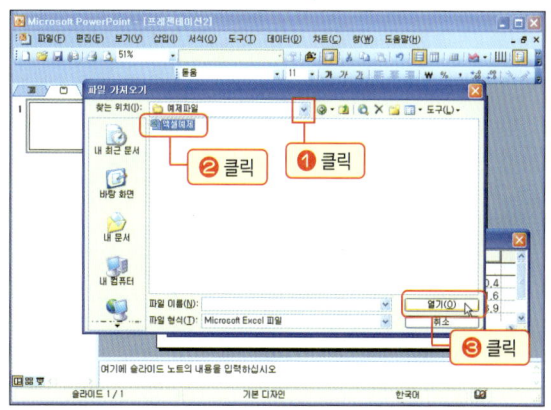

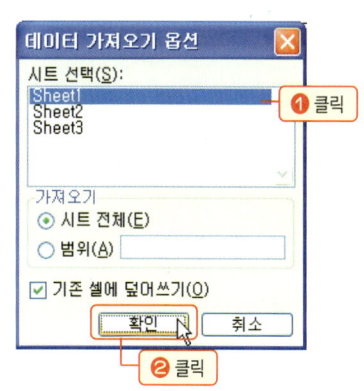

❹ 자동으로 데이터가 입력되면서 차트가 변경됩니다. 이렇게 엑셀에 입력된 데이터를 파워포인트의 차트 데이터로 사용할 수 있습니다.

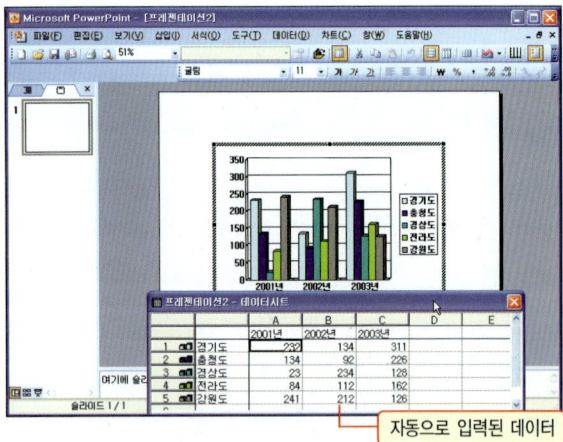

자동으로 입력된 데이터

2) 차트만 살짝 들고오기

엑셀에 입력된 차트를 파워포인트로 복사하여 붙여넣을 수 있습니다.

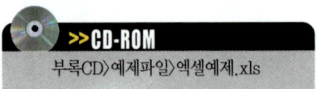
>> CD-ROM
부록CD〉예제파일〉엑셀예제.xls

❶ 엑셀에서 작성한 차트를 마우스 오른쪽 버튼으로 클릭한 후 '복사' 메뉴를 클릭합니다.

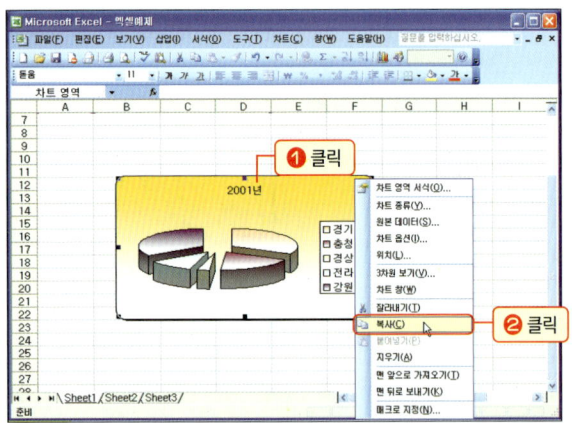

❷ 파워포인트 프로그램으로 돌아와서 슬라이드 위에서 마우스 오른쪽 버튼을 클릭한 후 '붙여넣기' 메뉴를 클릭합니다.

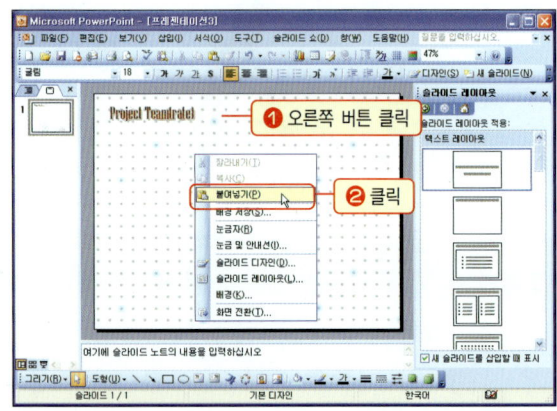

❶ 오른쪽 버튼 클릭
❷ 클릭

❸ 차트가 슬라이드에 붙여넣어지면 적당하게 크기를 조절합니다. 이렇게 엑셀의 차트를 복사하여 파워포인트로 붙여넣을 수 있습니다.

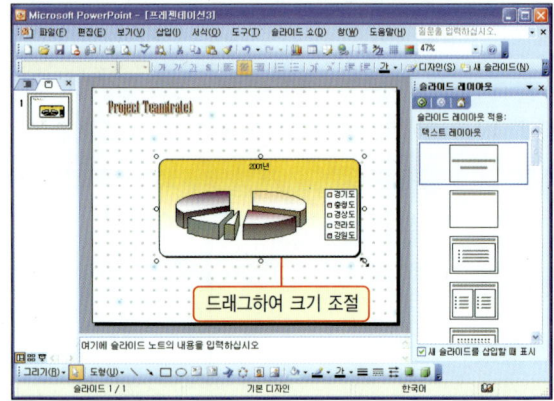

드래그하여 크기 조절

3) 슬라이드로 가져온 차트의 종류 및 서식 변경하기

엑셀 시트에서 복사해 온 차트도 종류나 서식을 변경할 수 있습니다.

❶ 슬라이드에 복사되어 삽입된 그래프를 더블클릭하면 다음과 같이 차트 변경이 가능한 상태가 됩니다.

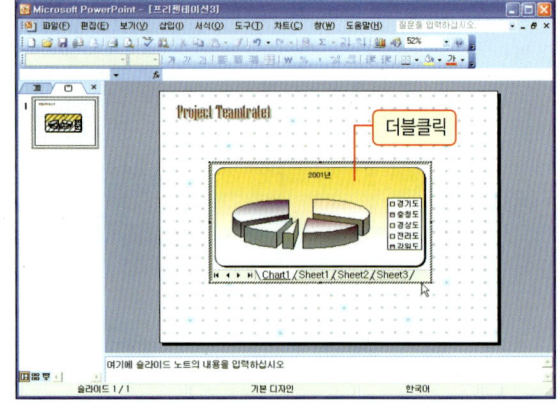

더블클릭

② 'Chart1' 시트에 나타난 차트 영역에서 마우스 오른쪽 버튼을 클릭합니다. 사용자가 변경하려는 메뉴를 선택하여 차트의 종류나 서식을 변경할 수 있습니다. '차트 종류' 메뉴를 클릭하세요.

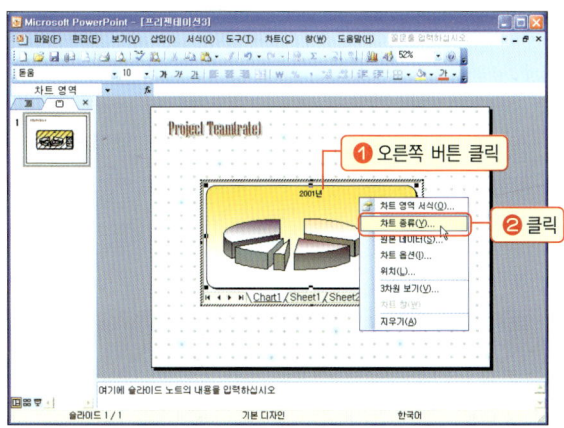

③ '차트 종류' 창에서 '꺾은선형'의 '3차원 꺾은선형'를 선택한 후 '확인' 버튼을 클릭합니다.

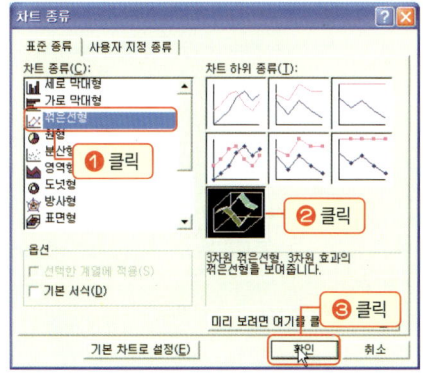

④ 다음과 같이 슬라이드에 삽입된 차트의 종류가 변경됩니다. 다음 서식들도 같은 방법으로 변경하면 됩니다. 차트에 대한 서식 변경이 완료되었다면 슬라이드의 빈 영역을 마우스로 클릭하세요.

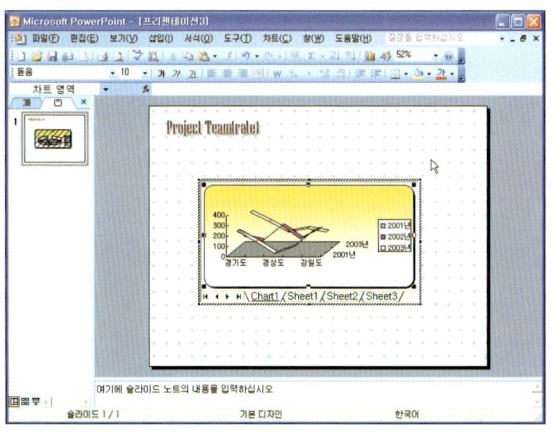

>>궁금해요!

이상하게도 시트와 그래프가 함께 나타납니다.

엑셀에서 복사된 차트를 더블클릭하면 차트 편집 모드로 변경되는데 차트 편집 모드를 살펴보면 엑셀과 똑같이 시트명이 나타납니다. 만약 차트를 구성하고 있는 항목명이나 값 등을 변경하고자 한다면 'Sheet1' 시트를 클릭한 후 값을 변경해야 합니다.
이때 'Chart1' 시트가 아닌 다른 시트가 선택된 상태에서 차트 편집 모드를 해제하면 차트 대신 선택된 시트의 내용이 나타납니다. 만약 지금 슬라이드에 차트가 아닌 다른 내용으로 변경되어 있다면 다시 더블클릭하여 'Chart1' 시트를 클릭한 후 차트 편집 모드를 해제합니다.

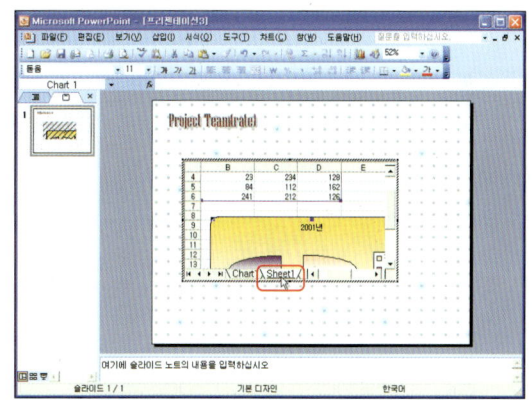

Sheet1 시트를 선택한 경우

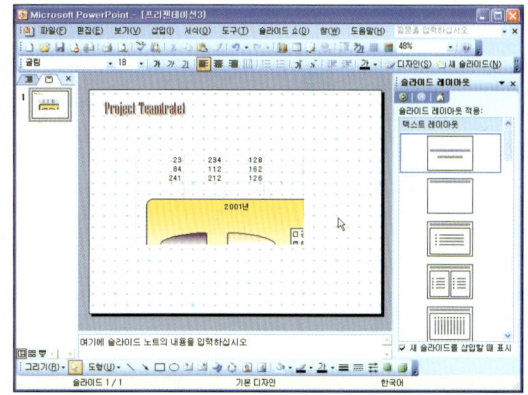

차트 편집 모드를 해제한 경우

Powerpoint 2003

프레젠테이션은 보는 것이라고요? 아닙니다. 프레젠테이션은 '느끼는 것' 입니다.

눈으로 보고 귀로 듣고, 심지어 몸으로 직접 체험함으로써 해당 주제에 접근해 가는 것이죠.

청중의 오감을 확실하게 사로잡는 프레젠테이션 비결! 페이지를 넘기면 엿볼 수 있습니다.

5

청중의 오감을 사로잡는 멀티미디어 프레젠테이션

1장 감각적인 프레젠테이션 만들기

2장 슬라이드에 소리와 동영상 삽입하기

3장 슬라이드 쇼 진행과 화면 전환

4장 하이퍼링크를 이용한 슬라이드 이동

5장 슬라이드 마스터를 이용한 레이아웃 디자인

The Book
on my desk

>>
01

감각적인 프레젠테이션
작성하기

'디자인이 살아있는', '시선을 끌 수 있는' 프레젠테이션을 위해서 클립아트나 워드아트 사용법을 알아보겠습니다. 그러나 과도한 '꾸미기' 기능은 오히려 문서를 촌스럽게 만들 수도 있습니다. 너무 넘치지 않고 적당하게 사용하는 것이 좋습니다. 특히 현란함은 금물입니다.

클립아트

클립아트(clipart)란 말 그대로 작은 조각 그림을 말하는데, 슬라이드에 삽입하여 의미 전달을 위한 하나의 도구로 사용합니다. 좀더 간단하게 말하자면 하나의 개체로서 완성되어 있는 그림, 소리, 동영상 등을 말합니다. 너무 남용하면 오히려 의사 전달에 방해가 될 수 있다는 점 잊지 마세요.

워드아트

프레젠테이션을 만들 때 폰트(글자체)의 선택은 중요합니다. 폰트는 정해진 크기와 모양으로만 사용할 수 있지만 워드아트는 어떤 폰트라도 사용자가 원하는 모양으로 바꾸어 사용할 수 있습니다.

파워포인트의 그림 개체 다루기

파워포인트에서는 그림 개체를 다루는 다양한 도구를 지원합니다. 간단하게 그림을 삽입하는 것부터 그림을 자르거나 특정 색을 투명으로 만들 수도 있으며, 그림 모양에 다양한 효과를 부여할 수도 있습니다.

클립아트

워드아트

01 클립아트 다루기

클립아트의 삽입에서부터 삭제, 이동, 크기 변경의 방법을 익혀보겠습니다. 도형를 다루는 방법과 유사하므로 도형을 잘 다룰 수 있다면 어려움이 없을 것입니다.

1 클립아트 삽입하기

클립아트를 슬라이드에 삽입하는 방법부터 알아보겠습니다.

>> CD-ROM
부록CD〉예제파일〉
클립아트삽입.ppt

1 클립아트를 삽입하는 방법은 여러 가지입니다. 가장 간편한 방법은 '삽입 – 그림 – 클립 아트' 메뉴를 선택하는 것입니다.

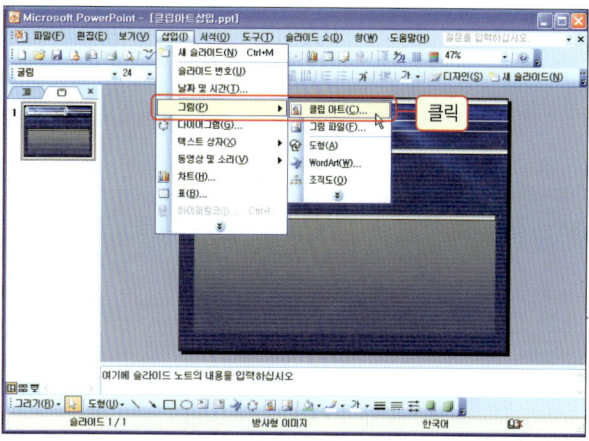

참고하세요!

클립아트를 삽입하는 방법

• 그리기 도구 모음이 표시되어 있는 상태라면 📷 키를 눌러 클립아트를 삽입할 수 있습니다.
• 작업 창이 표시되어 있는 상태라면 작업 창 상단의 다른 작업 창을 클릭하여 '클립아트'를 선택하면 됩니다.

2 작업 창에 클립아트를 삽입할 수 있는 창이 나타나면 '검색 대상' 입력란을 클릭하고 찾고자 하는 대상의 키워드를 입력합니다. '운동'이라고 입력한 후 '이동' 버튼을 클릭하세요.

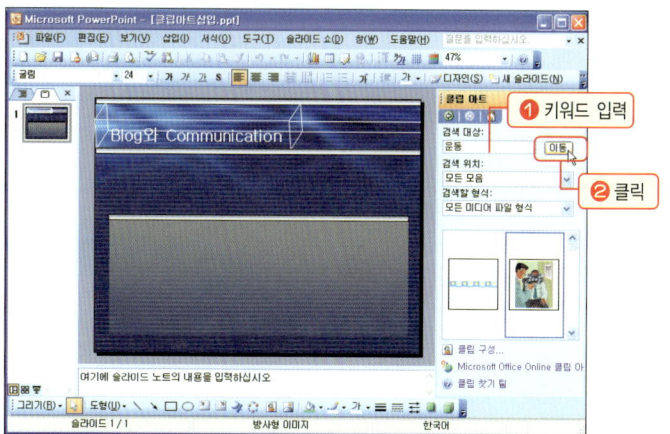

3 운동과 관련된 모든 클립아트가 표시
됩니다. 원하는 클립아트가 있는지 검색 대
상의 스크롤 막대를 사용하여 검색하세요.
원하는 클립아트를 찾았다면 클릭합니다.

4 클립아트가 슬라이드에 삽입됩니다.
다른 클립아트들도 동일한 방법으로 검색
해서 삽입할 수 있습니다.

2 Clip Organizer에서 클립아트 삽입하기

클립아트를 여러 개 삽입할 때는 클립 구성을 사용하는 것이 편리합니다.

1 클립아트 작업 창이 표시된 상태에서
작업 창 하단의 '클립 구성'을 클릭합니다.
만약 클립아트 작업 창이 표시되지 않았다
면 '삽입 – 그림 – 클립아트' 메뉴를 클릭
합니다.

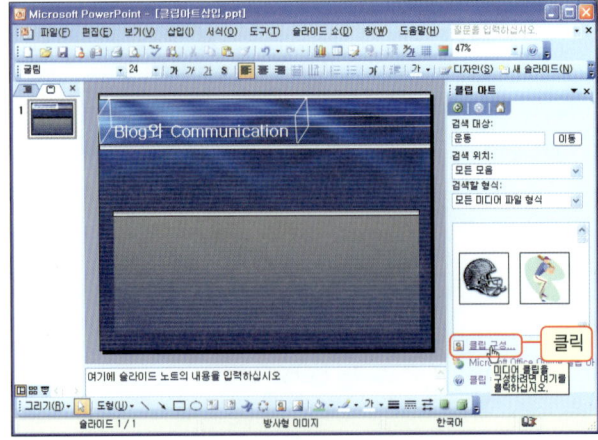

2 '클립 추가' 창이 나타나면 '나중' 버튼을 클릭합니다. '지금' 버튼을 클릭하면 하드디스크 안의 모든 그림, 소리, 동영상 파일을 Clip Organizer로 만들 수 있습니다.

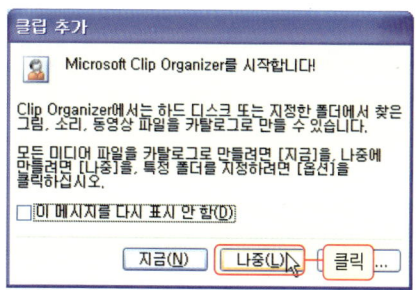

3 'Office 모음' 왼쪽의 확장 버튼(+)을 클릭합니다.

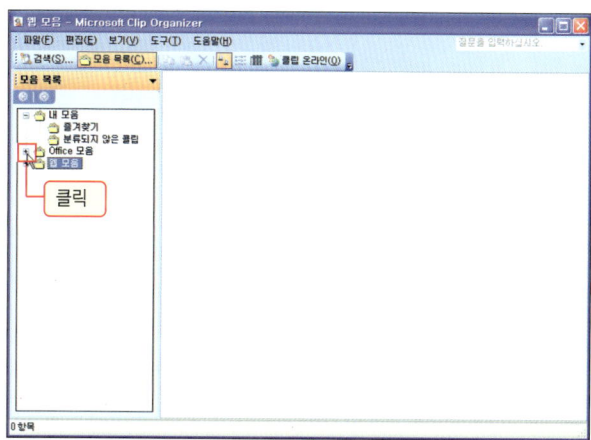

 참고하세요!

직접 클립 만들기

스캐너나 디지털 카메라를 사용하여 사용자가 직접 클립을 만들 수 있습니다. 혹은 인터넷에서 다운받은 그림을 클립으로 만들 수도 있습니다. Clip Organizer 창에서 '파일 - 클립 추가' 메뉴를 선택하면 하위에 '직접', '스캐너 또는 카메라' 라는 메뉴가 있습니다. '직접' 메뉴는 컴퓨터에 있는 파일을 직접 클립으로 만드는 것이고, '스캐너 또는 카메라' 메뉴를 사용하여 스캐너나 디지털 카메라를 사용하여 클립을 만들 수도 있습니다.

4 다양한 형태의 모음 목록이 표시됩니다. 삽입하고자 하는 클립 모음이 있는 모음 이름을 클릭하세요. 여기에서는 '가사' 모음을 클릭하겠습니다. 오른쪽에 '가사' 모음에 들어있는 클립보드가 나타나면 원하는 클립 위로 마우스를 가져가보세요.

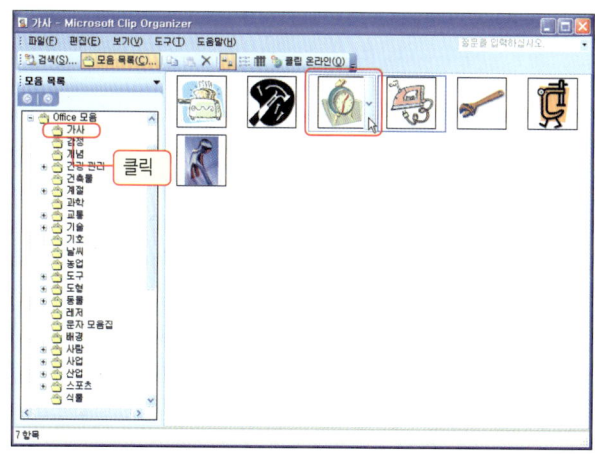

5 클립 오른쪽의 화살표 버튼을 클릭하면 메뉴가 나타나면 '복사' 메뉴를 클릭합니다.

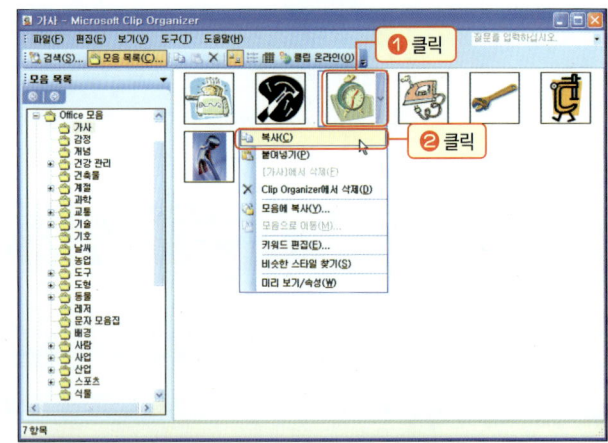

6 파워포인트 창으로 돌아와 슬라이드 위에서 마우스 오른쪽 버튼을 클릭하고 '붙여넣기' 메뉴를 클릭합니다.

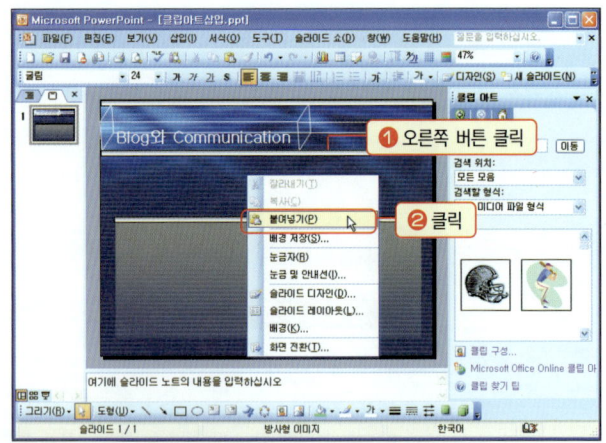

7 복사했던 클립이 슬라이드에 붙여넣기 되는 것을 볼 수 있습니다. 이렇게 하면 여러 개의 클립을 삽입할 때 좀 더 편리하게 클립을 항목별로 비교하면서 삽입할 수 있습니다.

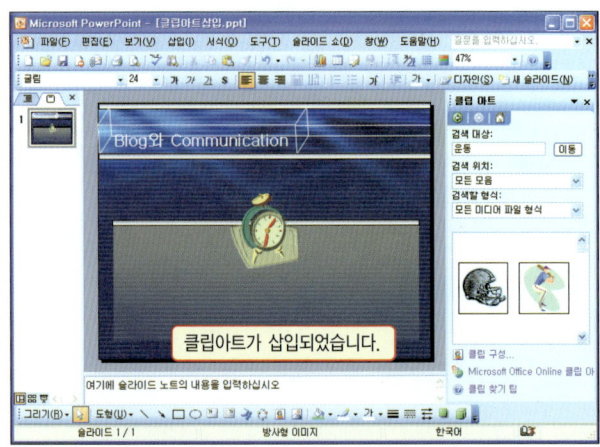

오려두기

인터넷에서 다양한
클립아트 가져오기

★ 321쪽 펼쳐보기

참고하세요!

Microsoft Office Online

Clip Organizer 창에서 'Office 모음' 아래에 '웹 모음'의 확장 버튼 (+)을 클릭하면 'Microsoft Office Online'이 표시됩니다. 'Microsoft Office Online' 항목의 확장 버튼(+)을 클릭하면 'Office 모음'처럼 모음 목록이 표시되는데 여기서 원하는 모음 목록을 클릭하면 'Office 모음'보다 더욱 많은 클립을 제공합니다. 단, 인터넷과 연결된 경우에만 목록이 표시된다는 점을 주의하세요. 사용방법은 'Office 모음'과 동일합니다.

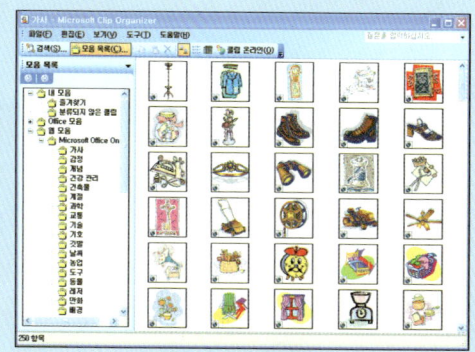

2 클립아트 이동하기와 크기 바꾸기

삽입된 클립아트의 위치를 이동하는 방법은 도형의 이동 방법과 동일합니다.

1 클립아트를 이동할 때는 클립아트의 몸통 부분을 마우스로 원하는 위치로 드래그하면 됩니다.

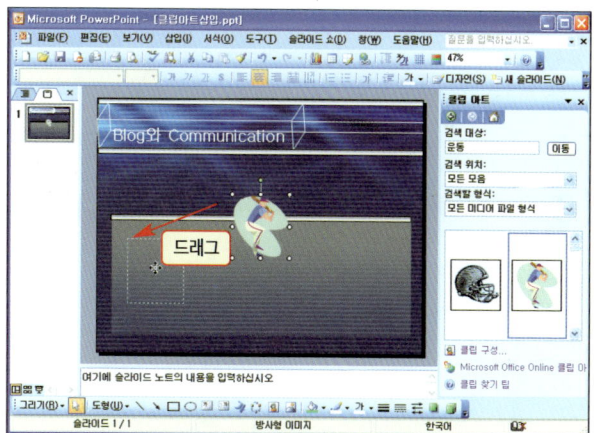

2 크기를 바꿀 때는 도형을 선택한 상태에서 외곽에 나타나는 8개의 크기 조절점을 드래그하면 됩니다. 크기 조절점에 마우스를 갖다대면 마우스 포인터의 모양이 변경됩니다.

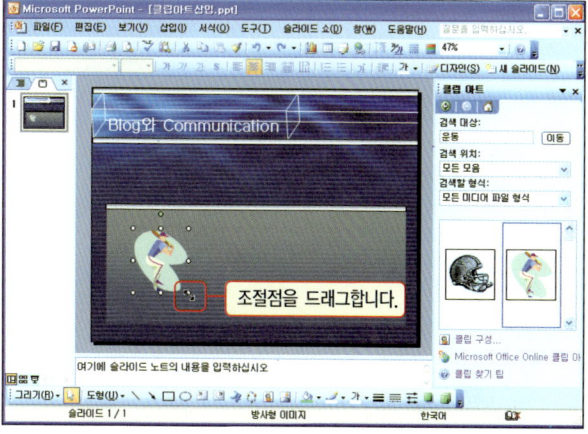

3 크기 조절점을 드래그하면 크기의 변화가 화면에 표시됩니다. 적당한 크기가 되었을 때 마우스를 놓으면 됩니다.

드래그하면 크기가 조절됩니다.

>>궁금해요!

Ctrl 키를 활용한 크기 변경

도형을 선택해야만 크기 조절점이 나타납니다. 크기 조절점을 클립 아트의 바깥쪽으로 드래그하면 크기가 커지고 안쪽으로 드래그하면 크기가 작아집니다. Ctrl 키를 누른 상태에서 크기 조절점을 드래그하면 클립아트의 중앙을 기준으로 크기가 조절됩니다.

3 클립아트 복사와 삭제하기

클립아트를 복사하는 방법은 여러 가지입니다. 메뉴를 사용한 방법, 도구 모음을 사용하는 방법, 단축키를 사용한 방법, Ctrl 키를 사용한 방법 등이 있습니다. 여기에서는 가장 간단한 Ctrl 키를 이용한 복사 방법을 사용하겠습니다.

1 클립아트를 그냥 드래그하면 클립아트가 이동됩니다. 단, 복사를 하기 위해서는 Ctrl 키를 누른 상태에서 클립아트의 몸통 부분을 원하는 위치로 드래그합니다.

2 마우스 포인터에 + 표시가 나타나면 복사중이라는 의미입니다. 마우스를 놓기 전에 Ctrl 키를 놓게 되면 이동이 되므로 마우스를 놓기 전까지 Ctrl 키를 놓아서는 안됩니다.

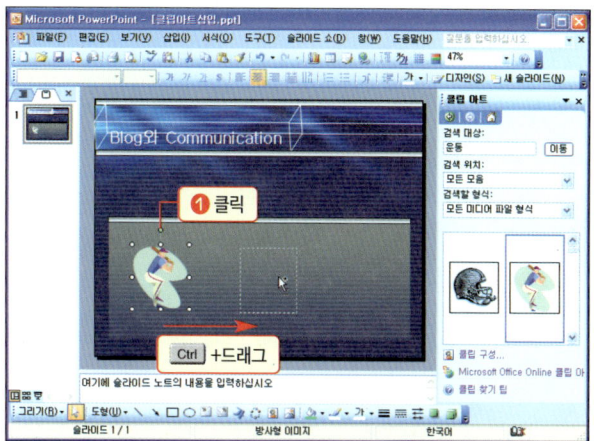

3 원하는 위치에서 마우스를 놓으면 복사된 것을 알 수 있습니다. 복사된 클립아트를 삭제하려면 간단히 클립아트를 선택한 상태에서 Delete 키를 누르면 됩니다.

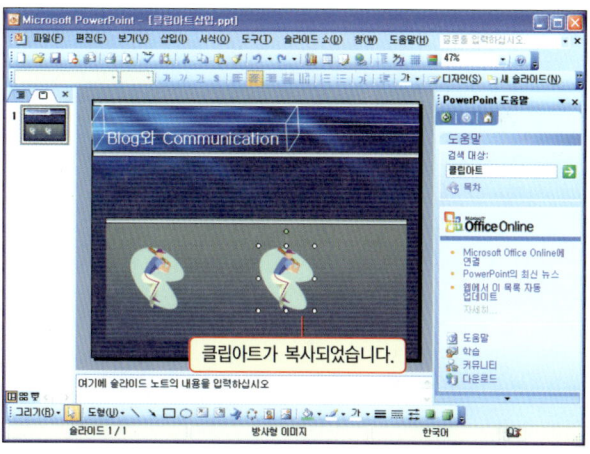

02 클립아트의 색 변경하기

클립아트에서 삽입한 클립들도 일반 그림처럼 색상의 변경이나 이미지 조절이 가능합니다.

1 그림 자르기와 이미지 조절

1 삽입한 클립을 마우스 오른쪽 버튼으로 누른 후 '그림 서식' 메뉴를 클릭합니다. 간단하게 클립을 더블클릭해도 좋습니다.

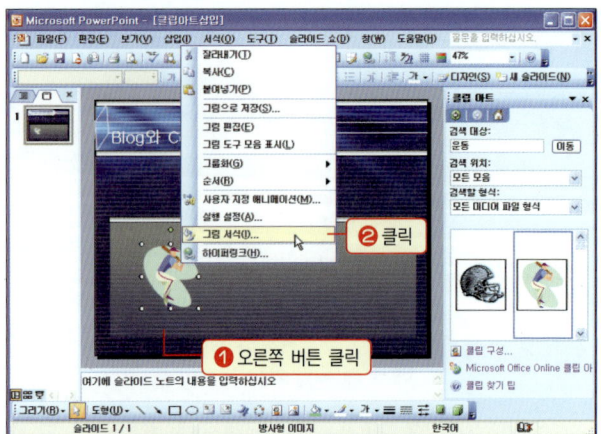

2 '그림 서식' 창이 나타납니다. 먼저 상단의 자르기를 이해하기 위해서 왼쪽, 아래쪽, 오른쪽, 위쪽을 0.5로 지정합니다. '미리 보기' 버튼을 눌러 클립아트의 모양이 변경되는 것을 확인하세요.

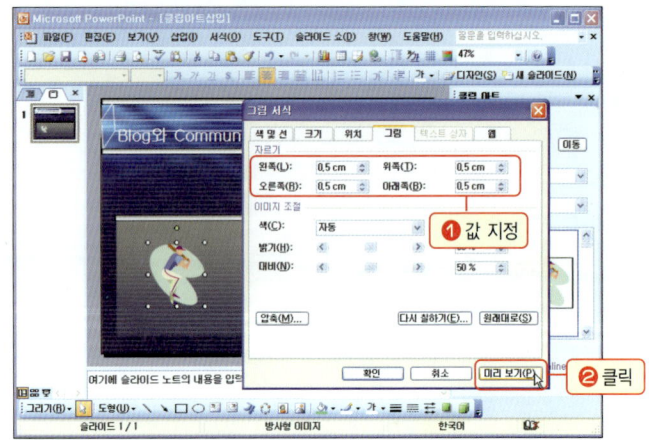

3 그림이 각 부위별로 잘린 것을 확인할 수 있습니다. '원래대로' 버튼을 누른 후 '확인' 버튼을 누르면 자르기 이전의 상태로 되돌릴 수 있습니다.

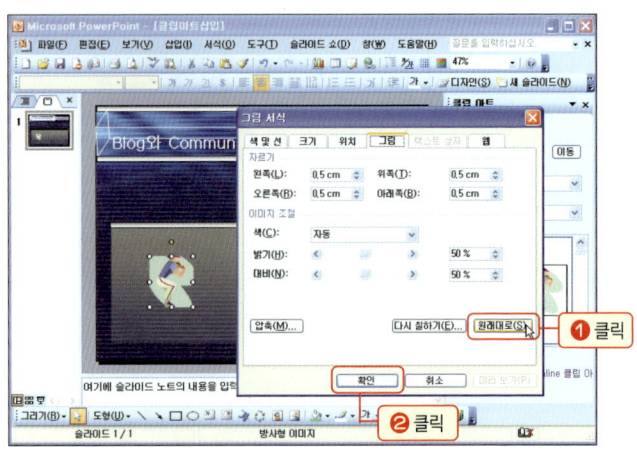

4 이미지의 색톤을 조절할 수도 있습니다. 색 항목의 목록 버튼을 누르고 '회색조, 흑백, 희미하게'를 차례대로 선택해 보세요. 클립아트의 톤이 바뀝니다.

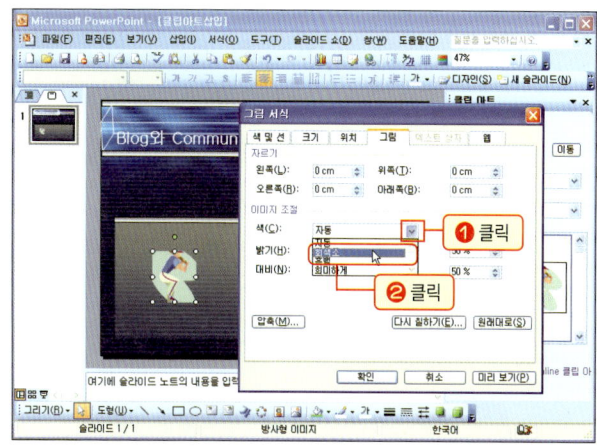

5 밝기나 대비를 조절하여 톤을 세밀하게 조절할 수도 있습니다. 톤을 조절할 때는 되도록 배경이나 다른 클립아트와의 조화를 고려하도록 하세요.

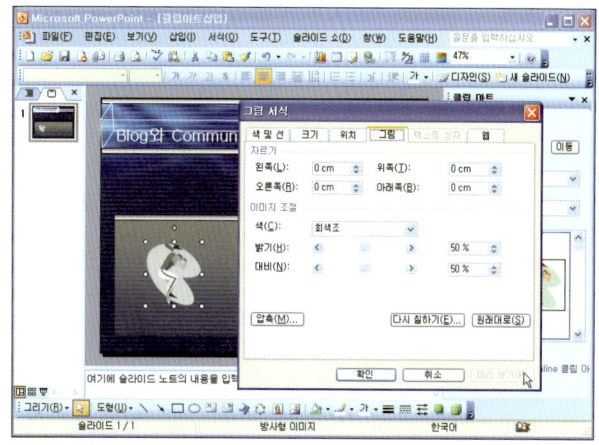

6 다음은 회색조, 흑백, 희미하게로 설정했을 때 클립아트가 변경되는 모양입니다. 비교해 보세요.

회색조

흑백

희미하게

참고하세요!

압축

문서에 삽입된 그림을 압축할 수 있는데 그림이 압축되면 전체적인 슬라이드의 파일 용량이 작아집니다. '웹 화면'이나 '인쇄'에 따라 해상도를 설정하여도 그림이 압축되는 효과를 가져올 수 있습니다.

2 그림의 일부 색상 변경하기

그림의 일부 색상을 원하는 색상으로 변경할 수 있습니다. 이때 미리 보기 기능으로 변경 모양을 사전에 확인할 수 있답니다.

1 '그림 서식' 창에서 '다시 칠하기' 버튼을 클릭합니다.

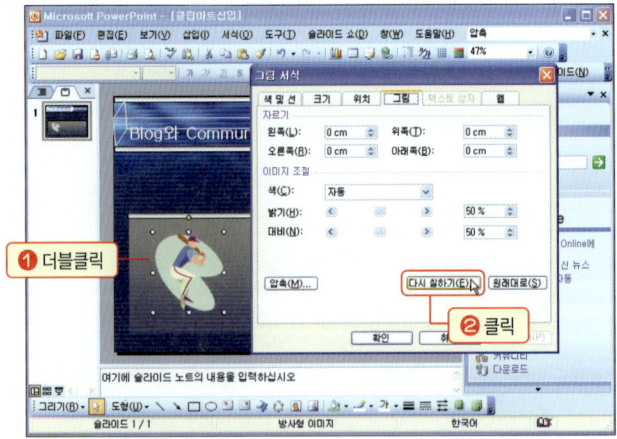

2 원래 색과 새 색이 종류별로 나타납니다. 원래색은 클립아트에 사용된 모든 색상이 표시됩니다. '새 색'에서 변경하고자 하는 색상을 클릭합니다.

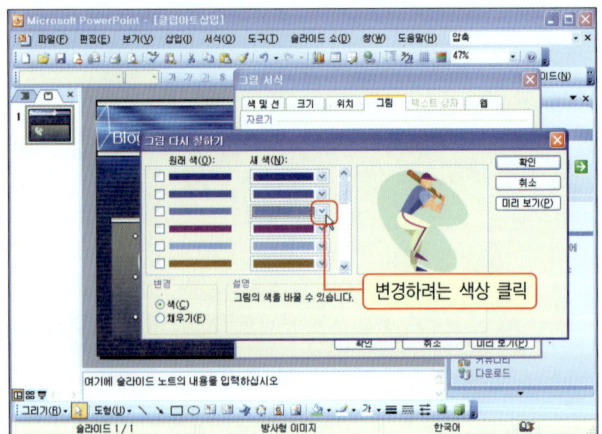

3 그림과 같이 변경하고자 하는 색상을 클릭합니다.

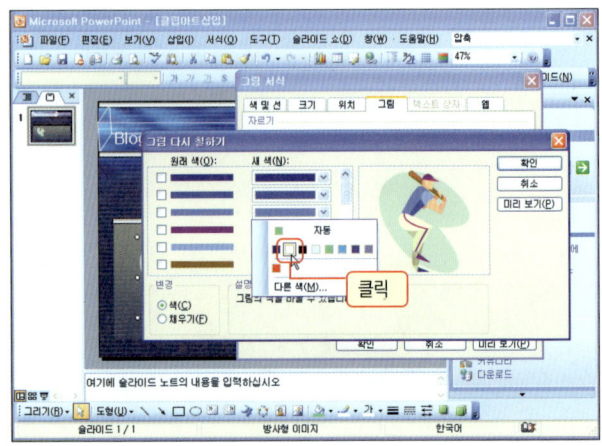

색과 색 채우기

'그림 다시 채우기' 창에서 색을 변경하는 종류에는 색과 색 채우기 두 가지가 제공됩니다. 먼저 색은 그림의 색을 변경하는 것이고 색 채우기는 그림에서 배경색과 채우기 색만 변경할 수 있습니다. 선 색에는 영향을 끼치지 않는 것이 색 채우기 기능의 특징입니다.

4 오른쪽의 미리 보기에서 변경된 색상이 적용된 클립이 표시됩니다. '미리 보기' 버튼을 누르면 슬라이드 안의 클립도 색상이 변경됩니다. 다른 색상도 변경해 보세요.

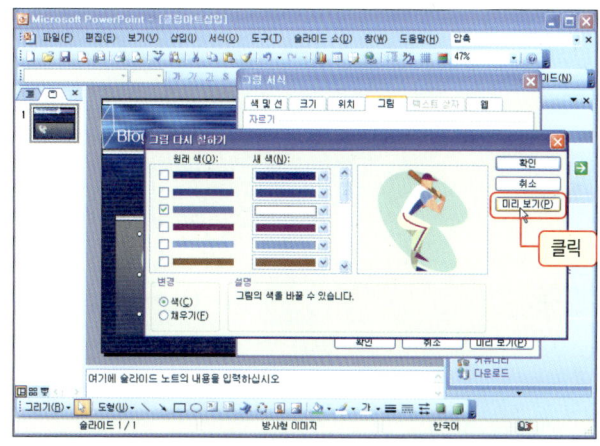

❸ 그림 편집 후 색상 바꾸기

클립아트에서는 '그림 서식' 창에서 '다시 칠하기' 버튼을 사용한 색상 변경과, 그림 편집을 사용한 색상 변경 기능을 제공합니다.

1 클립을 마우스 오른쪽 버튼으로 클릭한 후 '그림 편집' 메뉴를 클릭합니다. 그리기 개체로 변환할 것인지를 묻는 창이 나타나면 '예' 버튼을 클릭합니다.

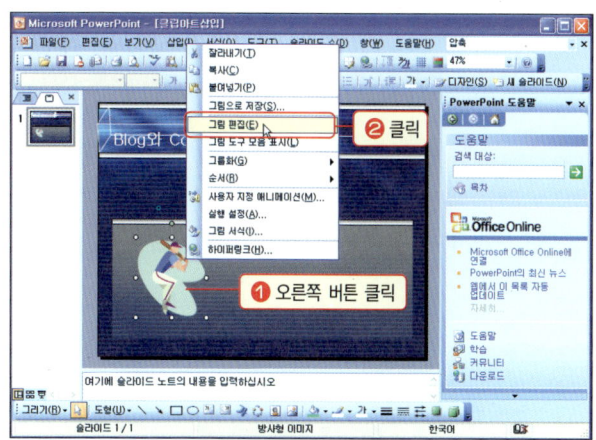

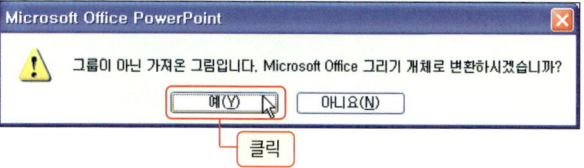

2 클립의 색상을 바꾸고자 하는 부분을 마우스로 클릭하세요. 선택된 부분은 그림처럼 회색의 ⊗ 버튼으로 표시됩니다. 잘 선택되지 않을 수 있으므로 천천히 선택해 보세요.

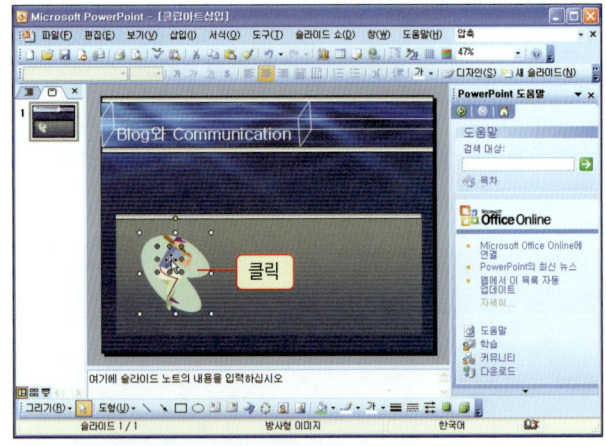

3 채우기 색 버튼을 🖌▾ 클릭한 후 변경하려는 색상을 선택합니다. 채우기 효과를 눌러 그라데이션이나 질감, 무늬 등을 설정할 수도 있습니다.

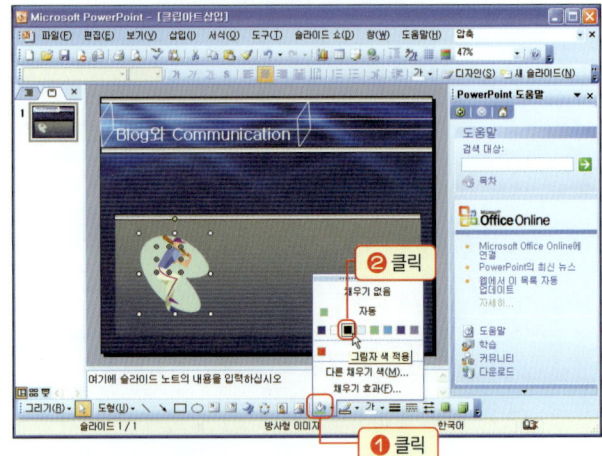

4 색상이 변경됩니다. 채우기 색 뿐만 아니라 선색도 변경할 수 있습니다. 도형에서 배웠던 색상의 변경 등을 모두 적용해 보세요. 선의 모양이나 두께도 변경이 가능하다는 것을 알 수 있습니다.

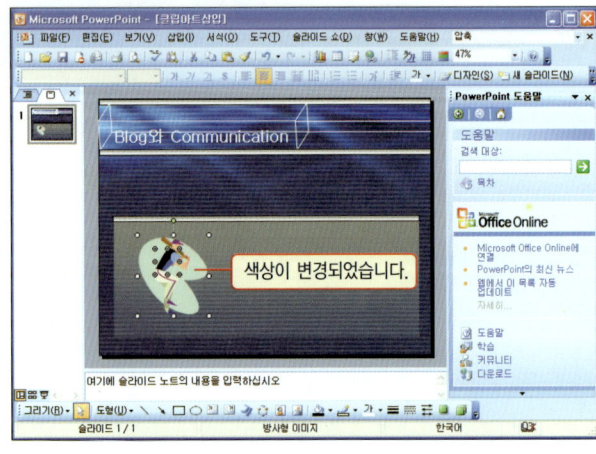

참고하세요!

다시 칠하기 VS 그림 편집

다시 칠하기 기능은 단지 색상만 변경할 수 있지만, 그림 편집 기능은 색상의 변경뿐 아니라 선의 종류, 선색, 선의 두께, 그림자, 3차원 효과등 도형에서 지정이 가능했던 대부분의 기능을 사용할 수 있습니다. 단지 색상만을 변경하고자 할 경우에는 다시 칠하기 기능이 더 편리할 수 있습니다.

313 page ★ 오려둔 것 펼쳐보기

인터넷에서 다양한
클립아트 가져오기

파워포인트 프로그램의 개발사인 마이크로소프트사에서는 지속적으로 새로운 클립아트를 제공하므로 멋진 클립아트를 계속 다운받아 사용할 수 있습니다. 어떻게 사용하는지 알아보겠습니다.

1 클립아트 작업 창에서 하단의 'Microsoft Office Online 클립아트'를 클릭합니다.

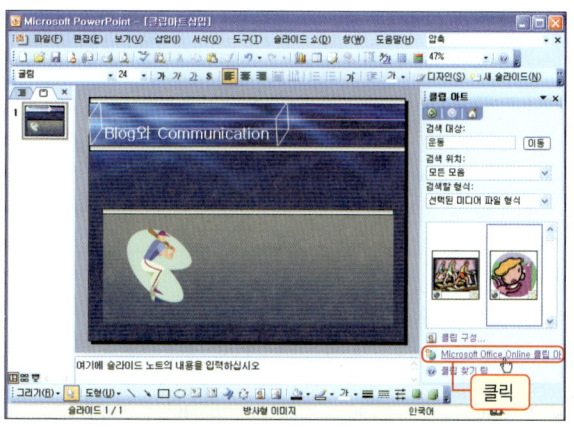

3 선택한 종류의 클립 아트가 나타납니다. 모든 클립 아트를 다운로드하기 위해서 '모두 선택'을 클릭한 후 '1개 항목 다운로드'를 클릭합니다.

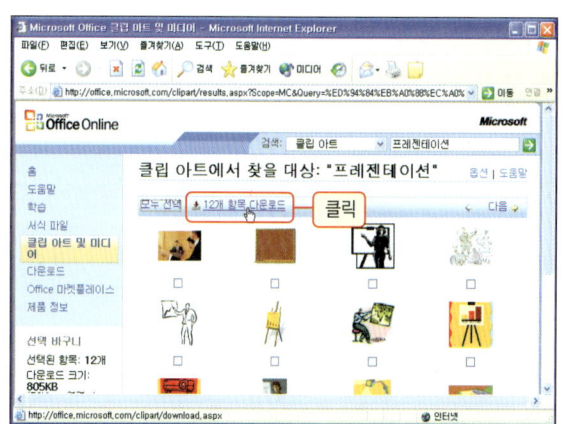

2 인터넷 익스플로러가 실행되면서 클립아트를 다운받을 수 있는 사이트로 자동연결됩니다. 화면 중간의 추천 컬렉션이나 하단의 종류에서 다운받고자 하는 종류를 클릭합니다.

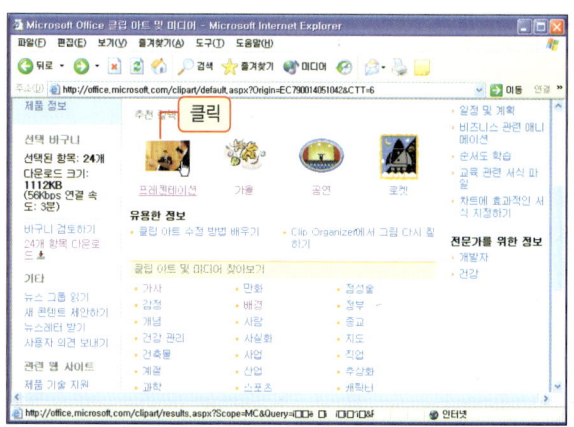

4 다운받는 방법이 표시되면 'Clip Organizer 2002 이상으로 가져오기'를 선택한 후 '지금 다운로드' 버튼을 클릭합니다.

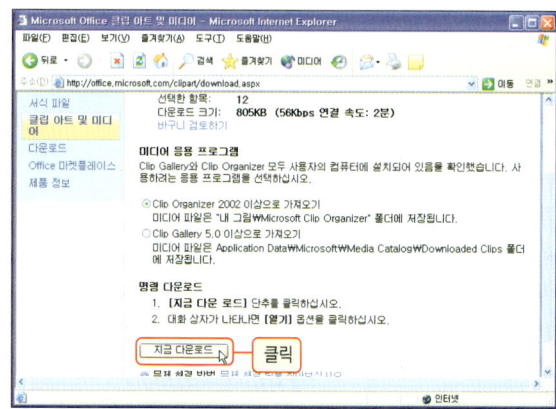

5 파일 다운로드 창이 나타나면 '저장' 버튼을 클릭합니다. 인터넷 익스플로러의 버전에 따라 다운로드 창이 다르게 나타날 수 있습니다. 만약 '저장' 버튼 대신에 '확인' 버튼이 보인다면 '확인' 버튼을 눌러도 됩니다.

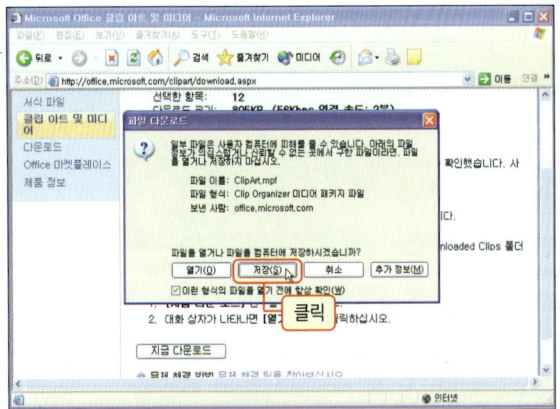

6 저장 위치를 '내 문서'로 한 후 '저장' 버튼을 누릅니다. 위치를 '내 문서'로 변경하려면 왼쪽에서 '내 문서' 버튼을 누르면 됩니다. 저장되는 파일 이름을 잘 기억해 두세요.

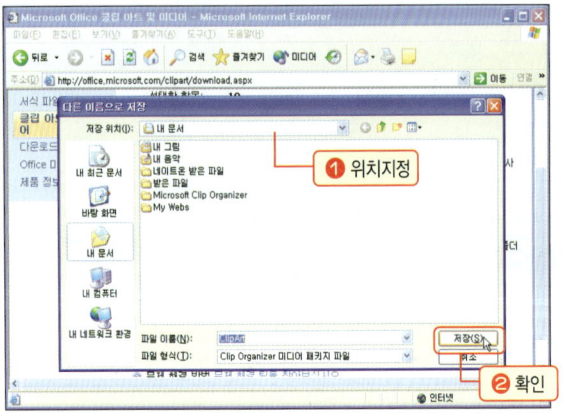

7 다운로드가 끝나면 다운로드된 클립을 설치하기 위해 바탕화면에서 '시작 버튼-내문서'를 선택합니다. 내 문서 폴더가 열리면 다운받은 클립 파일이 보일 것입니다. 클립을 설치하기 위해서 다운받은 파일을 더블클릭합니다.

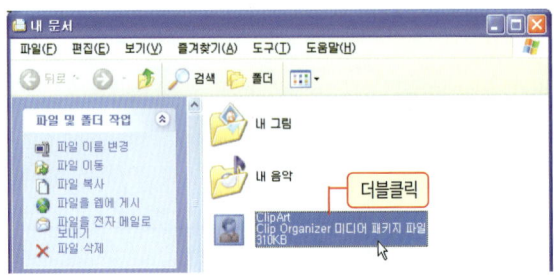

8 Clip Organizer가 자동으로 실행되면서 클립이 설치됩니다. 클립이 설치되는 동안 잠시 기다립니다. 설치가 끝난 후 다음과 같은 메시지 창이 나타나면 '나중' 버튼을 클릭합니다.

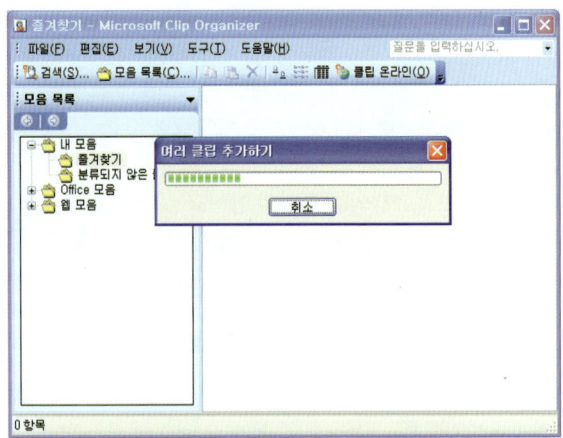

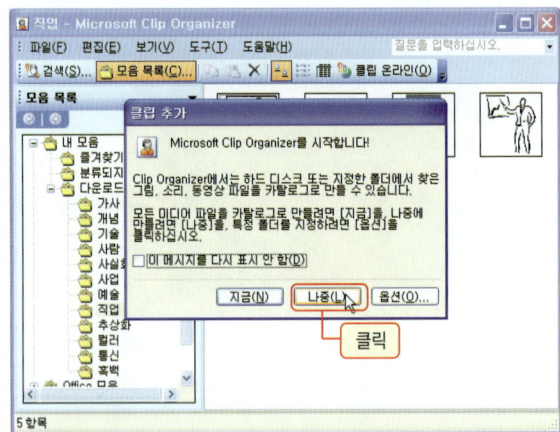

9 다운로드된 클립 폴더 안에 다운받은 클립이 설치된 것을 볼 수 있습니다. 이렇게 다운받은 클립으로 슬라이드를 좀 더 다양하게 꾸며 보세요.

03 워드아트(Wordart)의 기본적인 사용 방법

워드아트는 일반적으로 슬라이드의 타이틀 부분에 사용합니다. 단, 너무 자주 사용하면 슬라이드의 전
체적인 균형을 해칠 수 있으므로 빈번한 사용은 자제하는 것이 좋습니다.

1 워드아트 삽입하기

워드아트를 삽입하는 방법은 매우 간단합니다. 메뉴를 사용하거나 그리기 도구 모음에서 쉽게 입력할
수 있습니다.

>>CD-ROM
부록CD〉예제파일〉워드아트.ppt

참고하세요!

마스터 기능에 관해서는
386페이지에서 자세히 설
명합니다.

1 워드아트는 제목으로 사용되는 예가
많습니다. 그래서 종종 마스터에 삽입되기
도 한답니다. 마스터에 워드아트를 삽입해
보기 위해서 '보기 – 마스터 – 슬라이드 마
스터' 메뉴를 실행합니다.

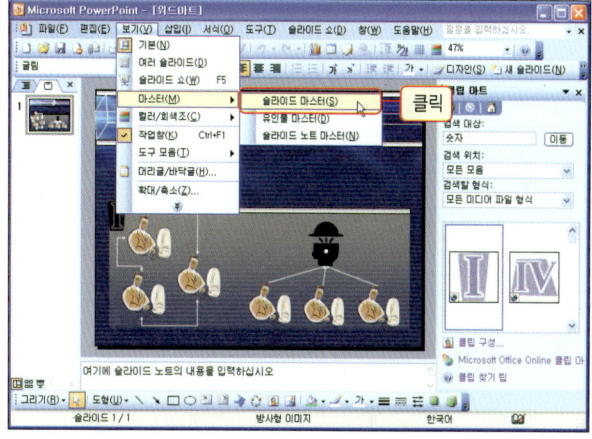

2 슬라이드 마스터 상태가 되면 워드아
트를 삽입하기 위해서 '삽입 – 그림 –
Wordart' 메뉴를 실행합니다. 그리기 도구
모음에서 (워드아트)를 클릭해도 됩니
다.

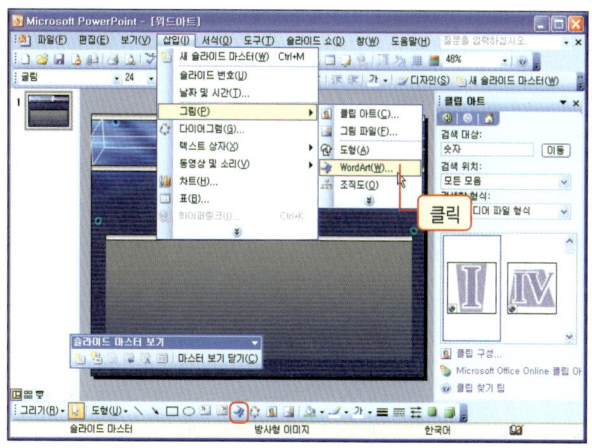

3 다양한 워드아트 모양이 담겨 있는 'WordArt 갤러리' 창이 나타납니다. 원하는 워드아트 모양을 클릭한 후 '확인' 버튼을 클릭하세요.

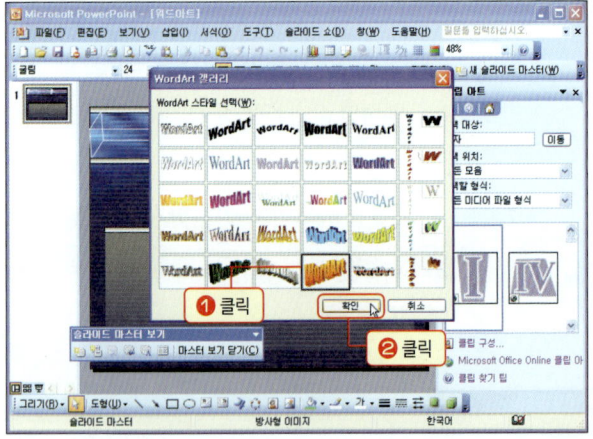

4 텍스트 편집 창이 나타납니다. 원하는 내용을 입력하고 '확인' 버튼을 클릭하세요. 'Blog VS Community' 라고 입력하도록 하겠습니다. 여러분이 원하는 글을 입력하도록 하세요.

참고하세요!

WordArt 텍스트 편집 창

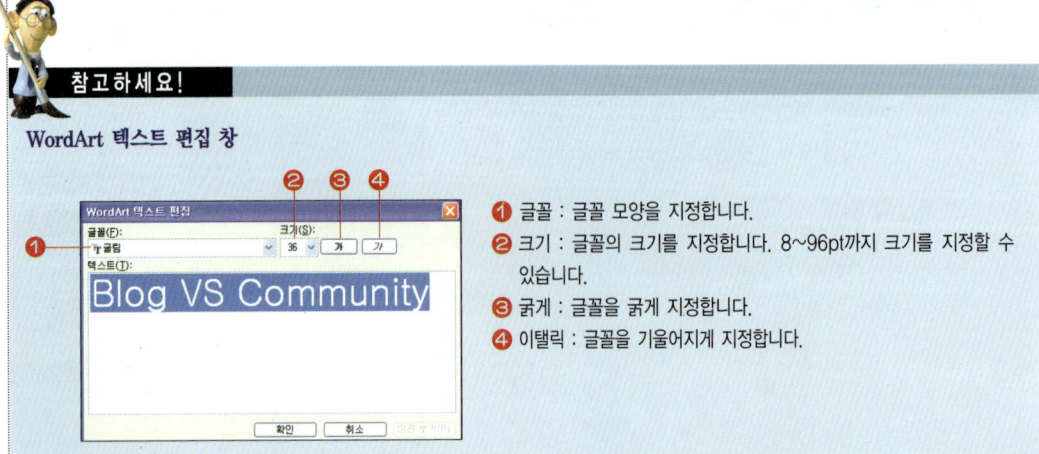

❶ 글꼴 : 글꼴 모양을 지정합니다.

❷ 크기 : 글꼴의 크기를 지정합니다. 8~96pt까지 크기를 지정할 수 있습니다.

❸ 굵게 : 글꼴을 굵게 지정합니다.

❹ 이탤릭 : 글꼴을 기울어지게 지정합니다.

5 워드아트가 슬라이드에 삽입됩니다. 워드아트의 크기를 바꾸는 방법이나 이동하는 방법은 도형의 그것과 동일하므로 따로 설명하지 않겠습니다. 삽입된 워드아트의 크기를 적당하게 변경합니다.

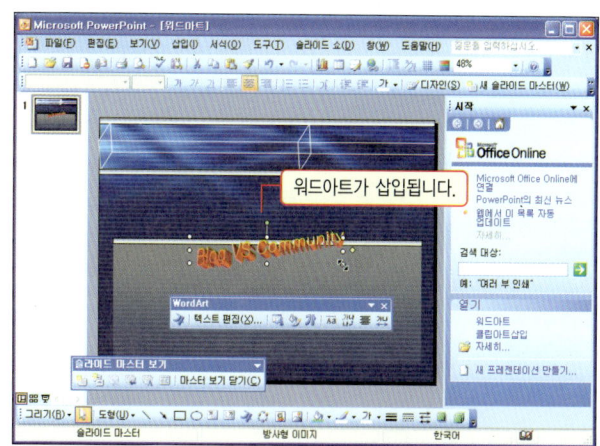

2 모양 조정 핸들 사용하기

워드아트를 삽입하면 한쪽에 노랑색의 마름모의 형태로 '모양 조정 핸들'이 나타납니다. 모양 조정 핸들을 드래그하면 워드아트의 기울어진 각도 등을 변경할 수 있습니다.

1 삽입한 워드아트를 클릭하면 '모양 조정 핸들'이 나타납니다. 이때 '모양 조정 핸들'을 드래그합니다.

2 워드아트 모양이 변경된 것을 볼 수 있습니다.

04 삽입된 워드아트 서식 변경하기

WordArt 도구 모음을 사용하여 삽입한 워드아트의 서식을 변경할 수 있습니다.

1 텍스트 변경하기와 모양 변경하기

삽입한 워드아트의 텍스트를 변경하거나 워드아트의 모양을 변경하는 방법을 알아봅니다.

1 워드아트가 선택된 상태에서 WordArt 도구 모음의 '텍스트 편집' 버튼을 클릭합니다.

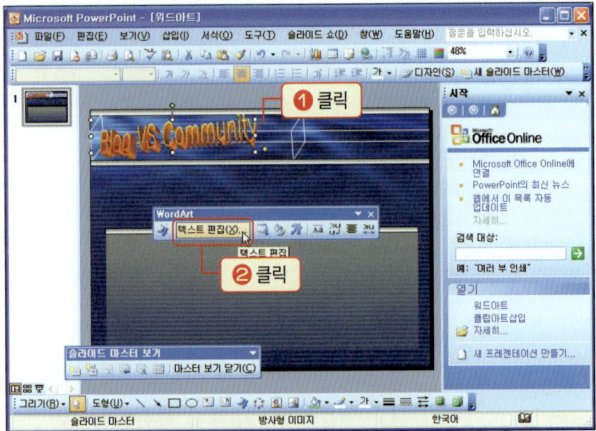

2 'WordArt 텍스트 편집' 창이 나타나면 글꼴을 클릭하여 'HY얕은샘물M'으로 변경합니다(만약 이 서체가 없다면 글꼴 목록에 나타난 다른 서체로 적당히 변경하세요).

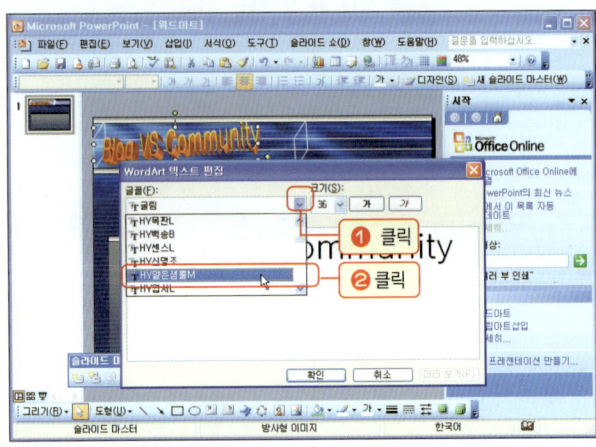

3 계속해서 '굵게' 버튼을 클릭합니다. 이 외에도 입력된 글자를 변경할 수도 있습니다. 변경이 끝났다면 '확인' 버튼을 클릭합니다.

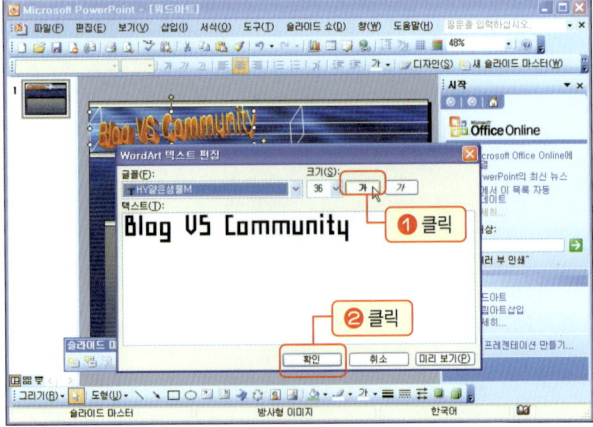

4 변경된 워드아트를 확인할 수 있습니다. 워드아트의 모양을 다시 변경하고자 한다면 🖳(워드아트 갤러리) 버튼을 누르고 모양을 변경하면 됩니다.

2 WordArt 도형 지정하기

WordArt 도형 지정 기능을 이용하면 워드아트를 좀 더 현란하게 꾸밀 수 있습니다.

1 WordArt 도형 버튼(가)을 클릭하면 아래쪽에 다양한 도형들이 나타날 것입니다. 슬라이드와 적절하게 조화되는 것으로 변경할 도형을 선택합니다.

2 워드아트의 모양이 변경되지요. 사용하는 방법이 별로 어렵지 않을 것입니다. 지금까지 슬라이드 마스터에서 작업한 내용을 적용하기 위해서 '마스터 보기 닫기' 버튼을 클릭합니다.

hot key

새 슬라이드 삽입 :
Alt + N

3 슬라이드 상단에 워드아트가 삽입되었을 것입니다. 왜 굳이 슬라이드 마스터에서 워드아트를 삽입하냐고요? '새 슬라이드' 버튼을 클릭해 보세요.

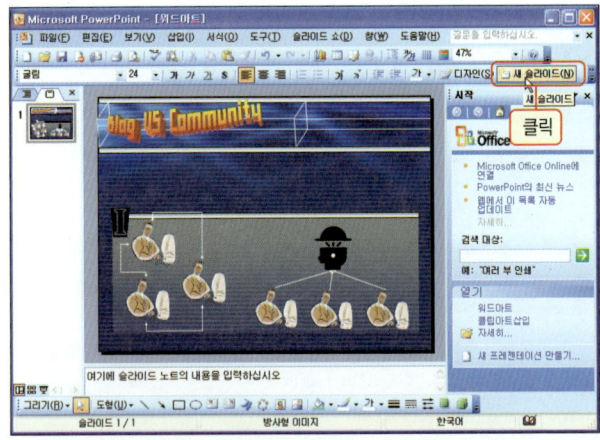

4 자동으로 워드아트가 삽입된 것을 볼 수 있습니다. 매 슬라이드마다 공통적으로 삽입되는 부분은 슬라이드 마스터에서 작업하는 것이 편리합니다. 슬라이드 마스터에 대한 자세한 설명은 뒤에서 다룰 것이므로 여기서는 워드아트에 중점을 두어 학습하도록 하세요.

>>궁금해요!

WordArt 도구 모음이 사라졌어요!

WordArt 도구 모음이 화면에서 사라져서 도구를 사용할 수 없다면 삽입된 워드아트를 마우스 오른쪽 버튼으로 클릭하고 'WordArt 도구 모음 표시' 메뉴를 클릭하면 됩니다.

참고하세요!

WordArt 도구 모음 이해하기

앞서는 워드아트 도구 모음에서 자주 사용하는 것만을 알아 보았습니다. 나머지 도구의 기능에 대해서도 살펴보도록 하지요.

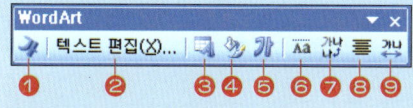

❶ WordArt 삽입 : 새로운 WordArt를 슬라이드에 삽입합니다.

❷ 텍스트 편집 : 삽입된 WordArt의 텍스트를 새롭게 변경하는 등의 편집이 가능합니다.

❸ WordArt 갤러리 : WordArt 갤러리 창을 표시하여 모양을 변경할 수 있습니다.

❹ WordArt 서식 : WordArt의 색상, 선의 모양 및 색상, 투명도, 크기, 위치 등을 변경할 수있습니다.

❺ WordArt 도형 : WordArt를 40개의 도형 스타일로 변경할 수 있습니다.

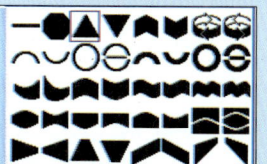

❻ WordArt와 같은 문자 높이 : 모든 문자가 같은 높이를 갖도록 합니다.

❼ WordArt 세로 텍스트 : 문자열 방향을 세로 또는 가로로 변환합니다.

❽ WordArt 정렬 : 정렬 부메뉴를 표시합니다.

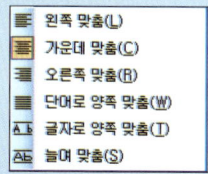

❾ WordArt 문자 간격 : 글자 사이의 간격을 변경할 수 있습니다. 사용자가 직접 간격을 입력하여 지정할 수도 있습니다.

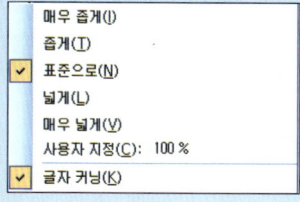

05 그림 개체 다루기

그림을 슬라이드에 삽입하고 변형하는 방법을 설명하겠습니다. 슬라이드에 그림을 삽입할 때 주의해야 할 점은 슬라이드의 배경색이나 구성과 어울리는 톤의 그림을 삽입해야 한다는 것입니다. 그림이 너무 도드라지면 전체적인 슬라이드의 느낌이 촌스러워 보일 수 있습니다.

1 그림 삽입하기

좀 더 설득력을 높이기 위해서 이미지의 사용은 반드시 필요한 항목입니다. 구구절절한 카피보다는 이미지 한 컷이 더욱 빛을 발할 수도 있기 때문입니다.

>>CD-ROM
부록CD〉예제파일〉그림삽입.ppt

1 그림을 삽입하기 위해서 '삽입 – 그림 – 그림 파일' 메뉴를 클릭합니다. 또는 그림 도구 모음에서 (그림 삽입)을 클릭해도 됩니다.

2 부록 CD에는 그림 삽입 연습을 위한 사진들이 들어 있습니다. 부록 CD를 넣고 '예제 파일–이미지' 폴더를 더블클릭합니다.

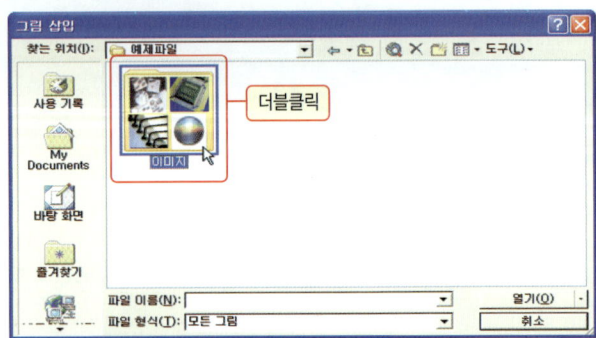

3 사진들 중에서 '커플1' 사진을 선택한 후 '삽입' 버튼을 클릭합니다.

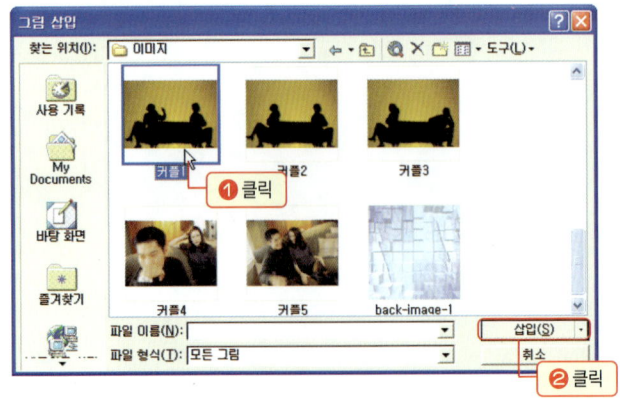

>>> 궁금해요!

그림 삽입 창의 화면이 책과 달라요.

그림 삽입 창의 화면이 여러분 컴퓨터의 화면과 다를 수 있습니다. 이것은 그림을 미리보여 주는 상태일 때와 그렇지 못한 상태일 때가 달라서 나타나는 현상입니다. 화면은 달라도 그림 삽입하는 것에는 영향을 미치지 않습니다.

4 그림이 삽입되면 삽입된 그림을 드래그하여 적절하게 위치를 지정합니다.

5 그림의 위치를 확인하세요. 나머지 4군데에 한꺼번에 4개의 그림을 삽입하여 보겠습니다. (그림 삽입)을 클릭합니다.

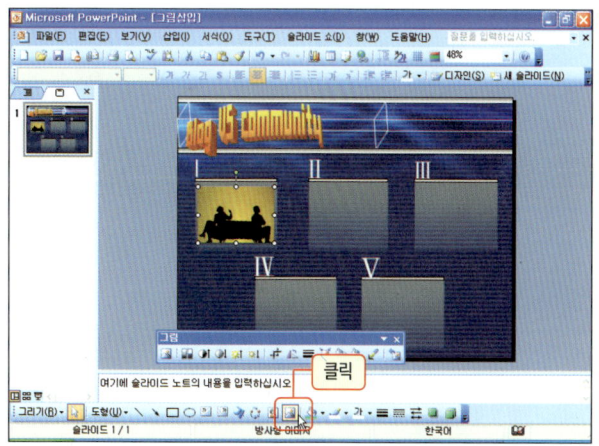

6 키보드에서 Ctrl 키를 누른 채 커플2, 커플3, 커플4, 커플5 파일을 모두 클릭하여 선택합니다. 4개의 그림 파일이 한꺼번에 선택될 것입니다. 그런 다음 '삽입' 버튼을 클릭합니다.

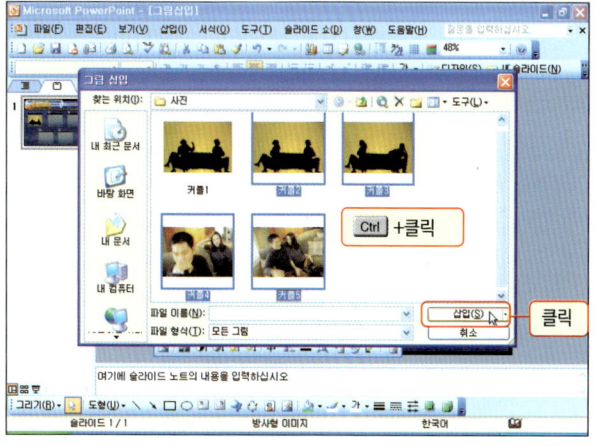

7 차례대로 그림이 삽입됩니다. 삽입된 모든 그림이 선택된 상태이므로 선택을 해제하기 위해서 마우스로 슬라이드의 빈 공간을 클릭하여 선택을 해제합니다.

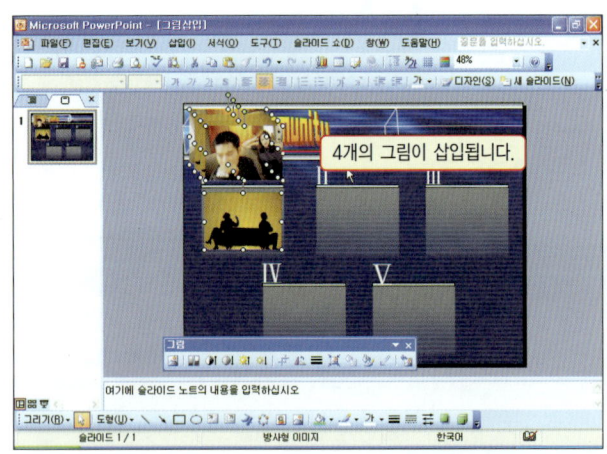

8 다음 그림처럼 그림을 하나하나 드래그하여 위치를 이동시킵니다. 이런 방식으로 그림을 슬라이드에 삽입할 수 있습니다.

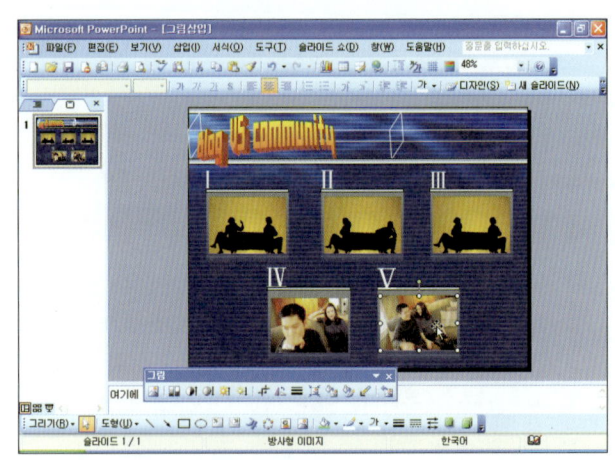

2 그림 자르기

삽입된 그림을 원하는 부분만 남겨두고 나머지 부분을 잘라 버릴 수도 있습니다. 이때 잘라진 그림은 원본이 실제로 잘라진 것이 아니라 파워포인트에서만 잘라진 것처럼 표시될 뿐입니다.

>>CD-ROM
부록(CD)>예제파일>그림삽입1.ppt

오려두기

그림 도구 모음
살펴보기

★335쪽 펼쳐보기

1 잘라낼 그림을 클릭한 후 그림 도구 모음에서 ⌐⌐ (자르기)를 클릭합니다.

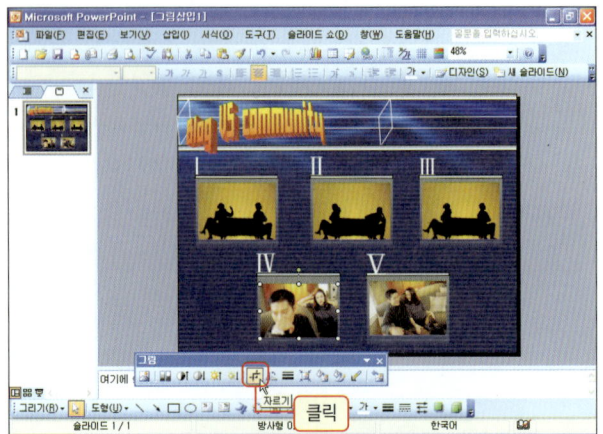

2 그림에 자르기 가이드 선이 나타날 것입니다. 오른쪽 모퉁이 부분으로 마우스를 가져가면 마우스 포인터의 모양도 가이드 선의 모양(ㄴ)으로 변경됩니다. 이때 그림의 안쪽으로 마우스를 드래그합니다. 적당한 위치가 되었을 때 마우스를 놓으세요.

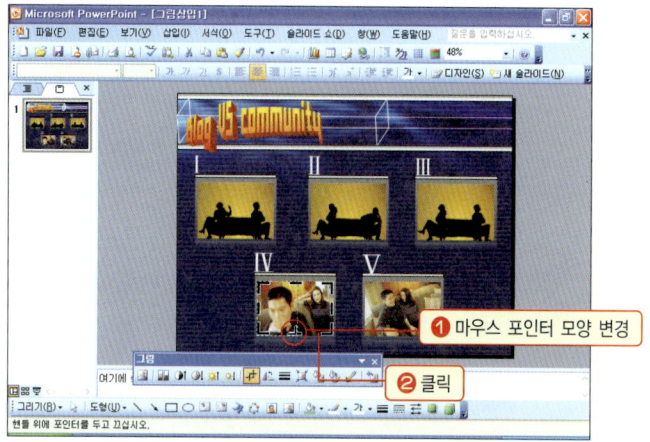

3 그림이 잘려진 것을 볼 수 있습니다. 그림 잘라내기가 완성되었다면 그림 자르기 상태를 해제하기 위해서 (자르기)를 다시 한번 클릭합니다.

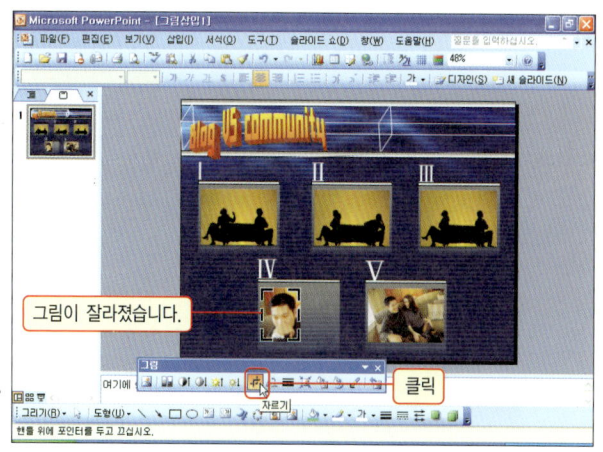

3 투명한 색 설정하기

그림의 특정 색상을 투명으로 설정할 수 있습니다. 투명으로 설정된 색상은 슬라이드 배경이 그림 부분에 투영되어 보이기 때문에 독특한 효과가 나타납니다.

1 삽입된 첫 번째 그림을 클릭한 후 그림 도구 모음에서 '투명한 색 설정' 버튼(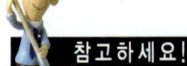)을 클릭합니다.

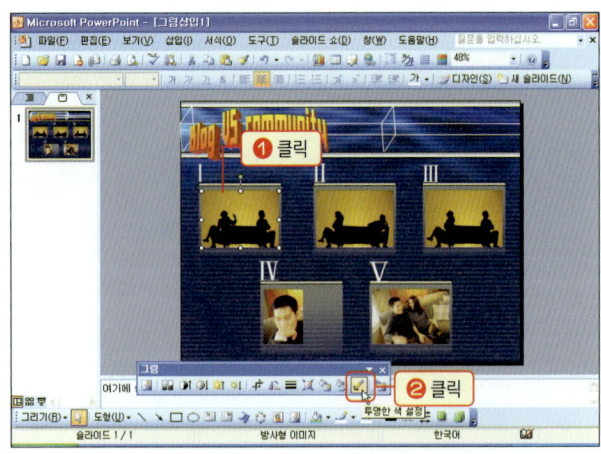

2 마우스를 첫 번째 그림의 검정색 부분으로 이동시킵니다. 마우스 포인터의 모양이 펜처럼 변경된 것을 볼 수 있습니다. 검정색 부분을 클릭합니다.

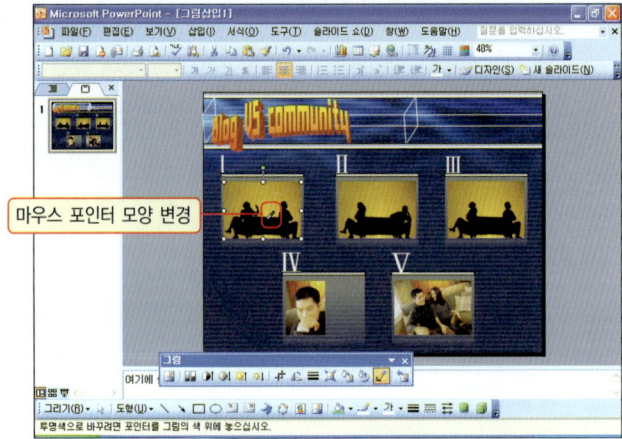

참고하세요!

하나의 그림에서는 하나의 색상만 투명으로 지정됩니다. 만약 다른 색을 투명으로 지정하면 이전에 투명으로 자정되었던 색상은 원래대로 돌아옵니다.

3 검정색 부분이 투명으로 바뀌면서 뒷배경이 훤히 드러나 보일 것입니다. 두 번째, 세 번째 그림도 투명으로 바꿔보세요.

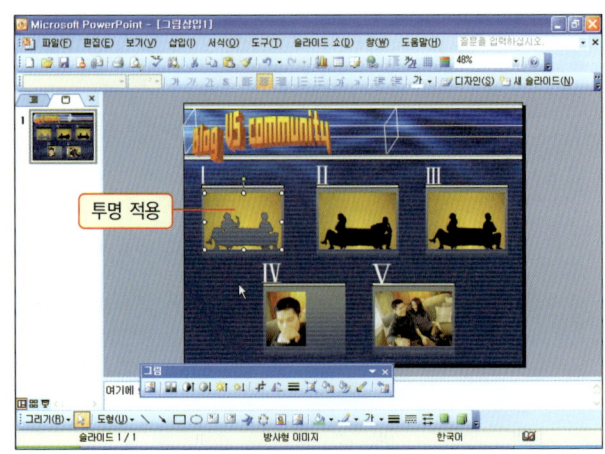

332page ★ 오려둔 것 **펼쳐보기**

기타 그림 도구 모음 사용하기

그림 도구 모음에는 자르기와 투명으로 만들기 외에도 그림을 다양하게 꾸미는 기능을 제공합니다. 간단하게 사용 방법을 알아보겠습니다.

❶ 그림 삽입 : 다른 그림을 슬라이드에 삽입할 수 있습니다. '삽입 – 그림 – 그림 파일' 메뉴를 누른 것과 동일합니다.

❷ 색 : 회색조, 흑백으로 보기, 희미하게 등 그림의 모드를 전환합니다.

❸ 선명하게 : 명암 차이를 밝게 조절합니다.

❹ 희미하게 : 명암 차이를 어둡게 조절합니다.

❺ 밝게 : 그림의 색상을 밝게 합니다.

❻ 어둡게 : 그림의 색상을 어둡게 합니다.

❼ 자르기 : 그림의 필요없는 부분을 잘라낼 때 사용하며 잘라낸 부분은 다시 복구가 가능합니다.

❽ 왼쪽으로 90도 회전 : 누를 때마다 그림을 90도씩 왼쪽으로 회전시킵니다.

❾ 선 스타일 : 그림 외곽선을 삽입합니다. 선의 두께를 조정할 수 있으며 액자틀처럼 사용될 수 있습니다.

❿ 그림 압축 : 그림을 용량이 작은 형태로 압축합니다. 비트맵 이미지인 경우에는 사용이 불가능합니다. 그림의 용량이 작아지도록 압축합니다. 그림이 작아지면 전체 슬라이드의 용량이 작아지는 효과를 가져옵니다.

⓫ 그림 다시 칠하기 : 그림의 색을 변경합니다.

⓬ 그림 서식 : 색, 선, 크기, 위치, 그림 등의 옵션을 지정할 수 있습니다.

⓭ 투명한 색 설정 : 그림에서 하나의 색상을 선택하여 특정 색상을 투명으로 설정할 수 있습니다. 하나의 색상만을 지정할 수 있습니다.

⓮ 그림 원래대로 : 변경되었던 그림을 원상태로 되돌립니다.

극도로 선명하게 한 경우

선 스타일로 외곽선을 삽입한 경우

90도 회전시킨 경우

>> 02

슬라이드에 소리와 동영상 삽입하기

소리와 동영상은 슬라이드를 좀 더 역동적으로 표현할 수 있는 도구입니다. 특히 소리의 경우 다음 슬라이드의 이동이나 청중의 시선을 모으고자 할 때 효과적으로 사용합니다. 동영상은 중요 인사의 메시지나 제품의 작동 방법과 같이 시각적으로 사실을 확인해야 하는 경우에 효과입니다.

소리의 적절한 사용

소리는 청중에게 주의를 환기시키거나 몰입하게 하는 방법으로 흔히 사용됩니다. 단, 소리나 동영상을 슬라이드에서 보여주려 한다면 가장 먼저 점검해야 할 부분이 컴퓨터 시스템입니다. 컴퓨터 시스템의 사양이 떨어진다면 사운드나 동영상은 프레젠터가 의도하는 대로 진행되지 않을 수 있기 때문입니다.

동영상 삽입과 소스

예를 들어 각계 각층의 요구를 반영한 프레젠테이션을 진행한다고 하면, 이때 각 계층과의 인터뷰를 소리만으로 들려주는 것 보다는 동영상으로 보여주는 것이 효과적입니다. 멀티미디어 프레젠테이션이 가능한 것입니다.

소리가 삽입된 슬라이드

01 슬라이드에 내 목소리 삽입하기

슬라이드에 소리를 삽입하는 다양한 방법을 알아보겠습니다. 클립아트로부터 삽입하는 방법과 자신의 소리를 녹음하여 슬라이드에 삽입하는 방법 등을 모두 알아보도록 합니다.

1 Clip Organizer로부터 소리 삽입하기

부록CD〉예제파일〉소리삽입.ppt

클립아트에서도 다양한 배경음악부터 효과음까지 여러 종류의 소리를 제공하고 있습니다.

1 Clip Organizer에 있는 준비된 소리를 삽입하기 위해서 '삽입 – 동영상 및 소리 – Clip Organizer 소리' 메뉴를 클릭합니다.

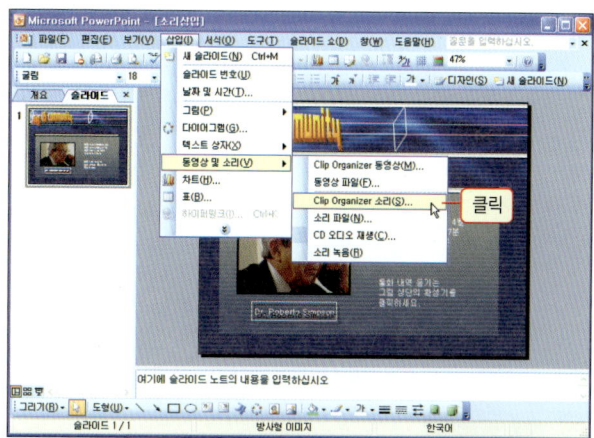

2 준비된 소리들이 표시됩니다. 삽입하려는 소리클립으로 마우스를 이동하면 클립 오른쪽에 화살표 버튼이 나타납니다. 화살표 버튼을 클릭하세요. 화살표 버튼이 아닌 클립을 클릭하면 클립이 바로 삽입됩니다.

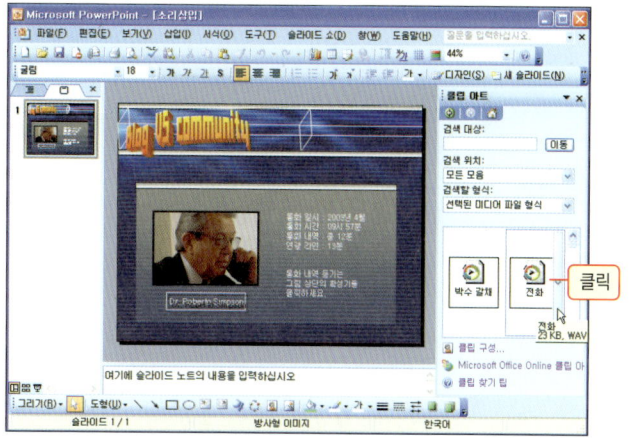

3 바로 가기 메뉴에서 '미리 보기/속성' 메뉴를 클릭합니다. '미리 보기/속성' 메뉴를 사용하면 소리클립을 삽입하기 전에 소리를 직접 들어볼 수 있습니다.

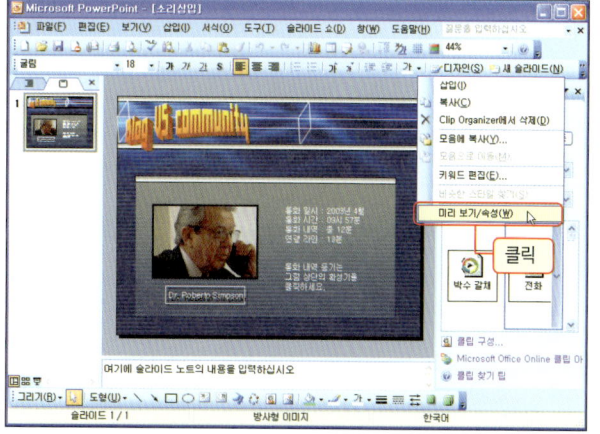

4 '미리 보기/속성' 창이 나타나면서 자동으로 소리가 재생됩니다. 다시 듣고 싶다면 '재생' 버튼을 클릭하면 됩니다. 이제 '닫기' 버튼을 클릭하세요.

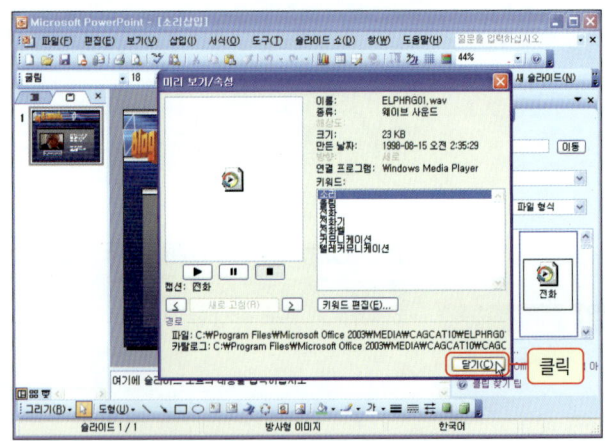

5 소리클립을 삽입하기 위해서 클립을 클릭합니다. 소리를 자동으로 실행할 것인지 클릭하여 실행할 것인지를 묻는 창이 나타나면 '클릭하여 실행'을 선택하세요. 슬라이드에 확성기 모양의 소리클립이 삽입될 것입니다.

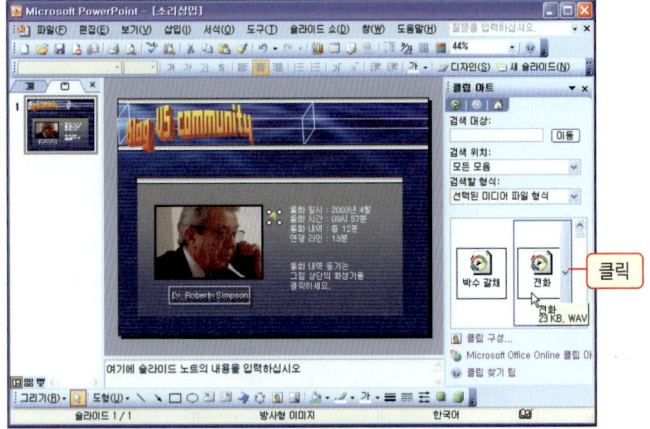

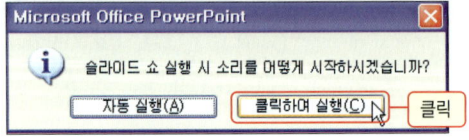

6 삽입된 소리클립을 적절하게 크기를 조절한 후 위치를 이동합니다.

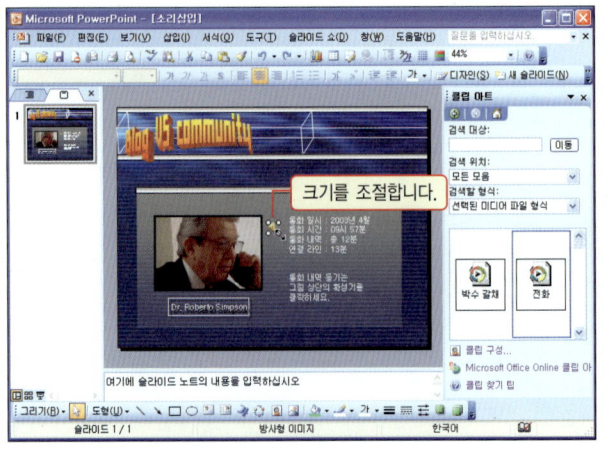

참고하세요!

자동 실행과 클릭하여 실행의 차이점

자동 실행을 선택하게 되면 슬라이드가 표시될 때 소리도 자동으로 실행됩니다. 보통 배경 음악으로 사용합니다.

7 소리의 재생은 슬라이드 쇼 보기 상태에서 확인이 가능합니다. 화면 보기 전환 버튼 중 '슬라이드 쇼'를 클릭합니다.

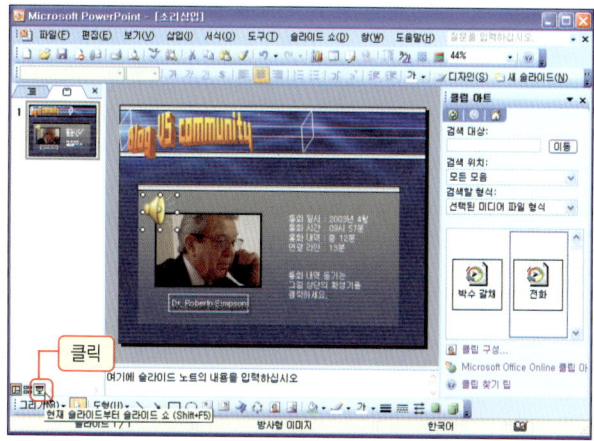

8 슬라이드 쇼 보기 상태에서 소리클립을 클릭하면 소리가 재생됩니다. 당연히 스피커나 헤드셋이 연결된 상태에서만 소리를 감상할 수 있습니다.

9 소리가 재생되는 것을 확인한 다음 슬라이드 쇼를 중지하기 위해서 '쇼 메뉴' 버튼을 클릭한 후 ■ '쇼 마침' 메뉴를 선택합니다.

② MP3 파일로 배경음악 삽입하기

슬라이드에 MP3 파일을 추가하여 배경음이나 배경음악 등으로 사용할 수 있습니다. 특정 프레젠테이션의 경우 배경 음악에 따라 고급스러운 느낌을 줄 수도 있지만 주위를 산만하게 할지도 모르므로 주의하여 사용하도록 하세요.

1 MP3 파일을 배경음악으로 삽입하기 위해서 '삽입 - 동영상 및 소리 - 소리 파일' 메뉴를 클릭합니다.

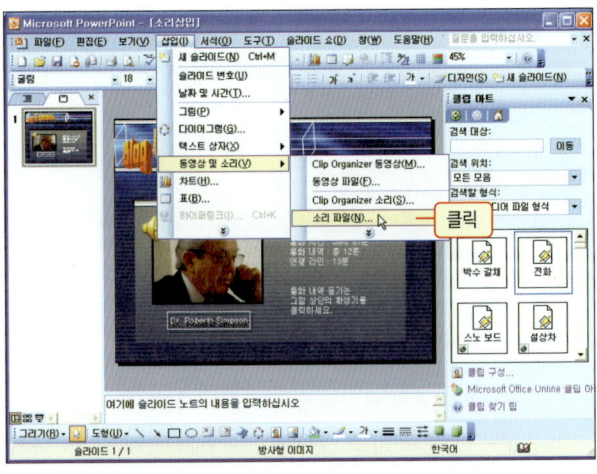

>> CD-ROM
부록(CD)>예제파일>Adieu.mp3

2 '소리 삽입' 창이 나타나면 부록 CD의 MP3 파일을 선택하고 '삽입' 버튼을 클릭합니다. 소리 재생 방법을 선택하는 창이 나타나면 '자동 실행'을 선택하세요. 배경음악으로 사용될 것이므로 슬라이드가 보이면서 바로 재생되어야 하기 때문입니다.

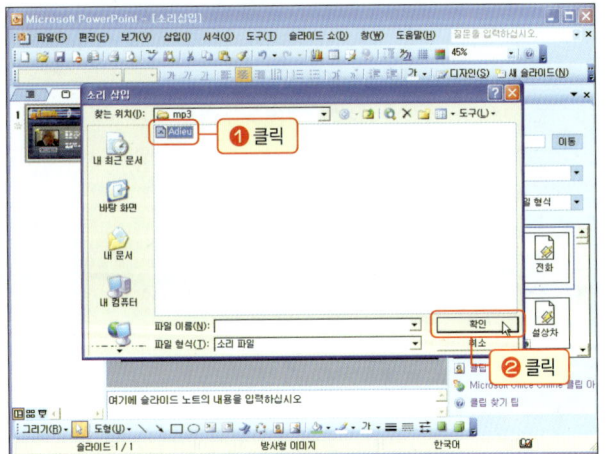

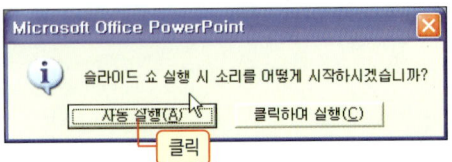

>> 궁금해요!

MP3 파일은 어디서 구하나요?

MP3 파일은 소리바다라는 프로그램을 설치한 후에 구할 수 있습니다. 소리바다 프로그램은 인터넷의 대형 자료실이나 'www.soribada.com'에서 다운받을 수 있고, 이 책의 부록 CD-ROM에도 수록하였습니다.

3 '슬라이드 쇼' 버튼을 클릭하면 슬라이드 쇼가 진행되면서 배경 음악이 나올 것입니다.

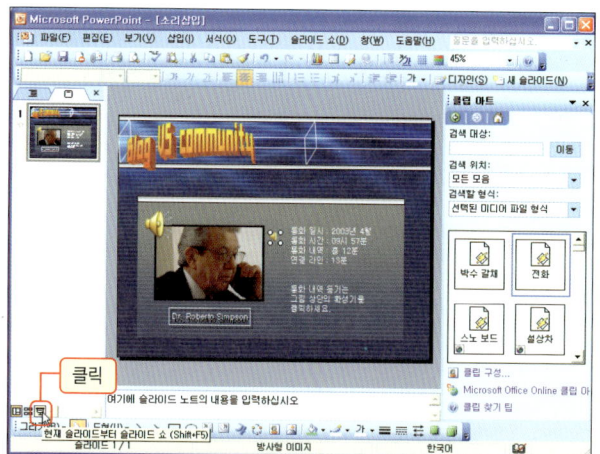

참고하세요!

음악 파일 삽입시 주의사항

음악 파일 삽입시에는 몇 가지 주의해야 할 사항이 있습니다. 쉽게 간과하기 쉬운 사항들이지만 실제 프레젠테이션을 진행할 때 문제가 될 수 있는 부분들입니다.

① 음악 파일의 용량이 너무 크지 않은가?
② MP3 파일을 재생할 정도의 컴퓨터 시스템 사양인가?
③ 프레젠테이션을 진행하는 컴퓨터에 스피커는 갖춰져 있는가?
④ 음악의 재생이 오히려 프레젠테이션에 방해가 되는 것은 아닌가?

3 소리의 볼륨과 반복 재생하기

배경음을 삽입한 후에는 반드시 지정해야 하는 옵션이 있습니다. 바로 은은하게 들리도록 볼륨을 미리 지정해 놓는 것과 반복 재생이 되도록 지정하는 것입니다.

1 삽입한 소리 개체를 마우스 오른쪽 버튼으로 클릭하고 '소리 개체 편집' 메뉴를 클릭합니다.

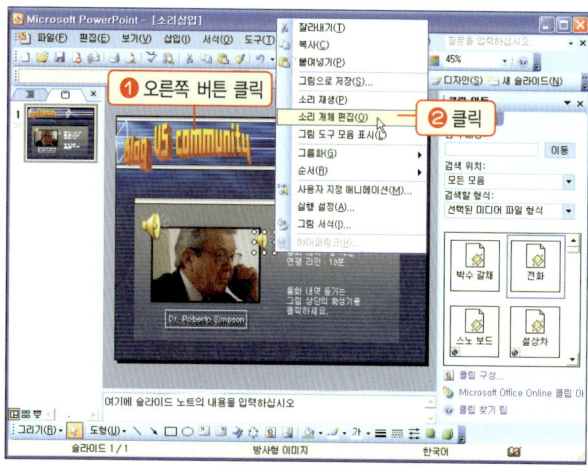

2 '반복 재생' 항목에 체크 표시를 하면 음악이 계속해서 반복 재생됩니다.

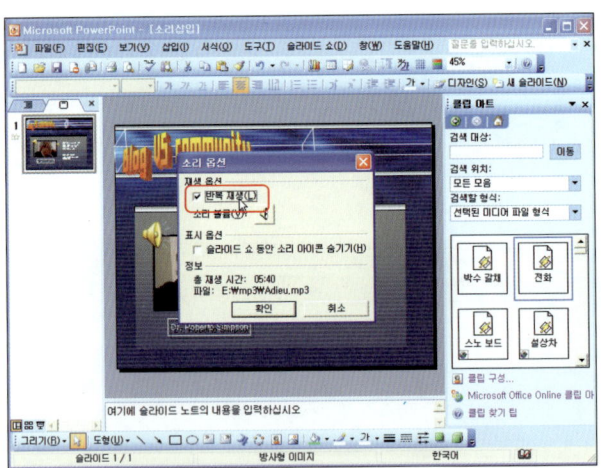

3 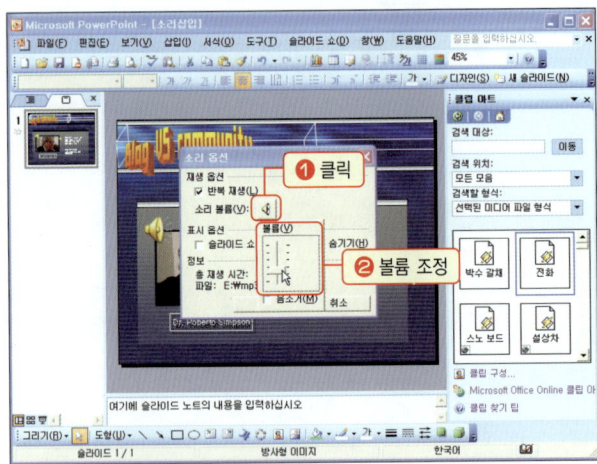 버튼을 클릭한 후 볼륨을 조절하도록 하세요. '음소거'에 체크를 하면 소리가 나지 않게 됩니다.

4 삽입한 소리가 배경 음악인 경우에는 '슬라이드 쇼 동안 소리 아이콘 숨기기'를 체크하도록 합니다. 배경 음악은 자동으로 재생되기 때문에 소리 개체를 의미하는 확성기 버튼이 필요하지 않기 때문입니다. '슬라이드 쇼'(그림) 버튼을 클릭하여 제대로 설정되었나 확인해 보세요.

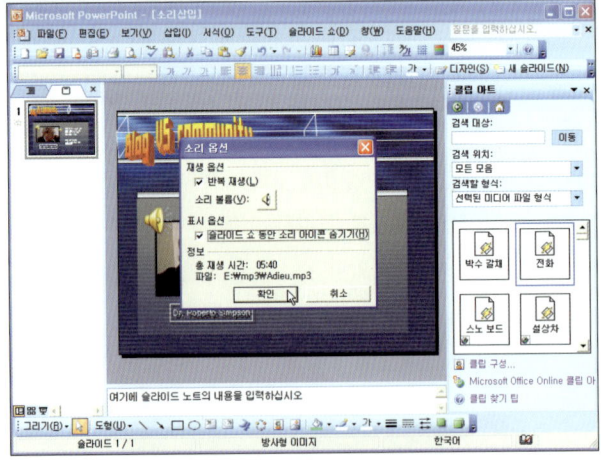

참고하세요!

삽입한 음악 미리 들어보기
삽입한 음악은 슬라이드 쇼에서만 재생할 수 있는 것은 아닙니다. 엉뚱한 음악이 삽입된 것이 아닌가 확인하기 위해서는 일반 슬라이드 상태에서 삽입한 🔊 를 더블클릭하면 음악이 연주됩니다. 연주를 중단하고 싶다면 슬라이드의 임의의 부분을 클릭하면 됩니다.

4 내 목소리 녹음하여 삽입하기

파워포인트에는 녹음기 기능을 제공하여 자신의 목소리를 슬라이드 안에 편리하게 삽입하는 기능이 있습니다. 단, 이 기능을 사용하기 위해서는 마이크나 헤드셋이 컴퓨터와 연결되어 있어야 합니다.

1 자신의 목소리를 녹음하기에 앞서 헤드셋이나 마이크를 컴퓨터에 연결하도록 합니다. 컴퓨터 후면부에 마이크를 꽂는 곳의 표시가 있으므로 쉽게 연결할 수 있습니다. '삽입 - 동영상 및 소리 - 소리 녹음' 메뉴를 클릭합니다.

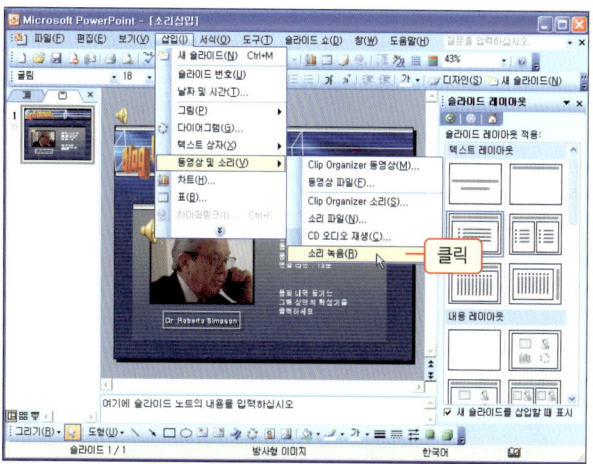

2 이름란에 녹음할 소리의 이름을 입력합니다. '소리 녹음' 창에서 '녹음' 버튼(●)을 누른 후 마이크나 헤드셋을 통해 자신의 목소리를 녹음하고, 녹음이 완료되면 ■ 버튼을 클릭하여 녹음을 완료합니다. 녹음이 끝나면, ▶ 버튼을 눌러 녹음한 소리를 미리 들을 수도 있습니다. 제대로 녹음이 되었다면 '확인' 버튼을 클릭합니다.

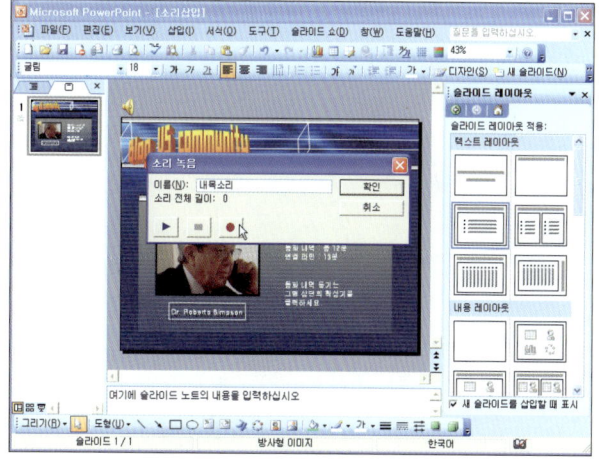

3 소리가 삽입된 것을 확인할 수 있습니다. 이후의 설정은 MP3를 삽입했을 때의 설정과 동일합니다. 소리를 녹음하는 것도 재미있는 기능이기는 하지만 너무 자주 사용하는 것은 좋지 않다는 점, 잊지 마세요.

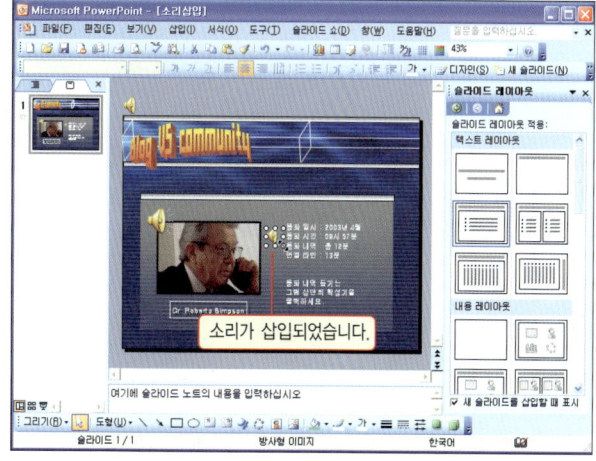

02 슬라이드에 동영상 삽입하기

슬라이드에 Clip Organizer로부터 준비된 동영상을 삽입하거나 파일로부터 동영상을 삽입할 수 있습니다. 이 기능을 사용하면 캠코더로 촬영한 내용을 슬라이드에 삽입할 수도 있는 것입니다.

1 파일로부터 동영상 삽입하기

캠코더로 촬영한 동영상이나 준비된 영상 파일을 슬라이드에 직접 삽입할 수 있습니다. 영상 메시지나 제품의 시연 장면을 넣는 등 청중의 주의력을 높일 수 있습니다.

1 준비된 동영상 파일을 슬라이드에 삽입하기 위해서 '삽입 – 동영상 및 소리 – 동영상 파일' 메뉴를 클릭하세요.

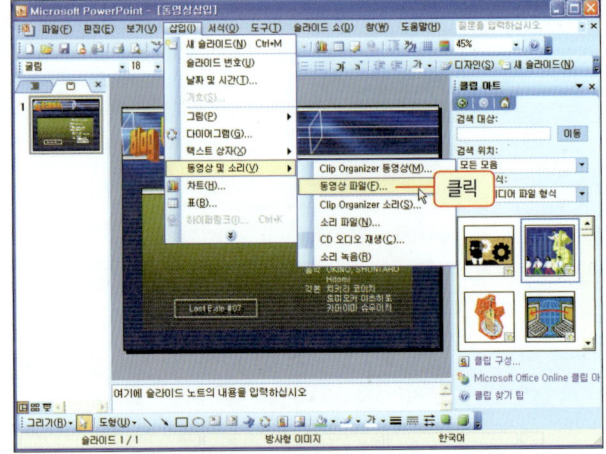

2 '동영상 삽입' 창이 나타나면 삽입할 파일을 선택한 후 '확인' 버튼을 클릭합니다. 만약 준비된 동영상이 없다면 부록 CD 의 '예제 파일 – 동영상 예제' 폴더에서 선택하도록 하세요. 계속해서 '클릭하여 실행' 버튼을 클릭합니다.

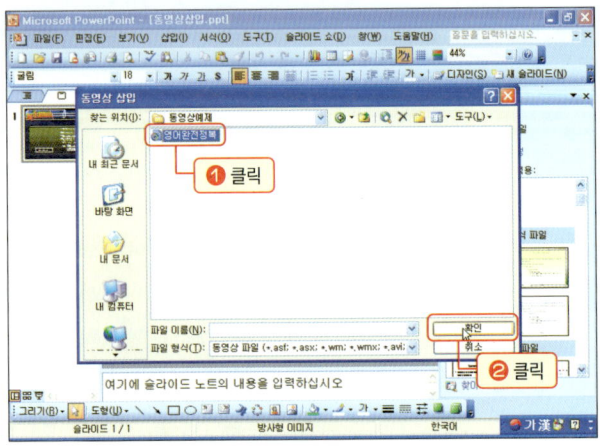

참고하세요!

동영상 파일 삽입시 주의 사항

동영상 파일을 재생하려면 좀 더 높은 컴퓨터 사양이 필요합니다. 프레젠테이션 장소에 있는 컴퓨터의 사양을 사전에 파악해 두는 것
이 좋습니다. 만약 동영상 파일의 용량이 상당히 큰 경우에는 되도록 '클릭하여 실행'을 선택하는 것이 시스템의 부담을 줄이는 방법
입니다.

3 동영상이 삽입되면 적절하게 크기와 위
치를 조절합니다. 동영상을 미리 재생하려
면 삽입된 클립을 더블클릭하도록 합니다.

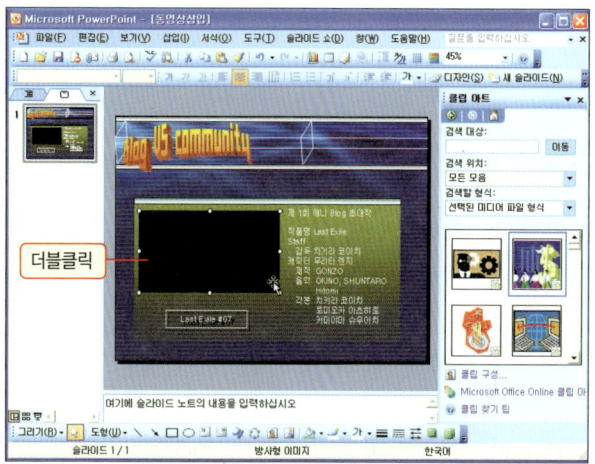

4 동영상이 재생되는 것을 볼 수 있습니
다. 동영상 파일의 용량에 따라 재생 준비
시간이 오래 걸릴 수 있으므로 어느 정도 로
딩 시간이 걸리는지도 파악해야 합니다.

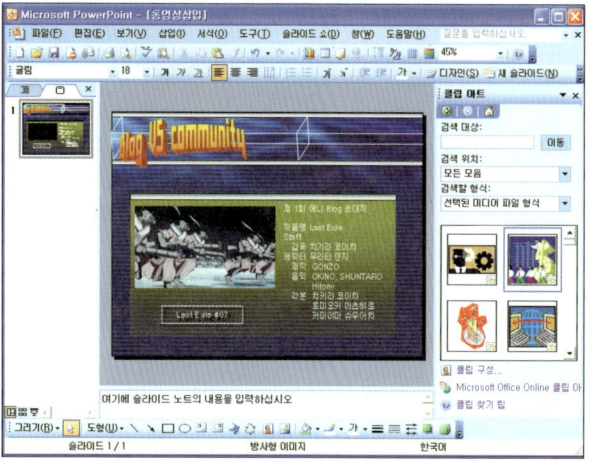

참고하세요!

Clip Organizer 동영상 삽입하기

Clip Organizer에도 동영상이 준비되어 있습니다. Clip Organizer에서 제공하는 동영상은 '카툰' 동영상으로서 흔히 애니메이션이
라고 불리는 것들입니다. 일반적인 동영상과는 달리 만화처럼 표현됩니다.
Clip Organizer로 동영상을 삽입하는 방법은 '삽입 - 동영상 및 소리 - Clip Organizer 동영상' 메뉴를 클릭하고 클립 아트 창에
서 삽입하고자 하는 동영상을 클릭하면 됩니다. 삽입된 동영상을 보려면 슬라이드 쇼 상태로 전환해야 합니다.

2 동영상 되감기 설정하기

동영상 자동 되감기는 동영상 재생이 끝난 후 동영상의 맨 처음 프레임으로 되돌아오게 하는 옵션입니다.

1 삽입된 동영상을 마우스 오른쪽 버튼으로 클릭한 후 '동영상 개체 편집' 메뉴를 클릭합니다.

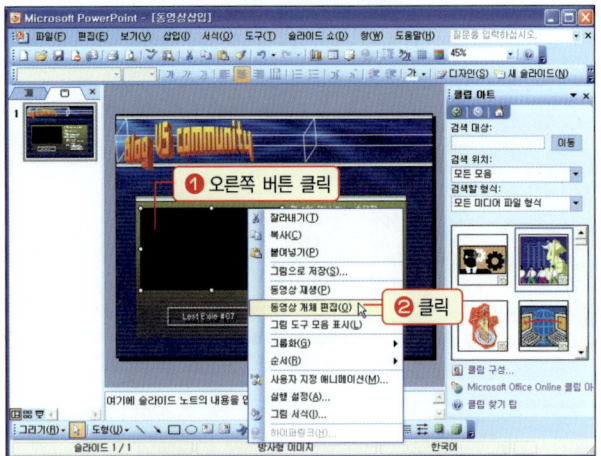

2 '동영상 옵션' 창이 나타나면 '동영상 자동 되감기' 항목을 클릭하여 체크 표시를 하세요. '전체 화면으로 확대'는 프레젠테이션시 전체 화면으로 볼 수 있도록 합니다. 나머지는 MP3 재생에서 설명한 것과 동일합니다.

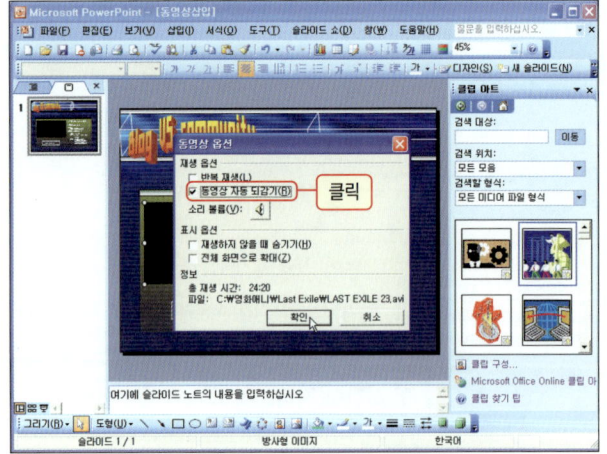

슬라이드 쇼 진행과 화면 전환

슬라이드 쇼와 애니메이션 효과 지정은 파워포인트의 후반부 작업에 속합니다. 특히 애니메이션은 적절하게만 사용한다면 청중의 몰입을 유도할 수 있습니다. 애니메이션이 지정되었다면 쇼 설정을 통해 예행 연습을 하도록 합니다. 나중에 프레젠테이션시 발생할 수 있는 문제점들을 점검할 수 있기 때문입니다.

애니메이션 효과의 사용

애니메이션 작업은 모든 슬라이드 구성이 완료된 후 진행합니다. 각종 자료나 구성 요소를 슬라이드 위에 적절히 배치한 후, 프레젠테이션의 효과를 극대화하기 위해서 적용하는 것입니다. 각 요소를 배치하는 것 만큼이나 중요한 점이 얼마나 청중에게 어필할 수 있는가입니다. 다양한 애니메이션 효과가 있다고 하여 무조건 사용하는 것은 옳지 못합니다. 각 요소에 가장 적절한 애니메이션을 선택하는 것이 프레젠터의 몫입니다.

화면 전환 효과란?

화면 전환 효과란 슬라이드 자체가 표시되는 방법을 의미합니다. 슬라이드 안에 공통된 요소들이 들어 있다면 화면 전환 효과도 동일한 것으로 사용하는 것이 좋습니다. 너무 다양한 화면 전환 효과는 청중에게 혼란을 줄 수 있기 때문입니다.

슬라이드 쇼가 진행중인 슬라이드

화면 전환 효과가 지정된 상태

01 사용자 지정 애니메이션 효과

사용자 지정 애니메이션을 사용하면 편리하게 애니메이션을 지정하고 시작, 속도 등의 옵션을 지정할 수 있습니다. 슬라이드 안에 애니메이션이 여러 개가 지정된 경우 그 순서를 변경하는 것도 가능합니다.

1 사용자 지정 애니메이션 지정하기

사용자 지정 애니메이션으로 지정하고 지정한 애니메이션을 슬라이드쇼에서 확인하는 과정을 알아보겠습니다.

부록(CD)〉예제파일〉슬라이드쇼.ppt

1 다섯 개의 슬라이드 중에서 첫 번째 슬라이드를 선택하고 첫 번째 그림을 선택합니다. '슬라이드 쇼 – 사용자 지정 애니메이션' 메뉴를 클릭합니다.

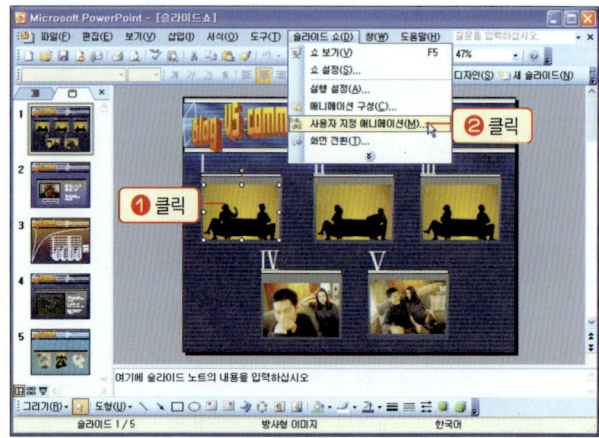

2 사용자 지정 애니메이션 창이 나타납니다. 상단에 '효과 적용' 버튼이 보일 것입니다. 이 버튼을 클릭하세요.

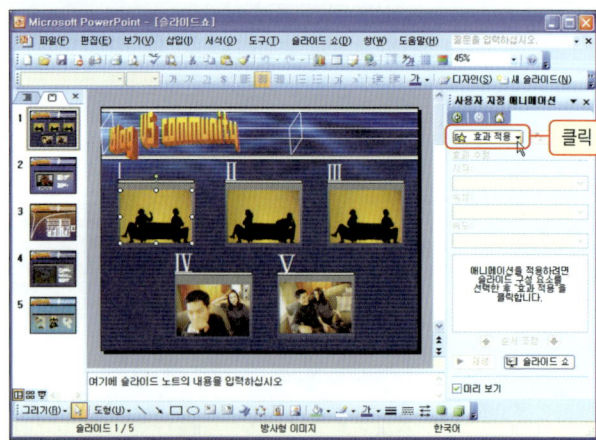

3 여러 항목이 나타납니다. 일단 '나타내기' 항목을 선택하고 '바둑판 무늬'를 이어서 선택합니다.

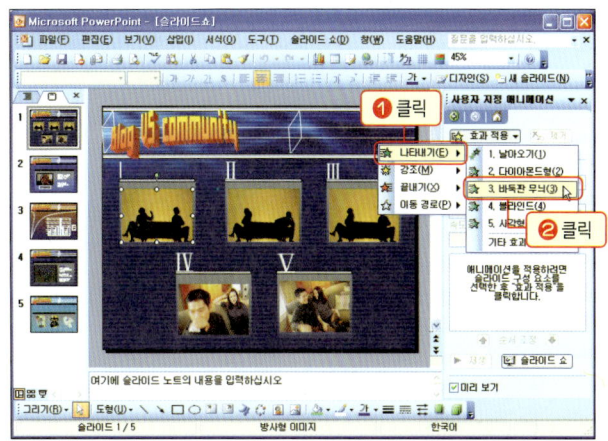

4 애니메이션이 지정된 항목은 그림처럼 번호가 해당 개체의 왼쪽에 표시됩니다.

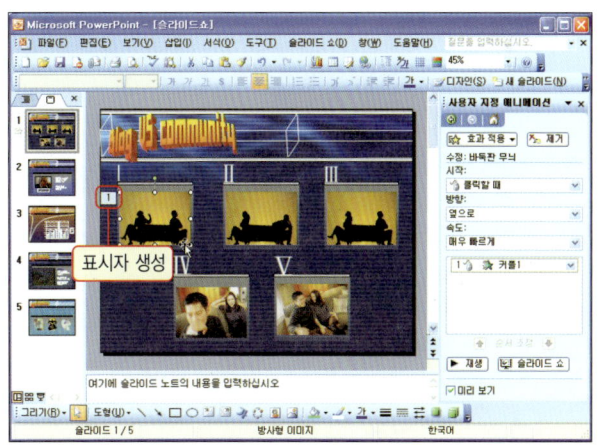

5 나머지 4개의 그림들도 동일한 방법으로 애니메이션을 설정해 보세요. 2번째-날아오기(나타내기), 3번째-블라인드(나타내기), 4번째-크게/작게(강조), 5번째-회전(강조)으로 애니메이션을 지정합니다. 5개 모두에 애니메이션이 지정됩니다.

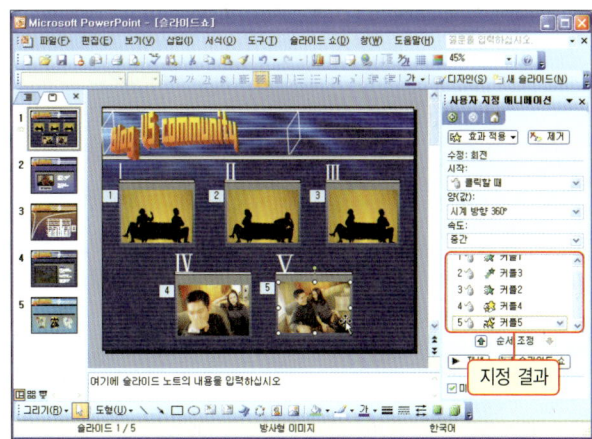

6 이제 '재생' 버튼을 클릭하면 애니메이션이 재생되는 것을 확인할 수 있습니다. 어느 부분이 어울리지 않는지, 혹은 어색하지는 않은지 미리 확인할 수 있습니다.

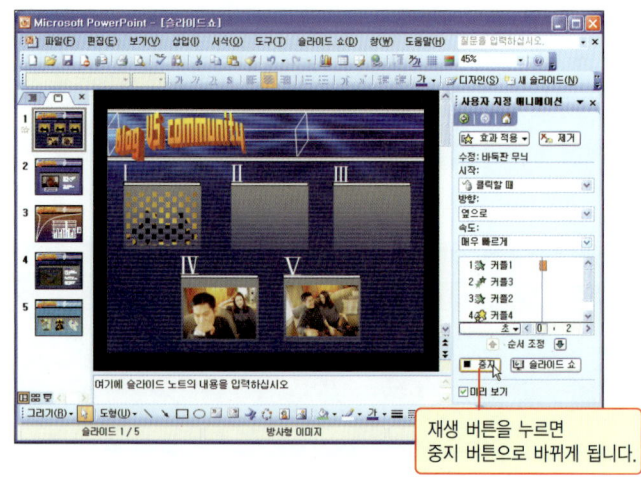

재생 버튼을 누르면 중지 버튼으로 바뀌게 됩니다.

2 시작, 속성, 속도 조정하기

애니메이션이 삽입된 후 시작하는 방법, 애니메이션이 날아오는 방향, 애니메이션 진행 속도 등을 조절할 수 있습니다.

1 오른쪽의 사용자 지정 애니메이션 창에서 시작 항목의 목록 버튼을 클릭합니다. '클릭할 때, 이전 효과와 함께, 이전 효과 다음에' 등 애니메이션이 시작되는 타이밍을 변경할 수 있습니다.

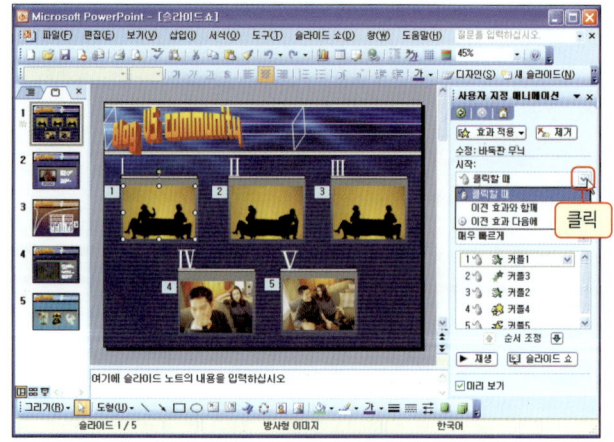

클릭

2 방향 항목의 목록 버튼을 클릭하고 애니메이션이 시작되는 방향을 지정하세요. 애니메이션의 종류에 따라 지원되는 방향이 다르답니다.

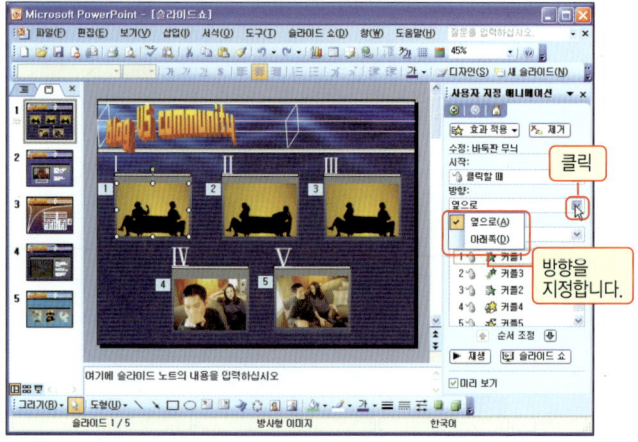

클릭

방향을 지정합니다.

3 애니메이션의 재생 속도를 조절하려면 속도 항목의 목록 버튼을 클릭하세요. 느리게 혹은 빠르게 재생 속도를 조절할 수 있습니다.

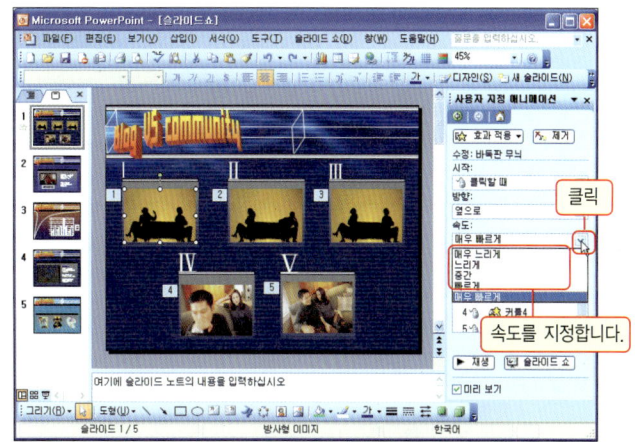

3 재생 속도와 타이밍 세밀하게 조절하기

1번째 애니메이션과 2번째 애니메이션이 동시에 진행되도록 만들어 보겠습니다. 그리고 1번째 애니메이션이 진행되는 속도를 좀 더 세밀하게 조절하는 방법도 살펴봅니다.

1 애니메이션 목록이 순서대로 표시된 창에서 첫 번째 삽입된 커플1 항목의 목록 버튼을 클릭합니다. '진행 시간 표시 막대 표시' 메뉴를 클릭하세요.

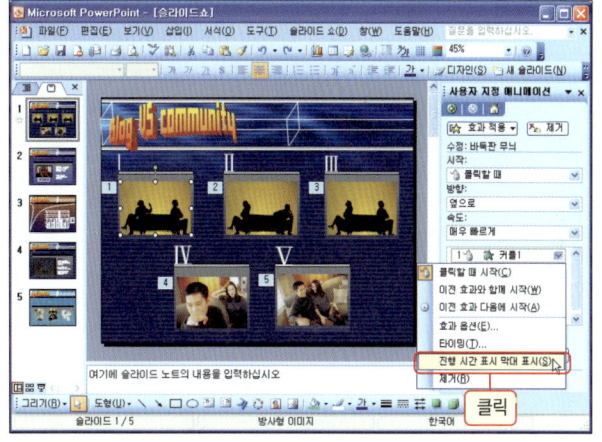

2 첫 번째 그림을 클릭하여 선택한 후 시작 항목의 '이전 효과와 함께'를 선택합니다.

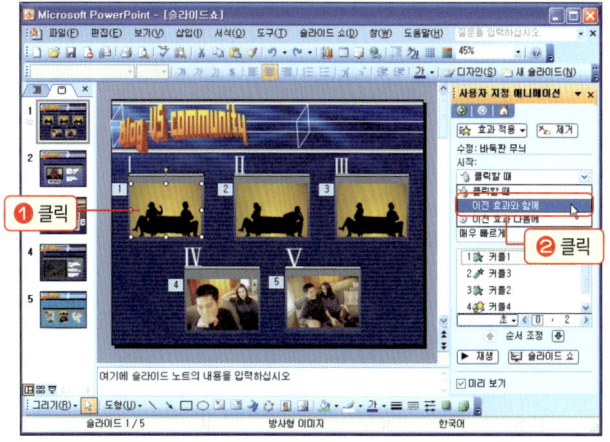

3 계속해서 두 번째 그림을 선택하고 시작 항목의 '이전 효과와 함께'를 선택하세요.

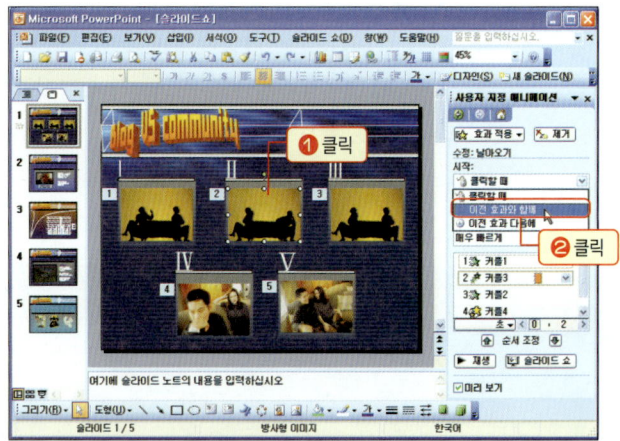

>>궁금해요!

시작 방법을 변경하는 다른 방법은 없나요?

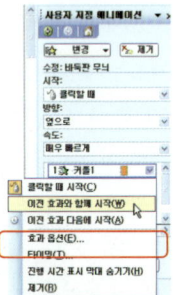

삽입된 목록에서 변경하고자 하는 항목의 목록 버튼을 클릭하고 '이전 효과와 함께' 항목을 선택합니다.

매번 슬라이드 안의 클립을 선택할 필요가 없기 때문에 좀 더 간편합니다.

4 항목의 왼쪽에 보이는 숫자는 애니메이션이 재생되는 순서를 말합니다. 자세히 보면 커플1과 커플3이 모두 1로 지정되어, 첫 번째 애니메이션이 재생되는 순서임을 알 수 있습니다.

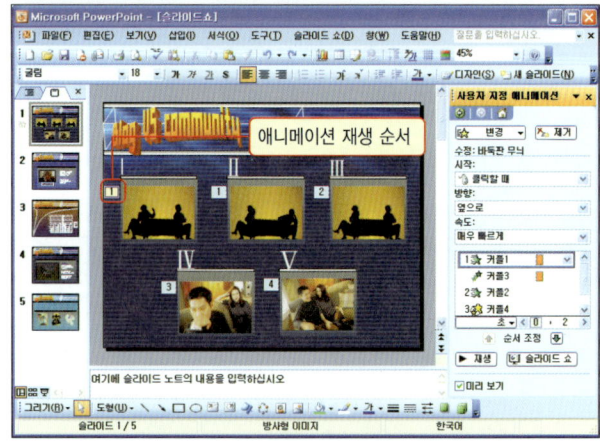

참고하세요!

애니메이션 변경하기

애니메이션이 이미 지정된 클립에 애니메이션을 변경하려면 상단의 '효과 적용' 버튼을 클릭한 후 원하는 애니메이션을 지정하면 됩니다. '제거' 버튼을 누르면 지정된 애니메이션이 클립으로부터 제거됩니다.

5 커플1의 재생 시작 시간을 변경해 보겠습니다. 마우스를 커플1의 막대로 가져가세요. 마우스 커서가 ⬌ 모양으로 바뀌었을 때 오른쪽으로 천천히 드래그합니다. 그림처럼 커플3 뒤쪽으로 이동하도록 드래그하세요. 그런 다음 '재생' 버튼을 눌러 애니메이션을 확인합니다.

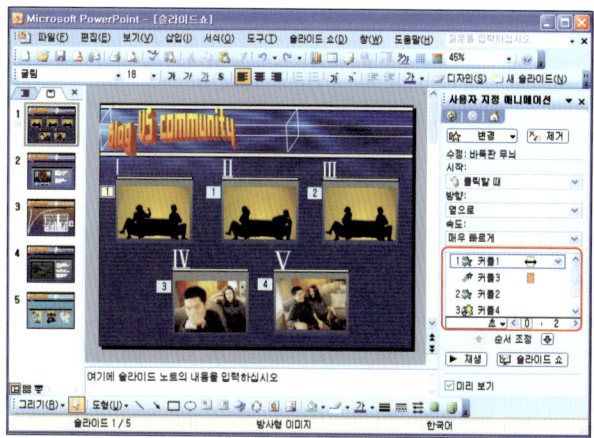

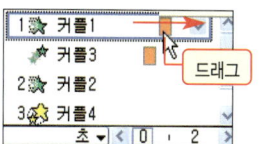

6 커플1의 재생 시간을 조절하겠습니다. 커플1의 막대의 오른쪽 부분으로 마우스를 이동시켜 마우스 커서가 ⬌ 모양이 되었을 때 오른쪽으로 천천히 드래그합니다. 끝 시간이 1.4초가 되었을 때 마우스를 놓습니다.

7 커플3도 동일한 방법으로 끝을 1초로 지정합니다. 커플3과 커플1이 중첩되게 진행 막대가 표시됩니다. '재생' 버튼을 누르면 커플3이 먼저 실행되고, 커플3의 애니메이션이 채 끝나기전에 커플1의 애니메이션이 진행되는 것을 볼 수 있습니다.

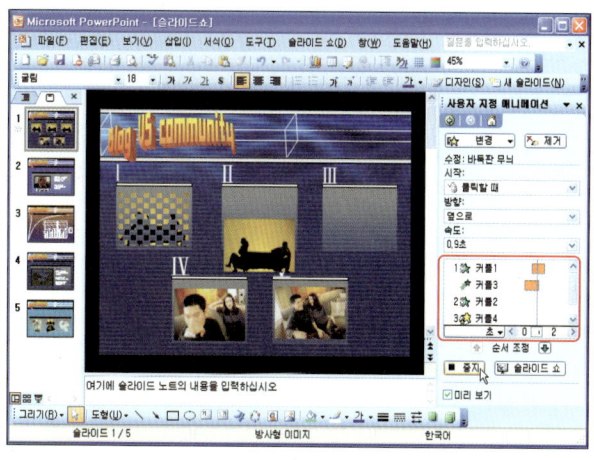

참고하세요!

진행 시간 표시 막대 확대/축소

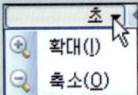
진행 시간 표시 막대를 확대하거나 축소할 수 있습니다. 막대 왼쪽의 '초' 버튼을 클릭한 후 '확대'나 '축소'를 클릭하면 됩니다.

4 애니메이션에 소리 지정하기

애니메이션이 재생될 때 소리가 나도록 지정할 수 있습니다. 너무 다양한 소리는 피하도록 하세요. 오히려 산만한 느낌을 줄 수 있습니다.

1 소리를 삽입할 애니메이션의 목록 버튼을 클릭하고 '효과 옵션' 메뉴를 클릭합니다.

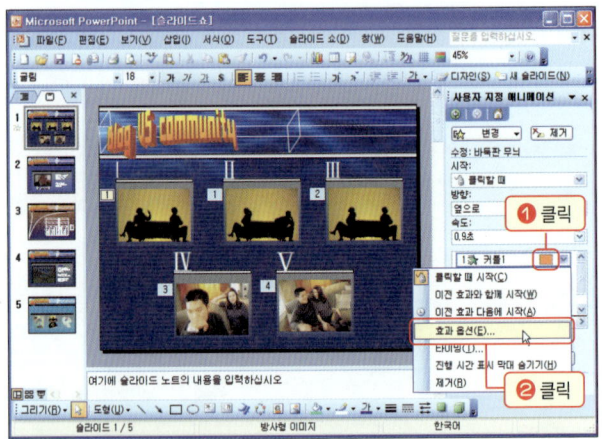

2 '효과' 탭에서 소리 항목의 목록 버튼을 클릭한 후 원하는 소리 유형을 선택합니다. 다양한 소리가 있으므로 지정 후 어울리는 소리인지 반드시 확인합니다.

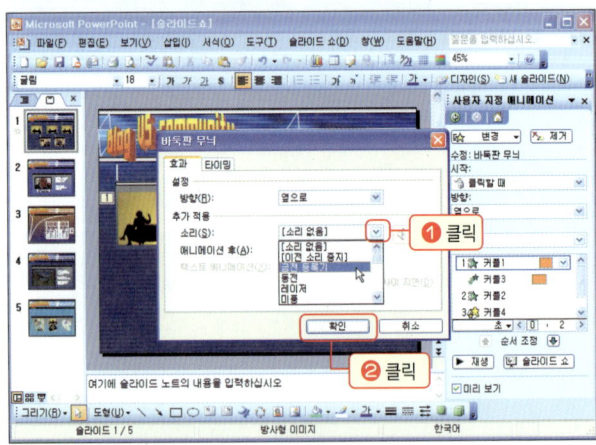

참고하세요!

애니메이션 후 옵션

소리 항목 아래에 있는 애니메이션 후 옵션은 애니메이션이 재생된 후에 클립을 어떻게 표시할지 지정합니다. 흐리게 하거나 숨길 수 있으며 특정 색으로 변경할 수도 있습니다.

5 재생 순서 조정하기

애니메이션의 재생순서를 변경할 수 있습니다. 간단하게 원하는 애니메이션 클립을 선택한 후 하단의 순서 조정 버튼을 통해 위치를 변경하면 됩니다.

1 커플4를 선택한 후 ⬆ 버튼이나 ⬇ 버튼을 클릭하여 순서를 변경하면 됩니다. ⬇ 버튼을 클릭하세요.

★ **368**쪽 펼쳐보기

오려두기

쇼 재구성하기

2 커플5와 커플4의 위치가 교환된 것을 볼 수 있습니다. 나머지 애니메이션 클립들도 순서를 변경해 보세요.

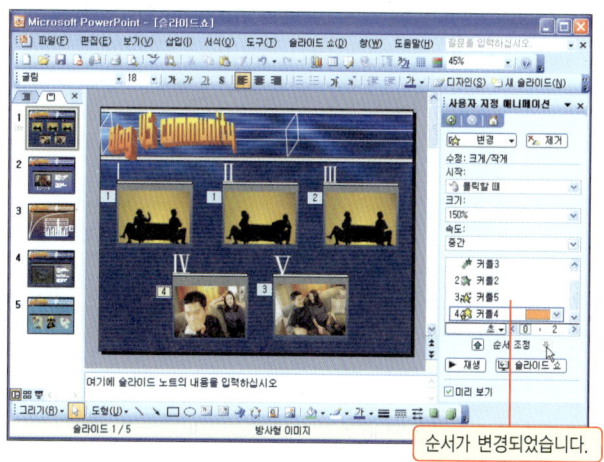

순서가 변경되었습니다.

02 이동 경로를 따라 움직이는 애니메이션

애니메이션이 왼쪽, 오른쪽, 위, 아래에서만 움직일 거라 생각한다면 오산입니다. 사용자가 직접 이동 경로를 만들어 개성있는 애니메이션을 만들 수 있으니까요.

1 기본적인 이동 경로 지정하기

가장 간단한 애니메이션 이동 경로 지정 방법을 알아봅니다.

1 먼저 이동 경로를 지정할 그림을 클릭합니다. 첫 번째 그림을 클릭한 후 '효과 적용' 버튼을 누른 다음 '이동 경로 – 아래로' 를 차례로 선택합니다.

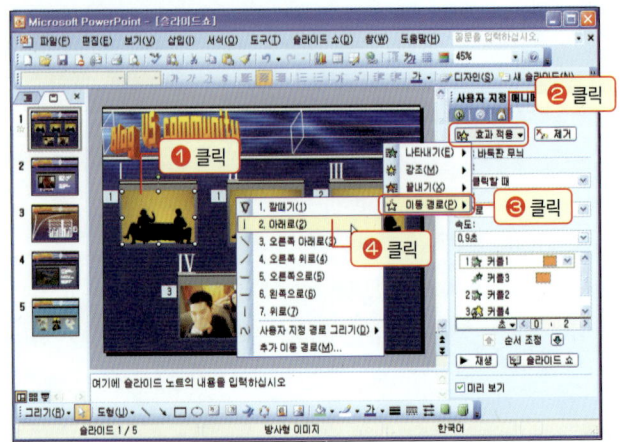

2 아래로 향하는 화살표가 삽입됩니다. 이것이 이동 경로를 의미하는 애니메이션입니다. 아래로 이동되는 애니메이션도 미리 보기로 보여질 것입니다.

2 이동 경로 변경하기

이동 경로를 간단하게 삽입한 후에는 방향이나 위치를 좀 더 세밀하게 조정할 필요가 있습니다. 삽입한 '아래로' 화살표를 조절하여 애니메이션 방향을 조정해 봅니다.

1 삽입된 화살표의 중간 정도를 마우스로 드래그하면 애니메이션 이동을 전체적으로 변경할 수 있습니다.

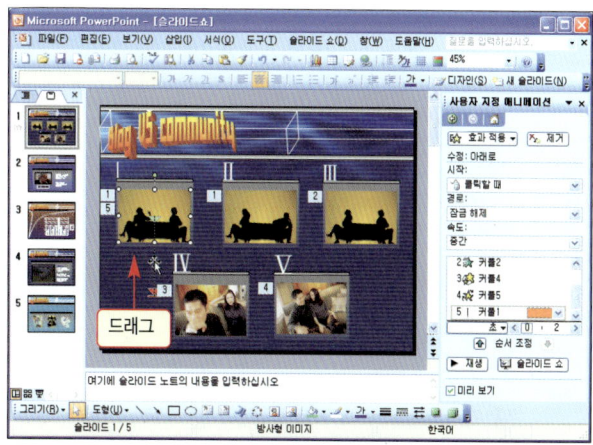

2 화살표의 각 끝에는 꼭지점을 변경할 수 있는 흰색의 원이 있습니다. 빨강색의 화살표쪽의 끝점을 드래그하여 오른쪽 끝으로 이동시킵니다.

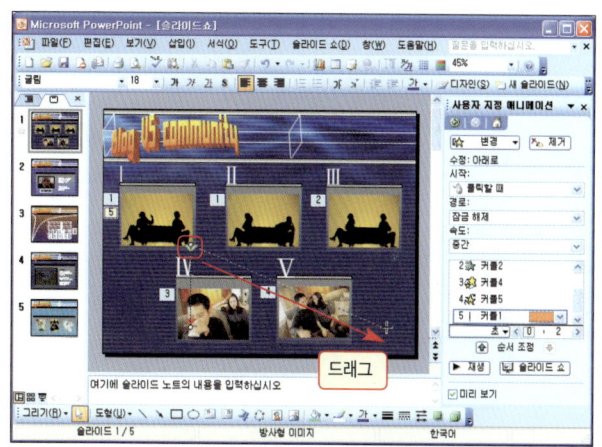

3 '재생' 버튼을 눌러 애니메이션이 어떻게 재생되는지 확인하도록 하세요. 마음에 들지 않는다면 다시 변경하면 됩니다.

참고하세요!

빨강색 화살표와 녹색 화살표

이동 경로의 빨강색 화살표와 녹색 화살표는 애니메이션의 시작점과 끝점을 말합니다. 녹색은 시작점, 빨강색은 끝점을 의미하며 둘의 위치를 간단히 바꿀 수도 있습니다. 화살표를 마우스 오른쪽 버튼으로 클릭한 후 '경로 방향 바꾸기' 메뉴를 클릭하면 됩니다.

3 사용자 지정 경로 지정하기

이번에는 사용자가 애니메이션이 이루어지는 동선을 직접 그려넣는 방법을 알아보겠습니다. 애니메이션 경로를 지정할 수 있으므로 사용자가 직접 애니메이션의 움직임을 만든다는 장점이 있습니다.

1 두 번째 삽입한 그림을 클릭하여 선택한 후 '효과 적용' 버튼을 누릅니다. '이동 경로 – 사용자 지정 경로 그리기 – 자유 곡선' 메뉴를 클릭합니다.

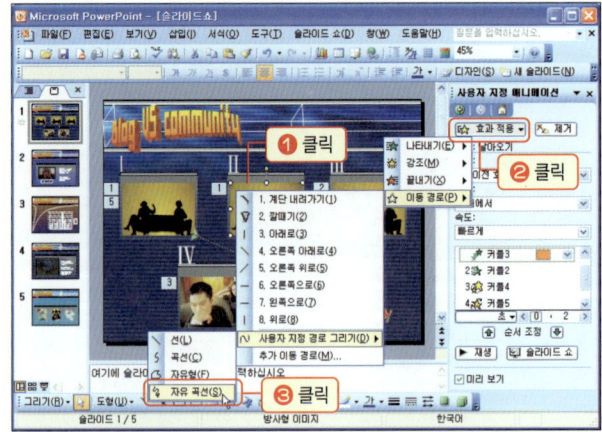

2 마우스 포인터의 모양이 펜 모양으로 변경되면 마우스를 드래그하여 예상 이동 경로를 그립니다. 모두 그렸다면 '재생' 버튼을 눌러 어떻게 이동되는지 비교해 보세요.

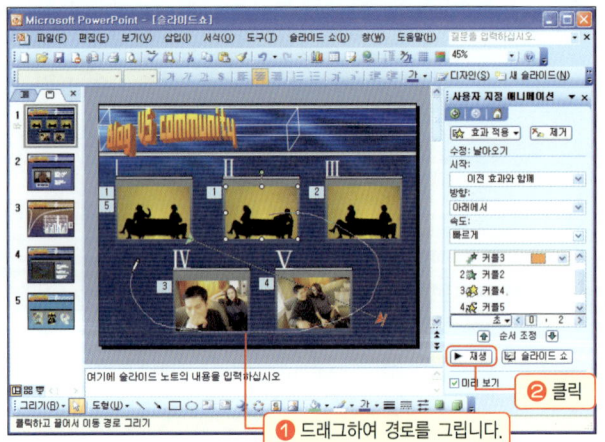

4 사용자 지정 경로의 점 편집하기

직접 그린 이동 경로가 마음에 들지 않는다면 점 편집을 통해 변경할 수 있습니다.

1 사용자 지정 경로를 마우스 오른쪽 버튼으로 클릭한 후 '점 편집' 메뉴를 클릭합니다.

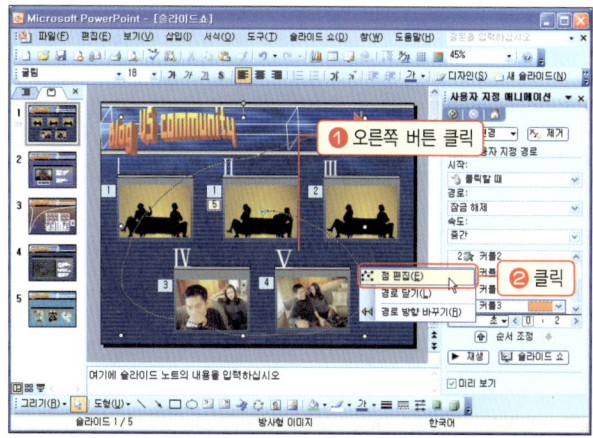

참고하세요!

경로 닫기

사용자 지정 경로로 입력한 경로의 시작점과 끝점을 하나로 연결합니다. 즉 애니메이션의 끝을 시작점으로 만들어주는 기능입니다.

2 이동 경로에 점들이 표시됩니다. 점들을 마우스로 드래그하여 이동 경로를 수정합니다. 역시 수정 후에도 '재생' 버튼을 눌러 경로가 제대로 설정되었는지 확인하도록 합니다.

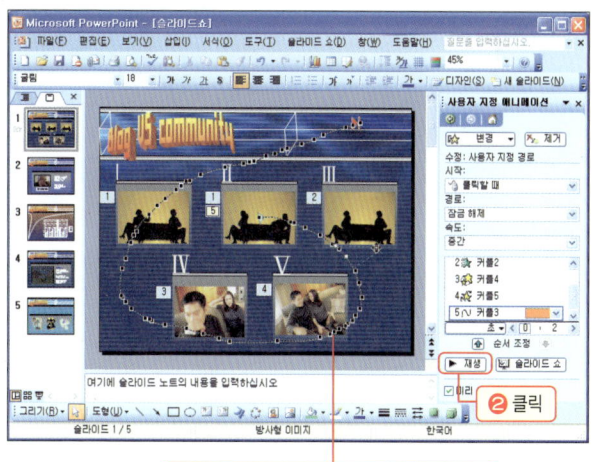

❶ 각 점들을 드래그하여 경로를 조절합니다.

03 차트에 애니메이션 지정하기

차트도 애니메이션을 지정할 수 있습니다. 차트 전체를 하나의 클립으로 보고 애니메이션을 지정하는
방법과, 각각의 계열이나 항목별로 애니메이션을 지정하는 두 가지 방법이 있습니다. 모두 살펴봅시다.

1 차트 전체에 애니메이션 지정하기

차트 전체에 애니메이션을 지정하는 방법은 다른 애니메이션을 지정하는 방법과 동일합니다.

1 세 번째 슬라이드에 있는 차트를 선택
하고 '효과 적용' 버튼을 클릭합니다. '나
타내기 – 사각형'을 클릭합니다.

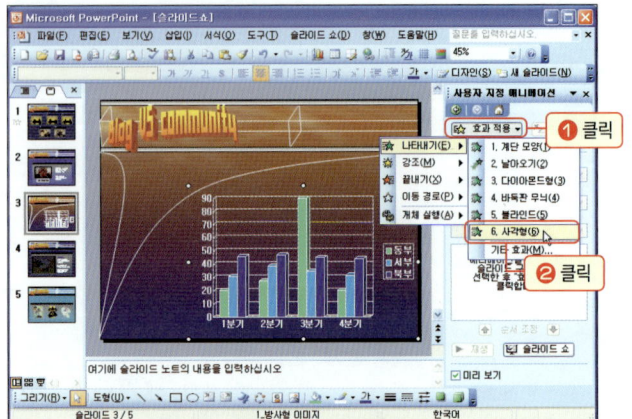

2 삽입된 애니메이션 목록을 클릭하고
'타이밍'을 클릭합니다.

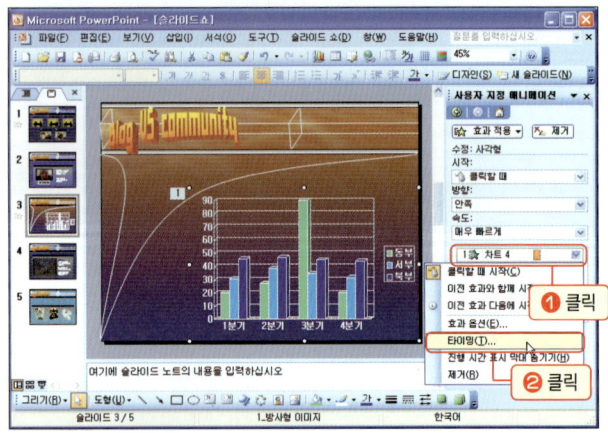

3 애니메이션의 타이밍을 좀 더 세밀하
게 조절합니다. '재생이 끝나면 되감기'를
클릭하면 애니메이션 재생 후 원상태로 만
들어주는 기능을 지정할 수 있습니다.

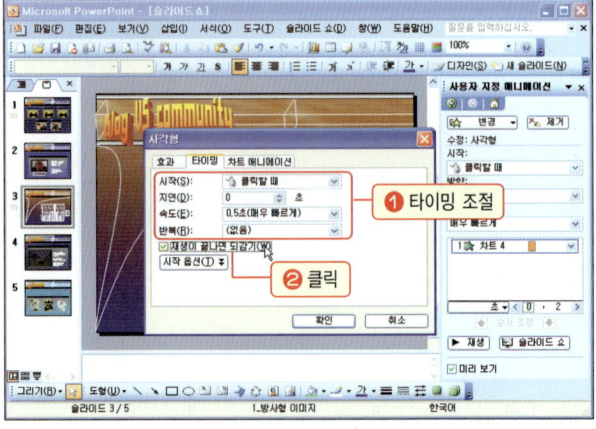

2 계열이나 항목별로 애니메이션 지정하기

차트에는 계열이나 항목이 있습니다. 계열이나 항목을 두드러지게 하기 위해서는 차트를 통째로 애니메이션으로 지정하는 것보다, 계열이나 항목 위주로 애니메이션을 지정하는 것이 효과적입니다.

1 애니메이션 세부 지정 창에서 '차트 애니메이션' 탭을 클릭합니다. '차트 묶는 단위' 항목의 목록 버튼을 클릭하고 '항목별로'를 클릭합니다.

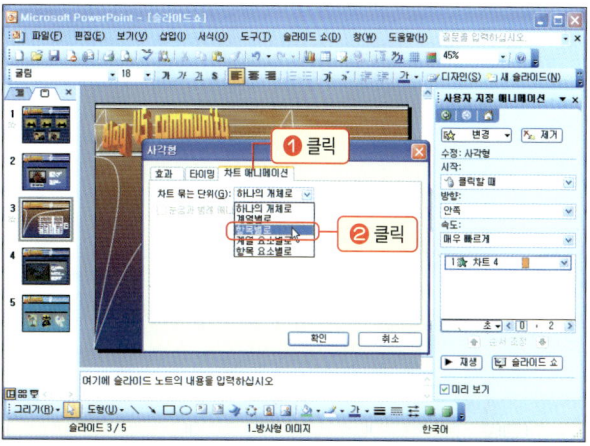

2 '눈금과 범례 애니메이션'에 체크를 하면 눈금과 범례가 함께 애니메이션으로 지정됩니다. '확인' 버튼을 클릭하세요.

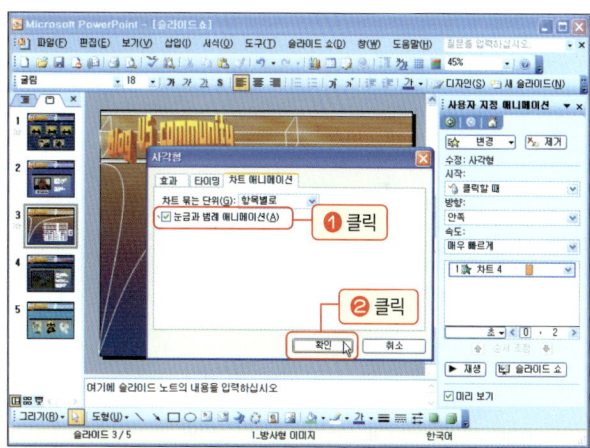

참고하세요!

항목별로, 계열별로 메뉴가 나타나지 않는다면

처음 차트 자체의 애니메이션을 지정하면 특정 애니메이션을 지정했을 때 계열별로나 항목별로가 나타나지 않을 수 있습니다. 이때는 차트 자체의 애니메이션 종류를 변경해 보도록 하세요.

3 '재생' 버튼을 눌러 차트 애니메이션이 제대로 동작하는지를 확인합니다. 그러면 항목별로 애니메이션되는 것을 볼 수 있습니다. 계열별로도 애니메이션을 실행해 보세요.

항목별로 애니메이션이 실행됩니다.

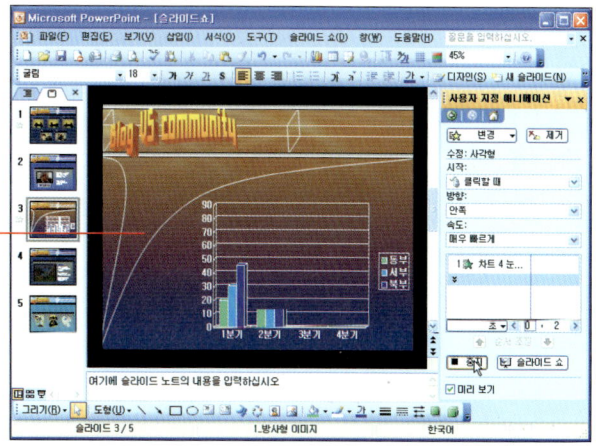

04 화면 전환 효과 지정하기

화면 전환이란 A슬라이드에서 B슬라이드로 이동될 때 화면이 이동되는 방식을 말합니다. 화면 전환도 일종의 애니메이션 효과로 청중들에게 다음 화면으로 이동된다는 것을 알려주기 위해서 사용됩니다.

1 화면 전환 효과 지정하기

결국 화면 전환 효과는 청중에게 슬라이드가 보여지는 방법입니다. 밋밋한 슬라이드 등장보다는 훨씬 효과적일 것입니다.

1 화면 전환 효과를 지정할 때는 보기 상태를 여러 슬라이드 보기 상태로 바꾸는 것이 작업시 편리합니다. '여러 슬라이드 보기' 🔡 버튼을 클릭하세요.

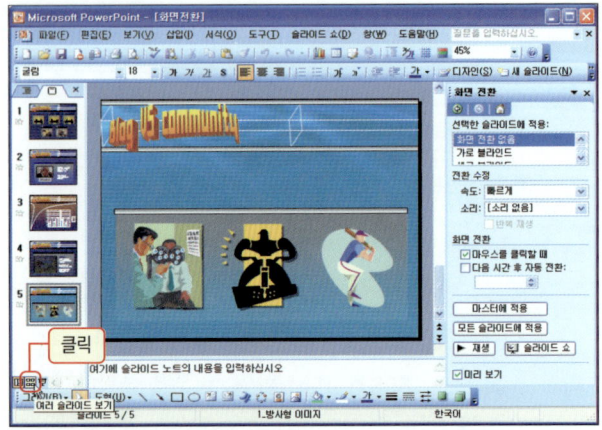

2 여러 슬라이드 보기 상태로 변경되면 화면 전환 효과를 지정할 슬라이드를 클릭하고, 오른쪽의 화면 전환 효과 목록 중에서 원하는 효과를 선택합니다.

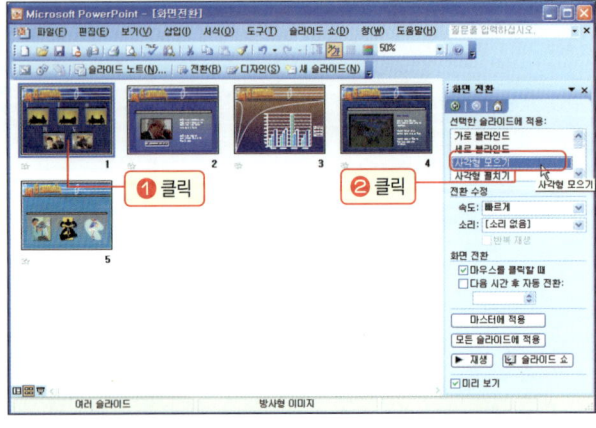

참고하세요!

모든 슬라이드에 적용

선택한 슬라이드만 효과를 지정하는 것이 아니라 선택되지 않은 모든 슬라이드까지 화면 전환 효과가 적용됩니다. 화면 전환 효과를 하나의 동일한 효과로 지정하고자 하는 경우에 사용하면 편리한 기능입니다.

3 '재생' 버튼을 클릭하여 화면 전환 효과의 적용 화면을 확인해 보세요. 화면 전환 효과를 재생하려면 반드시 해당 슬라이드가 선택된 상태에서 '재생' 버튼을 눌러야 합니다.

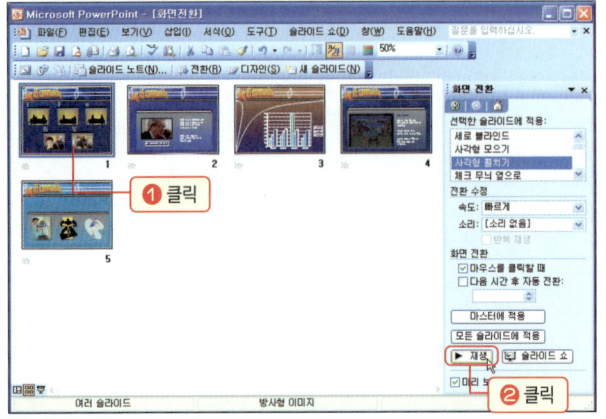

2 화면 전환 창 이해하기

화면 전환 창의 각 부분의 명칭과 기능에 대해서 알아보겠습니다. 굳이 따라하지 않고도 이해가 가능한 부분이므로 정리하는 느낌으로 살펴보세요.

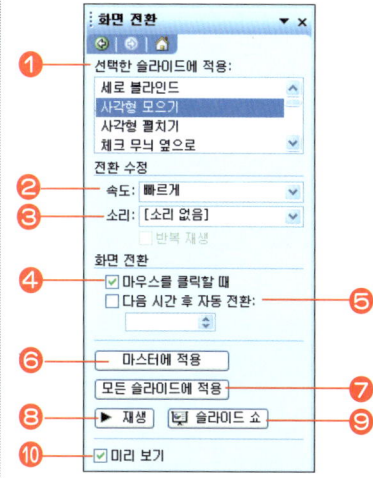

❶ 선택한 슬라이드에 적용 : 선택한 슬라이드에 적용할 화면 전환 효과의 목록이 표시됩니다. 사용자는 마우스로 클릭하는 것만으로 화면 전환 효과를 지정할 수 있습니다.

❷ 속도 : 화면 전환 효과의 실행 속도를 지정합니다.

❸ 소리 : 화면 전환 효과가 이루어질 때 재생되는 소리를 지정합니다. 소리는 되도록 단순한 것으로 지정하는 것이 좋습니다. 화면 전환 효과만으로도 충분히 비주얼한 느낌을 전달할 수 있는데, 소리까지 복잡하면 어수선해질 수 있기 때문입니다.

❹ 마우스를 클릭할 때 : 체크되어 있다면 마우스를 클릭할 때 화면 전환 효과가 이루어집니다.

❺ 다음 시간 후 자동 전환 : 자동으로 화면 전환 효과가 진행되도록 시간을 설정합니다. 이 경우에는 시간안에 프레젠테이션이 가능한지 미리 진행한 후 적당한 시간을 설정하도록 합니다.

❻ 마스터에 적용 : 화면 전환 효과를 마스터에 적용합니다. 디자인 서식 파일이나 종류에 따라 표시 여부가 달라질 수 있습니다.

❼ 모든 슬라이드에 적용 : 모든 슬라이드에 선택한 화면 전환 효과를 적용합니다.

❽ 재생 : 화면 전환 효과를 재생시켜 확인할 수 있습니다. 슬라이드 쇼를 실행하지 않고도 확인이 가능하며 선택된 슬라이드만 재생됩니다.

❾ 슬라이드 쇼 : 슬라이드 쇼 보기 상태로 전환합니다.

❿ 미리 보기 : 체크되어 있다면 화면 전환 효과 목록 중에서 효과를 선택할 때 화면에 효과를 적용하는 화면이 표시됩니다. 선택할 때 한번만 표시됩니다.

참고하세요!

슬라이드 쇼 화면에서 특정 슬라이드 숨기기

슬라이드 쇼를 진행할 때 특정 슬라이드를 화면에 나타나지 않게 하려면, 여러 슬라이드 보기 상태에서 슬라이드를 마우스 오른쪽 버튼으로 클릭한 후 '슬라이드 숨기기' 메뉴를 클릭하면 됩니다. 다시 표시하려면 숨겨진 슬라이드를 마우스 오른쪽 버튼으로 클릭한 후 '슬라이드 숨기기'를 클릭하면 됩니다.

05 쇼 설정과 점검하기

애니메이션이나 화면 전환 효과가 지정되었다면 전체적으로 슬라이드 쇼 보기를 통하여 점검해 보는 것이 좋습니다. 그리고 필요한 부분이 있다면 쇼 설정에서 슬라이드 쇼의 설정과 관련된 부분을 점검해야 합니다.

1 슬라이드 쇼 보기

지금까지는 간단하게 슬라이드 쇼 보기 버튼을 사용하여 쇼를 진행했습니다. 슬라이드 쇼 보기에 대해서 좀 더 자세히 알아보겠습니다.

1 슬라이드 쇼를 보기 위해서 '슬라이드 쇼 – 쇼 보기' 메뉴를 클릭합니다. 혹은 F5 키를 클릭합니다.

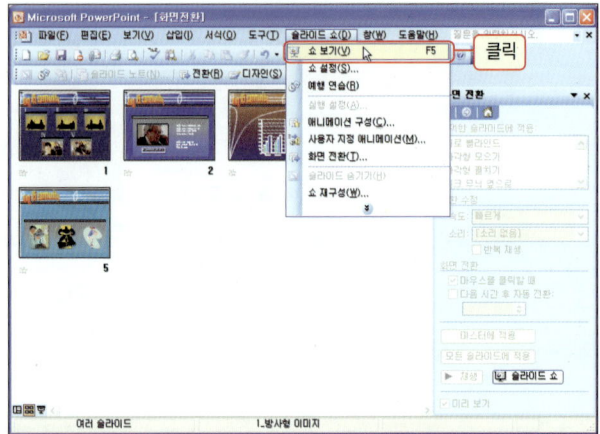

2 슬라이드 쇼가 진행되면 마우스를 클릭하여 슬라이드 쇼를 진행하면 됩니다. 만약 슬라이드르 설명할 일이 있다면 마우스 모양을 펜으로 바꿔야 합니다. '펜' 버튼을 클릭한 후 볼펜, 사인펜, 형광펜 중에서 원하는 펜 형태를 클릭합니다. 여기에서는 사인펜을 클릭합니다.

3 설명할 부분이 있다면 마우스를 드래
그해 보세요. 사인펜이 그려지는 모습을 볼
수 있습니다. 굳이 라이트펜이 필요없겠죠?

4 펜의 색상을 변경하고 싶다면 '펜' 버튼
을 클릭한 후 '잉크 색'으로 마우스를 이
동합니다. 오른쪽의 색상 중에서 원하는 색
상을 클릭하면 펜의 색상이 변경됩니다.

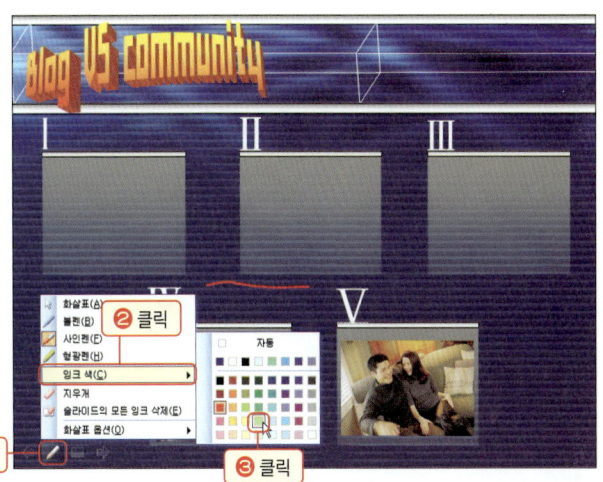

5 '지우개'를 클릭한 후 지우고자 하는 부
분을 마우스로 드래그하면 이동된 부분의 펜
자국이 지워집니다.

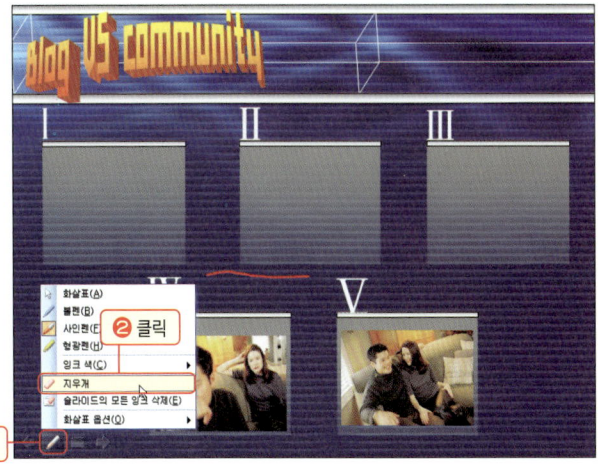

참고하세요!

슬라이드의 모든 잉크

슬라이드의 모든 펜 자국을 한꺼번에 지우고 싶다면 '슬라이드의 모든 잉크'를 클릭하면 됩니다. 일부만 지울 때는 '지우개'를 사용하
세요.

2 슬라이드 쇼 상태에서 이동과 화면 조정

슬라이드 쇼 상태에서 특정 슬라이드로 한번에 이동하거나 화면 상태를 조정할 수 있습니다.

1 슬라이드 쇼 중에 특정 슬라이드로 이동하고 싶다면 버튼(□)을 클릭하고 '슬라이드로 이동' 메뉴로 마우스를 위치시킵니다. 그러면 하위에 이동 가능한 슬라이드들이 표시됩니다. 현재 위치한 슬라이드는 체크 표시가 되어 있습니다.

2 해당 슬라이드로 이동됩니다. 슬라이드 설명 중에 화면을 잠시 숨겨두고 싶을 때가 있습니다. 이때에는 '화면 – 화면을 흰색으로 설정' 메뉴를 클릭합니다.

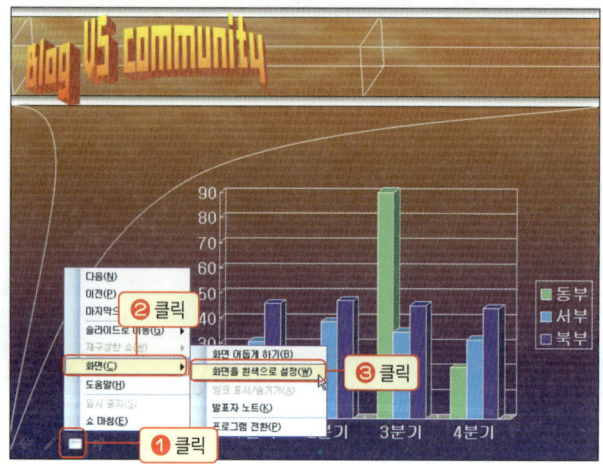

3 화면이 흰색으로 바뀌면서 슬라이드의 내용이 표시되지 않을 것입니다. 원상태로 되돌리려면 아무 곳에서나 마우스를 클릭하면 됩니다.

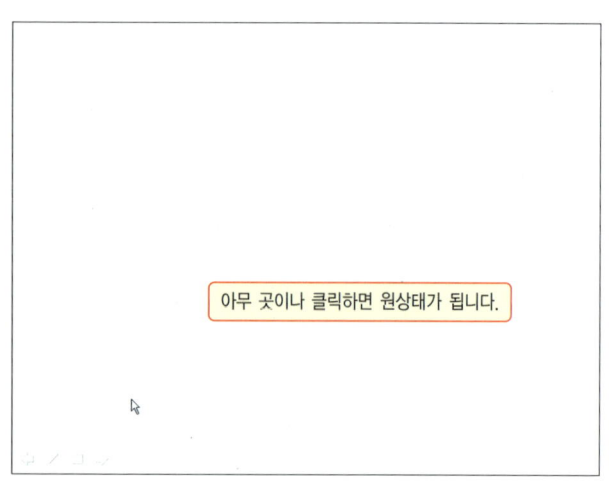

아무 곳이나 클릭하면 원상태가 됩니다.

참고하세요!

슬라이드 쇼 종료하기

슬라이드 쇼를 종료하는 가장 손쉬운 방법은 키보드에서 Esc 키를 누르는 것입니다. 혹은 □ 버튼을 클릭한 후 '쇼 마침' 메뉴를 클릭합니다.

3 슬라이드 쇼 설정하기

슬라이드 쇼 설정하기에서 모든 항목을 사용하는 것은 아닙니다. 하지만 기능을 알고 있다면 도움이 될 것이므로 각 항목별로 알아보도록 하겠습니다. 일단은 이해하는 선에서 읽어보도록 하세요. '슬라이드 쇼 – 쇼 설정' 메뉴를 클릭하면 다음과 같은 창이 나타납니다.

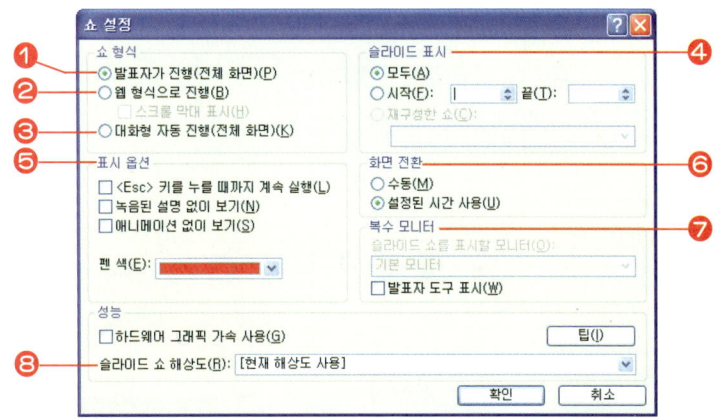

❶ 발표자가 진행 : 일반적인 형식으로 발표자가 직접 프레젠테이션을 진행할 경우에 사용합니다

❷ 웹 형식으로 진행 : 웹 브라우저에서 실행하듯이 프레젠테이션을 진행합니다. 스크롤 막대 표시가 체크되어 있으면 화면 오른쪽에 스크롤 막대가 자동으로 나타나며, 스크롤 막대로 슬라이드를 이동할 수 있습니다.

❸ 대화형 자동 진행 : 자동으로 프레젠테이션을 진행하도록 할 때 설정합니다. 화면 전환 등에서 설정된 시간으로 자동진행됩니다.

❹ 슬라이드 표시 : 슬라이드의 전체를 화면에 표시할 것인지 특정 슬라이드만 표시할 것인지를 지정합니다.

❺ 표시 옵션 : 슬라이드 표시 옵션을 지정하고 펜 색을 지정할 수 있습니다. 특히 '애니메이션 없이 보기'의 경우 애니메이션이 지정된 상태에서도 화면에 표시하지 않을 때 유용하게 사용할 수 있습니다.

❻ 화면 전환 : 화면 전환 효과를 수동 방법인 마우스 클릭으로 할 것인지 설정된 시간으로 자동 전환할 것인지를 지정합니다.

❼ 복수 모니터 : 복수 모니터를 사용할 때 어떤 모니터로 프레젠테이션을 할 것인지를 지정합니다.

❽ 슬라이드 쇼 해상도 : 슬라이드 쇼를 진행하는 모니터의 해상도를 지정합니다. 해상도가 낮으면 빠르게 진행하지만 선명하지 못하므로, 특별한 경우가 아니라면 가급적 선명하게 설정하도록 합니다.

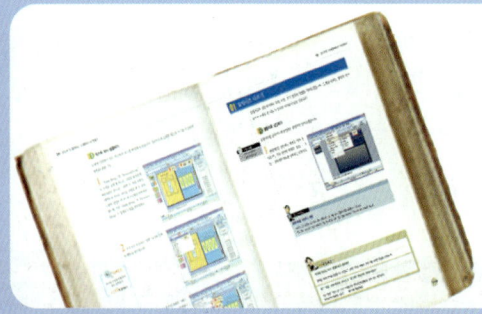

355page ★ 오려둔 것 펼쳐보기

쇼 재구성하기

슬라이드 쇼를 슬라이드의 배치와는 상관없이 원하는 순서대로 재구성할 수 있습니다.

1 슬라이드 쇼의 순서를 재구성하기 위해서 '슬라이드 쇼 – 쇼 재구성' 메뉴를 선택한 후 '쇼 재구성' 창이 나타나면 '새로 만들기' 버튼을 클릭합니다.

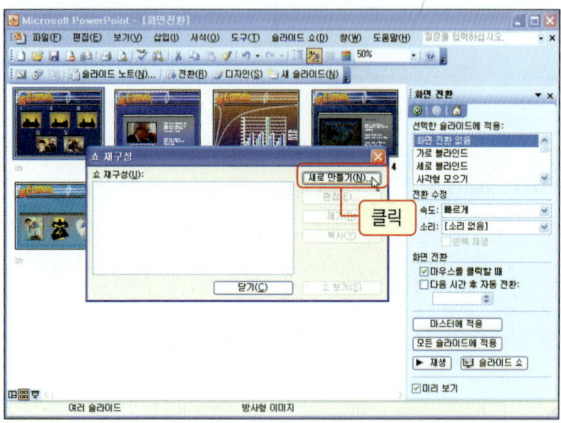

2 변경하고자 하는 순서대로 슬라이드를 선택하고 '추가' 버튼을 클릭합니다. 오른쪽으로 슬라이드가 추가될 것입니다.

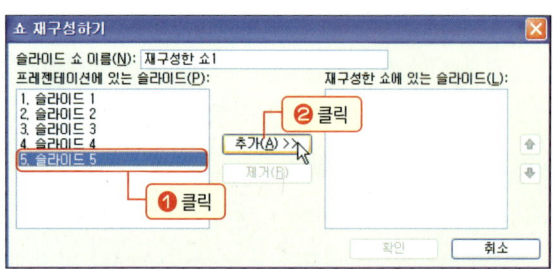

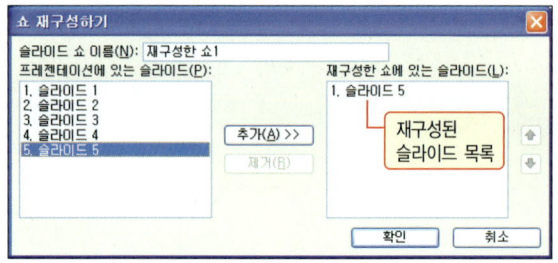

3 계속해서 원하는 순서대로 슬라이드를 추가합니다. 재구성한 쇼에 있는 슬라이드로 추가된 슬라이드는 상/하 버튼을 클릭하여 순서를 재배치할 수도 있습니다. 재배치가 끝났으면 '확인' 버튼을 클릭합니다.

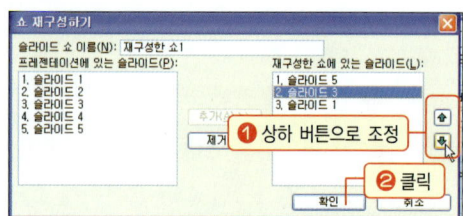

4 새로운 구성의 슬라이드 쇼가 만들어졌습니다. '쇼 보기' 버튼을 클릭하면 구성한 순서대로 슬라이드 쇼가 실행됩니다. 이렇게 슬라이드 순서가 다르더라도 얼마든지 원하는 순서대로 쇼를 재구성할 수 있습니다.

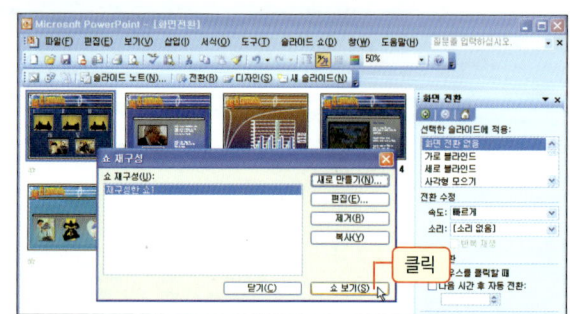

참고하세요!

일반적인 쇼 보기와 쇼 재구성의 쇼 보기

쇼를 재구성한 후 재구성한 형태대로 쇼 보기를 하려면 반드시 '쇼 재구성' 창의 '쇼 보기' 버튼을 클릭해야 합니다. 그렇지 않고 '슬라이드 쇼' 하위의 '쇼 보기' 메뉴를 실행하거나 F5 키를 눌러 쇼 보기를 실행하면 원래 슬라이드 순서대로의 쇼 보기가 실행됩니다.

Powerpoint 2003

>> 04

하이퍼링크를 이용한 슬라이드 이동

슬라이드를 이동할 때에는 슬라이드 쇼 화면에서 이전 슬라이드 버튼이나 다음 슬라이드 버튼을 사용하는 것이 일반적입니다. 하지만 세련된 슬라이드 쇼를 위해서는 이미지 맵이나 실행 버튼을 사용하는 것이 좋습니다. 멋드러진 프레젠테이션이 가능하니까요.

프레젠테이션과 하이퍼링크

하이퍼링크는 인터넷에서 사용되는 연결(Link) 기술을 의미합니다. 인터넷의 연결 기술이 프레젠테이션과 무슨 연관이 있겠는가 싶겠지만, 각 정보를 연결하는 데 있어 하이퍼링크처럼 간편하고 적절하게 사용할 수 있는 기술은 흔치 않습니다.

프레젠테이션은 각각의 슬라이드로 만들어져 있고 각 슬라이드는 그 자체로서 정보의 의미가 있습니다. 이 정보를 유기적으로 연결하고 원하는 정보를 빠르게 청중에게 보여주려면, 하이퍼링크 기술이 가장 좋은 방법입니다.

이미지맵으로 하이퍼링크가 지정된 슬라이드

01 실행 버튼으로 슬라이드 이동하기

실행 버튼을 사용하면 슬라이드와 슬라이드 사이를 쉽게 이동할 수 있습니다. 뿐만 아니라 슬라이드 중에 다른 프로그램을 실행하거나 다른 프레젠테이션 파일로 이동할 수도 있습니다.

1 실행 버튼으로 슬라이드 이동 버튼 만들기

실행 버튼으로 슬라이드와 슬라이드를 빠르게 이동하도록 설정해 보겠습니다.

>> CD-ROM
부록(CD)〉예제파일〉하이퍼링크.ppt

1 첫 번째 슬라이드에서 한번에 여섯 번째 슬라이드로 이동할 수 있는 실행 버튼을 추가해 봅니다. 그리기 도구 모음에서 '도형 – 실행 단추 – 실행 단추:끝' 버튼을 클릭합니다.

참고하세요!

그리기 도구 모음

그리기 도구 모음이 표시되어 있지 않다면 '보기 – 도구 모음 – 그리기'를 클릭합니다. 만일 책과 달리 도구 모음이 표시되지 않았다면 '보기 – 도구 모음'에서 해당 도구 모음을 클릭하도록 하세요.

2 버튼을 삽입할 위치에서 적당한 크기로 마우스를 드래그하면 실행 버튼이 추가됩니다. 되도록 슬라이드의 레이아웃에 영향을 미치지 않는 곳에 위치시키도록 합니다.

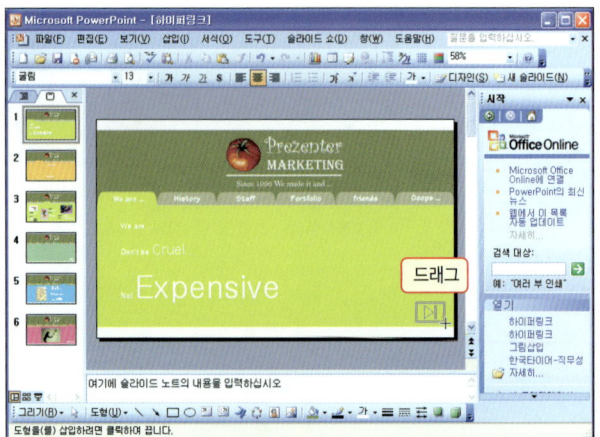

3 '실행 설정' 창이 나타난 후 자동으로 '하이퍼링크'가 선택되고 '마지막 슬라이드'가 선택된 상태가 됩니다. 삽입한 실행 버튼을 클릭하면 마지막 슬라이드로 이동시키려는 것이므로 그대로 둔 상태에서 '확인' 버튼을 클릭합니다.

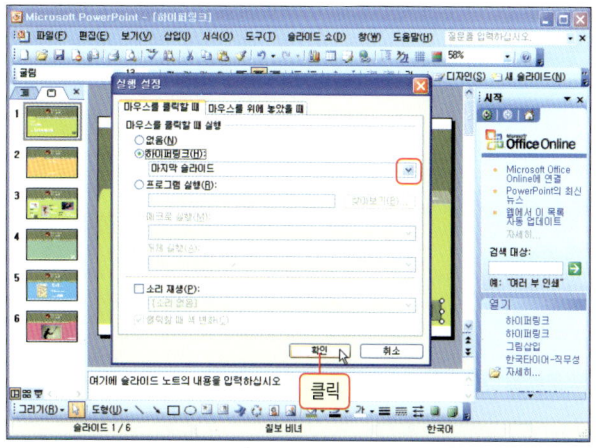

4 이번에는 마지막 슬라이드에 첫 번째 슬라이드로 이동할 수 있는 버튼을 추가하겠습니다. 마지막 슬라이드를 선택하고 그리기 도구 모음에서 '도형 – 실행 단추 – 실행 단추:시작'을 클릭합니다.

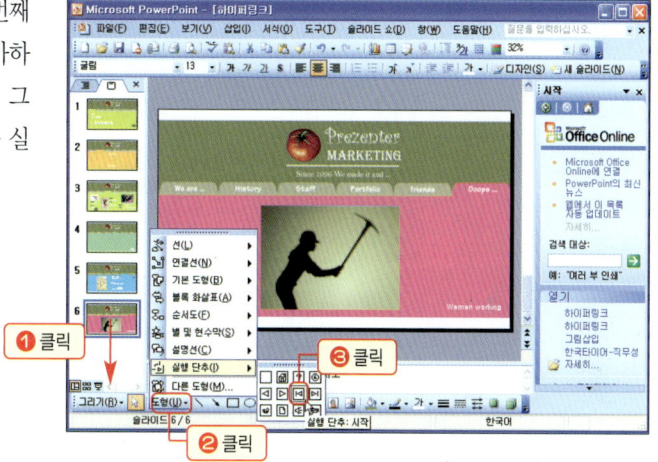

5 역시 적당한 위치에서 마우스를 드래그하여 버튼을 삽입합니다. '실행 설정' 창이 표시되면서 '첫째 슬라이드'가 자동으로 선택됩니다. 첫 번째 슬라이드로 이동될 것이므로 그대로 둔 상태에서 '확인' 버튼을 클릭합니다.

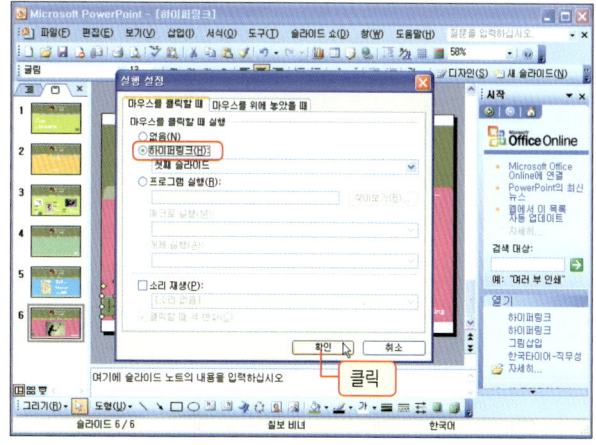

6 F5 키를 눌러 슬라이드 쇼를 실행해 보세요. 삽입한 버튼을 마우스로 클릭하면 첫 번째 슬라이드와 마지막 슬라이드를 번갈아서 이동될 것입니다. 슬라이드의 이동이 훨씬 간편하죠.

클릭하면 슬라이드가 이동됩니다.

참고하세요!

다음 슬라이드나 이전 슬라이드로 이동하기

마지막이나 처음 슬라이드로 이동하는 것이 아니라 다음 슬라이드나 이전 슬라이드로 이동하는 버튼을 만들고 싶다면 '도형 – 실행 단추 – 실행 단추:뒤로 또는 이전' 혹은 '앞으로 또는 다음' 버튼을 삽입하면 됩니다. 혹은 실행 버튼을 추가한 상태에서 '실행 설정' 창이 나타나면 하이퍼링크에서 '다음 슬라이드'나 '이전 슬라이드'를 선택하면 됩니다.

2 슬라이드 쇼 중에 다른 프로그램 실행하기

슬라이드 쇼를 진행하는 중간에 다른 응용 프로그램이 실행되어야 하는 경우가 있습니다. 여기에서는 운영체제 윈도우에 포함되어 있는 메모장 프로그램을 설정해 보겠습니다.

1 두 번째 슬라이드를 선택한 후 '도형' – '실행 단추' – '실행 단추:문서'를 클릭합니다. 적당한 크기로 드래그하여 슬라이드에 단추를 삽입합니다.

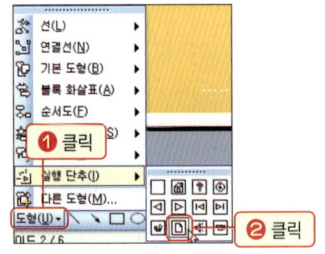

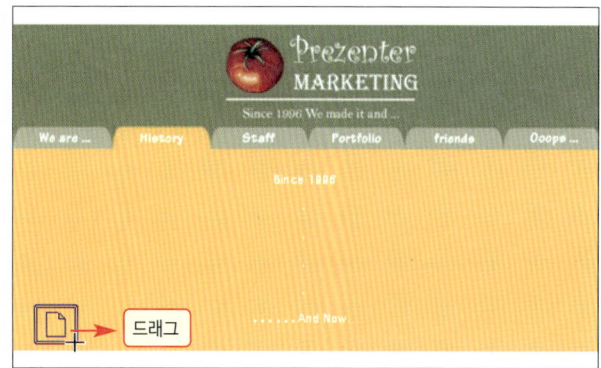

2 '실행 설정' 창이 표시되면 '프로그램 실행'을 선택합니다. 삽입한 버튼에 메모장 프로그램을 연결하기 위해서 '찾아보기' 버튼을 클릭합니다.

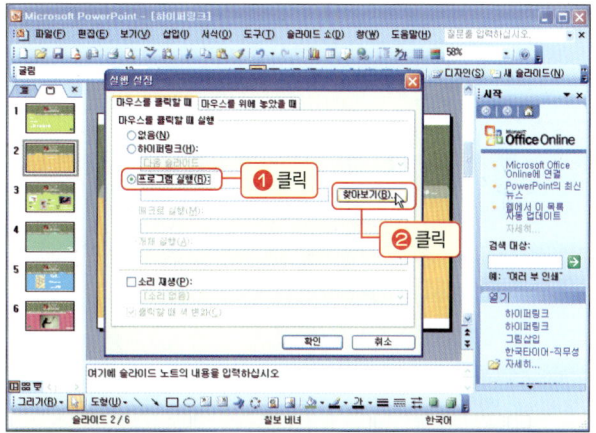

3 '실행할 프로그램 선택' 창이 나타나면 찾는 위치를 Windows 폴더로 변경합니다. 그런 다음 파일 창에서 'NOTEPAD'를 찾아 선택한 후 '확인' 버튼을 클릭하세요.

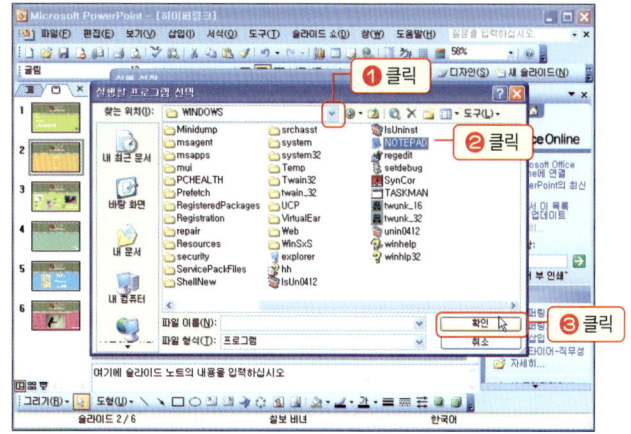

참고하세요!

Notepad.exe

메모장 프로그램을 실행하기 위해서는 윈도우에서 '시작 – 모든 프로그램 – 보조 프로그램 – 메모장' 메뉴를 눌러 실행합니다. 하지만 실질적으로는 '메모장' 메뉴와 연결된 Windows 폴더 안의 'Notepad.exe'라는 실행 파일이 메모장을 실행하는 것입니다.

4 '실행 설정' 창의 프로그램 실행란에 메모장 프로그램의 위치가 표시됩니다. '확인' 버튼을 클릭합니다.

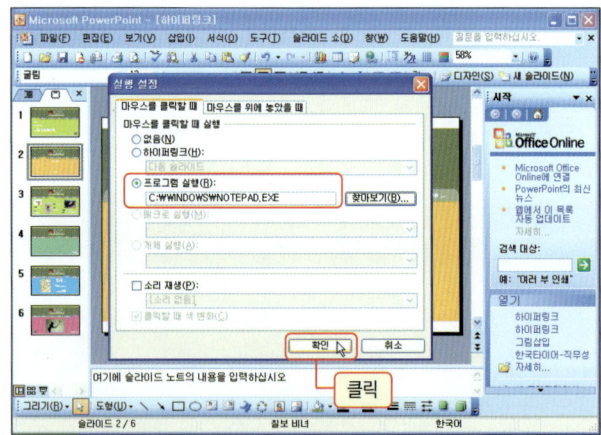

5 F5 키를 눌러 슬라이드 쇼를 실행합니다. 실행 버튼이 삽입된 슬라이드에서 메모장과 연결된 실행 버튼을 클릭합니다. 만약 그림과 같은 메시지가 표시되면 '예' 버튼을 클릭합니다.

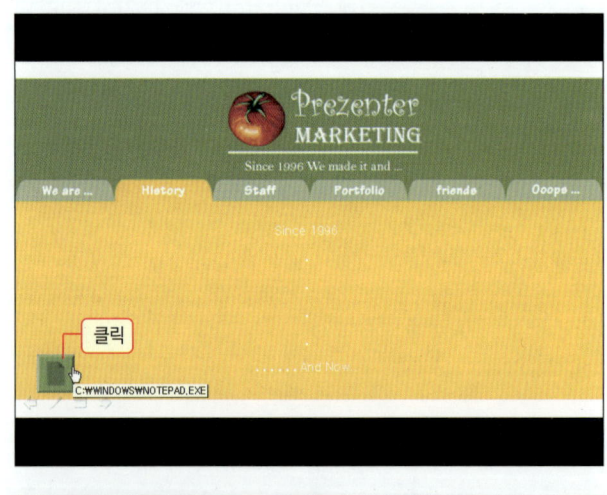

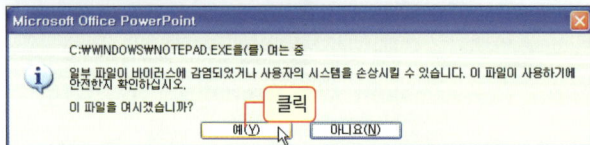

6 메모장이 실행됩니다. 간단하게 메모장 실행 방법을 알아봤습니다. 다른 프로그램도 동일한 방법으로 프레젠테이션중에 실행할 수 있습니다.

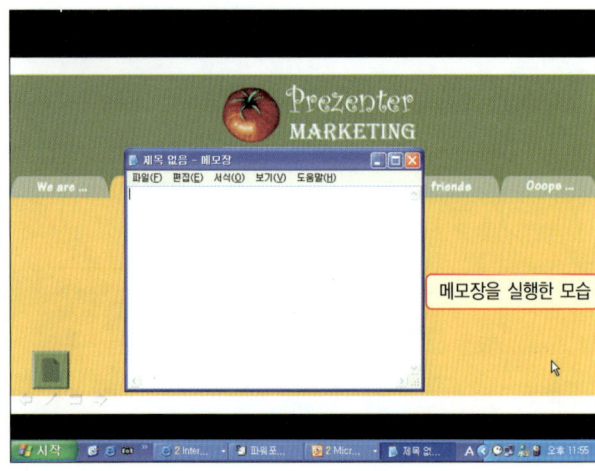

메모장을 실행한 모습

3 다른 프레젠테이션 파일로 이동하기

프레젠테이션 중간에 다른 프레젠테이션 파일에 있는 특정 슬라이드로 이동할 수 있습니다.

1 '도형 – 실행 단추– 실행 단추:정보'
를 클릭한 후 도형을 삽입합니다.

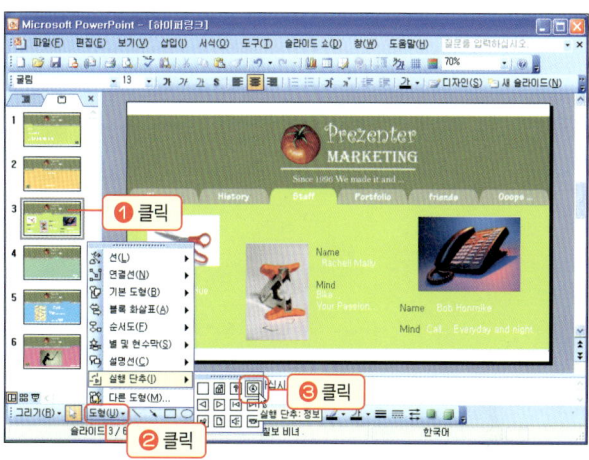

2 도형을 삽입하면 '실행 설정' 창이 나
타납니다. '하이퍼링크'를 선택하고 '다른
PowerPoint 프레젠테이션' 항목을 클릭합
니다.

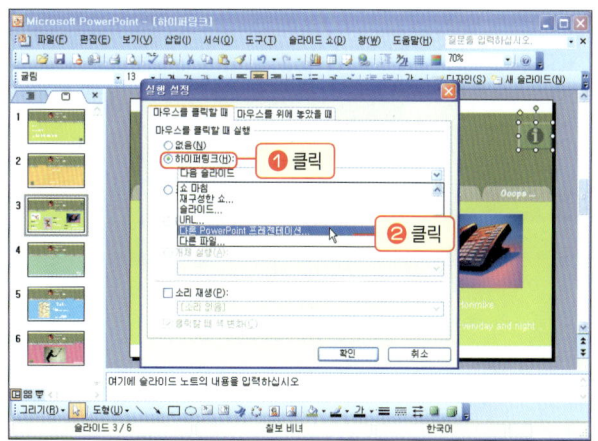

3 어떤 프레젠테이션으로 이동할 것인지
지정하기 위해서 연결할 프레젠테이션 파
일을 클릭하여 선택한 후 '확인' 버튼을 선
택합니다.

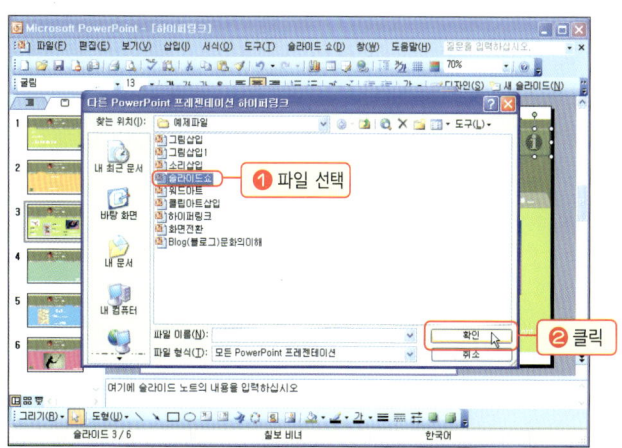

4 선택한 프레젠테이션 파일의 어떤 슬라이드로 이동할 것인지를 묻는 창입니다. 이동을 원하는 슬라이드를 선택한 후 '확인' 버튼을 클릭합니다.

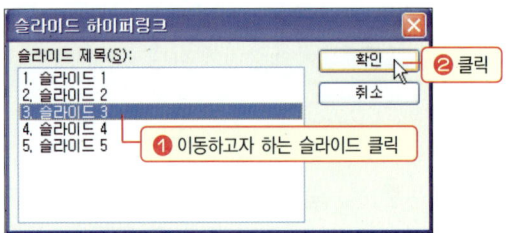

5 연결한 프레젠테이션 파일의 위치가 표시됩니다. '확인' 버튼을 클릭하세요.

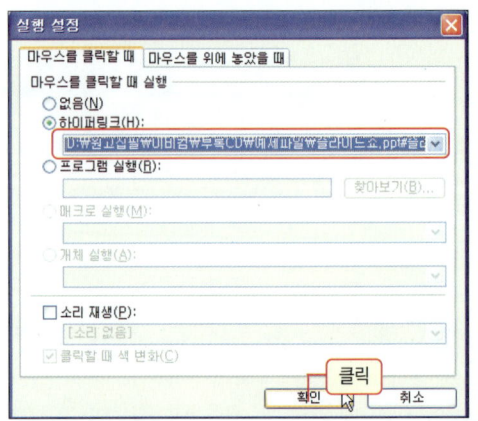

참고하세요!

연결한 프레젠테이션 파일

프레젠테이션 파일을 연결하였다면 연결 후에 원본 프레젠테이션 파일을 이동하거나 삭제하지 마세요. 연결할 때와 동일한 위치에 존재해야 계속해서 파일을 불러올 수 있습니다.

6 F5 키를 눌러 슬라이드 쇼를 진행한 후 삽입한 도형으로 마우스를 가져가 보세요. 연결된 프레젠테이션 파일이 풍선 도움말로 표시됩니다. 도형을 클릭해 보세요.

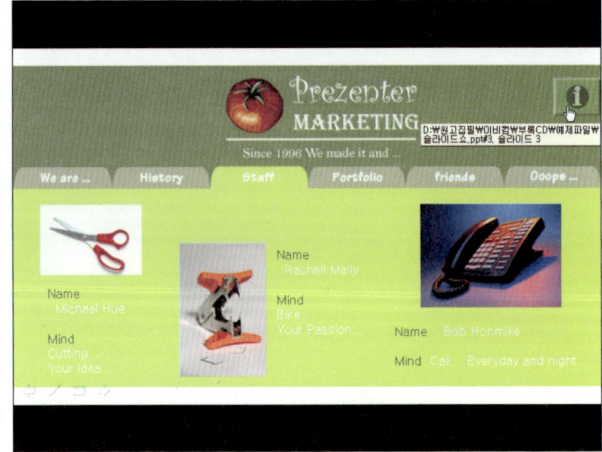

7 연결된 슬라이드로 이동됩니다. 이후에 계속해서 다음 슬라이드로 이동하게 되면 이동된 프레젠테이션 파일의 슬라이드가 이동됩니다. 슬라이드가 끝나면 원본 프레젠테이션 파일의 슬라이드로 다시 이동됩니다.

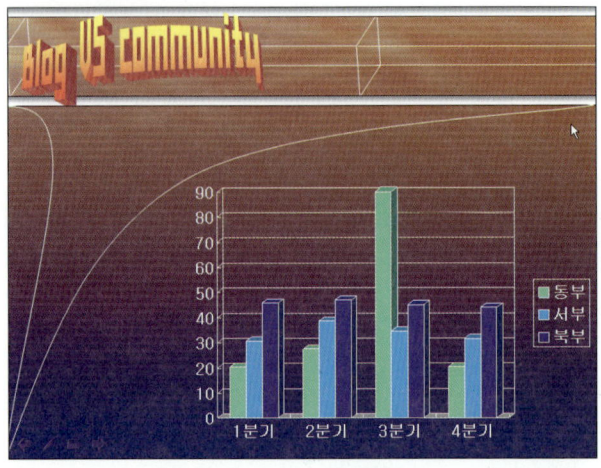

02 이미지 맵으로 슬라이드끼리 이동하기

예전에는 슬라이드의 이동때 단순히 실행 버튼을 사용했습니다. 사실 초보자들은 실행 버튼을 자주 사용하지만, 실질적으로 실행 버튼은 슬라이드를 딱딱하게 보이게 하므로 그다지 권장할만한 것은 아닙니다. 여기에서는 실행 버튼의 대안인 이미지 맵을 사용해 보겠습니다.

1 이미지 맵 만들기

도형을 이용한 이미지 맵 만들기에 대해서 알아봅니다. 간단하게 직선이나 곡선으로 이미지 맵을 만들거나 사각형이나 원 등의 도형을 이용하여 만들 수도 있습니다. 부록 CD의 '하이퍼링크.ppt'에서 상단의 각 탭마다 이미지 맵을 만들어 해당 탭을 클릭하면 각 슬라이드로 이동하는 이미지 맵을 만들어 보겠습니다.

1 '도형 – 선 – 자유형'을 선택합니다. 다른 선을 선택해도 좋습니다. 특히 자유 곡선을 선택하면 곡선이 많은 이미지 맵을 만들 때 유리합니다.

2 'We are …'라고 씌어 있는 부분을 따라서 이미지 맵을 만들겠습니다. 각 꼭지점마다 마우스로 이동하며 클릭합니다.

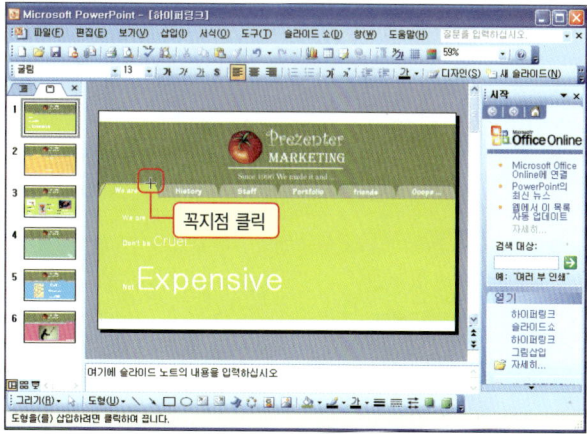

3 꼭지점의 마지막은 반드시 시작점을 클릭하도록 하세요. 그래야 해당 부분이 막혀진 도형으로 만들어 집니다.

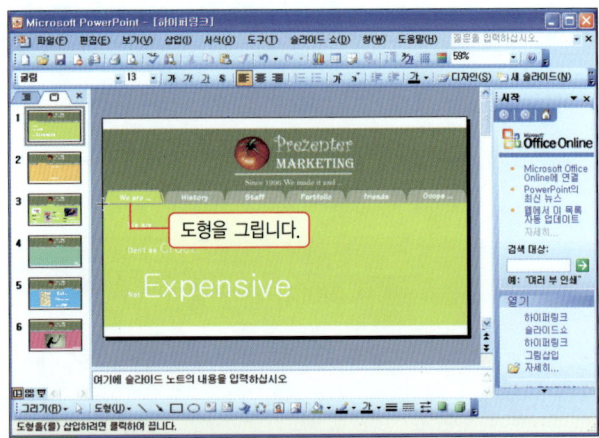

4 해당 부분에 맞게 도형이 작성됩니다. 이런 방식으로 나머지 탭 부분 위에도 도형을 삽입합니다. 이번에는 사각형으로 이미지 맵을 만들어 보겠습니다. '직사각형' 버튼을 클릭합니다.

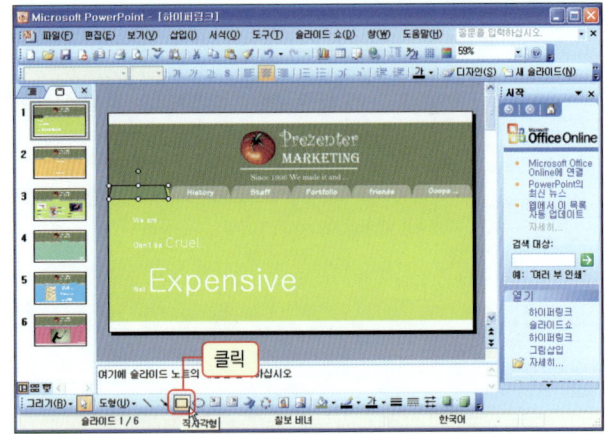

5 두 번째 탭 위에 적당한 크기로 드래그하여 이미지 맵을 만듭니다. 이렇게 사각형으로도 간단하게 이미지 맵을 만들 수 있지만 세부적인 이미지 맵을 만들 수 없다는 단점을 가지고 있습니다.

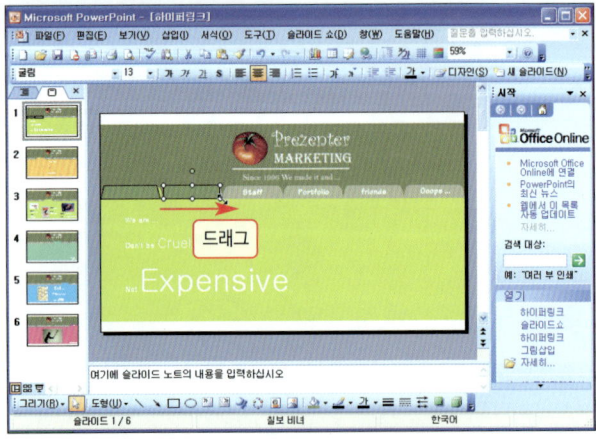

참고하세요!

곡선이나 자유형으로 그리는 경우 주의할 점

곡선이나 자유형으로 이미지 맵을 만들 때 선을 그리다가 마지막 점을 정확하게 첫 시작점과 일치시키지 않는다던가, 혹은 중간에 Esc 키를 누르면 이미지 맵이 제대로 만들어지지 않습니다.

2 이미지 맵 수정하기

만들어진 이미지 맵을 좀 더 세부적으로 다듬기 위해서 이미지 맵을 수정할 수 있습니다. 세밀한 이미지 맵을 만들 때 유용한 기능입니다.

1 자유형으로 만든 이미지 맵 위에서 마우스 오른쪽 버튼을 클릭합니다. '점 편집' 메뉴를 클릭하세요.

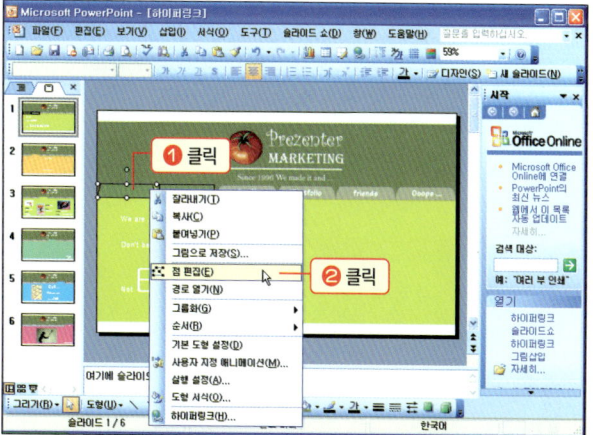

2 도형의 각 꼭지점이 점 편집을 할 수 있는 점들로 변경됩니다. 각 점을 드래그하여 세밀하게 이미지 맵을 맞추도록 합니다. 점이 없는 부분도 마우스로 드래그하면 새로운 점이 생성됩니다. 지금까지의 과정을 반복하여 각 탭마다 이미지 맵을 삽입하도록 하세요.

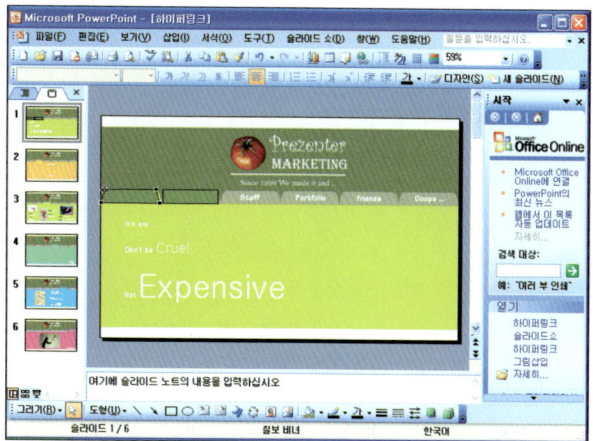

> **>> 궁금해요!**

점 편집 메뉴가 보이지 않아요.

점 편집 메뉴는 사용자가 직접 그려넣은 도형에서만 지원됩니다. 직사각형이나 원으로 삽입된 경우에는 점 편집 메뉴를 지원하지 않습니다.

3 이미지 맵에 하이퍼링크 지정하기

이미지 맵에 해당 슬라이드로 이동하는 하이퍼링크를 설정해야 합니다. 이 부분이 가장 중요합니다.

1 첫 번째 이미지 맵을 마우스 오른쪽 버튼으로 클릭한 후 '하이퍼링크' 메뉴를 클릭합니다.

2 '하이퍼링크 삽입' 창이 나타나면 왼쪽 연결 대상에서 '현재 문서'를 선택하고 오른쪽의 위치 선택에서 '슬라이드 1'을 선택합니다.

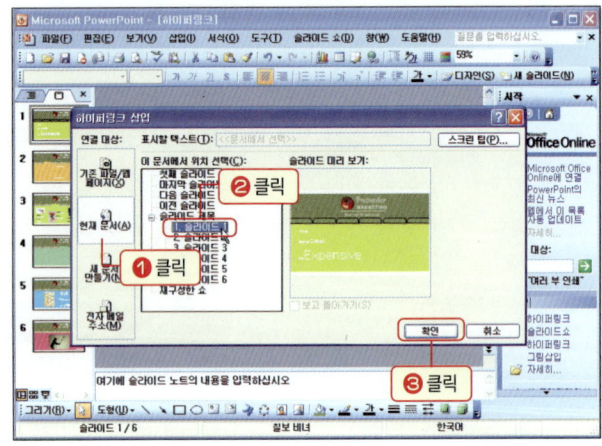

참고하세요!

하이퍼링크의 기능

기존 파일이나 웹 페이지, 즉 인터넷으로의 접속이 가능하며, 현재 문서의 특정 슬라이드나 다음/이전 슬라이드로 이동시킬 수 있습니다. 또한 새로운 프레젠테이션 문서를 만들거나 전자 메일 주소를 입력하여 메일을 보내는 등의 하이퍼링크를 제공합니다.

3 두 번째 이미지 맵을 마우스 오른쪽 버튼으로 클릭한 후 '하이퍼링크'를 클릭합니다.

4 계속해서 '현재 문서'를 선택하고 '슬라이드 2'를 선택합니다. 동일한 방법으로 나머지 이미지 맵에도 하이퍼링크를 설정합니다.

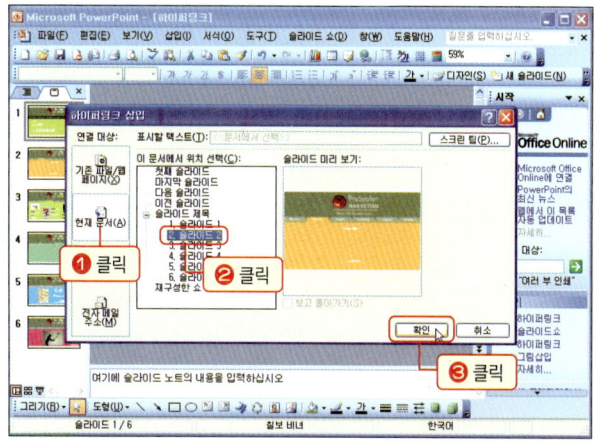

5 모든 이미지 맵에 하이퍼링크를 설정했다면 이미지 맵을 다른 슬라이드로 복사해야 합니다. 그래야 다른 슬라이드에서도 이미지 맵을 사용하여 또 다른 슬라이드로 이동할 수 있기 때문입니다. 이미지 맵 부분만을 선택합니다.

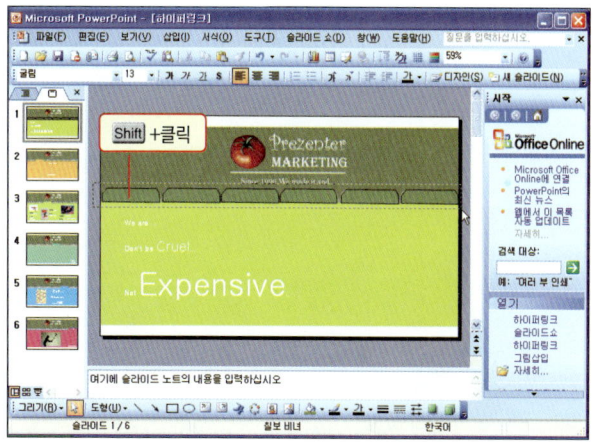

6 이미지 맵 부분만 선택하였다면 상단의 ⬚ (복사) 버튼을 눌러 이미지 맵을 복사합니다.

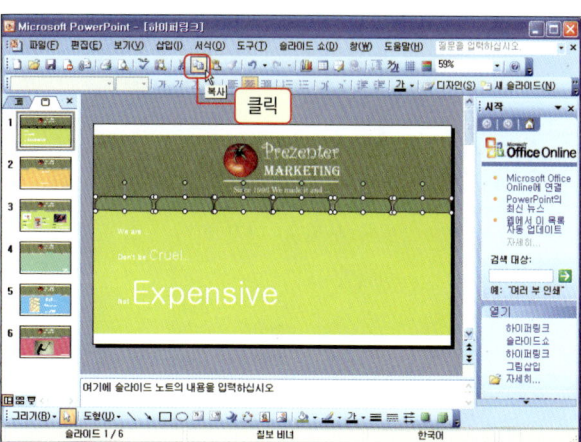

7 두 번째 슬라이드로 이동한 후 도구 모음에서 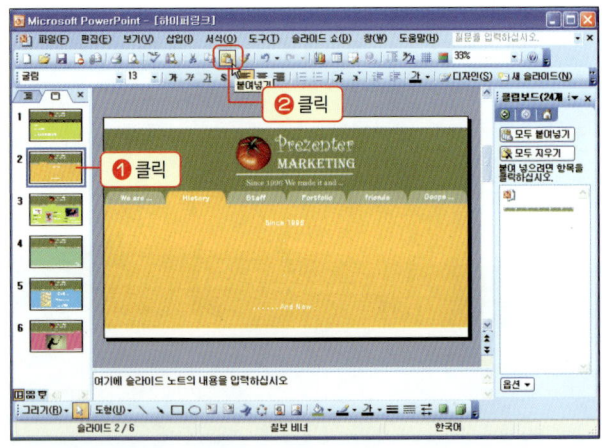(붙여넣기) 버튼을 눌러 붙여넣기합니다.

8 이미지 맵이 붙여넣기됩니다. 나머지 슬라이드들도 이미지 맵을 복사하여 붙여넣기 합니다. 다른 나머지 슬라이드에서 (붙여넣기) 버튼만 계속해서 누르면 됩니다.

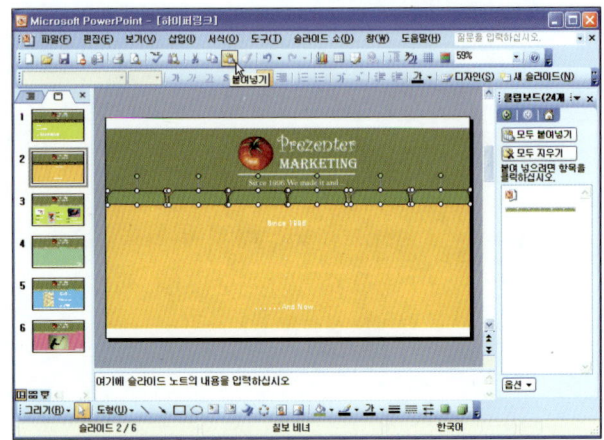

4 투명 버튼으로 만들기

이미지 맵의 마지막 단계인 이미지 맵을 투명으로 만드는 단계입니다. 이미지 맵에 색상이 들어가 있으므로 슬라이드의 내용이 보이지 않습니다. 단순히 이미지 맵을 배경으로 만들면 이미지 맵은 존재하지만 화면에는 보이지 않게 됩니다.

1 첫 번째 슬라이드만 설명하겠습니다. 나머지 슬라이드는 동일한 방법으로 만들도록 하세요. 먼저 이미지 맵 도형을 모두 선택합니다.

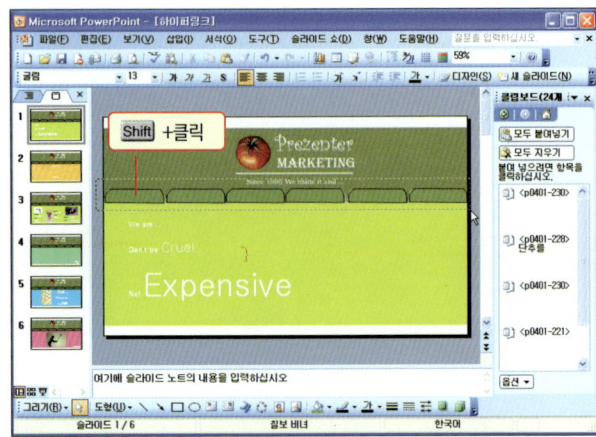

2 선택된 이미지 맵 위에서 마우스 오른쪽 버튼을 클릭한 후 '도형 서식' 메뉴를 클릭합니다.

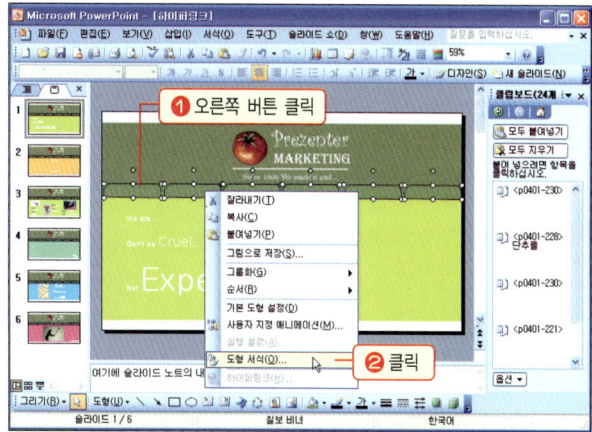

3 '도형 서식' 창이 나타나면 채우기의 색에서 '배경'을 선택합니다. 계속해서 선의 색을 클릭한 후 '선 없음'을 선택합니다.

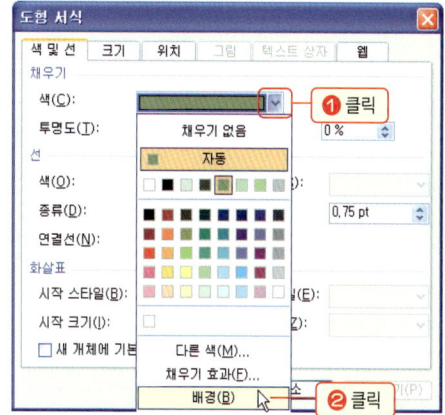

4 화면에 보이는 대로 이미지맵은 존재하지만 배경은 보이지 않는 것을 알 수 있습니다. 즉, 화면에서 이미지맵이 보이지 않도록 설정한 것입니다.

5 F5 키를 눌러 슬라이드 쇼를 실행합니다. 각 탭 부분(이미지 맵을 만들었던 부분)을 마우스로 클릭하면 설정된 대로 각 슬라이드를 편리하게 이동하는 것을 볼 수 있습니다.

>> 궁금해요!

이미지 맵이 잘 만들어지지 않아요.

이미지 맵 제작 과정이 비교적 길어 따라하기가 쉽지 않을 것입니다. 부록CD의 예제 폴더에서 '하이퍼링크-완성.ppt' 파일을 열어 보기 바랍니다. 이미지 맵이 어떻게 동작하는지 슬라이드 쇼에서 확인한 후 다시 만들어 보세요.

Powerpoint 2003

>> 05

슬라이드 마스터를 이용한 레이아웃 디자인

슬라이드 마스터는 통일감 있는 프레젠테이션을 위한 도구입니다.
'마스터'는 여러 슬라이드 문서의 '기본 틀'이라 할 수 있습니다. 슬라이드 마스터에서 작업한 모든 내용이 각 슬라이드에 동일하게 적용되기 때문에 통일감 있는 문서를 쉽게 만들 수 있습니다.

슬라이드 마스터의 유용성

슬라이드 마스터를 사용하는 가장 큰 이유는 통일감 있는 문서를 지정할 수 있다는 것입니다. 게다가 문서 작성 시간도 절약할 수 있습니다. 슬라이드마다 동일한 제목을 슬라이드 상단에 만들어야 한다면 슬라이드마다 만들 것이 아니라, 슬라이드 마스터에서 한번만 만들면 됩니다.
귀찮은 반복작업에서 해방되는 것이지요.

슬라이드 마스터에서 레이아웃이 지정된 슬라이드

01 슬라이드 마스터란?

파워포인트에는 세 가지의 마스터가 존재합니다. 각 마스터의 종류와 사용 예에 대해서 알아보고 왜 슬라이드 마스터를 사용하는지에 대해서도 알아보겠습니다. 또한 간단하게 슬라이드 마스터에서 배경을 적용한 후 이것이 어떻게 적용되는지 실제로 살펴보겠습니다.

1 마스터 디자인의 종류

파워포인트에서 제공하는 세 가지 마스터 디자인의 종류와 각각 어떤 경우에 사용하는지에 대해서 알아봅니다.

▶ 슬라이드 마스터

슬라이드 마스터는 본문의 글꼴 종류, 크기, 색과 같은 텍스트 특성을 비롯하여 배경색과 그림자, 글머리 기호 스타일과 같은 특수 효과까지 지정할 수 있습니다. 또한 날짜나 슬라이드 번호와 같은 바닥글의 형태도 한번에 지정할 수 있습니다. 이와 같이 슬라이드 마스터에 한번만 한번 지정해두면 새로 추가하는 슬라이드에 모두 적용되는 것입니다.

예를 들어, 개체 틀 텍스트의 색을 파랑색으로 바꾸면 기존 텍스트와 새 슬라이드의 텍스트는 자동으로 파랑색으로 바뀝니다. 즉 모든 슬라이드를 동일한 디자인을 적용한 형태로 만들 수 있다는 것입니다.

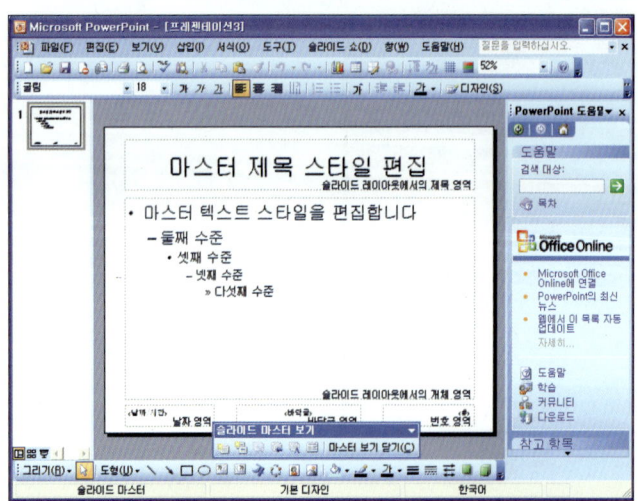

▶ 유인물 마스터

파워포인트에서는 프레젠테이션 시작 전 청중에게 나누어주는 유인물을 제작할 수 있는데, 이러한 유인물 제작에 사용하는 마스터입니다.

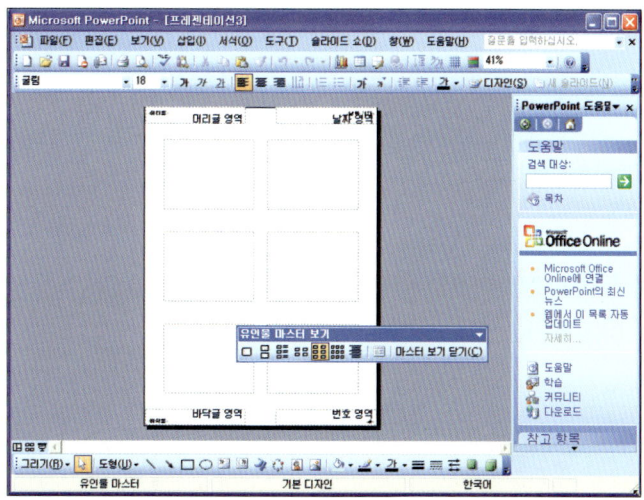

▶ 슬라이드 노트 마스터

슬라이드 노트는 프레젠테이션 진행시 진행에 참고할 만한 내용을 적어두는 것으로, 이러한 슬라이드 노트를 작성할 때 사용하는 마스터입니다. 간혹 슬라이드 노트로 작성한 문서도 청중에게 공개할 때가 있는데, 마스터 기능으로 통일성 있는 문서를 제작해두면 도움이 될 것입니다.

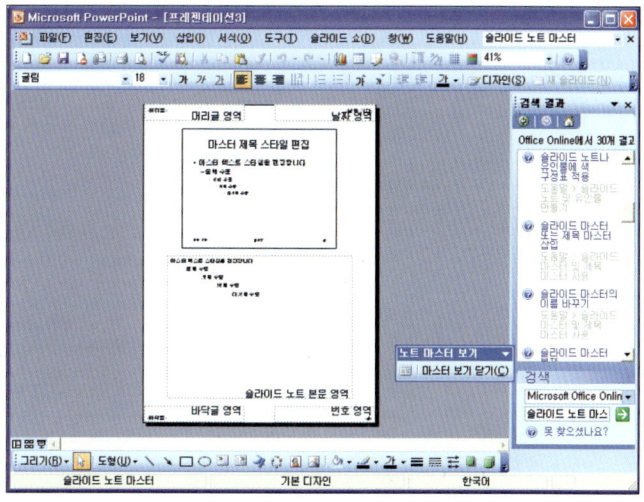

2 마스터 배경 만들기

슬라이드 마스터에서 마스터 배경을 만드는 방법입니다. 마스터 배경이란 결국 모든 슬라이드의 배경을 만드는 것과 같습니다. 아무런 배경도 들어있지 않은 상태의 빈 슬라이드에 슬라이드 마스터를 적용해 보겠습니다.

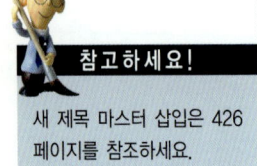

참고하세요!

새 제목 마스터 삽입은 426 페이지를 참조하세요.

1 메뉴표시줄에서 '보기 – 마스터 – 슬라이드 마스터' 메뉴를 클릭합니다.

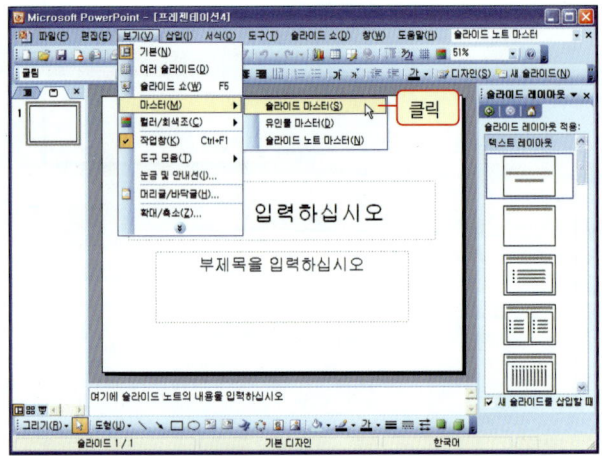

2 슬라이드 마스터 보기 도구 모음과 함께 슬라이드 마스터 상태로 변경됩니다. 슬라이드의 뒷 배경에서 마우스 오른쪽 버튼을 클릭한 후 '배경' 메뉴를 클릭합니다.

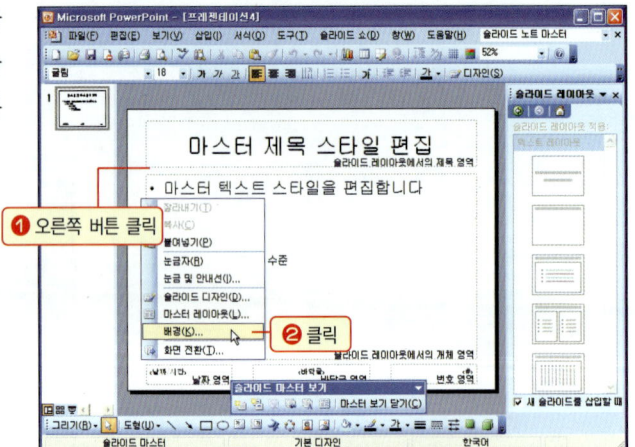

3 '배경' 창이 나타나면 배경색의 목록 버튼을 클릭한 후 '채우기 효과'를 클릭합니다.

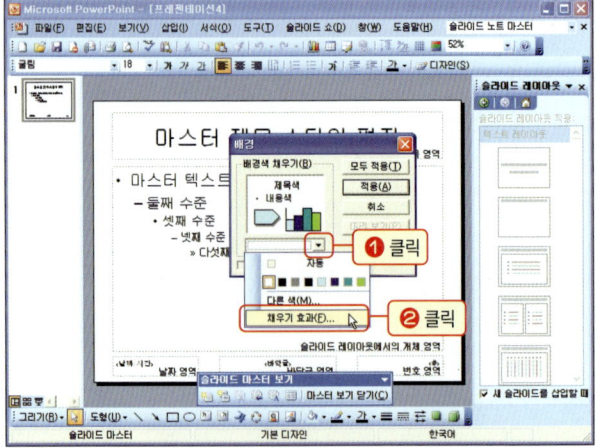

4 배경에 그라데이션을 추가하겠습니다. '두 가지 색'을 선택하고 색1 항목에서 흰색을 선택합니다. 색2에서는 색상을 제공하는 이외의 색으로 설정하기 위해서 '다른 색'을 선택합니다.

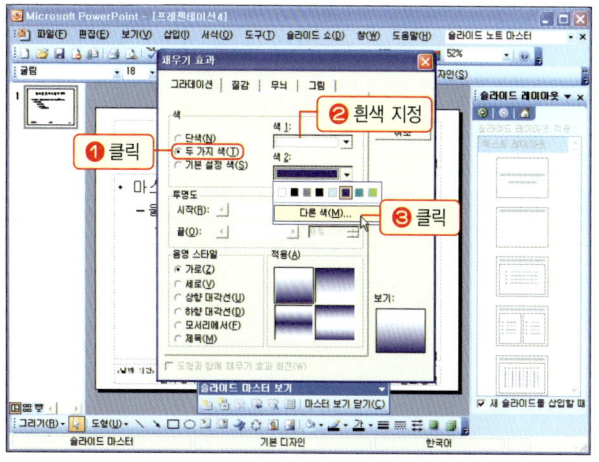

5 '색' 지정 창이 나타나면 그림처럼 옅은 파랑색을 선택한 후 '확인' 버튼을 클릭합니다.

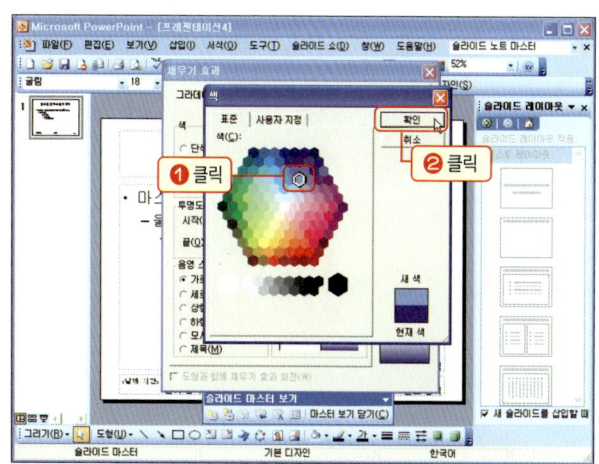

6 음영 스타일 – 가로, 적용 – 두 번째 항목을 선택한 후 '확인' 버튼을 클릭합니다. 이 외에도 질감, 무늬, 그림 등 모든 기능을 사용할 수 있습니다.

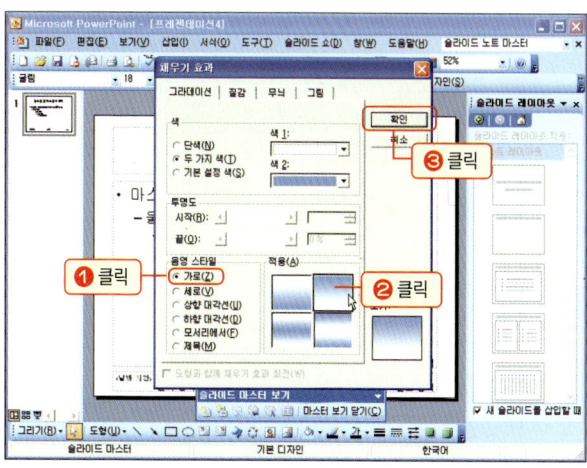

7 '배경' 창에 적용된 색상이 표시되면 '모두 적용' 버튼을 클릭하세요.

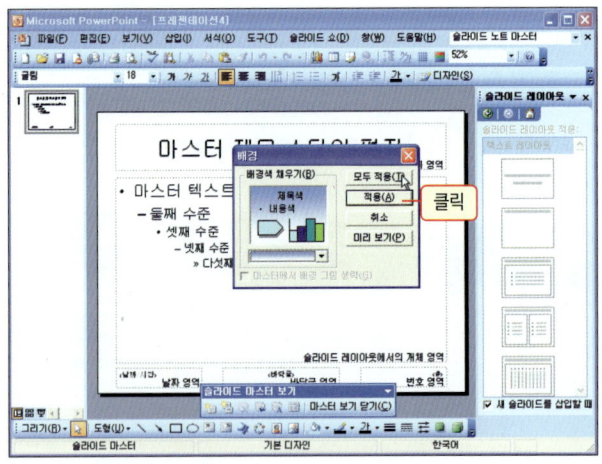

8 슬라이드에 배경색이 추가되었습니다. 이제 마스터 보기 상태를 닫고 마스터의 배경이 제대로 적용되었는지 확인하기 위해서 '마스터 보기 닫기' 버튼을 클릭합니다.

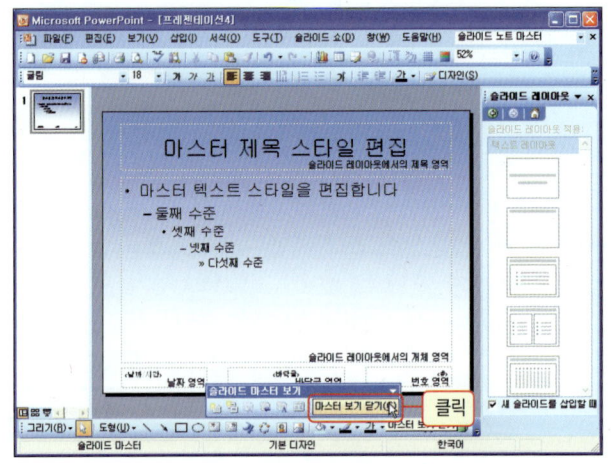

9 '새 슬라이드' 버튼을 클릭해 보세요. 새롭게 추가되는 모든 슬라이드에 동일한 배경이 적용된 것을 확인할 수 있습니다. 이렇게 동일한 스타일을 적용하는 것이 마스터입니다.

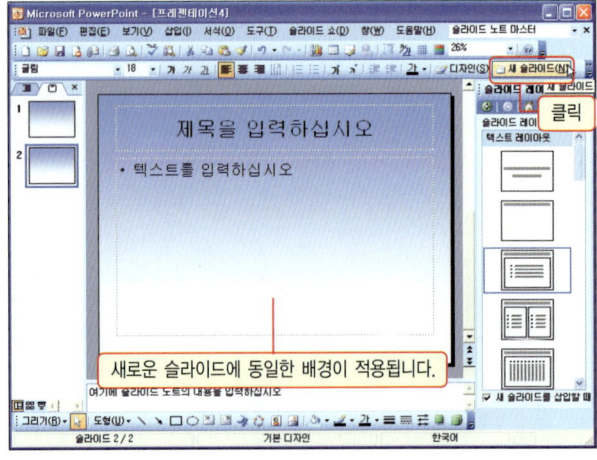

02 마스터 제목 스타일 만들기

마스터의 제목 스타일에서 간단하게 디자인과 글꼴 및 크기를 변경하는 방법을 알아보겠습니다. 마스터에서 흔히 적용하는 부분의 이미 알고 있는 기능들로 구성되어 있으므로 쉽게 이해할 수 있을 것입니다.

1 제목 마스터 디자인하기

제목 마스터의 디자인을 변경하겠습니다. 글꼴이나 배경 등을 간편하게 변경하고 다른 슬라이드에 적용되는 모습을 확인하도록 합니다.

1 '보기 – 마스터 – 슬라이드 마스터' 메뉴를 클릭합니다. 그런 다음 마스터 제목 부분의 바깥 외곽선을 마우스 오른쪽 버튼으로 클릭한 후 '개체 틀 서식' 메뉴를 클릭합니다.

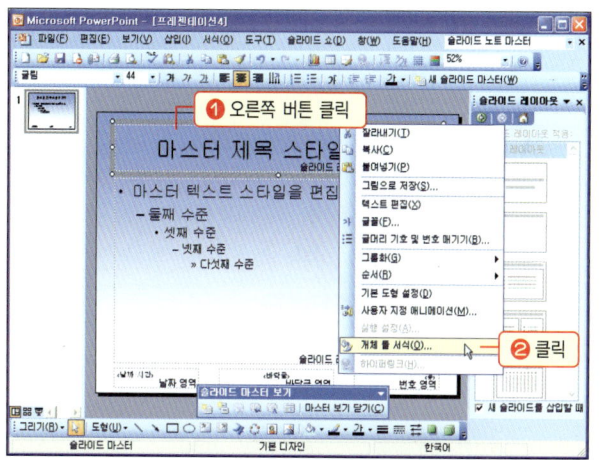

2 '도형 서식 창이 나타나면 채우기의 색 목록 버튼을 클릭한 후 '채우기 효과'를 선택합니다.

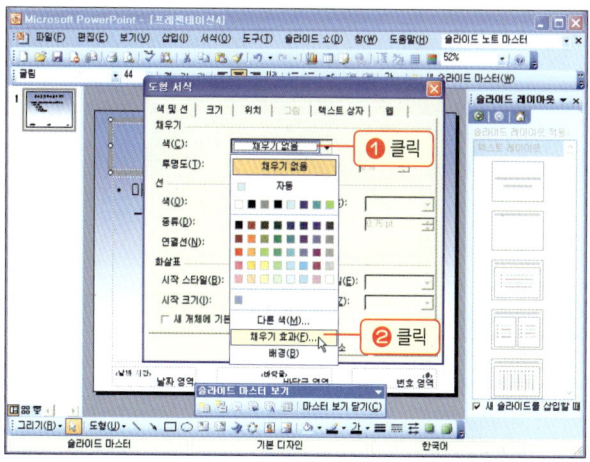

3 '채우기 효과' 창이 나타나면 '질감' 탭을 클릭한 후 '캔버스'를 선택합니다. 계속해서 '확인' 버튼을 클릭하세요.

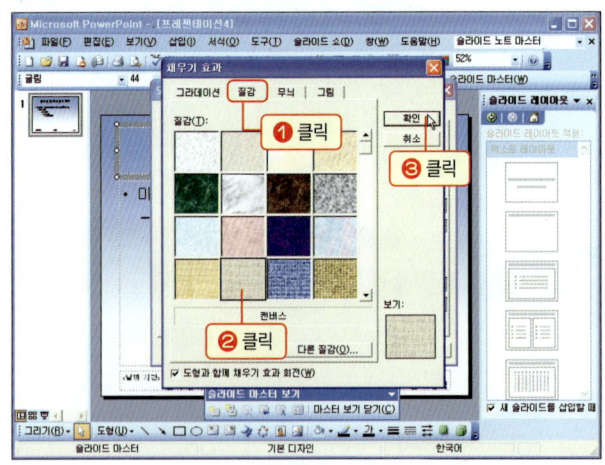

4 이번에는 글꼴을 변경해 보겠습니다. 역시 마스터 제목의 외곽선 부분을 마우스 오른쪽 버튼으로 클릭한 후 '글꼴' 메뉴를 클릭합니다.

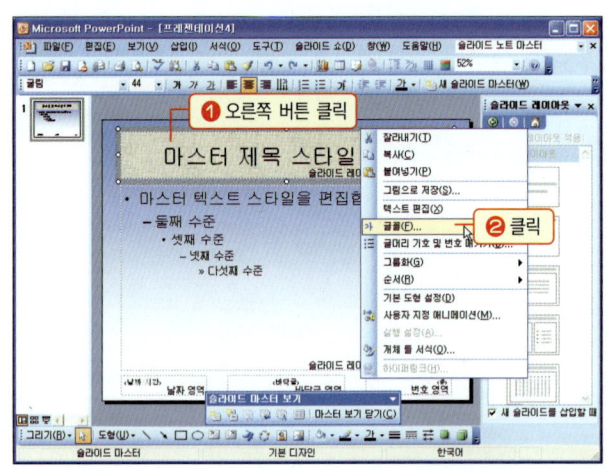

5 '글꼴' 창이 나타나면 글꼴을 '양재 꽃 게체M'으로 설정한 후 '그림자' 항목에 체크합니다. '확인' 버튼을 클릭하세요.

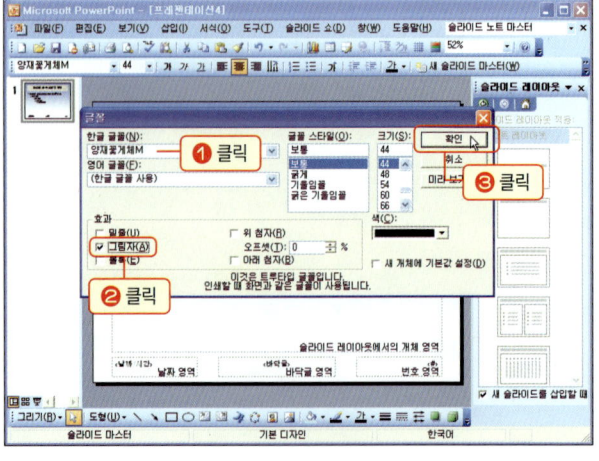

참고하세요!

'미리 보기' 버튼의 활용

'확인' 버튼을 누르기 전에 '미리 보기' 버튼을 눌러 적용된 후의 모양을 미리 확인하도록 하세요. 상상한 것과 실제 적용되었을 때의 모양이 다를 수 있습니다.

6 스타일이 변경되었습니다. '마스터 보기 닫기' 버튼을 눌러 변경된 슬라이드의 모양을 확인해보세요. 마스터 슬라이드는 언제든지 다시 변경할 수 있으므로 잘못된 부분이 있다면 재수정하면 됩니다.

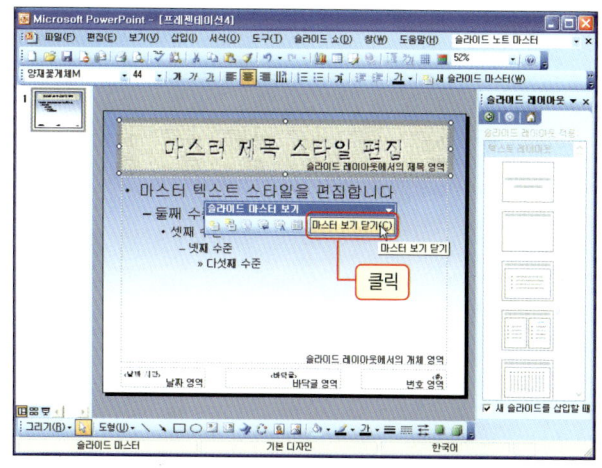

2 개체 영역의 글머리 기호 변경하기

개체에 매번 글머리 기호를 삽입해야 한다면 귀찮은 일입니다. 또한 삽입되어 있는 글머리 기호를 변경하거나 다른 모습으로 통일하는 것도 하나하나 일일이 한다면 번거로운 일이지요. 슬라이드 마스터를 사용하면 이러한 문제를 한번에 해결할 수 있습니다.

1 슬라이드 마스터 보기 상태에서 글머리가 있는 텍스트 상자를 선택한 후 '서식 – 글머리 기호 및 번호 매기기' 메뉴를 클릭합니다.

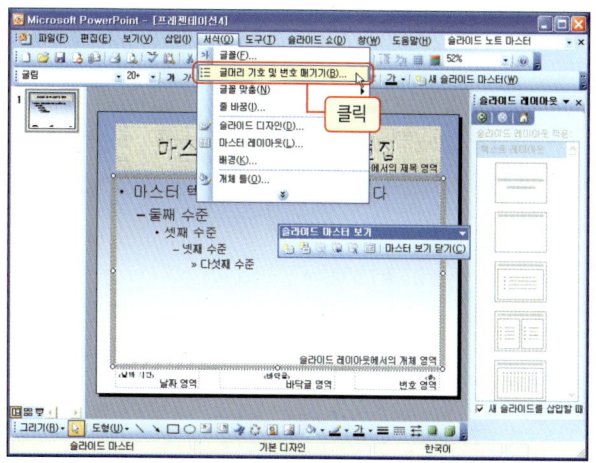

2 '글머리 기호 및 번호 매기기' 창이 나타납니다. 원하는 글머리 형태를 선택한 후 '확인' 버튼을 클릭합니다. 좀 더 세밀한 설정을 위해서 크기나 색을 설정할 수도 있습니다.

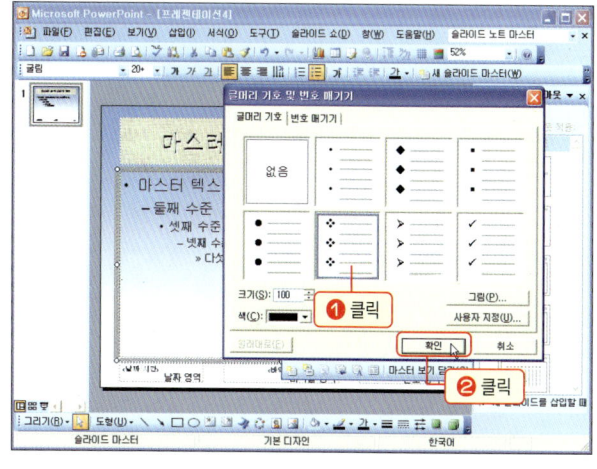

3 글머리가 변경되었습니다. '마스터 보기 닫기' 버튼을 클릭한 후 변경된 글머리를 확인해 보도록 하세요.

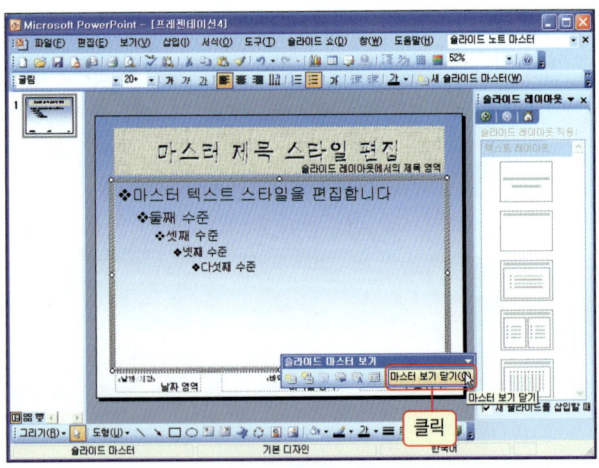

>> 궁금해요!

글머리가 표시되지 않아요.

'마스터 보기 닫기' 버튼을 눌렀다고 무조건 글머리 기호가 표시되는 것은 아닙니다. 글이 입력되지 않은 빈 슬라이드라면 글머리 기호가 보일리 없겠죠. 글머리 기호가 입력될 텍스트 상자에 글을 입력해 보세요. 그러면 글머리 기호가 표시될 것입니다.

3 날짜/시간, 바닥글, 슬라이드 번호 디자인하기

자동으로 날짜 및 시간이나 바닥글, 슬라이드 번호 등이 나타나도록 할 수 있습니다.

1 슬라이드 마스터 보기 상태에서 '삽입 – 날짜 및 시간' 메뉴를 클릭합니다.

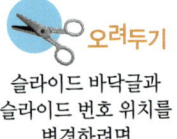
오려두기
슬라이드 바닥글과
슬라이드 번호 위치를
변경하려면
★ **396**쪽 펼쳐보기

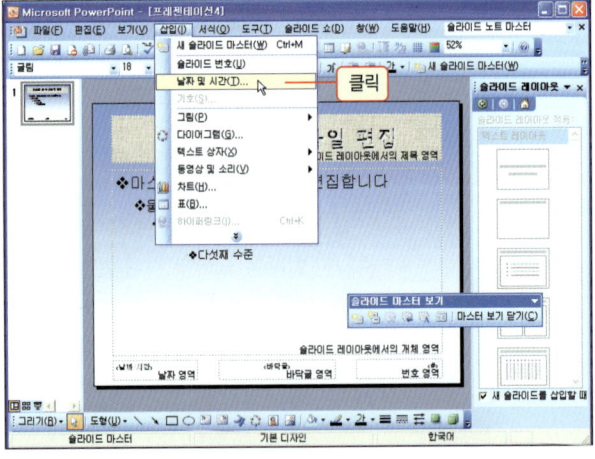

2 '머리글/바닥글' 창이 나타나면 '날짜 및 시간' 항목을 체크하고 '자동으로 업데이트'를 선택합니다. 그런 다음 목록 버튼을 클릭하고 원하는 날짜 형식을 지정하세요. 또한 '슬라이드 번호', '바닥글' 항목을 체크하고 바닥글을 입력한 후 '모두 적용' 버튼을 클릭합니다.

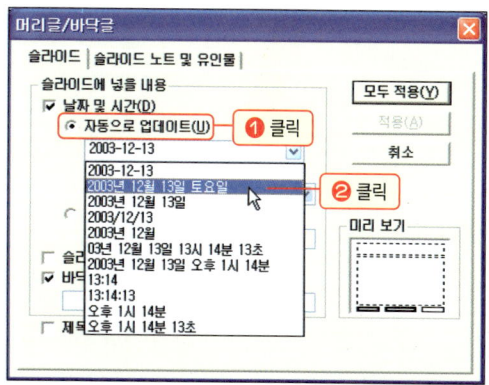

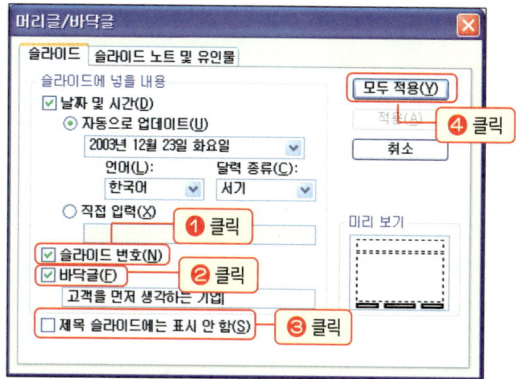

오려두기

워드프로세서 한글의
마스터 기능

★ 397쪽 펼쳐보기

3 '마스터 보기 닫기' 버튼을 클릭하여 일반 상태로 돌아오면 날짜와 바닥글, 슬라이드 번호가 삽입된 것을 볼 수 있습니다.

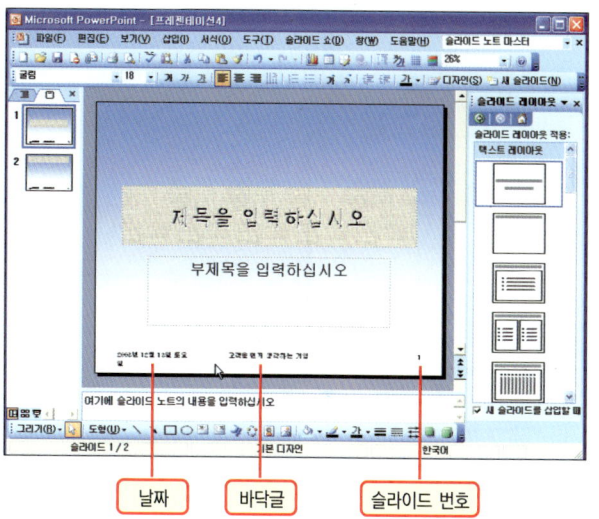

날짜   바닥글   슬라이드 번호

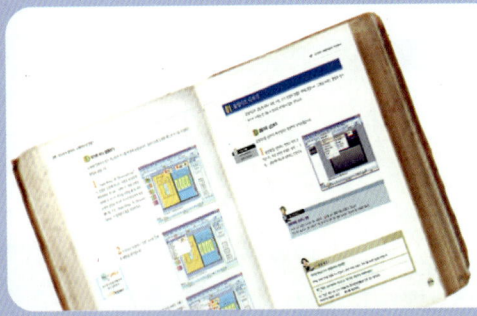

394 page ★ 오려둔 것 펼쳐보기

슬라이드 바닥글, 번호 위치 변경과 전체 페이지 번호의 표시

프레젠테이션 작성시 슬라이드 마스터를 이용하게 되면 전체적인 디자인에 통일감을 유지하여 청중들로 하여금 안정감과 편안함을 줄 수 있습니다. 일반적으로 슬라이드에 바닥글 또는 슬라이드 번호를 삽입하게 되면 항상 똑같은 위치에 표시됩니다. 지금부터 꼬리말과 번호의 위치를 변경시켜보도록 하겠습니다.

① '보기 – 마스터 – 슬라이드 마스터' 메뉴를 클릭한 후 우선 오른쪽 하단에 위치한 번호 상자를 클릭하여 그림과 같이 위로 드래그합니다.

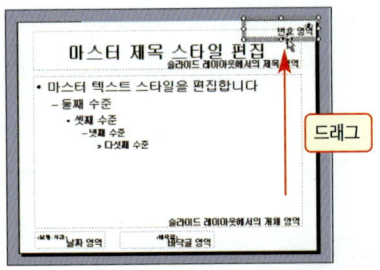

② 바닥글 상자를 클릭하고 그림처럼 오른쪽으로 그래그합니다.

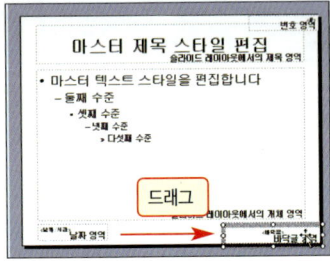

③ '마스터 보기 닫기' 버튼을 클릭하고 머리글, 바닥글을 지정하면 바닥글과 슬라이드번호가 나타나는 영역이 변경됩니다.

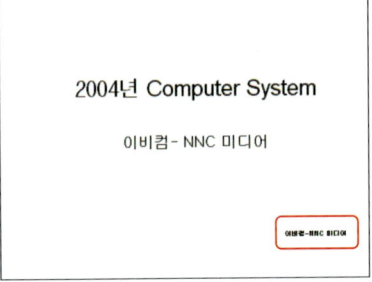

단순히 현재 표시되는 슬라이드의 페이지번호 뿐만 아니라 프레젠테이션을 구성하고 있는 슬라이드의 전체 페이지를 표시해야하는 경우가 있습니다. 전체 페이지를 표시하는 방법에 대하여 살펴보도록 하겠습니다.

① '보기 – 마스터 – 슬라이드 마스터' 메뉴를 클릭하고 번호 상자의 (#) 뒤에 / 와 전체 슬라이드 수를 직접 입력합니다.

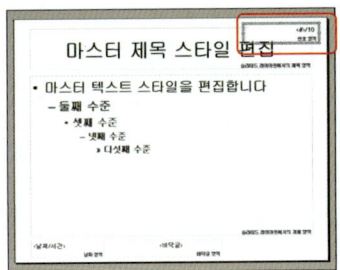

② '마스터 보기 닫기' 버튼을 클릭한 후 슬라이드를 확인합니다.

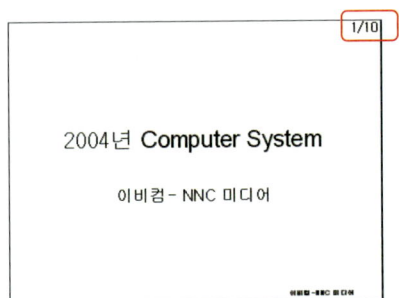

395page ★ 오려둔 것 펼쳐보기

워드프로세서 한글의 마스터 기능

기준 페이지에 공통된 요소를 지정하면 모든 본문 페이지에 자동으로 적용되는 마스터 기능은, Quark Express와 같은 전자출판 (DTP) 프로그램에서 시작된 개념입니다. 워드프로세서인 아래아 한글에서도 '바탕쪽'이라는 마스터 기능을 제공하는데, 2002년 출시된 한글 2002에서부터 실용화되었습니다. 한글의 마스터 페이지 개념인 '바탕쪽' 기능에 대해서 알아두면 도움이 될 것입니다(한글 2002 버전으로 설명하며 2004 버전도 사용 방법은 동일합니다).

❶ 한글을 실행한 후 메뉴표시줄에서 '모양 – 바탕쪽'을 선택하면 바탕쪽 창이 나타납니다. 홀 짝수 쪽을 다르게 지정할 수 있는데, 여기에서는 '양 쪽'을 선택하고 '만들기' 버튼을 클릭합니다.

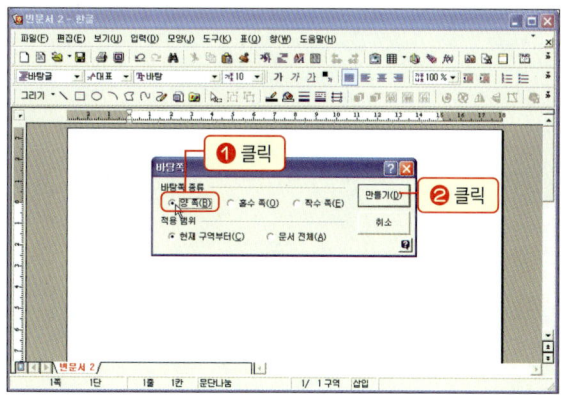

❷ 그림과 같이 바탕쪽 도구 상자가 나타나면 그리기 도구 상자에서 사각형 아이콘을 클릭한 후 페이지 상단에 직사각형을 크게 하나 그립니다.

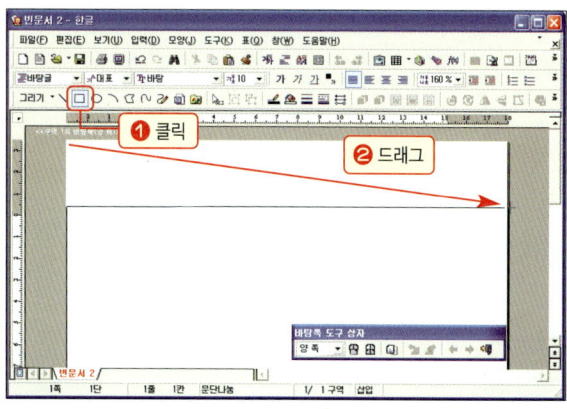

❸ 사각형이 완성되면 이를 더블클릭하여 개체 속성 창을 띄운후 채우기' 탭에서 면색을 파랑색으로 지정합니다. 그림과 같은 도형이 완성되었나요? 그러면 바탕쪽 도구 상자의 닫기 버튼을 누르세요(단축키로는 Shift + Esc).

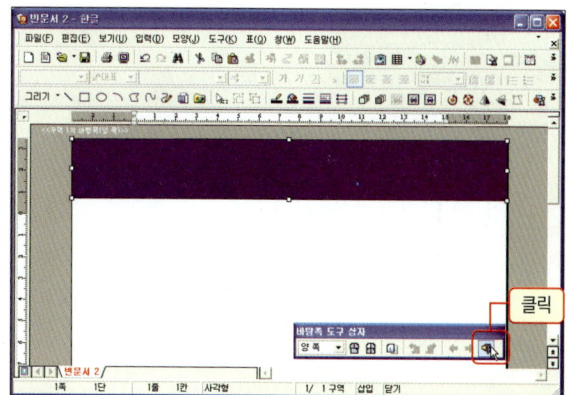

❹ 이제 페이지를 연달아 새로 만들면 만들어지는 페이지마다 상단에 바탕쪽에서 만든 도형이 자동으로 삽입되어 있을 것입니다.

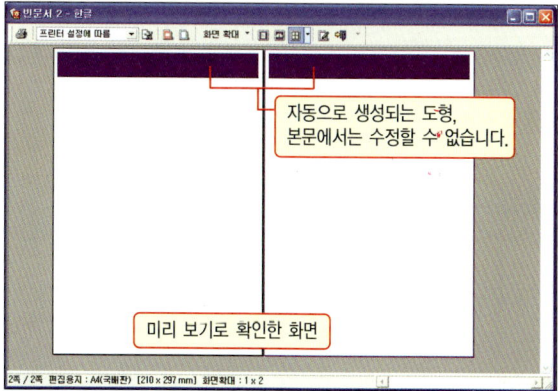

Powerpoint 2003

모든 준비가 끝났나요? 그렇다면 프레젠테이션을 진행하는 일만 남았습니다. 하지만 섣불리

덤벼들진 마세요. 몇 가지만 점검하고 확인하면 완벽한 프레젠테이션이 가능하니까요.

편안한 마음으로 6부를 살펴보도록 합시다.

6

프레젠테이션 발표 준비하기

1장 프레젠테이션 발표 준비와 슬라이드 인쇄하기

2장 완벽 프레젠테이션을 위한 파워포인트 장비 점검하기

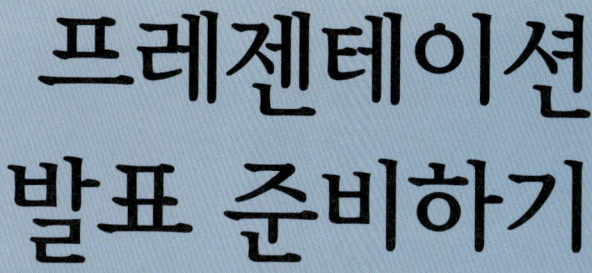

>> **01**

프레젠테이션 발표 준비와
슬라이드 인쇄하기

프레젠테이션을 준비하는 마지막 단계는 실제 발표를 예행 연습하는 것입니다. 추가로 필요한 것은 없는지 프레젠테이션 시간은 적절했는지 등을 파악하고, 청중에게 나눠줄 슬라이드를 인쇄함으로써 프레젠테이션의 모든 준비를 끝내게 됩니다.

발표 예행 연습하기

솜씨좋은 프레젠터의 기준은 자신이 원하는 바를 효과적으로 전달했는가 아닌가에 달려 있습니다. 실질적으로 프레젠테이션을 진행하다보면 프레젠테이션을 준비하는 단계에서는 발생하지 않았던 문제들이 종종 발생하곤 합니다. 또한 주어진 프레젠테이션 시간을 넘기거나 너무 짧게 끝나는 일도 있습니다. 예행 연습은 그런 의미에서 중요한 도구로 사용됩니다. 각 슬라이드를 설명하는 데 얼마나 시간이 소요되는지, 전체 소요시간은 얼마인지, 어떻게 시간을 안배해야 하는지, 설명할 때 어떤 요소를 추가하면 좋을지 등을 점검할 수 있습니다.

슬라이드 인쇄하기

슬라이드 인쇄는 실제 프레젠테이션 직전에 하는 작업으로 청중에게 배포할 자료를 인쇄하는 것입니다. 파워포인트에서는 슬라이드 인쇄에 관련된 다양한 기능을 제공하고 있으므로 어렵지 않게 인쇄물을 만들어 낼 수 있습니다.

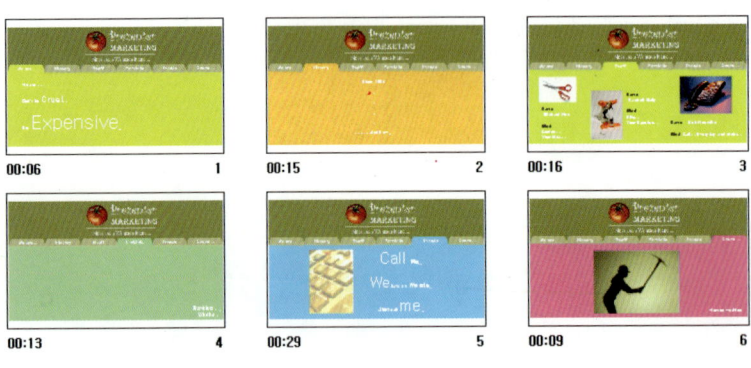

발표 예행 연습이 완료된 슬라이드

01 발표 예행 연습하기

프레젠터에게는 청중을 설득하기 위해 주어진 시간이 있습니다. 프레젠터는 그 시간 안에 효과적으로 상대방을 설득해야 합니다. 때문에 파워포인트의 예행 연습은 적절한 시간 안배를 위해 반드시 필요한 기능입니다.

1 예행 연습으로 프레젠테이션 시간 예측하기

예행 연습으로 프레젠테이션에 필요한 시간을 예측하는 간단한 방법입니다. 실제 프레젠테이션을 진행한다는 느낌을 가지고 진행해야 정확한 시간을 얻을 수 있습니다.

>> CD-ROM
부록CD〉예제파일〉발표.ppt

1 예제 파일을 실행한 후 예행 연습을 하기 위해서 '슬라이드 쇼 – 예행 연습' 메뉴를 클릭합니다.

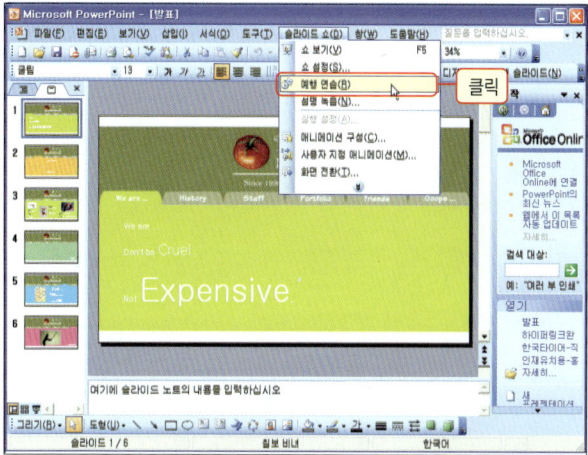

2 예행 연습이 진행되는 동안 상단에 예행 연습 도구 모음이 표시됩니다. 실제 프레젠테이션을 진행한다는 생각으로 예행 연습을 하세요.

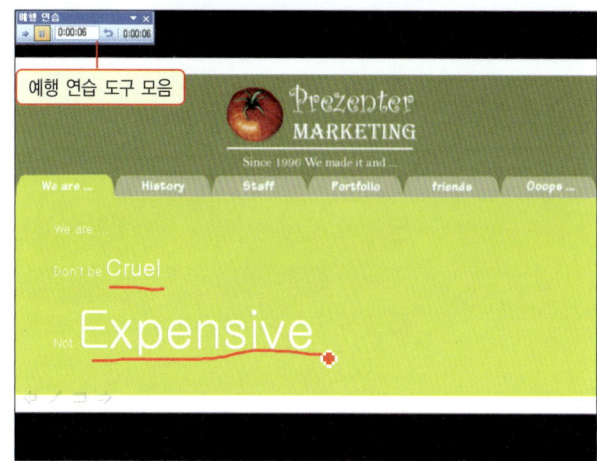

3 모든 슬라이드에 대한 예행 연습이 끝나면 그림과 같은 메시지가 표시됩니다. 잉크 주석은 주석을 달아가며 설명한 경우에 나타나는데, 주석을 굳이 유지할 필요가 없다면 '아니요'를 클릭합니다.

4 슬라이드 쇼에 걸린 시간이 나타납니다. 이 시간을 슬라이드 시간으로 사용할 것인지 묻는 많이 나타나는데, 이 시간은 매번 예행 연습마다 변경할 수 있으므로 일단 '예' 버튼을 누릅니다.

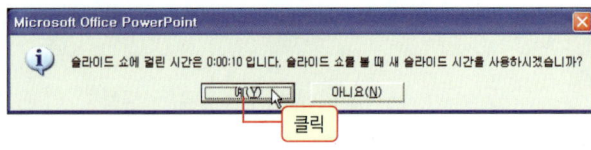

참고하세요!

예행 연습의 적절한 프레젠테이션 시간

예행 연습으로 얻은 시간이 반드시 절대적인 시간일 수는 없습니다. 특히 동영상 파일이나 소리가 많이 들어간 프레젠테이션의 경우 컴퓨터 시스템에 따라 약간의 로딩 지연 시간이 있을 수 있습니다. 때문에 프레젠테이션을 진행하는 컴퓨터의 시스템에 따른 유동적인 시간을 프레젠테이션 시간에 포함시키는 것도 도움이 될 것입니다.

5 예행 연습이 완료되면 각 슬라이드 마다 발표 때 걸리는 시간이 슬라이드 아래에 표시됩니다. 예행 연습이 마음에 들지 않는다면 다시 예행 연습을 진행하여 적절한 프레젠테이션 시간을 예측하도록 하세요.

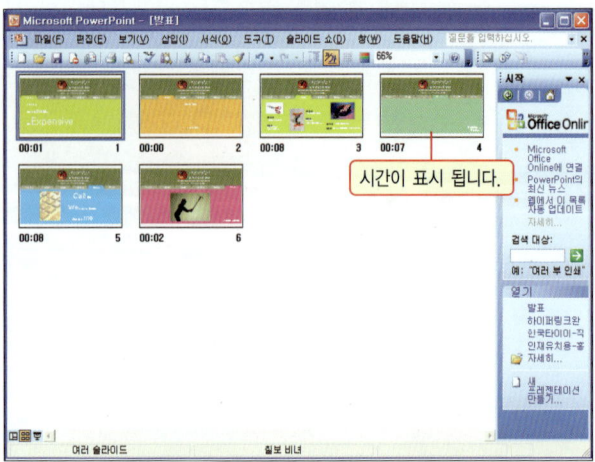

2 예행 연습 도구 모음 활용하기

예행 연습에서 표시되는 도구 모음의 각 버튼에 대해 이해하도록 합니다.

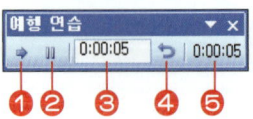

❶ **다음** : 다음 슬라이드로 이동합니다.

❷ **일시 정지** : 시간을 일시 정지합니다. 슬라이드 시간과 총 실행 시간이 모두 일시 정지하게 됩니다. 다시 클릭하면 일시 정지가 해제됩니다.

❸ **슬라이드 시간** : 각 슬라이드의 프레젠테이션 시간이 표시됩니다. 슬라이드마다 표시되므로 다음 슬라이드로 이동하게 되면 자동으로 0:00:00으로 세팅됩니다.

❹ **반복** : 현재 슬라이드의 프레젠테이션 시간을 다시 측정하기 위해서 사용합니다. 슬라이드 시간과 총 실행 시간이 모두 처음으로 다시 세팅됩니다.

❺ **총 실행 시간** : 총 프레젠테이션 설정 시간이 표시됩니다. 각 슬라이드마다 걸린 시간의 총 합에 해당하는 시간입니다.

02 인쇄를 위한 환경 설정

프레젠터가 청중에게 제공해야 하는 것 중에 인쇄물은 중요한 역할을 합니다. 특히 프레젠테이션 장소가 대규모의 강당이라면 청중은 멀리 있는 프레젠터보다 인쇄물을 더욱 자주 쳐다보게 됩니다. 때문에 프레젠테이션 인쇄물은 중요한 역할을 하는 도구가 될 수 있습니다.

1 인쇄 미리 보기 창 이해하기

인쇄를 하기 전에 인쇄 미리 보기 기능으로 어떤 모양으로 인쇄될지 확인하도록 합니다.

1 슬라이드를 인쇄하기 전에는 반드시 인쇄 미리 보기에서 적절한 모양인지를 파악하도록 합니다. '파일 – 인쇄 미리 보기' 메뉴를 클릭합니다.

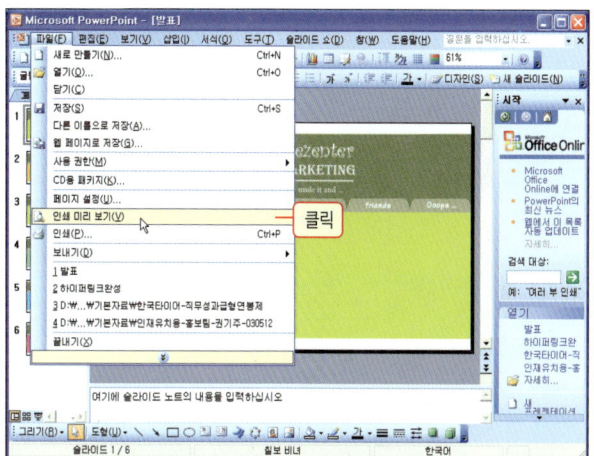

2 인쇄 미리 보기 창이 표시됩니다. '슬라이드'를 클릭하면 한 페이지에 몇 개의 슬라이드를 인쇄할지 설정할 수 있습니다. '유인물(4슬라이드/페이지)'를 클릭합니다.

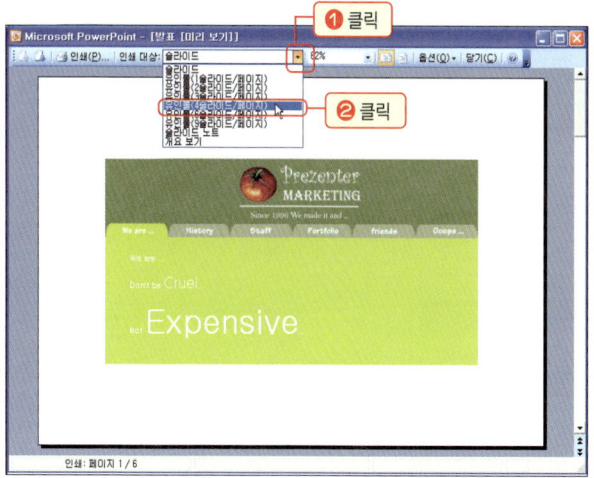

3 한 장의 종이에 4개의 슬라이드가 인쇄 됩니다. 가로/세로 버튼을 활용하여 인쇄물 의 방향을 조절할 수 있습니다. '세로' 버튼 을 클릭해 보세요.

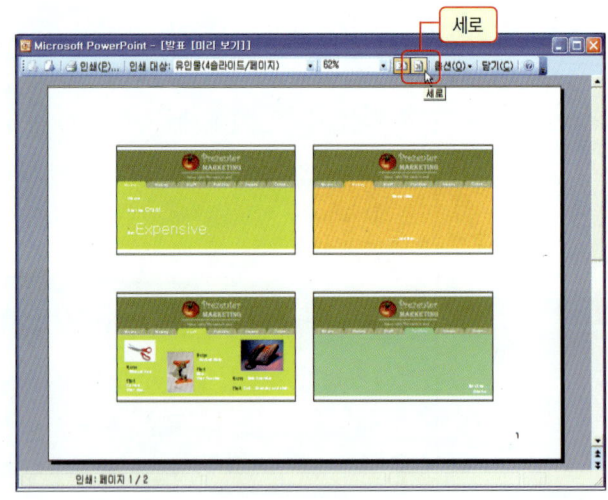

4 종이가 세로로 표시됩니다. 만약 프린 터가 컬러를 지원하지 않는다면 '옵션 – 컬 러/회색조 – 회색'을 선택하여 회색으로 슬 라이드 모양을 조절할 수 있습니다.

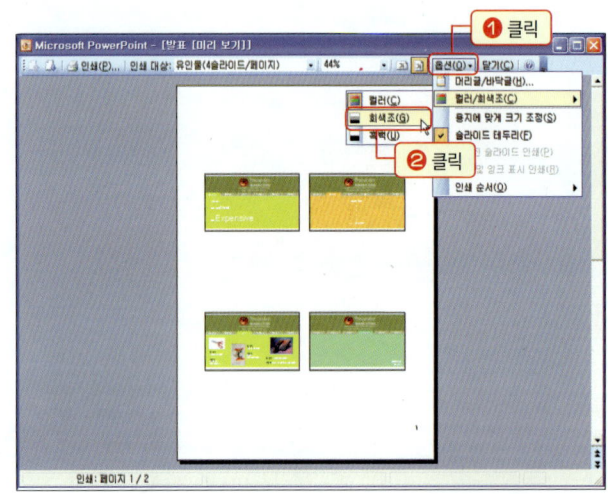

참고하세요!

인쇄 미리 보기의 확대/축소 버튼

인쇄 미리 보기 창의 확대/ 축소 버튼을 사용하면 화면 을 확대하거나 축소하여 볼 수 있습니다. 단, 이것은 화 면에서 확대/축소하여 인쇄 물을 확인하려는 것이지 실 질적으로 인쇄물을 확대하 는 것은 아닙니다.

5 용지에 맞게 슬라이드의 크기를 조절 하여 인쇄하고 싶다면 '옵션 – 용지에 맞게 크기 조정'을 클릭하여 인쇄하도록 합니다. 모든 설정이 끝났다면 '닫기' 버튼을 클릭 하세요.

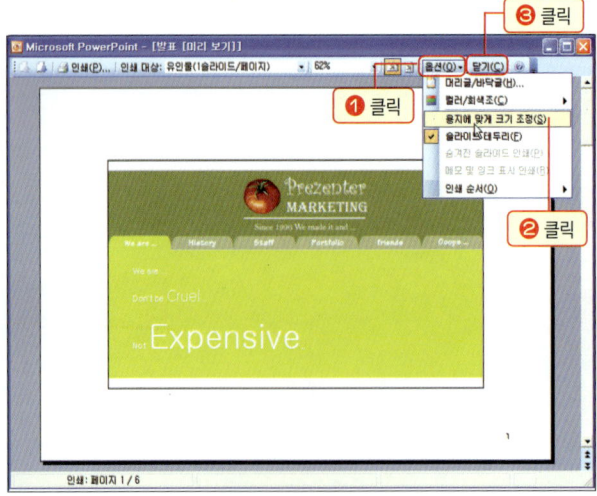

2 파워포인트의 다양한 인쇄 설정

인쇄 미리 보기에서 인쇄 설정을 마쳤다면 실질적으로 슬라이드을 인쇄하기 위해서 '파일 – 인쇄' 메뉴를 사용하여 인쇄할 수 있습니다. '인쇄' 창의 각 옵션에 대해 알아보겠습니다. 각 옵션 선택이 끝나면 '확인' 버튼을 눌러 인쇄하면 됩니다.

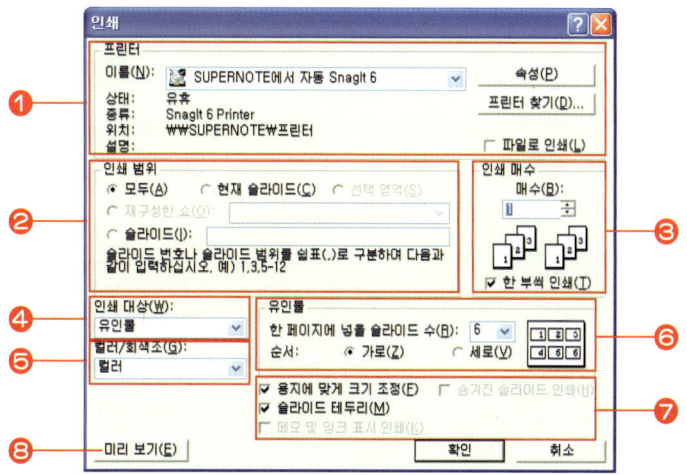

❶ **프린터** : 인쇄할 프린터를 선택합니다. '속성' 버튼을 클릭하면 프린터의 세부 인쇄 속성을 설정할 수 있습니다. 세부 인쇄 속성은 프린터의 종류에 따라 다르게 나타날 수 있으므로 프린터를 구입할 때 첨부되는 매뉴얼을 참고하도록 합니다. '파일로 인쇄'는 프린터가 아닌 파일로 인쇄하게 되며 확장자가 *.prn인 파일이 만들어집니다.

❷ **인쇄 범위** : '모두', '현재 슬라이드', '선택 영역'으로 선택하여 인쇄할 수 있습니다. 또한 '재구성한 쇼'에 지정한 형태로 인쇄할 것인지 원하는 슬라이드만 인쇄(슬라이드 항목)할 것인지를 지정할 수 있습니다.

❸ **인쇄 매수** : 여러 부를 인쇄해야 하는 경우에 매수를 입력합니다. '한부씩 인쇄' 옵션을 선택하면 인쇄 후에 인쇄물을 매수대로 따로 정리할 필요가 없습니다.

❹ **인쇄 대상** : 슬라이드, 유인물, 슬라이드 노트, 개요 보기 등의 인쇄 대상을 지정할 수 있다. 유인물을 선택하게 되면 오른쪽의 유인물 항목이 활성화됩니다. 일반적으로 유인물이나 슬라이드를 인쇄하게 됩니다.

❺ **컬러/회색조** : 컬러, 회색조, 흑백 중에서 인쇄 옵션을 설정할 수 있습니다.

❻ **유인물** : 유인물의 형태로 한 페이지에 넣은 슬라이드 수를 지정할 수 있습니다. 이 옵션은 '인쇄 대상'을 '유인물'로 선택했을 때만 활성화됩니다. 가로/세로의 인쇄 순서를 지정할 수도 있습니다.

❼ **기타 옵션** : '용지에 맞게 크기 조정'은 용지의 크기에 맞게 슬라이드의 크기를 자동 조정하며, '숨겨진 슬라이드 인쇄'는 숨겨진 슬라이드도 함께 인쇄합니다. '슬라이드 테두리'에 체크하면 슬라이드에 테두리를 넣어서 인쇄하며, '메모 및 잉크 표시 인쇄'는 메모나 잉크 표시를 한 경우에 이를 포함하여 인쇄할 것인지 지정합니다.

❽ **미리 보기** : 미리 보기 창을 표시합니다.

>>02

성공 프레젠테이션을 위한 장비 점검

실제 프레젠테이션을 하기 위해서 알아야 할 사항들이 있습니다. 지금 설명하는 프레젠테이션용 기기나 파워포인트 뷰어 등이 그것입니다.

프레젠테이션 룸에 도착했을 때 해야 할 7가지 작업

❶ 노트북과 프로젝터를 연결합니다.

만약 노트북을 준비하지 않았다면 프레젠테이션 파일을 프레젠테이션 룸의 PC에 복사하여 사용하도록 합니다. 특히 동영상이나 소리 파일을 CD에 준비한 경우 CD-ROM에서 직접 프레젠테이션을 진행하는 것보다 하드디스크에 복사하여 사용하는 것이 안전합니다. CD의 속도가 느려 화면이나 소리가 끊어질 염려가 있기 때문입니다.

❷ 파워포인트가 설치되어 있는지 확인합니다.

자신의 노트북을 사용한다면 별 어려움이 없겠지만 프레젠테이션 룸의 PC를 사용한다면 해당 PC에 파워포인트가 설치되어 있는지 확인합니다. 만약 없는 경우에는 파워포인트 뷰어를 미리 설치해 두세요.

❸ 마이크를 켜서 소리 정도를 파악합니다.

프레젠테이션 룸 안에 설치되어 있는 오디오 시설을 미리 확인하며 적절히 조절합니다.

❹ 프로젝터를 켜고 제대로 영상이 표시되는지 확인합니다.

프로젝터를 점검하여 적절하게 크기를 조절하거나 영상의 위치를 조절합니다.

❺ 실내 조명을 조절합니다.

최근의 프로젝터는 성능이 좋아 실내 조명을 끄지 않고도 화면을 잘 표시됩니다. 특히 유인물을 나눠준 경우에는 유인물을 볼 수 있을 정도의 조명은 켜두어야 합니다.

❻ 유인물을 미리 배포합니다.

청중에게 나눠줄 유인물이 있다면 청중의 Seat에 미리 배포하여 놓던가 출입구에서 멀지 않은 곳에 놓아둡니다. 출입구에 놓는 것은 피하도록 합니다.

❼ 실질적으로 프레젠테이션을 예행 연습합니다.

실제 프레젠테이션을 진행한다고 가정하고 프레젠테이션을 진행해 봅니다. 프레젠테이션 진행시에 프레젠테이션 룸에 맞는 자신의 동선도 미리 확인해 두세요.

01 파워포인트 기기와 친해지기

파워포인트와 관련된 기기에 대해서 알아봅니다. 기기의 종류나 프로젝터의 연결 등도 실제 프레젠테이션을 할 때 중요한 요소이기 때문입니다.

1 프레젠테이션용 기기의 종류

프레젠테이션을 하기 위해서 필요한 기기의 종류에 대해서 알아봅니다.

▶ 프로젝터

프로젝터는 고가의 장비입니다. 기업에서 프레젠테이션용으로 사용하는 프로젝터는 해상도나 밝기, 무게 등에 중점을 두어 구입하면 큰 문제가 없습니다. 프로젝터의 가격은 해상도에 따라 큰 차이가 납니다. 적어도 1024×768 이상의 고해상도를 지원하는 제품이 두고두고 문제가 없을 것입니다. 또한 프로젝터의 밝기는 2000 안시에서 2500 안시 정도면 충분합니다. 일반적으로 1000 안시 정도면 소형회의실에서 불을 켜고 사용할 수 있는 정도를 의미합니다. 마지막으로 무게는 가급적 가벼운 것을 선택하는 것이 좋습니다.

프로젝터

▶ 스피커

스피커는 프레젠테이션 룸의 크기에 따라 적절히 사용하도록 합니다. 일반적으로 대강당에서 프레젠테이션을 진행한다면 따로 스피커를 준비할 필요는 없을 것입니다. 하지만 중소형 프레젠테이션 룸에서는 스피커를 따로 준비해야 할 경우도 있습니다. 최근에 나온 5.1 채널의 스피커를 사용한다면 큰 무리없이 프레젠테이션을 진행할 수 있을 것입니다.

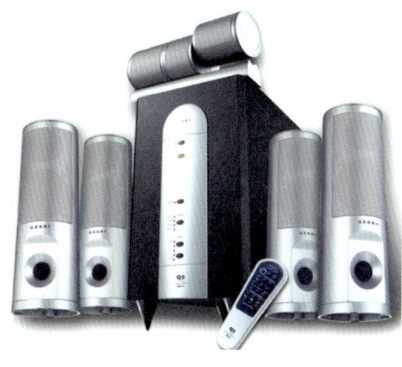

5.1 채널을 지원하는 스피커

▶ 헤드셋과 마이크

청중에게 전달하는 마이크는 신중하게 선택하는 것이 좋습니다. 고급 음질의 마이크를 사용하면 깨끗한 음질로 여러분의 발음을 전달할 수 있을 것입니다. 앉아서 프레젠테이션을 진행한다면 스탠드형 마이크도 나쁘지 않습니다. 하지만 프레젠테이션 중 수시로 이동해야 한다면 무선 헤드셋이나 무선 마이크를 고려하는 것도 좋은 방법입니다.

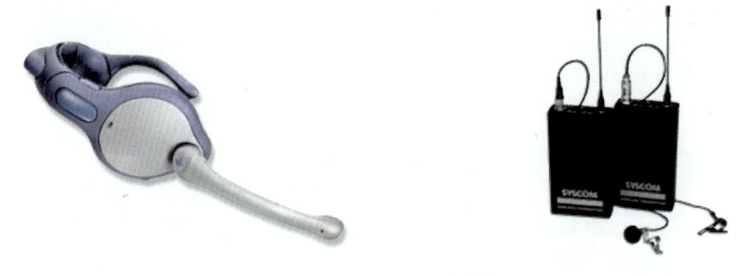

무선 헤드셋   무선 마이크

▶ 레이저 포인터

일반적으로 프레젠테이션을 진행하면서 파워포인트의 펜을 사용할 때보다는 레이저 포인터를 사용하는 경우가 더 많을 것입니다. 프레젠터에게 레이저 포인터는 선택이 아니라 필수입니다. 레이저 포인터로 글을 쓰거나 도형을 그리는 등의 작업은 불가능하지만 청중의 집중을 유도할 수 있다는 점에서 필요한 기기입니다.

레이저 포인터

2 프로젝터와 컴퓨터 연결하기

프로젝터 기기의 일반적인 모양을 이해하고 프레젠테이션 룸에 설치되어 있는 프로젝터와 내 컴퓨터를 연결하는 방법을 간단한 도해와 함께 설명하겠습니다.

▶ 프로젝터의 일반적인 모양

프로젝터의 종류는 무척이나 다양합니다. 다음 그림은 일반적인 프로젝터의 모형이므로 프레젠테이션 룸에 설치되어 있는 프로젝터와 큰 차이가 없습니다. 어떻게 구성되어 있는지 살펴보세요.

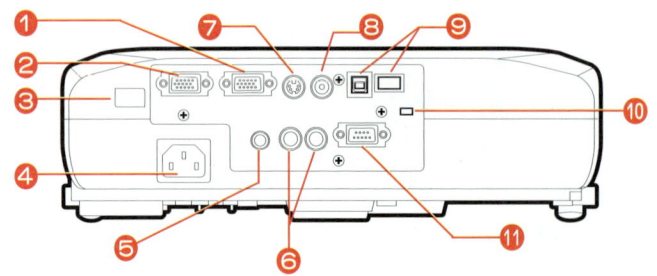

❶ 컴퓨터/컴포넌트 비디오 포트 : 아날로그 비디오 신호와 다른 비디오 장치의 컴포넌트 비디오 신호를 입력합니다.

❷ 모니터 출력 포트 : 컴퓨터에서 외부 모니터로 아날로그 비디오 신호를 출력합니다. 비디오 장치 신호의 경우는 해당되지 않습니다.

❸ 리모콘 광 수신부 : 리모콘의 신호를 받습니다.

❹ 전원 입구 : 전원 케이블을 연결합니다.

❺ 오디오 1 포트 : 컴퓨터나 컴포넌트의 비디오의 오디오 신호를 입력합니다. 연결시 스테레오 미니잭을 사용하세요.

❻ 오디오 2 포트 : 비디오 장치의 오디오 신호를 입력합니다. 연결시 A/V 케이블을 사용하십시오.

❼ S- 비디오 포트 : 다른 비디오 장치의 S-비디오 신호를 입력합니다.

❽ 비디오 포트 : 다른 비디오 장치의 컴포지트 비디오 신호를 프로젝터에 입력합니다. A/V 케이블로 연결합니다.

❾ USB 포트 : USB 케이블로 프로젝터를 컴퓨터에 연결합니다.

❿ 안전 잠금 장치

⓫ Control(RS-232C) 포트 : RS-232C 케이블로 프로젝터를 컴퓨터에 연결합니다. 작동 제어시에 이용하며 소비자는 사용하지 않습니다.

▶ 프로젝터와 컴퓨터 연결하기

컴퓨터의 화면이 프로젝터로 표시되게 하려면 입력 포트에 컴퓨터 케이블을 연결하도록 합니다. 단, 프로젝터에 따라 입력 신호를 '비디오' 메뉴에서 '컴퓨터'나 다른 컴퓨터 호환 모드로 전환해야 할 수도 있습니다. 적당히 입력 소스에 다라 컴퓨터 포트를 선택하도록 합니다. 단, 프로젝터에 따라 지원하는 모니터의 종류가 있어 여러분이 가지고 있는 노트북이나 컴퓨터의 모니터를 지원하지 않을 수 있습니다. 이것도 미리 연결하여 확인해 보는 것이 좋습니다. 만약 사용하는 컴퓨터가 Macintosh(매킨토시) 컴퓨터라면 Mac 어댑터가 필요할 수도 있습니다.

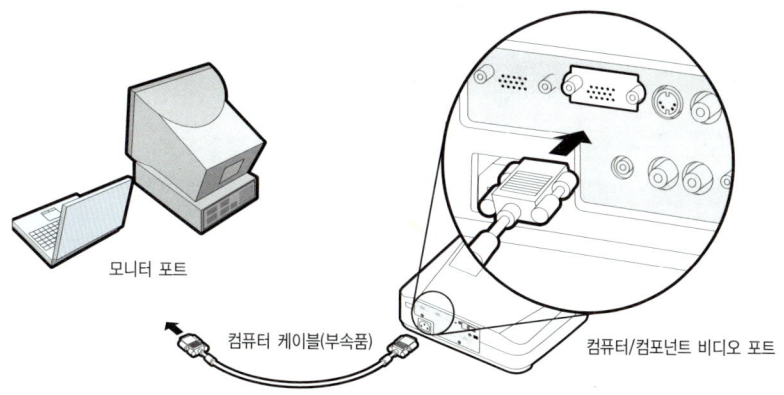

모니터 포트

컴퓨터 케이블(부속품)

컴퓨터/컴포넌트 비디오 포트

3 스크린에 나타나는 화면 크기와 포커스 조정하기

스크린에 나타나는 프로젝터의 화면 크기나 포커스 등을 조정하는 방법을 알아봅니다. 물론 프로젝터의 종류에 따라 다소 차이는 있을 것입니다.

1 일반적으로 렌즈 부분을 보면 그림과 같이 줌 조절량을 조절하는 핸들이 있습니다. 이 핸들을 돌려 화면의 크기를 적절하게 확대/축소할 수 있습니다. 스크린의 크기에 맞게 적당히 조절합니다.

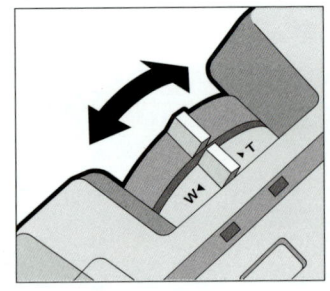

2 줌 조절량 핸들과 같이 초점 조절 핸들도 적당히 돌려 초점을 조절합니다. 최근 모델이라면 리모콘을 통해 간단하게 조절할 수 있을 것입니다. 자세한 설정 방법은 프로젝터의 매뉴얼을 참고하는 것이 좋겠습니다.

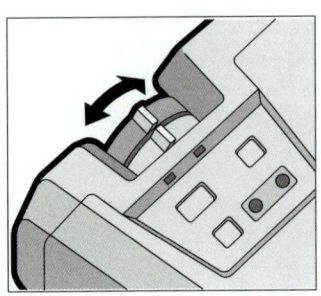

참고하세요!

프로젝터 전문 회사 홈페이지 주소
- 샤프 : http://www.sharp-korea.co.kr
- 엡손 : http://www.epson.co.kr
- 파나소닉 : http://www.panasonic.co.kr
- 신도리코 : http://www.sindo.co.kr
- HP : http://www.hp.co.kr
- 소니 : http://www.sony.co.kr

02 파워포인트가 없는 경우의 프레젠테이션

컴퓨터 시스템에 파워포인트가 설치되어 있지 않다면 파워포인트 뷰어를 설치하여 프레젠테이션을 할 수 있습니다. 다만 PowerPoint 2003 Viewer에서는 프레젠테이션을 보거나 인쇄할 수는 있지만 편집은 불가능하며 매크로 및 프로그램 실행, 연결 또는 포함된 개체 열기 등의 기능도 사용할 수 없습니다.

1 파워포인트 뷰어 다운받아 설치하기

>>CD-ROM
부록CD〉유틸리티〉ppviewer.exe

파워포인트 2003 뷰어를 설치하려면 마이크로소프트사의 홈페이지에 접속하여 다운받을 수 있습니다. 파워포인트 2003 뷰어는 무료 프로그램입니다.

1 마이크로 소프트의 홈페이지(www. microsoft.com/korea/ms.htm)에 접속합니다. 왼쪽의 메뉴에서 'Office'로 마우스를 가져간 후 하위의 'Office 2003 Editions' 을 클릭합니다.

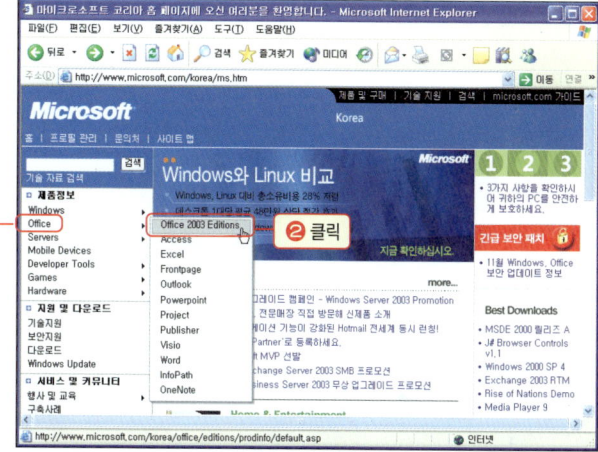

참고하세요!

마이크로소프트사의 홈페이지

마이크로소프트사의 홈페이지를 활용하면 다양하고 새로운 정보를 쉽게 얻을 수 있습니다. 지금처럼 파워포인트 뷰어 등의 무료 프로그램을 다운받거나 다양한 기능의 사용법과 도움말 등을 쉽게 얻을 수 있습니다.

2 Office 2003 페이지로 이동되면 왼쪽에서 '다운로드'를 선택합니다.

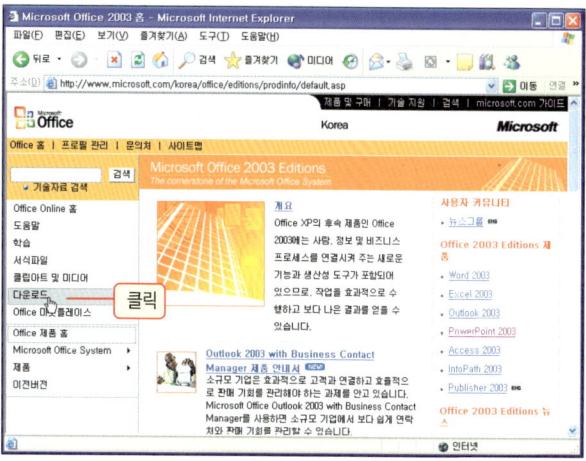

3 '다운로드' 페이지에서 Office 2003 페이지로 이동되면 왼쪽에서 '다운로드'를 클릭합니다.

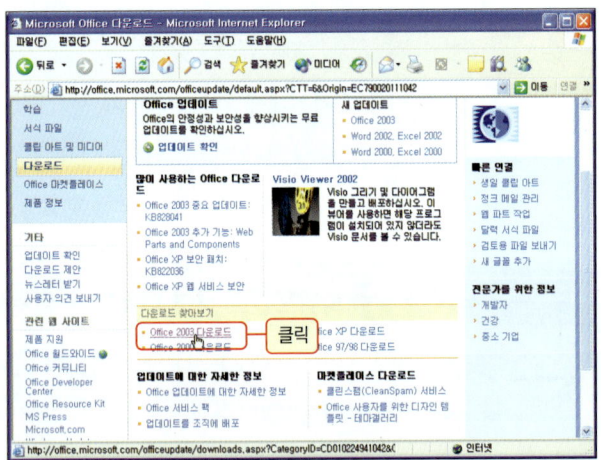

4 Office 2003과 관련된 다운로드 페이지가 표시되면 PowerPoint 2003의 '뷰어'를 클릭합니다.

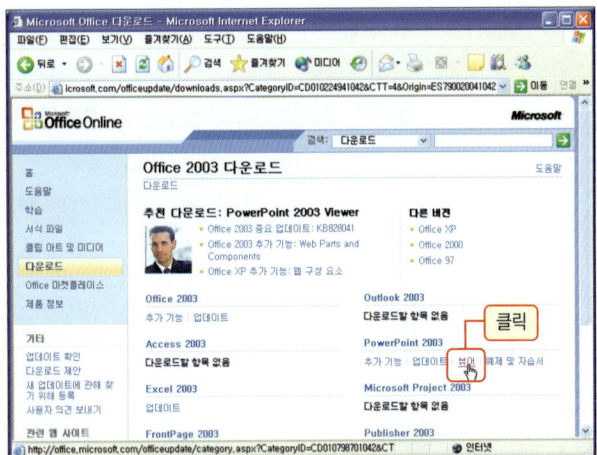

5 PowerPoint 2003 뷰어 페이지에서 'Powerpoint 2003 Viewer'를 클릭합니다.

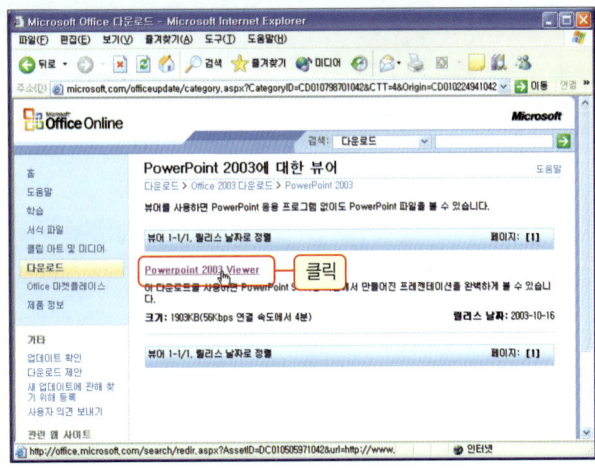

6 계속해서 '다운로드'를 클릭한 후 '저장' 버튼을 클릭하여 파워포인트 뷰어를 다운로드 받습니다.

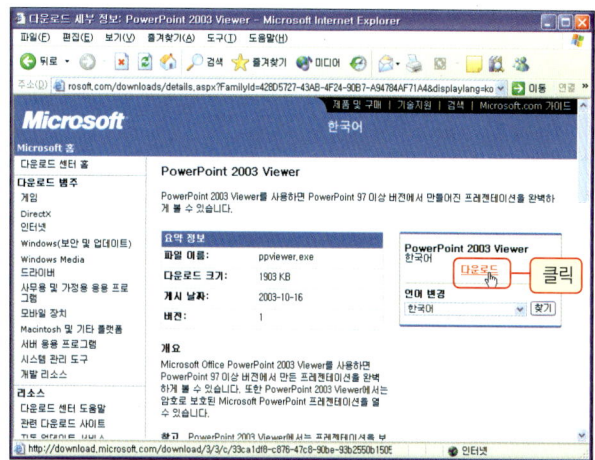

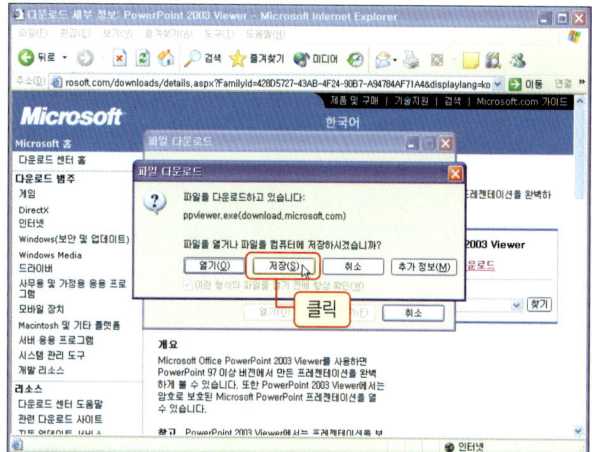

참고하세요!

파일 다운로드 창

파일 다운로드 창은 인터넷 익스플로러의 버전에 따라 다르게 표시되기 때문에 '저장' 버튼 대신에 '확인' 버튼이 표시될 수도 있습니다.

7 다운이 완료되면 다운받은 설치 파일을 더블클릭합니다. 그림과 같은 창이 나타나면 '예' 버튼을 클릭합니다. 설치가 완료되었다는 메시지가 표시되면 '확인' 버튼을 눌러 설치를 종료합니다.

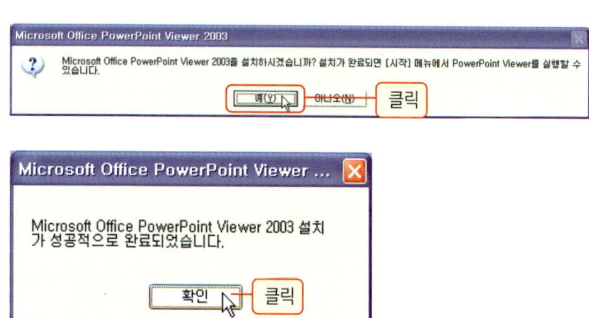

2 파워포인트 뷰어로 프레젠테이션 파일 열기

설치된 파워포인트 뷰어를 실행하여 프레젠테이션 파일을 열어 프레젠테이션을 진행하도록 하겠습니다. 파워포인트 뷰어는 파워포인트 프로그램이 설치되지 않은 곳에서만 실행하도록 하세요. 파워포인트 프로그램이 설치되어 있다면 굳이 파워포인트 뷰어를 사용할 필요는 없습니다.

1 '시작 – 모든 프로그램 – Microsoft Office PowerPoint Viewer 2003' 메뉴를 클릭합니다.

2 파워포인트 뷰어가 실행됩니다. 처음 실행될 때에만 그림과 같은 창이 나타납니다. '동의함' 버튼을 클릭합니다.

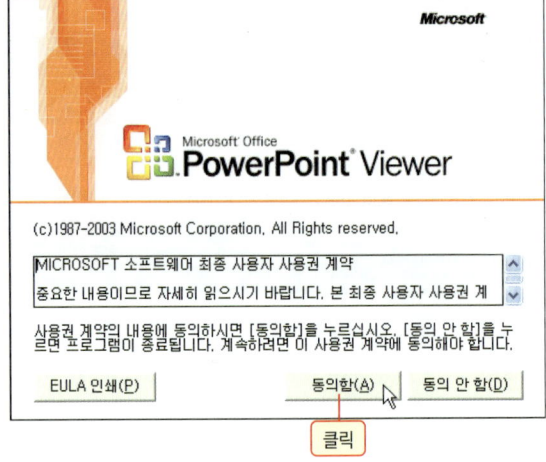

3 파일 열기 창이 나타납니다. 프레젠테이션을 할 파워포인트 파일을 선택한 후 '열기' 버튼을 클릭합니다.

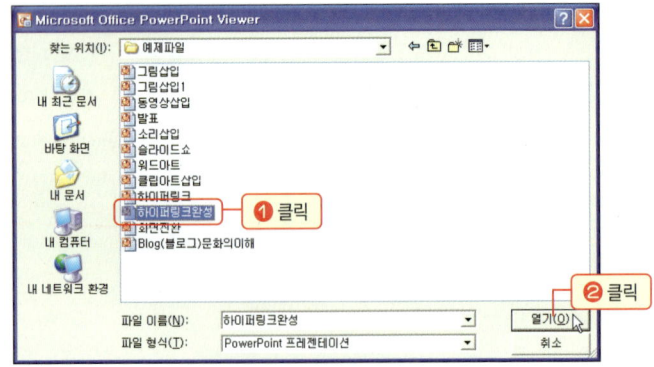

4 슬라이드 쇼가 실행됩니다. 이렇게 파
워포인트 뷰어를 설치하면 파워포인트를
실행하지 않고도 슬라이드 쇼를 진행할 수
있습니다.

> >부록 1_
한눈에 보는 프레젠테이션 기획과 디자인

지금까지 프레젠테이션 작성에 꼭 필요한 파워포인트의 다양한 기능을 살펴보았습니다. 하지만 파워포인트의 기능을 많이 알고 있다고 해서 반드시 멋진 프레젠테이션이 가능한 것은 아닙니다. 청중의 시선을 조금이라도 더 집중시키고 프레젠테이션의 효과를 극대화하려면 청중의 입장에서 전체적인 분위기나 개체의 배치 등을 고려해야 합니다.

프레젠테이션 작성은 발표자료 준비부터 슬라이드 쇼 지정까지 여러 단계를 거쳐 진행됩니다. 다음은 발표자료 준비에서부터 슬라이드 쇼까지의 과정입니다.

▶ 발표자료 준비하기
프레젠테이션 디자이너에게 전달되는 자료로, 프레젠테이션 자료의 가장 기본이 되는 자료입니다.

▶ 기본 원고 작성하기
일반적으로 프레젠테이션 디자이너에게 전달되는 발표자료는 서술형의 문서 형태입니다. 때문에 디자이너가 전체 내용을 파악한 뒤 발표자료를 기준으로 기본 원고를 작성해야 합니다.

▶ 핵심어 추출 및 레이아웃 지정하기
먼저 기본 원고를 기준으로 핵심어를 추출한 후 각각의 내용을 슬라이드에 어떤 형태로 배치할지 결정한 후 기본 레이아웃을 지정합니다. 뿐만 아니라 슬라이드에 사용될 배경 이미지와 전체적인 색상도 결정해야 합니다.
슬라이드 배경은 발표하고자 하는 내용과 관련된 이미지를

사용해야 청중들에게 통일성과 안정감, 그리고 발표주제를 전달할 수 있습니다. 그러므로 발표자료를 면밀히 분석하여 가장 적합한 배경을 선택해야 합니다.

▶ 마스터 디자인하기
발표 주제에 적합한 슬라이드 배경을 디자인하는 과정입니다. 만약 발표 주제에 적합한 배경을 구할 수 없다면 포토샵과 같은 그래픽 프로그램을 이용하여 배경 이미지를 직접 만들어야 합니다.

▶ 슬라이드 디자인하기
핵심어 등 정리된 발표자료를 기준으로 실제 슬라이드를 디자인합니다.

▶ 슬라이드 쇼 진행을 위한 애니메이션 지정하기
완성된 슬라이드의 내용을 청중들에게 효과적으로 전달하기 위해 애니메이션 효과를 지정합니다. 청중들의 시선을 집중시키기 위해 슬라이드 중간중간에 지정하는 것이 좋습니다.

01 발표자료 준비하기

회사의 새로운 기획안을 발표하기 위해 정보통신분야의 가장 핵심적인 부품인 '메모리'에 관련된 프레젠테이션 자료를 작성하려고 합니다.

발표자료는 프레젠테이션 디자이너에게 전달되는데 서술형의 문서 형태가 일반적입니다.

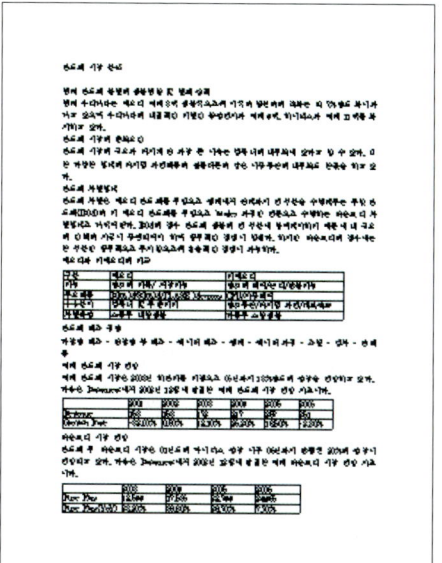

기본적인 발표자료의 예

02 기본 원고와 레이아웃 지정하기

서술 형태로 작성된 발표자료 의 내용을 파악하여 발표순서와 주제별로 기본 원고를 작성한 후 각각의 핵심어를 추출합니다. 추출된 핵심어를 기준으로 각각의 슬라이드에 어떻게 표현할 것인지 디자인하는 과정입니다. 슬라이드의 배경 디자인도 지정합니다.

❶ 원고 작성 및 핵심어 주출/레이아웃 지정

1) 첫번째 슬라이드(제목 슬라이드)

▶ **기본 원고**

　- 2004 반도체 시장 분석

▶ **핵심어 및 레이아웃**

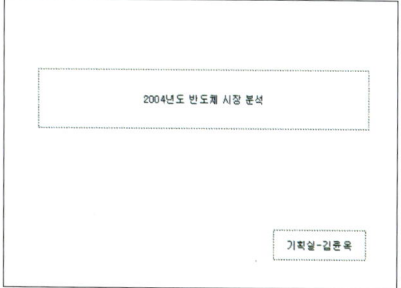

'2004년도 반도체 시장 분석'이라는 제목을 강조하기 위해 발표자는 슬라이드 오른쪽 아래에 배치하도록 합니다.

2) 두 번째 슬라이드

▶ **기본 원고**

현재 반도체 산업의 생산현황 및 업체 실적을 살펴보면 우리나라는 메모리 세계 3위 생산국으로서, 미국과 일본과의 격차는 약 7% 정도 차이입니다. 우리나라의 대표적인 기업인 삼성전자가 세계 4위, 하이닉스가 세계 11위를 차지하고 있습니다.

반도체 생산현황 및 업체 실적
한국 - 세계 3위 생산국(미국과 일본과의 격차 - 7%)
삼성 - 세계 4위
하이닉스 - 세계 11위

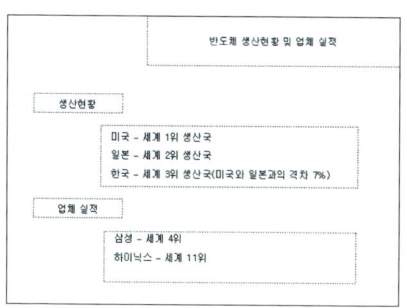

▶ **핵심어 및 레이아웃**

생산현황과 업체실적을 구분하여, 설명하고자 하는 항목의 가독성을 향상시킵니다.

3) 세 번째 슬라이드

▶ **기본 원고**

– 반도체 시장의 변화요인

반도체 시장의 규모가 커지게 된 가장 큰 이유는 컴퓨터의 대중화에 있다고 할 수 있습니다. 또한 다양한 형태의 디지털 가전제품과 셀룰러폰과 같은 이동통신의 대중화도 한몫을 하고 있습니다.

▶ **핵심어 및 레이아웃**

반도체 시장의 변화요인
컴퓨터, 디지털 가전제품, 이동통신장비

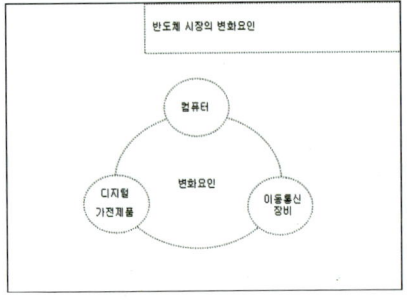

원 다이어그램을 이용하여 반도체 시장 변화의 주요요인들이 서로 유기적으로 관련되어 있다는 것을 표현합니다.

4) 네 번째 슬라이드

▶ **기본 원고**

– 반도체 사업 형태

반도체 사업은 메모리 반도체를 중심으로 설계에서 판매까지 전 부분을 수행하는 종합 반도체(IDM)와, 비메모리 반도체를 중심으로 Wafer 가공만 전문으로 수행하는 파운드리 사업 형태로 나뉘어집니다. IDM의 경우 반도체 생산의 전 부분에 참여하기 때문에 대규모의 인력과 자금이 동원되어야 하며 집중적인 경영이 힘듭니다. 하지만 파운드리의 경우에는 한 부분만 집중적으로 투자함으로써 효율적인 경영이 가능합니다.

▶ **핵심어 및 레이아웃**

반도체 사업형태
종합 반도체 – 설계에서부터 판매까지, 반도체 생산 전부 분참여, 대규모 인력과 자금 투입
파운드리 – Wafer 가공 전문으로 수행, 집중적 투가로 효율경영 기대

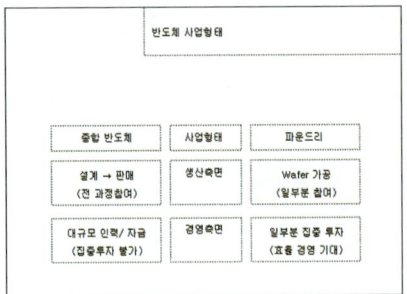

비교 항목의 가독성을 높이기 위해 항목을 가운데, 즉 비교 내용을 대칭형으로 배치합니다. 뿐만 아니라 이러한 디자인 형태는 표의 무게중심이 가운데이기 때문에 청중들에게 안정감을 줄 수도 있습니다.

5) 다섯 번째 슬라이드

▶ **기본 원고**

– 메모리와 비메모리 비교

구분	메모리	비메모리
기능	정보의 기록/저장기능	정보의 제어/논리/연산기능
주요제품	DRAM/SRAM/FLASH Memory	CPU/자동제어
응용분야	컴퓨터 및 주변기기	정보통신/디지털 가전/네트워크
사업특성	소품종 대량생산	다품종 소량생산

▶ **핵심어 및 레이아웃**

> 메모리와 비메모리 비교

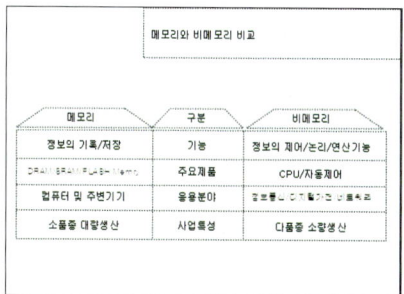

비교 항목의 가독성과 안정감을 고려하여 비교 내용을 대칭형으로 배치합니다.

6) 여섯 번째 슬라이드

▶ **기본 원고**

– 반도체 제조 공정
다결정 제조 ⇨ 단결정 봉 제조 ⇨ 웨이퍼 제조 ⇨ 설계 ⇨ 웨이퍼 가공 ⇨ 조립 ⇨ 검사 ⇨ 완제품

▶ **핵심어 및 레이아웃**

> 반도체 제조 공정
> 다결정 제조 ⇨ 단결정 봉 제조 ⇨ 웨이퍼 제조 ⇨ 설계 ⇨ 웨이퍼 가공 ⇨ 조립 ⇨ 검사 ⇨ 완제품

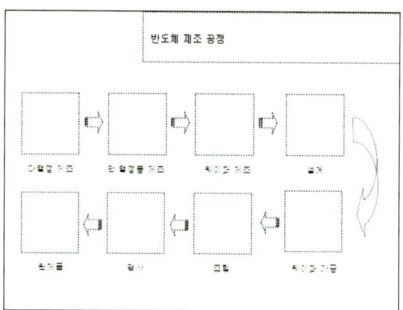

반도체 제조 공정에 관련된 그림을 삽입하여 제품 공정 과정을 시각적으로 강조하고, 각 단계 사이에 화살표를 삽입하여 제조 공정의 흐름을 쉽게 파악할 수 있도록 구성합니다.

7) 일곱 번째 슬라이드

▶ **기본 원고**

– 세계 반도체 시장 전망
세계 반도체 시장은 2003년 하반기를 기점으로 06년까지 13% 정도의 성장을 전망하고 있습니다. 다음은 Dataquest에서 2002년 12월에 발표한 세계 반도체 시장 전망 자료입니다.

	2001년	2002년	2003년	2004년	2005년	2006년
Revenue	153	153	172	217	257	251
Growth Rate	-32.00%	0.50%	12.10%	26.20%	18.50%	-2.30%

▶ **핵심어 및 레이아웃**

> 세계 반도체 시장 전망
> 세계 반도체 시장 – 06년까지 13% 성장(2003년 하반기를 기점으로)
> 표 그대로 작성

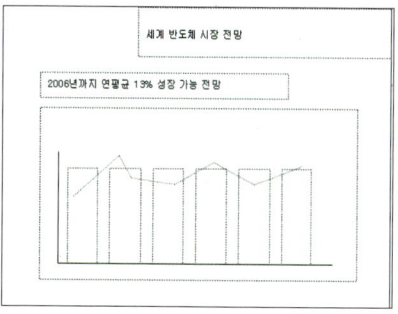

두 개의 항목을 효과적으로 분석하기 위해 막대 그래프와 꺽은선 그래프가 혼용된 두 가지 형태의 그래프를 작성합니다.

8) 여덟 번째 슬라이드

▶ 기본 원고

– 파운드리 시장 전망

반도체 중 파운드리 시장은 01년도의 마이너스 성장 이후 06년까지 연평균 20%의 성장이 전망되고 있습니다. 다음은 Dataquest에서 2002년 12월에 발표한 세계 파운드리 시장 전망 자료입니다.

	2003년	2004년	2005년	2006년
Pure Play	12,544	17,536	22,744	24,495
Pure Play(YoY)	23.20%	39.80%	29.70%	7.70%

▶ 핵심어 및 레이아웃

파운드리 시장 전망

06년까지 연평균 20% 성장전망(01년 마이너스 성장 이후)

표 그대로 작성

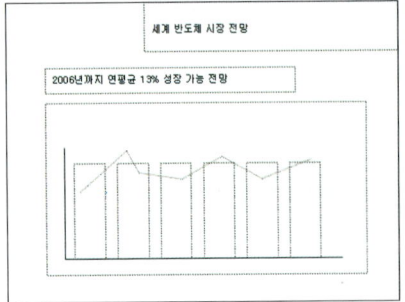

일곱 번째 슬라이드와 마찬가지로 두 개의 항목을 효과적으로 분석하기 위해 막대 그래프와 꺾은선 그래프가 혼용된 형태의 그래프를 작성합니다.

03 슬라이드 디자인

프레젠테이션 자료에 사용될 배경을 디자인하는 과정입니다. 뿐만 아니라 앞서 작성된 레이아웃을 기준으로 슬라이드를 디자인하는 과정입니다.

❶ 슬라이드 디자인을 위한 준비

1) 이미지 준비

슬라이드의 배경 디자인을 결정해야 합니다. 파워포인트에서 제공하는 디자인 서식 파일이나 웹에서 구할 수 있는 템플릿 파일, 또는 파워포인트에서 제공되는 도형이나 워드아트들을 이용하여 디자인할 수 있습니다. 하지만 반도체에 관련된 내용을 발표하는 자료이므로 청중들에게 발표하려는 주제를 명확히 인식시키기 반도체에 관련된 이미지를 이용합니다. 하나의 이미지로 제목 슬라이드와 나머지 내용 슬라이드의 배경을 지정하게 되면 단조롭기 쉽습니다. 따라서 제목 슬라이드와 내용 슬라이드에 사용될 이미지를 따로 지정하는 것이 좋습니다.

제목 슬라이드 배경 이미지

나머지 내용 슬라이드 배경 이미지

2) 전체 슬라이드의 배경색 지정하기

반도체 시장의 긍정적인 면을 강조하려는 자료이므로, 신뢰와 간결함을 주는 블루 계열로 전체 배경을 지정하고 각각의 슬라이드 제목은 흰색으로 지정합니다. 흰색은 블루 계열의 바탕색에서 가독성을 높일 수 있을 뿐만 아니라 정직, 결백의 의미를 갖고 있기 때문에 청중들로부터 발표자료의 신뢰성을 향상시킬 수 있는 효과가 있습니다.

❷ 제목 슬라이드 배경 이미지 포토샵으로 디자인하기

포토샵은 두말이 필요없는 2D 그래픽 프로그램의 대명사로 이미지 합성과 수정, 복원 등 다양한 용도로 사용되고 있으며 그 활용도는 프레젠테이션에서도 예외가 아닙니다. 특히 청중의 시선을 유도하는 배경 이미지의 경우 포토샵을 활용하면 효과를 배가할 수 있습니다.

포토샵으로 배경 이미지를 어떻게 만들 수 있는지 간단하게 살펴보겠습니다. 파워포인트와 포토샵 프로그램의 관계에 대해서는 447페이지에서 다시 한번 설명합니다.

1 사용자의 컴퓨터의 포토샵 프로그램이 설치되어 있다면 '시작' 버튼을 클릭한 후 '모든 프로그램 – Adobe Photoshop 7'을 클릭합니다.

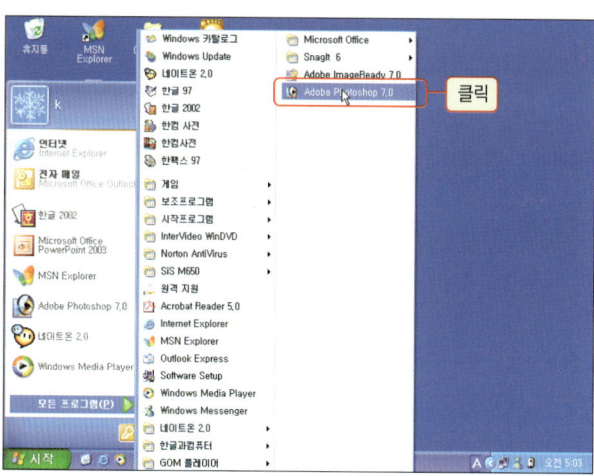

2 'file – open' 메뉴를 클릭합니다. 'open' 창이 나타나면 부록 CD의 '예제 파일 – 이미지' 폴더에서 '반도체배경1.jpg' 파일을 선택한 후 '열기' 버튼을 클릭합니다.

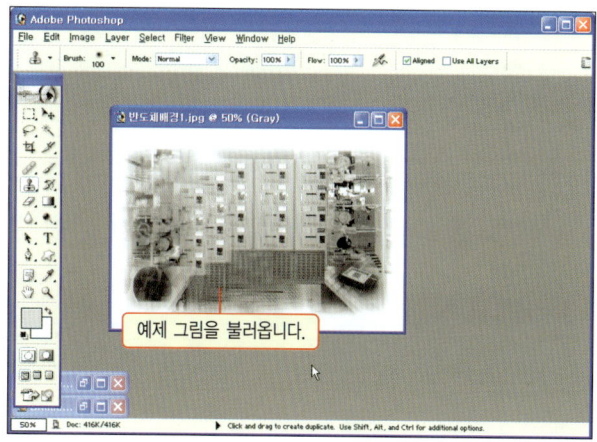

3 'image – Mode – RGB color' 메뉴를 클릭하여 이미지의 현재 모드를 RGB color 값으로 변경합니다.

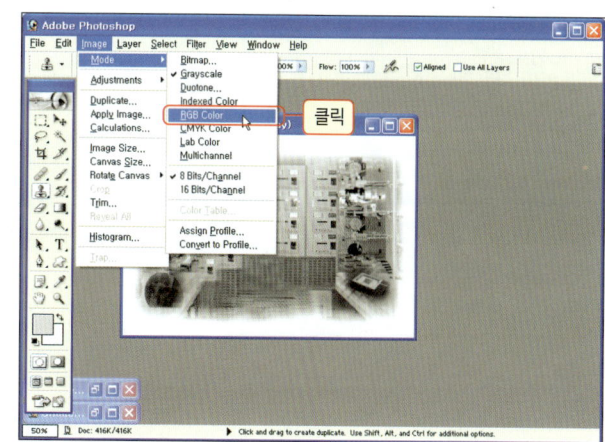

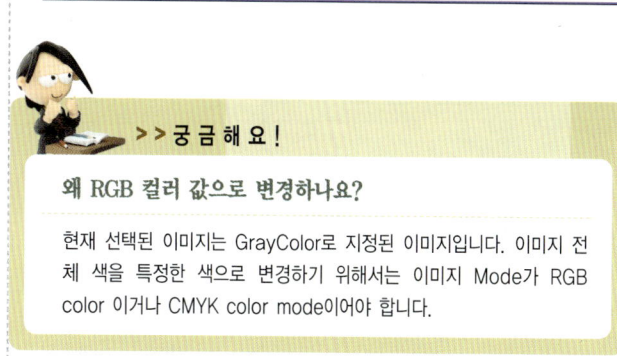

>> 궁금해요!

왜 RGB 컬러 값으로 변경하나요?

현재 선택된 이미지는 GrayColor로 지정된 이미지입니다. 이미지 전체 색을 특정한 색으로 변경하기 위해서는 이미지 Mode가 RGB color 이거나 CMYK color mode이어야 합니다.

4 'Image – Adjustments – Channel Mixer' 메뉴를 클릭합니다.

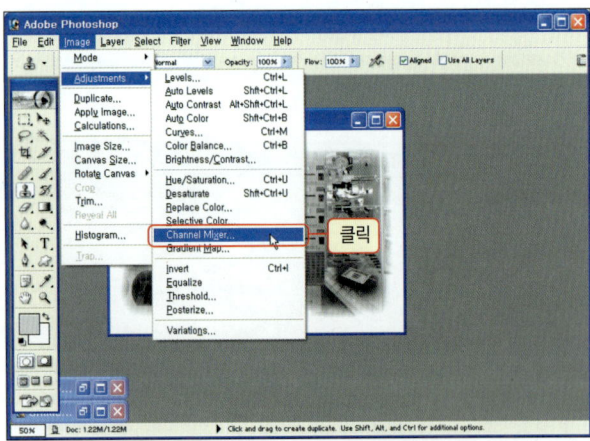

5 'Channe Mixer' 창이 나타나면 'Output Channel'의 값을 Blue로 변경합니다.

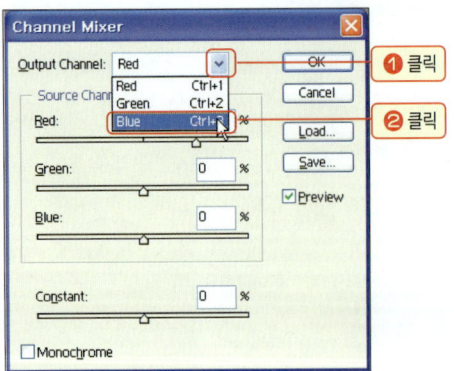

6 Source Channels의 'Blue' 값을 +200%로, 그리고 'Constant' 값을 +26%로 변경한 후 OK 버튼을 클릭합니다.

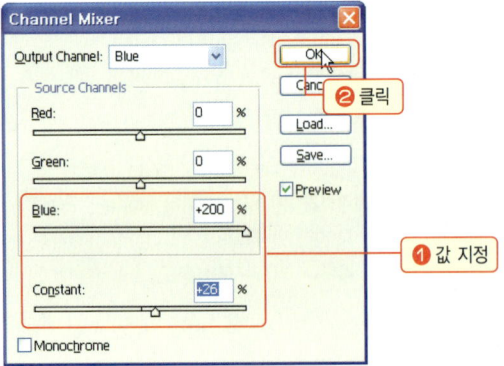

7 그림 전체의 배경색이 푸른색 계열로 변경됩니다.

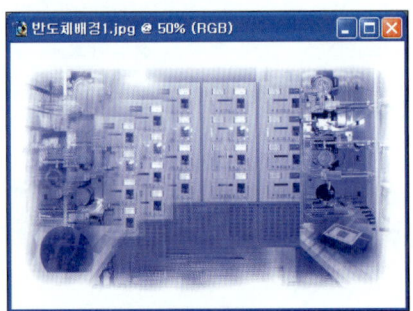

8 'Filter – Brush Strokes – Crosshatch' 메뉴를 클릭합니다.

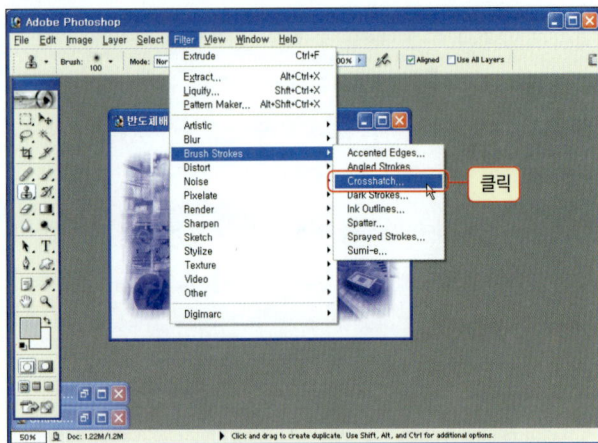

9 'Crosshatch' 창이 나타나면 Stroke Length의 값은 9, Sharpness는 6, 그리고 Strengths의 값을 1로 지정한 후 'OK' 버튼을 클릭합니다.

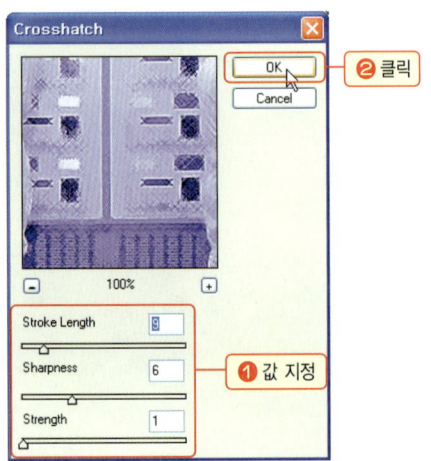

10 그림과 같이 회화적인 느낌의 이미지로 변경됩니다. 마지막으로 'file – Save As' 메뉴를 클릭하여 '반도체배경1–완성'으로 저장합니다.

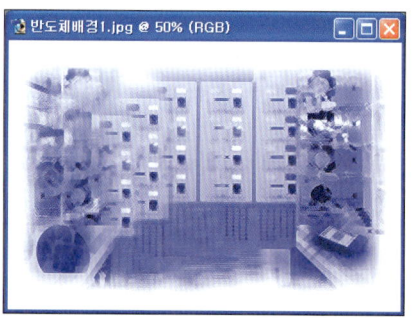

❸ 슬라이드 배경 이미지 디자인하기

1 'file – open' 메뉴를 클릭하여 부록 CD의 '예제 파일–이미지' 폴더에서 '반도체배경2.jpg' 파일을 불러옵니다.

예제 파일을 불러옵니다.

2 이미지에서 반도체 칩만 복사하기 위해 기본 툴 박스에서 'Lasso Tool'(자유 선택 툴)을 클릭합니다.

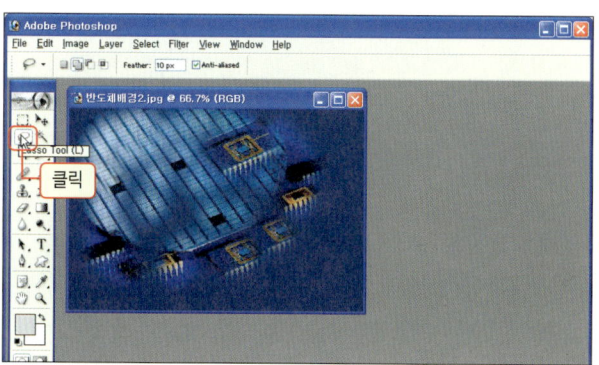

클릭

3 Lasso Tool을 이용하여 그림과 같이 드래그하여 영역을 지정합니다.

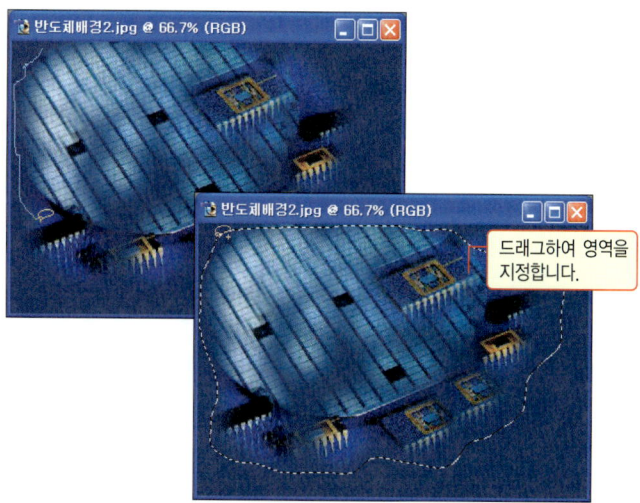

드래그하여 영역을 지정합니다.

4 'Edit – Copy' 메뉴를 클릭합니다.

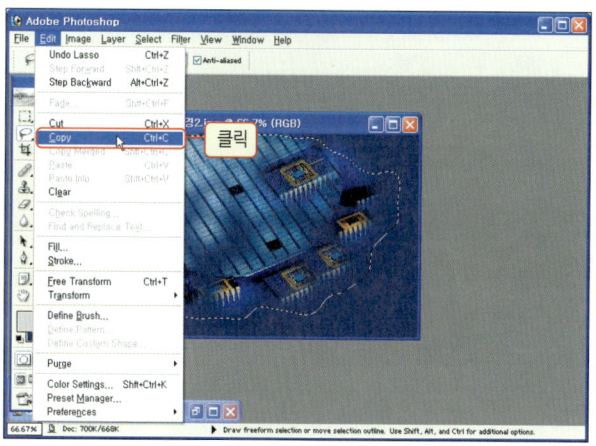

클릭

5 'File – New' 메뉴를 클릭하면 'New' 창이 나타납니다. 그림과 같이 값을 지정한 후 'OK' 버튼을 클릭합니다.

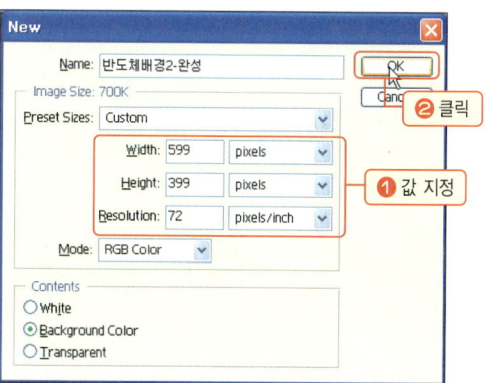

❷ 클릭

❶ 값 지정

6 다음 그림과 같은 흰색의 이미지 창이 생성됩니다. 이때 메뉴 표시줄에서 'Edit - Paste' 메뉴를 클릭하세요.

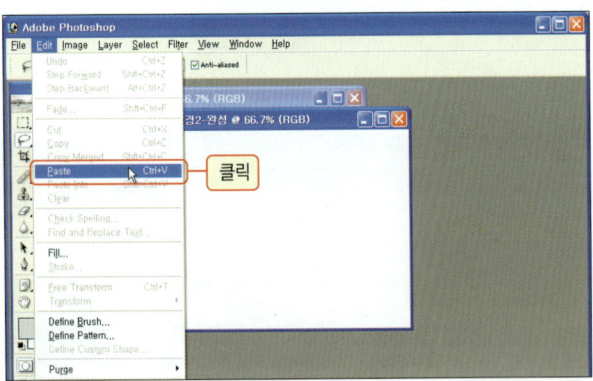

> **>> 궁금해요!**
>
> **배경색이 흰색이 아닌데요?**
>
> 새 창을 띄우기 전 툴 박스에서 배경색(Set background color) 아이콘을 더블클릭하고 Color Picker 창에서 흰색을 지정한 후 'OK' 버튼을 클릭하면 됩니다.
>
>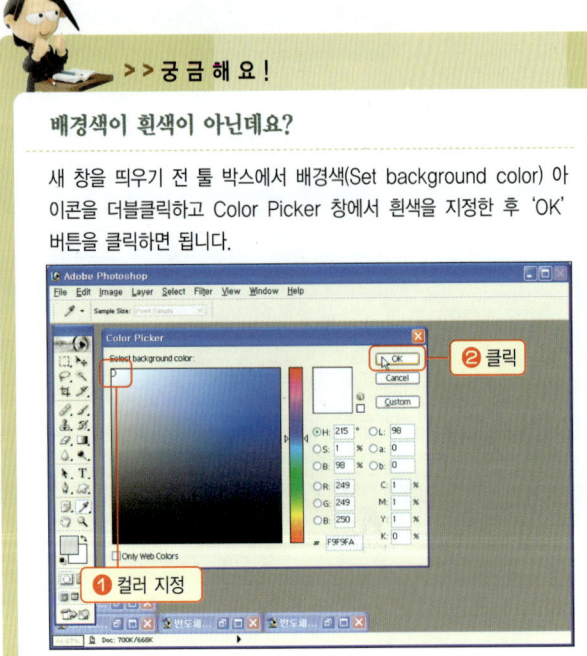

7 좀전에 복사한 그림이 새로운 창에 붙여넣기 되었습니다.

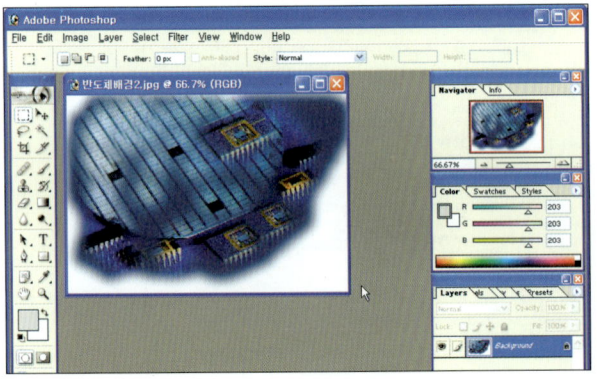

8 'file - Save As' 메뉴를 클릭하여 '반도체배경2-완성.jpg'로 저장합니다.

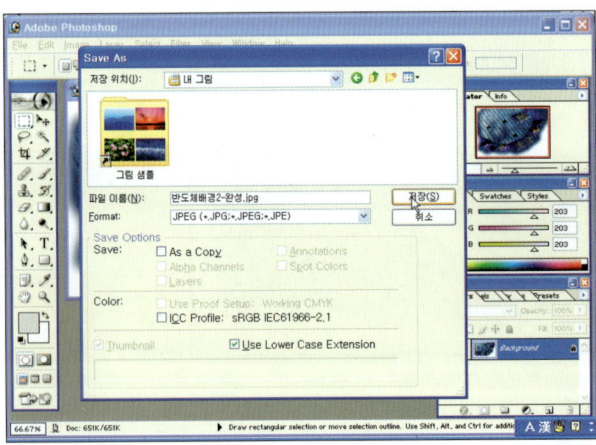

④ 파워포인트에서 슬라이드 마스터 디자인하기

슬라이드 배경으로 사용될 이미지가 준비되었다면 본격적으로 슬라이드 마스터를 지정해야 합니다. '반도체배경2-완성.jpg' 이미지를 이용하여 슬라이드 마스터를 디자인하도록 하겠습니다.

1 파워포인트 2003 프로그램을 실행합니다.

2 '보기 - 마스터 - 슬라이드 마스터' 메뉴를 클릭합니다.

3 이미지를 삽입하기 위해 메뉴표시줄에서 '삽입 - 그림 - 그림 파일' 메뉴를 클릭합니다.

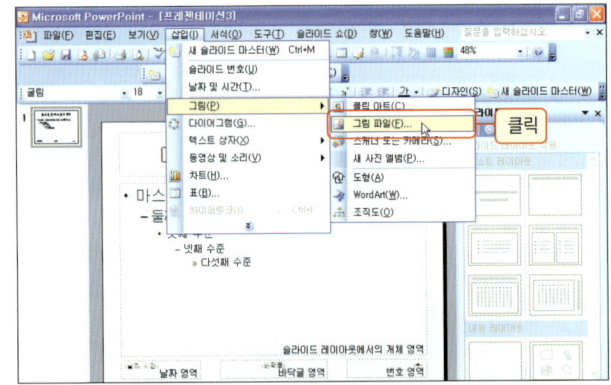

4 '그림 삽입' 창에서 '반도체 배경2-완성.jpg' 파일을 선택한 후 '삽입' 버튼을 클릭하여 이미지를 삽입합니다.

5 이미지가 마스터 슬라이드에 삽입되면 크기 조정 핸들을 드래그하여 슬라이드의 크기에 맞게 이미지 크기를 조절합니다.

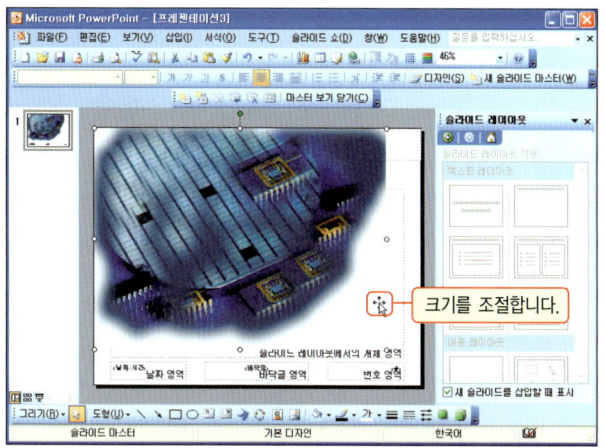

6 슬라이드에 삽입된 그림에서 마우스 오른쪽 버튼을 클릭한 후 '순서 – 맨 뒤로 보내기' 메뉴를 선택합니다.

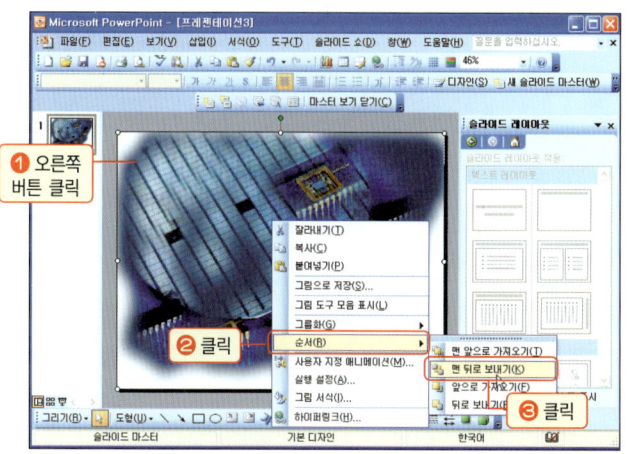

7 제목 상자의 위치를 다음과 같이 조절한 후 글꼴을 '휴먼모음 T' 글꼴의 크기는 40, 그리고 글꼴의 색을 흰색으로 지정합니다.

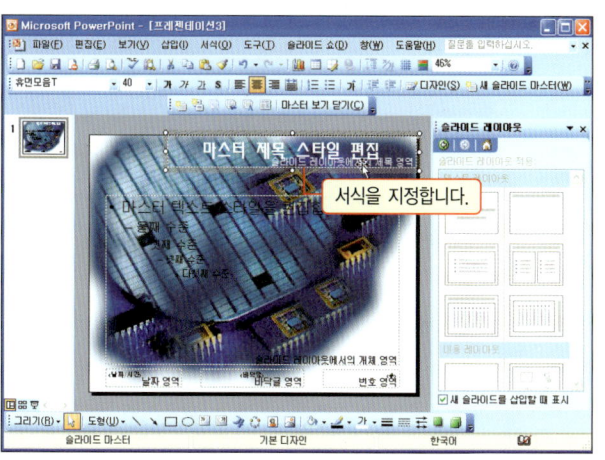

8 그리기 도구 모음의 ⬜ 버튼을 클릭하여 그림과 같이 제목 상자에 사각형을 드래그합니다.

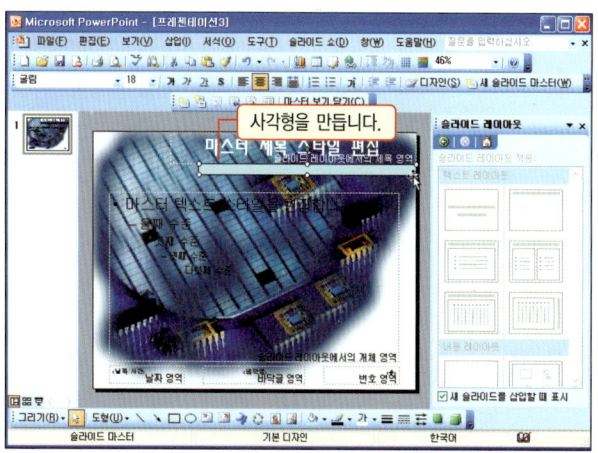

9 제목 상자 밑에 그려진 도형을 선택하고 마우스 오른쪽 버튼을 클릭한 후 '도형 서식' 메뉴를 선택합니다. 그림과 같이 '도형 서식' 창이 나타나면 채우기 효과를 클릭합니다.

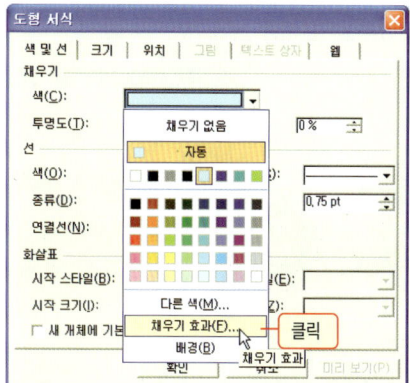

10 그림과 같이 그라데이션 효과를 지정한 후 '확인' 버튼을 클릭합니다. 마지막으로 '도형 서식' 창에서 투명도를 10%로 지정한 후 '확인' 버튼을 클릭합니다.

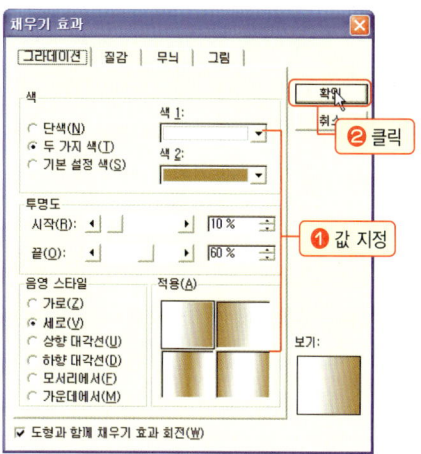

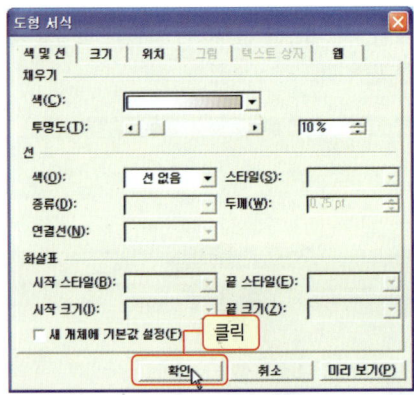

2 이미지를 삽입하기 위해 '삽입 – 그림 – 그림 파일' 메뉴를 클릭합니다. '그림 삽입' 창에서 '반도체 배경1–완성.jpp' 파일을 선택한 후 '삽입' 버튼을 클릭하여 이미지를 삽입합니다.

3 이미지가 마스터 슬라이드에 삽입되면 크기 조정 핸들을 드래그하여 그림과 같이 이미지의 위치와 크기를 조절합니다.

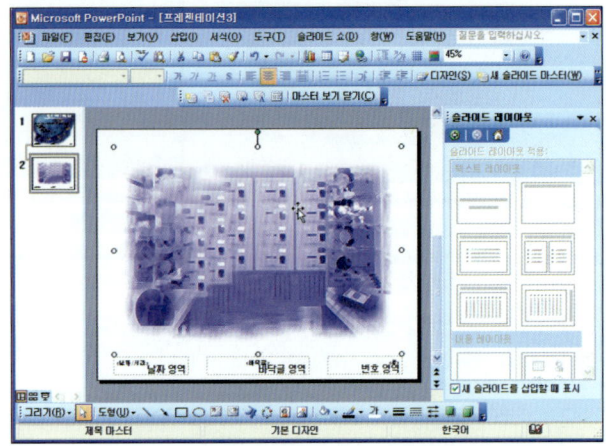

5 제목 마스터 디자인하기

제목 슬라이드의 레이아웃을 변경하려면 '새 제목 마스터'를 이용해야합니다.

1 제목 마스터를 디자인하기 위해 '삽입 – 새 제목 마스터' 메뉴를 클릭합니다. 제목 마스터의 이미지를 '반도체배경1–완성.jpg'로 변경하기 위해 배경 이미지를 선택한 후 Delete 키를 눌러 삭제합니다. 도형도 선택한 후 Delete 키를 눌러 삭제하세요.

4 슬라이드에 삽입된 그림에서 마우스 오른쪽 버튼을 클릭한 후 '순서 – 맨 뒤로 보내기' 메뉴를 클릭합니다.

5 마지막으로 '슬라이드 마스터 보기' 도구 모음에서 '마스터 보기 닫기'를 클릭하여 슬라이드 마스터의 디자인을 종료합니다.

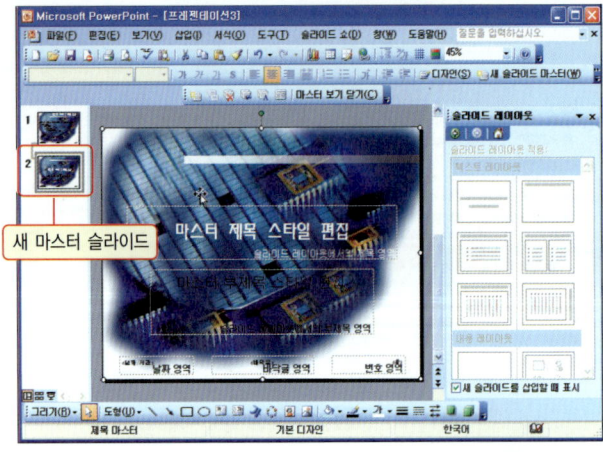

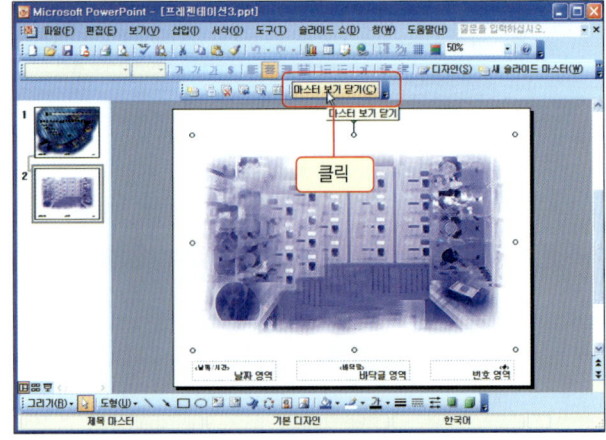

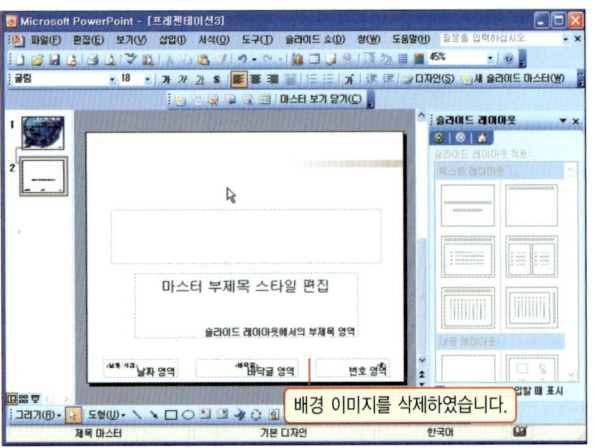

04 완성된 슬라이드 미리 보기

실제 레이아웃에 따라 직접 슬라이드를 디자인하는 과정입니다. 이미 슬라이드의 배경 디자인과 레이아웃이 지정되어 있으므로 파워포인트의 다양한 기능을 활용하여 발표내용이 잘 표현될 수 있도록 슬라이드를 디자인하면 됩니다.

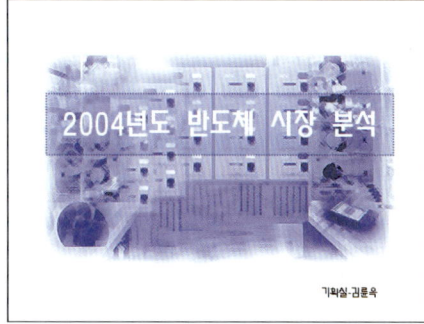

첫 번째 슬라이드

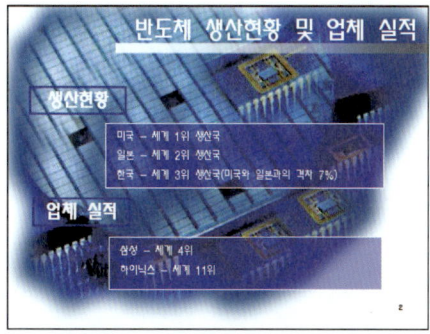

두 번째 슬라이드

세 번째 슬라이드

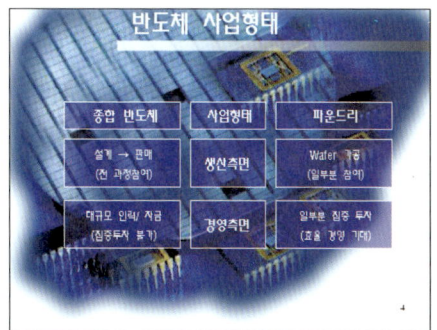

네 번째 슬라이드

다섯 번째 슬라이드

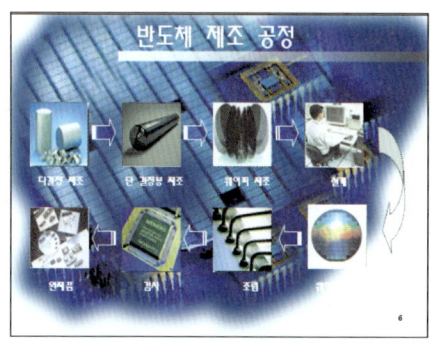

여섯 번째 슬라이드

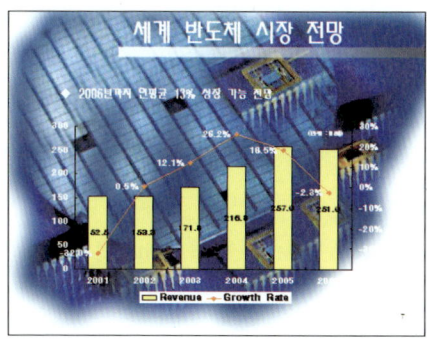

일곱 번째 슬라이드

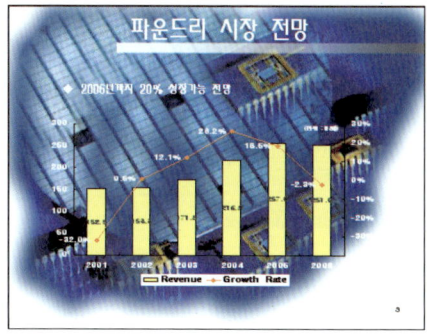

여덟 번째 슬라이드

> >부록 2_

만지면 커지는 파워포인트 비밀 노트

여러분과 같은 파워포인트 초보자는 무엇이 궁금했을까요? 오랜기간 필자가 파워포인트 강의를 하며 학생들에게 받았던 질문들을 정리하였습니다. 놓치면 아까운 파워포인트 비밀 노하우. 꼭 여러분 것으로 만드세요.

O1 자동 저장 기능이란 무엇이고 저장 간격은 어떻게 지정하나요?

파워포인트 작업 도중 정전이나 컴퓨터 다운 등 불의의 사고로 인해 작업했던 문서를 모두 잃어버린 경험이 있는지요. 자동 저장 기능은 이러한 사고에 대비할 수 있는 기능입니다. 자동 저장 간격을 지정하게 되면 지정된 시간마다 자동으로 저장하기 때문에 컴퓨터가 정전되거나 다운되기 전까지의 작업을 복구할 수 있습니다. 기본값으로 저장 간격이 10분으로 지정되어 있습니다.

1 '도구—옵션' 메뉴를 클릭합니다.

2 '옵션' 창에서 '저장' 탭을 클릭한 후 '자동 저장 간격'의 시간을 지정합니다. '확인' 버튼을 클릭하세요.

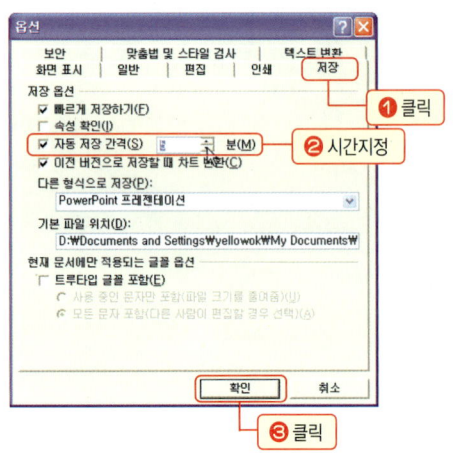

O2 자동으로 복구된 파일이란?

파워포인트에서는 '자동 복구' 기능을 제공하기 때문에 컴퓨터가 갑자기 다운되어 파일을 제대로 저장되지 않은 상태에서 종료된 경우라도 복구가 가능합니다. 단 자동 복구 기능으로 복구할 수 있는 내용은 자동 저장 기능에 의해 마지막으로 저장된 내용까지입니다.

1 파워포인트가 비정상적으로 종료된 경우라면 다시 실행합니다.

2 파워포인트의 개요 창 왼쪽편에 '문서 복구' 창이 나타납니다. 복구하기 원하는 파일을 클릭합니다.

3 선택한 파일이 창에 나타나면 '문서 복구' 창의 '닫기' 버튼을 클릭합니다.

4 혹시 컴퓨터가 다운될 수 있으므로 복구된 파일을 우선 저장한 후 슬라이드를 작성하거나 편집합니다.

O3 암호를 지정하고 싶은데요?

프레젠테이션 문서의 보안을 위하여 암호를 지정할 수 있습니다. 암호 지정은 파일 자체를 암호화하여 보관하는 것은 아닙니다. 하지만 파일의 접근 권한을 제한하여 다른 사람이 문서의 내용을 볼 수 없도록 합니다.

1 파워포인트 메뉴표시줄에서 '파일 - 다른 이름으로 저장'을 클릭합니다.

2 '다른 이름으로 저장' 창의 '도구' 버튼을 클릭한 다음 '보안 옵션' 메뉴를 클릭합니다.

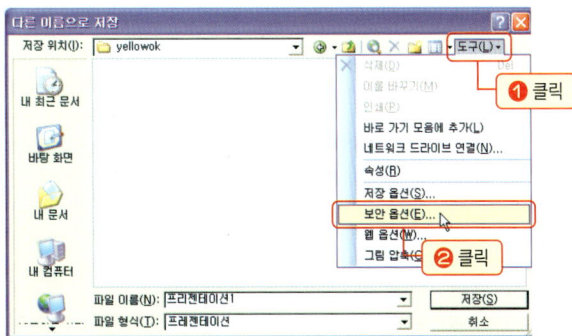

3 '보안 옵션' 창이 나타나면 '이 문서의 파일 암호화 설정'의 '열기 암호'에 암호를 입력한 후 '확인' 버튼을 클릭합니다.

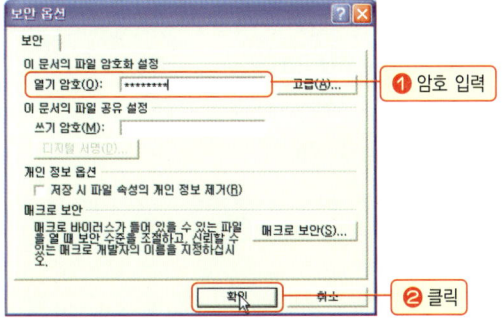

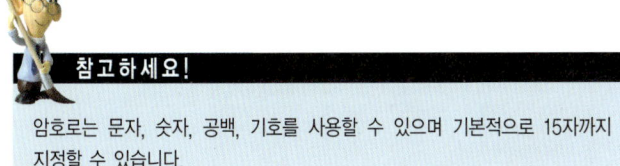

참고하세요!

암호로는 문자, 숫자, 공백, 기호를 사용할 수 있으며 기본적으로 15자까지 지정할 수 있습니다.

4 '암호 확인' 창이 나타나면 좀전에 입력한 암호를 다시 한번 입력한 후 '확인' 버튼을 클릭합니다.

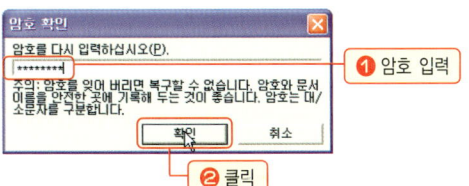

참고하세요!

암호가 지정된 파일을 열려면?
암호가 지정된 파일을 열기하면 다음과 같은 '암호' 창이 나타납니다. 이때 지정된 암호를 입력한 후 '확인' 버튼을 클릭하면 됩니다.

04 특정한 사람에게만 파일을 변경할 수 있는 권한을 주고 싶습니다.

공동 작업을 하거나 또는 웹에 프레젠테이션 파일을 업로드 하여 게시할 때 일반 청중들은 읽기만 가능하고 특정 권한 이 있는 사람만 파일 내용을 변경할 수 있도록 지정하려면 '쓰기 암호'를 지정하면 됩니다.

1 '파일 - 다른 이름으로 저장'을 클릭합니다.

2 '다른 이름으로 저장' 창의 '도구' 버튼을 클릭한 후 '보안 옵션' 메뉴를 클릭합니다.

3 '보안 옵션' 창에서 '이 문서의 파일 공유 설정'의 '쓰기 암호'를 지정한 후 '확인' 버튼을 클릭합니다.

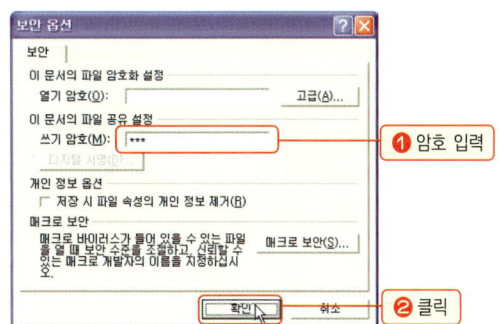

4 '암호 확인' 창이 나타나면 좀전에 입력한 암호를 다시 한번 입력한 후 '확인' 버튼을 클릭합니다.

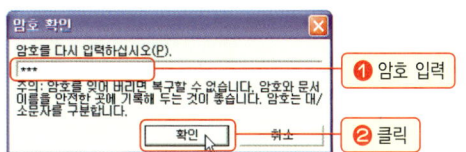

'읽기 전용' 버튼이 나타나면?

파일을 열 때 '읽기 전용' 버튼이 나타나면 '쓰기 암호'가 지정된 파일입니다. 이때 지정된 암호를 정확히 모른다 하여도 '읽기 전용' 버튼을 클릭하면 내용을 확인할 수 있습니다.

---

05 암호의 길이를 길게 하고 싶은데요?

기본적으로 암호의 길이는 15자까지 가능합니다. 하지만 암호의 길이가 짧다면 그만큼 암호를 해독할 가능성이 높아지겠죠? 암호를 지정할 때 암호의 길이 뿐만 아니라 암호화하는 알고리즘도 지정할 수 있습니다.

1 '보안 옵션' 창에서 '고급' 버튼을 클릭합니다.

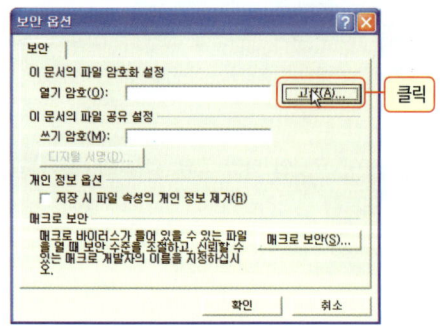

2 '암호화 종류' 창에서 암호화 알고리즘을 선택합니다. 그런 다음 '암호 길이 선택'에서 암호의 길이를 지정하고 '확인' 버튼을 클릭합니다.

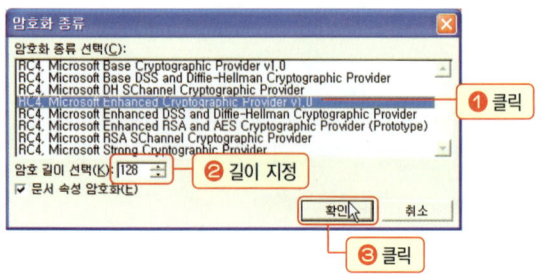

알고리즘이란?

프로그래밍을 할 때 제작자의 독특한 공식이나 함수(Function)를 알고리즘(algorithm)이라고 합니다. 문제 해결을 위한 순서도라고나 할까요? 일정한 규칙의 체계 정도로 이해하면 좋을 것입니다.

---

06 '파일' 메뉴에 나타나는 파일 목록을 없앨 수 없나요?

'파일' 메뉴를 클릭하면 최근에 사용된 프레젠테이션 파일의 목록이 나타납니다. 최근에 열어본 파일의 수가 적을 경우에는 괜찮지만 많은 경우에는 길게 나타나기 때문에 불편할 수도 있습니다. 이때 '파일' 메뉴에 나타나는 파일 목록의 수를 지정하거나 또는 나타나지 않도록 지정할 수 있습니다.

1 '도구 – 옵션' 메뉴를 클릭합니다.

2 '옵션' 창에서 '일반' 탭을 클릭합니다.

3 '최근에 사용한 파일의 목록' 항목의 체크를 해제합니다.

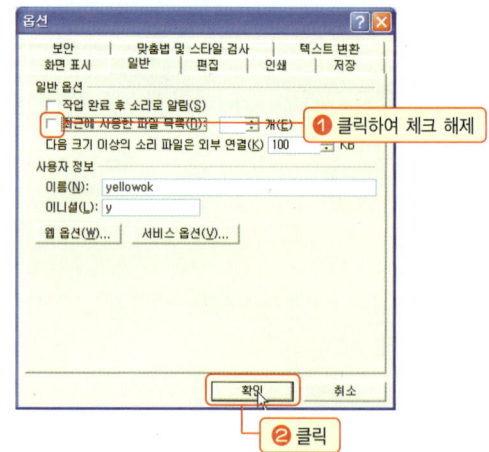

O7 개요 저장 기능에 대해서 알려주세요.

프레젠테이션의 개요를 파일로 저장하는 기능으로, 개요를 저장하기 위해서는 '서식 있는 텍스트(.rtf)' 형식으로 저장하면 됩니다. 개요가 저장된 파일에는 개요의 텍스트와 수준 정도만 저장되고 디자인 또는 글꼴의 정보는 저장되지 않습니다. 저장된 개요를 살펴보려면 메모장이나 MS-word 프로그램을 이용하면 됩니다.

1 '파일 – 다른 이름으로 저장' 메뉴를 클릭합니다.

2 '다른 이름으로 저장' 창에 파일 이름을 입력한 후 파일 형식을 '개요/서식 있는 텍스트(*.tif)'로 선택하고 '저장' 버튼을 클릭합니다.

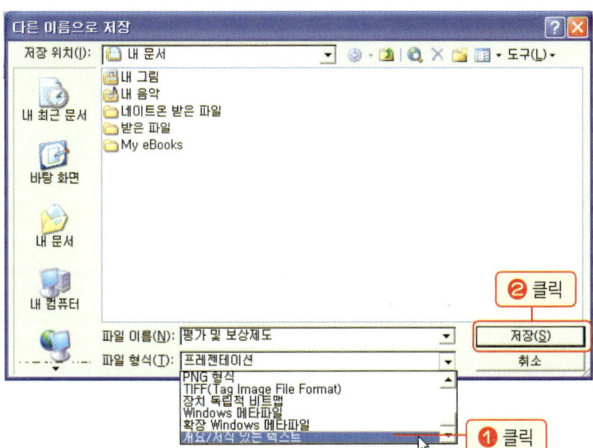

3 다음과 같이 프레젠테이션의 개요가 텍스트 파일로 저장됩니다.

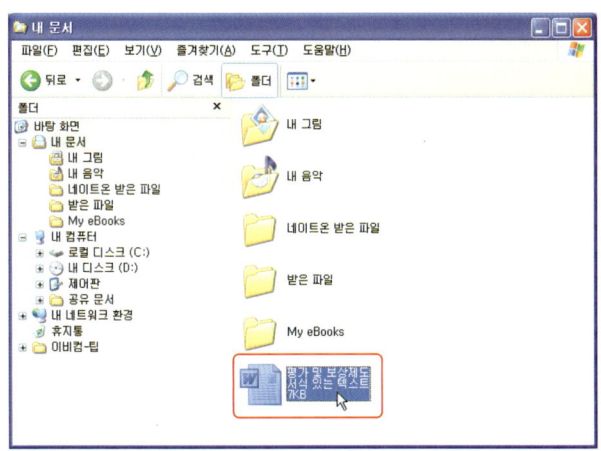

프레젠테이션의 개요를 MS-word로 내보내서 인쇄하면 개요를 저장하지 않고서 간단하게 프린트할 수 있을 뿐만 아니라 편집도 가능합니다. 만약 간단히 인쇄만 하려면 파워포인트에서 '파일 – 인쇄' 메뉴의 인쇄 대상을 '개요 보기'로 지정한 후 인쇄하면 됩니다.

1 '파일 – 보내기 – Microsoft Office Word'를 클릭합니다.

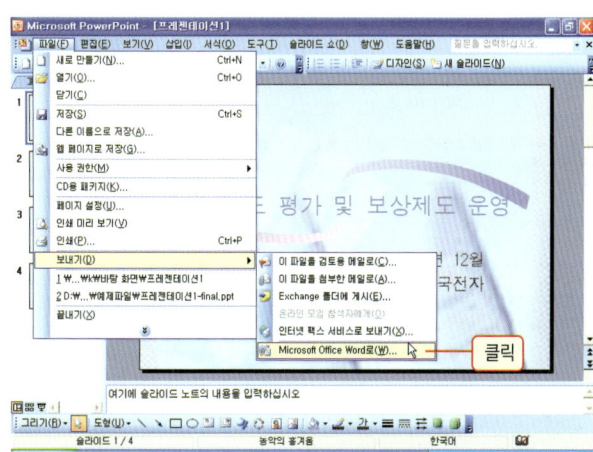

2 'Microsoft Office Word 보내기' 창에서 '개요'를 선택한 후 '확인' 버튼을 클릭합니다.

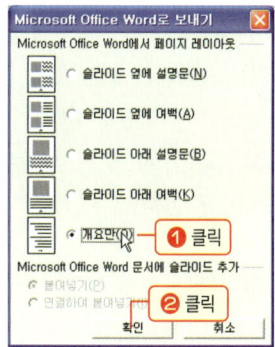

3 다음과 같이 Microsoft Office Word가 실행되고 개요가 나타납니다.

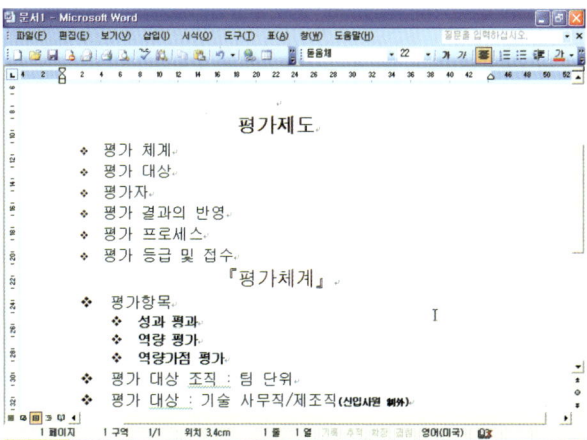

4 '파일 – 인쇄' 메뉴를 클릭합니다.

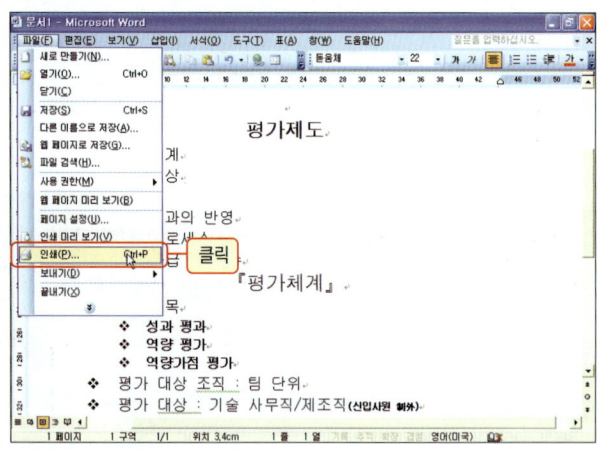

08 슬라이드 요약 기능을 알려주세요.

프레젠테이션을 구성하고 있는 슬라이드가 어떤 내용들로 구성되었는지 미리 알 수 있도록 슬라이드에 삽입된 제목들에 글머리 기호를 붙여 나열하는 기능입니다. 주로 목차 슬라이드를 만드는 경우에 사용하며 온라인 프레젠테이션을 위한 슬라이드 또는 홈페이지로 이용하면 좋습니다.

1 '여러 슬라이드'를 클릭하여 프레젠테이션을 구성하고 있는 슬라이드를 모두 표시합니다.

2 '편집 – 모두 선택' 메뉴를 클릭하여 프레젠테이션에 있는 모든 슬라이드를 선택합니다.

3 여러 슬라이드 모구 모음의 (슬라이드 요약)을 클릭합니다.

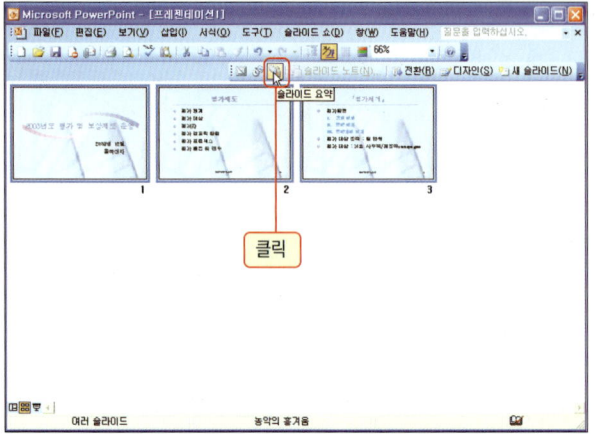

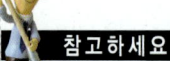
참고하세요!

일부분의 슬라이드만 선택하려면 싶은데요?
프레젠테이션을 구성하고 있는 모든 슬라이드가 아니라 일부분의 슬라이드를 선택하려면 Ctrl 키를 누른 상태에서 선택하고자 하는 슬라이드를 클릭하면 됩니다.

4 다음과 같이 선택된 슬라이드의 제목들이 삽입된 슬라이드가 맨 앞에 추가됩니다.

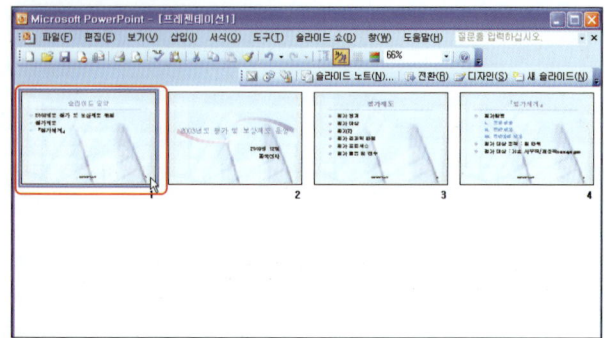

> > 궁금해요!

전 맨 앞에 추가되지 않고 중간에 삽입되어 있는데요?
무조건 요약 슬라이드가 슬라이드 맨 앞에 추가되는 것은 아닙니다. 슬라이드 요약은 현재 선택된 슬라이드 중 가장 앞쪽에 위치한 슬라이드 앞에 추가됩니다. 즉 세 번째 슬라이드와 네 번째 슬라이드를 이용하여 슬라이드 요약을 수행하면 요약 슬라이드는 세 번째 슬라이드 앞에 추가됩니다.

5 '기본 보기'를 클릭한 후 '슬라이드 요약'으로 되어 있는 제목을 원하는 제목으로 변경합니다.

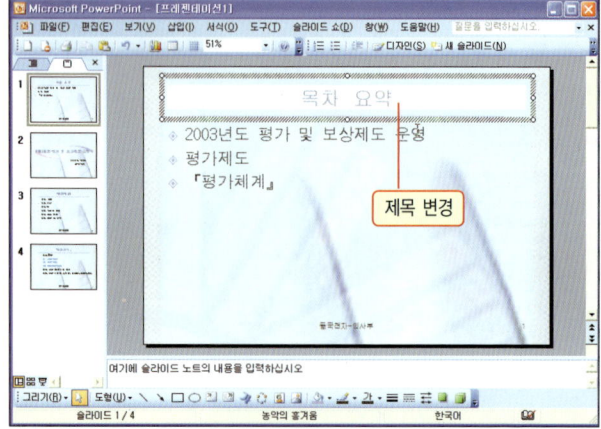

09 '도구 – 금칙 문자' 메뉴는 어떤 기능을 하나요?

문서 작성 또는 문서 편집시 특정 문자나 기호들이 행의 처음이나 마지막에 올 수 없다는 규칙을 금칙 처리라 하며 이 때 행의 처음이나 행의 마지막에 올 수 없는 문자는 금칙 문자라 합니다. 특별한 문자가 행의 처음이나 뒤에 오지 않도록 지정하기 위해서는 '사용자 지정'을 선택한 후 해당 문자를 지정하면 됩니다.

1 '도구 – 금칙 문자' 메뉴를 클릭합니다.

2 '사용자 지정'을 선택한 후 행의 처음이나 행의 뒤에 오지 않도록 지정하고자 하는 문자를 입력한 후 '확인' 버튼을 클릭합니다.

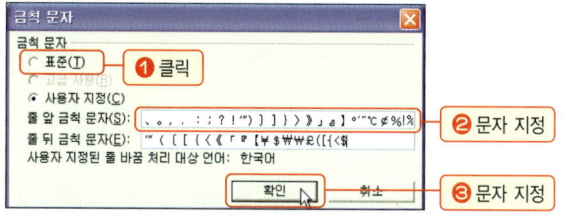

10 대소문자 바꾸기

슬라이드에 영문자를 삽입하는 경우 간혹 〈Caps Lock〉키가 켜져 있어 입력된 영문자가 모두 대문자로 삽입되는 경우가 있습니다. 이때 '대/소문자 바꾸기' 메뉴를 이용하면 아주 간단히 변경할 수 있습니다.

1 변경할 텍스트가 입력된 입력 상자를 선택하거나 변경하고자 하는 텍스트에 영역을 지정합니다.

2 '서식 – 대/소문자 바꾸기' 메뉴를 클릭합니다.

3 다음과 같은 창이 나타나면 변경하고자 하는 형태의 옵션을 지정한 후 '확인' 버튼을 클릭합니다.

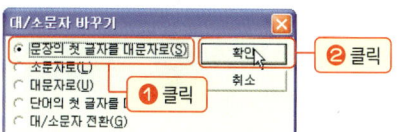

11 파워포인트 실행시 표시 모드를 변경하고 싶어요.

파워포인트에서 제공되는 화면 보기는 여러 가지 형태가 있습니다. 하지만 그 중 파워포인트를 실행하면 기본적으로 표시되는 모드가 바로 기본 보기입니다. 만약 매번 개요보기 또는 슬라이드 노트 형태로 이용해야 한다면 화면 보기의 기본설정을 변경하면 됩니다.

1 '도구 – 옵션' 메뉴를 클릭합니다.

2 '옵션' 창에서 '화면 표시' 탭을 클릭합니다.

3 아래 '기본 보기'에서 지정하고자 하는 기본 보기 모드를 선택한 후 '확인' 버튼을 클릭합니다.

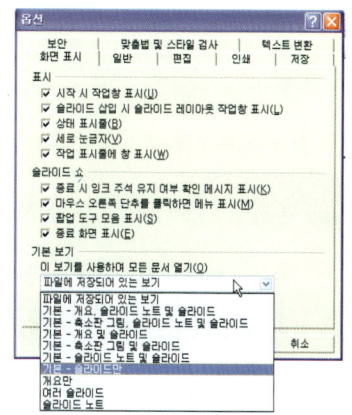

12 파워포인트 문서가 저장되는 기본 폴더를 변경하고 싶어요.

파워포인트에서 파일을 저장하려고 하면 기본적으로 '내문서' 폴더가 나타납니다. 만약 파워포인트로 작업한 파일을 저장하는 폴더의 위치가 항상 고정되어 있다면 기본 폴더를 내 문서에서 지정하고자 하는 폴더로 변경하면 됩니다.

1 '도구 – 옵션' 메뉴를 클릭합니다.

2 '옵션' 창에서 '저장' 탭을 클릭합니다.

3 '기본 파일 위치'를 변경하고자 하는 폴더로 지정한 후 '확인' 버튼을 클릭합니다.

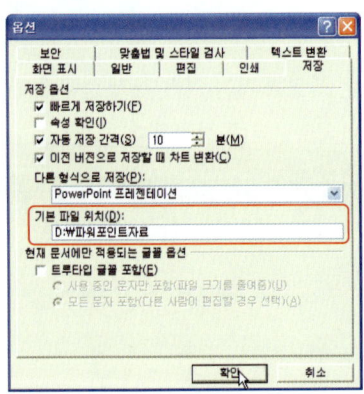

13 왜 글머리 기호가 아래쪽으로 나오나요?

글머리 기호가 입력된 목록의 아래쪽 또는 위쪽으로 표시되는 경우가 있습니다. 이는 글머리 기호와 글과의 맞춤이 위쪽 또는 아래쪽으로 지정되어 있기 때문입니다. 이는 '글꼴 맞춤' 메뉴를 이용하여 아주 간단히 지정할 수 있습니다.

1 '서식 – 글꼴 맞춤' 메뉴를 클릭합니다.

2 글머리 기호의 위치를 지정할 수 있는 메뉴가 나타납니다. 원하는 형태의 글머리 기호의 위치를 클릭합니다.

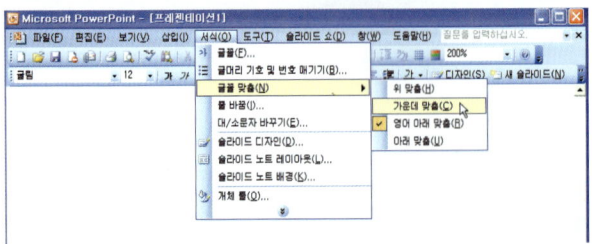

14 프레젠테이션에 지정된 글꼴을 한꺼번에 변경할 수 없나요?

이미 작성된 프레젠테이션의 글꼴을 팀장이 변경하라고 한다면? 언제 그 많은 슬라이드의 글꼴을 하나 하나씩 변경을 하겠습니까!! '글꼴 바꾸기' 메뉴를 이용하면 아주 간단합니다.

1 '서식 – 글꼴 바꾸기' 메뉴를 클릭합니다.

2 다음과 같이 '글꼴 바꾸기' 창이 나타납니다. 새 글꼴을 변경하고자 하는 글꼴로 변경한 후 '확인' 버튼을 클릭합니다.

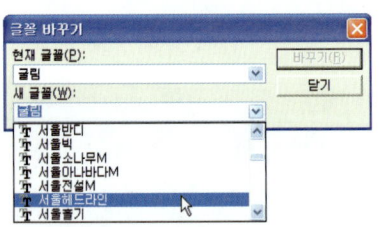

15 자동 고침 옵션에 대하여 알려주세요.

슬라이드에 특정한 기호나 문구를 삽입하고자 할 때 간단히 입력할 수 있는 기능입니다. 뿐만 아니라 잘못 입력된 텍스트, 예를 들면 영문자를 모두 소문자로 입력하였을 경우 자동으로 첫 글자를 대문자로 변경할 수도 있습니다. 또한 기본적으로 제공되는 기호가 있지만 만약 특정한 형태를 사용해야 할 경우에는 새로운 기호를 삽입하여 자동 고침 목록을 지정하면 빠르고 쉽게 입력할 수 있습니다.

▶ **자동 고침 창 살펴보기**

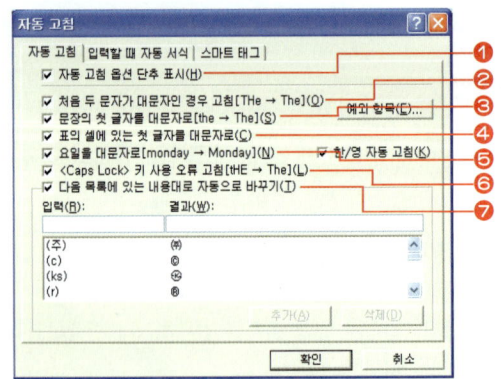

❶ 자동 고침 옵션 : 자동 고침 옵션 버튼의 숨김과 표시를 지정합니다.

❷ 처음 두 문자가 대문자인 경우 고침 : 영문입력시 연속적으로 대문자가 입력되는 경우 두 번째 문자를 소문자로 변경합니다.

❸ 문자의 첫 글자는 대문자로 : 입력되는 영문장의 첫글자를 무조건 대문자로 변경합니다.

❹ 표의 셀에 있는 첫 글자를 대문자로 : 표에 텍스트를 입력할 때 무조건 첫글자를 대문자로 변경합니다.

❺ 요일을 대문자로 : 요일이 소문자로 입력된 경우에 첫 글자를 대문자로 변경합니다.

❻ Caps Lock 키 사용 오류 고침 : Caps Lock 키가 눌려진 상태에서 Shift 키를 누르고 입력하면 잘못 입력되었음을 감지하여 정상적으로 변환한 후 Caps Lock 의 사용을 해제합니다.

❼ 다음 목록에 있는 내용대로 자동으로 바꾸기 : 특정한 기호나 또는 특정한 문구가 입력되어야 할 때 좀더 빠르고 쉽게 입력할 수 있도록 지원해줍니다.

▶ **입력할 때 자동 서식**

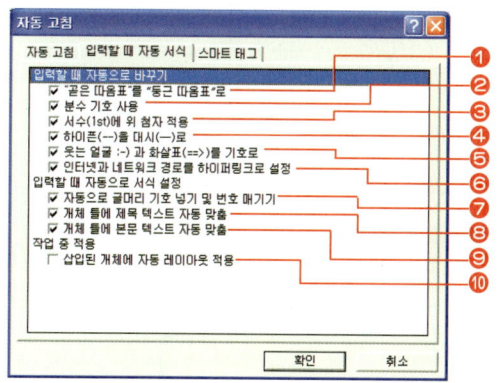

❶ '곧은 따옴표'를 '둥근 따옴표'로 : 한글에서 사용하는 둥근 따옴표 형태로 변경합니다.

❷ 분수 기호 사용 : 숫자와 슬래시를 입력하면 자동으로 분수기호로 변경해줍니다(1/2→ ½).

❸ 서수(1st)에 위 첨자 적용 : 순서를 지정하는 서수의 기호를 위 첫점자로 적용시켜 표시합니다(1st → 1st).

❹ 하이픈(--)을 대시(/)로 : --(하이픈)을 --(대시)로 변경합니다.

❺ 웃는 얼굴 :)과 화살표(==>)를 기호로 : 이모티콘과 화살

표 모양을 입력하면 실제 해당 이모티콘과 화살표로 변경됩니다. (:-) → ☺ , ==> → ➡)

❻ 인터넷과 네트워크 경로를 하이퍼 링크로 : http://로 시작되는 인터넷 주로를 입력할 경우 자동으로 하이퍼 링크를 지정하는 기능입니다. 만약 이 기능을 해제하면 직접 하이퍼링크를 지정해야 합니다.

❼ 자동으로 글머리 기호 넣기 및 번호 매기기 : 자동으로 글머리 기호 넣기 및 번호 매기기의 적용 여부를 지정합니다.

❽ 개체 틀에 제목 텍스트 자동 맞춤 : 텍스트 개체 틀에 제목 텍스트 자동 맞춤 기능 적용 여부를 지정합니다.

❾ 개체 틀에 본문 텍스트 자동 맞춤 : 텍스트 개체 틀에 본문 텍스트 자동 맞춤 기능 적용 여부를 지정합니다.

❿ 삽입된 개체에 자동 레이아웃 적용 : 삽입된 개체에 자동 레이아웃 적용 여부를 지정합니다.

▶ **긴 문자열을 간단히 입력하기**

1 '도구 : 자동 고침 옵션' 메뉴를 클릭합니다.

2 '자동 고침' 창의 '자동 고침' 탭을 클릭합니다.

3 '다음 목록에 있는 내용대로 자동으로 바꾸기' 란의 입력란에 '동' 을 입력합니다. 결과란에 '동국 주식회사(주)'를 입력한 후 '추가' 버튼을 클릭합니다.

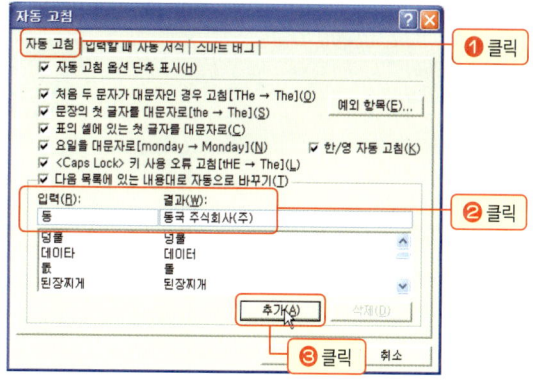

4 다음과 같이 추가된 목록이 나타나면 '확인' 버튼을 클릭하세요.

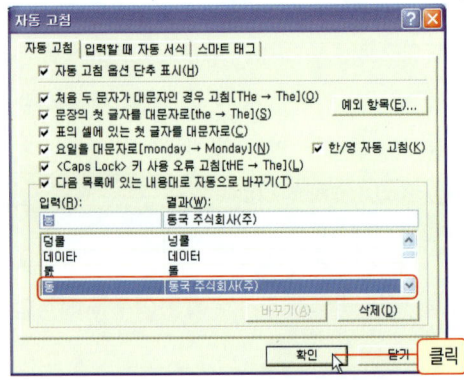

5 다음과 같이 '동'자를 입력한 후 Enter 키를 누릅니다.

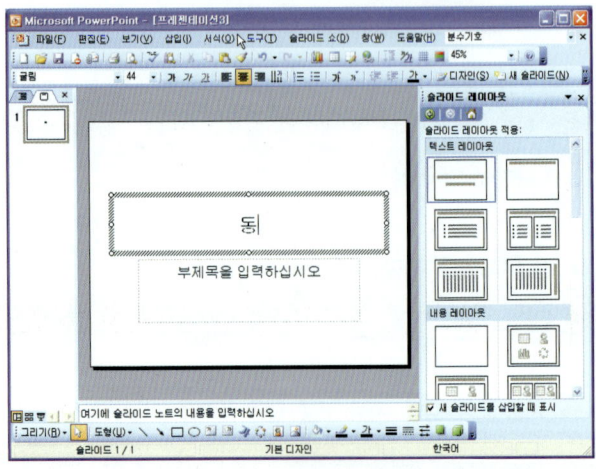

6 '동국 주식회사(주)'가 입력됩니다. 이와 같은 방법으로 다양한 형태의 문장들이나 기호들을 목록으로 지정할 수 있습니다.

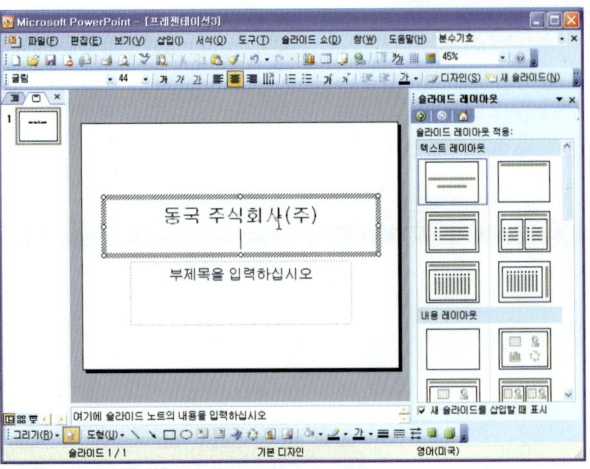

16 항상 모든 메뉴가 표시되도록 할 수 있나요?

파워포인트에서 자주 사용하지 않는 메뉴들은 바로 나타나지 않고 목록에 숨겨져 있습니다. 이때 ⚟ 를 클릭하거나 잠깐 기다려야만 모든 메뉴가 표시됩니다. '사용자 지정' 메뉴를 이용한다면 항상 모든 메뉴가 나타나도록 할 수 있습니다.

1 '도구 – 사용자 지정' 메뉴를 클릭합니다.

2 '옵션' 탭을 클릭한 후 '항상 모든 메뉴 표시'를 체크한 후 '닫기' 버튼을 클릭합니다.

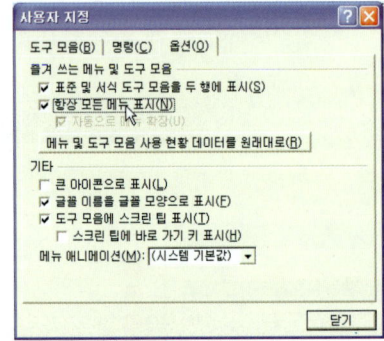

3 다음과 같이 모든 메뉴가 한번에 표시됩니다.

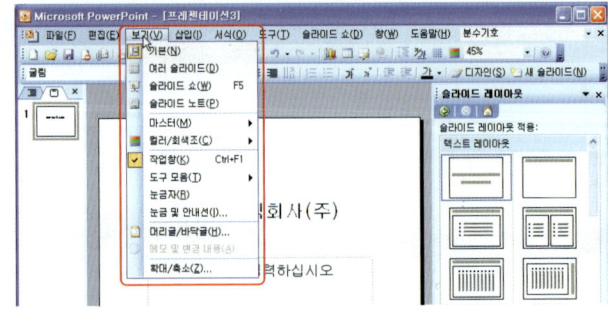

17 파워포인트의 설정을 원래대로 변경하고 싶어요.

파워포인트 프로그램이 이상해졌거나 사용자가 지정한 여러 가지 설정 사항을 초기 상태로 변경하고자 한다면 설정 사항을 하나하나 변경하지 말고 '자동 복구' 기능을 이용하면 됩니다.

1 '도움말 – 검색 및 복구' 메뉴를 클릭합니다.

2 '검색 및 복구' 창에서 '사용자 지정 설정을 무시하고 기본 설정 복구'를 선택한 후 '시작' 버튼을 클릭합니다.

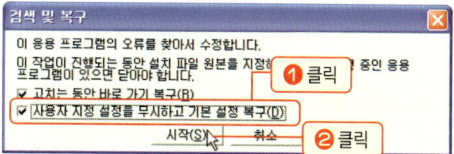

3 'Office 프로그램 닫기' 창이 나타납니다. 이때 파워포인트 프로그램을 종료한 후 '다시 시도' 버튼을 클릭합니다.

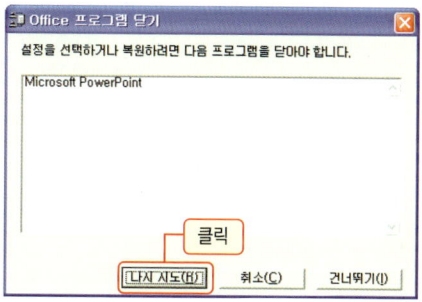

4 레지스트리를 복원하고 있다는 창이 나타난 후 기본값으로 설정했다는 창이 나타나면 '확인' 버튼을 클릭합니다.

5 정보 수집이 완료되면 오피스 CD를 삽입한 후 '찾아보기' 버튼을 클릭하여 CD가 삽입된 위치를 지정한후 '확인' 버튼을 클릭하면 됩니다.

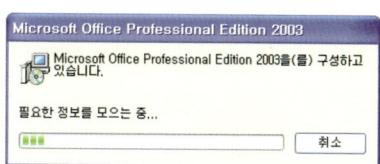

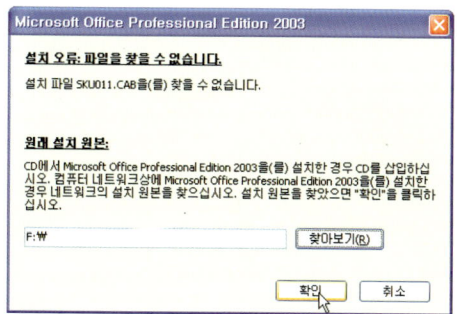

18 나만의 도구 모음을 만들고 싶어요.

파워포인트에서는 이미 만들어져 있는 도구 모음에 자주 사용하는 도구를 추가할 수도 있지만, 새로운 도구 모음을 만들 수도 있습니다.

1 '도구 – 사용자 지정' 메뉴를 클릭합니다.

2 '사용자 지정' 창에서 '도구 모음' 탭을 클릭합니다.

3 '새로 만들기' 버튼을 클릭합니다.

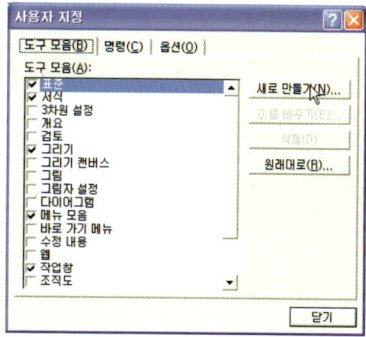

4 '새 도구 모음' 창에서 도구 모음의 이름을 입력한 후 '확인' 버튼을 클릭합니다.

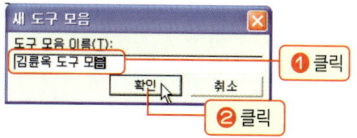

5 아무것도 등록되어 있지 않은 도구 모음이 나타납니다.

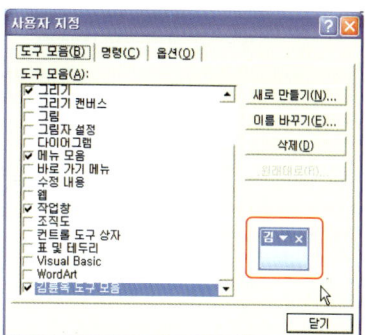

6 도구 모음에 도구를 추가하기 위해 '사용자 지정' 창의 '명령' 탭을 클릭합니다. 그런 다음 명령란에서 도구 모음에 추가하고자 하는 도구를 선택한 후 빈 도구 모음에 드래그합니다.

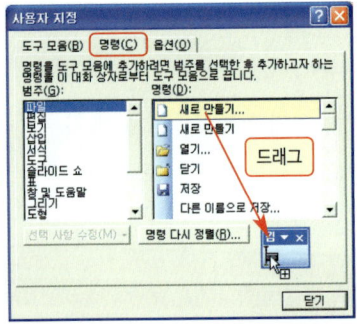

7 다음과 같이 도구 모음에 도구가 추가됩니다. 6번과 똑같은 방법으로 필요한 도구를 계속 추가하면 됩니다.

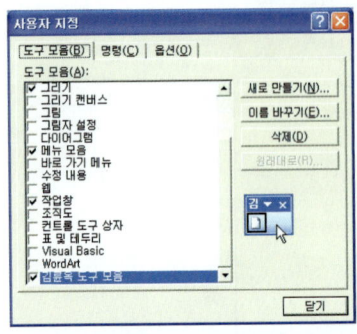

8 도구 모음이 완성되면 '닫기' 버튼을 클릭합니다.

19 도구 모음의 아이콘 모양을 변경하고 싶어요.

도구 모음에 등록된 아이콘의 모양이나 색 등을 변경할 수 있습니다. 뿐만 아니라 기본적으로 아이콘 모양이 지정되어 있지 않은 도구들의 아이콘도 만들 수 있습니다.

1 '도구 – 사용자 지정' 메뉴를 클릭한 후 '도구 모음' 탭에서 변경하고자 하는 도구 모음을 선택합니다.

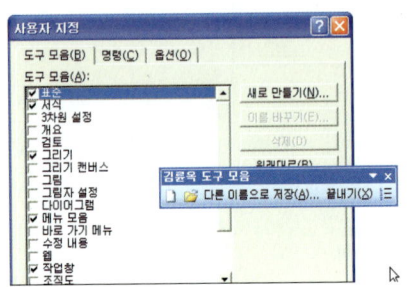

2 아이콘 모양이 지정되어 있지 않은 도구에 아이콘을 추가하기 위해 이름으로만 표시된 도구에서 마우스 오른쪽 버튼을 클릭합니다. 그리고 '기본 스타일' 메뉴를 클릭하세요.

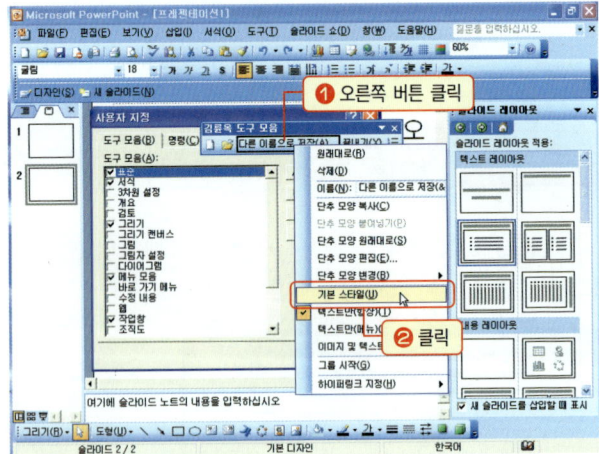

3 아이콘 모양이 지정되어 있지 않은 도구이기 때문에 아무것도 없는 빈 공백만 나타납니다. 아무것도 없는 빈 공백 아이콘에서 마우스 오른쪽 버튼을 클릭한 후 '단추 모양 편집' 메뉴를 클릭합니다.

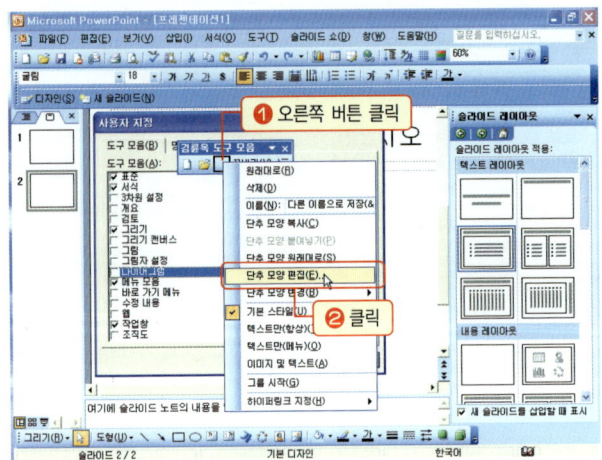

4 '단추 편집기' 창이 나타나면 오른쪽 팔레트에서 원하는 색을 선택한 후 그림 영역을 클릭하여 아이콘을 그립니다. 아이콘이 완성되면 '확인' 버튼을 클릭합니다.

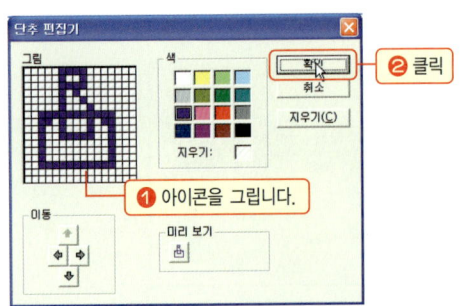

5 그림과 같이 아이콘 모양이 삽입됩니다.

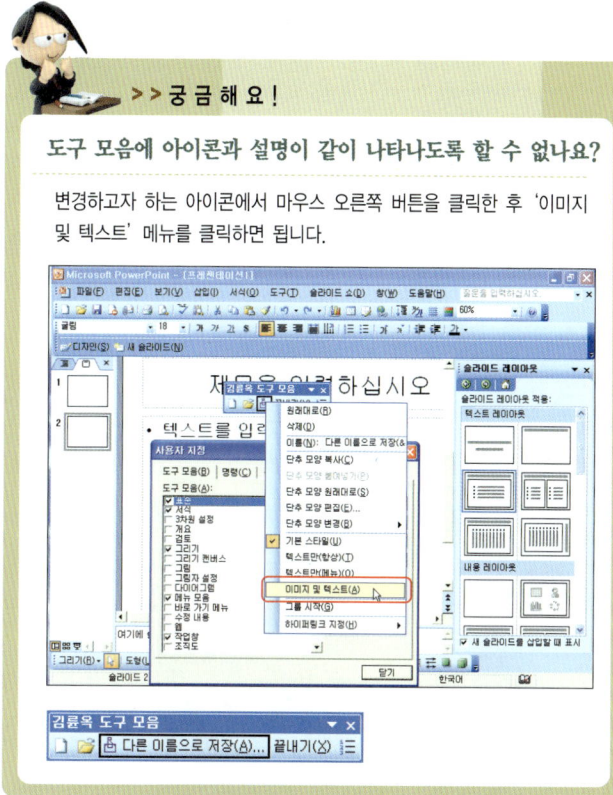

> **>> 궁금해요!**
>
> **도구 모음에 아이콘과 설명이 같이 나타나도록 할 수 없나요?**
>
> 변경하고자 하는 아이콘에서 마우스 오른쪽 버튼을 클릭한 후 '이미지 및 텍스트' 메뉴를 클릭하면 됩니다.

20 슬라이드에 수식을 삽입하고 싶은데요.

간혹 프레젠테이션을 작성하다 보면 슬라이드에 수식을 삽입해야하는 경우가 있습니다. 이때 아주 간단히 수식을 입력할 수 있도록 파워포인트에서는 'Microsoft Equation Editor' 이라는 수식 편집기 프로그램을 제공하고 있습니다.

1 '삽입 – 개체' 메뉴를 클릭합니다.

2 '개체 삽입' 창에서 'Microsoft Equation Editor 3.0' 을 선택한 후 '확인' 버튼을 클릭합니다.

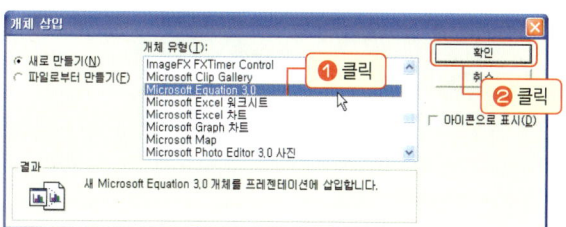

3 다음과 같이 수식 편집기가 나타납니다. 이때 도구 모음에서 삽입하고자 하는 수식의 모양을 선택합니다.

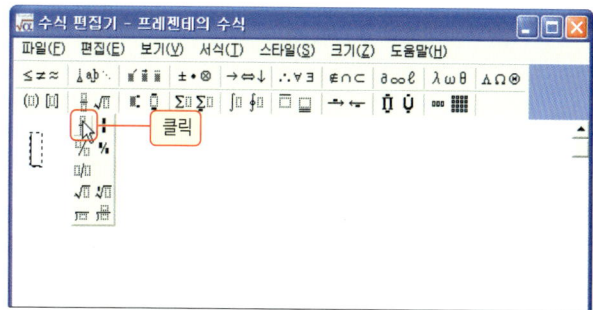

4 다음과 같이 값을 입력한 후 '파일 – 업데이트' 메뉴를 클릭합니다.

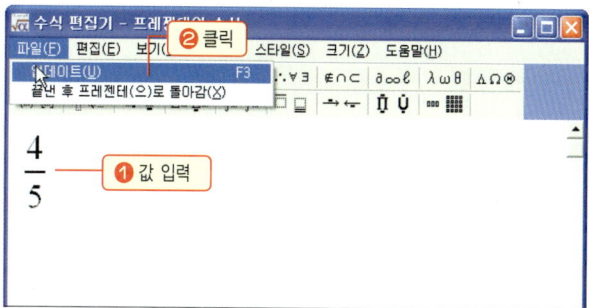

5 슬라이드에 그림과 같이 수식이 삽입됩니다.

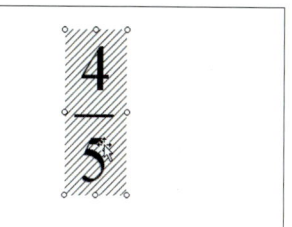

6 수식 편집기에서 이와 같은 방법으로 나머지 수식을 모두 입력한 후 '파일 – 끝낸 후 프레젠테이션으로 돌아감' 메뉴를 클릭합니다.

$$\frac{4}{5} \times \sqrt{5} \geq \propto$$

7 슬라이드에 완성된 수식이 삽입됩니다.

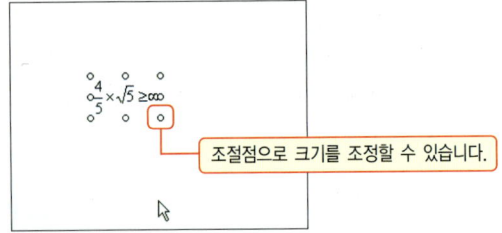

조절점으로 크기를 조정할 수 있습니다.

> > 궁 금 해 요 !

수식을 변경하고 싶은데요?

수식은 개체로 삽입되어 있기 때문에 편집하려면 슬라이드에 삽입된 수식을 더블클릭한 후 수식 편집에서 직접 수식을 변경해야 합니다.

21 프레젠테이션 문서의 자세한 정보를 알 수 없을까요?

하나의 프레젠테이션 문서에는 파일의 크기, 저장된 위치, 작성한 날짜, 슬라이드 수 수정 횟수, 편집 시간 등의 정보가 담겨 있으며, 이러한 정보는 '파일 – 속성' 메뉴를 이용하면 확인할 수 있습니다.

'파일 – 속성' 메뉴를 클릭하세요. 각 탭을 클릭해 보면 프레젠테이션에 관련된 정보를 자세히 확인할 수 있습니다.

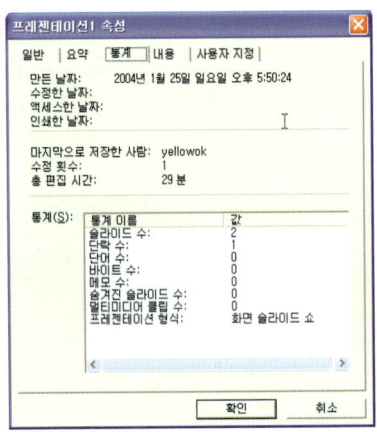

22 엑셀 프로그램처럼 메모를 지정하고 싶은데요.

엑셀 프로그램의 메모와 같이 파워포인트에서도 슬라이드에 메모를 추가하는 기능이 있습니다. 셀을 기준으로 삽입되는 엑셀 프로그램과 달리 파워포인트에서는 슬라이드의 왼쪽 상단을 기준으로 하나씩 순서대로 삽입됩니다. 물론 메모를 드래그하여 위치를 자유자재로 변경할 수 있습니다.

1 '삽입 – 메모'를 클릭합니다.

2 메모의 내용을 입력한 후 메모 상자의 바깥을 클릭합니다.

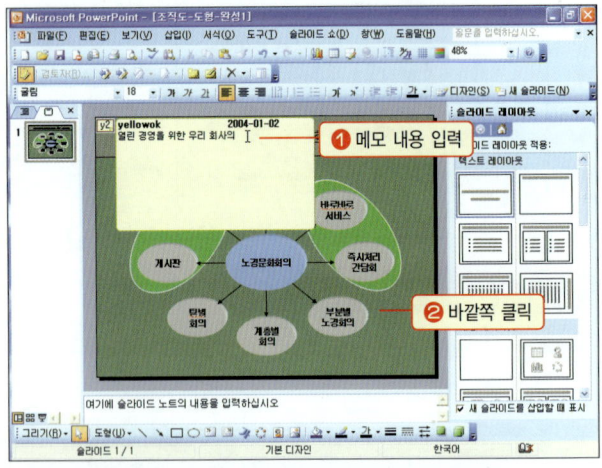

3 다음과 같이 메모 표식이 나타납니다. 메모의 내용을 확인하려면 메모 표식을 클릭하면 됩니다.

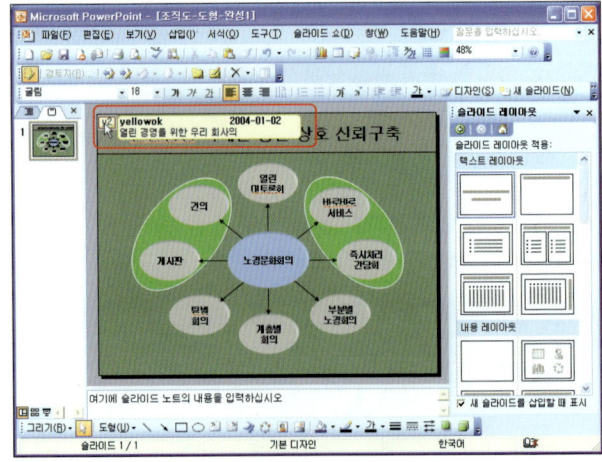

4 메모를 삽입하거나 내용을 변경하고자 한다면 메모 표식을 선택한 후 마우스 오른쪽 버튼을 클릭합니다. 메모의 편집, 삭제뿐만 아니라 삽입도 가능합니다.

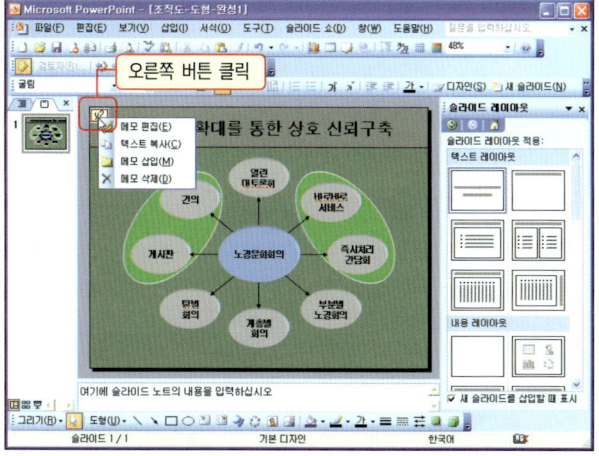

23 발표자 노트 작성하기

프레젠테이션 도중에 청중의 질문이나 메모 사항 등을 파워포인트에 직접 입력할 수 있도록 하는 것이 발표자 노트입니다. 각각의 슬라이드 노트에 해당 내용이 삽입됩니다.

1 슬라이드 쇼를 실행합니다.

2 마우스 오른쪽 버튼을 클릭한 후 '화면 – 발표자 노트' 메뉴를 클릭합니다.

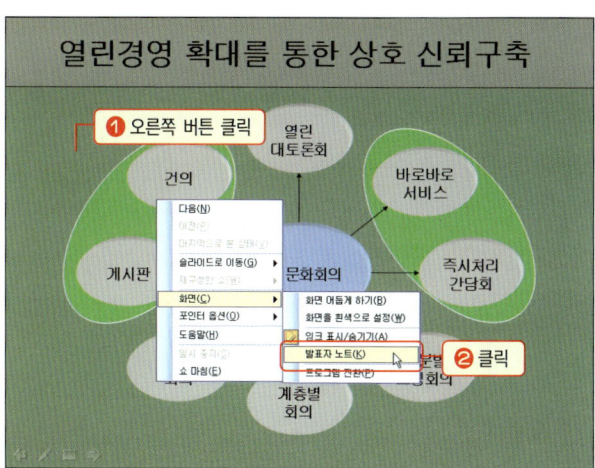

3 '발표자 노트' 창이 나타나면 내용을 입력한 후 '닫기' 버튼을 클릭합니다.

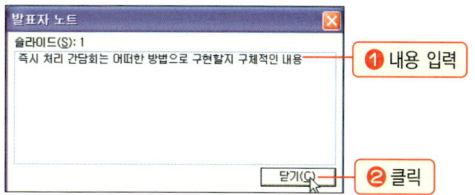

4 쇼를 마친 후 살펴보면 다음과 같이 슬라이드 노트 영역에 내용이 삽입되어 있습니다.

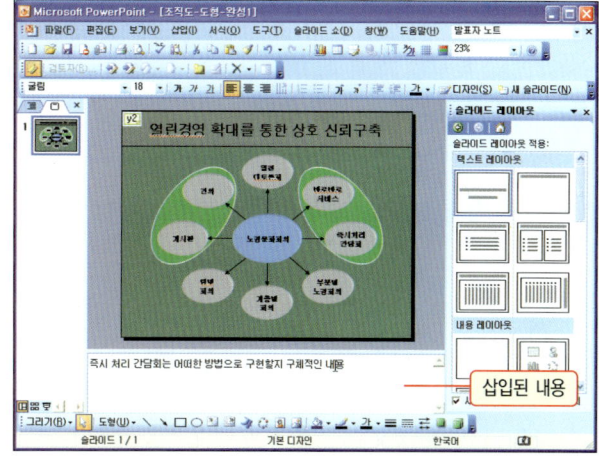

24 사진 자료를 여러 사람과 공유하고 싶은데요?

파워포인트의 사진 앨범 기능을 이용하여 사진 자료를 앨범으로 지정해 놓으면 웹 사이트에 게시하거나 메일에 첨부하여 사진 자료를 여러 사람과 공유할 수 있습니다. 뿐만 아니라 가족 앨범을 만드는 데에도 응용할 수 있습니다.

1 '삽입 – 그림 – 새 사진 앨범' 메뉴를 클릭합니다.

2 '사진 앨범' 창이 나타나면 '파일/디스크' 버튼을 클릭합니다.

3 '새 그림 삽입' 창에서 사진 자료가 저장된 폴더와 파일명을 지정한 후 '삽입' 아이콘을 클릭합니다. 동일한 방법으로 사진을 추가합니다.

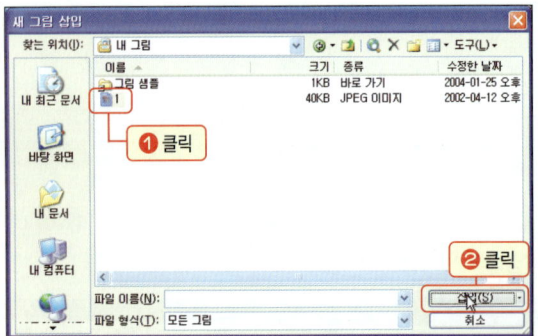

4 '사진 앨범' 창의 앨범 레이아웃에서 '그림 레이아웃'과 '프레임 모양'을 지정한 후 '만들기' 아이콘을 클릭합니다.

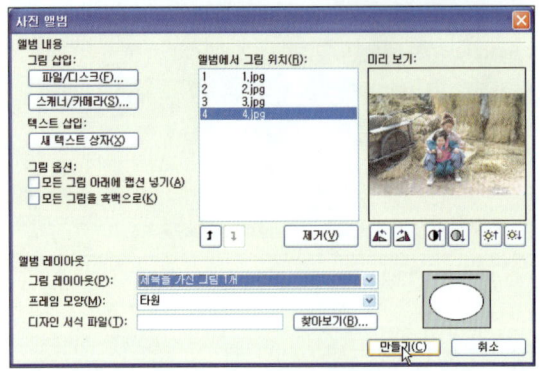

5 다음과 같이 사진 앨범이 작성됩니다. 사진의 제목 또는 캡션 등을 입력하세요.

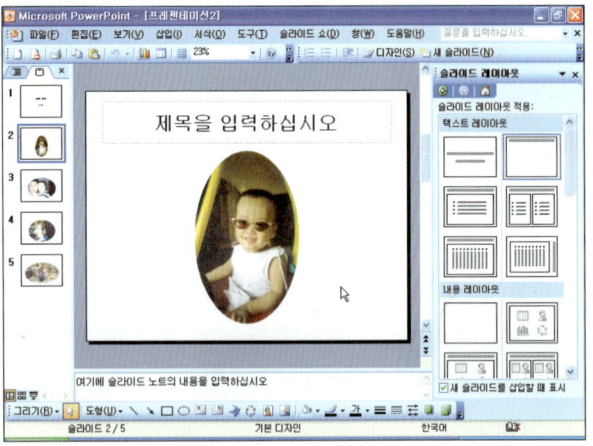

25 플래시 애니메이션을 슬라이드에 삽입하고 싶어요.

플래시(flash)는 웹 애니메이션을 구현하는 도구로, 전세계의 표준으로 자리잡은 프로그램입니다. 파워포인트에서는 플래시로 만든 애니메이션을 프레젠테이션 문서에 삽입하여 청중의 시선을 사로잡을 수 있습니다. 플래시 파일은 컨트롤 도구 상자를 이용해야합니다.

1 컨트롤을 이용해야 하므로 우선 컨트롤 도구 상자를 추가합니다. '보기 – 도구 모음 – 컨트롤 도구 상자'를 클릭합니다.

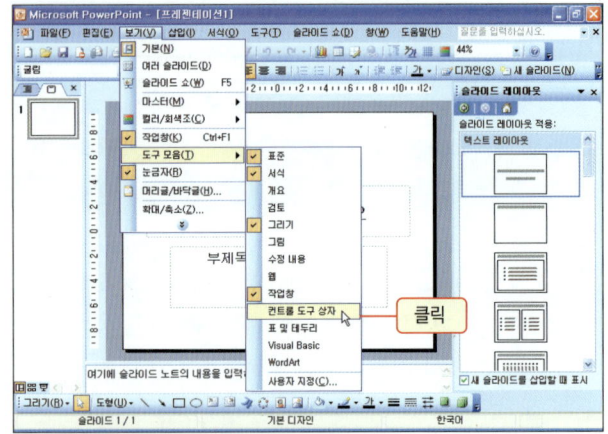

2 컨트롤 도구 모음에서 (기타 컨트롤)을 클릭하고, 목록에서 'Shockwave Flash Object'를 클릭합니다.

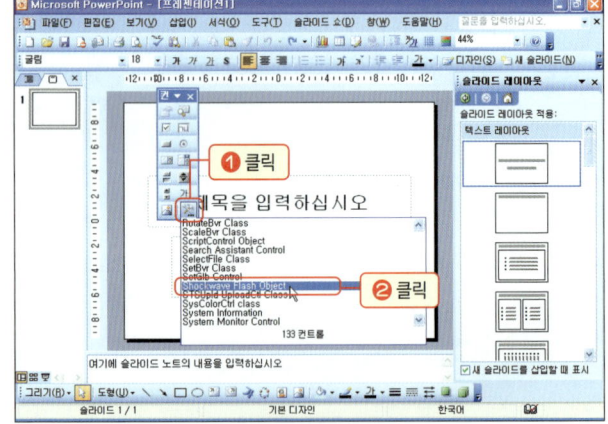

3 플래시 애니메이션이 삽입될 위치로 마우스를 이동한 후 마우스를 드래그하여 적당한 크기를 지정합니다.

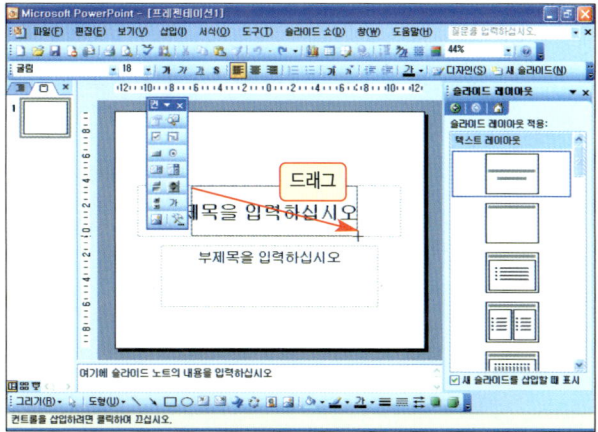

4 슬라이드에 삽입된 개체를 선택한 후 마우스 오른쪽 버튼을 클릭합니다. '속성' 메뉴를 클릭하세요.

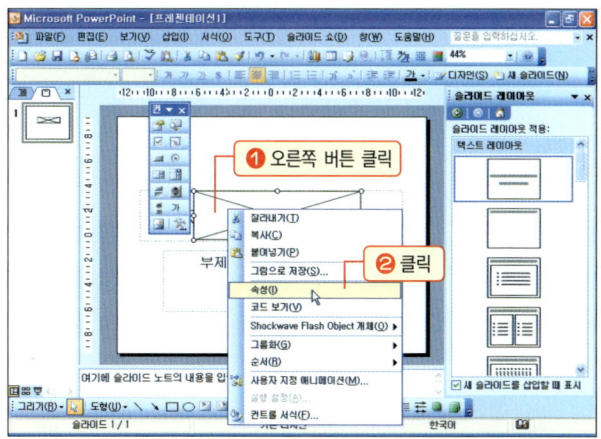

5 사전순 탭에서 Movie 속성 오른쪽에 있는 빈 공간을 클릭합니다. 플래시 파일이 위치한 전체 드라이브 경로를 입력합니다. 반드시 확장자까지 입력해야 합니다.

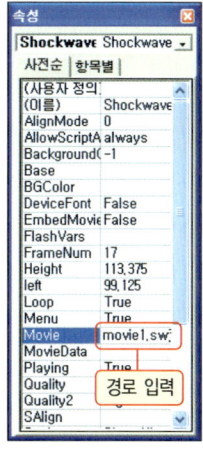

6 슬라이드 쇼 보기로 플래시 애니메이션을 확인합니다.

26 슬라이드에 삽입된 플래시 애니메이션의 속성을 변경할 수 있나요?

쇼를 진행할 때 삽입된 플래시 애니메이션이 실행(또는 반복 실행)되지 않게 하려면 속성 창을 이용해서 각 옵션 값을 직접 변경해야 합니다.

▶ **슬라이드 쇼에서 플래시 애니메이션 재생이 안되요!**
그림과 같이 속성 창의 사전순 탭에서 Playing 속성을 True로 지정하면 됩니다.

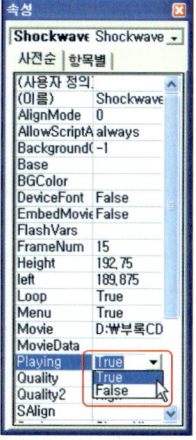

▶ **삽입한 플래시 애니메이션을 프레젠테이션에 포함시키려면?**
그림 처럼 속성 창의 사전순 탭에서 Embed-Movie 속성을 True로 지정하면 됩니다.

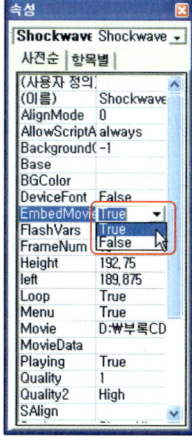

▶ **플래시 애니메이션이 반복적으로 실행되지 않게 하려면?**

속성 창의 사전순 탭에서 Loop 속성을 False로 지정하면 됩니다.

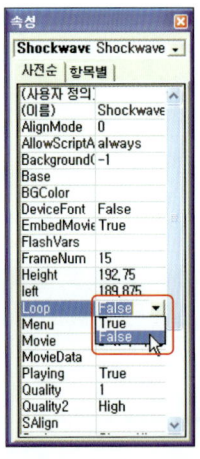

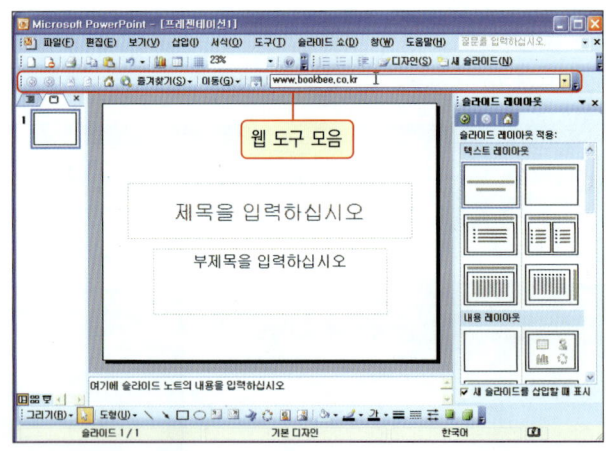

웹 도구 모음

---

27 파워포인트에서 직접 인터넷으로 연결할 수는 없나요?

프레젠테이션 문서를 작성하다가 인터넷을 이용해야 할 경우가 있습니다. 이런 경우에 매번 웹 브라우저를 실행시켜 접속할 필요 없이, 웹 도구 모음을 이용하여 간단하게 인터넷 사이트에 접속할 수 있습니다.

1 '보기 – 도구 모음 – 웹' 메뉴를 클릭합니다.

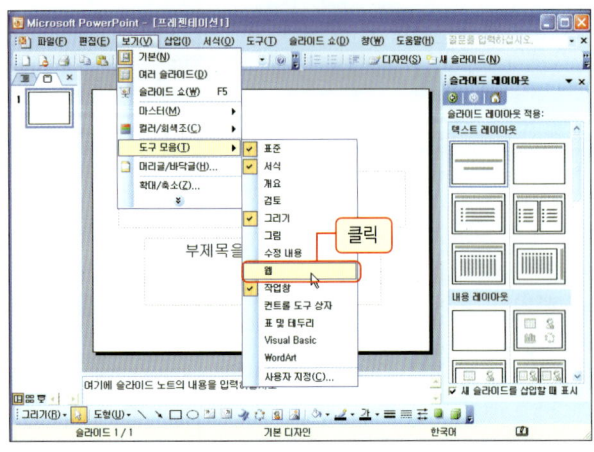

클릭

2 다음과 같이 웹 도구 모음이 도구 모음에 추가되어 나타납니다. 이때 접속하고자 하는 인터넷 사이트 주소를 주소란에 입력한 후 Enter를 누릅니다. 웹 도구 모음에 표시된 도구 모음의 기능은 인터넷 익스플로러의 도구 모음과 기능이 동일합니다.

---

28 작성한 프레젠테이션을 다른 사람에게 검토(검증)받고 싶습니다.

작성된 프레젠테이션을 다른 사람들에게 검토(검증)받고 싶은 경우가 있습니다. 이때 Outlook만 설치되어 있다면 아주 간단히 전송할 수 있습니다.

1 '파일 – 보내기 – 이 파일을 검토용 메일로' 메뉴를 클릭합니다.

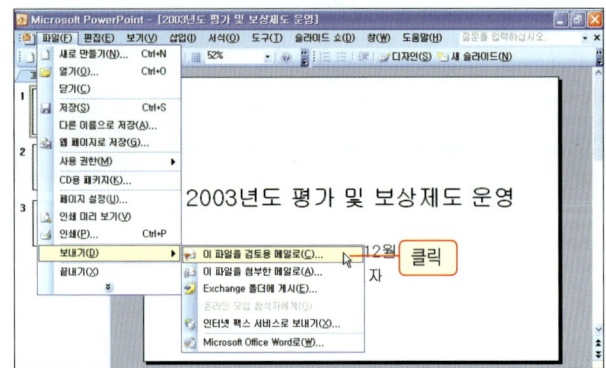

클릭

2 다음과 같이 Outlook이 실행되면서 메일의 제목과 프레젠테이션 파일이 자동으로 첨부됩니다.

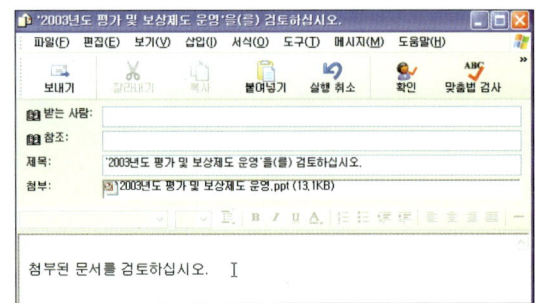

3 검증을 받고자 하는 사람의 메일 주소와 간단한 내용을 입력한 후 '보내기' 아이콘을 클릭합니다.

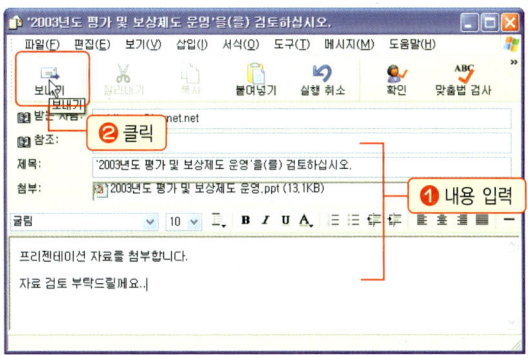

29 수신된 검토용 파일에 추가 사항을 기입해서 담당자에게 보내고 싶습니다.

팀원이 보내준 검토용 프레젠테이션을 살펴보았더니 부분적으로 추가하고 변경해야 할 사항이 있습니다. 어떻게 표시해야 할까요? 직접 슬라이드에 추가 또는 변경하고자 내용을 입력할 수도 있지만 일반적으로 메모 기능을 이용합니다.

슬라이드에 추가사항을 기입할 때 사용하는 가장 일반적인 방법이 메모를 이용하는 것입니다. 메모 기능을 이용하여 추가하고자 하는 내용을 기입한 후 메일로 재발송하면 됩니다.

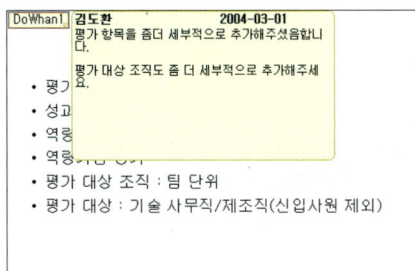

30 반송된 검토용 프레젠테이션의 내용 확인하기

여러 팀원들에 의해 반송된 프레젠테이션의 내용을 확인하기 위해 수정 내용등을 정리해서 한눈에 볼 수 있도록 지정하는 것이 좋습니다.

1 '보기 – 도구모음 – 수정 내용'을 클릭합니다.

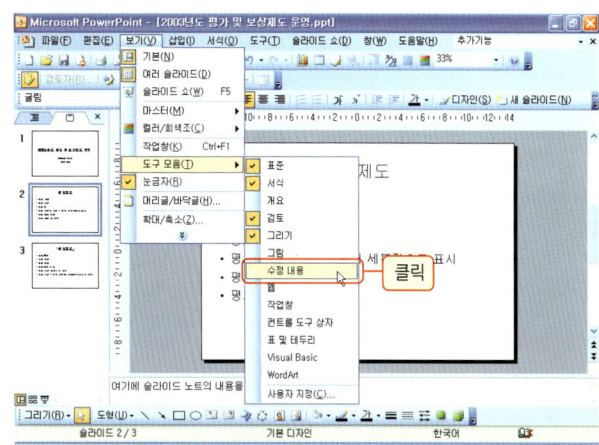

2 오른쪽 수정 내용 창에 추가된 메모의 내용이 순차적으로 표시됩니다. 확인하고자 하는 메모의 목록을 클릭하면 세부적인 메모 내용을 확인할 수 있습니다.

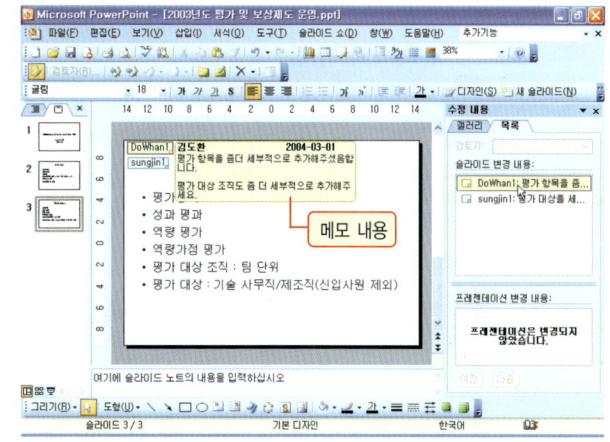

31 파워포인트 파일을 더블클릭했는데 왜 슬라이드 쇼 형식으로 나오는 거죠?

파워포인트 프로그램이 실행되지 않은 상태에서 확장자가 ppt로 되어 있는 파워포인트 파일을 더블클릭했을 때 슬라이드 쇼 형식으로 실행되는 경우가 간혹 있습니다. 이는 확장자 ppt 파일의 연결 프로그램이 PowerPoint Viewer로 지정되어 있기 때문입니다. 그러므로 연결 프로그램을 PowerPoint 프로그램으로 지정하면 아주 간단히 해결할 수 있습니다.

1 우선 탐색기를 실행한 후 '도구 – 폴더 옵션' 메뉴를 클릭합
하고 '폴더 옵션' 창에서 '파일 형식' 탭을 클릭합니다.

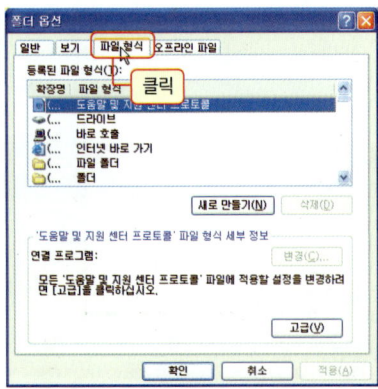

2 '등록된 파일 형식' 중 'PPT PPT 파일'을 선택한 후 '변경'
버튼을 클릭합니다.

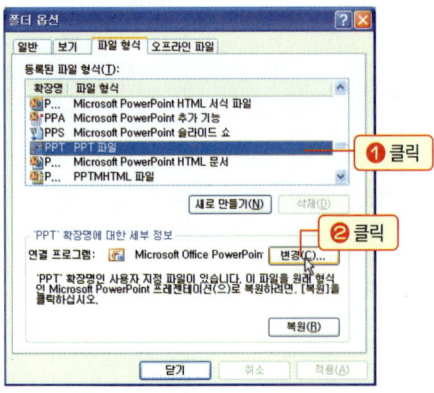

3 '연결 프로그램' 창에서 'Microsoft PowerPoint'를 선택한
후 '확인' 버튼을 클릭합니다.

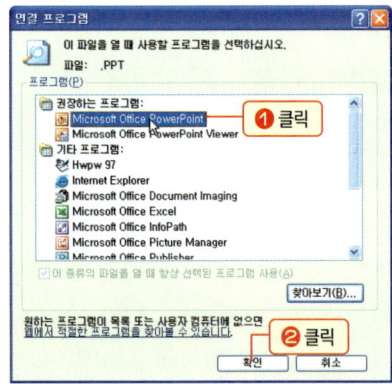

4 'PPT Microsoft PowerPoint 프레젠테이션'으로 변경된 것을
확인한 후 '닫기' 버튼을 클릭합니다.

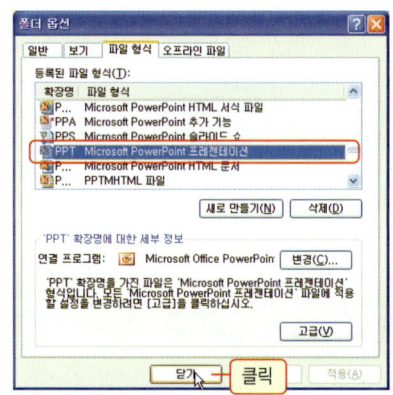

32 파워포인트에서 사용되는 유용한 단축키

프레젠테이션 작성시 메뉴나 마우스보다 단축키를 이용하
는 것이 효율적입니다. 파워포인트에서 주로 사용할 수 있
는 대표적인 단축키는 다음과 같습니다.

▶ 텍스트에 관련된 단축키(커서를 기준으로)

단축키	설명
Shift + →	오른쪽으로 한 글자 블록 설정
Shift + ←	왼쪽으로 한 글자 블록 설정
Ctrl + Shift + →	단어의 끝까지 블록 설정
Ctrl + Shift + ←	단어의 처음까지 블록 설정
Ctrl + A	모든 텍스트 선택
Ctrl + BackSpace	왼쪽 한 단어 삭제
Ctrl + Delete	오른쪽 한 단어 삭제

▶ 표와 관련된 단축키

단축키	설명
Tab	다음 셀로 이동
Shift + Tab	이전 셀로 이동
Ctrl + Tab	셀에 탭 삽입
마지막 행에서 Tab	마지막 행에 새로운 행 추가

▶ 슬라이드 쇼와 관련된 단축키

단축키	설명
Esc	슬라이드 쇼 중지
숫자 + Enter	해당 번호를 가지는 슬라이드로 이동
BackSpace, Page Up	이전 슬라이드로 이동
Space Bar, Enter, Page Down	다음 애니메이션을 실행 또는 다음 슬라이드로 이동
Shift + Tab	마지막 슬라이드 또는 이전 하이퍼링크로 이동

> > 부록 3 _

파워포인트와 찰떡궁합!
관련 프로그램 알아보기

01 포토샵(Photoshop) - www.adobe.co.kr

포토샵은 다른 말이 필요없는 2D 그래픽 프로그램의 대명
사로, 이미지를 합성하거나 보정하는 데에 주로 쓰입니다.
4~5년 전까지만 해도 전문가들만 주로 사용하던 프로그램
이었으나, 웹디자인이나 디지털 카메라의 대중화로 인해 최
근에는 일반인들도 많이 사용하고 있습니다.

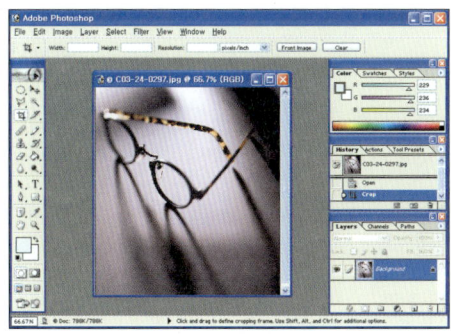

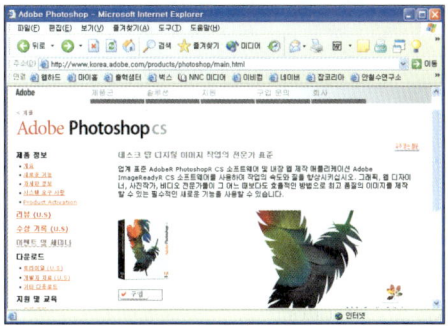

포토샵의 작업 화면(위)과 제작사 어도비사의 한글 웹페이지

비주얼한 프레젠테이션을 위해서는 슬라이드 배경이나 내용
을 돋보이게 하는 이미지를 적절히 사용해야 하는데, 이때
포토샵이 그 힘을 발휘하곤 합니다. 다음 그림을 보세요.

위쪽 그림은 TV 이미지의 흰색 외곽이 슬라이드 배경과 겹
쳐보이고, 아래 그림은 배경 위에 TV 이미지가 자연스럽게
배치되어 있습니다. 어느쪽이 보기 좋은가는 따로 말할 필요
도 없습니다.

삽입한 이미지의 외곽 배경이 보이는 그림(위)과 그렇지 않은 그림(아래)

이러한 이미지 처리를 포토샵에서 할 수 있기 때문에 포토
샵을 알고 나면 프레젠테이션이 한층 더 강해질 수 있다는
것입니다. 물론 포토샵의 모든 기능을 알 필요는 없습니다.
게다가 처음 포토샵을 접하려고 하면 어렵게만 느껴질 것입
니다. 파워포인트에 필요한 포토샵 기능은 아주 기본적인
것 뿐이므로 가능하면 익혀두기 바랍니다.

447

02 파워포인트 플러그인 파워플러그(PowerPlug)
– www.crystalgraphics.com

플러그인(plug-in)이란 본래 익스플로러와 같은 웹 브라우저의 일부로서 간편하게 설치되어 사용되는 프로그램을 말하는데, 요즈음은 특정 프로그램에 삽입하여 가동하는 프로그램도 플러그인이라고 합니다. 많은 구성 개체를 갖는 파워포인트에도 이와 같은 플러그인들이 있는데 대표적인 것이 바로 크리스털그래픽사의 파워플러그입니다.

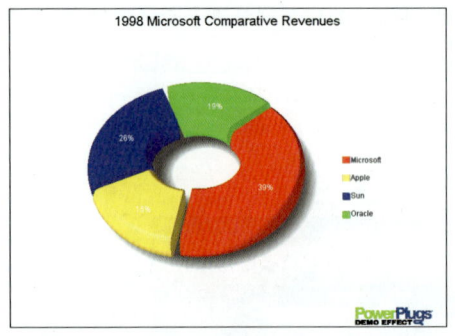

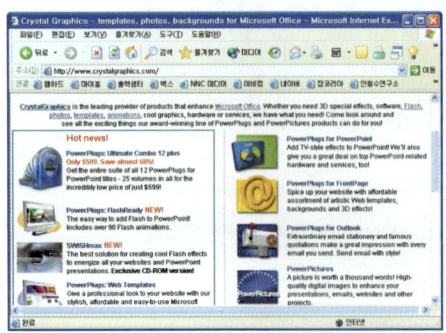

'Powerplug – Charts'로 만든 입체형 차트(위)와 제작사 크리스털그래픽사의 홈페이지(www.crystalgraphics.com)

파워플러그는 멋진 차트를 만들어주는 'Powerplug – Charts', 입체 글자를 제작하는 'Powerplug – 3D Titles', TV에서나 볼 수 있는 화면 전환 효과를 지정하는 'Powerplug – Transitions' 등 다양한 플러그인을 제공합니다.

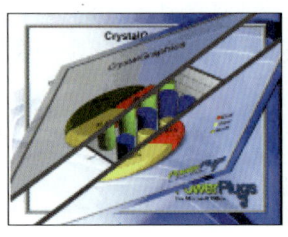

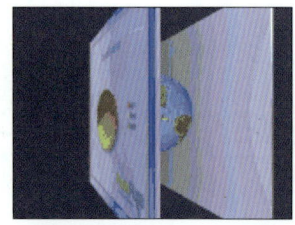

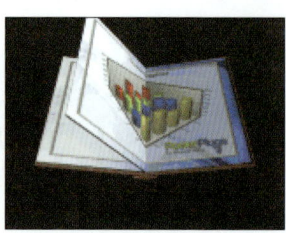

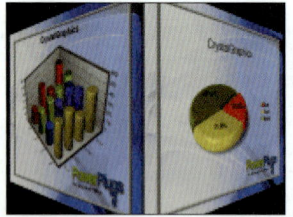

'Powerplug – Transitions' 플러그인을 이용하면 화려한 화면 전환 효과를 얻을 수 있습니다.

이 책의 부록 CD-ROM에 'Powerplug – Charts'와 'Powerplug – Transitions'의 기능을 맛볼 수 있는 기능 시험판을 수록하였으므로, 테스트해보기 바랍니다. 정품 구입은 크리스털그래픽사의 홈페이지를 이용하세요.

▶ Powerplug 데모 설치하기

부록 CD-ROM의 유틸리티 폴더에 있는 'Powerplug – Charts'와 'Powerplug – Transitions' 설치 파일을 더블 클릭한 후 설치 마법사의 지시대로 진행하면 각 프로그램을 설치할 수 있습니다. 이들 프로그램은 정품이 아닌 데모 버전이기 때문에 작성한 차트나 화면 전환시 화면에 제작사의 로고가 나타납니다.

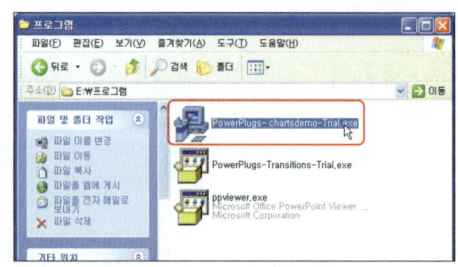

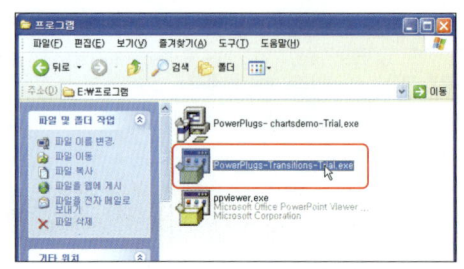

프로그램을 설치하고 나면 시작 프로그램 목록에 Chart와 Transitions 폴더가 생성됩니다. 하지만 여기에서 프로그램을 실행할 필요는 없습니다. 이들 프로그램은 파워포인트에서 쉽게 실행할 수 있기 때문입니다. 사용방법을 살펴봅니다.

▶ Powerplug - Charts 사용하기

1 프로그램을 설치한 후 파워포인트를 실행하면 도구 모음에 Powerplug - Charts 아이콘이 등록될 것입니다. 여기를 클릭하면 Powerplug - Charts가 실행되는데 그 모습은 파워포인트의 차트 기능과 유사합니다. 기본 차트가 삽입되고 도구 모음이 나타나면 차트 타입 아이콘을 클릭하세요.

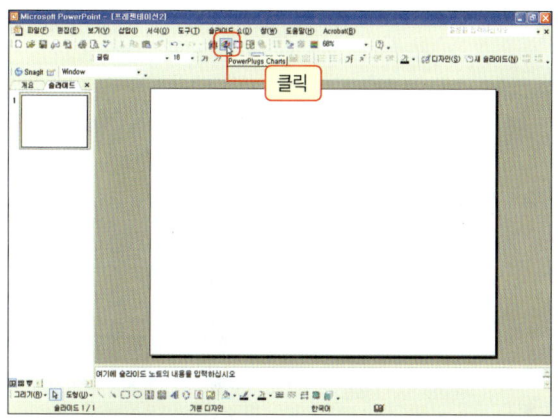

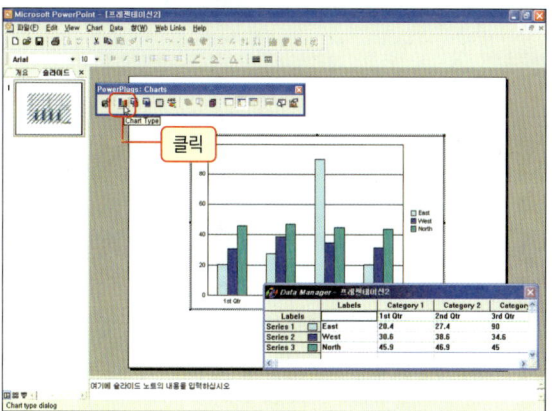

2 파워포인트의 차트 기능에서는 보기 힘든 다양한 차트 목록이 나타납니다. 위쪽 그림처럼 Custom 탭에서 차트를 선택하고 OK 버튼을 클릭하면 오른쪽 그림과 같은 차트로 변경됩니다(이 때 Use Template Data 항목을 체크하면 좀더 입체감 있는 차트를 얻을 수 있습니다). 차트 모양을 달리 하기 위해 Chart Option 아이콘을 클릭하세요.

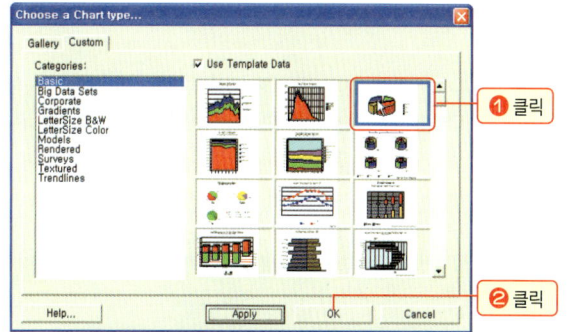

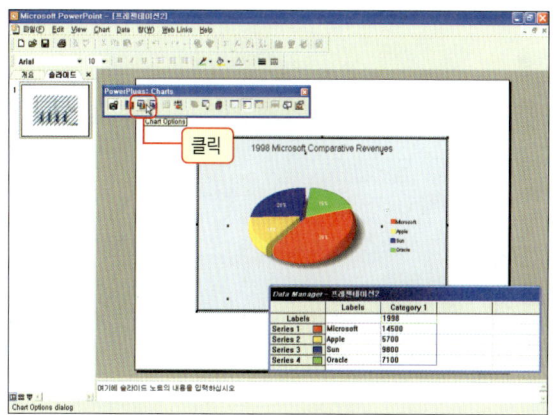

3 차트 옵션 창에서는 차트의 모양, 회전 각도, 색상 등을 조정할 수 있습니다. 그림과 같이 Layout 탭에서 Ring Pie 항목을 체크하면 가운데에 구멍이 있는 차트로 모양이 변경됩니다. 파워플러그 차트로 다양한 형태의 차트를 만들어보세요.

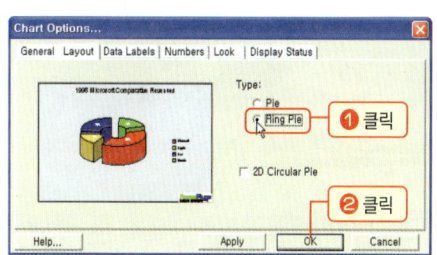

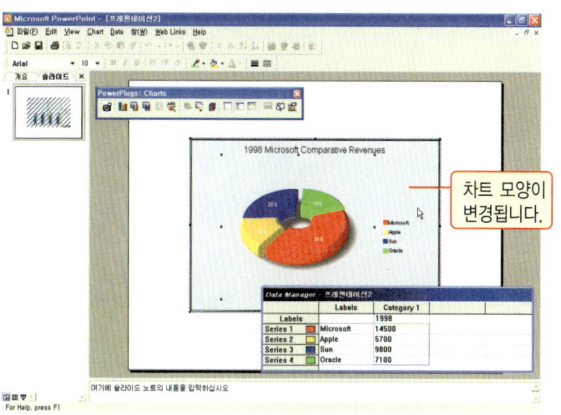

▶ Powerplug – Transitions의 사용

1 Powerplug – Transitions을 설치하면 다음과 같은 도구 모음이 나타납니다(보이지 않는다면 보기 메뉴의 '도구 모음'에서 선택합니다). 이 도구 모음에서 두 번째 항목인 'Add 3D Trasition'을 선택한 후 옵션 창에서 화면 전환 효과를 지정하고 'Apply to All' 버튼을 선택해 모든 슬라이드에 화면 전환 효과를 적용합니다.

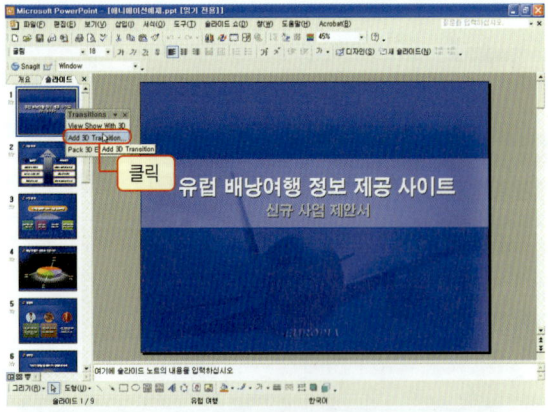

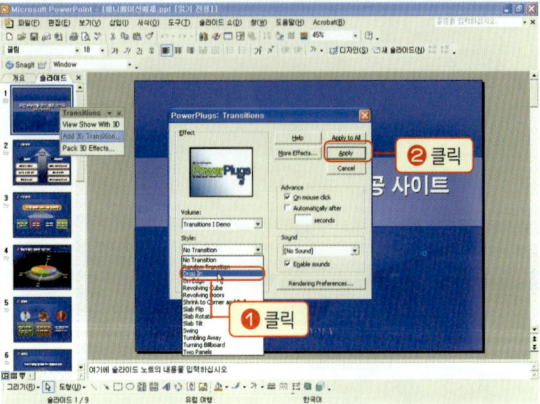

2 다음 그림은 시험판이기 때문에 나타나는 창의 모습으로 'continue' 버튼을 누르면 됩니다. 적용한 화면 전환 효과를 보기 위해 'View Show With 3D' 버튼을 클릭하세요.

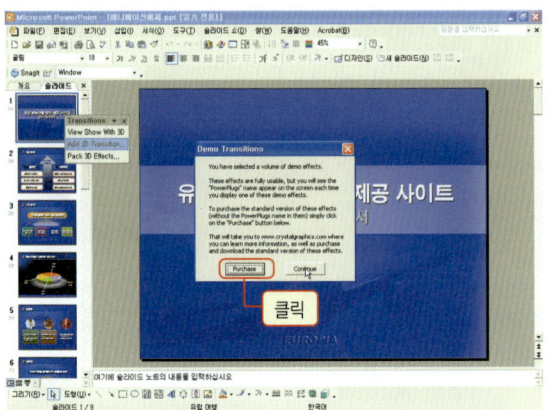

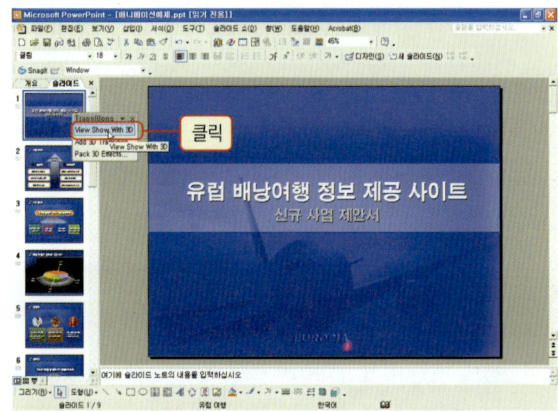

3 최초로 트랜지션을 실행하면 다음 그림처럼 테스트를 거치게 됩니다. 'Begin Test' 버튼을 눌러 테스트 화면을 본 다음 OK 버튼을 클릭합니다.

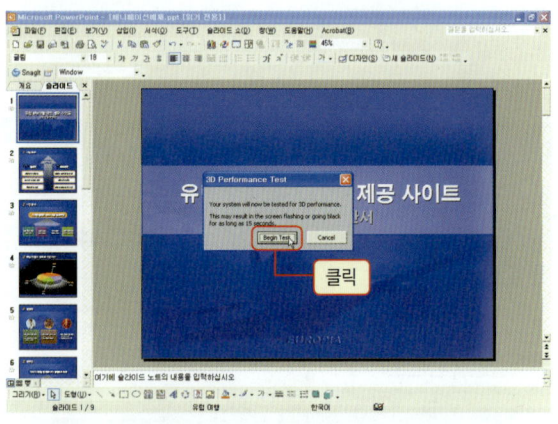

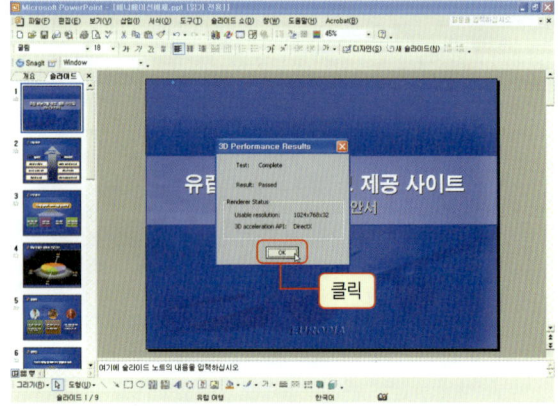

4 잠시 기다리면 적용한 화면 효과를 볼 수 있습니다(1번의 과정에서 마우스를 클릭하면 전환되는 것으로 지정했기 때문에 화면 전환 효과를 보려면 마우스를 클릭해야 합니다).

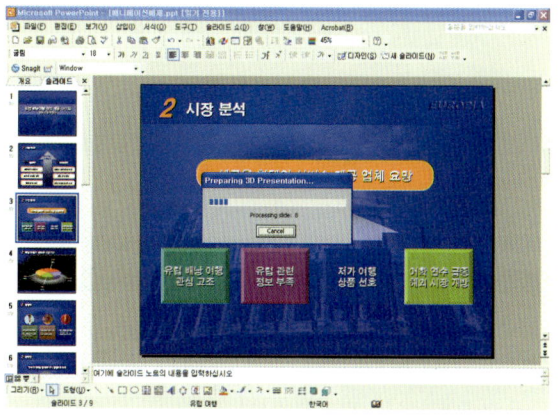

쿨피티는 앞서 소개한 파워플러그와 달리 파워포인트 외부에서 실행하여 파워포인트에 필요한 개체나 슬라이드 디자인을 삽입하는 방식입니다. 또한 윈도우 탐색기와 유사한 인터페이스이기 때문에 사용법이 간편합니다. 주요 기능으로는 배경 슬라이드, 3D 클립아트, 배경 슬라이드 묶음, 서체 묶음 등을 사용할 수 있습니다. 쿨피티 홈페이지에 들러 좀더 자세한 내용을 살펴보기 바랍니다.

03 윤디자인 COOLPT 2.5 – www.coolpt.com

윤디자인 연구소에서 개발하여 판매중인 '쿨피티'라는 프로그램 역시 권할만합니다. 특히 이 프로그램은 다른 플러그인에 비해 사용법이 간단해 프레젠테이션 초보자에게 적합합니다.

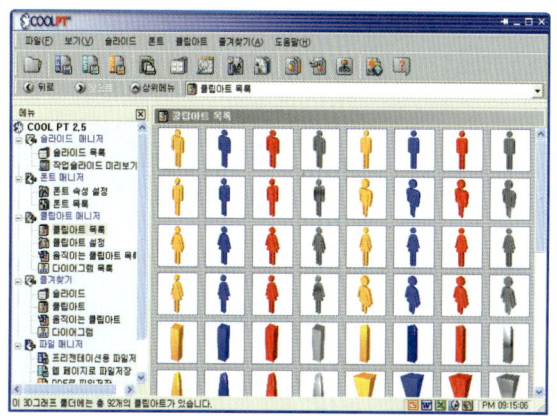

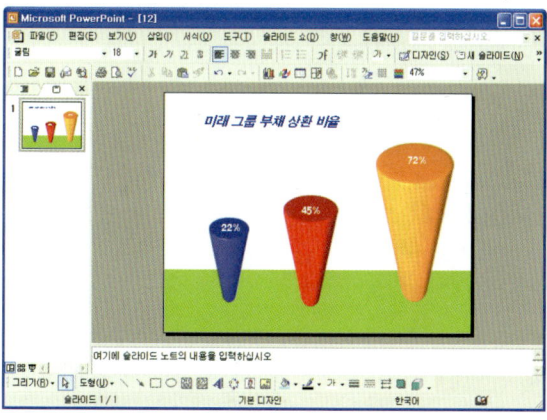

실행중인 쿨피티 프로그램의 모습. 3D 클립아트를 삽입할 수 있고(위), 다이어그램도 꺼내 쓸 수 있습니다.

쿨피티에서 제공하는 3D 클립아트로 만든 그래프(위)와
쿨피티 홈페이지(www.coolpt.com).

04 파워포인트 뷰어(viewer)

다른 컴퓨터에서 파워포인트 문서를 보려고 하는데 파워포인트가 설치되어 있지 않다면 난감한 일입니다.

하지만 걱정할 필요없습니다. 인터넷만 가능하다면 파워포인트 문서를 보는 것은 어렵지 않습니다. 파워포인트 뷰어가 있기 때문입니다.

마이크로소프트사의 다운로드 센터에서 파워포인트 뷰어를 다운받아 설치한 후 뷰어를 실행하면 곧바로 파워포인트 문서를 실행하여 '쇼 보기' 상태로 확인할 수 있습니다. 쇼 보기 상태에서 마우스 오른쪽 버튼을 클릭한 후 부메뉴에서 '인쇄' 명령을 실행하면 인쇄도 가능합니다. 단, 편집이 불가능하다는 점은 알아두세요.

파워포인트 2003 뷰어를 설치한 후 실행하면(위) 문서를 열어 볼 수 있는 창이 나타납니다.

마이크로소프트사의 다운로드 센터에서는 파워포인트 97 뷰어와 파워포인트 2003 뷰어를 다운받을 수 있으며, 2003 뷰어를 이용하면 모든 파워포인트 문서를 문제없이 확인할 수 있습니다. 이 책의 부록 CD-ROM에 파워포인트 2003 뷰어를 수록하였습니다.

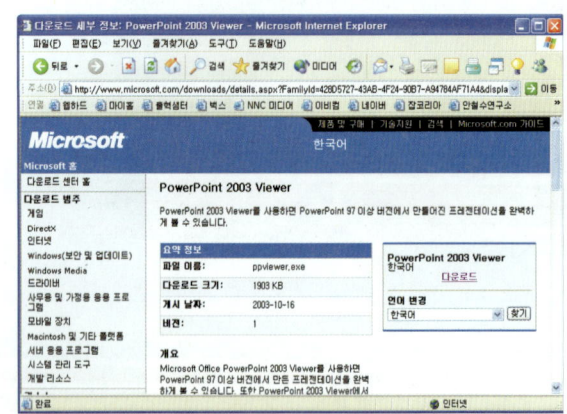

마이크로소프트사 다운로드 센터.
http://www.microsoft.com/korea/download

참고하세요!

쿨피티 프로그램은 시험판을 제공하지 않습니다.

윤디자인 연구소에 문의한 바에 의하면 2003년 하반기부터 정품 사용을 권장하는 회사 정책으로 인하여 시험판을 제공하지 않는다고 합니다. 따라서 이 책의 부록 CD에도 시험판을 수록하지 못하였습니다. 독자 여러분의 양해 바랍니다.

'CD용 패키지' 기능을 이용하면…

본문 137페이지 오려두기에는 CD-ROM에 프레젠테이션 내용을 저장하는 'CD용 패키지 기능'이 설명되어 있습니다. 이 기능을 이용하면 CD-ROM에 파워포인트 뷰어가 자동으로 수록됩니다.

어쨌든 인터넷에서 파워포인트 뷰어를 다운로드 받는 방법은 알아두는 것이 좋습니다. 언제 어디에서나 파워포인트 문서를 확인할 수 있으니까요.

[RGB 색 조견표]

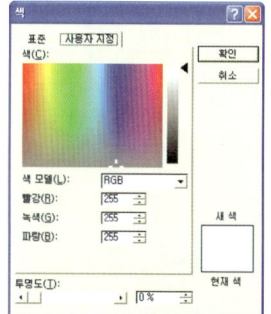

파워포인트에서 색을 지정할 때 RGB의 색 조합을 이용하면 훨씬 다양한 색상을 얻을 수 있습니다.

Web Color

'프레젠테이션 – 퓨전(fusion)스런 나눔의 테크닉'

파워포인트에는 철학이 있다?

이 책의 기획과 진행을 위하여 제가 만나본 사람들 중에서는 거의 예외없이 – 프레젠테이션 전문가나 조직에서 프레젠테이션을 담당하는 사람들은 주변 사람들과의 인간관계에서 돈독한 신뢰를 얻고 있었습니다. 그 이유는 무엇일까요? 그것은 그들이 프레젠테이션이란 업무를 진행하면서 '상대를 충분히 이해하고' 있었기 때문입니다.

상대방을 속속들이 이해하지 않고서 '설득' 이란 결과가 가능할까요? 어림도 없는 이야기입니다. 때문에 그들은 프레젠테이션을 기획하고 진행함에 있어 청중의 나이, 성별 등은 물론 성향, 기호, 가족관계 등까지 속속들이 조사합니다. 이런 과정에서 그들이 무엇을 원하는지, 왜 그 자리에 있는지 알게 되고 자연스럽게 상대방을 이해해 가는 것입니다.

이러한 관점에서 파워포인트라는 프로그램은 특별한 평가를 받을만한 자격이 충분합니다. 혼자 하는 것이 아닌 '함께 하기 위한', '나누기 위한' 프로그램이기 때문입니다. 하드웨어니 소프트웨어니 딱딱하게만 느껴지는 IT 분야에서 이런 느낌의 도구(tool)를 찾는다는 것은 쉽지 않습니다. 생뚱하게 들릴지 몰라도 분명 파워포인트에는 '나눔의 철학' 이 깃들어 있습니다.

프레젠테이션 중급자의 길

이 책과 같은 입문서를 통하여 파워포인트를 어느정도 터득했다면 왠만한 프레젠테이션 문서는 만들 수 있을 것입니다. 그러나 혹 무언가 부족하다고 느낀다면, 그간 보아왔던 전문적인 프레젠테이션에 한발 더 다가서고 싶은 분들이 있다면 다음 그림을 보아주기 바랍니다.

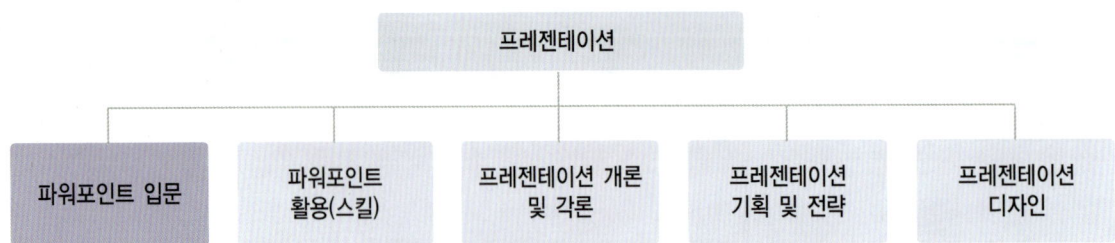

프레젠테이션과 관련한 항목은 최근 4, 5년간 대략 이와 같은 모습으로 급속하게 세분화되고 전문화되어 왔습니다. 이중 여러분은 파워포인트 입문을 거친 것으로, 입문 후의 과정에 도전하고 싶다면 시중에 나와 있는 관련 서적을 참조하기 바랍니다. 오피스튜터(www.dfficetutor.co.kr)와 같은 OA 교육용 웹사이트에서도 관련 지식을 얻을 수 있겠지만, 프레젠테이션만큼은 일단 서적으로 공부하라 권하고 싶습니다. 아직까지는 서적을 통해 양질의 정보가 많이 공급되고 있기 때문입니다.

파워포인트와 프레젠테이션의 세계를 선택한 여러분에게 결코 후회는 없으리라 믿습니다.
성공적인 프레젠테이션을 기원합니다.

2004년 3월 NNC 미디어 모민원

도서출판 이비컴에서는 홈페이지를 통한 고객지원 프로그램을 실시하고 있습니다. 책 내용 중 궁금한 점이 있다면 이비컴 홈페이지에 글을 남겨주세요. 빠른 시간내에 여러분이 원하는 정확한 답변을 드리겠습니다.

① 도서출판 이비컴의 홈페이지인 www.bookbee .co.kr에 접속한 후 회원가입 버튼을 눌러 회원으로 가입하세요. 가입이 끝나면 로그인 버튼을 눌러 아이디와 비밀번호를 입력합니다.

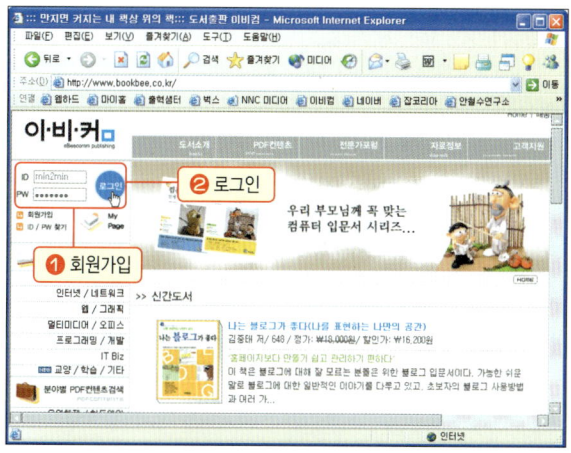

② 로그인한 후 상단의 메뉴 중 '고객지원' 코너를 클릭하세요. 그림과 같은 게시판이 나타나면 가장 밑에 있는 '글쓰기' 버튼을 클릭합니다.

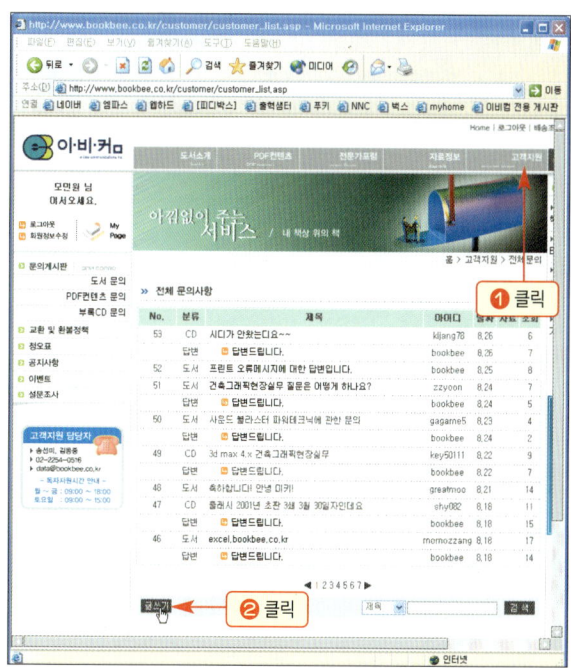

③ 이제 궁금한 점을 글로 써주세요. 상품명이나 제목 등 각 항목은 빠짐없이 입력 또는 선택하고, 입력이 끝나면 '저장' 버튼을 클릭합니다.

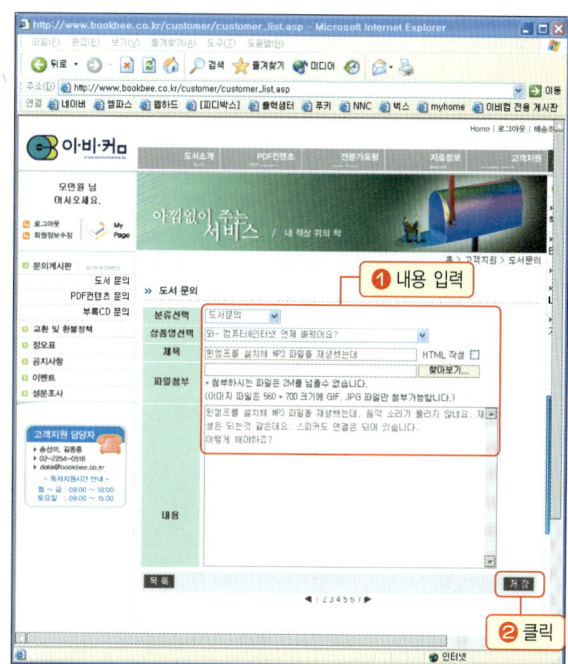

④ 올린 글이 게시판에 등록되었습니다. 이제 잠시만 기다리면 바로 밑에 답변 글이 올라올 것입니다.

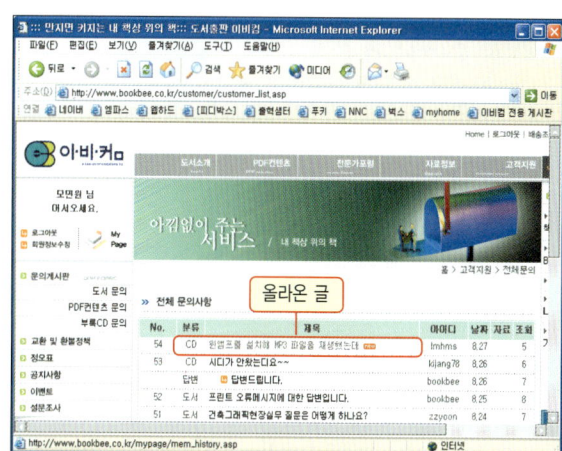

455

:: 프레젠테이션과 파워포인트 기초

도구 모음의 모양이 책과 달라요. / 37, 43

컴퓨터에 파워포인트가 설치되어 있지 않네요. / 31

컴퓨터에서 파워포인트를 삭제하려는데요. / 45

파워포인트 2003과 파워포인트 2002는
무엇이 다른가요? / 29

파워포인트 외에 프레젠테이션 방법에는
어떤 것들이 있나요? / 23

파워포인트를 종료하려고 하니
이상한 메시지가 나와요. / 35

프레젠테이션 제작 업체를 알고 싶어요. / 25

:: 슬라이드 편집

글꼴 설치하는 방법 좀 알려주세요. / 111

글자 입력 방법을 자세히 알고 싶어요. / 57

다른 곳에서 지정한 글꼴이나 문단 모양을
그대로 적용하고 싶어요. / 88

마스터 기능을 확실하게 알려주세요. / 388

모든 슬라이드에 한꺼번에 같은
서식을 디자인할 수 있나요? / 77

문단 간격을 세밀하게 조정하는 방법은요? / 98

문서 저장 방법에 대해서 알려주세요. / 128

배색이 어렵습니다. / 73

슬라이드 크기도 변경할 수 있나요? / 55

슬라이드마다 문서 제목과 페이지 번호를
지정하고 싶은데요. / 100

슬라이드에 어울리는 글꼴에 대해 일러주세요. / 72

슬라이드의 순서를 바꿀 수 있나요? / 123

시간도 없는데 급한
프레젠테이션이 걸렸습니다!! / 138

실수를 했네요. 예전으로 복귀할 수 있나요? / 80

이미 지정한 글머리 기호의 모양을
바꾸고 싶은데요. /92

인터넷에서 디자인 서식을 받을 수 있다던데요? / 108

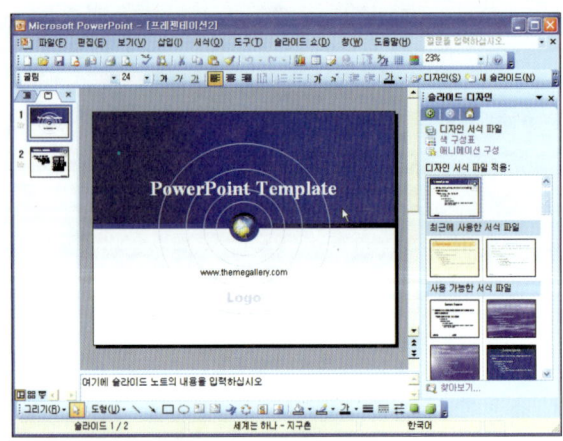

일본어도 입력할 수 있나요? / 62

입력한 글자에 빨간색 밑줄이 그어져 있네요. / 63, 66

자주 쓰는 상용 한자를 등록해놓고
사용하고 싶어요. / 69

잘못 입력한 글자가 자동으로 바뀌네요? / 67

제목이나 회사 이름 등을 매 페이지마다
삽입하려면요? / 386

직접 색을 조합해서 사용할 수 있나요? / 85

파워포인트에서는 줄 간격 조절이 어렵군요. / 91

프레젠테이션 문서를 CD에 바로
저장할 수 있다던데요? / 137

한자 입력이 골치 아파요. / 65

:: **도형 드로잉**

3차원 기능에 대해서 자세히 알려주세요. / 191

겹쳐진 도형의 앞뒤 순서를 바꿀 수 있어요? / 173

그라데이션이란 무엇인가요? / 192

그룹화한 도형을 다시 풀고 싶어요. / 174

그리기 도구 모음이란게 도통 보이지 않아요. / 151

그림자가 있는 도형을 만들고 싶어요. / 177

글꼴 변경이 쉽지 않네요. / 165

도형 복사 방법을 알려주세요. / 155

도형에 입력한 글꼴 변경이
마음대로 되지 않아요. / 165

도형을 만들면 보이는 '점'들에
대해서 알려주세요. / 145, 146

도형을 클릭하면 나타나는 조절점이 궁금해요. / 145

도형을 하나로 묶는 기능이 있다던데요? / 173

도형의 색이나 크기 등을 한번에 바꾸고 싶어요. / 158

도형이나 슬라이드 문서 자체를 그림으로
저장할 수 있다구요? / 199

도형좀 마음대로 다루고 싶어요. / 147

드로잉? 무슨 말이죠? / 145

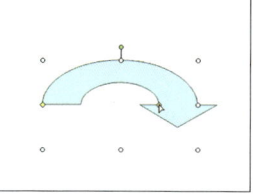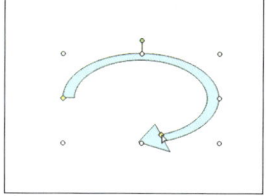

마우스 커서 모양이 매번 바뀌네요? / 160

선 그리는 것이 제일 힘들어요. / 184, 194

선 모양을 변경하고 싶은데요. / 184

아주 조금씩 도형을 이동하고 싶어요. / 147

여러 개의 도형을 한꺼번에 선택하려면요? / 149, 153

입체적인 도형(3차원 도형)을
만들고 싶어요. / 177, 187

정사각형이나 정비율의 원을 그리고 싶어요. / 148

조금씩 색이 바뀌는 모양(그라데이션)을
지정하고 싶은데요. / 180

좀더 다양하게 도형에 색이나
질감을 입히고 싶어요. / 192

지정할 수 있는 색의 종류를 알려주세요. /157

평행한 방향으로 도형을 이동하려면? /148

텍스트 상자 선택하는게 어렵네요. /168

화살표 모양을 변경하고 싶어요. /196

:: **다이어그램과 조직도**

다이어그램? 어떻게 사용하는 거죠? / 225

다이어그램으로 만든 도형의 일부분을
삭제하고 싶어요. / 239

다이어그램의 종류에는 어떤 것들이 있나요? / 240

신입사원이 들어와 조직도에 도형을
추가해야 해요. / 203

조직도, 제일 쉽게 만드는 방법이요! / 202

조직도에 도형을 추가하면
자꾸 엉뚱한 위치에 삽입되요. / 236

조직도의 모양을 쉽게 바꿀 수 있나요? / 208, 221

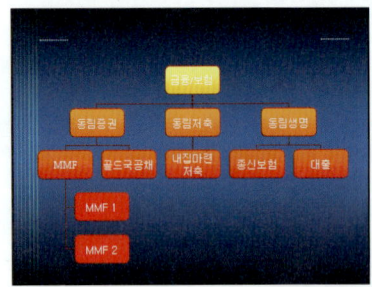

조직도의 외곽선 모양이 이상해요.
바꾸고 싶어요. / 215

좀 다른 방법으로 조직도를 만들 수는 없나요? / 236

파워포인트에서 만들 수 있는
다이어그램 종류는요? / 234

:: **표와 차트**

그래프에 데이터값을 표시할 수 있나요? / 290

도형으로 직접 차트를 만들고 싶어요. / 293

엑셀에서 만든 차트를 가져올 수 있나요? / 303

이미 작성한 차트의 종류를 바꿀 수 있나요? / 291

입체적인 차트도 가능한가요? / 298

작성한 차트의 그래프 값을 수정할 수 있나요? / 270

차트 구성 요소 선택하기가 어렵네요. / 282

차트 구조가 복잡해요. / 277

차트 그래프의 종류에는 어떤 것이 있나요? / 275

차트 만드는 방법, 정말 간단하게 설명해주세요. / 269

차트를 이쁘게 꾸미고 싶습니다. / 281

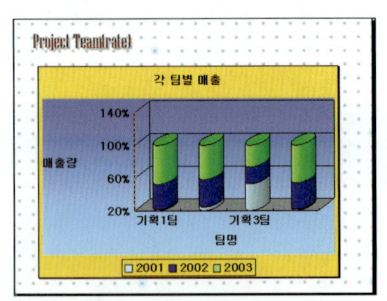

차트 제목이나 축 제목을 없애고 싶은데요. / 280

칸을 나누고 합치는게 제일 어려워요. / 246, 247

칸을 추가하고 싶습니다. / 263

칸의 높이와 크기를 똑같이 맞추고 싶습니다. / 255

표 만드는 방법, 제일 쉬운 것으로
알려주세요. / 245, 248

표 안에서 문단 간격을 조절하는 방법이요. / 256

표 안에서 글머리 기호의 간격을
조절하고 싶습니다. / 258

표 크기를 조절하고 싶습니다. / 253

표, 정말 좀 이쁘게 꾸밀 수 있을까요? / 264

표의 배경색을 조정하고 싶은데요? / 259

:: **멀티미디어 프레젠테이션**

가지고 있는 클립아트가 별로 없습니다. / 313, 321

그림의 일부분을 투명하게 할 수 있나요? / 334

도형이 들어오고 나가는 애니메이션 경로를
조정하고 싶어요. / 356

목소리도 삽입할 수 있나요? / 337

문서에 클립아트를 삽입하려면요? / 309

사진 이미지를 슬라이드에 삽입할 수 있나요? / 330

삽입한 워드아트를 편집하고 싶습니다. / 326

슬라이드 제목을 좀더 멋지게 꾸미고 싶습니다. / 323

애니메이션 효과, 어떻게 사용하면 좋은가요? / 348

애니메이션의 속도나 재생 방법을
조정할 수 있나요? / 350

워드아트란 무엇인지요. / 323

워드아트도 편집할 수 있나요? / 326

음악 파일을 삽입하려고 해요.
어떤 점을 주의해야 하나요? / 341

청중에게 영상을 보여주고 싶습니다. / 344

클릭하면 원하는 슬라이드로 이동하게 하려면요. / 370

클립아트의 색도 바꿀 수 있나요? / 317

클립아트를 직접 만들 수도 있나요? / 311

프레젠테이션시 슬라이드 진행 순서를
조정할 수 있나요? / 368

프레젠테이션에서도 하이퍼링크를
지정할 수 있다구요? / 369

프레젠테이션을 진행할 때
음악이 흘러나오게 하려면요? / 337, 340

프레젠테이션이 어떻게 진행될지
살펴보고 싶은데요? / 364

필요없는 그림의 일부분을 잘라내고 싶은데요? / 332

화면이 바뀔 때 색다른 효과를
적용하고 싶습니다. / 362

:: 프레젠테이션 진행 준비

레이저 빔으로 설명하더라구요. / 408

발표에 시간이 얼마나 걸릴까요? / 401

발표 장소에 파워포인트 프로그램이 없다네요? / 411

사전 자료를 배포하고 싶은데 인쇄 방법을
모르겠어요. / 403

실제 발표 전에 연습을 해보고 싶어요. / 401

프로젝터 연결 방법을 자세하게 일러주세요. / 409

현장에서 프레젠테이션을 진행하려면
장비가 필요하잖아요. / 407

ㄱ

가로 막대형 / 274

각 조각 서식 / 300

강조/하이퍼링크 색 적용 / 83

개요 도구 모음 / 122

개요 및 슬라이드 탭 / 37

개요 창 / 116

개체 영역 / 393

거품형 / 275

계열 / 277

계열 서식 / 282

계열별 / 361

과녁형 / 235

교차형 / 241

구성표 / 105

굵게 / 85

그라데이션 / 114, 180

그래프 도구 모음 / 276

그리기 도구 모음 / 39, 150

그림 / 193

그림 도구 모음 / 335

그림 삽입 / 330

그림 영역 / 277

그림 영역 서식 / 284

그림 자르기 / 316, 332

그림자 / 85

그림자 설정 / 179

그림자 스타일 / 177

그림저장 / 199

글꼴 / 111

글꼴 설치 / 112

글꼴 옵션 / 135

글꼴 크기 작게 / 82

글꼴 크기 크게 / 82

글꼴 탭 / 136

글꼴색 / 73

글꼴의 크기 / 72

글머리 기호 / 60, 72, 92

기본 보기 / 38

기본 파일 위치 / 135

기울임꼴 / 85

기타 옵션 / 405

기호 / 62

꺾은선형 / 274

ㄴ

날짜/시간 / 394

내어쓰기 / 97

내용 구성 마법사 / 139

내용 레이아웃 / 54

너비 / 55

높이 / 55

눈금 및 안내선 / 41

눈금선 / 287

눈금자 / 98

ㄷ, ㄹ

다른 레이아웃 / 54

다른 이름으로 저장 / 135

다이어그램 / 201, 223

다이어그램 갤러리 / 202

다이어그램 도구 / 225

다이어그램 삽입 / 223

데이터 시트 / 269

데이터 테이블 / 290

도넛형 / 275

도형 그룹 / 173

도형 그리기 / 145

도형 복사 / 148

도형서식 / 158

도형의 중심 / 147

도형 조정 핸들 / 146

도형 크기 조절 / 145

도형 핸들링 / 144

동영상 / 344

동영상 자동 되감기 / 346

동일 수준 / 205

들여쓰기 / 97

디자인 서식 / 73

레이아웃 메뉴 / 229

레이저 포인터 / 408

ㅁ

마스터 배경 / 388

마이크 / 408

맞춤법 검사 / 67

맞춤법 및 스타일 검사 / 66

매크로 보안 / 136

머릿글 / 100

메뉴표시줄 / 36

모든 맞춤법 오류 숨기기 / 66

모양 조정 핸들 / 325

무늬 / 193

미리 보기 / 405

밑줄 / 85

ㅂ

바닥글 / 100, 394

방사형 / 241, 275

배경색 / 193

배너 / 55

백분율 / 301

번호 매기기 / 96

범례 / 277

범례 서식 / 288

벤다이어그램형 / 240

보안 옵션 / 135

보조자 / 205

분산형 / 275

블록 화살표 / 171

빈 슬라이드 / 55

빠르게 저장하기 / 135

ㅅ

사용자 지정 / 43, / 55

사용자 지정 애니메이션 / 348

사용자 지정 탭 / 157

상태표시줄 / 39

색 지정 창 / 157

서식 도구 모음 / 37, 91

서식 복사 / 88

선 / 194

선 스타일 / 184

선택한 슬라이드에 적용 / 52

성장형 / 241

세로 막대형 / 274

셀 바탕 / 259

셀 병합하기 / 246

셀 분할 / 247

셀 삭제하기 / 263

셀 삽입하기 / 262

소리 녹음 / 343

쇼 보기 / 52

쇼 재구성 / 368

순서 지정 / 173

스마트 태그 / 29

스피커 / 407

슬라이드 노트 마스터 / 387

슬라이드 노트 창 / 38

슬라이드 레이아웃 / 54

슬라이드 마스터 / 385

슬라이드 배경색 / 73

슬라이드 번호 / 100, / 394

슬라이드 쇼 / 39, 339

슬라이드 쇼 설정 / 367

슬라이드 숨기기 / 363

슬라이드 창 / 37

슬라이드 추가 / 49

슬라이드의 삭제 / 116

슬라이드의 이동 / 116

실행 단추 / 372

실행 반복 / 80

실행 버튼 / 370

실행 설정 / 373, 375

실행 취소 / 80

쓰기 암호 / 136

ㅇ

알 FTP / 132

압축 / 317

애니메이션 구성 / 51

애니메이션 변경 / 352

애니메이션 효과 / 347

엑셀 / 303

여러 슬라이드 보기 / 38

연결선 / 196

열 너비를 같게 / 250

열기 암호 / 135

영역형 / 275

예행 연습 / 401

예행 연습 도구 모음 / 402

오버헤드 / 55

옵션 / 136

외곽선 / 277

워드아트 / 308

워드프로세서 / 397

원래대로 / 316

원형 / 274

웹 보관 파일 / 127

웹 페이지로 저장 / 131

유사성 / 112

유인물 / 405

유인물 마스터 / 386

음소거 / 342

음영 스타일 / 181

이동 경로 / 356

이동 버튼 / 370

이미지 맵 / 377

이미지 조절 / 316

인쇄 대상 / 405

인쇄 매수 / 405

인쇄 미리 보기 / 403

인쇄 범위 / 405

인쇄 설정 / 405

인코딩 탭 / 136

입체 도형 / 177
입체 효과 / 177
입체적인 표 / 126

ㅈ

자동 레이아웃 / 220
자동 실행 / 338
자동 저장 간격 / 135
작업 창 / 37
재생 속도 / 351
저장 / 128
적용 대상 / 136
전개형 / 241
전경색 / 193
전체 설치 / 108
점 편집 메뉴 / 379
제목 및 텍스트 슬라이드 / 50, 54
제목 슬라이드 / 54
제목만 슬라이드 / 55
제목표시줄 / 36
제품 키 / 31
조각마다 다른 색 사용 / 301
조직도 / 201
조직도 도구 모음 / 205
주기형 / 240
줄 간격 / 90
진행 시간 표시 막대 표시 / 351
질감 / 192

ㅊ

차트 / 268
차트 구조 / 277
차트 선택 모드 / 271

차트 슬라이드 / 293
차트 영역 / 277
차트 영역 서식 / 281
차트 제목 / 277
차트 종류 / 268
차트 편집 모드 / 271
채우기 색 / 152
채우기 없음 / 152
채우기 효과 / 114, 180
첫째 조각의 각 / 301
축 서식 / 286
축 제목 / 280

ㅋ

컬러/회색조 / 405
크기 조절 핸들 / 145
크기 조절점 / 277
클립보드 / 125
클립아트 / 308

ㅌ

텍스트 레이아웃 / 54
텍스트 및 내용 레이아웃 / 54
텍스트 방향 변경 / 43
텍스트 산자 / 158
텍스트 색 / 83
텍스트 서식 / 120
텍스트 자동 맞춤 / 207
투명 버튼 / 382
투명도 / 215
투명한 색 설정 / 334
특수문자 / 61

ㅍ

파워포인트 뷰어 / 411
페이지 설정 / 56
펜 / 364
포커스 / 410
표 / 245
표 및 테두리 도구 모음 / 247, 261
표준 도구 모음 / 36
표준 탭 / 157
프로젝터 / 407
프린터 / 405
피라미드형 / 240

ㅎ

하이퍼링크 / 369
한글/한자변환 / 64
항목별로 / 361
해상도 변경 / 136
행 높이를 같게 / 250, 255
헤드셋 / 408
화면 보기 전환 버튼 / 38
화면 슬라이드 쇼 / 55
화면 전환 / 347
화면 전환 창 / 363
화면에 눈금 표시 / 42
화살표 / 194
확대/축소 / 40
회색조 / 317
회전 / 169
회전 핸들 / 146
흩어뿌리기 / 52

기타

3차원 꺾은선형 / 305
3차원 설정 도구 모음 / 191
3차원 스타일 / 189
3차원 원형 차트 / 298
3차원 효과 / 187
35mm 슬라이드 / 23
35mm 용지 / 55

A~S

A3 용지 / 55
A4 용지 / 55
CD용 패키지 / 137
Clip Organizer / 310
ctrl 키 / 147
Cute FTP / 132
Letter 용지 / 55
Microsoft Office Online / 30
MP3 / 340
Notepad / 373
OHP 필름 / 23
PowerPoint Viewer / 29
shift 키 / 147

W~Z

WordArt 도구 모음 / 329
WordArt 텍스트 편집 창 / 324
WS_FTP / 132
X(항목) 축 / 277
X(항목) 축 제목 / 277
Z(값) 축 / 277
Z(값) 축 제목 / 277